Heikle Fragen in Interviews

Felix Wolter

Heikle Fragen in Interviews

Eine Validierung
der Randomized Response-Technik

Felix Wolter
Mainz, Deutschland

Zgl. Dissertation an der Johannes Gutenberg-Universität Mainz, 2011

ISBN 978-3-531-19370-0　　　　　　ISBN 978-3-531-19371-7 (eBook)
DOI 10.1007/978-3-531-19371-7

Die Deutsche Nationalbibliothek verzeichnet diese Publikation in der Deutschen Nationalbibliografie; detaillierte bibliografische Daten sind im Internet über http://dnb.d-nb.de abrufbar.

Springer VS
© VS Verlag für Sozialwissenschaften | Springer Fachmedien Wiesbaden 2012
Das Werk einschließlich aller seiner Teile ist urheberrechtlich geschützt. Jede Verwertung, die nicht ausdrücklich vom Urheberrechtsgesetz zugelassen ist, bedarf der vorherigen Zustimmung des Verlags. Das gilt insbesondere für Vervielfältigungen, Bearbeitungen, Übersetzungen, Mikroverfilmungen und die Einspeicherung und Verarbeitung in elektronischen Systemen.

Die Wiedergabe von Gebrauchsnamen, Handelsnamen, Warenbezeichnungen usw. in diesem Werk berechtigt auch ohne besondere Kennzeichnung nicht zu der Annahme, dass solche Namen im Sinne der Warenzeichen- und Markenschutz-Gesetzgebung als frei zu betrachten wären und daher von jedermann benutzt werden dürften.

Einbandentwurf: KünkelLopka GmbH, Heidelberg

Gedruckt auf säurefreiem und chlorfrei gebleichtem Papier

Springer VS ist eine Marke von Springer DE. Springer DE ist Teil der Fachverlagsgruppe Springer Science+Business Media
www.springer-vs.de

Inhaltsverzeichnis

Vorwort 7

1 Einleitung 9
    1.1 Problemhintergrund 9
    1.2 Fragestellungen und Aufbau 20

2 Heikle Fragen in Interviews 27
    2.1 Einführung: Was ist an heiklen Fragen heikel? 27
    2.2 Überblick über die „Social Desirability"-Forschung 36
        2.2.1 Definitionen und Messinstrumente 37
        2.2.2 Hypothesen und empirische Befunde 45
        2.2.3 Diskussion 53
    2.3 Vorschläge zur Vermeidung von Misreporting 55
        2.3.1 Moduseffekte 57
        2.3.2 Kontexteffekte 62
        2.3.3 Wording- und Struktureffekte 69
        2.3.4 Spezielle Fragetechniken 72
        2.3.5 Diskussion 80
    2.4 Die Randomized Response-Technik (RRT) 83
        2.4.1 Grundprinzip und Varianten der RRT 83
        2.4.2 Probleme der RRT und Lösungsvorschläge 90
        2.4.3 Anwendungen der RRT und empirischer Forschungsstand 96
        2.4.4 Diskussion 116
    2.5 Zwischenfazit 117

3 Handlungstheoretische Erklärungen des Befragtenverhaltens 119
    3.1 Überblick 119
    3.2 Die Rational Choice-Theorie des Befragtenverhaltens 122
        3.2.1 Allgemeine Rational Choice-Theorie 124
        3.2.2 Die Rational Choice-Erklärung des Befragtenverhaltens 128
        3.2.3 Hypothesen aus der Rational Choice-Theorie 140
    3.3 Frame-Selektionstheorie und Befragtenverhalten 143
        3.3.1 Das allgemeine Modell der Frame-Selektion 145

3.3.2 Befragtenverhalten nach der Frame-Selektionstheorie............ 154
3.3.3 Hypothesen aus der Frame-Selektionstheorie........................ 172
3.4 Diskussion und Synthese... 175

4 Design der Validierungsstudie, Datenbasis und Analysemethoden...... 181
4.1 Konzeption und Vorbereitung der Validierungsstudie..................... 181
    4.1.1 Stichproben- und Erhebungsdesign... 182
    4.1.2 Fragebogen, RRT-Design und weitere Erhebungsinstrumente 188
4.2 Ablauf der Erhebung, Rücklaufquoten und Datenstruktur............... 200
4.3 Statistische Analyseverfahren... 206
    4.3.1 Zur Analyse von RRT-Daten.. 206
    4.3.2 Weitere Analyseverfahren.. 209

5 Empirische Analysen der Validierungsstudie... 211
5.1 Variablen der empirischen Analysen... 211
    5.1.1 Dimensionale Analysen und Generierung von Indikatoren..... 211
    5.1.2 Verteilungen der Variablen im Untersuchungssample............. 222
5.2 „Weiche" Indikatoren der Umfragequalität im Modusvergleich....... 229
5.3 Antwortvalidität im Modusvergleich... 235
5.4 Determinanten des Antwortverhaltens... 241
    5.4.1 Soziodemographische Determinanten des Antwortverhaltens. 242
    5.4.2 Analysen zur Rational Choice-Theorie: Die Bedeutung von
          „Social Desirability"-Effekten.. 251
    5.4.3 Analysen zur Frame-Selektionstheorie.................................... 263
    5.4.4 „Weiche" Qualitätsindikatoren und Antwortverhalten............. 283
    5.4.5 Ein Gesamtmodell zur Erklärung des Befragtenverhaltens..... 289
5.5 Zusammenfassung der empirischen Ergebnisse................................ 299

6 Resümee und Ausblick.. 307
6.1 Zusammenfassung und Diskussion.. 308
6.2 Vorschläge und Empfehlungen für die künftige Forschung.............. 315
    6.2.1 Begrenzungen der Arbeit und weiterer Forschungsbedarf....... 316
    6.2.2 Zur Zukunft der RRT.. 319

Anhang: Zusätzliche Tabellen und Abbildungen.. 323

Verzeichnis der Abbildungen und Tabellen.. 339

Literatur 343

Vorwort

Das vorliegende Buch beschäftigt sich mit einem Problem der empirischen Sozialforschung, welches die moderne Surveymethodologie seit ihren Anfängen in den 1930er Jahren kontinuierlich beschäftigt: Wie kann man vermeiden, dass Menschen in Bevölkerungsumfragen auf sogenannte heikle Fragen – Fragen nach Tabuthemen, persönlichen oder anderen sensiblen Themen – ausweichend bzw. nicht wahrheitsgemäß antworten? Hierbei geht es hauptsächlich um die „Randomized Response-Technik", einen in den 1960er Jahren entwickelten innovativen Vorschlag zur Vermeidung von Antwortverzerrungen bei heiklen Fragen. Die lange Tradition des Forschungsprogramms und die Tatsache, dass die Umfrageforschung bis heute keine zufriedenstellende Antwort auf die genannte Frage gefunden hat, verweisen auf ein interessantes, spannendes und hochaktuelles Forschungsfeld. Die Arbeit soll auch einen Aufruf an Soziologie und Surveymethodologie darstellen, sich weiterhin – und vielleicht auf bisher nicht beschrittenen Wegen – mit der Thematik auseinanderzusetzen.

Realisiert werden konnte die Arbeit dank eines größeren Forschungsprojektes, welches im Rahmen des Schwerpunktprogramms „Survey Methodology" über einen Zeitraum von vier Jahren von der Deutschen Forschungsgemeinschaft (DFG) gefördert wurde. Im Teilprojekt „Asking Sensitive Questions: Possibilities and Limits of Randomized Response and other Techniques in Different Survey Modes" beschäftigten sich drei Forschergruppen an den Universitäten Leipzig, Mainz und Zürich mit der Randomized Response-Technik und anderen Vorschlägen zur Erhebung heikler Fragen. Die überaus kooperative und fruchtbare Zusammenarbeit im Rahmen des Forschungsverbundes trug wesentlich zum Entstehen dieser Dissertation bei, entsprechend danke ich den Projektleitern *Prof. Dr. Peter Preisendörfer, Prof. Dr. Andreas Diekmann, Prof. Dr. Thomas Voss* und *Prof. Dr. Karl-Dieter Opp*. Besonderer Dank gilt auch den Projektmitarbeitern *Dr. Ivar Krumpal, Prof. Dr. Ben Jann* und *Marc Höglinger* für die stets lehrreiche, anregende und freundschaftliche Zusammenarbeit.

Neben dem Projektrahmen hat eine ganze Reihe weiterer Personen zum Entstehen dieser Dissertation beigetragen. In erster Linie gilt mein Dank den Betreuern und Gutachtern der Arbeit, *Peter Preisendörfer* und *Andreas Diekmann*. Nicht zuletzt die von *Peter Preisendörfer* geschaffene Atmosphäre und die Arbeitsbedingungen an seinem Lehrstuhl waren ganz entscheidend dafür verantwortlich, dass die Arbeit unter so optimalen Bedingungen fertiggestellt werden konnte. Auch meinen Kollegen *Dr. Jürgen Schiener* und *Dr. Alexander Schulze* danke ich herzlich für die jahrelange freundschaftliche Zusammenarbeit, ihre Unterstützung und die vielen Fachgespräche und Diskussionen, die ich mit ihnen führen durfte. *Anna Skarbek* und *Bastian Laier* haben ganz entscheidend zur Vorbereitung der empirischen Erhebung beigetragen. *Sevinç Biçen* hat zum Glück immer dafür gesorgt, dass ich bei der Arbeit an dem Buch sie und den Rest der Welt nie vergessen habe. Auch sie trägt einen großen Anteil an der Fertigstellung der Arbeit.

Mein letzter und größter Dank gilt allerdings *meinen Eltern*, denen ich am meisten in meinem Leben zu verdanken habe. Ohne die schulische und akademische Ausbildung, die sie mir ermöglicht haben, und die immerwährende Unterstützung und ihr Vertrauen wäre nicht nur dieses Buch niemals fertiggestellt worden.

Neben dem selbstverständlichen Hinweis, dass sämtliche Fehler zulasten des Verfassers gehen, noch ein Wort zur Rechtschreibung: Das Buch wurde in der „neuen" Rechtschreibung verfasst. Hier ergab sich an einigen Stellen das Problem, wie wörtliche Zitate und Literaturtitel behandelt werden sollen, die in der alten Rechtschreibung geschrieben sind. Letztere wurden durchgängig wörtlich zitiert, also in der Originalschreibweise.

Mainz, im Februar 2012
Felix Wolter

1 Einleitung

Zu Beginn des Buches wird in Unterkapitel 1.1 der generelle Problemhintergrund des Forschungsfeldes „Heikle Fragen in Interviews" vorgestellt. Diesbezüglich existiert der Vorschlag, mit der „Randomized Response-Technik" (RRT) dem Problem des häufig auftretenden Misreportings bei heiklen oder sensiblen Fragen zu begegnen. Sowohl im Hinblick auf die generelle Problematik heikler Fragen als auch konkret der RRT werden mehrere offene, bisher nicht oder unzureichend behandelte Fragen identifiziert. Dies führt zur Motivation und den konkreten Fragestellungen der Arbeit. Deren Erläuterung und der weitere Gang der Arbeit sind Gegenstand von Unterkapitel 1.2. Den Kern der vorliegenden Studie bilden empirische Analysen von Validierungsdaten, bei denen Befragtenantworten mit den „wahren" Werten[1] für die Befragten verglichen werden können.

1.1 Problemhintergrund

Obwohl die empirische Sozialforschung mittlerweile auf einen beträchtlichen Fundus an Methoden zur Datengewinnung zurückgreifen kann, ist die Erhebung von Daten durch Befragungen nach wie vor die wichtigste und am häufigsten eingesetzte Technik (Diekmann 2008: 434 ff., Esser 1991: 59). In standardisierter Form ist der Anspruch dieser – u. a. als „Königsweg der Sozialforschung" (König 1972: 9. zit. n. Diekmann 2008: 434) bezeichneten – Erhebungsmethode, reliable und valide Daten in großem Umfang und mit geringem Aufwand hervorzubringen (vgl. Hartmann 1991: 18 f.). Unter den verschiedenen Befragungsformen wie Telefoninterview, Online- oder schriftliche Erhebung stellt wiederum das Face to Face-Interview, bei dem ein Interviewer[2] dem Befragten gegenüber sitzt und die Fragen mündlich stellt bzw. vorliest, die älteste und klassische Er-

---

[1] Natürlich könnte vor dem Hintergrund beispielsweise des Basissatzproblems und des Konstruktivismus diskutiert werden, inwieweit ein Wert oder eine Beobachtung überhaupt als „wahr" bezeichnet werden kann. In dieser Arbeit kann diese Frage weder ausführlich abgehandelt noch gelöst werden. Der für die Problematik sensible Leser möge sich daher immer dann, wenn von „wahren" Werten o. Ä. die Rede ist, Anführungszeichen um den Ausdruck dazu denken.
[2] Im Dienste der Lesbarkeit wird durchgängig auf das Ausschreiben der weiblichen Form verzichtet. Niemand soll dadurch in irgendeiner Form bewertet oder hervorgehoben werden.

hebungsform dar.³ Die Popularität und „Bewährtheit" dieser Methode könnte suggerieren, dass ihr Einsatz im Großen und Ganzen unproblematisch sei. Tatsächlich jedoch ist die Diskussion um Fehler im Rahmen von Interviews – egal welcher Art – ebenso alt wie die Methode selbst (vgl. Esser 1986: 316, Hyman 1944). Das bedeutendste Problem hierbei sind – abgesehen von Stichprobenfehlern – Messfehler, also die Erhebung von Werten, die von den wahren Werten abweichen. Hox (2008: 387) geht davon aus, dass „most if not all measures collected in survey research contain some amount of measurement error". Konzeptionell lässt sich zwischen unsystematischen und systematischen Fehlern unterscheiden (Esser 1991: 61). Erstere beziehen sich auf *zufällige* Abweichungen der erhobenen Werte von den wahren Werten („random error"). Die Richtung des Fehlers ist hier unabhängig von externen Einflüssen und somit nicht vorhersagbar. Die Folge unsystematischer Fehler ist eine geringe Reliabilität der Daten. Systematische Fehler hingegen beziehen sich auf Einflüsse, die die Messung in eine bestimmte Richtung und damit prinzipiell vorhersagbar beeinflussen; im Rahmen von Face to Face-Interviews beispielsweise aufgrund von Effekten sozial erwünschten Antwortverhaltens, Zustimmungstendenzen oder Interviewereffekten (vgl. Esser 1991: 59, Fox/Tracy 1986: 8 f., Robinson/Rohde 1946, Tracy/Fox 1981: 187). Systematische Fehler führen zu einer geringen Validität der erhobenen Daten.

Das vorliegende Buch geht der Frage nach, wie „gut" und wie valide Umfragedaten sind. Ausgehend von der Prämisse, dass in Face to Face-Interviews erhobene Daten in sozialen Situationen durch das Handeln der beteiligten Akteure generiert werden (vgl. Esser 1986: 319, Esser 1991: 59, Phillips 1971: 80, 1973: 70), wird außerdem untersucht, *warum* in bestimmten Fällen die Daten valide erhoben werden (können) und in bestimmten Fällen nicht. Anders ausgedrückt soll nach handlungstheoretischen Erklärungen des Befragtenverhaltens gesucht werden, die angeben, warum und wann das Handeln der in der jeweiligen Interviewsituation beteiligten Akteure zu validen Daten führt und wann nicht. Konkret konzentriert sich die Untersuchung auf den Teilbereich sog. „heikler" oder „sensibler" Fragen, bei denen systematische Fehler in einem besonderen Ausmaß und mit einer überdurchschnittlichen Wahrscheinlichkeit zu erwarten sind (Peeters 2005: 2).

---

[3] Ein wissenschaftliches Face to Face-Interview kann definiert werden als „a face-to-face interaction between two persons in which one person (interviewer) asks questions by means of a questionnaire and the other person (respondent) answers these questions. The essential characteristics of a face-to-face interview are the direct personal contact between interviewer and respondent, the specific division of tasks between them (asking and responding questions) and the use of a questionnaire in which the wording and the order of the questions are fixed" (Loosveldt 2008: 201). Vgl. für weitere Definitionsmöglichkeiten Reinecke (1991: 11f.).

1.1 Problemhintergrund

Heikle Fragen in Interviews können zunächst allgemein definiert werden als solche, bei denen wahrheitsgemäße Antworten für die Befragten potenzielle interne oder externe „Bedrohungen" – im weitesten Sinne – darstellen (Lensvelt-Mulders 2008: 464; vgl. auch Lee 1993: 4). Nach einer alternativen Umschreibung von Tourangeau und Yan (2007: 860) gelten Fragen als heikel, wenn sie auf- oder zudringlich sind („intrusiveness"), das Bekanntwerden der heiklen Eigenschaft durch Dritte eine potenzielle Gefahr mit sich bringen würde („threat of disclosure") und/oder wenn sie sich auf sozial unerwünschte Verhaltensweisen oder Einstellungen beziehen („socially undesirable"). Heikle Fragen beziehen sich somit in der Regel auf illegale, sozial unerwünschte oder der Privatsphäre zugehörige („Tabu-Themen") Verhaltensweisen oder Einstellungen.[4] Beispiele sind Fragen nach kriminellem Verhalten wie Ladendiebstahl, Alkohol am Steuer oder Drogenkonsum (z. B. Becker/Günther 2004, Locander/Sudman/ Bradburn 1976, Wyner 1980), Fragen nach sexuellen Vorlieben und Verhaltensweisen (z. B. DiFranceisco/McAuliffe/Sikkema 1998, Johnson/Delamater 1976, Preisendörfer 2008b, Smith 1992), Fragen zu Abtreibung oder Gesundheit (z. B. Fennema et al. 1995, Fu et al. 1998) oder zu sozial unerwünschten Charakteristika wie Glücksspiel-, Tabak- oder Alkoholabhängigkeit (z. B. Bradburn/Sudman 1979, Embree/Whitehead 1993, Midanik 1982). Auch Einstellungsfragen wie Fragen nach Vorurteilen gegenüber Ausländern (z. B. Ostapczuk/Musch/Moshagen 2009, Stocké 2007a) gehören dazu. Das zentrale methodische Problem bei der Erhebung dieser heiklen Eigenschaften ist häufiges *Misreporting* der Befragten (Lensvelt-Mulders 2008: 465, Tourangeau/Yan 2007: 862 f.). Aus verschiedenen Gründen wie Angst vor Sanktionen oder Anreizen durch soziale Erwünschtheit antworten viele Befragte nicht wahrheitsgemäß. Dies führt bei Fragen nach negativ konnotierten Eigenschaften zu einem *Underreporting* und somit zu unterschätzten Prävalenzen der heiklen Eigenschaften. Die erhobenen Daten sind nicht valide.

Nun ist dieses methodische Problem, welches sich aus dem generellen Anspruch der empirischen Sozialforschung ergibt, valide Daten zu erheben, jedoch keine Spitzfindigkeit überpenibler Methoden- oder Artefaktforscher. Vielmehr ist die Problematik der korrekten Erhebung heikler Verhaltensweisen auch per se, aus inhaltlichen Gründen, für die öffentliche und politische Diskussion über gesellschaftliche Problemfelder von Bedeutung (Peeters 2005: 11). Kaum ein

---

[4] Diese – vorläufige – Definition soll an dieser Stelle Fragen nach sozial stark *erwünschtem* Verhalten mit einschließen, da die Negation dieser Handlungen wiederum sozial unerwünscht ist. Beispiele sind wählen gehen oder Spenden an gemeinnützige Organisationen (bzw. *nicht* wählen gehen und *nicht* spenden). Dass diese vereinfachende Behauptung empirisch nicht unbedingt zutreffen muss, zeigt die Diskussion um sog. „Social Desirability-Beliefs" (SD-Beliefs) und deren Messung (Stocké 2004, 2007a, Stocké/Hunkler 2004, 2007).

Tag vergeht beispielsweise, ohne dass in den Medien „Statistiken" über „problematische Verhaltensweisen" präsentiert werden, z. B. über die Zahl jugendlicher Drogen- und Alkoholkonsumenten oder über jugendliche Gewalttäter (vgl. z. B. Baier et al. 2009, Farke/Graß/Hurrelmann 2003). Ebenso beschäftigt sich ein ganzer Verwaltungsapparat der polizeilichen Behörden mit der sog. Dunkelfeldforschung, also der Erhellung der Dunkelziffer bei der Schätzung der Häufigkeit krimineller Delikte (vgl. z. B. Statistisches Bundesamt/GESIS-ZUMA/Wissenschaftszentrum Berlin für Sozialforschung 2008: 297). Sexuelle Gewalttaten im familiären Umfeld, Kinderpornographie sowie Trunkenheitsfahrten im Straßenverkehr sind diesbezüglich nur drei immer wieder auf der medialen und politischen Agenda stehende Beispiele. Und jeder Hochschuldozent würde sicherlich gerne genau wissen, wie viele studentische Arbeiten in Wirklichkeit teilweise oder gänzlich plagiiert sind. Desgleichen besteht z. B. ein begründetes öffentliches Interesse, den Umfang der durch Steuerhinterziehung entgangenen staatlichen Einnahmen zu kennen. Ebenso taucht alljährlich spätestens zur Tour de France die Frage nach gedopten Sportlern auf. Die Liste an heiklen Verhaltensweisen, seien sie eher trivialer oder gemeinhin als „abweichendes" oder „kriminelles" Verhalten etikettierter Natur, ließe sich noch lange fortsetzen. Gemeinsam ist ihnen allen, dass sie prinzipiell durch Umfragen erhebbar sind und die Erhebung durch Umfragen oft sogar der *einzige Weg ist*, die gewünschten Informationen zu erhalten. Somit würden sich die geschilderten Probleme oder Informationsdefizite nicht stellen, wenn die empirische Sozialforschung Methoden bereitstellen könnte, die in der Lage wären, die genannten Verhaltensweisen valide zu erheben.[5]

Probleme durch unwahres bzw. sozial erwünschtes Antwortverhalten müssen sich jedoch nicht lediglich auf die korrekte Schätzung von Prävalenzen oder Häufigkeitsverteilungen beziehen. Auch die Effekte von Prädiktoren auf die interessierende Kriteriumsvariable können in Zusammenhangsanalysen durch falsche Angaben beeinflusst werden, wenn das Misreporting mit den interessierenden unabhängigen Variablen korreliert (Ganster/Hennessey/Luthans 1983, Hyman 1944, Köllisch/Oberwittler 2004). Diesbezüglich wird in den USA eine Diskussion um die Validität von „Voting Studies" geführt (Bernstein/Chadha/Montjoy 2001, Cassel 2004, Silver/Anderson/Abramson 1986).[6] Befunde aus Validierungsstudien, bei denen die tatsächliche Wahlteilnahme anhand prozess-

---

[5] Ob die erwähnten Beispiele tatsächlich als „problematisch" oder „schlimm" zu bewerten sind, kann aus wissenschaftlicher Sicht natürlich nicht entschieden werden und sei, um normative Urteile zu vermeiden, dahingestellt. Argumentiert werden soll nur, dass eine generelle Nachfrage außerhalb der Sozialwissenschaften nach validen Erhebungsmethoden besteht und dass die empirische Sozialforschung somit einen wichtigen Beitrag leisten kann, eine fundiertere Diskussionsgrundlage zu liefern.
[6] Hier ergibt sich – anders als bei Fragen zu unerwünschtem Verhalten – das Problem von „Overreporting". Befragte geben an, wählen gegangen zu sein, obwohl dies tatsächlich nicht der Fall war.

1.1 Problemhintergrund

produzierter Daten überprüft werden konnte, deuten darauf hin, dass durch den Antwortbias die Effekte wichtiger unabhängiger Variablen wie ethnische Zugehörigkeit oder der „Südstaateneffekt" auf die Wahlbeteiligung beeinflusst werden. Dies führt zu falschen Schlussfolgerungen über empirische Korrelationen (Bernstein/Chadha/Montjoy 2001). Ebenso beeinflussen die Erwünschtheitswahrnehmungen von Befragten, also deren Einschätzungen über die „Unbeliebtheit" von heiklen Eigenschaften oder Verhaltensweisen, die Beziehung zwischen unabhängigen und abhängigen Variablen (Phillips/Clancy 1970, vgl. auch Stocké/Hunkler 2004: 56). Die Relevanz wird klar, wenn nach Bedingungsfaktoren dieser Verhaltensweisen gefragt wird: Welche Personen neigen zu Spielsucht? Welche Jugendlichen werden kriminell? Wer ist einem hohen AIDS-Risiko ausgesetzt? Sind festgestellte Zusammenhänge valide oder beruhen sie – ganz oder teilweise – auf Einflüssen anderer, nicht kontrollierter Effekte?

Ein Ergebnis der in den Sozialwissenschaften sowie ihren Nachbar- und Hilfswissenschaften geführten Diskussion um eine möglichst valide Erhebung heikler Sachverhalte sind eine Reihe *spezieller Erhebungstechniken*, die – so der Anspruch – zu gültigeren Daten führen als die klassische, direkte Abfrage im Interview (van Koolwijk 1969).[7] Spätestens seit dem augenzwinkernden Beitrag von Barton (1958) steht die Frage nach Möglichkeiten „to ask embarrassing questions in non-embarrassing ways" (Barton 1958: 67) auf der methodischen Forschungsagenda. Am Beispiel der (ironisch gemeinten) Frage „Did you kill your wife?" liefert Barton ein „Brainstorming" an Ideen, wie diese Frage in Interviews am besten gestellt werden kann. Wahrscheinlich eher ungewollt hat Barton dadurch Ende der 1950er Jahre einen Rahmen auch heute noch aktueller bzw. diskutierter Techniken zur Erhebung heikler Fragen abgesteckt.[8] Zu nennen ist beispielsweise die Technik des „Wording", d. h. einleitende Sätze oder der eigentlich interessierenden Frage vorgeschaltete Einstiegsfragen, welche die heikle Frage weniger sensibel erscheinen lassen sollen.[9] Eine weitere Technik, die durch eine (zumindest wahrgenommene) Erhöhung der Anonymität der Interviewsituation den Befragten dazu bringen soll, heikle Eigenschaften „zuzugeben", ist die „Sealed Envelope-Technik" („Technik des vertraulichen Kuverts"). Bei dieser Technik überreicht der Interviewer dem Befragten die heikle(n) Frage(n) auf einem schriftlichen Teilfragebogen, bittet diesen, ihn eigenständig auszufüllen, den Bogen in einen Umschlag zu stecken, ihn anschließend zu ver-

---

[7] Beispielsweise fragt der Interviewer im direkten Modus: „Haben Sie jemals einen Diebstahl begangen: ja oder nein?".
[8] Tatsächlich jedoch stammen einige der vorgeschlagenen Spezialtechniken bereits aus den 1930er und 1940er Jahren. Für Näheres vgl. Unterkapitel 2.3.
[9] So etwa bei Barton (1958: 67): „As you know, many people have been killing their wives these days. Do you happened to have killed yours?".

siegeln und dem Interviewer wieder zu überreichen oder in eine Box (Wahlurne) zu werfen. Der Umschlag wird nicht vom Interviewer geöffnet, sondern erst nach der Feldphase von den Forschern, die den Befragten nie getroffen haben.

Einen weiteren wichtigen Anstoß der Methodendiskussion gibt sieben Jahre später Warner (1965) mit seinem Vorschlag der Randomized Response-Technik (RRT). Dieser Erhebungstechnik widmet sich die Hauptproblemstellung der vorliegenden Arbeit. Kernidee ist die Generierung vollständiger Anonymität in der Interviewsituation, was Anreize zu „abweichenden" Antwortverhalten eliminieren und dadurch wahrheitsgemäßes Antworten für den Befragten erleichtern soll (Peeters 2005: 5). In der Originalversion von Warner bestimmt ein Zufallsmechanismus, auf welche von zwei Fragen der Befragte antwortet, wobei der Ausgang des Zufallsmechanismus – z. B. ein Münzwurf – ausschließlich der befragten Person bekannt ist. Beispielsweise (vgl. Fox/Tracy 1986: 19) lautet die eine mit „ja" oder „nein" zu beantwortende Aussage „Ich habe schon einmal Heroin genommen", die andere „Ich habe noch nie Heroin genommen". Dem Interviewer ist somit unbekannt, ob die genannte Antwort („ja" oder „nein") die heikle Verhaltensweise bejaht oder nicht. Da jedoch der Erwartungswert der Eintrittswahrscheinlichkeit des Zufallsmechanismus bekannt ist, kann der Anteil der Personen berechnet werden, die tatsächlich die interessierende Handlung begangen haben. Die RRT hat seither mannigfaltige Erweiterungen erfahren und liegt in verschiedenen Varianten vor (für Überblicke vgl. Chaudhuri/Mukerjee 1988, Fox/Tracy 1986, Lensvelt-Mulders et al. 2005, Umesh/Peterson 1991 sowie die Ausführungen in Unterkapitel 2.4). Dennoch sind bis heute zentrale Fragen bestenfalls unzulänglich oder aber überhaupt nicht geklärt. Zunächst sind die Befunde hinsichtlich der entscheidenden Frage, inwieweit die Technik *überhaupt* den Response Bias eliminieren kann, uneinheitlich. Zwar deuten jüngere Metaanalysen von RRT-Studien (Lensvelt-Mulders et al. 2005) darauf hin, dass die Technik validere Ergebnisse liefert als konventionelle Erhebungsmethoden. Gleichwohl verbleibt ein nicht unbeträchtlicher Teil an inkorrekten Antworten. Dieser Befund zeigt sich in den wenigen bislang vorliegenden Validierungsstudien, in denen der wahre Wert der Befragten für die heikle Eigenschaft im Voraus bekannt ist (z. B. Lamb/Stem 1978, Landsheer/van der Heijden/van Gils 1999, Tracy/Fox 1981, van der Heijden et al. 2000). In der Metaanalyse von Lensvelt-Mulders et al. ergab sich bei den Validierungsstudien eine Rate an falschen Antworten von 38 % im RRT-Modus versus 49 % bei direkter Abfrage. Auch in der methodisch sehr sorgfältigen Validierungsstudie von van der Heijden et al. (2000) führte die RRT zwar zu valideren, aber immer noch deutlich verzerrten Schätzern. Je nach RRT-Design gaben nur 43 bzw. 49 % der Befragten einen Sozialhilfebetrug zu, obwohl die Untersuchungspopulation ausschließlich aus Personen bestand, die einen solchen begangen hatten. In den

1.1 Problemhintergrund

direkten Fragemodi Face to Face und CASI (Computer Assisted Self-Interviewing) betrug die geschätzte Prävalenz lediglich 25 bzw. 19 %. Beispiele für noch ernüchterndere Befunde lassen sich ebenfalls anführen. So konnte in drei jüngeren RRT-Studien aus dem deutschsprachigen Raum (Coutts/Jann 2011, Krumpal 2008, Preisendörfer 2008a) kein positiver Effekt der Technik nachgewiesen werden. Insgesamt demonstrieren die zitierten Beispiele die Ambivalenz der Forschungsergebnisse hinsichtlich des hauptsächlichen Anspruches der RRT, Antwortverzerrungen bei der Beantwortung heikler Fragen zu eliminieren: „The results are not comforting" (van der Heijden et al. 2000: 526, vgl. auch Lensvelt-Mulders et al.: 323).

Die Uneinheitlichkeit der Befunde wirft die Frage auf, *warum* die Randomized Response-Technik offensichtlich nicht (immer) so funktioniert, wie es gewünscht und erwartet wird. Welche Faktoren determinieren den Erfolg (oder Misserfolg) der Technik? Diese Frage kann hierbei differenziert werden in eine methodisch-empirische und eine theoretische Komponente.

Als zentrale *methodisch-empirische* Unklarheiten und Probleme lassen sich auf der Basis der einschlägigen Literatur zunächst die Folgenden identifizieren: Erstens funktioniert die RRT nur, wenn durch ihren Einsatz tatsächlich sämtliche Faktoren neutralisiert werden, die im direkten Fragemodus („direct questioning", im Folgenden DQ) zu verzerrten Antworten führen. Ein Verständnis von Erfolg oder Misserfolg der RRT setzt daher voraus, dass in einem ersten Schritt jene Faktoren überhaupt erst einmal identifiziert werden. Auch wenn die Literatur (vgl. für einen Überblick Lee 1993, Lee/Renzetti 1993, Lensvelt-Mulders 2008, Tourangeau/Yan 2007) mit einleuchtenden Beispielen bzw. Vorschlägen schnell zur Stelle ist, sind empirische Befunde zu den Mechanismen, welche zu Antwortverzerrungen führen, keineswegs endgültig und zweifelsfrei geklärt. Gerade die Forschung zum populärsten Argument, der Response Bias entstehe v. a. durch Anreize sozialer Erwünschtheit, ist von divergierenden Befunden geprägt (vgl. die ausführlichere Diskussion in Unterkapitel 2.2). Insgesamt ist bisher nicht zufriedenstellend geklärt, welche Determinanten im direkten Fragemodus Antwortverzerrungen auslösen und in welchem Maße die RRT genau diese Determinanten zu kompensieren in der Lage ist.

Eine zweite zentrale Voraussetzung für die Neutralisierung der verzerrenden Faktoren und den Erfolg der RRT ist, dass der Befragte den Sinn der Technik in ausreichendem Maße versteht, sie korrekt anwendet und in der Folge sein Antwortverhalten anpasst (Landsheer/van der Heijden/van Gils 1999: 2 f., Lee 1993: 85). Ein wichtiges Kriterium ist daher die Art und Weise, wie die Technik dem Befragten in der Interviewsituation präsentiert wird. Hierüber – bzw. über die „best practice" – herrscht in der Literatur kein Konsens (Lensvelt-Mulders et al. 2005: 341 f.). Oft wird in diesem Zusammenhang angeführt, dass die RRT einen höheren Aufwand im Vergleich zu konventionellen Fragemethoden mit sich bringe (Lensvelt-Mulders et al. 2005: 322). In der Interviewsituation muss die Technik dem Befragten aufwendig präsentiert und erläutert werden; der Befragte wiederum muss sie sich selbst klar machen. Dies alles und die Bedienung der RRT-Prozedur durch den Befragten kostet wertvolle Interviewzeit.

Drittens hängt die Wirksamkeit der RRT unmittelbar vom Grad der durch den Zufallsmechanismus gewährleisteten Anonymität ab. Dieser Grad kann je nach Ausgestaltung des RRT-Designs vom Forscher festgelegt werden. Je höher die Anonymität, so die Hypothese, desto eher fühlt sich ein Befragter tatsächlich geschützt und desto eher wird er eine heikle Verhaltensweise zugeben. Der Grad der Anonymität beeinflusst jedoch wiederum die Effizienz der Schätzung in negativer Richtung, so dass ein Trade-Off zwischen Anonymität und Effizienz gefunden werden muss (Fox/Tracy 1986: 25 f., Tracy/Fox 1981: 190). Grundsätzlich stellt sich dann die Frage, ob ein möglicherweise nur geringer Gewinn an Validität den hohen Verlust an statistischer Effizienz wert ist („efficacy" versus „efficiency"). Jedoch kann diese Diskussion nur sinnvoll geführt werden, wenn klar ist, wie hoch die Reduktion des Bias durch die RRT wirklich ist.

Viertens kann genau dies, d. h. wie hoch der tatsächliche Fehler durch unwahre Antworten ist und wie viel die RRT von diesem Fehler aufheben kann, meistens nicht festgestellt werden, da in der Regel keine Validierungsdaten vorliegen. Methodenvergleiche und Urteile über die Wirksamkeit der Technik stützen sich ganz überwiegend auf die sog. „More is Better-Assumption" (Lensvelt-Mulders et al. 2005: 323, Umesh/Peterson 1991). Diese besagt, dass höhere Schätzwerte die korrekteren oder valideren Schätzwerte sind, da bei heiklen Fragen zu „unerwünschten" Verhaltensweisen generell von Underreporting ausgegangen wird (Kreuter/Presser/Tourangeau 2008: 848). Das entscheidende Problem bei dieser Vorgehensweise ist, dass nichts über den tatsächlich wahren Wert bekannt ist. Daher ist es sinnvoll, externe Validierungsdaten in der Form, wie sie oben bereits vorgestellt wurden (z. B. van der Heijden et al. 2000), heranzuziehen. Diese Forderung wird auch in der Literatur als einziger Weg gesehen, Licht in die Problematik zu bringen (vgl. Lensvelt-Mulders et al. 2005: 341, Umesh/Peterson 1991).[10]

Insgesamt lässt sich das Wissen über die RRT rund 40 Jahre nach Warners Vorschlag am besten mit folgendem Zitat auf den Punkt bringen: „A thorough look at the literature on RRTs reveals that 35 years of research have not led to a consensus or a description of best practices" (Lensvelt-Mulders et al. 2005: 323).

---

[10] Dies bezieht sich nicht nur auf die RRT. Eine Analyse der Validität von Umfragedaten hat generell das Problem, Kriterien für die Beurteilung derselben zu benötigen. Auch unabhängig von der RRT wird daher häufig die Forderung nach mehr Validierungsstudien geäußert (z. B. Phillips 1971: 110, Summers/Hammonds 1969).

1.1 Problemhintergrund

Ein möglicher Grund für dieses doch etwas ernüchternde Urteil könnte darin liegen, dass bisher kein Versuch unternommen wurde, sich den Problemen mit soziologischen Erklärungsangeboten *handlungstheoretisch* zu nähern. Die oben skizzierte methodisch-empirische Forschung zu RRT hat sich hauptsächlich darauf konzentriert, festzustellen, *ob* die Technik zu höheren oder valideren Schätzern führt als direkte Befragungstechniken. Bisher nicht gestellt wurde allerdings die theoretische Frage, *warum* sich durch den Einsatz von RRT höhere Schätzwerte ergeben – oder eben nicht. Anspruch der vorliegenden Arbeit soll es u. a. sein, aufbauend auf Rational Choice (RC)-Ansätzen des Befragtenverhaltens einen theoretischen Rahmen zu entwickeln, der zu erklären in der Lage ist, unter welchen Bedingungen die RRT tatsächlich funktioniert, sowie welche Determinanten dafür sorgen, dass es u. U. auch im RRT-Modus noch Befragte gibt, die nicht die Wahrheit sagen. Eine auf Phillips (1971, 1973) zurückgehende Grundprämisse für eine handlungstheoretische Erklärung des Befragtenverhaltens ist, dass Messfehler durch *Handlungen* von *Akteuren* in bestimmten (*Interview-)Situationen* entstehen (vgl. auch Esser 1991: 63, Getzels 1954). Entsprechend müsste die allgemeine RC-Theorie auch auf das Befragtenverhalten in Interviewsituationen anwendbar sein. Diese Idee hat v. a. Esser (1986, 1990, 1991, 1993) verfolgt und eine RC-Theorie des Befragtenverhaltens entworfen.

Grundidee des RC-Modells des Befragtenverhaltens ist, dass sich Befragte, die bestimmte Ziele, Restriktionen und (damit verbunden) Handlungsalternativen haben, in einer Interviewsituation mit bestimmten Situationsmerkmalen wiederfinden und im Rahmen dieser Situation diejenige Handlungsalternative wählen, welche ihren persönlichen Nutzen maximiert. In die Situationsumstände sind beispielsweise Eigenschaften und das Handeln des Interviewers einzuordnen.[11] Die Handlungsalternativen eines Befragten sind verschiedene Antwort- oder Reaktionsmöglichkeiten auf eine Interviewfrage (und stellen das Explanandum dar). Zusammengefasst richtet sich das Befragtenverhalten danach, welche (antizipierten) Handlungsfolgen ein bestimmtes Antwortverhalten in einer bestimm-

---

[11] Vgl. hierzu die frühe Studie von Robinson und Rohde (1946), die – während des Zweiten Weltkrieges – antisemitische Einstellungen in den USA untersuchten. Hierzu wurden Befragte in einem Experimentaldesign einer von vier Interviewergruppen zugewiesen. Zwei Gruppen bestanden aus „jüdisch aussehenden" Interviewern, wovon zusätzlich noch ein Drittel dieser Interviewer angewiesen wurde, sich beim Befragten mit einem jüdisch klingenden Namen vorzustellen. Der andere Teil der Interviewer sah „nicht jüdisch" aus, auch hier wurde zusätzlich ein Teil angewiesen, sich mit einem nicht jüdischen Namen vorzustellen. Im Ergebnis zeigen sich signifikante Effekte beispielsweise zur Frage, ob die Befragten meinen, dass „Juden in den USA zu viel Macht haben". Während diese Frage bei jüdisch aussehenden Interviewern mit jüdischen Namen von 6 % der Befragten bejaht wird, liegt der Anteil bei nicht-jüdisch aussehenden Interviewern ohne jüdischen Namen bei 21 % (Robinson/Rohde 1946: 138).

ten Situation nach sich zieht und inwieweit diese Folgen von den Akteuren als „gut" oder „schlecht" bewertet werden.

An der RC-Theorie im Allgemeinen und auch deren Anwendung auf die Erklärung des Befragtenverhaltens gibt es Kritik (vgl. allgemein z. B. Green/Shapiro 1999, bezüglich des Befragtenverhaltens Hartmann 1991, Stocké 2004). Die generelle Kritik bezieht sich u. a. darauf, dass Akteure keinesfalls immer sorgfältig, unter Einbezug sämtlicher zur Verfügung stehender Informationen kalkulieren und ihr Handeln nach dieser Kalkulation ausrichten (Esser 1990: 231 ff., Stocké 2004: 306). Somit sei es mit dem (engen) RC-Ansatz schwer, einstellungsbasiertes, automatisch-spontanes, emotionsgeleitetes, normorientiertes oder Routinen befolgendes Handeln zu erklären (Kroneberg 2005: 344). Gerade bei Befragungen erscheint eine Erklärung mittels „harter" Kosten- und Nutzenaspekte nicht uneingeschränkt angebracht, da Interviewsituationen zumindest der Tendenz nach eher Niedrigkostensituationen darstellen – so die Argumentation der Kritiker (vgl. Esser 1990). Eine neuere, auf Esser (2001, 2003, 2004, 2010) zurückgehende Reaktion auf diese Kritik ist die FS-Theorie (siehe auch Kroneberg 2005, Mayerl 2009, Stocké 2002). Deren Grundgedanke ist eine variable Rationalität der Akteure. Letztere handeln aufgrund unterschiedlicher subjektiver Situationsdefinitionen („Framing") und ihres Reaktionsrepertoires – den Akteuren bekannte Handlungsstrategien für ähnliche Situationen – manchmal automatisch-spontan, in anderen Fällen rational-kalkulierend. In neueren Ausarbeitungen wird der Versuch unternommen, eine umfassende allgemeine Handlungstheorie zu entwerfen, die formal präzise *erklärt*, wann und warum es zu automatisch-spontanen bzw. zu reflexiv-kalkulierenden Handlungen kommt (Kroneberg 2005, 2008). Damit – so der Anspruch – wären zum einen die mutmaßlichen Blindstellen der RC-Theorie überwunden und zum anderen wäre die klassische RC-Theorie in eine umfassendere Handlungstheorie integriert.

Bezüglich des Befragtenverhaltens wird in einer ersten, allerdings noch recht rudimentären Ausarbeitung des Framing-Ansatzes von Stocké (2004) die Bedeutung *einstellungsbasierten* Antwortverhaltens betont. Sofern positive und stark verankerte Umfrageeinstellungen vorliegen, prognostiziert das Modell eine Ausschaltung der Anreize durch soziale Erwünschtheit, da die Interviewsituation unter dem Oberziel bedingungsloser Kooperation gerahmt wird.

Im dem skizzierten Theorieangebot zur Erklärung des Befragtenverhaltens (RC- und FS-Theorie) lassen sich mehrere Defizite bzw. Problempunkte feststellen. Bezogen auf die Kritik an der Anwendung des RC-Modells auf das Befragtenverhalten bemerkt Diekmann (2008: 445) zunächst zu Recht, dass die Identifizierung (und Operationalisierung) der Nutzen- und Kostenkomponenten *das* entscheidende Problem darstellt. In den gängigen Erklärungsansätzen werden

1.1 Problemhintergrund

v. a. und meist ausschließlich Nutzen und Kosten durch soziale Erwünschtheit als Grund für verzerrte Antworten genannt. Damit verbunden ist auch die u. a. von Esser (1991) rezipierte These von DeMaio (1984), nach der heikle Fragen lediglich einen Spezialfall des generellen Problems sozial erwünschten Antwortverhaltens darstellen. Im Umkehrschluss bedeutet dies, Probleme mit heiklen Fragen würden sich nicht stellen, wenn das Problem sozial erwünschten Antwortverhaltens gelöst wäre. Das wiederum besagt, *einzig* Anreize zu sozialer Erwünschtheit sind für den Response Bias bei heiklen Fragen verantwortlich. Allerdings sind andere Anreize zu unwahren Antworten gerade bei heiklen Fragen vorstellbar und plausibel. Entsprechend könnte die Theoriediskussion vorangebracht werden, wenn es gelänge, neben Anreizen durch soziale Erwünschtheit weitere Gründe zu identifizieren (und empirisch nachzuweisen), die Befragte dazu animieren, nicht wahrheitsgemäß zu antworten. Eine zweite Blindstelle der Theorien ist, dass die RRT bisher allenfalls rudimentär integriert wurde. Die Kurzformel „mehr Anonymität, validere Antworten" vereinfacht die Realität zu stark. Sie beantwortet eben nicht die Frage, warum die RRT offenbar „manchmal" oder bei „manchen" Befragten und bei „manchen" Fragen funktioniert, in anderen Fällen allerdings nicht. Ein dritter Kritikpunkt bezieht sich auf die FS-Theorie im Allgemeinen sowie deren Anwendung auf das Befragtenverhalten. Generell erscheint der Ansatz in seiner aktuellen Ausbaustufe noch etwas jung bzw. unausgereift. Ein zentrales Problem ist die nur schwer durchführbare empirische Überprüfung. Auch ein Immunisierungs- und Tautologievorwurf wurde erhoben (vgl. die Diskussion bei Etzrodt 2007, 2008, und Kroneberg 2005, 2008). Zudem wird nicht zufriedenstellend erklärt, wo die gespeicherten Frames und Handlungsskripte eines Akteurs herrühren; als „Lösung" wird letztlich auf während der Sozialisation erworbenes Wissen rekurriert (Kroneberg 2005: 346). Boudon kommentiert dies folgendermaßen: „Indem sie sich damit zufrieden gibt, Handlungen, deren Erklärung sie versäumt, durch Rekurs auf die Idee, dass die sozialen Akteure unter der Wirkung von durch anonyme Kräfte installierter „Rahmen" (frames) handeln, zu berücksichtigen, fällt die Theorie rationalen Handelns in das Schlamassel zurück, aus dem sie die Sozialwissenschaft eigentlich herausholen wollte" (Boudon 2007: 24; eigene Übers., F. W.). Viertens blendet die aktuelle Version des Modells (Stocké 2004) wichtige Aspekte der Theorie aus, da eben nicht erklärt wird, warum bestimmte Befragte im automatisch-spontanen Modus, andere hingegen im reflexiv-kalkulierenden Modus agieren bzw. die „Wahl" des Informationsverarbeitungsmodus offen bleibt (vgl. Kroneberg 2005: 345, Stocké 2004: 306). Fünftens schließlich stellt sich auch die grundsätzliche Frage, ob es überhaupt fruchtbar ist, die recht komplexe neue Theorie dem relativ ausgereiften herkömmlichen RC-Ansatz in einer „weiten"

Variante (Mayerl 2009, Opp 1991, 1999: 157 ff., 2010) vorzuziehen (vgl. auch Opp 2009: 36 f.).

Zusammenfassend stellt sich also – im Rahmen des Anliegens, reliable und valide Befragungsdaten zu erheben – das generelle Problem, dass heikle Fragen zu verzerrendem Antwortverhalten führen und somit die geschätzten Ergebnisse systematisch vom wahren Wert abweichen. Zur Lösung dieses Problems wurden verschiedene Techniken vorgeschlagen, wovon eine wichtige die RRT ist. Über deren Leistungsfähigkeit besteht allerdings kein Konsens, die Ergebnisse der bisherigen Methodenforschung sind ambivalent. In diesem Zusammenhang ist ein Mangel an Validierungsstudien zu konstatieren, in denen Umfragewerte extern validiert werden können. Weiterhin wurde vorgeschlagen, sich dem Problem theoriegeleitet mittels handlungstheoretischer Erklärungen des Befragtenverhaltens zu nähern. Allerdings sind die existierenden Theorien des Befragtenverhaltens – RC- und FS-Modelle – in ihrer aktuellen Form nur bedingt in der Lage, ein umfassendes Verständnis des Befragtenverhaltens bei heiklen Fragen mit und ohne Einsatz der RRT zu ermöglichen.

1.2 Fragestellungen und Aufbau

Zusammengefasst soll in der vorliegenden Arbeit also ein Beitrag zur Klärung der Frage geleistet werden, inwieweit und aus welchen Gründen die RRT dazu beitragen kann, Antwortverzerrungen bei heiklen Fragen in Face to Face-Interviews zu vermeiden. Bereits oben wurde erwähnt, dass es am sinnvollsten ist, sich dieser Fragestellung mit Validierungsdaten zu nähern. Daher präsentiert die vorliegende Arbeit auf theoriegeleiteten Hypothesen basierende empirische Analysen mit Validierungsdaten.

Hierzu wurde in einem westdeutschen Ballungsraum eine standardisierte Face to Face-Umfrage unter 552 Personen durchgeführt, von denen im Vorfeld bekannt war, dass sie kriminelle Vergehen begangen haben und hierfür strafrechtlich verurteilt wurden. Sämtliche Delikte beziehen sich auf kleinere bzw. eher alltägliche Vergehen wie Diebstahl, Schwarzfahren (Leistungserschleichung) und Verkehrsverstöße wie Fahren ohne Fahrerlaubnis, Unfallflucht oder Trunkenheit am Steuer. Informiert über diesen Umstand war und ist allerdings ausschließlich die durchführende Forschungsgruppe. Weder den Befragten selbst, noch den Interviewern war die Tatsache bekannt, dass die wahren Werte der interessierenden Variablen bekannt sind. Somit unterscheidet sich die spezielle Erhebungssituation der Umfrage nicht von dem, was sich in konventionellen Bevölkerungsumfragen zwischen Befragten und Interviewern abspielt. Die Kontaktdaten stammen von den Justizbehörden und konnten nach enger Absprache

1.2 Fragestellungen und Aufbau

mit den Datenschutzbehörden zur Verfügung gestellt werden.[12] Die zentrale abhängige Variable der Validierungsanalysen ist die Antwort der Befragten auf die Frage, ob sie jemals strafrechtlich verurteilt wurden. Als zentrale Hypothese wird angenommen, dass es sich bei dieser Frage um eine als „heikel" titulierbare Eigenschaft handelt und dieser Umstand bei der Erhebung in Umfragen zu den oben angesprochenen Problemen führt. Ein weiteres Kernmerkmal der Erhebung ist ein experimentelles Forschungsdesign, in dem die zu befragenden Personen zufällig auf zwei Befragungsmodi zugewiesen wurden. Bei 40 % der Befragten wurden die heiklen Fragen zu strafrechtlichen Vergehen direkt gestellt (DQ-Modus), 60 % bekamen die jeweiligen Fragen mit Hilfe der RRT gestellt (RRT-Modus). Neben der erwähnten Frage nach strafrechtlicher Verurteilung wurden außerdem einige weitere heikle Fragen zu konkreten kriminellen Vergehen, Angaben zu soziodemographischen Merkmalen, zu Anreizen sozial erwünschten Antwortverhaltens, zu Umfrageeinstellungen, Einstellungen zu Kriminalität sowie einige Persönlichkeitsmerkmale erhoben. Somit reiht sich die Erhebung in die wenigen vorliegenden Validierungsstudien zur RRT ein, von denen weltweit m. W. nur sieben existieren und von denen nur fünf publiziert wurden (vgl. ausführlicher Abschnitt 2.4.3). Zudem existiert bisher keine empirische Validierung der Technik im deutschsprachigen Raum. Die in der Validierungserhebung erhobenen Daten erlauben die Untersuchung folgender Forschungsfragen:

1. *Wie groß ist der Bias durch Misreporting im DQ-Modus?* Da der wahre Wert für jeden Befragten bekannt ist und dieser bezogen auf die generelle Tatsache, strafrechtlich belangt worden zu sein, im Analysesample 100 % beträgt, lässt sich feststellen, wie hoch der Anteil der Befragten ist, der nicht die Wahrheit sagt. Der Anteil unwahrer Antworten im direkten Fragemodus ist besonders interessant, um das Ausmaß des Schätzfehlers, der bei konventionellen Bevölkerungsumfragen ohne Einsatz von Spezialtechniken entsteht, beurteilen zu können: Wie valide sind also konventionell erhobene Umfragedaten zu heiklen Fragen über kriminelle Vergehen? Mit der zweiten Forschungsfrage wird der Vergleich zum RRT-Modus hergestellt:

2. *Wie viel des Bias im direkten Modus kann die RRT kompensieren und wie hoch ist die evtl. verbleibende Abweichung im RRT-Modus?* Zunächst gilt es also vergleichend festzustellen, wie hoch der Response Bias im RRT-Modus im Vergleich zu jenem im DQ-Modus ist. Bereits oben wurde angedeutet, dass der Hauptanspruch bzw. die Arbeitshypothese der RRT ist, Einflussfaktoren, die im direkten Fragemodus zu unwahren Antworten führen,

---

[12] Vgl. die ausführlichere Präsentation der Erhebung und der resultierenden Daten sowie Anmerkungen zu forschungsethischen Fragen bei derartigen Erhebungen in Kapitel 4.

zu eliminieren.[13] Dementsprechend dürfte der Anteil unwahrer Antworten nicht signifikant von 100 % abweichen. Wie der bereits kurz referierte Forschungsstand jedoch zeigt, deuten existierende Validierungsstudien darauf hin, dass die Technik bei weitem nicht alle Befragten dazu bringt, bei heiklen Fragen wahrheitsgemäß zu antworten (vgl. nochmals zusammenfassend Lensvelt-Mulders et al. 2005). Ein erstes Beurteilungskriterium ist somit der evtl. verbleibende Anteil an Befragten, die auch unter Einsatz der RRT immer noch die heikle Eigenschaft fälschlicherweise verneinen. Ein zweites Kriterium ist die Frage, ob die RRT tatsächlich im Vergleich zum direkten Modus *signifikant* höhere Prävalenzschätzer der heiklen Verhaltensweisen liefert. Die beiden ersten Fragen behandeln somit das Ausmaß des Problems im DQ-Modus und die Performanz der RRT. Nach den Ergebnissen der bisherigen Forschung lässt sich vermuten, dass tatsächlich ein Bias im DQ-Modus existiert, die RRT signifikant besser abschneidet, aber dennoch ein nicht unbeträchtlicher Teil an Personen verbleibt, die immer noch nicht die Wahrheit sagen (wie etwa bei van der Heijden et al. 2000). Sollten die Befunde ein vergleichbares Muster ergeben, schließen sich weitere Fragen an.

3. *Welche Determinanten führen im direkten Fragemodus dazu, dass Befragte nicht die Wahrheit sagen bzw. heikle oder unerwünschte Verhaltensweisen weniger häufig zugeben, als es der Wahrheit entspricht?* Als populärster, aber bei weitem nicht unumstrittener Einflussfaktor wird in der Literatur die Neigung oder das Bedürfnis nach sozialer Anerkennung bzw. „sozial erwünschtes Antwortverhalten" genannt. Jedoch ist, wie ebenfalls bereits angedeutet, davon auszugehen, dass gerade bei heiklen Fragen ein Reduktionismus der Fehlerquellen ausschließlich auf soziale Erwünschtheit (DeMaio 1984, Esser 1991) der Realität nicht gerecht wird. Zudem ist die empirische Befundlage in der einschlägigen Erwünschtheitsforschung nicht eindeutig (mehr dazu in Unterkapitel 2.2). Neben der Erwünschtheitshypothese werden daher in den empirischen Analysen weitere theoriegeleitete Hypothesen überprüft. Diese gehen davon aus, dass sowohl Situationsmerkmale (der Interviewsituation) als auch Befragtenmerkmale Effekte auf das Antwortverhalten ausüben. Die Motivation dieser Analysen ergibt sich auch aus der bereits oben erwähnten Problematik, dass auch Zusammenhangsanalysen mit Determinanten heikler Charakteristika verzerrt sind, wenn das Misreporting nach den untersuchten Determinanten systematisch variiert. Insofern geben die Analysen auch Auskunft über die Relevanz dieses Vorwurfs. Gelingt es,

---

[13] Dies schließt die selten berücksichtigte Annahme mit ein, dass Personen, die auch schon im direkten Befragungsmodus die Wahrheit sagen, ihr Antwortverhalten im RRT-Modus nicht ändern. Anders ausgedrückt: Implizit wird immer davon ausgegangen, dass die Technik nur das Verhalten der Leute ändert, die im direkten Modus *nicht* die Wahrheit gesagt haben.

1.2 Fragestellungen und Aufbau

diese Fragen zufriedenstellend zu beantworten, werden die Gründe des Response Bias bei der Validierungsfrage offengelegt, verstanden und im Idealfall erklärt. Diese Gründe stellen dann wiederum das „Angriffspotenzial" der RRT dar, die eliminiert werden müssten. Da jedoch – so die Tendenz in der Literatur – auch im RRT-Modus noch Personen abweichend antworten, schließt sich noch eine weitere Frage an.

4. *Welche Determinanten führen im RRT-Modus dazu, dass Befragte nicht die Wahrheit sagen bzw. heikle oder unerwünschte Verhaltensweisen weniger häufig zugeben, als es der Wahrheit entspricht? Welche Mechanismen führen somit zum Funktionieren oder Nicht-Funktionieren der RRT?* Bei dieser Frage geht es darum festzustellen, welche Determinanten des Antwortverhaltens im Vergleich zum direkten Fragemodus eine Rolle spielen. Welche Determinanten abweichenden Antwortverhaltens können durch die Spezialtechnik eliminiert werden, welche nicht? Oder gibt es sogar validitätsreduzierende Effekte im RRT-Modus, die im DQ-Modus nicht auftreten? Somit kann beantwortet werden, aus welchen Gründen es auch noch im RRT-Modus Befragte gibt, die nicht die Wahrheit sagen, was wiederum entscheidend zum Verständnis der Wirkungsmechanismen der Technik beitragen kann. Ein einfaches Beispiel wäre die Standardhypothese, nach der Befragte im direkten Modus v. a. aufgrund von Anreizen zu sozialer Erwünschtheit nicht wahrheitsgemäß antworten. Diese Anreize müssten – besonders in der Deutung von Stocké (2004) – durch die RRT eliminiert werden, da die Befragungssituation nunmehr komplett anonymisiert ist. Technisch formuliert geht es also um die *Interaktionseffekte* zwischen unabhängigen Variablen (wie z. B. der Neigung zum Bedürfnis nach sozialer Anerkennung) und dem Befragungsmodus. Für die Untersuchung dieser Frage sind spezielle logistische Regressionsverfahren für RRT-Daten nötig, welche die (freilich bekannte) Fehlervarianz des RRT-Designs berücksichtigen. Entsprechende Verfahren liegen mittlerweile vor (Maddala 1983: 54 ff., Scheers/Mitchell Dayton 1988, van der Heijden/van Gils 1996) und wurden in gängige Statistiksoftware implementiert (Jann 2005, 2008). Ein weiterer Punkt, der unter die oben genannte Frage fällt, ist die These, dass oft mangelndes Verständnis der RRT dazu führt, dass die Technik nicht wie intendiert funktioniert. Entsprechend müsste das Ausmaß des Misreportings mit zunehmendem Verständnis der RRT abnehmen (Landsheer/van der Heijden/van Gils 1999). Auch diese Teilhypothese wird in den empirischen Analysen überprüft werden.

Vom Schwerpunkt her liegt das Erkenntnisinteresse der vorliegenden Arbeit im methodischen Bereich. Dennoch wird zur Beantwortung der Fragestellungen theoriegeleitet vorgegangen. Die Frage nach den Determinanten des Befragtenverhaltens und der Rolle der RRT wird zunächst theoretisch mittels der RC-Theorie des Befragtenverhaltens sowie der FS-Theorie, die beide um neue Argumente erweitert werden, behandelt und anschließend empirisch anhand der Validierungsdaten überprüft. Was lässt sich aufgrund handlungstheoretischer Ansätze prognostizieren? Lassen sich die Erklärungen empirisch bestätigen? Neben dem Erkenntnisgewinn für die Methodenforschung verfolgt die Arbeit auch das Ziel, die Theoriearbeit ein Stück weit „voranzubringen". Hier ist m. E. noch beträchtlicher Forschungsbedarf vorhanden, da die zwei Forschungsfelder Umfragemethodologie und Handlungstheorien bisher tendenziell eher unabhängig nebeneinander her arbeiten. Dementsprechend könnte eine engere Verbindung und Zusammenarbeit der beiden Felder möglicherweise gewinnbringend und fruchtbar sein. Das vorliegende Buch soll einen Anstoß dazu geben.

Das Besondere und Neue der Studie liegt in mehreren Punkten. Zunächst sind Validierungsstudien bezüglich der RRT grundsätzlich sehr schwer durchzuführen und dementsprechend rar. Die letzte Studie von van der Heijden et al. (2000) datiert von Mitte der 1990er Jahre. Zum ersten Mal werden in der vorliegenden Arbeit Validierungsdaten zum DQ-RRT-Vergleich aus dem deutschsprachigen Raum untersucht. Überhaupt erstmalig werden multiple Regressionsmodelle mit RRT-Validierungsdaten präsentiert, in denen Determinanten des *Antwort*verhaltens modusvergleichend analysiert werden. Auch die erwähnte jüngste Validierungsstudie bot nur bivariate Analysen. Zudem werden die zentralen empirischen Analysen auf Basis erklärender Handlungstheorien durchgeführt. Dies ist in der methodisch orientierten Surveyforschung eher selten. Auf theoretischer Ebene erfolgt eine Weiterentwicklung der Esserschen RC-Theorie des Befragtenverhaltens, die u. a. zum ersten Mal eine ausführliche und formale Implementation von RRT-Effekten in ein erklärendes Modell beinhaltet. Schließlich sind als inhaltliches Novum zwei Hauptthesen zu nennen, die sowohl das schlechte Abschneiden der RRT in der bisherigen Literatur, als auch die uneinheitlichen Befunde der SD-Forschung erklären könnten. Zum einen wird argumentiert, dass Antworteditierungen auch deshalb vorgenommen werden, um kognitive Dissonanzen zu vermeiden bzw. zu reduzieren. Würde dies stimmen, wäre konsequenterweise davon auszugehen, dass Fragetechniken, die die Interview*situation* anonymisieren, diese Ursache des Response Bias *nicht* eliminieren können. Zum anderen wird bezüglich der „sozialen Erwünschtheitshypothese" darauf verwiesen, dass Antworteditierungen oder „Lügen" ebenfalls – und wahrscheinlich in hohem Maße – sozial unerwünscht sind. Für den Fall, dass die unwahre Erwünschtheitsantwort „aufgedeckt" wird, entstehen dem Befragten höhere Kosten als bei einer wahren Antwort. Etwas oberflächlicher ausgedrückt könnte man sagen, „Lügen" sei nicht risikolos. Würde dieses Argument stim-

1.2 Fragestellungen und Aufbau

men, könnte gefolgert werden, dass Befragte mit einem SD-Response Set dank der RRT nun „sicherer lügen" können als im direkten Fragemodus.

Insgesamt will die Arbeit einen Beitrag leisten, zu klären, wie genau sich die RRT auf das Befragtenverhalten auswirkt. In diesem Zusammenhang sollte nach nunmehr mehr als 40 Jahren andauernder Forschung zum Thema RRT auch die für die Technik „existenzielle" Frage geklärt werden: Lohnt es sich, die RRT als Fragetechnik beizubehalten oder sind die Ergebnisse der Forschung doch in einem Maße ernüchternd, dass die Technik *ad acta* gelegt werden sollte?

Um die erläuterten Fragestellungen angemessen diskutieren zu können, geht das folgende Kapitel 2 zunächst auf Definitionen, Konzepte und den empirischen Forschungsstand ein. Das Kapitel startet mit einer Diskussion verschiedener Definitionsangebote des Begriffs „heikler Fragen". Danach werden die Probleme bei deren Erhebung diskutiert. Ein dabei wichtiger Punkt ist die Forschung zum Thema „soziale Erwünschtheit", der ein eigenes Unterkapitel 2.2 gewidmet wird. Nach einem Überblick über das Spektrum an Techniken zur Erhebung heikler Fragen in Unterkapitel 2.3 wird in Unterkapitel 2.4 die Kerntechnik der vorliegenden Arbeit, die RRT, präsentiert. In Kapitel 2.5 werden die Ausführungen in einem Zwischenfazit resümiert und diskutiert.

Im nachfolgenden Kapitel 3 wird zunächst – nach einem einführenden Überblick in Unterkapitel 3.1 – auf die bereits angesprochenen aktuellen Theorieangebote der RC- und FS-Theorie zur Erklärung des Befragtenverhaltens eingegangen. Dies geschieht in den Unterkapiteln 3.2 und 3.3. Für jede Theorie erfolgt erst eine allgemeine Einführung in den jeweiligen Ansatz, gefolgt von der Anwendung auf das Befragtenverhalten. Die Deduktion empirisch überprüfbarer Hypothesen beschließt die jeweiligen Ausführungen. Das Theoriekapitel mündet in Unterkapitel 3.4, in welchem die Ansätze und verschiedenen Erklärungsangebote gegenübergestellt, diskutiert und synthetisiert werden.

Der nun folgende Hauptteil der Arbeit präsentiert die Ergebnisse empirischer Analysen auf Basis der Validierungsdaten. Kapitel 4 stellt die Daten und Methoden vor. Zunächst wird in Unterkapitel 4.1 auf das Erhebungsdesign und die Messinstrumente eingegangen. An dieser Stelle erfolgt außerdem die Präsentation des eingesetzten RRT-Designs. Unterkapitel 4.2 resümiert den Ablauf der Feldphase und die resultierende Datenstruktur. Die Erläuterung der statistischen Analyseverfahren und methodischen Vorgehensweise in Unterkapitel 4.3 bildet den Abschluss des Methodenteils.

Das sich anschließende Kapitel 5 präsentiert Ergebnisse empirischer Analysen zu den oben erläuterten Fragestellungen. Hierbei werden in Unterkapitel 5.1 dimensionale Analysen zur Generierung einiger Messinstrumente bzw. Skalen präsentiert, gefolgt von deskriptiven Auswertungen zu Charakteristika der Stichprobe und der Verteilung der Analysevariablen. In Unterkapitel 5.2 geht es um als „weiche" Indikatoren der Umfragequalität etikettierbare Variablen. Bei diesen handelt es sich um Aspekte wie das Vertrauen in die Anonymität oder unwohle Gefühle beim Beantworten oder Stellen (Interviewer) der heiklen Fragen, die präsumtiv auch durch anonymisierende Techniken wie die RRT verbessert werden können. Unterkapitel 5.3 präsentiert die für diese Arbeit zentralen Ergebnisse zur Validierungsfrage im Modusvergleich. Die Ergebnisse der empirischen Analysen zu Determinanten des Antwortverhaltens – ebenfalls im DQ-RRT-Vergleich – sind Gegenstand von Unterkapitel 5.4. Kapitel 5 schließt mit einem kurzen Resümee in Unterkapitel 5.5, in welchem die wichtigsten Ergebnisse überblicksartig zusammengefasst werden.

Im Schlusskapitel der Arbeit, Kapitel 6, werden die Ergebnisse der gesamten Arbeit zusammengefasst und kritisch beurteilt. Ebenso wird auf die Bedeutung der gewonnenen Erkenntnisse für die Praxis der Umfrageforschung und der RRT eingegangen. Auch offen gebliebene Fragen und daraus resultierende Vorschläge für weitere Forschung werden thematisiert.

2 Heikle Fragen in Interviews

Das folgende Kapitel dient dazu, mit dem Problemgegenstand der Arbeit verbundene Begriffe, Konzepte und Methoden ausführlicher vorzustellen und zu definieren, sowie den aktuellen Forschungsstand zu diskutieren. Zuerst wird in Unterkapitel 2.1 auf Definitionen von „heiklen Fragen" eingegangen: Warum und nach welchen Charakteristika macht es Sinn, bestimmte Fragen als „heikel" oder „sensitiv" einzustufen? Wie unterscheiden sich diese Fragen von „gewöhnlichen" Fragen in standardisierten Surveys? Durch diese konzeptionell-typologisierende Herangehensweise, verbunden mit entsprechenden empirischen Befunden, erhält man erste Anhaltspunkte, warum deren Erhebung in standardisierten Surveys zu Misreporting führen kann. Ein wichtiges Konzept, welches die einschlägige Literatur dominiert, ist hierbei die These, dass vor allem Anreize zu sozial erwünschtem Antwortverhalten zu unwahren Antworten führen. Der Vorstellung und Diskussion der diese These behandelnden Literatur widmet sich Unterkapitel 2.2. Im Anschluss erfolgt die Präsentation der bereits erwähnten speziellen Erhebungsmethoden und -techniken, welche den Anspruch haben, eine valide Erhebung heikler Fragen zu ermöglichen. Ein Abriss des generellen Spektrums jener Techniken in Unterkapitel 2.3 dient hierbei der allgemeinen Einordnung der in dieser Arbeit hauptsächlich interessierenden Randomized Response-Technik (RRT). Die RRT wird in Unterkapitel 2.4 im Detail diskutiert. Ein Zwischenfazit in Unterkapitel 2.5 beschließt das Kapitel. Insgesamt gilt es also, folgende Fragen zu beantworten: Worum geht es bei sog. „heiklen Fragen"? Warum ist deren Erhebung problematisch? Stellt soziale Erwünschtheit das Hauptproblem dar? Was für Vorschläge gibt es, die Probleme zu lösen? Was ist die RRT? Welche empirischen Befunde liegen – v. a. bezüglich der RRT – vor?

2.1 Einführung: Was ist an heiklen Fragen heikel?

Auf den ersten Blick bzw. intuitiv scheint es auf der Hand zu liegen, was mit „heiklen Fragen" in Umfragen gemeint ist. In Kapitel 1 wurde beispielsweise auf Fragen nach kriminellem oder illegalem Verhalten, zu sexuellen Themen oder zu diskriminierenden Einstellungen verwiesen. Dementsprechend wird in der Literatur vielfach auf eine exakte Definition verzichtet: „One difficulty with the notion of a sensitive topic is that the term is often used in the literature as if it were self-explanatory" (Lee/Renzetti 1993: 3; Herv. so nicht im Orig., F. W.). Eine genauere Sichtung der einschlägigen Literatur offenbart, dass erstens eine Fülle an Definitionsvorschlägen existiert und zweitens – daraus resultierend – es bisher nur unzureichend gelungen ist, den Terminus definitorisch genau, eindeutig und sinnvoll – d. h. v. a. theoretisch fruchtbar – abzugrenzen (vgl. Barnett 1998: 66 f., Tourangeau/Yan 2007: 860).

Eine in der Literatur häufig zitierte Definition stammt von Sieber und Stanley (1988). Demnach kann „sozial heikle Forschung" („socially sensitive research") definiert werden als „studies in which there are potential consequences or implications, either directly for the participants in the research or for the class of individuals represented by the research" (Sieber/Stanley 1988: 49). Diese sehr weit gefasste Definition hat den Nachteil, jegliche Forschung (logisch gesehen) als heikel zu bezeichnen, die überhaupt irgendwelche (potenzielle) Konsequenzen hat. Anders ausgedrückt wird nicht konkretisiert, welche Konsequenzen gemeint sind (vgl. Lee 1993: 3, Lee/Renzetti 1993: 4). Entsprechend versuchen weiterführende Definitionen, diese Lücke zu schließen. Eine wichtige Eingrenzung – etwa bei Porst (2008: 124) – ist hierbei die Konkretisierung auf *negative* Konsequenzen, also *Kosten* oder *Nachteile*, die der befragten Person entstehen. Diese entstehen dadurch, dass der Interviewer oder eine andere Person die Antwort *de facto* sanktioniert, der Befragte eine solche Sanktion erwartet (extrinsische Kosten), oder der Befragte selbst, ohne das Einwirken Dritter, durch die Antwort eine negative Konsequenz erfährt (intrinsische Kosten; vgl. Lensvelt-Mulders 2008: 462, Porst 2008: 124). Wie Lee und Renzetti (1993: 4) jedoch zu Recht anmerken, macht es Sinn, auch diese Definition auf Konsequenzen oder Kosten einzuschränken, die über „Bagatellkosten" hinausgehen. Unter Bagatellkosten sollen solche verstanden werden, die in jeder Befragung und bei jeder Antwort auf Fragen in Befragungen entstehen. Hierunter fallen Aspekte wie der Zeit- oder kognitive Aufwand beim Nachdenken über den Inhalt der Frage und die passende Antwort.

Warum entstehen bei heiklen Fragen besondere, über Bagatellkosten hinausgehende Konsequenzen bzw. welcher Art sind diese? Hier werden in der Regel potenzielle oder reale „Bedrohungen" („threats") angeführt (Lee 1993: 4 ff., Tourangeau/Yan 2007: 860): Erstens können Fragen per se oder aber bestimmte Antworten auf- oder zudringlich sein („intrusiveness"), also eine Verletzung der Privatsphäre darstellen. Hier können Kosten z. B. durch Bedrohung des Selbstbildes oder Selbstverständnisses einer Person entstehen: „[…] certain responses imply a negative adjustment of one's self-image and make a respondent feel guilty, ashamed, or embarrassed" (Lensvelt-Mulders 2008: 462). Auch kognitive Dissonanzen (Festinger 1957) können hier Kostenkomponenten darstellen

2.1 Einführung: Was ist an heiklen Fragen heikel?

(Hartmann 1991: 131, 137, Näher/Krumpal 2009). Zweitens besteht die Möglichkeit des Bekanntwerdens („disclosure") heikler Eigenschaften an Dritte, was wiederum erwartete oder reale Sanktionen nach sich ziehen würde. Drittens können – unabhängig von den anderen Kosten – „politische" oder externe Bedrohungen („political threats") bestehen. Hier kann als Beispiel auf Befragungen innerhalb von Betrieben oder Organisationen verwiesen werden, in denen „the researcher is a relatively uncontrollable element in an otherwise highly controlled system" (Spencer 1973: 93; vgl. das Zitat auch bei Lee 1993: 9). So könnte etwa bei einer Befragung unter Bundeswehrsoldaten über deren rechtsextremistische Einstellungen ein Image- und Legitimationsproblem für die Bundeswehr entstehen (ohne die Befragten selbst zu tangieren), wenn die Mehrheit der befragten Soldaten ebensolche Einstellungen äußern würde.

Mehrere wichtige Implikationen des oben Gesagten sind festzuhalten: Zum einen können auch ganz „gewöhnliche" Fragen, also solche, die man gemeinhin als nicht heikel bezeichnen würde, unter die oben genannte Definition fallen: „It is probably possible for *any* topic, depending on the context, to be a sensitive one" (Lee/Renzetti 1993: 6; Herv. im Orig., F. W.). Die Frage nach dem Familienstand kann für einen Verheirateten, der seiner heimlichen Liebe vorgibt, ungebunden zu sein, höchste Sanktionskosten nach sich ziehen, sollte die wahre Antwort dem Objekt der Affäre bekannt werden. Die Frage nach dem Lebensalter kann für einen kleinwüchsigen Jugendlichen sowohl hohe psychische Kosten, als auch potenzielle Sanktionen – beispielsweise seitens der peer group – mit sich bringen. Zum anderen (und damit verbunden) ergibt sich die Tatsache, dass weder Fragen an sich, noch bestimmte Antworten generell als „heikel" oder „sensitiv" etikettiert werden können (Porst 2008: 124 f.). Der Sensitivitätsgrad einer Frage ist nicht „objektiv" gegeben oder unabhängig intersubjektiv messbar, sondern variiert: Die Frage nach Trunkenheitsfahrten im Straßenverkehr ist für einen strikten Antialkoholiker völlig unproblematisch, für andere Personen hingegen in einigen Fällen wohl nicht. Nicht zuletzt hängt die Fragesensitivität also entscheidend von der jeweiligen Ausprägung ab, die ein Befragter bei der interessierenden Variablen inne hat (Kreuter/Presser/Tourangeau 2008: 849, van Koolwijk 1969). Ebenso kann die Frage nach sexuellen Vorlieben in einer Face to Face-Situation äußerst heikel sein, wohingegen die selbe Befragte die gleiche Frage als Zeitvertreib in einer Umfrage einer Frauenzeitschrift gerne und ohne Bedenken beantwortet (vgl. auch Getzels 1954). Allgemein gesagt scheint es sinnvoll zu sein anzunehmen, dass der Grad der Sensitivität davon abhängt, welche Akteure befragt werden (Akteursmerkmale), welche Interviewsituation vorliegt (Situationsmerkmale) und welche Frage gestellt wird (Fragemerkmale).

Für diese Grundsatzthese liegen neben den oben genannten – eher rhetorisch gemeinten – Beispielen unterstützende empirische Befunde vor. Diese basieren auf Befragungen, in denen direkt bei den Befragten erhoben wird, für wie heikel oder sensitiv sie eine bestimmte Frage halten.[14] So stellen Kreuter, Presser und Tourangeau (2008: 861) sowohl signifikante *Modus- oder Situationseffekte* auf die Sensitivitätseinschätzung verschiedener heikler Fragen fest (z. B. unerwünschte Eigenschaften wie „receiving an unsatisfactory grade", „receiving an academic warning/probation", „dropping a class", aber auch erwünschte wie „receiving academic honors", „being in the Alumni Association", „donating money"), als auch signifikante *Befragteneffekte* in der Form, dass die Sensitivitätseinschätzung davon abhängt, ob der Befragte selbst die erwünschte oder unerwünschte Eigenschaft aufweist oder nicht.[15] Für den Nachweis der Moduseffekte wurden die Befragten per CATI, IVR (Interactive Voice Response[16]) oder durch eine Onlineerhebung befragt. Die Moduseffekte bestätigen, dass die Interviewsituation den Sensitivitätsgrad einer Frage beeinflusst. Die Befragteneffekte zeigen, dass Fragen besonders dann als heikel eingestuft werden, wenn der Befragte selbst die heikle oder unerwünschte Eigenschaft aufweist. Diese Tatsache unterstützende Befunde finden sich auch bei van Koolwijk (1969). Ein empirischer Nachweis für variierende Sensitivitätsgrade nach dem Inhalt der Frage findet sich z. B. bei Bradburn und Sudman (1979: 67 ff.). Demnach wurde beispielsweise die Frage nach Sportaktivitäten nur von 1 % der Befragten als heikel eingestuft; Bier-, Wein- und Spirituosenkonsum von 10 % und Masturbation von 56 % (vgl. auch Bradburn et al. 1978).

Die drei Komponenten (Frage, Akteursmerkmale und Interviewsituation) dürften zudem nicht nur einzeln, sondern multiplikativ, also interagierend wirken. Anders ausgedrückt ist das Zusammenspiel der drei Determinanten bestimmend, in welchem Maße eine Frage als heikel bezeichnet werden kann. Auch hierfür finden sich empirische Belege (Kreuter/Presser/Tourangeau 2008). Insgesamt ist die Feststellung, dass der Sensitivitätsgrad variiert, entscheidend, da sie impliziert, dass jegliche Methoden, welche die Validität der erhobenen Daten verbessern sollen (also auch die RRT), bei ein und derselben Frage keinesfalls immer in gleicher Weise bei allen Befragten wirken werden: „As a consequence, not all the solutions developed to obtain more valid estimates of sensitive behaviour will perform equally well for all groups of respondents" (Lensvelt-Mulders 2008: 464).

---

[14] Ob wiederum diese Einschätzungen valide erhoben wurden bzw. mit welchen Messinstrumenten dies möglich ist, sei hier dahingestellt. Diese Frage wird in Unterkapitel 2.2 diskutiert.
[15] Die wahren Werte der Befragten waren in diesem Fall durch externe Validierungsdaten bekannt.
[16] Interactive Voice Response- oder Interactive Voice Recognition-Systeme sind computergesteuerte Spracherkennungssysteme, wie man sie beispielsweise von Telefon- und/oder Kundenhotlines kennt. Der Angerufene dirigiert mit seiner Stimme eine Computersoftware, wobei letztere nur in der Lage ist, einfache Befehle wie „ja" oder „nein" oder Ziffern zu erkennen.

2.1 Einführung: Was ist an heiklen Fragen heikel?

Bevor eine abschließende Definition heikler Fragen für die vorliegende Arbeit entwickelt wird, sei auf Probleme bei der Erhebung ebensolcher Fragen eingegangen. Generell erscheint der Hinweis von Groves et al. (2004) hilfreich, nach dem heikle Fragen ein *Dilemma* für den Befragten erzeugen: „They have agreed to help the researchers out by providing information, but they may be unwilling to provide the information specific questions are requesting. Respondents often seem to resolve such conflicts by skipping the questions or providing false answers to them" (Groves et al. 2004: 224). Demzufolge besteht das Dilemma der Befragten darin, dass sie sich mit der Bereitstellung von Informationen einverstanden erklärt haben, sie jedoch dieses Einverständnis bei der nun anstehenden heiklen Frage gerne zurücknehmen würden, was aber nicht mehr geht bzw. mit hohen Kosten verbunden wäre. Neben dieser Deutung liegt das Dilemma jedoch noch auf einer weiteren Ebene. Befragte stehen bei der Beantwortung von heiklen Fragen immer vor mehreren Handlungsalternativen (= Antwortreaktionen, im stilisierten Beispiel „Antwortverweigerung", „Wahrheit" oder „Lügen"), wobei die Realisierung des Nutzens einer Handlungsalternative *immer* den Verzicht auf den – im Dilemma etwa gleich bewerteten – Nutzen einer alternativen Handlung bedeutet. Wenn ein Befragter sich „entscheidet", nicht wahrheitsgemäß zu antworten, entgeht ihm damit sicher der Nutzen einer wahren Antwort. Diese grundsätzliche Feststellung ist wichtig und wird unten im Theoriekapitel noch ausführlich behandelt werden.

Das Dilemma (in der Lesart von Groves) führt – so die Lehrmeinung in vielen Literaturquellen – zu den zwei bereits in der Einleitung angesprochenen Hauptproblemen der Erhebung heikler Themen: Nonresponse und Misreporting (z. B. Tourangeau/Yan 2007: 862).[17] Nonresponse kann als Unit-Nonresponse (die Befragungsperson verweigert generell die Teilnahme an der Umfrage) oder als Item-Nonresponse auftreten (der Befragte verweigert die Antwort auf eine einzelne Frage; Schnell 1997: 17).[18] Im Vergleich zu konventionellen Umfragen, so die Vermutung, stellt sich das Problem erhöhter Totalverweigerungen bei „sensitive topic surveys", also bei Umfragen, die als Thema oder Titel bereits die Erhebung heikler Dinge ankündigen. Jedoch liegen, wie Tourangeau und Yan (2007: 862) berichten, keine ausreichenden Befunde vor, die diese Hypothese stützen. Demnach existiert lediglich eine Studie, welche im Rahmen einer Metaanalyse den Effekt heikler Themen auf die Response-Raten untersucht (Cook/

---

[17] Neben diesen bestehen natürlich noch andere Probleme der Erhebung heikler Sachverhalte, auf die hier allerdings nicht eingegangen wird, da sie nicht unmittelbar mit der Validität von Umfragedaten bzw. konkreten Messinstrumenten zusammenhängen. Darunter fallen beispielsweise Samplingprobleme bei schwer erreichbaren Populationen (Lensvelt-Mulders 2008: 464), Bedrohungen für die erhebenden Forscher/Interviewer (Lee 1993: 9ff.) oder auch ethische Probleme (Sieber 1993).

[18] Vgl. für einen allgemeinen Überblick über die Thematik Nonresponse z. B. Lynn (2008) oder Schnell (1997).

Heath/Thompson 2000), die zudem keinen signifikanten Effekt nachweisen kann. Ähnliches gilt für die These, Item-Nonresponseraten stiegen mit dem Grad der Sensitivität der Frage(n); auch hier liegen kaum systematische Befunde vor (Tourangeau/Yan 2007: 862). Insgesamt deutet der Forschungsstand eindeutig darauf hin, dass Misreporting das Hauptproblem bei der Erhebung heikler Sachverhalte darstellt. Misreporting heißt, dass Befragte nicht mit dem wahren Wert antworten, sondern bestimmte (z. B. sozial unerwünschte) Verhaltensweisen seltener „zugeben" (Underreporting) und andere (z. B. erwünschte) Eigenschaften übertreiben (Overreporting).[19] Hieraus entstehen systematisch verzerrte Prävalenzschätzer („evasive answer bias"). Dieser Befund gilt als gesichert und wurde vielfach nachgewiesen. In Tabelle 1 sind ausgewählte Ergebnisse einschlägiger Studien aufgeführt, bei denen die wahren Ausprägungen, die auf die Befragten bei den interessierenden Variablen zutrafen, dank Validierungsdaten bekannt waren. Beim überwiegenden Teil der zitierten Studien wurden die wahren Werte extern auf der Individualebene erhoben.[20] Beispielsweise zogen Kreuter et al. (2008) die Studentenakten der Universität heran; bei Johnson und Fendrich (2002) erfolgte die Validierung *nach* Beantwortung der Frage durch einen Urintest; Parry und Crossley (1950) sowie Belli et al. (2001) werteten Einträge im Wählerregister aus.

Die m. W. älteste externe Validierung von Umfragedaten stammt aus dem Zweiten Weltkrieg (Hyman 1944). Hier wurden zum einen Personen befragt, von denen bekannt war, dass sie in den sieben Tagen vor dem Interview Kriegsanleihen eingelöst hatten. Zum anderen wurden Umfragedaten zu Fehlzeiten von Industriearbeitern mit den Aufzeichnungen der Betriebe verglichen. Den Befragten war vor der Beantwortung der entsprechenden Frage im Interview jeweils *nicht* bekannt, dass die Forscher über die korrekten Werte informiert waren.

Wie unschwer aus Tabelle 1 erkennbar, ist das Grundmuster der Antwortverzerrungen wie erwartet: Gemeinhin negativ konnotierte Verhaltensweisen wie das Versagen des eigenen Kindes in der Schule, Abtreibungen, Alkohol am Steuer usw. werden weitaus seltener zugegeben, als sie tatsächlich auftreten; positiv konnotierte Eigenschaften (Wählen gehen, Bibliothekskarte besitzen) werden häufiger berichtet, als es der Wahrheit entspricht. Jedoch variiert das Ausmaß des Unterschieds zwischen wahrem und Umfragewert, und nicht bei

---

[19] Alternativ zu Misreporting kann auch von Antwortverzerrungen oder Response Bias gesprochen werden (vgl. Hartmann 1991: 31).

[20] Ausnahmen bilden die Studie von Bradburn und Sudman (1979), bei der die Validierung auf der Aggregatebene anhand von umgerechneten behördlichen Angaben zu der Menge versteuertem Alkohols pro Jahr erfolgte (vgl. für Details Bradburn/Sudman 1979: 23f.), die Studie von Jones und Darroch Forrest (1992), bei der die Zahl der Abtreibungen bei den durchführenden Stellen (Abtreibungskliniken etc.) erhoben wurde sowie die Studie von Hadaway, Marler und Chaves (1993), bei der Zählungen der Gottesdienstteilnehmer als Validierung herangezogen wurden.

2.1 Einführung: Was ist an heiklen Fragen heikel?

allen heiklen Eigenschaften tritt ein signifikanter Bias auf (so etwa bei der Zahl der Verhaftungen, Wyner 1980).

Tabelle 1: Verzerrte Schätzwerte bei heiklen Fragen: Ergebnisse von Validierungsstudien

Quelle	Item		Prävalenz	
			wahrer Wert	Umfragewert
Hyman 1944	Einlösung von Kriegsanleihen		100 %	83 %
	Nichterscheinen bei der Arbeit		67 %	45 %
Parry/Crossley 1950	Registrierung für Wahlen seit 1943		69 %	83 %
	Teilnahme an Präsidentschaftswahl 1948		61 %	73 %
	Besitz einer Bibliothekskarte		13 %	20 %
Weiss 1968	Kind in Schule versagt, letztes Zeugnis		55 %	38 %
	Teilnahme an Wahlen		29 %	44 %
Locander/Sudman/ Bradburn 1976	Privatinsolvenz		100 %	69 %
	Alkohol am Steuer		100 %	52 %
Bradburn/Sudman 1979	Im letzten Jahr konsumiert:	Bier	3982	1176
	(in Unzen)	Wein	304	102
		Spirituos.	234	66
Wyner 1980	Zahl der Verhaftungen		9,25	8,96
Jones/Darroch Forrest 1992	Berichtete Abtreibungen:	1976	100 %	45 %
		1982	100 %	48 %
		1988	100 %	35 %
Hadaway/Marler/ Chaves 1993	Wöchentlicher Kirchgang		28 %	51 %
Belli/Traugott/ Beckmann 2001	Teilnahme an Wahlen 1964–1990		52 %	62 %
Colón/Robles/Sahai 2001	Kokainkonsum, jemals		12 %	4 %
Johnson/Fendrich 2002	Kokainkonsum im letzten Jahr		13 %	6 %
Kreuter/Presser/ Tourangeau 2008	Schlechte Note im Studium erhalten		61 %	46 %

Anmerkungen: Da in den Quellen nicht immer die genauen Prävalenzen angegeben sind, beruhen die Werte teilweise auf eigenen Umrechnungen der in den Originalstudien angegebenen Informationen. *Quelle: Eigene Darstellung.*

Eine weitere unmittelbare Folge von systematisch verzerrten Antworten sind die bereits in der Einleitung angesprochenen möglichen Artefakte bei der Berechnung und Analyse von Determinanten der heiklen Verhaltensweisen. Sofern das

Misreporting nicht zufällig erfolgt, sondern mit interessierenden unabhängigen Variablen korreliert, sind letztere nicht mehr exogen; festgestellte Korrelationen beruhen nicht auf tatsächlichen Kausaleffekten, sondern erklären sich u. U. durch die Wirkung dritter Variablen bzw. durch den Zusammenhang zwischen der unabhängigen Variable und dem Misreporting (vgl. Phillips/Clancy 1970, Presser/Stinson 1998). Hier zeigen beispielsweise bereits die Auswertungen von Hyman (1944), dass der Anteil der Personen, die in der Befragung fälschlicherweise angeben, keine Kriegsanleihen eingelöst zu haben, deutlich nach dem Einkommensstatus der Befragten schwankt.[21] Würde nun in einer „gewöhnlichen" Umfrage der Zusammenhang zwischen Einkommen und Einlösen von Schuldanleihen berechnet, wäre die festgestellte Beziehung u. U. lediglich das Resultat unterschiedlicher Antworteditierungen in den Einkommensgruppen. Ebenfalls bereits in der Einleitung erwähnt wurde die – ausufernde – Diskussion um sog. „voting studies", bei der es um Analysen zu Determinanten des Verhaltens bei politischen Wahlen geht (Belli/Traugott/Beckmann 2001, Bernstein/Chadha/Montjoy 2001, Cassel 2004, Clausen 1968, Fullerton/Dixon/Borch 2007, Parry/Crossley 1950, Silver/Anderson/Abramson 1986, Traugott/Katosh 1979). Hier wurde u. a. nachgewiesen, dass von Befragten mit niedrigem Schulabschluss nur 17 % der validierten Nichtwähler in einer Wahlumfrage angaben, gewählt zu haben, wohingegen bei den Befragten mit höherem Schulabschluss über 56 % einen nicht stattgefundenen Wahlakt berichteten (Silver/Anderson/Abramson 1986: 616). Neben dem Bildungseffekt weisen Bernstein, Chadha und Montjoy (2001) zudem Effekte z. B. von Parteizugehörigkeit, Religiosität, Minderheitenanteilen und einen Interaktionseffekt zwischen ethnischer Zugehörigkeit und Südstaatenregion auf ein Overreporting der Wahlteilnahme nach. Bemerkenswert ist hier außerdem, dass das entsprechende Probit-Modell mit einem Pseudo-R^2 von 0,5 eine recht hohe Anpassung aufweist, obwohl nur einige soziodemographische Variablen im Modell enthalten sind. Misreporting hat also hier nicht nur erhebliche Ausmaße, sondern tritt zusätzlich auch in hohem Maße systematisch auf. Zudem zeigt schließlich eine Gegenüberstellung von multivariaten Modellen mit Umfrage- und Validierungsdaten, dass einige Effekte von unabhängigen Variablen auf die Wahlteilnahme signifikant unterschiedlich sind: „[...] overreporting systematically distorts the relative impact that other variables have on voting" (Bernstein/Chadha/Montjoy 2001: 41).

Kehren wir nun zur Diskussion um eine angemessene und brauchbare Definition heikler Fragen zurück. Die Quintessenz der Ausführungen zu unterschiedlichen Fragen (bei gleichen Befragten) und unterschiedlichem Antwortverhalten (bei gleichen Fragen) ist, dass es einerseits systematische Unterschiede im Grad

---

[21] In der untersten Einkommensgruppe („poor") sagten 7 % der Befragten nicht die Wahrheit, in der mittleren („average") 25 % und in der obersten („average plus") 43 % (N = 243).

gibt, wie Befragte eine Frage als heikel empfinden, und andererseits offenbar auch die Folgen, also das Reagieren auf eine ebensolche Frage, systematisch variieren. Insofern macht es Sinn, beide Dimensionen – Ursache und Folge – in eine Definition zu integrieren. Eine Frage an sich kann niemals generell, ohne Bezug zu Befragtenmerkmalen und zur Interviewsituation, als „heikel" qualifiziert werden. Daher wäre es angemessener, nicht von „heiklen Fragen", sondern von „heiklen Frage*situationen*" zu sprechen. Allerdings wäre es theoretisch unfruchtbar und immunisierend, wenn die Definition verlangen würde, dass es, wenn es sich um eine tatsächlich als sensitiv zu charakterisierende Frage*situation* handelt, *zwingend* zu Misreporting kommen muss.

Nach diesen Vorüberlegungen erscheint die folgende Definition gangbar zu sein: Heikle Fragesituationen sind solche, bei denen es für bestimmte Befragte, die in einem bestimmten sozialen Kontext agieren, in bestimmten Interviewsituationen wegen potenzieller, realer oder auch nur antizipierter Kosten *gute Gründe* (Boudon 2003, 2007) gibt, nicht oder nicht wahrheitsgemäß zu antworten. Die Gründe beruhen nicht auf Zeit- oder kognitivem Aufwand, den eine wahrheitsgemäße Beantwortung mit sich bringen würde und/oder bei denen schon das Stellen der Frage an sich Kosten verursacht, die über den Zeit- und kognitiven Aufwand, den eine wahrheitsgemäße Beantwortung der Frage nach sich ziehen würde, hinausgehen.[22] Die Definition hat mehrere Vorteile. Erstens soll argumentiert werden, dass es für eine angemessene Analyse des Themas „systematischer Antwortverzerrungen bei heiklen Fragen" eben nicht ausreicht, lediglich bestimmte *Fragen* zu betrachten. Vielmehr sollte die Forschung um heikle Fragen, um ein angemessenes Verständnis zu erlangen, die drei Komponenten Akteur, Situation und Frage kombiniert fokussieren. Die Definition betrachtet daher nicht mehr heikle *Fragen*, sondern Frage*situationen*. Dadurch bietet sich zweitens auch der Weg an, sich der Problematik mit dem Instrumentarium des handlungstheoretischen Modells der soziologischen Erklärung zu nähern (Coleman 1991, Esser 1996b). Denn wenn erst einmal klar ist, worin die guten Gründe für einen Befragten bestehen, abweichend zu antworten, und warum diese Gründe vorliegen, wird eine handlungstheoretische Erklärung einfacher. Drittens verbindet die Definition zwar Ursachen und Folgen, immunisiert jedoch nicht. Vielmehr lässt sie explizit zu, dass es eben nicht immer zu verzerrenden Antworten kommt bzw. letztere keine notwendige Bedingung darstellen, um von einer heiklen Fragesituation zu sprechen.

Zwei Fragen sind in diesem Zusammenhang noch zu klären. Erstens hat die vorliegende Arbeit zum Ziel, die Untersuchung des Befragtenverhaltens anhand

---

[22] Ausdrücklich ausgeschlossen und nicht als heikel zu bezeichnen sind nach dieser Definition also Fragen, die zu Misreporting führen, weil deren Beantwortung „mühsam" ist und/oder eine wahrheitsgemäße Antwort einen besonders hohen Zeitaufwand bedeutet.

einer Frage zu selbstberichteter Delinquenz (strafrechtliche Verurteilung?) zu untersuchen. Daher wäre zu diskutieren, inwiefern das Stellen der entsprechenden Frage einer heiklen Fragesituation im oben genannten Sinne entspricht. Mehrere Gründe sprechen aber dafür, dass die Frage nach strafrechtlicher Verurteilung zweifelsfrei unter die genannte Definition gefasst werden und auf eine ausführliche Erörterung verzichtet werden kann. Einerseits ist schon die Annahme plausibel, dass eine strafrechtliche Verurteilung einen Normverstoß darstellen kann und zumindest theoretisch das Bekanntwerden dieses Umstands zu Sanktionen Dritter führen kann. Beides wiederum sind dann Gründe für Misreporting. Andererseits erfährt diese Festlegung auch durch die umfangreiche Literatur zu selbstberichteter Delinquenz Unterstützung. Auch hier wird die Sensibilität entsprechender Selbstauskünfte fast uneingeschränkt und seit langem betont (für viele: Clark/Tifft 1966, Junger 1989).

Zweitens wurde oben von „guten Gründen" für den Befragten gesprochen, nicht oder nicht wahrheitsgemäß zu antworten. Plausibel erscheint zunächst, dass die Identifizierung der „guten Gründe" der Suche nach Kosten entspricht, die einem Befragten in der Interviewsituation entstehen. Gelingt es, diese Gründe bzw. Kostenkomponenten zu identifizieren, wäre der Weg für eine handlungstheoretische Erklärung des Befragtenverhaltens frei. Gleichzeitig kann damit verbunden die Arbeitshypothese aufgestellt werden, dass *Art und Inhalt* der besagten Gründe dafür verantwortlich sein dürften, wie das Antwortverhalten eines Befragten in einer bestimmten Interviewsituation ausfällt. Der zentrale „gute Grund", welcher die Literatur dominiert, sind hierbei Anreize durch soziale Erwünschtheit. Diesem Konzept widmet sich das folgende Kapitel.

2.2 Überblick über die „Social Desirability"-Forschung

Das Konsatrukt der sozialen Erwünschtheit ist das am häufigsten im Forschungsfeld um heikle Fragen und systematische Fehler bei Umfragen herangezogenen Konstrukte (Fisher/Katz 2000: 105). Hierunter firmieren unterschiedliche Begriffe und Teilkonstrukte wie z. B. „Streben nach sozialer Anerkennung", „Streben nach sozialer Erwünschtheit", „sozial (un)erwünschtes Antwortverhalten", „sozial (un)erwünschte Verhaltensweisen" oder „Anreize durch soziale Ewünschtheit". Die Begriffsvielfalt deutet bereits darauf hin, dass es sich um ein komplexes Forschungsfeld handelt, in welchem zudem zahlreiche Fragen kontrovers diskutiert werden (DeMaio 1984, Paulhus 2002). Das Hauptziel der folgenden Ausführungen ist die Durchleuchtung der Standardthese, nach der die Erhebung heikler Fragen v. a. deshalb problematisch sei, weil es durch das Phänomen „so-

2.2 Überblick über die „Social Desirability"-Forschung

ziale Erwünschtheit" zu einem Response Bias komme. Wie sich zeigen wird, ist die Befundlage diesbezüglich keineswegs eindeutig.

2.2.1 Definitionen und Messinstrumente

Die dem Konzept soziale Erwünschtheit bzw. sozial erwünschtem Antwortverhalten zukommende Aufmerksamkeit sowie dessen lange Tradition in der Methodenforschung legen nahe, dass zumindest begrifflich Einigkeit über den Problemgegenstand herrscht. Dies ist jedoch, wie ein Blick in zahlreiche Veröffentlichungen[23] zum Thema zeigt (ähnlich wie schon bei der Definition heikler Fragen), nicht der Fall. Vielmehr besteht eine ausgeprägte Uneinigkeit über Definition, Operationalisierung und Interpretation des Konstrukts (DeMaio 1984, Fisher 2000, Hartmann 1991: 35 ff.). Für eine erste Orientierung in der Begriffsvielfalt könnte eine grundsätzliche konzeptionelle Frage hilfreich sein: Was überhaupt soll definiert werden? Prinzipiell, so Hartmann (1991: 37), kann eine Begriffsbestimmung sozialer Erwünschtheit auf die *Ursache* oder den *Grund* für einen Response Bias abzielen oder aber das Phänomen an sich bzw. eine bestimmte *Form* eines Response Bias *benennen*. Im ersten Fall wird in der eigentlichen Definition kein Bezug zu verzerrten Antworten oder dem Befragtenverhalten hergestellt. Entsprechend würde man hier lediglich „Anreize durch soziale Erwünschtheit" (Definition 1) definieren und messen. Wenn Anreize zu sozialer Erwünschtheit – als unabhängige Variablen – vorliegen, dann könnten unter näher zu untersuchenden Umständen dadurch motivierte Verhaltensweisen – als abhängige Variable – resultieren, wobei hier v. a. verzerrendes Antwortverhalten interessiert. Dies wäre eine Kausalhypothese zweier unabhängig voneinander zu messender Komponenten. Aus der Menge aller Antwortverzerrungen gäbe es dann eine Untermenge, die man im *Nachhinein* als „durch Anreize sozialer Erwünschtheit zustande gekommen" als „soziale Erwünschtheitsverzerrung" oder „Social Desirability Bias" (SD-Bias) etikettieren könnte (Definition 2a). Wichtig ist jedoch, dass dieser SD-Bias auf von der Antwort unabhängige und messbare *Anreize* zurückgeführt werden kann, gleichzeitig jedoch vorliegende Anreize nicht unbedingt zu einem solchen Bias führen müssen.

Ein zweiter häufig anzutreffender Definitionsversuch ist auf den ersten Blick ähnlich, unterscheidet sich jedoch in diesem wichtigen Detail. Hier würde man eine „sozial erwünschte Antwortverzerrung" ausschließlich als eine spezielle Form oder ein Phänomen eines Response Bias definieren und darauf verzichten, zwischen Ursache und Wirkung zu trennen: „Diese verzerrte Antwort ist

---

[23] Bereits Esser (1975) spricht in seiner Dissertation von „Myriaden" an Beiträgen zum Thema.

eine sozial erwünschte Antwortverzerrung, denn sie ist durch sozial erwünschtes Antwort*verhalten* zustande gekommen." Oder: „In Befragungen kommt es zu sozial erwünschten Antworten, weil Menschen sozial erwünscht *antworten*" (Definition 2b).[24] Noch weiter geht die Sichtweise, *jegliche* Antwortverzerrungen als SD-Bias zu etikettieren (z. B. Krumpal 2011). Hier werden einfach alle verzerrten Antworten als SD-Bias bezeichnet (Definition 3). Abbildung 1 versucht, die verschiedenen Definitionsansätze überblicksartig darzustellen.

Abbildung 1: Versuch einer Typologie verschiedener Definitionsperspektiven zu sozialer Erwünschtheit

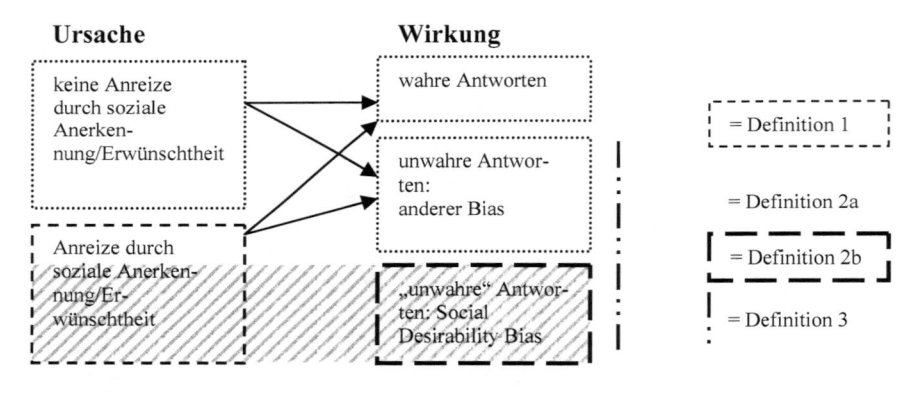

Ursache **Wirkung**

- keine Anreize durch soziale Anerkennung/Erwünschtheit
- wahre Antworten
- unwahre Antworten: anderer Bias
- Anreize durch soziale Anerkennung/Erwünschtheit
- „unwahre" Antworten: Social Desirability Bias

= Definition 1
= Definition 2a
= Definition 2b
= Definition 3

Quelle: Eigene Darstellung.

Welche Perspektive ist für eine fruchtbare Definition nun vorzuziehen? M. E. liegt es auf der Hand, dass für eine theoretisch integrierbare Definition explizit die Möglichkeit offen gehalten werden sollte, zwischen Ursache und Wirkung zu differenzieren. Eine Definition sozial erwünschten Antwortverhaltens als Phänomen oder Form ist immunisierend: Es kann nicht mehr festgestellt werden, ob der beobachtete Bias tatsächlich auf Anreize durch soziale Erwünschtheit zurückgeführt werden kann. Entsprechend sollte sich eine sinnvolle Definition in erster Linie auf SD als *Ursache* für einen Response Bias konzentrieren.

Mit der getroffenen generellen Feststellung können nun konkrete Definitionen gesucht und eingeordnet werden. Zunächst zu Vorschlägen aus der Literatur,

---

[24] Vgl. die Formulierung von Hartmann (1991: 52): „Ein Social Desirability Bias liegt vor, wenn Antworten systematisch in sozial erwünschter Richtung verzerrt sind." Eine weitere populäre Formulierung findet sich z. B. bei Jo (2000: 138): „Social desirability bias refers to the respondent's tendency to present him- or herself in a favorable position with regard to social norms".

2.2 Überblick über die „Social Desirability"-Forschung

die jedoch nicht unbedingt das gerade Gesagte beherzigen. Eine einfache Einstiegsdefinition bei Johnson und Fendrich (2002: 1661) definiert soziale Erwünschtheit als Tendenz einer Person, positive Eindrücke ihrer selbst zu vermitteln. Diese eher weit gefasste Definition ist insofern ein konsensfähiger Einstieg, als sie zwei wichtige Grundelemente des Konstruktes sozialer Erwünschtheit miteinander verbindet, die häufig getrennt voneinander betrachtet werden: Erstens werden gewisse Dinge als „gut", andere als „schlecht" bewertet und zweitens streben Befragte – mehr oder weniger stark – danach, „gut" zu erscheinen (vgl. DeMaio 1984: 258, und den Überblick bei Randall/Fernandes 1991: 806 f.). Entsprechend sehen einige Autoren soziale Erwünschtheit als *Item-Charakteristik* (McCrae/Costa 1983), also als Eigenschaft z. B. einer Einstellung oder einer Verhaltensweise. Diese Komponente firmiert unter dem Begriff „trait desirability" (Phillips/Clancy 1972: 923, Stocké 2007a: 125). Beispielsweise kann erhoben werden, inwieweit die Eigenschaft, Drogen zu nehmen, in gewisser Weise von einem Akteur oder einer Population als „unerwünscht" bewertet wird. Hierbei ist es wichtig zu unterscheiden, ob die Bewertung tatsächlich durch den einzelnen Akteur vorgenommen wird („Ich selbst halte Drogenkonsum für schlecht") oder auf eine bestimmte soziale Gruppierung rekurriert („Ich bin der Meinung, in unserer Gesellschaft ist Drogenkonsum unerwünscht"). Konträr zu den Vertretern der Sichtweise von sozialer Erwünschtheit als Item-Charakteristik behandeln andere Autoren soziale Erwünschtheit als *stabile Persönlichkeitseigenschaft*, also als Charakteristik einer *Person* („need for social approval"; Phillips/Clancy 1972: 923). Demnach streben manche Menschen stärker nach sozialer Anerkennung als andere (Möhring/Schlütz 2003: 66).[25] Insgesamt deuten die Kontroverse und die Ergebnisse empirischer Analysen darauf hin, dass beide Elemente relevant sind und sie daher gemeinsam betrachtet werden sollten.

Es können nun drei Definitionen entwickelt werden, von denen eine unwichtig ist. Erstens können Menschen ein Bedürfnis nach sozialer Anerkennung („need for social approval" oder im Folgenden SD-Neigung) haben, wobei die Stärke der Ausprägung des Bedürfnisses bei verschiedenen Personen grundsätzlich zumindest ordinal unterscheidbar und messbar ist. Die SD-Neigung kann entweder in Form einer stabilen Persönlichkeitseigenschaft auftreten, die über die Zeit stabil ist, oder eine zeitlich befristete und situational bedingte Strategie

---

[25] Das letztgenannte Lager lässt sich wiederum differenzieren in eine streng persönlichkeitsorientierte Sichtweise (die Tendenz zu sozialer Erwünschtheit ist eine über die Zeit stabile Persönlichkeitseigenschaft) und in das Konzept einer zeitlich begrenzten *Strategie*. Entsprechend geht Paulhus (2002) von einem zweidimensionalen Erwünschtheitskonzept aus: *Self Deception* bezeichnet einer. Antwortstil („response style"), einen Bias, der über die Zeit und mehrere Umfragen konsistent ist. *Impression Management* hingegen ist ein „reponse set": „short-lived response biases attributable to some temporary distraction or motivation" (Paulhus 2002: 49). Aus Platz- und Relevanzgründen verzichte ich darauf, diese Diskussion zu vertiefen.

sein (1).[26] Zweitens können Merkmale von Personen (z. B. Einstellungen und Verhaltensweisen) und damit auch bestimmte Antwortmöglichkeiten wiederum mindestens ordinal von Akteuren als sozial erwünscht oder unerwünscht eingeordnet werden (Erwünschtheitswahrnehmung oder trait desirability) (2). Drittens kann dann sozial erwünschtes Antwortverhalten definiert werden als eines, welches bei Personen mit ausgeprägtem Anerkennungsbedürfnis vom wahren Wert abweichend in Richtung der Erwünschtheitseinschätzungen der Person erfolgt und diese Abweichung tatsächlich auf diesen Anreizen beruht (3). Diese letzte Definition benennt wie bereits oben gesagt nur die spezielle Form eines Bias und ist daher für erklärende handlungstheoretische Ausführungen irrelevant. Sie hat lediglich begrifflich-typologischen Gehalt.

Das Bedürfnis nach sozialer Anerkennung oder die SD-Neigung (1) bezieht sich auf das Streben, die eigene Person in einem positiv konnotierten Licht zu präsentieren (Crowne/Marlowe 1960: 350). Für solche Akteure entstehen Kosten, wenn ihr Umfeld sie negativ bewertet, und Nutzen, wenn ihr Umfeld sie positiv bewertet. Ein Vorschlag aus der Literatur, die trait desirability (2) zu definieren, setzt am Konzept sozialer Normen an. Soziale Normen beziehen sich auf Regelungen des Verhaltens in einer bestimmten Personengruppe; bestimmte Handlungen werden als angemessen oder korrekt, andere als unangemessen oder inkorrekt angesehen (Coleman 1991: 313). Eigenschaften oder Antwortreaktionen, die kongruent mit der Norm sind, gelten als sozial erwünscht; solche, die entgegen der Norm liegen, als sozial unerwünscht (Tourangeau/Yan 2007: 860). Sozial unerwünschte Antworten sind nach dieser Definition also solche, die die Verletzung einer Norm berichten. Das Zugeben von Marihuanakonsum wäre beispielsweise ein Verstoß sowohl gegen die Norm, man solle drogenfrei leben, als auch gegen jene, nicht gegen Gesetze zu verstoßen. Ein anderer, vielleicht pragmatischerer Weg ohne Rückgriff auf den Normbegriff ist, von variierenden *Erwünschtheitswahrnehmungen* (Stocké 2004) zu sprechen. Dies erlaubt es auch von Anreizen durch soziale Erwünschtheit zu reden, ohne die Existenz einer Norm im strengen Sinne annehmen zu müssen. Bereits oben wurde darauf hingewiesen, dass sich die trait desirability einerseits auf persönliche Bewertungen beziehen kann, oder andererseits auf Bewertungen, die anderen Gruppen zugeschrieben werden. Im weiteren Verlauf der Arbeit werden zwei alternative Wege verwendet, die Erwünschtheitswahrnehmungen zu messen. Zum einen wird explizit auf persönliche Normen zu kriminellem Verhalten abgezielt, zum anderen

---

[26] In dieser Arbeit wird nicht zwischen SD-Neigung als Strategie oder Persönlichkeitsmerkmal unterschieden, da beide Konzepte grundsätzlich in Handlungstheorien integrierbar sind. Eine Modellierung der SD-Neigung als Strategie könnte am Konzept sozialer Produktionsfunktionen ansetzen (mehr dazu in Kapitel 3); eine variierende SD-Neigung aufgrund der Persönlichkeit entspräche einer Nutzenkomponente oder Präferenz, oder auch einer Restriktion.

2.2 Überblick über die „Social Desirability"-Forschung

auf die sog. SD-Beliefs, also die Einschätzungen der Befragten über die Erwünschtheit einer Eigenschaft in der Gesellschaft.

Zur Messung der SD-Neigung existiert eine Fülle an Instrumenten und Skalen (Boe/Kogan 1964, vgl. für Überblicke DeMaio 1984, Hartmann 1991, Paulhus 2002). Hartmann (1991: 74 f.) nennt allein 13 verschiedene Vorschläge. Aus Stringenz-, Relevanz- und Platzgründen verzichte ich auf eine ausführliche Diskussion derselben und konzentriere mich auf die Vorstellung der am häufigsten verwendeten Skala (King/Bruner 2000: 82), der sog. „Crowne-Marlowe-Social-Desirability-Scale" (Crowne/Marlowe 1960, im Folgenden CM-Skala).[27] Clou und Kernidee jener Skala ist das Abfragen von Verhaltensweisen, welche eine klare positive Erwünschtheitsrichtung haben, diese erwünschte Ausprägung jedoch in Wirklichkeit niemals auftreten kann. Somit weicht der wahre Wert *immer* vom sozial erwünschten Wert ab; je häufiger ein Befragter dann angibt, die mit Sicherheit falschen, aber erwünschten Verhaltensweisen träfen auf ihn zu, desto höher – so die Messhypothese – ist sein Bedürfnis nach sozialer Anerkennung. Ein Beispiel wäre das Item „No matter who I'm talking to, I'm always a good listener" aus der Original-CM-Skala (Crowne/Marlowe 1960: 351). Da es empirisch nie zutrifft, dass eine Person *immer* ein „guter Zuhörer" ist, geht man davon aus, dass eine zustimmende Antwort zu der Frage eine Neigung zum Bedürfnis nach sozialer Anerkennung abbildet. Letztere umfasst ursprünglich 33 Items und liegt in einer ins Deutsche adaptierten und aus zehn Items bestehenden Kurzversion vor (Stocké 2007b).[28] Aus den Antworten auf die einzelnen Items lässt sich – unter Berücksichtigung der jeweils sozial erwünschten Ausprägung – ein einfacher Summenindex bilden. Je mehr Punkte eine Person auf dem Index hat, desto höher ist ihr Bedürfnis nach sozialer Anerkennung. Die Bestimmung der jeweiligen sozial erwünschten Antworten für jedes Item erfolgte bei Crowne und Marlowe durch mehrstufige Expertenratings (graduierte Psychologiestudenten und Mitarbeiter der psychologischen Fakultät). Nur solche Items wurden in die Skala übernommen, bei denen sich alle Bewerter über die sozial erwünschte Ausprägung einig waren (vgl. für Details Crowne/Marlowe 1960). Die deutsche

---

[27] Als wichtigste Messinstrumente (vgl. Holtgraves 2004: 161) gelten neben jenem von Crowne und Marlowe die Skala von Edwards (vgl. Edwards 1970) und Wiggins (1964). Auch der jüngere Versuch von Paulhus (z. B. Paulhus 2002), ein neues Messinstrument und SD-Konzept zu entwickeln (das sog. „Balanced Inventory of Desirable Responding" – BIDR), hat sich bisher nicht durchsetzen können und wird nicht als substantielle Verbesserung gesehen (King/Bruner 2000: 83). Zudem hat sich gezeigt, dass die von Paulhus postulierten zwei Dimensionen sozialer Erwünschtheit, nämlich „self-deception" und „impression management", empirisch in Faktorenanalysen nicht nachweisbar waren (Helmes/Holden 2003).
[28] Vgl. für Probleme bei der Übertragung ins Deutsche die ausführliche Diskussion bei Hartmann (1991). Generell scheinen jedoch die Kurzversionen der CM-Skala die lange Originalversion recht gut wiederzugeben (Fischer/Fick 1993: 419, Reynolds 1982).

Kurzskala erfüllt – laut Literatur – die Kriterien der Eindimensionalität und Konsistenz (Stocké 2007b). Allerdings sprechen sich einige Autoren (Millham 1974, Ramanaiah/Martin 1980, Ramanaiah/Schill/Leung 1977) gegen Eindimensionalität der CM-Skala aus und postulieren zwei Dimensionen des Anerkennungsbedürfnisses, nämlich einerseits das Abstreiten negativer Eigenschaften, die zutreffen, und andererseits die Zuschreibung positiver Eigenschaften, die nicht zutreffen (Fischer/Fick 1993:418). Diese Frage wird uns in Kapitel 5 bei den empirischen Analysen noch ausführlicher beschäftigen. In der vorliegenden Validierungserhebung, die die Datenbasis für die empirischen Analysen in Kapitel 5 darstellt, erfolgte die Messung der SD-Neigung ebenfalls mittels der CM-Skala.

Mit der trait desirability, den Erwünschtheitswahrnehmungen oder den SD-Beliefs soll gemessen werden, in welchem Ausmaß Befragte bestimmte Einstellungen und/oder Verhaltensweisen als sozial erwünscht oder unerwünscht bewerten. Auch hier gibt es wiederum eine Fülle an Vorschlägen. In den letzten Jahren hat sich hier v. a. Stocké um die Aufarbeitung des Forschungsstandes sowie die Weiterentwicklung geeigneter Messinstrumente verdient gemacht (Stocké 2004, 2007a, 2007b, 2007c, Stocké/Hunkler 2004, 2007). Eine Durchsicht der Literatur offenbart zunächst generell, dass die Messinstrumente nach zwei Differenzierungen mit jeweils zwei Arten der Sensitivitätsmessung eingeteilt werden können. Zum einen geht es um die Frage, bei *wem* die Erwünschtheitswahrnehmungen erhoben werden (1); einige Autoren verfolgen die Erhebung durch Expertenratings, andere erfragen die Erwünschtheitswahrnehmungen bei den Befragten selbst. Zum anderen kann differenziert werden nach Studien, in welchen die unmittelbaren Bewertungen der externen Rater oder Befragten, oder aber deren Wahrnehmung oder Fremdeinschätzung der Bewertungen in einer Referenzpopulation (in der Regel „in der Gesellschaft"; vgl. Stocké/Hunkler 2004: 58) gemessen werden (2).

Zu (1) Vor allem in älteren Studien (Crowne/Marlowe 1960, Dohrenwend 1966, Edwards 1970) finden sich externe Einstufungen der involvierten Forscher oder anderer Expertengruppen. Diese legen ex ante fest, welche Eigenschaften oder Fragen in welchem Maße als heikel oder unerwünscht einzustufen sind (Kreuter/Presser/Tourangeau 2008: 849). Dieser Weg wird in der Literatur kritisch gesehen (Hartmann 1991: 81, Kreuter/Presser/Tourangeau 2008: 849), u. a., da die Einschätzungen von einer selektiven Teilpopulation vorgenommen werden und die Ergebnisse der empirischen SD-Forschung (s. u.) zeigen, dass die Erwünschtheitszuweisungen nach soziodemographischen Merkmalen variieren. Somit müssen die Wahrnehmungen der Experten nicht mit jenen der Befragten, um die es eigentlich geht, übereinstimmen. Zudem lassen sich mit diesem Verfahren nur Werte auf der Aggregatebene bestimmen. Somit ist zwar Varianz zwischen verschiedenen Merkmalen für eine Population gegeben, aber nicht

2.2 Überblick über die „Social Desirability"-Forschung

Varianz zwischen Individuen für ein Merkmal. Für die Ermittlung von SD-Anreizen für Befragte ist die Erhebung durch Experten also nicht geeignet. Daher scheint sich mittlerweile eine Messung direkt bei den Befragten etabliert zu haben, in denen erhoben wird, inwieweit Befragte die An- oder Abwesenheit einer bestimmten Einstellung oder Verhaltensweise als sozial erwünscht oder unerwünscht einschätzen. Ein Beispiel ist die Studie von Phillips und Clancy (1970), in der die Erwünschtheitswahrnehmungen zu psychischen Krankheiten (z. B. Schizophrenie) erhoben wurden. Zu jeder psychischen Störung sollten die Befragten auf einer Skala von eins bis neun angeben, inwieweit sie diese als erwünscht oder unerwünscht ansehen. Eine für die Fragestellung der vorliegenden Arbeit interessante Studie ist jene von Wyner (1980), in der mit einer ähnlichen Methode die wahrgenommene Erwünschtheit krimineller Vergehen untersucht wird. Die Befragten mussten auf einer Neunerskala von „extrem unerwünscht" bis „extrem erwünscht" angeben, für wie (un)erwünscht sie die Items Mord, Unruhestiftung, Besitz von Heroin, Körperverletzung, (illegales) Glücksspiel, Raub, Gefährdung des Straßenverkehrs sowie Einbruch haten. Problematisch ist für beide Maße, wenn die Erwünschtheitswahrnehmungen zusammen mit Selbstauskünften zu den interessierenden Verhaltensweisen *bei der selben Personen in einer Umfrage* erhoben werden (Hartmann 1991: 100 ff.). In diesem Falle ist davon auszugehen, dass die beiden Messungen nicht mehr unabhängig voneinander sind und Fragebogen- bzw. Reihenfolgeeffekte bezüglich des Antwortverhaltens auftreten können. Beispielsweise könnten nachgelagerte Erwünschtheitsbewertungen durch die Antwort auf die vorangegangene Verhaltensfrage beeinflusst werden. Die Validität der Messung ist dadurch nicht mehr gewährleistet und mögliche Beziehungen zwischen Verhaltensweise und Erwünschtheitseinschätzung sind möglicherweise artifiziell. Lösen lässt sich dieses Problem letztlich nur, wenn die Unabhängigkeit der Messungen – auf welche Weise auch immer – gewährleistet werden kann. Ein möglicher, aber sicher meist nicht durchführbarer Weg wäre die Erhebung in unterschiedlichen Umfragen. Allerdings stellt sich dann wiederum die Frage nach der individuellen Stabilität von Erwünschtheitsbewertungen.

Zu (2) Wie bereits oben angedeutet, kann sich die Erwünschtheitseinschätzung zum einen darauf beziehen, was die Befragten (oder externen Rater) selbst für erwünscht oder unerwünscht halten (z. B. Meleddu/Guicciardi 1998, Türk Smith/Smith/Seymour 1993). Zum anderen kann erhoben werden, wie diese die Wahrnehmung in anderen Bezugsgruppen, z. B. der Gesellschaft einschätzen (Stocké 2004). Bei der ersten Variante wird davon ausgegangen, dass die so erhobenen SD-Beliefs ein valider Indikator für die etwaigen Kosten für einen Befragten, wenn er selbst die interessierende Eigenschaft trägt und zu einer entsprechenden Frage antworten soll, ist (vgl. Stocké/Hunkler 2004: 57). Allerdings werden diese Kosten jedoch nur dann valide gemessen, wenn ein Befragter für eine „Erwünschtheitsbeurteilung" tatsächlich auch die eigene Einschätzung für in der Gesellschaft geltend annimmt. Ein Befragter, der eine Eigenschaft selbst für erwünscht hält, kann trotzdem – und zu Recht – annehmen, in der Gesellschaft sei diese unerwünscht (oder umgekehrt). Folgt man der ursprünglichen Idee *sozialer* Erwünschtheit, erscheint der Weg sinnvoller, externe Bewertungszuschreibungen zu favorisieren. Stocké und Hunkler (2004: 58) weisen außerdem darauf hin, dass die aggregierten *Selbstbewertungen* in einer Stichprobe nicht mit den für diese Stichprobe von den Befragten *erwarteten* Bewertungen übereinstimmen. Neben diesem Argument zeigt schließlich die neuere Literatur (mehr dazu unten), dass die Messung der trait desirability meist über Fremdeinschätzungen erhoben wird und daher als Konvention gesehen werden kann. [29]

Die Erhebung der SD-Beliefs über externe Zuschreibungen wird auch in den jüngeren Ausarbeitungen durch die Forschergruppe um Stocké beschritten, auf die etwas ausführlicher eingegangen werden soll. Das Hauptproblem einer validen Messung der SD-Beliefs ist – und dies ist eine der Kernkritiken Stockés an einfachen Messinstrumenten –, dass zum einen die *Abwesenheit* der erfragten Einstellung oder Verhaltensweise stillschweigend als neutral bewertet wird (Neutralitätsannahme). Zum anderen wird davon ausgegangen, dass die Erwünschtheitswahrnehmungen mit zunehmender Stärke der Merkmalsausprägung monoton zu- oder abnehmen (Monotonieannahme; Stocké/Hunkler 2004). Stocké bezieht sich v. a. auf die Erfassung der SD-Beliefs bei metrischen Variablen. Damit sind heikle Verhaltensweisen (oder Einstellungen) gemeint, bei denen die *Stärke* der Merkmalsausprägung die Erwünschtheitswahrnehmungen entscheidend ist, und nicht das bloße Vorhandensein oder Nichtvorhandensein. Darunter fallen beispielsweise die Menge des Alkoholkonsums oder die Zahl der täglichen Fernsehstunden. Für das Beispiel des Merkmals Fernsehen würde mit einfachen Messinstrumenten also keinerlei Fernsehkonsum als neutral hinsichtlich der Erwünschtheitswahrnehmung angenommen. Zudem würde ein streng monoton ansteigender oder sinkender Verlauf der selbigen vorausgesetzt werden

---

[29] Bei einigem Nachdenken stellt sich das Problem noch weitaus komplexer dar und wurde bisher m. E. auch noch nicht thematisiert. Fraglich ist nämlich, auf *welche* Bewertungsinstanz rekurriert wird. Wie gesagt, ist ein Weg, die „Gesellschaft" zu nennen. Tatsächlich erscheint es aber eher unwahrscheinlich, dass es Befragte interessiert, was die Gesellschaft als doch recht abstrakte Bewertungsinstanz über irgendwelche Einstellungen oder Verhaltensweisen denkt. Bedeutend für das Antwortverhalten in einer Interviewsituation erscheint vielmehr, was erstens in einer konkreten Interviewsituation als erwünscht oder unerwünscht „gilt" und was zweitens die für einen Akteur relevante Bezugsgruppe für unerwünscht hält. Die hierfür zentralen Akteure sind der Interviewer sowie eventuell präsente Drittpersonen und das soziale Umfeld wie Familie, Arbeitskollegen, Freunde, der Pfarrer, Friseur, der Fußballclub usw. Im besten Falle müsste also gemessen werden, welche Bewertungsinstanz in einer bestimmten Interviewsituation bei bestimmten Befragten virulent ist und wie der Befragte die Erwünschtheitszuschreibungen in dieser Gruppe wahrnimmt.

2.2 Überblick über die „Social Desirability"-Forschung

(mehr Fernsehkonsum wird immer unerwünschter bewertet). Tatsächlich jedoch verläuft die „Erwünschtheitskurve" umgekehrt u-förmig, d. h. ein mittlerer Fernsehkonsum wird neutral bewertet, während keinerlei Fernsehschauen leicht negativ und ein hoher Fernsehkonsum stark negativ bewertet wird (Stocké/Hunkler 2004: 73). Insgesamt führen undifferenzierte Messverfahren in solchen Fällen nicht zu einer validen Erfassung des Verzerrungspotenzials durch Erwünschtheitsunterschiede von Antwortmöglichkeiten. Für die vorliegende Arbeit erscheinen beide Probleme jedoch weniger virulent, da es um eine Ja/Nein-Frage mit nur zwei Ausprägungen geht. Zudem werden Validierungsdaten herangezogen, bei denen der wahre Wert auf eine positive Ausprägung (ja) fixiert ist. Somit spielen mögliche Bewertungen der Abwesenheit der Eigenschaft für die befragte Stichprobe keine Rolle.

Als Fazit bezüglich der Messung der SD-Konstrukte muss zunächst auf die Fülle an Messinstrumenten, Vorschlägen und entsprechenden Kontroversen verwiesen werden. Ein Konsens über die „best practice" bei der Operationalisierung und Messung kann insgesamt nicht festgestellt werden. Dennoch sprechen Argumente dafür, dass die Erhebung der trait desirability bei den Befragten jener durch externe Experten vorzuziehen ist. Des Weiteren scheint sich die Messung über Fremdzuschreibungen gegenüber jener über Selbstbewertungen zu etablieren. Hinsichtlich der Messung der SD-Neigung wird häufig die CM-Skala verwendet. Dass jedoch auch hier Zweifel angebracht sein können, zeigen die nun folgenden Ausführungen zu Hypothesen und empirischen Befunden zum Thema.

2.2.2 Hypothesen und empirische Befunde

Das Thema „soziale Erwünschtheit" ist deshalb vielfach rezipiert worden, weil es als zentrale Determinante verzerrenden Antwortverhaltens gesehen wird. Entsprechend ist die wichtigste zu untersuchende und hier zu diskutierende Hypothese, ob und inwieweit dies tatsächlich der Fall ist. In Anlehnung an das oben Gesagte lassen sich drei zentrale Hypothesen identifizieren, die die Forschung der letzten Jahrzehnte bestimmt haben. Erstens wird ein positiver Zusammenhang zwischen SD-Neigung und Antworteditierung postuliert, zweitens ein ebensolcher zwischen SD-Belief (bzw. trait desirability) und Antworteditierung (Phillips/Clancy 1972: 925) und drittens eine multiplikative Verknüpfung der beiden Komponenten, plus einer dritten, in Form eines Interaktionseffekts, nach dem es ausschließlich dann zu einer Antworteditierung kommt, wenn SD-Neigung und SD-Belief ausgeprägt sind und zusätzlich die Erhebungssituation nicht privat bzw. anonym ist (Stocké 2004).

Bereits bezüglich der ersten Hypothese werden in der Literatur zwei alternative Interpretationen eines möglichen Zusammenhangs diskutiert (z. B. Johnson/Fendrich 2002, McCrae/Costa 1983, Steenkamp/De Jong/Baumgartner 2010). Demnach misst die CM-Skala nach der klassischen Interpretation und wie intendiert die Tendenz zu sozial erwünschtem *Antwort*verhalten. Je höher eine Person auf der Skala punktet, desto eher wird sie dazu neigen, die Antworten in einer Befragung in Richtung sozial erwünschter Antworten zu *editieren*, also das Antwortverhalten anzupassen („Editing-Hypothese"). Würde man in einer gewöhnlichen Bevölkerungsumfrage also z. B. bei Personen mit hohem SD-Score eine geringere Prävalenz von Drogenkonsum oder anderen heiklen Eigenschaften feststellen als bei Personen mit niedrigen SD-Scores, wäre dies laut der „Editing-Hypothese" das Resultat unterschiedlichen Antwortverhaltens. Im Gegensatz dazu geht die „True Behavior-Hypothese" davon aus, dass die CM-Skala keine Neigung zu Antworteditierungen misst, sondern vielmehr eine Neigung zu tatsächlichem erwünschten *Verhalten* (Phillips/Clancy 1972: 927 f.). Demnach vermeiden Personen mit hohen SD-Werten unerwünschte Verhaltensweisen und tendieren generell zu altruistischen Handlungen (DeMaio 1984: 267, Johnson/Fendrich 2002: 1661). In dieser Interpretation wäre somit der positive Zusammenhang zwischen SD-Neigung und Antwortverzerrungen ein Artefakt: „An individual who is in fact highly conscientious, well-adjusted, and cooperative would appear to be high in SD. Paradoxically, it is the most honest and upstanding citizen that these scales would lead us to accuse of lying!" (McCrae/ Costa 1983: 883). Abbildung 2 stellt die konkurrierenden Hypothesen dar.

Abbildung 2: „Editing-" und „True Behaviour"-Hypothese von Effekten sozialer Erwünschtheit

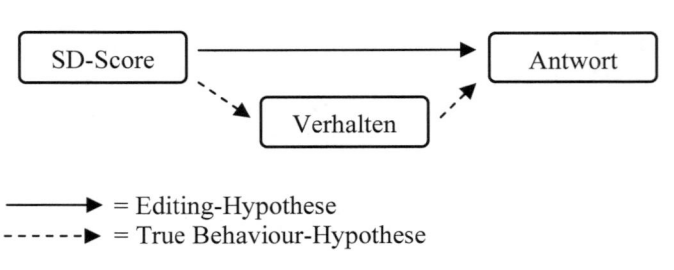

```
┌───────────┐ ──────────────────▶ ┌──────────┐
│ SD-Score  │                     │ Antwort  │
└───────────┘  ╲          ╱ ▲     └──────────┘
                ╲        ╱
                 ▼      ╱
              ┌───────────┐
              │ Verhalten │
              └───────────┘
```

──────▶ = Editing-Hypothese
------▶ = True Behaviour-Hypothese

Quelle: Eigene Darstellung

Abbildung 2 ist nicht im Sinne eines vollständigen Kausalmodells zu interpretieren, sondern soll nur die entscheidenden Effekte aufzeigen: In der Editing-Hypothese wird ein signifikanter Effekt zwischen SD-Neigung und Antwortver-

2.2 Überblick über die „Social Desirability"-Forschung

halten postuliert. Dieser Effekt bleibt auch signifikant, wenn für den wahren Wert bzw. das tatsächliche Verhalten kontrolliert wird.[30] Kernaussage der True Behaviour-Hypothese ist, dass dieser partielle Effekt verschwindet, wenn das tatsächliche Verhalten kontrolliert wird. Entscheidend ist, dass die konkurrierenden Hypothesen letztlich nur mit Validierungsdaten, bei denen Antwort und Verhalten unabhängig voneinander erhoben werden, überprüft werden können.

Studien, in denen dies durchgeführt wurde, kommen aber zu divergierenden Ergebnissen (vgl. DeMaio 1984, Johnson/Fendrich 2002). Eine Untersuchung der Frage führen bereits Phillips und Clancy (1972) durch. Die Autoren validieren das wahre Verhalten der Befragten, indem Sie diese fragen, ob sie Produkte, Bücher, Filme etc. kennen oder gelesen/gesehen haben, die nicht existieren. Aus den „Ja"-Antworten auf diese Fragen wurde ein Summenindex gebildet; je höher der Wert, desto mehr sind die wahren Werte (sämtlich „nein") editiert. Zusätzlich wurden bei den Befragten die SD-Neigung mit Hilfe der CM-Skala sowie die Erwünschtheitswahrnehmungen (SD-Beliefs) zu den nicht existierenden Dingen erhoben.[31] Im Ergebnis (Tabelle 2) zeigen sich signifikante und unabhängige Effekte beider SD-Komponenten auf die Wahrscheinlichkeit, unwahre Antworten bezüglich der nicht existierenden Bücher, Filme usw. zu geben. Dieser Befund unterstützt somit die Editing-Hypothese. Abgesehen davon zeigt sich, dass der SD-Belief einen stärkeren Effekt als die SD-Neigung ausübt und kein Interaktionseffekt vorliegt. Ein weiterer, nicht in dokumentierter Befund ist, dass die beiden SD-Komponenten untereinander nicht korrelieren.

Tabelle 2: Unwahre Angaben bei Fragen zu nichtexistenten Produkten/Medien

		SD-Belief	
		niedrig	hoch
SD-Neigung	niedrig	7 %	21 %
	hoch	12 %	28 %

Erläuterungen: Die Prozentangaben entsprechen demjenigen Anteil an Befragten, die angeben, nichtexistente Produkte, Bücher, Filme und Fernsehsendungen zu kennen. Fallzahl: N = 404.
Quelle: Eigene Darstellung nach Phillips und Clancy (1972: 931).

---

[30] Wobei dies die tatsächlich angenommene Kausalstruktur stark vereinfacht, da auch im klassischen Modell eine Neigung zu sozialer Anerkennung nur dann einen Effekt haben kann, wenn ein unerwünschtes Verhalten tatsächlich vorliegt.

[31] Gefragt wurde, inwieweit die Befragten es auf einer Skala von eins bis neun jeweils für erwünscht halten, „eine Person zu sein, die neue Produkte ausprobiert", „alle aktuellen Bücher liest", „über die neuesten Fernsehsendungen Bescheid weiß" und „alle neuesten Filme gesehen hat" (Phillips/Clancy 1972: 928).

Eine weitere Überprüfung der konkurrierenden Thesen findet sich bei Johnson und Fendrich (2002). In deren Umfrage wurden ca. 600 zufällig ausgewählte 18–40 jährige Bewohner Chicagos in CAPI-Interviews gefragt, ob sie in jüngerer Zeit Kokain konsumiert hätten. Im Anschluss wurde eine Haar-, Speichel- oder Urinprobe genommen und so der tatsächliche Kokainkonsum festgestellt.[32] Auch die SD-Neigung mit Hilfe der CM-Skala wurde erhoben. Im Ergebnis gaben 6,4 % der Befragten an, Kokain konsumiert zu haben, wohingegen die Labortests zu einer Prävalenz von 12,6 % kamen. Hinsichtlich der Wirkung der SD-Neigung wurde *kein* Effekt auf den tatsächlichen Kokainkonsum festgestellt, was die True-Behaviour-Hypothese zu widerlegen scheint. Hinsichtlich der Editing-Hypothese finden die Autoren bivariat einen schwachen Effekt der SD-Neigung auf das Antwortverhalten, der aber verschwindet, wenn für soziodemographische Variablen kontrolliert wird. Somit lautet das Fazit der Autoren: „In general, we find only weak evidence that the CM scale successfully discriminates between respondents who are and are not willing to report socially undesirable information" (Johnson/Fendrich 2002: 1664).[33]

Ebenfalls keine Effekte der SD-Neigung (Messung über die CM-Skala) finden sich in einer weiteren Validierungsstudie (Burris/Johnson/O'Rourke 2003). Hier wurden Frauen zu Vorsorgeuntersuchungen wie Krebsvorsorge, Mammografie usw. befragt, die im Anschluss durch Krankenakten validiert wurden. Zudem enthielt die Untersuchung einen Methodensplit, bei der ein Teil der Befragten per CATI, ein anderer per ACASI befragt wurde. In keinem Modus zeigten sich signifikante Effekte der SD-Neigung auf das Antwortverhalten.

Die Studie von McCrae und Costa (1983) ist ein weiterer Versuch der Klärung, ob mit der CM-Skala tatsächlich die Neigung zu Antworteditierungen, hier bei der Angabe von Persönlichkeitseigenschaften, gemessen wird. Der Validierungsversuch besteht hier darin, eine ganze Reihe an Persönlichkeitseigenschaften („Neuroticism-Extraversion-Openness Inventory") sowohl bei Befragten, als auch bei deren Ehepartnern zu erheben, wobei letztere um eine Einschätzung für ihren Partner (den eigentlichen Befragten) gebeten wurden. Bei den Befragten wurde zusätzlich die SD-Neigung mit der CM-Skala erhoben. Untersucht wurden die Korrelationen zwischen Angaben des Ehepartners und jenen des eigentlichen Befragten. Diese – sich im Bereich um die $r = 0,5$ bewegenden – Korrelationen müssten sich vergrößern, wenn die durch die SD-Neigung verursachte Fehlervarianz auspartialisiert würde. Jedoch ist dies nicht der Fall (McCrae/Costa 1983: 885). Die Korrelationen zwischen Ehepartner- und Selbsteinstufung

---

[32] Die Befragten waren natürlich zum Zeitpunkt der Frage nicht darüber informiert, dass im Nachhinein ein Test durchgeführt wird.
[33] Laut der Argumentation von Stocké könnte dies daran liegen, dass keine Messung der SD-Beliefs vorgenommen wurde.

2.2 Überblick über die „Social Desirability"-Forschung

weisen annähernd gleiche Werte auf. Dies bekräftigt – so die Autoren – die True-Behaviour-Hypothese bzw. im Fall von Persönlichkeitsmerkmalen das Vorhandensein von „erwünschten" Merkmalen.[34]

Was für ein Zwischenfazit lässt sich bezüglich der Diskussion ziehen? Klar ist zunächst (wie bereits gesagt), dass eine handfeste Überprüfung der konkurrierenden Hypothesen nur mit Validierungsdaten möglich ist: Nur wenn der „tatsächliche" Wert von der Antwort unabhängig erhoben wird, kann untersucht werden, ob es SD-Effekte auf das Antwortverhalten gibt. Weiterhin folgt, dass die Klärung der Frage ungleich schwerer ist, wenn die abhängigen Variablen Einstellungen oder Persönlichkeitsmerkmale sind, da hier die Messung des wahren Wertes weitaus problematischer ist als bei konkreten Handlungen. Wenn also in Studien SD-Effekte auf „sensible Einstellungen" berichtet werden, sind Zweifel angebracht. In der vorliegenden Arbeit kann die Editing-Hypothese überprüft werden, da Validierungsdaten vorliegen. Allerdings kann keine vollständige Konfrontation der Editing- und True Behavior-Hypothese erfolgen, da die Validierungsvariable „strafrechtliche Verurteilung" auf eine positive Ausprägung fixiert ist. Da negativ-wahre Werte von Befragten nicht bekannt sind (wir wissen also nicht, ob eine Person sicher *keine* Straftat begangen hat), kann die True Behaviour-Hypothese in dieser Arbeit nicht überprüft werden.

Neben der Diskussion um Editing- und True Behaviour-Hypothese stellt Holtgraves (2004: 162) eine weitere wichtige Frage: Treten Effekte sozialer Erwünschtheit als Editierungsprozess auf, *nachdem* ein Befragter den wahren Wert auf eine Frage kognitiv festgestellt hat, oder beeinflussen SD-Effekte den Prozess der Informationsgewinnung? Handelt es sich folglich um einen bewussten und absichtlichen oder um einen rein automatischen Prozess? Möhring und Schlütz (2003: 67) beispielsweise vertreten die These, sozial erwünschtes Antwortverhalten sei ein unbewusster Prozess, der daher auch nicht als „Lüge" verstanden werden kann. Empirische Befunde (Holtgraves 2004) deuten darauf hin, dass SD-Effekte tatsächlich bewusste Editierungsprozesse sind. Dieser Befund wird in Kapitel 3 im Rahmen der Frame-Selektionstheorie wieder aufgegriffen und etwas ausführlicher behandelt.

Im Folgenden wird auf weitere Befunde der SD-Forschung eingegangen. Der Anspruch, dies erschöpfend zu tun, wäre jedoch angesichts der Fülle an

---

[34] „These data do not support an artifactual interpretation of these correlations; they must be considered as strong evidence of substantive content in the SD scales. [...] individuals in this study who obtained high scores on the Marlowe-Crowne [...] scale [...] were in fact better adjusted, friendlier, and more open to experience than those who scored low" (McCrae/Costa 1983: 886). Natürlich sind an den Ergebnissen der Studie methodische Zweifel angebracht, z. B. hinsichtlich der Frage, inwieweit nicht die Einschätzung der Ehepartner ebenfalls durch einen (oder den selben wie bei den Befragten erhobenen) SD-Bias beeinflusst sind. Dies soll an dieser Stelle jedoch nicht en détail diskutiert werden. Vgl. hierzu die Anmerkungen der Autoren.

Veröffentlichungen zum Thema eine im Rahmen dieser Arbeit (und wohl generell) kaum zu leistende Aufgabe. In Tabelle 3 sind einige oft zitierte Studien aufgeführt, die den Tenor und das Spektrum der Forschungsbefunde darstellen.

Tabelle 3: Ausgewählte Studien der Social Desirability-Forschung

Quelle	Messung SD-Belief[a]	Messung SD-Neigung	Abhängige Variable	Effekt
Studien ohne Validierungsdaten				
Phillips/Clancy 1970	Befragte, unklar	/	Psychische Störungen und Krankheiten	ja
Ganster/Hennessey/ Luthans 1983	/	CM	Persönlichkeitsmerkmale und Einstellungen	uneinheitlich
Moorman/Podsakoff 1992	Metaanalyse			nein
Chen et al. 1997	Befragte, extern	CM	Persönlichkeitsmerkmale	ja und leichte Interaktion
Fisher/Katz 2000	/	CM	Wichtigkeit von Werten[b]	teilweise
King/Bruner 2000	Metaanalyse			meist nein
Stocké 2004	Befragte, extern	CM	Xenophobische Einstellungen	nur Interaktion
Studien mit Validierungsdaten				
Phillips/Clancy 1972	Befragte, unklar	CM	Bekanntheit nicht existierender Produkte und Medien	ja, keine Interaktion
Wyner 1980	Befragte, unklar	/	Zahl der Verhaftungen	ja
McCrae/Costa 1983	/	CM	Persönlichkeitsmerkmale	ja
Johnson/Fendrich 2002	/	CM	Kokainkonsum	nein
Burris/Johnson/O'Rourke 2003	/	CM	Ärztliche Untersuchungen	nein

Erläuterungen: Ausgewählt sind nur solche Studien, bei denen die Effekte von SD-Variablen auf das *Antwortverhalten* bezüglich der jeweiligen Zielvariablen Gegenstand der Untersuchung waren. Vgl. diesbezüglich jedoch die Anmerkungen zur „Editing"- und „True Behavior-Hypothese" oben im Text. [a] Die erste Angabe bezieht sich darauf, ob die Erhebung bei „Experten" oder direkt bei den Befragten erfolgte. Die zweite Angabe gibt an, ob die eigene „Erwünschtheit" oder die einer externen Bezugsgruppe erhoben wurde. [b] Gefragt wurde, wie wichtig Werte wie Respekt, Lebensfreude oder Selbstverwirklichung für die Befragten seien (insgesamt neun Items).
Quelle: Eigene Darstellung.

2.2 Überblick über die „Social Desirability"-Forschung

Zunächst zu zwei Metaanalysen, die allerdings nicht aus dem genuin soziologischen Bereich stammen. Moorman und Podsakoff (1992) führen eine Metaanalyse von 33 Studien zu SD-Effekten durch. Sämtliche Studien beziehen sich allerdings nur auf die SD-Neigung, wobei deren Messung in den meisten Studien durch die CM-Skala erfolgte. Die abhängigen Variablen sind meist Einstellungen und Persönlichkeitsmerkmale, die in der Organisations- und Personalforschung eine Rolle spielen. Laut der Metaanalyse ergibt sich insgesamt, über alle Studien und Variablen *kein* signifikanter Zusammenhang zwischen SD-Neigung und abhängigen Variablen. Ähnlich kommen auch King und Bruner (2000) in ihrer Metaanalyse von 13 Studien aus dem Marketingbereich zu keinem Ergebnis, das die SD-Hypothese eindeutig bestätigt.

Interessant für die vorliegende Arbeit ist die Studie von Wyner (1980), die ebenfalls selbstberichtete Delinquenz untersucht. Anhand eines fallzahlmäßig allerdings recht bescheidenen Validierungssamples (N = 79) findet der Verfasser einen leichten Effekt des SD-Beliefs auf das Antwortverhalten. Gefragt wurde nach der genauen Zahl der Verhaftungen, die im Mittel bei über acht lag. Somit können auch Erinnerungseffekte eine Rolle spielen, was der Autor auch nachweist.

Weitere Ergebnisse sind aus Tabelle 3 ersichtlich und spiegeln die Uneinheitlichkeit der Befunde wieder. In einigen Studien werden keine SD-Effekte festgestellt (Burris/Johnson/O'Rourke 2003, Johnson/Fendrich 2002), andere Studien, in denen mehrere (abhängige) Variablen untersucht werden, finden divergierende Befunde (Fisher/Katz 2000, Ganster/Hennessey/Luthans 1983). Wiederum andere Studien berichten signifikante und deutliche SD-Effekte (Chen et al. 1997, Phillips/Clancy 1970). Eine gewisse Stabilität lässt sich bezüglich der SD-Beliefs ausmachen. In allen Studien, in denen diese erhoben wurden, lässt sich (zumindest in Interaktion mit der SD-Neigung) ein Effekt nachweisen. Inwieweit dieser aber tatsächlich den Erwünschtheitswahrnehmungen bezüglich der erfragten Items zugeschrieben werden kann, ist hinterfragbar: Da die SD-Beliefs simultan mit den heiklen Fragen erhoben wurden und daher nicht unabhängig voneinander sind, könnte es sich ebenso gut um Artefakte handeln, da Befragte konsistent antworten wollen und ihr Antwortverhalten in diesem Sinne anpassen (vgl. S. 43). Zuletzt sei ebenfalls noch darauf hingewiesen, dass auch die Befunde hinsichtlich einer interagierenden Wirkung von SD-Neigung und -Belief nicht eindeutig sind (Stocké-Hypothese). Chen et al. (1997) berichten signifikante Haupteffekte und zusätzlich einen leichten Interaktionseffekt, Phillips und Clancy (1972) ebenfalls Haupteffekte, aber keinen Interaktionseffekt und Stocké (2004) ausschließlich einen Interaktionseffekt.

Auf die Argumentation des letztgenannten Autors sei abschließend noch näher eingegangen. Wie bereits oben erwähnt ist Stockés Kernaussage, dass die inkonsistente Befundlage der SD-Forschung u. a. darauf beruht, dass die beiden Komponenten SD-Neigung und SD-Belief meistens nur separat überprüft wurden (Stocké 2004: 303 f.). Anzunehmen sei jedoch, dass die beiden Effekte nur interagierend wirken, da beide Komponenten positiv ausgeprägt sein müssen, um einen Anreiz für eine Antworteditierung darzustellen. Dieses Argument lässt sich mit Rational Choice-Theorien des Befragtenverhaltens auch theoretisch verankern (Esser 1986, 1991, mehr dazu in Kapitel 3). Zwei weitere Hypothesen beschreiben zusätzliche Bedingungen, die – so Stocké – erfüllt sein müssen, damit es zu SD-motivierten Antworteditierungen kommt. Zum einen gelte der Interaktionseffekt wiederum nur dann, wenn der Befragte es prinzipiell für wahrscheinlich hält, dass die unerwünschte Antwort auch tatsächlich extern wahrgenommen und sanktioniert wird. Mit anderen Worten muss die Privatheit der Antwortsituation in Form eines weiteren multiplikativen Terms integriert werden. Entsprechend ist nur dann von einer SD-motivierten Antworteditierung auszugehen, wenn zusätzlich zu ausgeprägten SD-Beliefs und -Neigung die Interviewsituation nicht anonym ist. Dies ist beispielsweise der Fall, wenn ein Interviewer in einem Face to Face-Interview die Antwort des Befragten mündlich mitgeteilt bekommt. Die Hypothese ist wichtig für die vorliegende Arbeit, da ein negativer Interaktionseffekt zwischen RRT-Modus und SD-Anreizen auf die Antworteditierung prognostiziert wird. Zum anderen argumentiert Stocké, dass selbst diese Modellierung (Dreifachinteraktion) nicht adäquat sei, sondern um zwei weitere Faktoren erweitert werden müsse, die ebenfalls multiplikativ wirken. Demzufolge gilt auch die Dreifachinteraktion nur, wenn der Befragte keine kooperative Umfrageeinstellung hat, die fest in seiner Identität verankert ist. Wenn Befragte eine kooperative Umfrageeinstellung haben und diese kognitiv verankert ist, würden etwaige SD-Anreize ausgeschaltet und haben keinen Effekt mehr. Dieses Argument läuft also auf eine Fünffachinteraktion hinaus. Hergeleitet wird die These aus der Frame-Selektionstheorie, auf die in Kapitel 3 noch ausführlich eingegangen werden wird.

Die Hypothesen werden in den empirischen Analysen von Stocké bestätigt. Als abhängige Variable fungieren zehn Items zu xenophobischen Einstellungen.[35] Die SD-Neigung wird mit der CM-Skala erhoben, die SD-Beliefs durch Einschätzungen der Befragten, wie erwünscht oder unerwünscht Gesprächspartner eines fiktiven Gespräches eine Zustimmung oder Ablehnung der jeweiligen Items bewerten würden (für Näheres vgl. Stocké 2007c). Interessant ist hier, dass sich, wenn man die Erwünschtheitsbewertungen aggregiert, drei „Bewertungsmilieus" ergeben: 44 % der Befragten halten positive Einstellungen zu Ausländern

---

[35] Z. B.: „Wenn Arbeitsplätze knapp werden, sollte man die in Deutschland lebenden Ausländer wieder in ihre Heimat zurückschicken" oder „Die in Deutschland lebenden Ausländer sollten sich ihre Ehepartner unter ihren eigenen Landsleuten auswählen" (Stocké 2004: 313).

2.2 Überblick über die „Social Desirability"-Forschung

für erwünschter, 36 % denken, negative seien erwünschter und 20 % sind indifferent bzw. bewerten positive und negative Einstellungen als gleich erwünscht. Die Ergebnisse zeigen weiterhin, dass sich die prognostizierte Dreifachinteraktion nachweisen lässt. SD-Neigung, -Belief und Privatheit der Antwortsituation[36] übten einzeln keine (Haupt-)Effekte auf die Angabe xenophobischer Einstellungen aus, sondern lediglich kombiniert. Des Weiteren zeigt sich, dass auch dieser Effekt ausgeschaltet wird, wenn die erwähnten kooperativen Umfrageeinstellungen vorhanden und stark ausgeprägt sind.

2.2.3 Diskussion

Zu Anfang dieses Unterkapitels wurde auf die „Standardthese" verwiesen, nach der heikle Fragen v. a. deshalb häufig nicht valide erhoben werden können, da Befragte wegen „sozialer Erwünschtheit" nicht die Wahrheit sagen. Die ausführliche Erörterung des Themas soziale Erwünschtheit zeigt, dass eine Diskrepanz zwischen der Beliebtheit und Selbstverständlichkeit dieser These und den Ergebnissen der methodisch-empirischen SD-Forschung besteht. Angefangen mit definitorischen Unklarheiten, sind auch Operationalisierungs- und Messungsfragen sowie die Befundlage eher offen als eindeutig geklärt.

Letztlich messen muss sich die globale SD-Hypothese an der Gültigkeit von zumindest einer der drei oben formulierten Hypothesen. Nach diesen beeinflussen entweder die SD-Neigung oder der SD-Belief, oder aber beide Faktoren in Form eines Interaktionseffekts (sei es als Zweifach- oder Dreifachinteraktion unter Einbezug der Privatheit der Fragesituation) das Antwortverhalten. Tatsächlich finden sich auch für jede der drei Hypothesen empirische Belege. Allerdings ist die Zahl der Studien, die *keine* Effekte nachweisen können, ebenso hoch wie die der bestätigenden Arbeiten. Dieses Verdikt ist auch nicht neu: „[…] we found little support for the biasing effects of social desirability" (Moorman/Podsakoff 1992: 144). „[…] social desirability contamination effects do not seem very widespread" (Ganster/Hennessey/Luthans 1983: 330). „The importance of social desirability and acquiescence in questionnaire personality assessment may have been overemphasized" (Dicken 1963: 718).

Entsprechend sind einige kritische Bemerkungen angebracht. Die erste betrifft den angesprochenen Universalgeltungsanspruch der SD-Hypothese. Es ist ein Verdienst der neueren Arbeiten von Stocké, diesen theoretisch einzubetten

---

[36] Diese wurde mit einem experimentellen Methodensplit durch eine CAPI-Prozedur innerhalb des CATI-Interviews operationalisiert. Die Kontrollgruppe beantwortete die Fragen mündlich, die Befragten in der Experimentalgruppe gaben die Antworten auf die Ausländerfragen selber in den Laptop ein, ohne dass der Interviewer die Antworten sah.

und – damit verbunden – einzuschränken. Es kommt eben nicht immer zu SD-motivierten Antwortverzerrungen, sondern nur, wenn mehrere Faktoren zusammentreffen. Allerdings muss einerseits nach der generellen Relevanz eines Konstruktes gefragt werden, wenn sich dieses nur (noch) in einer Drei- oder Fünffachinteraktion nachweisen lässt. Die ursprünglich elegante Einfachheit der SD-These weicht damit einer hochkomplexen und elaborierten Modellierung, deren Gültigkeit von vielen theoretischen und messtechnischen Annahmen abhängt. Und auch empirisch muss sich die Argumentation noch in weiteren Replikationsstudien bewähren (eine davon ist die vorliegende Arbeit). Andererseits lässt sich eine Subhypothese der Stocké-Argumentation hinterfragen. Wenn es nur zu SD-motivierten Verzerrungen kommt, wenn die Interviewsituation nicht privat ist, müsste das Ausmaß des Response Bias beispielsweise in schriftlichen oder Online-Befragungen deutlich geringer ausfallen als in intervieweradministrierten Erhebungen. Das nächste Unterkapitel wird zeigen, dass dies nicht uneingeschränkt der Fall ist. Auch andere Faktoren, die die Privatheit der Erhebungssituation beeinflussen, haben nicht den gewünschten Effekt.

Ein weiterer Kritikpunkt ist die geringe Zahl an Studien mit Validierungsdaten. Jedoch kann ohne diese eine Testung der SD-Hypothese(n) und hier vor allem die angesprochene „Editing-" versus „True Behavior"-Hypothese letztendlich nicht überprüft werden. In diesem Zusammenhang sind dann auch Studien, die in „Fishing-Expeditions" (z. B. Edwards 1970, Ganster/Hennessey/Luthans 1983, Moorman/Podsakoff 1992) wahllos SD-Variablen mit einer Vielzahl an Variablen aus Itembatterien korrelieren, sicher nicht als bester Weg zu bezeichnen, Licht in die Angelegenheit zu bringen. Hinzu kommt noch, dass viele dieser Studien dann – unsystematisch – bei einigen Merkmalen signifikante Zusammenhänge feststellen, bei anderen nicht.

Ein weiterer Gedanke. Die in diesem Kapitel diskutierte Artefaktforschung um soziale Erwünschtheitseffekte geht – zwar nur implizit, aber ausnahmslos – davon aus, dass Befragte mit einer Antworteditierung in Richtung soziale Erwünschtheit das in Unterkapitel 2.1 angesprochene Dilemma bei der Beantwortung heikler Fragen *lösen*. Postuliert wird somit eine *sichere* Nutzenrealisierung durch eine Antwort, die nicht unerwünscht ist. Jedoch sollte, wenn von sozialer Erwünschtheit gesprochen wird, bedacht werden, dass genau dieses Verhalten, nicht wahrheitsgemäß zu antworten, selbst unerwünscht ist, und zwar (wahrscheinlich) in hohem Maße. Somit geht das „Lügen" auf eine Frage ebenfalls mit einem „Unerwünschtheitsrisiko" einher. Sollte die unwahre Antwort bekannt werden, hat sich der Befragte verkalkuliert, da nicht nur der eigentlich wahre und unerwünschte Wert nun „offenliegt", sondern *zusätzlich* der Befragte seiner unwahren Antwort überführt ist. Hinzu kommt, dass es sich in einer Interviewsituation durchaus ergeben kann, dass der wahre Wert „herauskommt". Hierzu können z. B. ein nervöses Zucken oder Ungereimtheiten bei mehreren Fragen (der Befragte weiß nicht, welche Fragen noch folgen werden) reichen. Die Quintessenz für diesen Moment soll sein: Sozial erwünscht antworten ist keinesfalls eine vollkommen sichere Strategie. Vielmehr muss auch in theoretischen Modellen berücksichtigt werden, welche mögliche Kosten entstehen, wenn Befragte ihres „Lügens" „überführt" werden.

Einige abschließende Bemerkungen betreffen die Bedeutung der Ausführungen dieses Unterkapitels für die vorliegende Arbeit. Wie bereits gesagt, kann in den empirischen Analysen dank der Validierungsdaten eine genuine Testung der „Editing"-Hypothese erfolgen. Zudem sollen die Hypothesen von Stocké einer Replikation unterzogen werden. Hier bietet es sich an, den Parameter „Privatheit der Antwortsituation" durch den Fragemodus – DQ versus RRT – zu operationalisieren. Sämtliche SD-Hypothesen werden in Kapitel 3 noch in erklärende Theorien eingearbeitet und fundiert.

Die beiden letzten Unterkapitel haben Probleme bei der Erhebung heikler Fragen in Interviews aufgezeigt, von denen Misreporting das wichtigste ist. Die folgenden Unterkapitel widmen sich nun Vorschlägen, die Probleme zu lösen.

2.3 Vorschläge zur Vermeidung von Misreporting

„Unfortunately, even the most cursory review of the relevant literature demonstrates that it is extremely difficult to draw any definitive conclusions or generalizations about the conditions producing respondent bias. The studies available in the literature provide one with a congery of results which are often inconsistent, sometimes contradictory, largely noncomparable, and generally lacking primary validation data" (Summers/Hammonds 1969: 114).

Bevor in Unterkapitel 2.4 auf die in dieser Arbeit v. a. interessierende RRT eingegangen wird, soll zunächst ein Überblick über den Forschungsstand hinsichtlich verschiedener Merkmale von Surveys, die Antwortverzerrungen in unterschiedlicher Weise beeinflussen, sowie zu Vorschlägen, diesen Response Bias zu vermeiden, gegeben werden. Hierbei geht es nicht um Befragtenmerkmale wie Geschlecht oder Alter (diese werden im Zuge von Unterkapitel 2.4 diskutiert bzw. wurden bezüglich der SD-Anreize im vorigen Unterkapitel behandelt), sondern um Merkmale des verwendeten Umfragedesigns, also methodische Aspekte. Die Einflussfaktoren und Techniken zur Erhöhung der Validität bei der Erhebung heikler Fragen können eingeteilt werden in Variationen des Erhebungsmodus, des Fragekontextes bzw. der Interviewsituation, der Struktur oder Formulierung der Fragen, sowie spezieller Erhebungstechniken, zu denen auch die RRT gehört (vgl. ähnlich Schaeffer 2000: 106).[37] Hinsichtlich des Erhebungsmodus wird untersucht, inwieweit Verfahren wie Face to Face-, Telefoninterview oder eine schriftliche Erhebung den Grad des Response Bias beeinflussen. Eine wichtige Variable ist hier die Unterscheidung, ob die Daten durch einen Interviewer erhoben werden oder nicht (interviewer- vs. selbstadministriert). Der Kontext einer Frage bzw. die Interviewsituation ist beispielsweise bedeutsam, wenn es um sog. Bystandereffekte, also Effekte durch während des Interviews anwesende Drittpersonen, geht. Die Struktur und Formulierung von Fragen bezieht sich auf „Wordingeffekte" oder Trichtertechniken, bei denen der Sensitivitätsgrad der Frage und damit verbundene Antwortverzerrungen etwa durch „weiche" Formulierungen abgemildert werden sollen. Auch die speziellen Erhebungstechniken wie die Sealed Envelope-Technik (SET), die Item Count-Technik (ICT) oder RRT wurden entwickelt, um den Response Bias bei der Erhebung heikler Fragen zu reduzieren.

Die nachstehenden Ausführungen sollen einer besseren Einordnung der RRT-Forschung und der in dieser Arbeit durchgeführten Validierungsstudie in den allgemeinen Kanon der Forschung um Antwortverzerrungen bei heiklen Fragen dienen. So soll geklärt werden, wo etwaige Lücken der bisherigen Forschung zu sehen sind und wie es um Alternativen zur RRT bestellt ist. Auf eine Hauptlücke spielt bereits das oben angeführte Zitat an: Die Methodenforschung zu Einflussfaktoren der Antwortvalidität ist durch eine sehr große Zahl von Studien mit diversen Einzelbefunden gekennzeichnet, die wenig vergleichbar sind und insgesamt nur bedingt aufeinander aufbauen. Dem Leser mögen daher die Ausführungen in diesem Unterkapitel wenig systematisch und aneinandergereiht erscheinen. Dies ist jedoch nicht nur der beschriebenen Literaturlage, sondern auch inhaltlichen Gründen geschuldet: Da sich Antwortverzerrungen immer aus dem *Zusammenwirken* vieler verschiedener Faktoren ergeben und experimentelle Studien meist immer nur einen bestimmten Einfluss untersuchen bzw. kontrollieren können, sind Ergebnisse oft nicht replizierbar und wirken instabil. Insofern erscheint dann aber die „Strategie" der Surveyforschung, durch ständige Replikationen und kumulative Anhäufung von Wissen zu belastbaren Erkenntnissen zu gelangen, gerechtfertigt. Einschränkend soll auch noch darauf verwiesen werden, dass sich die nachstehenden Ausführungen fast ausschließlich auf das Problem des Response Bias konzentrieren. Ebenfalls interessante und auch intensiv beforschte Dimensionen wie Unit- und Item-Nonresponse oder „weiche" Quali-

---

[37] Zugegebenermaßen ist diese Unterscheidung nicht zwingend disjunkt, da z. B. die Präsenz eines Interviewers sowohl unter Fragekontext als auch Erhebungsmodus subsumiert werden kann. Hosseini und Armacost (1993: 444) unterscheiden z. B. nur zwischen Format des Messinstruments und Modus der Datenerhebung.

2.3 Vorschläge zur Vermeidung von Misreporting

tätskriterien wie Vertrauen in die Anonymität, Unwohlsein der Befragten und Interviewer usw. werden aus Platz- und Stringenzgründen nicht behandelt.

Die folgenden Abschnitte resümieren den aktuellen Forschungsstand bezüglich der vier genannten Dimensionen. In Abschnitt 2.3.1 wird auf Moduseffekte eingegangen, Abschnitt 2.3.2 widmet sich Effekten des Interviewkontextes. Es folgt eine Zusammenschau des Forschungsstandes bezüglich Formulierungs- und Fragetechnikeffekten in den Abschnitten 2.3.3 und 2.3.4. Eine zusammenfassende Würdigung und Diskussion in Abschnitt 2.3.5 beschließt das Unterkapitel. Die inhaltlichen Ausführungen orientieren sich maßgeblich an dem Review von Tourangeau und Yan (2007), die den aktuellen Stand der Forschung sehr gut zusammenfassen. Auch Krumpal (2009, 2011) bietet einen konzisen Überblick über den Forschungsstand. Jedoch berücksichtigen diese Reviews bei weitem nicht alle Studien, weshalb ein besonderes Augenmerk auf neuere und nicht berücksichtigte Literatur gerichtet wird. Auch soll v. a. im Diskussionsabschnitt mehr als in den existierenden Reviews ein Bezug zur SD-Hypothese hergestellt und danach gefragt werden, was die Befunde für selbige implizieren. Eine Einschätzung über die „Leistungsfähigkeit" der jeweiligen Modus- und Fragetechniken soll ebenfalls vorgenommen werden. Nicht zuletzt gilt es, die Bedeutung des Face to Face-Erhebungsmodus für die in dieser Arbeit durchgeführte Validierungsstudie zu beleuchten. Da dieser nur einen von mehreren Erhebungsmodi darstellt und bekannt ist, dass der Erhebungsmodus den Grad des Response Bias beeinflusst, macht es Sinn, auf diesbezügliche Befunde aus der Forschung einzugehen. Dies ist Gegenstand des nun folgenden Abschnitts.

2.3.1 Moduseffekte

Ein großer Zweig der Forschung um heikle Fragen widmet sich den Auswirkungen bestimmter Erhebungsmodi auf die Validität der gegebenen Antworten. Eher klassische Modi sind das Face to Face-Interview mit (CAPI) oder ohne (I-PAPI) Computerunterstützung, die schriftliche Befragung (SAQ bzw. I-SAQ falls ein betreuender Interviewer anwesend ist) sowie die Telefonbefragung (heutzutage meist mit Computerunterstützung, CATI). Neuere Entwicklungen sind die Online-Erhebung (Oberbegriff „Computer-Assisted Self-Interviewing" CASI), „Audio Computer-Assisted Self-Interviewing" (ACASI) und „Interactive Voice Response" (IVR oder T-ACASI für Telephone-ACASI). Bei ACASI bedient der Befragte einen Computer, der die Fragen auf dem Bildschirm darstellt und eine Audioaufnahme derselben abspielt, worauf der Befragte seine Antwort eingibt. IVR oder T-ACASI ist das gleiche System über das Telefon, d. h. der Befragte interagiert mit einer „Computerstimme" und antwortet über die Tastatur des

Telefons oder gibt einfache mündliche Befehle, die der Sprachcomputer erkennen kann (vgl. für einen Überblick Groves et al. 2004: 138 ff.).

Als wichtigste erklärende Variable bezüglich der verschiedenen Erhebungsmodi wird die Präsenz eines Interviewers gesehen, also die Unterscheidung, ob die Erhebungssituation durch den Befragten selbst oder durch einen Interviewer gesteuert wird (Tourangeau/Yan 2007). Beispielsweise interagiert der Befragte in den Modi Face to Face, CAPI und CATI direkt mit einem Interviewer, wohingegen die klassische schriftliche Befragung, Online-Erhebungen und neuere Entwicklungen wie ACASI und IVR selbstadministriert sind. Entsprechend kann die Literatur eingeteilt werden in Studien, die generell eine Form eines interviewer- mit einer eines selbstadministrierten Modus vergleichen (1). Unter den intervieweradministrierten Modi untersuchen weitere Studien, ob die *physische* Präsenz des Interviewers die Antworten auf heikle Fragen beeinflusst (2). Eine physische Präsenz ist etwa im Face to Face-Survey, nicht jedoch in einer Telefonerhebung gegeben. Schließlich untersucht ein weiterer Zweig der Literatur Unterschiede innerhalb selbstadministrierter Modi. Hier spielt v. a. die Frage eine Rolle, ob eine Digitalisierung (also der Einsatz von Computern) Unterschiede gegenüber der klassischen schriftlichen Erhebungsform zeitigt (3). Abbildung 3 schematisiert die Erhebungsmodi und, dargestellt als Ziffern mit einem Fragezeichen, die drei wesentlichen Fragestellungen entsprechender Modusstudien.

Abbildung 3: Erhebungsmodi und Fragestellungen von Modusstudien

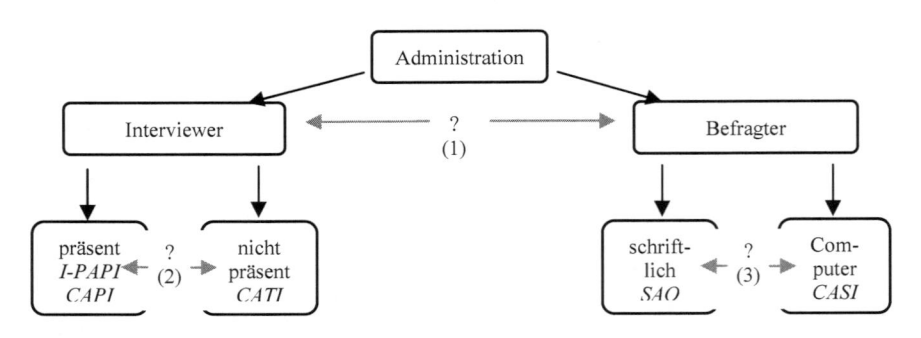

Quelle: Eigene Darstellung

Zu (1) Hinsichtlich der ersten Frage berichten Tourangeau und Yan (2007: 864) in einer Zusammenschau von sieben Studien den Einfluss einer Interviewerpräsenz auf die Angabe, illegale Drogen konsumiert zu haben. Die Ergebnisse der randomisierten Experimente weisen eindeutig darauf hin, dass die geschätzte Prävalenz von Drogenkonsum in selbstadministrierten Erhebungsmodi höher liegt als in intervieweradministrierten Surveys. Beispielsweise geben in einer Studie von Aquilino (1994) im PAPI-Modus 25 % der Befragten an, jemals Kokain konsumiert zu haben, während im Face to Face-Modus 22 % und im Telefonmodus 19 % die Frage bejahen. Unter farbigen Befragten ist der Moduseffekt mit 23 % vs. 16 % und 12 % noch ausgeprägter (Aquilino 1994: 223). Auch die „heikle Persönlichkeitsmerkmale" und psychische Krankheiten fokussierende Metaanalyse von Richman et al. (1999) kommt zu dem gleichen Ergebnis. Signifikant positive, d. h. präsumtiv (die meisten Studien beruhen auf der „More is Better-Assumption") validitätserhöhende Effekte konnten auch bei den Themen Rauchen (Currivan et al. 2004, Moskowitz 2004), persönliche Gesundheitseinstufung (Hochstim 1967; vgl. jedoch die Anmerkungen zu dieser Studie weiter unten), stigmatisierte Krankheiten wie HIV oder Tuberkulose, riskantes Gesundheitsverhalten wie Alkoholkonsum (Des Jarlais et al. 1999, Metzger et al. 2000, Newman et al. 2002), sowie Fragen zum Sexualverhalten (Tourangeau et al. 1997) nachgewiesen werden. Schaeffer (2000: 106 ff.) beispielsweise berichtet Moduseffekte bei der Frage nach der Zahl der bisherigen Sexualpartner. Bei dieser Frage übertreiben männliche Befragte in der Regel die Zahl der Sexualpartner, weibliche untertreiben diese (Smith 1992). Mit selbstadministrierten Fragebögen lag die Zahl der angegebenen Sexualpartner bei Frauen signifikant über jener, die intervieweradministriert gewonnen wurden. Auch Tourangeau und Smith (1996) berichten vergleichbare Befunde. Ein Beispiel für einen Moduseffekt in Richtung eines Overreportings ist die Studie von Presser und Stinson (1998), in der selbstberichtete Kirchgangsaktivitäten untersucht werden: Wurde die Frage direkt im Face to Face-Modus gestellt, gaben rund 40 % der Befragten an, in der letzten Woche an Gottesdiensten teilgenommen zu haben. Eine alternative Erhebung erfolgte im Rahmen einer selbstadministrierten Zeitbudgetstudie, in denen die Befragten gebeten wurden anzugeben, was sie wann an den vorangegangen Tagen getan hatten, ohne die Aufmerksamkeit auf das Kirchgangsthema zu lenken.[38] Der so geschätzte Anteil der Personen, die innerhalb der letzten Woche an Gottesdiensten teilgenommen haben, betrug lediglich 29 % (vgl. für Details Presser/Stinson 1998: 138 ff.). Schließlich ist aus zwei Gründen noch die Studie von Okamoto et al. (2002) erwähnenswert. Zum einen wurden hier die selben Befragten sowohl schriftlich, als auch Face to Face befragt, wobei die Reihenfolge (erst schriftlich, dann Face to Face und umgekehrt) zufällig zugewiesen wurde. Im Ergebnis finden sich signifikant weniger Anga-

---

[38] Somit wird natürlich nicht nur der Erhebungsmodus variiert, so dass die Ergebnisse auch durch die Fragestruktur (direkte Frage vs. Zeitbudgetstudie) zustande gekommen sein könnten.

ben zu Alkoholkonsum und Stressgefühlen im intervieweradministrierten als im schriftlichen Modus (Okamoto et al. 2002: 507). Zum anderen zeigt sich, dass die Differenz der Modusunterschiede nach Geschlecht, Alter und in Abhängigkeit von der Altersdifferenz zwischen Befragtem und Interviewer variiert. Dies ist ein Hinweis darauf, dass das mehrfach erwähnte Problem, wonach der Response Bias bei heiklen Fragen nicht nur zu falschen Prävalenzschätzungen führt, sondern auch die Zusammenhänge zwischen heiklen Verhaltensweisen und unabhängigen Variablen verfälschen kann, auch hinsichtlich des Erhebungsmodus bedeutsam ist und Interaktionseffekte zwischen Modus und Befragtenmerkmalen fokussiert werden sollten (vgl. auch Brittingham/Tourangeau/Kay 1998).

Obwohl die Befunde hinsichtlich der Interviewerpräsenz in eine eindeutige Richtung weisen, finden sich vereinzelt auch Studien und/oder Items, bei denen die Modusunterschiede unterhalb konventioneller Signifikanzniveaus bleiben. Epstein, Ripley Barker und Kroutil (2001) etwa untersuchen Moduseffekte auf die Angabe von vier psychischen Krankheiten (Depressionen, Angststörungen, Panikattacken und Platzangst). Die geschätzten Prävalenzen unterscheiden sich zwischen den Modi ACASI und Face to Face signifikant für Depressionen (15 % vs. 7 %) und Angststörungen (6 % vs. 2 %). Die Unterschiede für Panikattacken (4 % vs. 2 %) und Platzangst (etwa 2 % in beiden Modi) sind nicht signifikant (Epstein/Ripley Barker/Kroutil 2001: 536). Auch bei Hochstim (1967) sind bei einigen Variablen keine Modusunterschiede feststellbar. In der Studie von Brittingham, Tourangeau und Kay (1998) zu selbstberichtetem Rauchverhalten finden sich nur in der Gruppe der Jugendlichen signifikante Effekte einer Interviewerpräsenz. Nichtsdestotrotz kann insgesamt konstatiert werden, dass selbstadministrierte Erhebungsmodi meist zu signifikant höheren Schätzern negativ konnotierter Merkmale führen als intervieweradministrierte. Dieser Befund wird auch dadurch unterstützt, dass zwar einige Studien keine Effekte nachweisen können, aber dem Autor keine Studie bekannt ist, die signifikant *negative* Effekte von Selbstadministration auf die Antwortvalidität nachweisen kann.

Zu (2) Weniger eindeutig ist die Befundlage zur Frage, inwieweit die *physische* Präsenz eines Interviewers innerhalb der Gruppe intervieweradministrierter Erhebungsmodi das Antwortverhalten beeinflusst. In der Regel werden in entsprechenden Studien Telefonerhebungen (keine physische Interviewerpräsenz) mit Face to Face-Umfragen (Interviewer ist physisch präsent) verglichen. Die auch mit SD-Argumenten begründbare Standardhypothese lautet hier, dass im Telefonmodus die Interviewsituation anonymer ist und deshalb die Daten valider erhoben werden. Die empirische Evidenz bestätigt diese Hypothese allerdings nicht. Tourangeau und Yan (2007: 867) berichten eine ganze Reihe an Studien, die entweder einen Vorteil für den Face to Face-Modus finden (Aquilino 1994, Holbrook/Green/Krosnick 2003, Johnson/Hougland/Clayton 1989), oder umge-

2.3 Vorschläge zur Vermeidung von Misreporting

kehrt für eine validere Erhebung heikler Themen im Telefonmodus sprechen (Hochstim 1967, Locander/Sudman/Bradburn 1976, Sykes/Collins 1988), oder aber solche, in denen kein Unterschied festgestellt werden kann (z. B. Mangione/ Hingson/Barrett 1982). Eine Ende der 1980er Jahre durchgeführte Metaanalyse (N = 25 Studien) von de Leeuw und van der Zouwen (1988) kommt jedoch genauso wie Tourangeau und Yan (2007) zu dem Ergebnis, dass eine Erhebung via Face to Face-Interviews zu tendenziell valideren Daten führt als eine Erhebung via Telefon, auch wenn viele Unterschiede nicht signifikant sind: „[…] we see that in the majority of the comparisons no statistically significant mode effects are found. When differences are found, they are in favor of the face to face interview" (de Leeuw/van der Zouwen 1988: 292). Auch die Studie von Wiseman (1972) weist in diese Richtung. Insgesamt spricht die Befundlage dafür, dass die physische Präsenz des Interviewers innerhalb der intervieweradministrierten Modi im Vergleich zum Unterschied selbst- vs. intervieweradministriert eine geringere Rolle für die Validität der erhobenen heiklen Fragen spielt.

Zu (3) Bezüglich der erst in den letzten Jahren aufgekommenen Frage, ob innerhalb der Gruppe selbstadministrierter Erhebungsmodi eine Digitalisierung (etwa ACASI oder IVR vs. PAPI) für die Validität der Erhebung heikler Themen ausschlaggebend ist, führen Tourangeau und Yan (2007: 866) eine Metaanalyse von 14 Studien durch, die selbstberichteten Drogenkonsum und Persönlichkeitsmerkmale unter verschiedenen Formen selbstadministrierter Erhebungsmodi untersuchen. Im Ergebnis zeigt sich kein signifikanter Moduseffekt. Auch die Metaanalyse von Richman et al. (1999; 49 Studien mit 581 Effekten) kommt zu diesem Ergebnis.

Alles in allem deutet die Befundlage bezüglich Moduseffekten darauf hin, dass lediglich eine Intervieweradministration im Vergleich zu selbstadministrierten Modi einen weitestgehend stabilen Effekt nach sich zieht. Für die in dieser Arbeit analysierten Validierungsdaten einer Face to Face-Erhebung bedeutet dies, dass durch den gewählten Erhebungsmodus mit einer tendenziell höheren Rate an unwahren Antworten zu rechnen ist, als dies in selbstadministrierten Modi der Fall wäre. Weiterhin können die Befunde zur physischen Interviewerpräsenz im Rahmen von Frage (2) als Relativierung des SD-Arguments gesehen werden: Wenn bestimmte Antworten editiert werden, um damit ein Bedürfnis nach sozialer Anerkennung zu bedienen, müsste dieser Effekt eigentlich größer sein, wenn die Interviewsituation durch die Anwesenheit eines Interviewers weniger anonym ist und Befragter und Interviewer persönlich bekannt sind. In der Stocké-Terminologie (Stocké 2004; vgl. Unterkapitel 2.2) ist also die *Wahrnehmbarkeit* der Antworten in diesem Fall höher, was zu einer Verstärkung von SD-Effekten führen müsste. Die Ergebnisse zu (2) deuten jedoch darauf hin, dass diese Hypothese nicht bestätigt wird.

2.3.2 Kontexteffekte

Unter Kontexteffekten sollen solche verstanden werden, bei denen eine Variation der Interviewsituation oder des Kontextes der Interviewsituation – abgesehen von Moduseffekten – einen Effekt auf den Response Bias bei der Erhebung heikler Themen hat.[39] In diesem Zusammenhang werden v. a. Bystandereffekte untersucht, also Effekte durch während des Interviews anwesende Drittpersonen. Typische Fälle sind etwa anwesende Ehepartner, Eltern, Kinder oder Freunde. Dass die Frage von Bystandereffekten grundsätzlich berechtigt ist, zeigt exemplarisch eine Auszählung der ALLBUS-Daten aus dem Jahr 2004. Demnach sind bei über einem Viertel der Interviews dritte Personen anwesend (26,5 %, eigene Auswertungen der ungewichteten Daten). Die Standardhypothese ist, dass durch Bystander die Bereitschaft, negativ konnotierte Eigenschaften oder Verhaltensweisen zuzugeben, sinkt (Hartmann 1995). Abgesehen von Bystandereffekten werden auch Interviewereffekte thematisiert, also Effekte von Interviewermerkmalen auf die Validität der erhobenen Daten (de Leeuw et al. 1998, Katz 1942, Robinson/Rohde 1946).

Bystandereffekte

Im Gegensatz zu Moduseffekten ist die Untersuchung von Bystandereffekten methodisch komplexer, da randomisierte Experimentaldesigns, in denen die Anwesenheit von Drittpersonen zufällig zugewiesen wird, nur schwer durchzuführen und dementsprechend rar sind. Ohne Randomisierung aber sind Zweifel an der Kausalität der u. U. festgestellten Bystandereffekte angebracht (Hartmann 1995). Zunächst kann angenommen oder zumindest nicht ausgeschlossen werden, dass die Anwesenheit von Drittpersonen nicht zufällig erfolgt, sondern mehr oder weniger stark mit anderen Variablen, die ebenfalls das Antwortverhalten beeinflussen, korreliert (Aquilino 1993: 359 f.). Sofern dann unzureichend für diese anderen unabhängigen Variablen kontrolliert wird, wäre ein festgestellter Bystandereffekt eine durch unbeobachtete Heterogenität hervorgerufene Scheinkorrelation. Ein stilisiertes Beispiel wären Rentner, die strenge Normen und Werte etwa bezüglich kriminellen Verhaltens vertreten und aufgrund dessen dazu tendieren, etwaige Antworten auf diesbezügliche Fragen zu editieren. Da Rentner aber auch eher dazu tendieren, Interviews zusammen zu geben als jüngere, erwerbstätige Befragte, wäre ein evtl. beobachteter Drittpersoneneffekt ein Artefakt, da die Rentner auch ohne Anwesenheit des Ehepartners verzerrt geant-

---

[39] Zu unterscheiden ist hier von Variationen des Fragekontextes innerhalb einer Interviewsituation, wie etwa unterschiedliche Fragereihenfolgen. Diese werden in Abschnitt 2.3.3 behandelt.

2.3 Vorschläge zur Vermeidung von Misreporting

wortet hätten. Ein empirischer Nachweis, dass die Anwesenheit des Ehepartners nicht zufällig erfolgt, findet sich bei Aquilino (1993, 1997).

Trotz dieser Einschränkung zeigt die Literatur, dass sich entgegen der oben genannten Standardhypothese und dem, was man vermuten könnte, *keine* generellen Effekte der Anwesenheit von Drittpersonen auf die Validität der Antworten bei heiklen Fragen nachweisen lassen. Dies kann sowohl mit konzeptionellen Überlegungen begründet, als auch anhand empirischer Befunde belegt werden.

Konzeptionelle Überlegungen, die hauptsächlich von Aquilino (1993, 1997, Aquilino/Wright/Supple 2000, vgl. auch Krumpal 2009: 33 ff., Tourangeau/Yan 2007: 868) ausformuliert wurden, sprechen dafür, dass die Wirkung von Bystandern von mehreren Faktoren abhängt, die zudem noch interagierend bzw. multiplikativ verknüpft sein können. Erstens spielt es eine Rolle, ob die anwesende Drittperson über einen heiklen Wert, der für den Befragten zutrifft, informiert ist. Hieraus folgt unmittelbar, dass die Anwesenheit einer Drittperson nicht nur *keinen* Effekt haben, sondern auch zu valideren Schätzwerten führen kann: Wenn die Ehefrau beispielsweise darüber im Bilde ist, dass ihr Gatte täglich Alkohol trinkt, wird dieser Umstand vom Ehemann auch eher tatsächlich angegeben: Zum einen besteht nun kein Grund mehr, *wegen* des Ehepartners zu lügen und zum anderen würde Letzteres sogar die „heiklere Antwort" darstellen, da in Gegenwart des Ehegatten gelogen wurde (mit Konsequenzen wie Verlust sozialer Anerkennung oder irgendwelcher anderer Sanktionen seitens des Ehepartners). Auch dies ist wieder ein Hinweis darauf, dass „Erwünschtheitsantworten" nicht „kostenlos" und kontextunabhängig gegeben werden. Zweitens und damit nicht unverbunden ist maßgeblich, *welche* Drittperson anwesend ist. Beispielsweise kann die Anwesenheit des Ehepartners bei der Frage nach vorehelichen Sexualkontakten eine andere Auswirkung haben als die Anwesenheit eines Freundes. Drittens kann selbst unter Kontrolle der „Art" der Drittperson die Stärke der Beziehung und – damit verbunden – die vom Befragten erwarteten Sanktionen über das Ausmaß des Response Bias entscheiden. Die Anwesenheit des Ehepartners in einer kriselnden Ehe wird andere Auswirkungen haben als in einer intakten Ehe. Viertens schließlich wird die Unterscheidung, ob Fragen nach Fakten (also Fragen nach „objektiven" Dingen wie Handlungen) oder Fragen nach Meinungen bzw. Einstellungen gestellt werden, als bedeutsam angesehen.

Obwohl die oben dargestellten konzeptionellen Überlegungen regelmäßig zitiert werden und so als „common sense" angesehen werden können, hat die empirische Forschung mindestens zwei der vier Subhypothesen m. W. bisher nicht systematisch untersucht. Lediglich bezüglich der „Identität" des Bystanders und im Hinblick auf Fakt- vs. Einstellungsfragen gibt es einige Studien.[40] Ein

---
[40] Dies ist natürlich methodischen Schwierigkeiten geschuldet, da nur schwer erhoben und/oder operationalisiert werden kann, in welchem Maße ein Befragter Sanktionen der anwesenden Drittper-

neuerer Beitrag zu den Effekten von Bystandern ist eine Metaanalyse von neun Studien, die Tourangeau und Yan (2007) durchführen. Die Autoren finden keine signifikanten Effekte für die Präsenz des Ehepartners, sehr wohl aber einen negativen Effekt, wenn Eltern während des Interviews anwesend sind (Tourangeau/ Yan 2007: 868; die Fragen beziehen sich z. B. auf Drogenkonsum, Alkohol, Wählen gehen und „heikle Einstellungen"). Für anwesende Kinder finden die Autoren keine Effekte, allerdings betonen sie angesichts von nur zwei Studien, die diese Frage untersuchen, die Vorläufigkeit der Befunde. Auch in den Studien von Aquilino, Wright und Supple (2000) und Smith (1997) lassen sich keine oder nur marginalste (Ehe-)Partnereffekte nachweisen. Im Gegensatz dazu stellt Aquilino (1993) fest, dass Antworten auf Fragen zur Ehesituation (sowohl Fakt- als auch Einstellungsfragen) danach variieren, ob der Ehepartner anwesend ist oder nicht. Der Großteil der Effekte wird geringer, wenn Kontrollvariablen integriert werden (hauptsächlich soziodemographische), die für einen möglichen Selektionseffekt kontrollieren sollen. Umgekehrt findet sich bei Aquilino (1997) eine höhere Bereitschaft, Drogenkonsum zu berichten, wenn der Ehepartner anwesend ist. Dieser Befund wird von dem Autor als Bestätigung dafür interpretiert, dass das Wissen der Drittperson über den wahren Wert den Bystandereffekt moderiert (Aquilino 1997: 411). Ein weiteres Indiz in Richtung dieser Deutung ist der Befund, dass Ehepartnereffekte eine geringere Wirkung haben, wenn es um Fragen nach faktischen Eigenschaften oder Verhaltensweisen im Unterschied zu Einstellungsfragen geht (Aquilino 1993).

Obwohl es auch bezüglich Bystandereffekten angebracht wäre, die Problematik mit Validierungsdaten zu untersuchen, existiert m. W. nur eine Studie, die dies leistet. Silver, Abramson und Anderson (1986) validieren die Befragtenangaben zur Teilnahme an Wahlen und stellen fest, dass ca. ein Viertel der tatsächlichen Nichtwähler angibt, doch gewählt zu haben (Silver/Abramson/Anderson 1986: 235). Dieses bei der Frage nach der Wahlteilnahme typische Overreporting wird allerdings *nicht* durch die Anwesenheit von dritten Personen beeinflusst. Die Autoren differenzieren zudem nach verschiedenen Drittpersonen (z. B. Kinder, Ehepartner); in keiner Gruppe zeigt sich ein nennenswerter Effekt auf das Antwortverhalten.

Ein Teilbereich der Kontext- oder Bystanderforschung untersucht, ob der Grad des Response Bias verringert werden kann, wenn die Erhebung in Gruppensettings durchgeführt wird (Brener et al. 2006, Gfroerer/Wright/Kopstein 1997, Jackson Fowler/Stringfellow 2001, Kann et al. 2002). Typischerweise wird Drogen- oder Alkoholkonsum unter Jugendlichen untersucht und individuelle Erhebungen zu Hause mit Gruppenerhebungen in Schulklassen verglichen. Wie

---

son fürchtet und ob die Drittperson über den wahren Wert der erfragten heiklen Verhaltensweise, Eigenschaft oder Einstellung Bescheid weiß.

2.3 Vorschläge zur Vermeidung von Misreporting 65

jedoch z. B. Krumpal (2009: 35) zu Recht anmerkt, ist hier mehr als bei anderen Themen und Gruppen unklar, ob höhere Prävalenzen von solchen Verhaltensweisen unter Jugendlichen tatsächlich als valider angesehen werden können, da die Erwünschtheitswahrnehmungen im Klassenkontext in eine entgegengesetzte Richtung gehen könnten (Drogen und Alkoholkonsum gelten als erwünscht und erstrebenswert) und es sich so um Übertreibungen handeln könnte. Inhaltlich wird in diesen Studien in der Regel festgestellt, dass die Erhebung im Gruppenkontext zu höheren Prävalenzschätzungen heikler Verhaltensweisen führt als die Erhebung zu Hause (Tourangeau/Yan 2007: 869). Allerdings gleichen einige Studien, ähnlich wie schon bei der SD-Forschung bemängelt (Abschnitt 2.2.3), auch hier „Fishing-Expeditions": Z. B. vergleichen Kann et al. (2002) die Schätzungen heikler gesundheitlicher Verhaltensweisen (von denen die meisten sich allerdings auf Drogen- oder Alkoholkonsum beziehen) und finden (nur) bei 24 der 42 Einzelfragen signifikant höhere Prävalenzen in der Gruppenerhebung.

Insgesamt ergeben die Befunde der Bystander-Literatur, dass sich Effekte durch Drittpersonen nicht nur generell selten nachweisen lassen, sondern auch die Subhypothesen (z. B. bezüglich der Identität der Drittperson) kaum Bestätigung finden. Bystandereffekte scheinen also, wenn überhaupt, nur in Interaktionen mit weiteren Variablen einen Effekt auf das Antwortverhalten zu haben. Neben dieser generell disparaten Befundlage sprechen zwei weitere Punkte dafür, dass der Forschungszweig entgegen der Selbstverständlichkeit, mit der vor Drittpersoneneffekten gewarnt wird, eher noch in den Kinderschuhen steckt. Erstens kann der Großteil der Studien das erwähnte Problem unbeobachteter Heterogenität nicht lösen, es besteht generell ein Mangel an Experimentalstudien mit Randomisierung zwischen Experimental- und Kontrollgruppe.[41] Und zweitens besteht ein ausgeprägter Mangel an Validierungsstudien. Umso interessanter wird es sein, im Analyseteil dieser Arbeit mittels Validierungsdaten sowohl den Bystandereffekt im direkten Fragenmodus, als auch den Interaktionseffekt zwischen RRT und Bystandern auf Antworteditierungen zu untersuchen.

Interviewereffekte

Ein weiterer Bereich der Forschung um Kontexteffekte bei Befragungen sind Interviewereffekte auf das Antwortverhalten (bei intervieweradministrierten Befragungen). Auch hier ist die Befundlage noch eher diffus und durch punktuelle Einzelbefunde gekennzeichnet, obwohl die Methodenforschung zu Interviewereffekten bis zu den Anfängen der Surveyforschung in den 1930er und 1940er Jahren reicht und so auf eine lange Tradition zurückblicken kann (z. B.

---

[41] Tourangeau und Yan (2007: 869) berichten von lediglich drei Studien, die ein Experimentaldesign aufweisen. In keiner der Studien kann ein Effekt der Bystander festgestellt werden.

Wechsler 1940). Studien deuten zwar darauf hin, dass Charakteristika und Verhaltensweisen von Interviewern sehr wohl einen Einfluss auf das Antwortverhalten von Befragten haben können, jedoch gibt es wenig systematisiertes Wissen darüber, welche Interviewereigenschaften aus welchen Gründen eine Rolle spielen. Zudem sind wiederum Interaktionseffekte mit einer Vielzahl anderer Determinanten des Antwortverhaltens wie Frageinhalt, Erhebungsmodus und Befragtenmerkmale von hoher Bedeutung (vgl. z. B. die Befunde bei Anderson/ Silver/Abramson 1988).

Auch methodisch gesehen ist die Analyse von Interviewereffekten mit einigen Hürden verbunden (Dijkstra 1983, Hagenaars/Heinen 1982). Genauso wie bei den oben schon dargestellten Modus- und Bystandereffekten ist für eine saubere Analyse eine Randomisierung nötig, d. h. Befragte müssen den Interviewern zufällig zugeteilt werden. Dies ist gerade bei Erhebungsmodi mit physischer Interviewerpräsenz (Face to Face, CAPI usw.) schwierig oder undurchführbar, wenn beispielsweise bei landesweiten Erhebungen räumlich weit verteilte Populationen befragt werden sollen. Diesbezüglich gibt es eine methodische Diskussion über die Konfundierung und Separierung von Wohnort- und Interviewereffekten (z. B. Schnell/Kreuter 2005). Ein weiteres in vielen Studien nicht beachtetes methodisches Problem ist die Clusterung der Einzelbefragungen nach Interviewern (de Leeuw et al. 1998). Die Beobachtungen sind somit – sofern nicht-zufällige Interviewereffekte vorliegen – nicht unabhängig voneinander. Vielmehr ist davon auszugehen, dass die Fehlerterme in entsprechenden Regressionsmodellen „innerhalb" eines Interviewers miteinander korrelieren. Dies verletzt die i.i.d.-Annahme und verfälscht die Inferenzstatistiken (vgl. die eindrucksvollen Ausführungen bei Dijkstra 1983: 180 ff.).[42] Diesem und weiteren Problemen mit hierarchisch geclusterten Daten kann mit Verfahren der Mehrebenenanalyse begegnet werden (Ditton 1998, Hox 2002, Snijders/Bosker 1999). Allerdings verwenden nur wenige der Interviewereffektstudien diese (oder eine alternative) Methode (vgl. für Ausnahmen de Leeuw et al. 1998, Groves/Fultz 1985). Diese Tatsache veranlasst Dijkstra (1983) zu der Einschätzung, dass ein Großteil der berichteten signifikanten Interviewereffekte Artefakte sind: „[...] a large proportion of the interviewer effects reported as statistically significant are, in all likelihood, not significant at all, owing to the fact that these studies have not taken the effects of significant interviewer variance into account" (Dijkstra 1983: 180). Ein letztes Problem schließlich ist der inhaltliche Gehalt von Inferenzschlüssen: Eine Grundgesamtheit der Interviewer,

---

[42] Natürlich widerspricht dieses Argument dem generellen Credo der standardisierten Umfrageforschung, wonach durch die Fragebogengestaltung und das Interviewertraining derartige Effekte von vornherein vermieden werden (sollen). Diese inhaltliche Forderung ist äquivalent mit der inferenzstatistisch motivierten Forderung nach Unabhängigkeit der Störterme.

2.3 Vorschläge zur Vermeidung von Misreporting

auf die aufgrund irgendeiner „Interviewerstichprobe" einer Erhebung geschlossen wird, ist fast immer nicht genau abgrenzbar. Zudem stellt die Interviewerstichprobe selbst keine Zufallsauswahl dar. Somit bleibt unklar, inwieweit festgestellte Befunde auf eine hypothetische „Generalpopulation" aller Interviewer übertragbar sind. Groves und Fultz (1985) gehören zu den wenigen Autoren, die dieses Problem ansprechen. Letztlich wird die Unklarheit jedoch auch hier recht pragmatisch „per Annahme" gelöst, indem die Autoren ihre Inferenzschlüsse auf die Interviewer, die dem Erhebungsinstitut der Umfrage potenziell zur Verfügung stehen, beschränken und darauf verweisen, dass die Ergebnisse dennoch für Erhebungsinsitute, die ihre Interviewer ähnlich rekrutieren und ausbilden, interessant sein könnten (Groves/Fultz 1985: 35).

Wenn man über die genannten Einschränkungen hinwegsieht, zeigen sich in mehreren Studien Interviewereffekte auf das Antwortverhalten bei heiklen Fragen (für einen schon etwas älteren Überblick vgl. DeMaio 1984: 274 ff.). In der klassischen Studie von Katz (1942) wurden „gewöhnliche" Gallup-Interviewer („White-Collar"; Kontrollgruppe) und eigens rekrutierte „Blue-Collar"-Interviewer (Experimentalgruppe) – Arbeiter ohne höhere Bildung – mit gleichem Interviewertraining und identischen Fragebögen in eher ärmere Gegenden von Pittsburgh geschickt, um eine Befragung zu Arbeitsmarkt- und Kriegsthemen durchzuführen. Bei mehreren – allerdings nicht bei allen – Items stellen die Autoren signifikante Unterschiede zwischen Kontroll- und Experimentalgruppe fest, auch wenn für Variablen wie Interviewererfahrung und Mitgliedschaft in einer Gewerkschaft kontrolliert wird. Beispielsweise befürworten 65 % der von „White-Collar-Interviewern" Befragten Gesetze gegen Streiks in der Kriegsindustrie, während von „Blue-Collar-Interviewern" Befragte nur zu 54 % zustimmen. Bezüglich der Frage, ob England (sic!) oder Deutschland den Krieg gewinnen wird, sehen in der Kontrollgruppe 65 % und in der Experimentalgruppe 58 % England als Sieger. Neben einer Vielzahl weiterer Detailergebnisse wird als ein Hauptergebnis der Studie postuliert, dass es eine Fehleinschätzung sei, Homophilie zwischen Befragtem und Interviewer als ideal für die Validität der erhobenen Daten anzusehen (Katz 1942: 268, Weiss 1968, DeMaio 1984). Summers und Hammonds (1969) sowie Williams (1964) berichten jedoch entgegengesetzte Befunde, die darauf hindeuten, dass Statusdifferenz zwischen Befragtem und Interviewern gerade bei heiklen Fragen zu einem höheren Bias führt als Statusübereinstimmung.

Auf die Ergebnisse der Experimentalstudie, in der die Umfrageergebnisse „jüdisch" aussehender mit jenen „nicht jüdisch" aussehender Interviewer verglichen und Unterschiede festgestellt wurden, wurde bereits in Fußnote 11 hingewiesen. Ein weiterer Hinweis auf Interviewereffekte aus den Zeiten des Zweiten Weltkriegs ist die Studie von Cantril (1944). Hier stimmen beispielsweise von afroamerikanischen Interviewern befragte Personen auf die Frage, ob es wichtiger sei, die Achsenmächte zu schlagen oder aber das Funktionieren der Demokratie zu Hause zu verbessern,[43] zu 39 % für das Schlagen der Achsenmächte. Von „hellhäutigen" Interviewern Befragte votieren hingegen zu 62 % für das Schlagen der Achsenmächte (Cantril 1944: 116). Allerdings zeigt sich auch hier, dass die Effekte teilweise deutlich nach den Ausprägungen von Kontrollvariablen variieren, also, anders ausgedrückt, Interaktionseffekte von Bedeutung sind. Keinerlei Differenzen des Antwortverhaltens zeigen sich nach der Erfahrung der Interviewer (Cantril 1944: 117).

Neben den exemplarisch zitierten drei klassischen Studien konnten auch in einigen neueren Arbeiten Interviewereffekte nachgewiesen werden. Groves und Fultz (1985) untersuchen den Einfluss des Interviewergeschlechts und stellen bezüglich nicht oder wenig heikler Fragen keinen Effekt und bezüglich Einschätzungen der eigenen wirtschaftlichen Lage leicht optimistischere Bewertungen bei männlichen Interviewern fest (allerdings nur bei sieben von insgesamt 19 Items). Anderson, Silver und Abramson (1988) berichten in einer der seltenen Validierungsstudien zu Interviewereffekten ein stärkeres Overreporting der Teilnahme an Präsidentschaftswahlen von afroamerikanischen Befragten, wenn diese durch afroamerikanische und nicht durch „hellhäutige" Interviewer befragt wurden. Auch Schuman und Converse (1971) berichten vergleichbare Interviewereffekte nach ethnischer Herkunft. Mensch und Kandel (1988) stellen einen signifikanten Effekt der Vertrautheit des Interviewers mit dem Befragten, operationalisiert durch die Zahl der Kontakte mit demselben Interviewer in einer Panelstudie, bei Fragen zu Drogenkonsum fest: Männliche Befragte, die viermal vom selben Interviewer befragt wurden, gaben zu 16 % an, jemals Kokain konsumiert zu haben, Befragte, die viermal von verschiedenen Interviewern befragt wurden, hingegen zu 30 % (Mensch/Kandel 1988: 115).

Eine Studie, die die oben angesprochenen methodischen Probleme hinsichtlich der Clusterung von Befragtenangaben nach Interviewern thematisiert, stammt von Dijkstra (1983). Zusätzlich zeichnet sich diese Studie dadurch aus, eine Randomisierung durchgeführt zu haben; die Hälfte der Interviewer wurde angewiesen, in einem „sozio-emotionalen" Stil zu befragen, die andere Hälfte in einem „formalen" Stil. Inhaltlich geht es hier allerdings nicht um heikle Fragen, sondern um die Zahl der nicht-inhaltlichen Äußerungen (z. B. „äh", „mmh") des Befragten während des Interviews, die als Indikator für die Privatheit der Interviewsituation herangezogen wird. Dijkstra weist nach, dass unter Nichtberücksichtigung der hierarchischen Datenstruktur sehr wohl signifikante Interviewer-

---

[43] Genaues Wording des Items: „Do you think it is more important to concentrate on beating the Axis, or to make democracy work better here at home?" (Cantril 1944: 116).

2.3 Vorschläge zur Vermeidung von Misreporting

effekte auftreten. Diese verschwinden jedoch, wenn methodisch adäquat für die Clusterung der Einzelbefragungen kontrolliert wird.

Alles in allem ist – wie bereits oben erwähnt – der Forschungsstand zu Interviewereffekten durch eine Vielzahl an Einzelbefunden gekennzeichnet (vgl. für weitere, oben nicht zitierte Studien Fuchs 2009, Huddy et al. 1997, Yang/Yu 2008), die zu wenig systematisiertem und etabliertem Wissen geführt haben. Es ist ein Mangel an Metaanalysen zu konstatieren, die existierende Studien und deren Designs gepoolt einer statistischen Analyse unterziehen (vgl. für eine allerdings wenig repräsentative Ausnahme Groves/Magilavy 1986, in der neun Studien verglichen werden mit dem Ergebnis, dass nur instabile Effekte nachgewiesen werden können).

2.3.3 Wording- und Struktureffekte

Unter Wording- und (Frage-)Struktureffekten können eine ganze Reihe an Vorschlägen subsumiert werden, mit denen durch eine geschickte Formulierung, Platzierung oder sonstige Ausgestaltung heikler Fragen deren valide Erhebung verbessert werden soll. Einen Klassiker zu Wording- und ähnlichen Effekten stellt die bereits mehrfach zitierte „Ideensammlung" von Barton (1958) dar. Ein Beispiel ist dessen (natürlich ironisch gemeinter) „everybody approach" zur Frage, ob ein Befragter seine Ehefrau getötet habe: „As you know, many people have been killing their wives these days. Do you happened to have killed yours?" (Barton 1958: 67). Die Diskussion um Wording-Effekte zählt zu den historisch ältesten Themen der methodischen Surveyforschung bezüglich heikler Fragen; entsprechende Experimentalstudien werden seit den 1940er Jahren durchgeführt und publiziert (Cantril 1940, Roper 1940, Rugg 1941). Cantril (1940) etwa stellt einer Gruppe von Befragten die Frage, ob die USA mehr tun sollte, um England und Frankreich zu helfen; einer anderen, ob die USA mehr tun sollte, um England und Frankreich *in ihrem Kampf gegen Hitler* zu helfen. Bei der ersten Formulierung stimmen 13 %, bei der zweiten Formulierung 22 % zu.

Generell können die verschiedenen Angebote eingeteilt werden in entschuldigende oder verharmlosende Formulierungen („forgiving wording"; z B. das zitierte Beispiel von Barton), umgangssprachliche Formulierungen („familiar wording"; etwa „Sex haben" statt „Geschlechtsverkehr praktizieren"), Trichtertechniken (hier wird durch mehrere einführende Fragen, die zunächst allgemein und verharmlosend formuliert sind, auf die eigentlich interessierende heikle

Frage hingeführt[44]), andere Fragestruktureffekte wie die Variation der möglichen Antwortkategorien oder Fragereihenfolge-(Halo-)Effekte sowie Anonymitätszusicherungen (vgl. Krumpal 2009: 36 f.).

Wie mehrere Quellen berichten, wurden die Effekte derartiger Vorschläge bisher nur unzureichend und wenig systematisch mit experimentellen Designs untersucht (Hosseini/Armacost 1993: 445, Krumpal 2009: 36, Tourangeau/Yan 2007: 874). Entsprechend sind die Befunde auch hier wieder eher punktueller Natur und divergieren hinsichtlich ihrer Ergebnisse. Zudem existiert m. W. keine aktuelle Metaanalyse (vgl. jedoch die Metaanalyse von Singer/von Thurn/Miller 1995, in der aber nur Effekte von Anonymitätszusicherungen untersucht werden); auch in den jüngeren Reviews von Tourangeau und Yan (2007) und Krumpal (2009, 2011) wird keine berichtet oder durchgeführt. Die folgenden Beispiele dienen dazu, einen kurzen Einblick in einschlägige Experimentalstudien zu gewähren und ausgewählte Befunde zu berichten, die stellvertretend für das Forschungsfeld sind.

DiFranceisco, McAuliffe und Sikkema (1998) können trotz einer sehr geringen Fallzahl (befragt wurden 65 homosexuelle Männer, bei denen bekannt war, dass sie Geschlechtsverkehr mit anderen Männern hatten) signifikant unterschiedliche Angaben bei der Frage nach ungeschütztem Analverkehr nachweisen: Ein Teil der Befragten wurde direkt gefragt (also „Wie häufig ungeschützten Sex?"), ein anderer Teil indirekt in der Form, dass mit einer positiveren Formulierung begonnen wurde und dann in einer zweiten Frage nur die Prozentzahl der ungeschützten an allen Geschlechtsverkehren angeben musste (also zunächst „Wie häufig insgesamt Sex?" und dann „Wieviel Prozent davon ungeschützt?"). Tourangeau und Smith (1996) testen Fragestruktur- und Fragekontexteffekte bezüglich Fragen zum Sexualverhalten: Die Angaben zur Zahl der Sexualpartner variierten in erwarteter Richtung nach den vorgegebenen Antwortmöglichkeiten (offen, 0–5 Partner oder 0–100 Partner).[45] Zusätzlich wurde für Fragekontexteffekte getestet. Hierzu wurden der Frage nach der Zahl der Sexualpartner entweder „weiche" oder „harte" Eingangsfragen vorgeschaltet, die einen permissiven bzw. restriktiven Kontext signalisieren sollten.[46] Entgegen der angenommenen

---

[44] Vgl. für ein Beispiel Preisendörfer (2008a). Hier wurden der Frage, ob ein Student GEZ-Gebühren entrichtet, Fragen nach der Wohnform, dem Besitz von Fernseher/Radio/Computer sowie eine Einstellungsfrage zu GEZ-Gebühren vorgeschaltet.

[45] Vgl. für weitere Studien, in denen die vorgegebenen Antwortskalen variieren, Schwarz et al. (1985, 1987).

[46] Die Fragen wurden zudem geschlechtsspezifisch variiert, z. B. für männliche Befragte „weich": „Sexual desire is a healthy, natural impulse – there's little reason why adults should not fulfill it"; „hart": Men who have many sex partners are usually trying to prove something and lack maturity" und für weibliche Befragte „weich": „Women should be frank and open about their sexual needs and

2.3 Vorschläge zur Vermeidung von Misreporting

Hypothese zeigt sich allerdings, dass die Befragten im restriktiven Kontext tendenziell *mehr* Sexualpartner angeben als im permissiven (vgl. auch die Anmerkungen von Schaeffer 2000: 109 f.).

Ein Beispiel für die Untersuchung von Fragereihenfolgeeffekten ist die Studie von Sigelman (1989). Berichtet werden die Antworten auf die Frage, ob die Befragten der Amtsführung des Präsidenten zustimmen oder diese ablehnen, je nachdem, ob die Frage am Anfang des Interviews oder gegen Ende – nach einer ganzen Reihe an weiteren Meinungsfragen – gestellt wurde. Im Ergebnis zeigen sich keine signifikanten Unterschiede hinsichtlich der Zustimmung oder Ablehnung, sehr wohl jedoch bezüglich der Meinungslosen, deren Anteil in der zweiten Version (Frage am Ende) rund acht Prozentpunkte niedriger ausfällt.

Ebenfalls keine eindeutigen Effekte verharmlosender Formulierungen finden sich bei Holtgraves, Eck und Lasky (1997) für Fragen nach Täuschungsversuchen in der Schule, Trunkenheit am Steuer, sowie Drogenkonsum. Auch Presser (1990) kann keine Auswirkungen der Fragereihenfolge für die selbstberichtete Teilnahme an Wahlen nachweisen. Eine neuere experimentelle Studie aus dem deutschsprachigen Raum kommt bezüglich Fragen zur Wahlbeteiligung, sexueller Untreue, Trunkenheit im Verkehr und der Einnahme von Antidepressiva zum gleichen Ergebnis (Näher/Krumpal 2009).

Ein Beispiel für den Einsatz einer Trichtertechnik ist die Studie von Preisendörfer (2008a), in der unter Studierenden erfragt wird, ob diese die GEZ-Gebühr ordnungsgemäß entrichten, schon einmal ein Bußgeld wegen einer Ordnungswidrigkeit zahlen mussten, jemals einen Ladendiebstahl begangen hatten und jemals strafrechtlich angeklagt waren. Signifikante Unterschiede zwischen Trichtertechnik und direkter Frage ergab sich hier lediglich für die Frage nach GEZ-Gebühren, die sich – mutmaßlich v. a. im studentischen Milieu – als besonders heikel herausstellte (Preisendörfer 2008a: 8 f.). Auch die in derselben Studie getesteten Wordingeffekte bei Fragen zu Alkohol- und Drogenkonsum wiesen keine Unterschiede zu konventionellen, direkten Formulierungen auf.

Ein weiterer Vorschlag zur valideren Erhebung heikler Themen sind Anonymitätszusicherungen. Hier verspricht man sich durch Versicherungen, dass die Angaben streng anonym und/oder nach den Regeln des Datenschutzes behandelt werden, ehrlichere Antworten als ohne solche Zusicherungen. In ihrer Metaanalyse isolieren Singer, von Thurn und Miller (1995) die Effekte von Anonymitätszusicherungen (37 Effekte) und stellen bei heiklen Themen einen signifikanten, aber schwachen positiven Effekt auf die Antwortvalidität fest. Bei nicht sensitiven Themen ist der Effekt leicht negativ und nicht signifikant. Jedoch ist auch hier, wie beispielsweise Ong/Weiss (2000: 1692) berichten, die Befundlage ins-

---

desires"; „hart": „Women who have many sex partners are often insecure and lack self-esteem" (Tourangeau/Smith 1996: 288).

gesamt eher uneinheitlich. Die Autoren stellen in ihrer eigenen Experimentalstudie, in welcher der Kontrollgruppe lediglich eine „vertrauliche" Behandlung der Daten, der Experimentalgruppe hingegen eine „anonyme" versprochen wurde, einen ausgeprägten Effekt auf ein kleines Validierungssample von Studenten, die bei Täuschungsversuchen erwischt worden waren, fest: In der „Vertraulichkeitsgruppe" gaben 25 % einen Täuschungsversuch zu, in der „Anonymitätsgruppe" hingegen 74 % (Ong/Weiss 2000: 1696). Dieser Befund wird allerdings durch die weiteren Ergebnisse der Studie relativiert, in der nur bei einem Teil der erfragten heiklen Items Unterschiede feststellbar waren (hier gründeten sich die Validitätseinschätzungen allerdings auf die „More Is Better-Assumption").

Insgesamt zeigt sich – wie schon bei den oben referierten Themen – auch bezüglich Wording und verwandter Techniken ein deutliches Ungleichgewicht zwischen der Selbstverständlichkeit, mit der in Lehrbüchern – meist gespickt mit plakativen Beispielen – auf die Bedeutung derartiger Methoden verwiesen wird (vgl. etwa Diekmann 2008: 458 ff.), und den empirisch tatsächlich nachweisbaren Effekten. Immerhin – hierauf verweist Preisendörfer (2008a: 8 f.) – scheint es zumindest so, dass die Techniken keine negativen Effekte auf die Validität der erhobenen Daten haben.[47]

2.3.4 Spezielle Fragetechniken

Unter speziellen Fragetechniken sollen jene Techniken subsumiert werden, die über die im letzten Abschnitt vorgestellten eher konventionellen Herangehensweisen (Variationen der Frageformulierung und Ähnliches) hinausgehen. Die Spezialtechniken können als kreativster und interessantester Teil der Surveyforschung zu heiklen Fragen gesehen werden. Im Folgenden soll ein Überblick über den Forschungsstand der wichtigsten Techniken gegeben werden. Dies sind die Sealed Envelope-Technik (SET) und die Item Count-Technik (ICT). Die Darstellung der RRT ist, wie schon erwähnt, Unterkapitel 2.4 vorbehalten. Verzichtet wird in dieser Arbeit auf eine Diskussion der sog. „Bogus Pipeline-Prozeduren" und weiterer, in der Surveyforschung (noch) eher selten angewandter Techniken wie die Vignettentechnik, „nominative" Technik, die „three-card method" und das neuere „Crosswise"- und „Triangular-Model" von Yu, Tian und Tang (2008, vgl. auch Jann/Jerke/Krumpal 2011). Diese Techniken gehen entweder über das hinaus, was in gewöhnlichen Umfragen mit vertretbarem

---

[47] Allerdings mit der Einschränkung, dass zuweilen vor kontraproduktiven Effekten überdeutlicher Anonymitätszusicherungen gewarnt wird, da diese vorher nicht vorhandene Zweifel erst wecken könnten (z. B. Krumpal 2009: 38).

2.3 Vorschläge zur Vermeidung von Misreporting

Aufwand durchführbar ist (Bogus-Pipeline), oder spielen in der einschlägigen Literatur eine eher untergeordnete Rolle.[48]

Sealed Envelope-Technik (SET)

Das Prinzip der SET ist bereits in dem bekannten Artikel von Barton (1958) beschrieben: „In this version you explain that the survey respects people's right to anonymity in respect to their marital relations, and that they themselves are to fill out the answer to the question, seal it in an envelope, and drop it in a box conspicuously labeled „Sealed Ballot Box" carried by the interviewer" (Barton 1958: 67; es geht um die schon erwähnte Frage, ob der Befragte seine Ehefrau umgebracht habe). Im Grunde genommen wird mit der SET also versucht, durch eine selbstadministrierte Beantwortung der heiklen Fragen innerhalb eines intervieweradministrierten Interviews validere Antworten zu erhalten.

Tatsächlich ist die SET sogar über zwei Dekaden älter als die Erwähnung von Barton und kann daher neben Wording-Techniken als ältester Vorschlag zur Erhebung heikler Fragen bezeichnet werden. Wie Perry (1979: 315 f.) berichtet, kam eine Form der SET bereits in den Gallup-Polls zur Präsidentschaftswahl 1936 zum Einsatz. Allerdings wurde die Technik wegen höherer Nonresponseraten und Berichten der Interviewer, dass sie eher Zweifel wecke als diese zu beseitigen, zunächst eher kritisch gesehen. Diese Sichtweise änderte sich jedoch durch feststellbare Erfolge der Technik v. a. bei Wahlumfragen (Benson 1941, Perry 1979). Insgesamt jedoch gibt es erstaunlicherweise trotz des Alters der Technik relativ wenig experimentelle Forschung über deren Wirksamkeit; dies

---

[48] Tourangeau/Yan (2007: 873) berichten, dass bezüglich der nominativen Technik und der „three-card method" keine Studien existieren, die diese Techniken mit dem direkten Fragemodus vergleichen. Vgl. für kurze Überblicke über Literatur zur Bogus-Pipeline und der nominativen Technik Krumpal (2009). Bei der Bogus-Pipeline wird dem Befragten der Eindruck vermittelt, die wahre Antwort auf die heikle Frage würde ohnehin durch ein externes, „objektives" Verfahren festgestellt, gleichgültig, ob dies tatsächlich der Fall ist oder nicht. So kann beispielsweise ein fiktiver, nicht funktionierender Lügendetektor zum Einsatz kommen oder ein Labortest vorgegaukelt werden. Bei der nominativen Technik berichtet der Befragte nicht über sein eigenes Verhalten, sondern über das in seinem Netzwerk wie z. B. bei seinen fünf engsten Freunden. Bei der Vignettentechnik erhält der Befragte mehrere Vignetten, die Merkmals- oder Situationsbeschreibungen enthalten. Erfragt wird dann entweder eine Einstellung zur beschriebenen Merkmalskombination oder eine Handlungsabsicht. Z. B. könnte eine Vignette einen männlichen, 24 Jahre alten, deutschstämmigen Jurastudenten beschreiben, der keine Erfahrungen mit studentischen Wohngemeinschaften hat, eine zweite Vignette einen männlichen, 24 Jahre alten, türkischstämmigen Jurastudenten, der ebenfalls keine Erfahrungen mit WGs hat. Der Befragte muss nun für jede Vignette angeben, ob er die Person als Mitbewohner für die eigene WG nehmen würde oder nicht. So lassen sich im beschriebenen Fall Diskriminierungsneigungen messen. Ein m. E. gewichtiger Nachteil ist allerdings, dass niemals *tatsächliche* Handlungen erfragt und analysiert werden können, sondern nur Handlungsabsichten.

stellen auch andere Autoren fest (vgl. Preisendörfer 2008b: 4, Tourangeau/Yan 2007: 875). Eine aktuellere Metaanalyse liegt m. W. ebenfalls nicht vor. Die einschlägigen Studien kommen – wiederum – zu unterschiedlichen Ergebnissen. In einigen Fällen werden präsumtiv validere Schätzwerte heikler Merkmale im SET-Modus gegenüber konventionellen Fragemodi festgestellt (Aquilino 1998, Makkai/McAllister 1992), andere finden kontraproduktive, also unehrlichere Angaben im SET-Modus (Rasinski et al. 1999), wiederum andere Studien finden keine Effekte (Preisendörfer 2008a; vgl. jedoch die Anmerkungen unten). Im Folgenden seien beispielhaft einige Arbeiten näher erläutert.

Eine erste Studie verdient allein wegen ihres historischen Wertes Erwähnung. Benson (1941) berichtet von einer Umfrage, die als Vollerhebung in der Gemeinde Lisbon Township, Maine im Jahr 1940, kurz vor der Präsidentschaftswahl, durchgeführt wurde.[49] Das Erhebungsdesign enthielt einen Methodensplit (direkte Frage vs. SET) mit Randomisierung. Erhoben wurde jeweils die Wahlabsicht für Senatsabgeordnete und den Präsidenten (jeweils ein demokratischer und republikanischer Kandidat). Bezüglich des Senatskandidaten stimmten im direkten Fragemodus 51 % und im SET-Modus 56 % für den Demokraten;[50] die Werte für den Präsidentschaftskandidaten unterschieden sich nur um einen Prozentpunkt. Interessanter jedoch ist, dass die Gruppe der Unentschiedenen (also Befragte, die noch nicht sicher über ihre Wahl waren) von 21 % bzw. 16 % im direkten Modus auf 9 % bzw. 2 % im SET-Modus sank. Dies kann darauf hindeuten, dass „Unentschieden"-Antworten als Ausweichlösung benutzt werden, wenn Befragte den wahren Wert nicht kundtun wollen. Anders ausgedrückt sind zumindest ein Teil der Unentschiedenen bei Wahlumfragen keine „echten" Unentschiedenen, sondern Artefakte. Diesem Umstand kann – so das Argument – offenbar erfolgreich, wie sich in mehreren weiteren Studien bestätigt hat (vgl. Perry 1979: 317), durch den Einsatz der SET begegnet werden. Dass diesem Argument jedoch nicht uneingeschränkt zuzustimmen ist und auch alternative Mechanismen wirken könnten, zeigt die Arbeit von Krosnick et al. (2002).[51]

---

[49] Leider gibt es keine Informationen zur Einwohner- oder Fallzahl. Lediglich die Ausschöpfung wird mit 95 % angegeben, ein Wert, der von der Problemlosigkeit der Durchführung von Umfragen in diesen Zeiten verglichen mit heute zeugt.

[50] In den kurz nach der Umfrage stattfindenden tatsächlichen Wahlen gewann schließlich der demokratische Kandidat Brann mit 58 % der Stimmen.

[51] Die Anmerkung von Krosnick et al. (2002) wurde in Zusammenhang mit der SET geäußert, ist aber auch für die ICT und RRT von Bedeutung. Festgestellt wurde, dass die Anteile von „Unentschiedenen" oder „Keine Meinung"-Antworten im SET-Modus deutlich niedriger sind als im DQ-Modus (Benson 1941). Dies wurde dahingehend gedeutet, dass diese ausweichenden Antworten als Strategie genutzt werden, um den wahren Wert nicht nennen zu müssen, und so dank der SET die Validität der erhobenen Daten höher sei (Perry 1979). Nun ist jedoch zu bedenken, dass im direkten Fragemodus (bei interviewerderadministrierten Interviews) ein Probing, also Nachfrage oder Erläutern der Frage, stattfinden kann, was in SET-, ICT-, und RRT-Modulen meist nicht der Fall ist.

2.3 Vorschläge zur Vermeidung von Misreporting

Neuere Studien stammen von Aquilino (1998), Makkai und McAllister (1992) sowie Rasinski et al. (1999). Aquilino (1998) analysiert die Erhebung einer Depressionsskala in drei verschiedenen Befragungsmodi: Face to Face mit einem selbstadministrierten SET-Modul, Face to Face ohne SET und Telefon. Während keine Unterschiede zwischen den beiden letztgenannten Modi festgestellt werden konnten, sind die angegebenen Punkte auf der Depressionsskala bei Einsatz der SET signifikant höher. Zudem zeigen sich Interaktionseffekte zwischen Modus und unabhängigen Variablen: Afroamerikaner und Befragte mit spanischen Wurzeln geben nur im SET-Modus signifikant häufiger Depressionssymptome zu als die Referenzkategorie „hellhäutige" Befragte. Intendierte, also in der erwarteten Richtung wirkende Effekte der SET finden sich auch bei Makkai und McAllister (1992: 179). Hier liegt die erhobene Prävalenz des Konsums verschiedener Drogen und Medikamente im SET-Modus bei elf von insgesamt zwölf Items über jener im direkten Fragemodus; bei sieben Merkmalen ist der Unterschied signifikant. In einer anderen Studie von Rasinski et al. (1999) werden hingegen *negative* Effekte der SET festgestellt. Sowohl für die Frage nach der Zahl der Abtreibungen, für die zusätzlich externe Validierungsinformationen vorlagen, als auch für das Alter des ersten Sexualpartners stellen die Autoren exaktere[52] Angaben im klassischen intervieweradministrierten Face to Face-Modus fest als mit der SET (Rasinski et al. 1999: 479–481).

Neuere Arbeiten aus dem deutschsprachigen Raum stammen von Becker (2006, Becker/Günther 2004) und Preisendörfer (2008a, 2008b), wobei allerdings nur die Arbeiten von Preisendörfer tatsächlich einen Modusvergleich zwischen SET und herkömmlichen Fragemodi beinhalten. In der betreffenden Studie wurden Studierende zu verschiedenen sexuellen Praktiken und Verhaltensweisen befragt. Von insgesamt sechs Items zeigt sich einzig bei der Frage nach der Masturbationshäufigkeit ein signifikanter Modusunterschied in der Form, dass bei direkter Frage 15 % und im SET-Modus 29 % der Befragten angeben, häufig oder sehr häufig zu masturbieren.

Insofern könnten *tatsächlich unentschiedene* Befragte eher dazu geneigt sein, irgendetwas anzukreuzen, zumal wenn eine „keine Meinung"-Option nicht ausdrücklich genannt werden kann. Als Folge resultiert dann (neben einem geringeren Anteil beobachteter „Unentschieden"-Antworten) ein höherer Anteil an Zufallsfehler in den Daten, der allein deshalb zu einer höheren beobachteten Prävalenz heikler Eigenschaften führen kann. Dies führt dann dazu, dass auf der Aggregatebene die Daten durchaus valider erscheinen, aber auf der Individualebene Zusammenhänge zwischen heiklen Merkmalen und anderen Variablen verwischt werden (Krosnick et al. 2002: 399f.). Insgesamt also ist Vorsicht geboten, wenn niedrigere Anteile an Nonresponse oder „Weiß nicht"-Antworten in SET-, ICT- oder RRT-Modulen als Erhöhung der Datenqualität interpretiert werden.
[52] Die Annahme der Autoren ist, dass im Fall der berichteten Abtreibungen eine höhere Zahl eher der Wahrheit entspricht, beim Alter des ersten Sexpartners eine niedrigere (Rasinski et al. 1999: 480).

Item Count-Technik (ICT)

Ein im Vergleich zur SET eher neuerer Vorschlag ist die ICT, die häufig auch als „Unmatched Count-Technik" bezeichnet wird. Die m. W. erste Erwähnung geht auf Smith, Federer und Raghavarao (1974) zurück und firmiert dort unter dem Begriff „block total response". Die ICT ist insofern von besonderem Interesse, als sie erst in den letzten Jahren größere Aufmerksamkeit erfahren hat und aktuell intensiv beforscht wird. Zudem sprechen die geringen Anforderungen an Interviewer und Befragten – v. a. im Vergleich zur RRT – für die Technik.

Die Idee der ICT ist ähnlich wie bei der RRT eine Verschlüsselung der Antwort eines Befragten, so dass niemand von der gegebenen Antwort auf die „tatsächliche" Antwort zu der interessierenden heiklen Frage schließen kann. Hierzu werden bei der ICT die Befragten zufällig in zwei Gruppen geteilt. Jede Gruppe erhält eine Liste mit mehreren Ja/Nein-Fragen und wird gebeten, lediglich die Summe der Fragen zu nennen, die mit „ja" beantwortet werden. Dadurch, dass der Befragte nicht angibt, *welches* konkrete Item bejaht wurde, wird eine mögliche Bestätigung einer heiklen Verhaltensweise oder Eigenschaft nicht offengelegt.[53] Die Listen unterscheiden sich in der Form, dass die eine Gruppe eine Liste ohne das interessierende heikle Item erhält (short list); die andere Gruppe die gleichen Fragen plus der heiklen Frage (long list). Ein jüngeres Anwendungsbeispiel findet sich in der Studie von Holbrook und Krosnick (2010b), in der es um die Frage nach der Wahlteilnahme an der letzten Präsidentschaftswahl geht. Tabelle 4 gibt einen Überblick über das verwendete ICT-Design.

Weil der Befragte nur die Summe der zutreffenden Items nennt, bleibt unbekannt, ob das heikle Item bejaht wurde. Die Prävalenz $\hat{\pi}_{ICT}$ des heiklen Items in der Stichprobe kann durch Differenzbildung der Mittelwerte von long list ($\bar{x}_{LL}$) und short list ($\bar{x}_{SL}$) geschätzt werden; formal (Tourangeau/Yan 2007: 872):

$$\hat{\pi}_{ICT} = \bar{x}_{LL} - \bar{x}_{SL} \qquad (1)$$

mit Stichprobenvarianz:

$$Var(\hat{\pi}_{ICT}) = Var(\bar{x}_{LL}) + Var(\bar{x}_{SL}) \qquad (2)$$

Im Ergebnis kommen Holbrook und Krosnick (2010b) in ihrer Telefonumfrage wie erwartet auf signifikant niedrigere Angaben zur Wahlteilnahme im ICT-

---

[53] Eine Voraussetzung hierfür ist natürlich, dass ein Befragter nicht alle Items einer Liste bejaht bzw. verneint. Deshalb enthalten entsprechende Listen in der Regel eines oder mehrere Items, die entweder sehr selten zutreffen oder von nahezu allen Befragten bejaht werden.

2.3 Vorschläge zur Vermeidung von Misreporting

Modus als im direkten Fragemodus (52 % vs. 72 %). Zusätzlich zeigt sich, dass der ICT-Schätzer nicht signifikant von der offiziellen Wahlbeteiligung (51,3 %) abweicht.[54] Der Unterschied zeigt sich allerdings nicht in drei weiteren Experimentalstudien, die per selbstadministrierter Online-Befragung durchgeführt wurden (die geschätzten Prävalenzen bewegen sich hier zwischen 58 % und 67 % im ICT-Modus sowie 60 % und 70 % im direkten Modus).

Tabelle 4: ICT-Design von Holbrook und Krosnick (2010b)

Interviewer: „Here is a list of four [five] things that some people have done and some people have not. Please listen to them and then tell me HOW MANY of them you have done. Do not tell me which you have and have not done. Just tell me how many. Here are the four [five] things:
[Sample 1 (short list)]   *[Sample 2 (long list)]* • Owned a gun,   • Owned a gun, • Given money to a charitable organization,   • Given money to a charitable organization, • Gone to see a movie in a theater,   • Gone to see a movie in a theater, • Written a letter to the editor of a newspaper.   • Written a letter to the editor of a newspaper,   • Voted in the presidential election held on November 7, 2000. How many of these things have you done?"

Quelle: Eigene Darstellung nach Holbrook und Krosnick (2010b: 47; Herv. im Orig., F. W.)

Drei Probleme der ICT werden – teils ungerechtfertigterweise – in der Literatur angesprochen. Erstens sei es, wie etwa Lensvelt-Mulders (2008: 474) anmerkt, nicht möglich, über den Stichprobenschätzwert hinausgehende Berechnungen durchzuführen, also v. a. keine Analysen zu Determinanten des fraglichen Verhaltens auf Individualebene durchzuführen. Dieser Einwand ist insofern ungerechtfertigt, als mit Hilfe von Interaktionseffekten konventionelle OLS-Regressionen mit ICT-Daten gerechnet werden können. Die Arbeiten von Corstange (2009) sowie Holbrook und Krosnick (2010b) sind zwei aktuelle Beispiele, in denen multivariate Analysen mit ICT-Daten durchgeführt wurden (wobei allerdings Corstange ein Likelihood-Schätzverfahren heranzieht) (vgl. zu diesem Thema auch Imai 2010). Zweitens lautet ein Vorwurf (Holbrook/Krosnick 2010b: 53), die lange Liste würde Befragte unabhängig vom Inhalt der Items dazu animieren, höhere Summen zu berichten als Befragte, die die kurze Liste erhalten. Dies könnte z. B. durch „Ja-Sager"-Tendenzen zustande kommen.

---

[54] Allerdings steht dieser Vergleich insofern auf etwas wackligen Füßen, als sich die Telefonstichprobe vom Elektorat der USA unterscheidet. Vgl. zu entsprechenden Gewichtungsmaßnahmen die Erläuterungen in der Originalstudie.

Eine hierzu durchgeführte Experimentalstudie (N = 769), in der in der langen Liste ein Urlaub in einem nichtexistenten Land erfragt wurde, deutet allerdings darauf hin, dass der Vorwurf kein größeres Problem darstellt: Der (marginale) Unterschied zwischen langer und kurzer Liste war nicht signifikant (Holbrook/Krosnick 2010b: 53). Ein dritter Kritikpunkt an der ICT ist die geringe Effizienz der Schätzer, die sich dadurch ergibt, dass das heikle Item nur in einem Teil der Gesamtstichprobe erfragt wird, sowie die Stichprobenvarianzen der nicht-sensitiven Items ebenfalls eingerechnet werden müssen (Droitcour et al. 1991: 189). Entsprechend existieren in der Literatur zwei Vorschläge, die die Effizienz der ICT-Schätzer erhöhen. Zum einen sollten die „Füll-Items" eine geringe Varianz aufweisen, also entweder Eigenschaften abfragen, die fast alle Befragten bejahen, oder solche, die vom Großteil verneint werden (Tourangeau/ Yan 2007: 872). Zum anderen kann mit einem „Double-List"-Design die Varianz der Schätzer reduziert werden (für ausführlichere Erläuterungen hierzu vgl. Droitcour et al. 1991, Tourangeau/Yan 2007: 872).

Zu welchem Ergebnis kommt die Literatur bezüglich der Wirksamkeit der ICT? Tourangeau und Yan (2007) führen eine Metaanalyse von sieben ICT-Studien durch. Im Ergebnis zeigt sich über alle Studien ein leicht positiver Effekt (also höhere Angaben negativ konnotierter Verhaltensweise), der allerdings nicht signifikant ist. Die einzige in die Metaanalyse eingegangene Studie, die eine Stichprobe der Gesamtbevölkerung (in Texas) und kein „convenience sample" heranzieht, berichtet allerdings einen negativen Effekt einer Double-List-ICT (Droitcour et al. 1991; die heiklen Items waren intravenöser Drogenkonsum und passiver Analverkehr). Der Aussagegehalt der Metaanalyse ist jedoch insofern zu kritisieren, als nur relativ wenige Studien integriert wurden und die Forschung zur ICT aktuell relativ intensiv betrieben wird, so dass im Folgenden die Ergebnisse dieser neueren Arbeiten berichtet werden sollen.

Eine Studie aus dem organisationssoziologischen Bereich stammt von Ahart und Sacket (2004). Gegenstand der Experimentalstudie (DQ vs. ICT ohne nähere Erläuterungen vs. ICT mit ausführlichen Erläuterungen) sind fünf „counterproductive behaviors", also Verhaltensweisen eines Organisationsmitglieds gegen die Interessen der Organisation wie das Stehlen kleiner Geldbeträge, Krankmeldungen ohne krank zu sein, Stehlen von Betriebsmaterial usw. Die Autoren stellen keinerlei signifikante Unterschiede zwischen den Fragemodi fest. Auch die Richtungen der einzelnen Effekte deuten in keine konsistente Richtung. Allerdings stellt die Untersuchungsgruppe mit ca. 550 Psychologiestudenten eine recht spezielle Population dar. Auch die Fallzahl bzw. statistische Power ist angesichts dreier Experimentalgruppen und der geringen Effizienz der ICT sicherlich suboptimal.

2.3 Vorschläge zur Vermeidung von Misreporting

Eine weitere Arbeit, die ebenfalls keinen Effekt der ICT nachweisen kann, stammt von Biemer et al. (Biemer/Brown 2005, Biemer et al. 2005). Besonders erwähnenswert ist die Studie angesichts des Aufwandes, der betrieben wurde, um ein Gelingen des verwendeten ICT-Designs sicherzustellen. Geschätzt werden sollte im Rahmen des US-amerikanischen „National Survey on Drug Use and Health" mit fast 70 000 Befragten die Prävalenz von Kokainkonsum in den letzten zwölf Monaten. Der Haupterhebung gingen mehrere Runden an kognitiven Pretests und Laborexperimenten voraus, in akribisch Dinge wie die optimale Anzahl der nicht-sensitiven Items in den Antwortlisten und deren Inhalt getestet wurden. Auch Poweranalysen, in denen die nötige Fallzahl bei angenommener sehr niedriger Prävalenz des letztjährigen Kokainkonsums und Effizienzeigenschaften der ICT-Schätzer berücksichtigt wurden, gingen in die Entwicklung des ICT- und Umfragedesigns ein. Zusätzlich wurden Korrekturmechanismen eingesetzt, die für mögliche Fehler der Befragten beim Handling der ICT-Listen entstehen könnten. So wurde den Befragten etwa nach dem ICT-Design und später im Fragebogen die Kokainfrage nochmals direkt gestellt. Die Erhebung wurde mittels ACASI durchgeführt. Im Ergebnis zeigen sich – egal, ob mit oder ohne Korrekturen – *niedrigere* Kokainprävalenzen im ICT- als im direkten Fragemodus. Teilweise nahmen die ICT-Schätzer sogar negative Werte an. Über die Gründe des Scheiterns trotz des Aufwandes bei der Instrumentenentwicklung können die Autoren allerdings nur spekulieren – ein Vorwurf, der übrigens vielen der in diesem Unterkapitel vorgestellten Studien gemacht werden muss.

Entgegen der oben referierten Studien existieren jedoch auch solche, in denen sehr wohl Effekte der ICT in der intendierten Richtung nachgewiesen werden konnten. Bereits erwähnt wurden die Ergebnisse von Holbrook und Krosnick (2010b) bezüglich der Angaben zur Wahlteilnahme. Anderson et al. (2007) finden unter Collegestudenten signifikant höhere Angaben zu „Abführmaßnahmen" („purgative behaviors") und Extremdiäten (nur Männer) im ICT-Modus als im direkten Fragemodus. Coutts und Jann (2011) erproben die ICT in einer Online-Erhebung im deutschsprachigen Raum. Im Ergebnis zeigen sich bei den Items Marihuanakonsum im letzten Monat und partnerschaftliche Untreue signifikant höhere Schätzer im ICT- verglichen mit dem direkten Fragemodus. Allerdings sind die Modusunterschiede bei den restlichen vier Items (jemals zu viel Wechselgeld behalten, jemals schwarzgefahren, jemals Ladendiebstahl und jemals Trunkenheit im Verkehr) nicht signifikant und drei Items weisen sogar einen umgekehrten Effekt auf, d. h. die ICT-Schätzer sind niedriger als die DQ-Schätzer. Eine weitere Studie ist deshalb interessant, weil sie durchgehend bei allen erfragten Items erheblich höhere Prävalenzen heikler Verhaltensweisen im ICT-Modus verglichen mit direkter Abfrage feststellt (Dalton/Wimbush/Daily 1994). Befragt wurden 240 professionelle Auktionäre zu unerlaubten Verhaltensweisen im Rahmen ihrer beruflichen Tätigkeit, die nicht nur Gesetzesverletzungen darstellen, sondern auch gegen den „Code of Professional Ethics of the Certified Auctioneers Institute" verstoßen. Beispielsweise gaben im direkten Fragemodus 16 % der Befragten zu, ein „Insichgeschäft" („self-dealing"; ein Geschäft, welches von zwei Parteien geschlossen wird, hinter denen jedoch ein und dieselbe juristische Person steht) betrieben zu haben, im ICT-Modus hingegen 49 %. Neben diesen drei Studien konnten positive (also präsumtiv validitätserhöhende) Effekte der ICT in experimentellen Studien auch bezüglich Fragen zu riskantem Sexualverhalten (LaBrie/Earleywine 2000), Viktimisierung bzw. Erfahrungen mit sexueller Belästigung, Beleidigung, Bedrohung usw. (Rayburn/ Earleywine/Davison 2003) sowie Diebstahl (Wimbush/Dalton 1997) nachgewiesen werden.

Insgesamt kann abschließend konstatiert werden, dass die SET und ICT verglichen mit der RRT den entscheidenden Vorteil haben, hinsichtlich der Präsentation im Interview und den Anforderungen an die Befragten weniger aufwendig zu sein. Eher nicht für die Techniken spricht dagegen die inkonsistente Befundlage bezüglich ihrer Wirksamkeit. Im Falle der SET ist dabei noch zu bedenken, dass die Technik im Grunde genommen nur einen selbstadministrierten schriftlichen Teil im Rahmen eines Face to Face-Interviews darstellt. Für den generellen Modusunterschied selbst- vs. intervieweradministriert war die Befundlage, wie in Abschnitt 2.3.1 dargestellt, relativ eindeutig, so dass es umso erstaunlicher ist, dass ähnliche Ergebnisse für die SET nicht konsistent nachweisbar sind. Allerdings ist die SET eine „Mischform", da ja trotz Selbstadministration der heiklen Fragen ein Interviewer zugegen ist.

2.3.5 Diskussion

Das aktuelle Unterkapitel hat sich mit methodischen Einflussfaktoren von Antwortverzerrungen bei heiklen Fragen und entsprechenden Vorschlägen, Misreporting zu vermeiden, beschäftigt. Vorangestellt wurde ein Zitat von Summers und Hammonds (1969), in welchem die Autoren Ende der 1960er Jahre die Inkonsistenz der Befundlage bezüglich der Entstehungsbedingungen von Antwortverzerrungen monieren (vgl. S. 55). Die Ausführungen zum aktuellen Forschungsstand rund 40 Jahre später bestätigen dieses Urteil in weiten Teilen immer noch und trotz einer intensiven Beforschung des Themas. Für die meisten Fragetechniken zeigen sich divergierende Befunde, eine Systematisierung fällt schwer oder ist gar nicht möglich. Zusammenfassend lassen sich die Hauptergebnisse der vorangegangenen Abschnitte wie folgt – thesenförmig – darstellen:

2.3 Vorschläge zur Vermeidung von Misreporting

- Selbstadministrierte Erhebungsmodi führen zu valideren Schätzergebnissen bei der Erhebung heikler Themen als intervieweradministrierte.
- Die physische Präsenz eines Interviewers ist hierbei *tendenziell* nicht ausschlaggebend, wie Vergleiche mit Telefonbefragungen zeigen. Wenn doch, dann deuten die Befunde in die Richtung, dass der Response Bias im Telefonmodus *höher* ist als in Face to Face-Situationen. Auch eine Digitalisierung (etwa CAPI vs. Face to Face) spielt offenbar keine Rolle.
- Effekte durch anwesende Drittpersonen sind zunächst konzeptionell-theoretisch nicht konsistent erwartbar, da nach Rolle oder Identität der Drittperson und weiteren Variablen unterschieden werden muss Diese Überlegungen bestätigen sich auch empirisch. Metaanalysen zeigen keine generellen Bystandereffekte.
- Interviewereffekte wurden bereits in mehreren älteren Studien zur Mitte des letzten Jahrhunderts nachgewiesen. Auch diese treten allerdings oft unsystematisch auf. Zudem ist ein Großteil der Studien wegen methodisch-statistischer Unzulänglichkeiten bzw. methodisch-erhebungstechnischer Probleme als kritisch anzusehen.
- Wording- und ähnliche Effekte treten ebenfalls nicht konsistent-replizierbar auf. Jedoch scheint es zumindest so, dass derartige Bemühungen keinen negativen Effekt auf die Antwortvalidität haben.
- Auch die Spezialtechniken SET und ICT zeigen keine eindeutigen Effekte in Richtung einer Reduzierung des Response Bias. Die ICT ist hierbei eine noch eher junge Technik, die aufgrund ihrer einfachen Handhabung bei dennoch vollständiger Anonymisierung der Interviewsituation vielversprechend ist und aktuell einen Schwerpunkt der Forschung zu heiklen Fragen darstellt.

Will man nun diese Ergebnisse bewerten, sind zunächst einige kritische Punkte anzuführen. Erstens muss – wie auch schon im vorigen Unterkapitel zur SD-Forschung moniert – vielen Studien der Vorwurf von „Fishing-Expeditions" gemacht werden (vgl. die bereits erwähnte Arbeit von Kann et al. 2002): In den entsprechenden Arbeiten wird eine Vielzahl von heiklen Verhaltensweisen oder Einstellungen abgefragt, bei denen dann in der Regel bei einigen Fragen der vermutete signifikante Unterschied auftritt. Dies wird dann hervorgehoben und als Erfolg für die getestete Fragetechnik gewertet; die restlichen Fragen oder Items ohne Unterschied werden übergangen. Diese Vorgehensweise vernachlässigt, dass bei den üblichen Signifikanzniveaus immer mit einem gewissen Teil an falsch-positiven Ergebnissen zu rechnen ist und daher die festgestellten signifikanten Effekte gerade bei einer gleichzeitig hohen Zahl an nicht-signifikanten Zusammenhängen auch Zufallsschwankungen geschuldet sein können. Damit verbunden steht ein zweiter Kritikpunkt im Raum, nämlich dass unklar ist, inwieweit ein Publikationsbias zu Gunsten von Arbeiten, die Effekte präsentieren können, existiert. Wenn es tatsächlich einen solchen Bias gibt und positive Effekte eher publiziert werden, heißt dies für Themen und Techniken, die in der Literatur inkonsistente Befunde liefern, dass „in Wirklichkeit" noch mehr dafür spricht, dass es tatsächlich keinen Effekt gibt, wenn man die nicht publizierten Studien einrechnet und die Fehlerrate bei Signifikanztests bedenkt. Gegen diesen Vorwurf spricht allerdings, dass – wie dargestellt – sehr wohl viele Studien publiziert wurden, die keine Effekte nachweisen und außerdem zumindest bei den zitierten Metaanalysen von Tourangeau und Yan (2007) Korrekturen für mögliche Publikationsbiases vorgenommen wurden. Ein weiterer Schwachpunkt der besprochenen Forschung ist der bereits mehrfach erwähnte Mangel an Validierungsdaten und entsprechenden -studien. Ohne solche Studien ist eine valide Beurteilung der Bedeutung des Response Bias und die Rolle von speziellen Erhebungsdesigns nur eingeschränkt möglich. Anders ausgedrückt macht dieser Umstand und der Rückgriff auf die oft problematische „More Is Better-Assumption" die ohnehin schon inkonsistente Befundlage noch vager. Viertens schließlich ist fast der gesamten Heikle Fragen-Forschung ein ausgeprägter Theoriemangel – bezogen auf erklärende Handlungstheorien – zu attestieren: Sofern in den Arbeiten irgendwelche Ergebnisse festgestellt werden (seien sie nun erwartungsgemäß oder nicht), werden meist nur auf Evidenzgefühlen basierende Spekulationen über Gründe für das Versagen (oder den Erfolg) der jeweiligen Technik angeführt. Um diese „Begründungen" zu testen, sind wiederum unbedingt Validierungsdaten nötig, in denen explizit zwischen tatsächlichem Verhalten und Antwortverhalten getrennt werden kann.

Was lässt sich für die in Unterkapitel 2.2 diskutierte(n) SD-Hypothese(n) folgern? *Für* die Hypothese (oder zumindest nicht dagegen) spricht zunächst der eindeutige Befund, dass selbstadministrierte Erhebungsmodi offenbar zu valideren Antworten führen als intervieweradministrierte. Bereits oben wurde allerdings erwähnt, dass der nicht nachweisbare negative Einfluss einer physischen Interviewerpräsenz (Face to Face-Modus vs. Telefon) gegen die SD-Hypothese spricht, da die Situation weniger anonym ist und Anerkennungsbedürfnisse eine größere Rolle spielen dürften. Auch die weiteren Ergebnisse zu Techniken, die unmittelbar die *Wahrnehmbarkeit* der Antworten beeinflussen (zur Erinnerung: die Wahrnehmbarkeit ist eine der zentralen Erklärungsfaktoren im SD-Modell von Stocké 2004), relativieren die SD-Argumentation. So müsste die SET und ICT beispielsweise konsistent weniger SD-Antworten verursachen, was sich in konsistent höheren Schätzern „unerwünschter" Verhaltensweisen manifestieren müsste. Kurz: Insgesamt sprechen die Ergebnisse der methodischen Surveyforschung eher dafür, dass der Universalanspruch bzw. Reduktionismus, soziale

Erwünschtheit als Hauptproblem bei der Erhebung heikler Fragen zu postulieren, ungerechtfertigt ist. Die Gründe für Antwortverzerrungen sind offensichtlich vielschichtiger.

Alles in allem gilt aber (wie eingangs erwähnt), dass angesichts dieser Befundlage die Strategie der Surveyforschung, sich durch kumuliertes Anhäufen von Studien und Befunden der „Wahrheit" zu nähern, richtig erscheint. Zu fordern wären allerdings Studien, bei denen mehr als ein Faktor experimentell untersucht wird. Auch liegen für einige der oben diskutierten Effekte noch keine Metaanalysen vor. Und auch die Theoriearbeit, also die handlungstheoretische Erklärung des Befragtenverhaltens, stellt ein wichtiges Forschungsdesiderat dar.

2.4 Die Randomized Response-Technik (RRT)

Wie bereits in Kapitel 1 erwähnt, geht die RRT auf eine Publikation von Warner (1965) zurück. Der Autor entwickelt ein erstes Design der Fragetechnik, welches den Startpunkt eines intensiven und bis heute andauernden Forschungsprogramms darstellt. Die nunmehr fast fünf Jahrzehnte andauernde *methodisch-statistisch* orientierte Forschung zu dieser Erhebungstechnik hat sich u. a darauf konzentriert, Alternativen zum Warner-Design zu entwickeln, die statistischen Eigenschaften verschiedener RRT-Varianten zu untersuchen sowie die Praktikabilität der Technik in konkreten Interviewsituationen zu thematisieren. Die *empirische RRT-Forschung*, in der es meist um Vergleiche mit dem direkten Fragemodus geht, stellt einen weiteren Schwerpunkt der Forschungsbemühungen dar. Im Folgenden wird zunächst auf das Grundprinzip der RRT und verschiedene Varianten der Technik eingegangen (Abschnitt 2.4.1), gefolgt von einem Überblick über immer wieder diskutierte methodische Aspekte (Abschnitt 2.4.2). Sodann werden inhaltliche Anwendungen vorgestellt sowie die Ergebnisse der empirischen RRT-Forschung präsentiert (Abschnitt 2.4.3). Das Unterkapitel schließt mit einer kurzen Diskussion (Abschnitt 2.4.4).

2.4.1 Grundprinzip und Varianten der RRT

Kernidee der RRT ist eine unidirektionale Verschlüsselung der Antworten in Befragungssituationen. Die Daten werden absichtlich „kontaminiert", so dass die inhaltliche Aussage einer Befragtenantwort verdeckt bleibt (Lensvelt-Mulders/ Hox/van der Heijden 2005: 254). Die Verschlüsselung wird durch den Befragten vorgenommen und durch einen Zufallsmechanismus gesteuert, dessen Ausgang nur dem Befragten bekannt ist. Durch die Verschlüsselung kann von einer gegebenen Antwort nicht mehr auf den wahren Wert eines Befragten bzw. auf dessen „tatsächliche" Antwort auf die heikle Frage geschlossen werden (deshalb unidirektional). Die Grundversion der Fragetechnik bezieht sich auf dichotome, zumeist als heikel etikettierbare Ja/Nein-Fragen nach Verhaltensweisen. Beispielsweise wird in einem Interview die Frage gestellt, ob der Befragte schon einmal einen Ladendiebstahl begangen habe. Der Befragte betätigt den Zufallsmechanismus und antwortet entweder mit „ja" oder „nein", wobei aufgrund der Verschlüsselung nicht mehr feststellbar ist, ob die Antwort die heikle Verhaltensweise bejaht oder nicht (Näheres weiter unten).

Die RRT kann mittlerweile mit einer Vielzahl an verschiedenen Varianten bzw. Versionen aufwarten. Im Folgenden wird eine Auswahl der wichtigsten und in der neueren Literatur (Krumpal 2009, Lensvelt-Mulders 2008, Lensvelt-Mulders/Hox/van der Heijden 2005, Tourangeau/Yan 2007, van der Heijden et al. 2000) am häufigsten zitierten Varianten erläutert. Dies sind die Version von Warner (1965), die „Unrelated Question-Technik" (Greenberg et al. 1969), die „Forced Response-Technik" (Boruch 1971), die „Two Step Procedure" von Mangat (1994), sowie das „Kartendesign" von Kuk (1990). Für eine ausführlichere Diskussion weiterer Designs wird auf die (allerdings nicht mehr ganz aktuellen) Überblicke bei Chaudhuri und Mukerjee (1988) sowie Fox und Tracy (1986) verwiesen. Zu den ebenfalls hier nicht näher diskutierten RRT-Varianten gehören auch jene, bei denen quantitative Angaben bzw. Variablen erhoben werden können wie etwa die Menge des wöchentlichen Alkohol- oder Fernsehkonsums. Beispiele für diese Gruppe von RRT-Designs sind die Vorschläge von Greenberg (1971), Warner (1971) sowie Reinmuth und Geurts (1975). Einen älteren deutschsprachigen Überblick bietet Deffaa (1982). Tabelle 5 bietet eine Übersicht über die in den folgenden Ausführungen verwendeten Formelsymbole. In der Ursprungsversion der RRT von Warner (1965) beantwortet der Befragte je nach Ausgang des Zufallsmechanismus eine von zwei komplementären Fragen mit „ja" oder „nein", beispielsweise:

Frage A: „Ich habe schon einmal illegale Drogen konsumiert (ja oder nein?)."
Frage B: „Ich habe noch nie illegale Drogen konsumiert (ja oder nein?)."

Im ersten Fall entspricht eine „Ja"-Antwort einer Bestätigung des sensiblen Verhaltens, im zweiten Fall eine „Nein"-Antwort. Als Zufallsgenerator schlägt Warner die Benutzung eines „Spinners", also einer Art Drehscheibe (ähnlich wie aus dem „Glücksrad" bekannt) vor. Ein Teil der Scheibe mit Wahrscheinlichkeit p_A verweist den Befragten auf Frage A, der andere Teil (mit Wahrscheinlichkeit $p_B = 1 - p_A$) auf Frage B ($p_A \neq 0{,}5$). Der Ausgang des Zufallsmechanismus ist nur dem Befragten bekannt. Kodiert wird lediglich die gegebene Antwort „ja"

2.4 Die Randomized Response-Technik (RRT)

oder „nein". Da der Interviewer (oder jede andere Person auch) nicht erfährt, auf welche Frage sich die Antwort bezieht, wird nicht bekannt, ob die gegebene Antwort die heikle Verhaltensweise bejaht oder negiert.

Tabelle 5: Bedeutung von Symbolen in RRT-Formeln

Symbol		Bedeutung
λ	=	Wahrscheinlichkeit von „Ja"-Antworten bzw. gemessener Gesamtanteil an „Ja"-Antworten
p_A	=	Wahrscheinlichkeit, Frage A zu beantworten
p_B	=	Wahrscheinlichkeit, Frage B zu beantworten
p_{ja}	=	Wahrscheinlichkeit, ein erzwungenes „Ja" zu antworten (Forced Response)
p_{nein}	=	Wahrscheinlichkeit, ein erzwungenes „Nein" zu antworten (Forced Response)
p_{Frage}	=	Wahrscheinlichkeit, inhaltlich auf die Frage zu antworten (Forced Response)
p_{1rot}	=	Anteil der roten Karten in Stapel 1 (Kuk)
p_{2blau}	=	Anteil der blauen Karten in Stapel 2 (Kuk)
π	=	Anteil der Personen mit heikler Charakteristik/Verhaltensweise
n	=	Fallzahl der befragten Stichprobe
^	=	über einem Symbol: aus der Stichprobe geschätzter Parameter

Quelle: Eigene Darstellung (vgl. Hosseini/Armacost 1993: 449 für eine ähnliche Übersicht).

Sehr wohl bekannt sind allerdings die Eintrittswahrscheinlichkeiten, mit denen im Mittel auf Frage A und B verwiesen wird. Im Falle der von Warner vorgeschlagenen Drehscheibe kann diese über den jeweiligen Anteil der Fläche auf der Scheibe für jede Frage festgelegt werden. Andere Randomisierungsverfahren sind Münzen (Krumpal 2009) oder Würfel (van der Heijden et al. 2000) (etwa: Augenzahl 1 bis 4: Frage A; Augenzahl 5 und 6: Frage B). Auch die Endziffern von Telefonnummern, Banknoten (Buchman/Tracy 1982) und Sozialversicherungsausweisen wurden eingesetzt. Im RRT-Design der vorliegenden Arbeit werden Kartenspiele als Zufallsgenerator benutzt (mehr dazu in Kapitel 4).[55] Die Ausgestaltung des Randomisierungsverfahrens hängt natürlich maßgeblich vom Erhebungsmodus (Face to Face, CATI, online usw.) ab. Aktuelle Arbeiten beschäftigen sich mit einer möglichst optimalen Implementation der RRT in Onli-

---

[55] Lensvelt-Mulders et al. (2005: 335) berichten in ihrer Metaanalyse von insgesamt 38 RRT-Studien die folgende Verteilung von Zufallsgeneratoren: 3,4 % Karten, 11,1 % farbige Murmeln, 24,9 % Würfel, 36,4 % Münzen, 2,7 % Banknoten, 3,6 % Farbenlisten, 8,4 % Drehscheiben, 8,9 % Telefonbuch und 0,6 % Sozialversicherungsnummern.

ne-Erhebungen (Coutts/Jann 2011, die z. B. elektronische Münzwürfe testen, Peeters/Lensvelt-Mulders/Lasthuizen 2010). Weitere neuere Verfahren nutzen Hausnummern als Zufallsmechanismus. Dies hat den Vorteil, dass die empirische Verteilung von Hausnummern der sog. Benford-Verteilung[56] folgt und deutlich von der (Gleich-)Verteilung abweicht, die Befragte in der Regel vermuten (Diekmann 2009a). Die Nutzung des Unterschieds zwischen tatsächlicher und angenommener Wahrscheinlichkeit, eine heikle Frage aufgrund des Zufallsmechanismus zu beantworten, kann so genutzt werden, um die subjektive Anonymität zu erhöhen, die ein Befragter aufgrund der Kontaminierung der Daten verspürt.

Ziel ist die Schätzung des Parameters π, also des Anteils an Personen, die die heikle Verhaltensweise aufweisen. Zunächst ist der beobachtete Anteil an Ja-Antworten λ gleich einer Ja-Antwort mit Wahrscheinlichkeit p_A, Frage A zu treffen, plus der mit der Gegenwahrscheinlichkeit p_B gewichtete Anteil an Personen, die Frage B bejahen (die heikle Eigenschaft also nicht aufweisen). Formal (vgl. für die folgenden Ausführungen Fox/Tracy 1986, Hosseini/Armacost 1993, Tourangeau/Yan 2007, Warner 1965):

$$\lambda = p_A \cdot \pi + (1 - p_A) \cdot (1 - \pi) \qquad (3)$$

Um einen Schätzwert von π zu erhalten, kann die Formel umgestellt werden und die geschätzte Prävalenz der heiklen Eigenschaft $\hat{\pi}$ mit Hilfe des bekannten p_A und der aus den Daten geschätzten Gesamtanteils an Ja-Antworten $\hat{\lambda}$ ermittelt werden:

$$\hat{\pi}_{Warner} = \frac{\hat{\lambda} - (1 - p_A)}{2 \cdot p_A - 1} \quad , p_A \neq 0{,}5 \qquad (4)$$

Die Stichprobenvarianz des Schätzers beträgt

---

[56] Die Benford-Verteilung oder „Benford's Law" wurde ursprünglich 1881 von Simon Newcomb entdeckt, war zwischenzeitlich in Vergessenheit geraten, und wurde 1938 von Frank Benford wiederentdeckt (deshalb findet sich auch die Bezeichnung „Newcomb-Benford-Verteilung"). Das Gesetz postuliert, dass die *führenden* Ziffern vieler sozialer oder natürlicher Verteilungen einer logarithmischen Verteilung folgen (p(Ziffer) = $\log_{10}(1 + 1/\text{Ziffer})$. Beispiele sind etwa die Länge von Flüssen, Hausnummern und (näherungsweise) die Zahlen in der Bibel. Laut Benford-Verteilung kommt die Ziffer 1 mit einer Wahrscheinlichkeit von 30 % als führende Ziffer vor, die 2 mit 18 % und die 9 nur mit 5 % (die Erläuterungen sind entnommen aus Diekmann 2009a: 3).

2.4 Die Randomized Response-Technik (RRT)

$$Var(\hat{\pi}_{Warner}) = \frac{\hat{\pi}(1-\hat{\pi})}{n} + \frac{p_A \cdot (1-p_A)}{n \cdot (2 \cdot p_A - 1)^2} \qquad (5)$$

Ein Nachteil des Warner-Designs ist die geringe Effizienz bzw. die hohe Varianz des Schätzers, die daraus resultiert, dass zusätzlich zum Stichprobenfehler (linker Teil von Formel (5)) noch die Varianz des Zufallsmechanismus (rechter Teil der Formel) hinzukommt. Der hohe Anteil an „Rauschen" in den Daten kann sogar dazu führen, dass Prävalenzen unter null und über eins geschätzt werden (z. B. bei Coutts/Jann 2011).

Eine Alternative zum Warner-Design ist die von Greenberg et al. (1969; in der Quelle wird allerdings Walt R. Simmons als ursprünglicher Autor genannt, ohne eine Literaturquelle anzugeben) vorgestellte „Unrelated Question-Technique". Hier werden keine inhaltlich komplementären Fragen, sondern zwei unabhängige Sachverhalte erfragt, beispielsweise:

Frage A: „Haben Sie schon einmal illegale Drogen konsumiert: ja oder nein?"
Frage B: „Ist Ihre Mutter in einem geraden Monat geboren: ja oder nein?"

In diesem Fall ist die durchschnittliche Prävalenz der zweiten Frage (Füllfrage) bekannt, sie beträgt im Beispiel näherungsweise 50 % (Unrelated Question-Technik mit bekannter Stichprobenprävalenz).[57] Die ursprüngliche, hier nicht diskutierte Variante arbeitet mit unbekannten Prävalenzen für die „unschuldige" Frage B (Unrelated Question-Technik mit unbekannter Stichprobenprävalenz). Hier ist es notwendig, mit Split-Samples deren Prävalenz aus den Daten zu schätzen, was in der Grundversion von Greenberg et al. (1969) im Vergleich zur Technik mit bekannter Stichprobenprävalenz wiederum mit Effizienzeinbußen einhergeht (Lensvelt-Mulders/Hox/van der Heijden 2005: 260). Diesbezüglich wurde von Moors (1971) eine RRT-Variante vorgeschlagen, die eine effizientere Schätzung der Prävalenz des heiklen Items ermöglicht.[58] Ein unverzerrter Schätzer und dessen Varianz kann für die Unrelated Question-Technik (mit bekannter Prävalenz für Frage B) wie folgt berechnet werden:

---

[57] Allerdings gibt es Hinweise, dass Geburten nicht gleichverteilt über das Jahr stattfinden. Hierauf verweisen sowohl Fox und Tracy (1986: 21), als auch nicht dokumentierte Analysen des Verfassers mit kumulierten ALLBUS-Daten.

[58] In der Originalversion erhalten zwei Zufallsstichproben jeweils RRT-Prozeduren mit unterschiedlichen Wahrscheinlichkeiten p_A und p_B, aus denen die Prävalenz des Füllitems geschätzt wird. In der Version von Moors (1971) bekommt die eine Zufallsstichprobe die „unrelated question" direkt, ohne RRT, gestellt. Eine weitere Verfeinerung der Moors-Version mit zwei verschiedenen Füllfragen stammt von Folsom et al. (1973).

$$\hat{\pi}_{UQT} = \frac{\hat{\lambda} - (1 - p_A) \cdot \pi_B}{p_A} \qquad (6)$$

$$Var(\hat{\pi}_{UQT}) = \frac{\hat{\lambda}(1 - \hat{\lambda})}{n \cdot p_A^2} \qquad (7)$$

Das „Forced Response-Design" der RRT geht auf Boruch (1971: 310) zurück. In dieser Version wird nicht mit zwei verschiedenen Fragen gearbeitet, sondern der Zufallsmechanismus weist den Befragten an, bestimmte vorgegebene Antworten zu geben. Beispielsweise könnte der Zufallsgenerator mit einer Wahrscheinlichkeit von $p_{ja} = 0{,}125$ den Befragten anweisen, immer und ungeachtet irgendeiner Frage oder eines wahren Wertes mit „ja" zu antworten. Umgekehrt kann er mit einer Wahrscheinlichkeit von $p_{nein} = 0{,}125$ angewiesen werden, erzwungenermaßen mit „nein" zu antworten. Der dritte Ausgang des Zufallsgenerators mit Wahrscheinlichkeit $p_{Frage} = (1 - p_{ja} - p_{nein}) = 0{,}75$ schließlich beordert den Befragten, die heikle Frage wahrheitsgemäß mit „ja" oder „nein" zu beantworten. Auch im Forced Response-Design kann so niemals festgestellt werden, ob ein „Ja" eine negativ konnotierte Eigenschaft oder Verhaltensweise bestätigt, oder ob es ein erzwungenes „Ja" darstellt, welches ungeachtet des wahren Wertes eines Befragten geäußert wurde. Die Formeln für die Schätzung der Prävalenz des heiklen Items und die zugehörige Stichprobenvarianz lauten:

$$\hat{\pi}_{FR} = \frac{\hat{\lambda} - p_{ja}}{p_{Frage}} \qquad (8)$$

$$Var(\hat{\pi}_{FR}) = \frac{\hat{\lambda}(1 - \hat{\lambda})}{n \cdot p_{Frage}^2} \qquad (9)$$

Die Forced Response-Variante unterscheidet sich statistisch nicht von der Unrelated Question-Technik mit bekannter Prävalenz für die „unschuldige" Frage und besitzt somit auch die gleichen Eigenschaften hinsichtlich der Effizienz (Lensvelt-Mulders/Hox/van der Heijden 2005).

Weitere Varianten der RRT stammen von Mangat (1994) und Kuk (1990). In der Version von Mangat („Two Step Procedure") werden alle Befragten, die das heikle Merkmal aufweisen, gebeten, dies zu bejahen. Befragte, die es nicht aufweisen, durchlaufen die Warner-Prozedur mit den zwei komplementären Fragen. Somit sind alle „Nein"-Antworten richtig-negative Werte; die „Ja"-Antworten setzten sich aus richtig-positiven Bestätigungen der heiklen Eigen-

2.4 Die Randomized Response-Technik (RRT)

schaft und Bejahungen der die heikle Eigenschaft negierenden Frage zusammen und erlauben dadurch keinen Rückschluss auf den wahren Wert eines Befragten. Die Schätzer für Prävalenz und Stichprobenvarianz berechnen sich wie folgt (vgl. Lensvelt-Mulders/Hox/van der Heijden 2005: 258):

$$\hat{\pi}_{Mangat} = \frac{(\hat{\lambda} - 1 + p_A)}{p_A} \qquad (10)$$

$$Var(\hat{\pi}_{Mangat}) = \frac{\hat{\pi}_{Mangat}(1 - \hat{\pi}_{Mangat})}{n} + \frac{(1 - \hat{\pi}_{Mangat}) \cdot (1 - p_A)}{n \cdot p_A} \qquad (11)$$

Das Kuk-Design (Kuk 1990) benutzt als Zufallsgenerator zwei Kartenstapel mit Karten, die auf einer Seite in jeweils einer Farbe bedruckt sind (für den Interviewer darf die Farbe nicht erkennbar sein). Die Verteilung der Farben auf den Karten ist durch den Forscher festgelegt, etwa im ersten Stapel $p_{1rot} = 0{,}75$ und $p_{1blau} = 0{,}25$ und im zweiten Stapel $p_{2rot} = 0{,}25$ und $p_{2blau} = 0{,}75$ ($p_{1rot} \neq p_{2rot}$). Der Befragte mischt und zieht eine Karte aus jedem Stapel und bekommt daraufhin die heikle Frage gestellt. Falls die zutreffende Antwort ja lautet, soll er die Farbe der Karte aus dem ersten Stapel nennen, bei einer Nein-Antwort die Farbe der Karte aus dem zweiten Stapel. Wenn $\hat{\lambda}_{rot}$ den Gesamtanteil der „Rot"-Antworten in der Stichprobe bezeichnet, können Prävalenz und Stichprobenvarianz des heiklen Items wie folgt berechnet werden (vgl. van der Heijden et al. 2000: 517):

$$\hat{\pi}_{Kuk} = \frac{\hat{\lambda}_{rot} - p_{2rot}}{p_{1rot} - p_{2rot}} \qquad (12)$$

$$Var(\hat{\pi}_{Kuk}) = \frac{\hat{\lambda}_{rot}(1 - \hat{\lambda}_{rot})}{n \cdot (p_{1rot} - p_{2rot})^2} \qquad (13)$$

Wie aus den unterschiedlichen in der Interviewsituation zu durchlaufenden Prozeduren und den Formeln vermutet werden kann, unterscheiden sich die RRT-Varianten hinsichtlich ihrer Praktikabilität und ihren statistischen Eigenschaften. Dies spiegelt sich auch in der methodischen Diskussion wider. Hierauf und auf praktische Probleme mit der Anwendung der RRT soll im nun folgenden Abschnitt eingegangen werden.

2.4.2 Probleme der RRT und Lösungsvorschläge

Trotz der zahlreichen Varianten und Verfeinerungen der RRT, von denen im vorigen Abschnitt die wichtigsten präsentiert wurden, hat sich die Technik als nicht unproblematisch erwiesen und wurde bzw. wird hinsichtlich einiger Punkte immer wieder kritisiert. Hierauf wurde bereits in der Einleitung (Kapitel 1) verwiesen. In der Konsequenz wurde so konstatiert, dass es erstens fraglich sei, „whether this technique has ever worked properly to achieve its goals" (Holbrook/Krosnick 2010a: 328) und zweitens die RRT „has not found its way to mainstream social science toolkits" (Peeters 2005: 6). Generell können die Probleme in sozialpsychologisch-befragtenseitige und statistische eingeteilt werden (Boruch 1971: 309).[59] Unter dem ersten Oberbegriff wird diskutiert, inwieweit Befragte überhaupt in der Lage sind, den Clou der Technik zu verstehen und inwieweit sie den vorgegebenen Regeln folgen. Die entsprechende Literatur beschäftigt sich mit den Einstellungen der Befragten gegenüber der Technik, deren Verständnis und der Wahrnehmung von Anonymität und Schutz (vgl. Nathan 1988: 331). Auch die Frage nach der „best practice" bei der Präsentation der Technik und der Wahl des Zufallsgenerators fällt in diesen Bereich. Statistische Probleme betreffen die statistische Effizienz der RRT und der verschiedenen Varianten. Auch die Wahl der optimalen Wahrscheinlichkeiten bei den Zufallsgeneratoren stellt einen Diskussionspunkt dar. Hier geht es v. a. um den Trade-Off zwischen Effizienz und Anonymität. Ein letzter Punkt schließlich betrifft den Vorwurf, die Technik erlaube lediglich die Schätzung von Prävalenzen und keine multivariaten Analysen mit einer RRT-Variablen als Regressand.

Sozialpsychologisch-befragtenseitige Probleme

Mehrere Autoren führen an, dass die RRT einen hohen kognitiven Aufwand von den Befragten fordert, da die Technik durchdrungen und verstanden werden muss (Lensvelt-Mulders et al. 2005: 322). Ein mangelndes Verständnis und Vertrauen hingegen führe zum Scheitern, da entweder die Prozedur nicht korrekt befolgt wird oder aber generell Verdacht, Konfusion oder Widerstände bei den Befragten hervorruft, die eine gewöhnliche direkte Frage nicht verursachen würde und die zur generellen Weigerung, der Prozedur zu folgen, führen (Boruch 1971: 309, Fox/Tracy 1980: 614 ff., Zdep/Rhodes 1976: 533). Befragte könnten außerdem glauben, die Prozedur beinhalte eine Art Trick, mit dem sie getäuscht werden (Fox/Tracy 1986: 20). Verwiesen wird auch darauf, dass gerade „unschuldige" Befragte, also solche, die die erfragte heikle Eigenschaft nicht auf-

---

[59] Wobei sich nicht immer disjunkt zwischen den Punkten trennen lässt, da sie oft zusammenhängen.

2.4 Die Randomized Response-Technik (RRT)

weisen, sich ungerechtfertigten Verdächtigungen ausgesetzt sehen können, was ebenfalls das Vertrauen und die Kooperationsbereitschaft trübt (Fox/Tracy 1980: 615 f., Landsheer/van der Heijden/van Gils 1999: 2). Besonders problematisch kann dieser Umstand bei der Forced Response-Methode werden, da „unschuldige" Befragte u. U. gezwungen werden, diese dennoch zu bejahen, wenn der Zufallsmechanismus auf die entsprechende Anweisung fällt (Edgell/Himmelfarb/ Duchan 1982, Lensvelt-Mulders/Boeije 2007). Auch das mangelnde Verständnis der Rolle von Wahrscheinlichkeiten in den RRT-Prozeduren stellt ein Problem dar. Hier wird einerseits darauf verwiesen, dass viele Befragte fälschlicherweise annehmen, die Wahrheit würde mit einer bestimmten Wahrscheinlichkeit herauskommen (Warner 1986: 441); andererseits scheinen manche Befragte nur eine Wahrscheinlichkeit von 0,5 als zufällig anzusehen, davon abweichende Werte hingegen nicht (Fox/Tracy 1986: 25).

Das sich ergebende potenzielle „Cheating", also Nichtbefolgen der Anweisungen v. a. bei der Forced Response-RRT, und Lösungen, mit dem Problem umzugehen, stellen einen eigenen Forschungszweig in der RRT-Forschung dar (Clark/Desharnais 1998, Cruyff et al. 2007, Edgell/Himmelfarb/Duchan 1982, Ostapczuk et al. 2009). Empirisch deuten mittlerweile Befunde darauf hin, dass symmetrische Forced Response-Designs ($p_{ja} = p_{nein}$) zu weniger Cheating führen als unsymmetrische (im Extremfall $p_{nein} = 0$, $p_{ja} \neq 0$) (Ostapczuk et al. 2009). Mittels recht komplizierter Schätzverfahren ist es möglich, den Anteil der „Cheater" in der Stichprobe zu schätzen. Dies ist allerdings mit einem hohen Aufwand verbunden und geht zu Lasten der Effizienz. Anwendungsbeispiele finden sich bei Ostapczuk, Musch und Moshagen (2009) sowie Pitsch, Emrich und Klein (2007). Abgesehen vom Aufwand wird in der vorliegenden Arbeit allerdings hauptsächlich aus dem Grund auf diese Verfahren verzichtet, weil sich in der durchgeführten Validierungsstudie nur Befragte mit validierten heiklen Eigenschaften befinden. Ein „Cheating" von „unschuldigen" Befragten, die bei der Forced Response-Technik gezwungen werden, eine nicht vorhandene heikle Eigenschaft zu bejahen, spielt somit keine Rolle.

Die Studie von Landsheer, van der Heijden und van Gils (1999) resümiert den Forschungsstand bezüglich Verständnis und Vertrauen in die RRT und testet in einer eigenen empirischen Erhebung die Bedeutung dieser Faktoren. Die Autoren überprüfen, inwieweit das Vertrauen der Befragten in die Technik und das Verständnis der Technik durch die kognitiven Fähigkeiten der Befragten beeinflusst werden, welche Rolle der Interviewer hierbei spielt, ob validiert-negative Werte eines Befragten für die heikle Frage einen Effekt haben, inwieweit Vertrauen und Verständnis mit der Kooperationsbereitschaft bezüglich RRT korrelieren sowie schließlich, wie sich die genannten zwei Variablen auf das Antwortverhalten auswirken.[60] Die Studie zeigt interessante Ergebnisse: Während Bildung nur in der Kuk-Variante einen Effekt auf das Vertrauen in die Technik hat, korrelieren schlechte Sprachfähigkeiten und Migrationshintergrund negativ mit Vertrauen und Verständnis. Bezüglich der Interviewereffekte stellen die Autoren in Mehrebenenanalysen Anteile von 24 % (Vertrauen) respektive 36 % (Verständnis) der durch die Interviewerebene erklärten Varianz fest. Dies zeigt, dass die Variablen zum Erfolg der Technik ganz maßgeblich durch das Verhalten der Interviewer beeinflusst werden. Kein Effekt schließlich konnte für „unschuldige" Befragte festgestellt werden. Dies deutet darauf hin, dass die oben erwähnten Zweifel, wonach die RRT bei solchen Befragten kontraproduktiver wirkt als eine direkte Frage, hier keine empirische Grundlage haben. Betrachtet man nun Vertrauen und Verständnis als *unabhängige* Variablen, zeigen sich zunächst signifikante Effekte auf die Verweigerungswahrscheinlichkeit: Befragte mit geringem Vertrauen und Verständnis verweigerten die RRT-Prozedur häufiger. Hinsichtlich des Antwortverhaltens zeigen sich ebenfalls Effekte in erwarteter Richtung (wobei der Effekt für Vertrauen allerdings nur auf dem 10 %-Niveau signifikant ist), d. h. Befragte mit geringem Vertrauen und Verständnis antworten tatsächlich häufiger nicht wahrheitsgemäß als jene mit hohen Werten auf den zwei Variablen.

Ein empirischer Nachweis, dass der Grad des wahrgenommenen Schutzes durch die RRT mit der Wahrscheinlichkeit, mit der auf die heikle Frage verwiesen wird, zusammenhängt, findet sich bei Soeken und MacReady (1982). Hier wurde der entsprechende p-Wert experimentell variiert. Erwartungsgemäß sinkt der wahrgenommene Schutz mit steigender Wahrscheinlichkeit.

Auch an anderer Stelle finden die angesprochenen befragtenseitigen Probleme mit der RRT empirische Unterstützung (Holbrook/Krosnick 2010a, Ostapczuk/Musch/Moshagen 2009, Tezcan/Omran 1981, Wiseman/Moriarty/Schafer 1975). Tezcan und Omran (1981: 264 f.) berichten einen starken positiven Bildungseffekt auf die Wahrscheinlichkeit, die RRT-Prozedur korrekt durchzuführen. Gleiches gilt für die Überzeugung, durch die RRT geschützt zu sein. Umgekehrt finden Holbrook und Krosnick (2010a: 335) aber einen negativen Effekt der Bildung auf korrekte Administration der Fragetechnik. In einer ausführlichen qualitativen Studie stellen Lensvelt-Mulders und Boeije (2007)

---

[60] Der Studie liegt ein Validierungssample zugrunde, bei dem bekannt ist, ob die Befragten einen Sozialversicherungsbetrug begangen haben oder nicht. Zum Einsatz kamen die Forced Response- und Kuk-RRT (Split-Sample mit Randomisierung). Die Variable „Vertrauen" wurde durch Items wie „It is more like a casino game than like serious research" erhoben, „Verständnis" z. B. durch das Item „It is clear that the procedure with (playing cards)/(dice) guarantees secrecy about someone's activities in real life" (Landsheer/van der Heijden/van Gils 1999: 6). Die „kognitiven Fähigkeiten" der Befragten wurden durch Sprachkenntnisse und den Bildungsabschluss gemessen. Vgl. weitere Anmerkungen zu der Validierungsstudie in Abschnitt 2.4.3.

2.4 Die Randomized Response-Technik (RRT)

fest, dass weniger als die Hälfte von qualitativ befragten Personen (N = 18) nach Beantwortung eines RRT-Online-Moduls korrekt beschreiben konnte, wie die RRT ihre Anonymität schützt. Insgesamt bestätigen die Befunde also zumindest tendenziell die Bedeutung der eingangs zitierten und geäußerten Zweifel an der RRT. Dies führt unmittelbar zu der ebenfalls in der Literatur diskutierten Frage nach der „best practice" bei der Implementation der RRT in Surveys und der Präsentation der Technik gegenüber den Befragten. An vielen Stellen wird diesbezüglich die Forderung nach einer sorgfältigen und ausführlichen Erläuterung der Technik während des Interviews betont (z. B. Hosseini/Armacost 1990: 86, vgl. auch die diesbezüglichen Bemühungen in Form von Pretests, kognitiven Interviews und Entwicklungsschritten bei der Formulierung der RRT-Präsentation bei Krumpal 2009: 92 ff.). Dieser Forderung, die eigentlich auch eher das angestrebte Ziel der Bemühungen ausdrückt als die genaue Methode, stehen aber die Ergebnisse der jüngeren Metaanalyse von RRT-Studien von Lensvelt-Mulders et al. (2005; mehr dazu unten) gegenüber. Die Autoren konstatieren hier, dass trotz aller Forschung und entsprechender Bemühungen „RRTs are not yet under adequate researcher control. [...] The interview situation in an RRT is complex, and not much is known about the cognitions and motivations that it triggers in respondents" (Lensvelt-Mulders et al. 2005: 341 f.). Einen Konsens über die „best practice" besteht demzufolge nicht (Lensvelt-Mulders et al. 2005: 323). Zu bedenken ist auch, dass eine allzu ausführliche Erläuterung, verglichen mit DQ, auch kontraproduktiv wirken könnte, da Zweifel seitens der Befragten dadurch erst recht geweckt werden könnten.

Eine weitere Frage war die Wahl von Zufallsgeneratoren. Die Onlinestudie von Coutts und Jann (2011) testet in einem Experimentaldesign für mehrere heikle Fragen, ob RRT-Ergebnisse nach dem verwendeten Zufallsmechanismus differieren. Gegenübergestellt werden Münzwurf per Hand, elekronischer Münzwurf am Computer, Seriennummern von Banknoten, Telefonnummern sowie wahlweise Banknoten oder Telefonnummern (hier durften die Befragten Telefonnummern benutzen, wenn keine Banknoten vorhanden waren). Ein Resultat ist, dass Befragte weniger Vertrauen in den elektronischen Münzwurf haben als in die anderen Randomisierungsverfahren. Dies wird auch als plausibel angesehen, da es theoretisch möglich ist, das Ergebnis des online generierten Münzwurfsimulators zu speichern. Inhaltlich zeigt sich allerdings, dass die Prävalenzen der heiklen Eigenschaften mit diesem Zufallsgenerator höher sind als mit den anderen Randomisierungsverfahren. Signifikante Unterschiede zum DQ-Modus ergeben sich hingegen nicht. Alles in allem können die Ergebnisse m. E. aber als Indiz dafür gewertet werden, dass ceteris paribus die Ausgestaltung des Zufallsgenerators, sofern vom Befragten keine allzu exotischen oder aufwendigen Prozeduren verlangt werden, eine eher untergeordnete Rolle spielt.

Methodisch-statistische Probleme

Im Gegensatz zu den erwähnten interviewtechnischen oder psychologisch-befragtenseitigen Problemen kann die RRT-Forschung das Wissen über statistische Aspekte eher auf der Haben-Seite verbuchen. Dies betrifft erstens Überlegungen hinsichtlich der statistischen Effizienz der RRT-Formate und (damit verbunden) des Trade-Offs zwischen Schutz des Befragten/Anonymität und Effizienz. Vor allem die Wahl geeigneter p-Werte (Eintrittswahrscheinlichkeiten, die heikle Frage beantworten zu müssen) spielt hier eine Rolle. Zweitens kann auch die Frage nach multivariaten Regressionsverfahren mit RRT-Daten als gelöst gelten.

Ein großer Teil der methodischen RRT-Literatur beschäftigt sich mit der statistischen Effizienz der Technik. Das Problem ist bezüglich der RRT grundsätzlich von Bedeutung, da die RRT-Schätzer immer unter dem „Zufallsrauschen", das zur Verschlüsselung der Antworten künstlich hinzugefügt wird, leiden und teilweise deutlich ineffizienter als per direkter Frage gewonnene Schätzer sind. Beispielsweise erhöht sich die Stichprobenvarianz des Schätzers im Warner-Design bei einer Prävalenz des heiklen Items von 20 % und einer Wahrscheinlichkeit von $p_A = 0{,}67$ um den Faktor 15 (Fox/Tracy 1986: 20). Grundsätzlich hängt die Effizienz (abgesehen von der Stichprobengröße) vom gewählten RRT-Format, der Wahrscheinlichkeit p, mit der auf die heikle Frage verwiesen wird, des Anteils der „Ja"-Antworten für die unschuldige Frage (Unrelated Question-Technik) bzw. der „erzwungenen" Antworten (Forced Response-Technik), sowie der Prävalenz der „Ja"-Antworten auf die heikle Frage in der Stichprobe ab (Lensvelt-Mulders/Hox/van der Heijden 2005).

Im Hinblick auf den erstgenannten Einflussfaktor sind die Fortentwicklungen der älteren RRT-Varianten (vgl. den vorigen Abschnitt) v. a. als Versuche anzusehen, die Effizienz der Originalversion von Warner zu optimieren. Eine aktuelle Ausarbeitung der Effizienz-Frage erfolgt in einem Artikel von Lensvelt-Mulders, Hox und van der Heijden (2005).[61] Die Autoren kommen zu dem Ergebnis, dass die Forced Response- sowie die Unrelated Question-Technik mit bekannter Prävalenz der „unschuldigen" Frage in fast allen Konstellationen (variiert werden die Wahrscheinlichkeiten der RRT-Designs sowie die Prävalenz der „Ja"-Antworten auf die heikle Frage) die effizienteste RRT-Variante ist (Lensvelt-Mulders/Hox/van der Heijden 2005: 262). Zusätzlich steigt die Effizienz mit zunehmender Wahrscheinlichkeit, durch den Zufallsmechanismus auf die heikle Frage verwiesen zu werden, sowie mit der Prävalenz der „Ja"-Antworten auf die heikle Frage. Eine Reduzierung der Stichprobenvarianz ist

---

[61] Vgl. auch Guerriero und Sandri (2007) sowie Bhargava und Singh (2002).

2.4 Die Randomized Response-Technik (RRT)

auch zu erreichen, wenn die Prävalenz der „Ja"-Antworten auf die „Unrelated Question" bzw. der erzwungenen „Ja"-Antworten gleich der Prävalenz der heiklen Eigenschaft in der Stichprobe ist.

Die Wahl der Eintrittswahrscheinlichkeiten bzw. Prävalenzen der Füllfragen sind – neben Effizienzabwägungen – auch maßgeblich für den Grad der Anonymität oder Schutz der Befragten. Letzterer steht mit der Effizienz in einem inversen Verhältnis, d. h. steigende Effizienz geht immer mit einem Verlust an Schutz und Anonymität einher („efficiency" vs. „efficacy"). Der Trade-Off lässt sich durch den Forscher maßgeblich durch die Wahl eines optimalen p-Wertes, mit dem die heikle Frage beantwortet werden muss, beeinflussen.[62] Fox und Tracy (1986: 32 ff.) demonstrieren, wie sich unter Heranziehung von Bayes-Formeln theoretische Werte herleiten lassen, die als Entscheidungshilfe für die Wahl optimaler Parameter dienen können. Soeken und MacReady (1982: 487) empfehlen einen auf die heikle Frage verweisenden p-Wert im Bereich von 0,7 und 0,85. In der Metaanalyse von Lensvelt-Mulders et al. (2005: 335) finden die Autoren für 38 analysierte Studien einen mittleren Wert von p = 0,67. Nützlich kann es auch sein, wenn subjektiv wahrgenommene Wahrscheinlichkeiten von den tatsächlichen Wahrscheinlichkeiten abweichen, also Befragte z. B. die Wahrscheinlichkeit, die heikle Frage beantworten zu müssen, kleiner einschätzen als sie tatsächlich ist. Bereits oben wurde erwähnt, dass sich hierzu die Benford-Verteilung als vielversprechender Weg herausgestellt hat. Benutzt man etwa die führenden Ziffern von Hausnummern als Zufallsverfahren, nehmen viele Befragte an, die Wahrscheinlichkeit, Ziffern von 1 bis 4 zu erhalten, sei unter 50 %. Tatsächlich jedoch beträgt die Wahrscheinlichkeit etwa 70 % (Diekmann 2009a).

Insgesamt plädieren viele Autoren wegen mehreren Vorteilen für die Forced Response-Variante der RRT. Erstens hat diese ein einfach zu realisierendes Design und gute Effizienzeigenschaften, zweitens ist sie befragtenfreundlich, da nur eine Frage beantwortet werden muss und keine Verwirrung durch zwei Fragen entsteht, und drittens erlaubt sie dem Forscher, die p-Werte bzw. v. a. die Prävalenzen der erzwungenen Antworten den jeweiligen Anforderungen nach Belieben anzupassen (Fox/Tracy 1986: 38). Auch in der vorliegenden Studie fiel daher die Entscheidung, ein Forced Response-Design zu verwenden.

Der letzte angesprochene Punkt bezüglich methodisch-statistischer Probleme mit der RRT betraf den Vorwurf, dass lediglich Prävalenzen heikler Charakteristika geschätzt werden können (sogar de Jong/Pieters/Fox 2010: 15, und Lara et al. 2004: 544 äußerten sich jüngst noch dementsprechend). Bestenfalls für Untergruppen (die hinsichtlich ihrer Fallzahlen natürlich ausreichend groß sein

---

[62] Daneben spielen natürlich auch noch andere Faktoren eine Rolle. So weisen Fox und Tracy (1980: 614f.) beispielsweise darauf hin, dass im Unrelated Question-Design die Prävalenz der Füllfrage ausreichend hoch sein sollte, da sich sonst alle „Ja"-Antworten auf die heikle Eigenschaft beziehen.

müssen) ließen sich demnach noch getrennte Schätzer berechnen. Mithin wäre die bei vielen Themen eigentlich interessierende Frage, nämlich jene nach der Schätzung von Zusammenhängen zwischen heiklen Verhaltensweisen und unabhängigen Variablen, nicht möglich. Dieses Problem kann jedoch als gelöst gelten, da mittlerweile spezielle Regressionsverfahren für RRT-Daten entwickelt wurden (Maddala 1983, Scheers/Mitchell Dayton 1988, van der Heijden/van Gils 1996). Diese sind auch als Programmroutinen für konventionelle Statistiksoftware verfügbar (Jann 2005, 2008).

Die letzten beiden Abschnitte haben sich mit methodisch-statistischen Aspekten der RRT-Forschung beschäftigt. Im Folgenden wird es nun darum gehen, die empirische und inhaltlich orientierte Literatur aufzuarbeiten.

2.4.3 Anwendungen der RRT und empirischer Forschungsstand

Die empirische RRT-Literatur ist ausufernd und schwer überschaubar. Bereits Nathan (1988) listet in seiner RRT-Bibliographie Ende der 1980er Jahre über 250 Arbeiten auf (die allerdings auch die methodische Literatur umfasst). Um einen ersten Überblick zu verschaffen, können die Studien anhand einiger Kriterien eingeteilt werden. Das Schema in Tabelle 6 stellt einen entsprechenden Versuch dar.

Tabelle 6: Systematik empirischer RRT-Studien und Beispiele

		Nur RRT	**DQ-RRT-Vergleich**
Inhaltliche Anwendungen		Pitsch/Maats/Emrich 2009	
„More Is Better"-Studien			Krumpal 2009
Validierungsstudien	Aggregat	Horvitz/Shah/Simmons 1967	*Keine Studie bekannt*
	Individuell	Landsheer/van der Heijden/van Gils 1999	van der Heijden et al. 2000

Quelle: Eigene Darstellung.

Die „inhaltlichen Anwendungen" beziehen sich darauf, wofür die RRT eigentlich entwickelt wurde, nämlich auf den tatsächlichen Einsatz der Technik zur Erhebung heikler Fragen im Feld. Schon oben (vgl. auch Peeters 2005: 6, Umesh/Peterson 1991: 111) wurde diesbezüglich bemerkt, dass es erstaunlich wenige solche Anwendungen gibt und sich die empirische RRT-Literatur hauptsächlich auf methodische Vergleichsstudien konzentriert hat. Diese sind zum einen Arbeiten, die auf einer „More Is Better"-Argumentation aufbauen (oder je nach Ge-

2.4 Die Randomized Response-Technik (RRT)

genstand der heiklen Frage auch „Less Is Better"). Zum anderen gibt es zwei Arten von Validierungsstudien: Erstens solche, die mittels der Umfrage geschätzte Prävalenzen mit der bekannten wahren Prävalenz eines heiklen Merkmals in einer bestimmten Population – also auf der Aggregatebene – vergleichen, zweitens Studien, die das Antwortverhalten an individuell bekannten wahren Werten validieren. Bei beiden Arten von Validierungsstudien kann wiederum danach differenziert werden, ob ein Vergleich mit dem direkten Fragemodus erfolgt. Die vorliegende empirische Anwendung ordnet sich somit in den letztgenannten Bereich ein (rechte untere Zelle in Tabelle 6).

Der nachstehende Literaturüberblick soll v. a. die folgenden Fragen beantworten. Erstens soll ein Eindruck vermittelt werden, in welchen Feldern welche RRT-Designs verwendet wurden. Dies schließt die Fragen nach inhaltlichen Gegenständen (welche heiklen Themen?) und nach technischen Aspekten (z. B. welche RRT-Varianten?) ein. Zweitens gilt es natürlich zu klären, inwieweit die RRT überhaupt zum gewünschten Erfolg, also zu valideren Schätzern heikler Charakteristika, geführt hat. Drittens stellt sich die Frage, wie sich das Thema der Arbeit – selbstberichtete Delinquenz – in das Spektrum der RRT-Anwendungen und Vergleichstests einordnet. Schließlich stellt sich viertens die Frage, inwieweit Determinanten des Antwortverhaltens nachgegangen wurde. Hier interessieren v. a. die Interaktionseffekte zwischen Modus (DQ/RRT) und unabhängigen Variablen. Lässt sich beispielsweise nachweisen, dass Anreize sozialer Erwünschtheit wie erhofft durch die RRT eliminiert werden?

Um diese Fragen zu beantworten, wird wie folgt vorgegangen: Zu Beginn der Ausführungen wird exemplarisch auf inhaltliche Anwendungen der RRT eingegangen, um dem Leser einen diesbezüglichen Einblick zu vermitteln. Hier geht es eher darum, *was* gemacht wurde, und nicht, mit welchem Ergebnis. Anschließend werden „More Is Better-Studien" diskutiert. Da diesbezüglich bereits an anderer Stelle ausführliche Reviews vorgelegt wurden (Lensvelt-Mulders et al. 2005, Umesh/Peterson 1991), konzentriert sich die Zusammenschau v. a. auf neuere Studien und solche, die selbstberichtete Delinquenz thematisieren. Im Anschluss wird mehr Raum dafür verwendet, Design und Ergebnisse der existierenden Validierungsstudien – und hier v. a. der individuellen Validierungsstudien – zu berichten und zu diskutieren. Sowohl für „More Is Better"- als auch für Validierungsstudien liegt die Metaanalyse von Lensvelt-Mulders et al. (2005) vor, deren Ergebnisse ebenfalls präsentiert werden.

Inhaltliche Anwendungen

Bereits mehrfach wurde erwähnt, dass sich angesichts des Umfangs und Aufwands der RRT-Forschung in den letzten Jahrzehnten erstaunlich wenig genuin inhaltliche Anwendungen finden (Umesh/Peterson 1991). Dennoch gibt es einige Forschungsfelder, in denen die Technik offenbar als akzeptierter Standard zur Erhebung heikler Fragen gilt und mit einer gewissen Regelmäßigkeit eingesetzt wird. Dies betrifft z. B. im deutschsprachigen Raum Sportmediziner und Sportsoziologen, die die Frage nach der Verbreitung von Dopingpraktiken unter Sportlern untersuchen.

Die Studie von Simon et al. (2006) befragt eine Stichprobe von 500 Fitnesscenterbesuchern zum Gebrauch von Drogen und Dopingsubstanzen. Benutzt wird ein Unrelated Question-Design mit bekannter Stichprobenprävalenz der Füllfrage. Im Ergebnis zeigen sich relativ hohe Raten an Doping- und Drogenprävalenzen (13 % jemals Dopingsubstanzen benutzt, 41 % jemals illegale Drogen genommen, 15 % jemals Kokain konsumiert, vgl. Simon et al. 2006: 1642), was die Autoren zu einem positiven Urteil hinsichtlich der Leistungsfähigkeit der RRT bewegt. Zwei weitere Arbeiten (Pitsch/Emrich/Klein 2007, Pitsch/Maats/Emrich 2009) befragen insgesamt über 1000 Kaderathleten des deutschen olympischen Sportbundes – also *Profisportler* – zu verbotenen Dopingpraktiken. Hier spricht die Varianz der Ergebnisse zwischen den beiden Studien (eine Befragung wurde schriftlich durchgeführt, die andere online) weniger für deren Validität. Hingegen zeigt sich inhaltlich anhand der durchaus als hoch zu bezeichnenden Prävalenzschätzer, dass sich mit Hilfe der RRT tatsächlich sehr heikle und bedrohliche Verhaltensweisen mit einem gewissen Erfolg messen lassen: In der 2007er Studie wird eine *untere* Grenze[63] von 26 % an Dopern geschätzt (jemals gedopt), in der Studie aus dem Jahr 2009 eine von 10 %. Auf die Frage nach der Verwendung illegaler Substanzen in der laufenden Saison ergeben sich Anteile von mindestens (ohne Cheater) 20 % bzw. 10 %. Glaubt man der 2007er-Studie, würde dies also bedeuten, dass jeder vierte Profisportler schon einmal illegales Doping betrieben hat.

Weitere inhaltliche Anwendungen der RRT wurden bereits von Fox und Tracy (1986: 57 ff.) resümiert und müssen daher hier nicht nochmals erörtert werden. Die Gegenstände der Erhebungen betreffen in der Regel Themen, die auch in der methodischen RRT-Literatur präsent sind, wie z. B. Abtreibungen (Abernathy/Greenberg/Horvitz 1970, Liu/Chow 1976a, Shimizu/Bonham 1978), Vergewaltigungen (Soeken/Petchel Damrosch 1986) und delinquentes Verhalten (Geurts 1980, Geurts/Andrus/Reinmuth 1975). Eine groß angelegte Studie zur Prävalenz von Abtreibungen in Mexiko (Abtreibungen sind dort illegal) stammt von Lara et al. (2006). Thematisch eher exotisch sind hingegen die neuere Arbeit von Blank (2008), in der der Verbreitung von illegalen Fischfangpraktiken in

---

[63] Die Autoren verwenden das Design zum Schätzen des Anteils an RRT-Cheatern von Clark und Desharnais (1998).

Nordkalifornien nachgegangen wird, sowie die Studie von Nordlund, Holme und Tamsfoss (1994), die den Erwerb geschmuggelter Spirituosen thematisiert.

Methodenvergleiche unter der „More Is Better-Assumption"

Tabelle 7 auf den nächsten Seiten bietet einen Überblick über zentrale modusvergleichende Studien. Obwohl die zitierten Quellen nur eine Auswahl darstellen, können diese durchaus als repräsentativ für das Gesamtspektrum des Forschungsfeldes gesehen werden. Dies gilt sowohl hinsichtlich der inhaltlichen Themen, des Spektrums an Methoden sowie der Ergebnisse.

Inhaltlich zeigt sich, dass sowohl für Einstellungs- als auch für Verhaltensfragen vergleichende RRT-Untersuchungen durchgeführt wurden; der Schwerpunkt liegt aber auf Fragen nach Verhaltensweisen. Die Fragetechnik wurde insgesamt an einem breiten Feld heikler Fragen getestet: „Klassiker" stellen hierbei z. B. Fragen nach Drogenkonsum und kleineren kriminellen Delikten dar; aber auch exotischere Themen wie die Zahnputzfrequenz und buchhalterische Vergehen durch Wirtschaftsprüfer waren Gegenstand entsprechender Studien.

Methodisch wird deutlich, dass die RRT in allen gängigen Erhebungsmodi (Face to Face, Online, CATI usw.) getestet wurde. Dies spricht zunächst einmal für die Technik, da entsprechende RRT-Varianten (mittlerweile) offenbar relativ problemlos in alle Modi implementiert werden können. Eine Aussage, in welchen Modi die Technik besser oder schlechter funktioniert, ist allerdings aufgrund von Tabelle 7 nicht möglich. Jedoch gibt die bereits erwähnte Metaanalyse von Lensvelt-Mulders et al. (2005) diesbezüglich einige Hinweise (s. u.). Hinsichtlich der verschiedenen RRT-Varianten zeigt sich auch in den empirischen Anwendungen eine klare Präferenz für das Forced Response-Design, welches in der Mehrzahl der Studien gewählt wurde. Während auch die Unrelated Question-Technik mit einer gewissen Regelmäßigkeit benutzt wurde, scheinen eher ausgefallene RRT-Varianten wie das Modell von Liu und Chow (1976a, 1976b) und jenes von Takahasi und Sakasegawa (1977) eine eher untergeordnete Rolle zu spielen. Eine Studie, die das Ursprungsmodell von Warner (1965) einsetzt, existiert m. W. zumindest in der neueren Literatur nicht. Was das Spektrum der Untersuchungspopulationen betrifft, zeigt sich, dass nur in rund der Hälfte der Studien „repräsentative" Bevölkerungsstichproben irgendeiner Art befragt wurden; die andere Hälfte bedient sich in der angelsächsischen Literatur als „convenience samples" bezeichneter Stichproben (z. B. Studentenbefragungen).

Tabelle 7: Direct Questioning vs. Randomized Response: Vergleichsstudien ohne externe Validierung

Quelle	Stichprobe	N	Modus	RRT-Typ[a]	Abhängige Variable	Prävalenz[b] DQ	Prävalenz[b] RRT
Beldt/Daniel/ Garcha 1982	Angestellte und Studenten, nicht „repräsentativ"	450	SAQ I-SAQ	TS	Mitarbeiterdiebstahl, letzte 3 Monate	DQ > RRT	
Coutts/Jann 2011	Online Access Panel, nicht „repräsentativ", BRD	2075	Online	FRT	Zu viel Wechselgeld behalten, jemals Schwarzfahren, jemals Ladendiebstahl, jemals Marihuanakonsum, letzter Monat Trunkenheit am Steuer, jemals Partnerschaftliche Untreue, jemals	56 62 23 5 29 26	58 57 9 −31 2 4
de Jong/Pieters/Fox 2010	Access Panel, „repräsentativ", NL	1260	Online	FRT	Absicht, Angebote der Sexindustrie zu konsumieren, 15 Items	DQ < RRT	
Durham III/ Lichtenstein 1983	Studenten, nicht „repräsentativ", USA	493	I-SAQ	quantitativ	Kriminelle Vergehen, 20 Items	inkonsistent, insgesamt n.s.	
Holbrook/Krosnick 2010a	Bevölkerung, z. T. Access Panel, einige „repräsentativ", USA		CATI Online	UQT	Teilnahme an letzter Präsidentschaftswahl	72 60–70	112 82–102
Krumpal 2009	Bevölkerung, „repräsentativ", BRD	2041	CATI	FRT	„Zu viele Ausländer in BRD" „BRD gefährlich überfremdet" „Ausländer nur wegen Sozialstaat in D" „Einfluss der Juden zu groß" „Juden selbst schuld an Verfolgung"	39 27 32 12 16	41 35 30 17 23

(Fortsetzung nächste Seite)

Quelle	Stichprobe	N	Modus	RRT-Typ[a]	Abhängige Variable	Prävalenz[b]	
						DQ	RRT
Krumpal 2008	Regional begrenzte Zufalls-Telefonstichprobe, BRD	526	CATI	FRT	Haschisch oder Marihuanakonsum, jemals Alkoholismus in der Familie, aktuell Zechprellerei, jemals Ladendiebstahl, jemals Trunkenheit am Steuer, jemals Steuerhinterziehung, jemals Gewalt gegen (Ehe-)Partner, jemals	10 12 1 10 20 4 4	16 7 4 10 19 2 −2,1
Lara et al. 2004	Frauen, nicht „repräsentativ", MEX	3092	FtF I-SAQ ACASI	UQT	Ungewollte Schwangerschaft, jemals Schwangerschaftsabbruch, jemals	DQ < RRT	
Linden/Weiss 1994	Studenten, nicht „repräsentativ", USA	285	I-SAQ	?	Fragen zur Gesundheit, sieben Items	DQ = RRT	
Moshagen 2008	Studenten, China	2254	I-SAQ	FRT	Mindestens zweimal täglich Zähneputzen	♂ 65 ♀ 90	49 80
Ostapczuk et al. 2009	Studenten, China	2254	I-SAQ	FRT	Täuschungsversuch bei Prüfungen, jemals	50	53
Ostapczuk/Musch/Moshagen 2009	Studenten und Patienten, BRD	606	SAQ	FRT	Xenophobische Einstellung	DQ = RRT	
Peeters 2005	Polizisten, NL	168	Online	FRT	Dienstvergehen, zehn Items	DQ = RRT	
Preisendörfer 2008a	Studenten, Zufallsstichprobe, BRD	578	FtF	FRT	Studententypische Vergehen wie Plagiat, Täuschungsversuche, Bücherklau, 9 Items	inkonsistent	

(Fortsetzung nächste Seite)

Quelle	Stichprobe	N	Modus	RRT-Typ[a]	Abhängige Variable	Prävalenz[b]	
						DQ	RRT
Reckers et al. 1997	Wirtschaftsprüfer, international	119	I-SAQ	UQT	Unzulässiges Vorgehen bei Buchprüfung, jemals	DQ < RRT	
Tezcan/Omran 1981	Verh. Frauen < 45 Jahre, „repräsentativ", Türkei	2565	FtF	LC	Schwangerschaftsabbruch, jemals	14	33
Wimbush/Dalton 1997	Erwerbstätige, nicht „repräsentativ", USA	406	I-SAQ (?)	FRT	Mitarbeiterdiebstahl, unklarer Zeitraum	28	59
Wolter 2008	Regional begrenzte Quotenstichprobe, BRD	413	FtF	FRT	Ladendiebstahl, jemals	40	45
					Drogenkonsum, jemals	38	47
					Unfallflucht, jemals	15	27
					Strafpunkte in Flensburg, jemals	29	42
					Sachbeschädigung, jemals	16	13
					Prügelei, jemals	27	28
					Ordnungswidrigkeit, jemals	78	69
					Strafrechtlich verurteilt, jemals	9	18
Zdep/Rhodes 1976	Haushalte mit Kindern, „repräsentativ", USA	1998	FtF	UQT	Körperliche Gewalt gegen eigene Kinder, jemals	*3–4*	*15*
Zdep et al. 1979	Bevölkerung über 18 Jahre, „repräsentativ", USA	2084	?	UQT	Marihuanakonsum, jemals	21	24

Erläuterungen: [a] FRT = Forced Response-Technik, UQT = Unrelated Question-Technik, TS = Modell von Takahasi und Sakasegawa (1977), LC = Modell von Liu und Chow (1976a, 1976b). [b] Gerundete Prozentangaben. Nicht signifikante Unterschiede (10 %-Niveau) sind grau dargestellt; bei den kursiv gesetzten Angaben wurden keine Standardfehler/Signifikanztests berichtet. In einigen Fällen können aus den Studien keine genauen Prävalenzen berechnet werden, da z. B. Cheater-Detection-Modelle benutzt werden, so dass hier lediglich Richtung und Signifikanz des Fragemoduseffekts berichtet werden. Bei einigen Studien wurde nur eine Auswahl der Items berichtet. *Quelle: Eigene Darstellung.*

2.4 Die Randomized Response-Technik (RRT)

Wie sind die Resultate der Modusvergleiche zu beurteilen? Aus Tabelle 7 ist zunächst ersichtlich, dass die Befunde divergieren. Bei einigen Items und/oder Studien konnten die intendierten Effekte in Form signifikant höherer (bzw. je nach „Erwünschtheitsrichtung" niedrigerer) RRT-Schätzer bestätigt werden (z. B. Moshagen 2008 für die Zahnputzhäufigkeit von Studenten, Tezcan/Omran 1981 für gewollte Schwangerschaftsabbrüche verheirateter Frauen in der Türkei). Andere Arbeiten hingegen finden keinerlei signifikante Modusunterschiede (z. B. Krumpal 2008 für selbstberichtete Delinquenz, Peeters 2005), wiederum andere sogar signifikant niedrigere (höhere) Schätzer negativ (positiv) konnotierter Verhaltensweisen im RRT- verglichen mit dem DQ-Modus (z. B. Beldt/Daniel/Garcha 1982, Coutts/Jann 2011 ebenfalls für selbstberichtete Delinquenz, Holbrook/Krosnick 2010a für die Teilnahme an der Präsidentschaftswahl). Die Befunde divergieren jedoch nicht nur per se, sondern sie divergieren *unsystematisch*: Aus den zitierten Studien lassen sich keine Tendenzen feststellen, dass die RRT bei bestimmten Fragen, mit bestimmten RRT-Designs oder in bestimmten Erhebungsmodi besser oder schlechter funktioniert. Jedoch deuten die Befunde darauf hin, dass nicht der *Gegenstand* einer bestimmten heiklen Frage ausschlaggebend ist, sondern studienspezifische Merkmale (wie die jeweilige RRT-Implementation, die verwendete Stichprobe usw.) über Erfolg oder Misserfolg der Technik entscheiden. Dies deshalb, weil erstens die Ergebnisse für vergleichbare Items über mehrere Studien hinweg variieren und zweitens Studien, die mehrere Items abfragen, zumindest tendenziell einheitliche Ergebnisse auffinden (z. B. fast alle Items signifikant negativ bei Coutts/Jann 2011, durchgehend höhere Schätzer für RRT bei de Jong 2010, alle Items nicht signifikant bei Krumpal 2009).

Einige in Tabelle 7 aufgeführte Studien verdienen eine nähere Betrachtung. Die Studie von Reckers, Wheeler und Wong-On-Wing (1997) ist ein Beispiel für ein RRT-Design zur Messung von quantitativen Merkmalen. Erfragt wurde bei einer Stichprobe von Wirtschaftsprüfern einer internationalen Wirtschaftsprüferfirma die Häufigkeit von unzulässigen Vorgängen bei der Buchprüfung im letzten Jahr („auditor premature sign-offs"). Im Ergebnis zeigen sich – trotz der niedrigen Fallzahl von $N = 119$ – signifikant höhere Angaben im RRT- verglichen mit dem DQ-Modus. Dieser doch etwas überraschende Befund könnte sich durch die selektive Stichprobe erklären; das anzunehmende sehr hohe Bildungsniveau der Befragten führte wahrscheinlich zu einem besseren Verständnis der RRT als in anderen Umfragen.

Die schon etwas ältere, aber kaum rezipierte Studie von Tezcan und Omran (1981) verdient ebenfalls eine Erwähnung. Hier wurde in der Türkei eine landesweite Zufallsstichprobe von verheirateten Frauen bis 45 Jahren befragt, ob sie jemals einen Schwangerschaftsabbruch vorgenommen haben („induced abortion"). Zum Einsatz kam eine eher exotische RRT-Variante, bei der die Probandinnen eine Flasche mit farbigen Kugeln schütteln mussten und je nach Antwort (Abtreibung ja oder nein) die Zahl der Kugeln einer bestimmten Farbe nennen müssen, die in den Flaschenhals gefallen sind (Liu/Chow 1976a, 1976b). Die Variante kann somit auch von Analphabeten bedient werden, ein Umstand, auf den in der Studie – höchstwahrscheinlich zu Recht – besonderer Wert gelegt wurde. Zusätzlich durchlaufen die Befragten die Prozedur dreimal, aus den drei Ergebnissen wird ein gewichteter Mittelwert errechnet („Multiple Trial-RRT" von Liu/Chow 1976a). Im Ergebnis zeigt sich zunächst eine außergewöhnlich hohe Teilnahmebereitschaft an der Umfrage mit über 70 %. Die Autoren berichten allerdings, dass nur 62 % der befragten Frauen die RRT-Prozedur zufriedenstellend durchführten. Dennoch zeigt sich im Ergebnis mit 33 % (RRT) respektive 14 % (DQ) nicht nur eine erstaunlich hohe Prävalenz von Abtreibungen in der Türkei der siebziger Jahre, sondern auch ein höchst signifikanter und deutlicher Unterschied zwischen den Fragemodi. Zusätzlich tritt ein interessanter Bildungseffekt in der Form auf, dass Abtreibungen im RRT-Modus mit steigender Bildung immer *seltener* berichtet werden, im DQ-Modus hingegen deutlich *häufiger*. Dies könnte – kontraintuitiverweise – dahingehend gedeutet werden, dass die RRT gerade die gering gebildeten und analphabetischen Frauen dazu animiert, Abtreibungen zuzugeben. Bei gebildeten Frauen hingegen wirkt die Technik offenbar kontraproduktiv (die Ergebnisse bleiben auch stabil, wenn für Alter kontrolliert wird). Diese Ergebnisse sind umso erstaunlicher, als sich bei einigen „weichen" Maßen zu Verständnis und Vertrauen in die RRT der erwartete positive Bildungseffekt gezeigt hat (vgl. Abschnitt 2.4.2, S. 92).

Vor allem wegen mehrerer methodischer Unzulänglichkeiten ist die Studie von Lara et al. (2004) zu kritisieren. In einer groß angelegten Untersuchung werden drei Substichproben (Patientinnen von Krankenhäusern, die teils auf gesundheitliche Probleme nach Abtreibungen spezialisiert sind; eine willkürliche Auswahl von Einwohnerinnen einer ländlichen Region; eine Zufallsauswahl von Bewohnerinnen von Mexiko City) befragt, ob jemals ungewollte Schwangerschaften aufgetreten sind, sowie jemals eine Abtreibung vorgenommen wurde. Im Ergebnis zeigen sich zwar für beide Fragen höhere RRT-Prävalenzen als DQ-Prävalenzen (es wurden drei DQ-Modi getestet, SAQ, ACASI und FtF). Jedoch sind die χ^2-Tests, die offenbar *teilweise* herangezogen wurden, sämtlich nicht-signifikant (Lara et al. 2004: 542; es ist unklar, warum bei einem Item die RRT-Fälle in die Signifikanzberechnung eingehen, beim anderen Item jedoch nicht; auch werden keine Standardfehler der RRT-Schätzer angegeben). Zudem sind die Fragebögen bzw. deren Inhalte in den vier Erhebungsmodi nicht identisch (dies hätte zumindest bis zu den entscheidenden heiklen Fragen gewährleistet werden können und sollen), was einer Konfundierung von Modus- und Fragerei-

2.4 Die Randomized Response-Technik (RRT)

henfolgeeffekten Vorschub leistet. Weiterhin fand keine echte Randomisierung statt, den Interviewern wurden zwar Vorgaben gemacht, Personen in einer vorgegebenen Abfolge in bestimmten Modi zu befragen, jedoch gibt es mehrere höchst signifikante Unterschiede in soziodemographischen Variablen zwischen den (Pseudo-)Experimental-gruppen. Auch hier ist also fraglich, ob die Resultate *kausale* Moduseffekte sind oder durch nicht kontrollierte Drittvariablen zustande gekommen sind.

Schließlich ist die Studie von Krumpal (2009) nicht zuletzt deshalb interessant, weil in der Erhebung den Befragten (bzw. den Interviewern) gestattet wurde, bei Nichtverständnis der RRT oder Weigerung, die Prozedur zu befolgen, in den direkten Fragemodus zu wechseln. Somit ergibt sich neben den zwei Experimentalgruppen eine dritte Gruppe von „RRT-Switchern". Die Antworten dieser Befragten sind in obiger Tabelle 7 nicht dokumentiert. Bei vier der fünf Items zeigen sich Unterschiede der Form, dass xenophobische und antisemitische Einstellungen von den RRT-Switchern *häufiger* geäußert werden als in der DQ- und RRT-Gruppe (z. B. „Es gibt zu viele Ausländer in Deutschland": DQ 39 %, RRT 41 %, RRT-Switcher 51 %). Krumpal (2009: 104) deutet diesen Befund dahingehend, dass diese Befragten hohe xenophobische und antisemitische Einstellung haben und so keinen Vorteil durch die RRT sehen bzw. eher einen Nutzen daraus ziehen, ihre Meinung öffentlich zu äußern. Dies würde dann in der Konsequenz zu einer *Unterschätzung* des DQ-RRT-Unterschieds führen, da in der DQ-Gruppe kein vergleichbarer Teil der Befragten aus der Schätzung herausfällt.

Eine weitere eingangs gestellte Frage war jene nach RRT-Studien zu selbstberichteter Delinquenz. Wie aus Tabelle 7 hervorgeht und oben schon erwähnt wurde, beziehen sich mehrere der untersuchten heiklen Fragen auf selbstberichtete Delinquenz wie Ladendiebstahl, Trunkenheit am Steuer o. Ä. Das Thema gehört somit zum Standardrepertoire der Artefaktforschung (vgl. schon Unterkapitel 2.3). Auch im deutschsprachigen Raum existieren entsprechende Studien. Hinsichtlich der Befunde von DQ-RRT-Vergleichen zeigen sich – wiederum – alle möglichen Konstellationen: nicht signifikante Unterschiede (Durham III/Lichtenstein 1983, Krumpal 2008, Wolter 2008), signifikant höhere Angaben im DQ-Modus (Beldt/Daniel/Garcha 1982, Coutts/Jann 2011) sowie höhere Angaben im RRT-Modus (Wolter 2008). Die inkonsistente Befundlage wird auch in dem kriminologischen Überblick von Thornberry und Krohn (2000: 61) konstatiert. Fox und Tracy (1980: 617) hingegen positionieren sich entgegengesetzt zu diesen Befunden und betonen uneingeschränkt die Vorteile der RRT für die Erhebung von selbstberichteter Delinquenz. Studien, welche die in dieser Arbeit vor allem interessierende Frage nach „strafrechtlicher Verurteilung" untersuchen, existieren m. W. nicht. Lediglich in einer Pilotstudie zu der vorliegenden Arbeit wurde die Frage thematisiert. Hier gaben 8,7 % der Befragten im DQ-

Modus eine strafrechtliche Verurteilung an, im RRT-Modus 18,1 %. Dieser Unterschied war zumindest auf dem 10 %-Niveau signifikant (Wolter 2008: 9). In der Arbeit von Tracy und Fox (Tracy/Fox 1981) wurde nach Verhaftungen gefragt; da es sich um eine Validierungsstudie handelt, wird sie weiter unten besprochen.

Mit Hilfe von Metaanalysen lässt sich berechnen, wie hoch der Effekt einer bestimmten Variablen ausfällt, wenn man alle Studien poolt, die die interessierende Variable untersucht haben. Metaanalysen sind also statistische Analysen mehrerer empirischer Studien. Methodisch geschieht dies durch die bereits erwähnten Verfahren der Mehrebenenanalyse. Die Daten haben eine hierarchische Struktur, beispielsweise mit den Variablen (heiklen Fragen) einer Studie auf der untersten Ebene, den Befragten auf der zweiten Ebene, und der Studie auf der dritten (höchsten) Ebene (vgl. Hox 2002: Kapitel 8). Im vorliegenden Fall interessiert der Effekt von RRT – Höhe und Signifikanz – im Vergleich zu DQ auf das Antwortverhalten bei heiklen Fragen, wenn man *alle* Studien einbezieht, die durchgeführt wurden. Zusätzlich kann die Metaanalyse mit Hilfe hierarchischer Regressionen die Frage beantworten, welcher Anteil an nicht erklärter Varianz in den Ergebnissen auf die einzelnen Ebenen entfällt. Wichtig für die RRT-Forschung ist hier die höchste Ebene der Studien; wie viel Varianz geht also auf studienspezifische Merkmale wie RRT-Design, Stichprobe, Erhebungsmodus usw. zurück?

Lensvelt-Mulders et al. (2005) führen eine entsprechende Analyse durch. Aufgrund eher strenger Ausschlusskriterien gehen aber „nur" 32 „More Is Better"-Studien in die Analyse ein. Die Autoren kommen zu drei Hauptergebnissen. Erstens ist der gepoolte RRT-Effekt dieser Studien signifikant positiv für Face to Face- und selbstadministrierte Modi, nicht signifikant hingegen für Telefonerhebungen (auch hier deutet aber zumindest die Richtung des Koeffizienten auf einen positiven RRT-Effekt hin). Zweitens wächst der RRT-Effekt mit der Sensitivität der erfragten Eigenschaften (vgl. Lensvelt-Mulders et al. 2005: 329 f. für die Kodierung der Sensitivität heikler Eigenschaften). Drittens verbleibt auch nach Kontrolle von Erhebungsmodus und Sensitivität ein signifikanter Anteil nicht erklärter Varianz auf Studienebene. Anders ausgedrückt bedeutet dies, dass der Erfolg der RRT von Merkmalen der Studien abhängt. Dieser Anteil kann allerdings *nicht* reduziert werden, wenn für die Datenqualität der Studie[64], das RRT-Design, den verwendeten Zufallsgenerator und den p-Wert, mit dem auf die heikle Frage verwiesen wird, statistisch kontrolliert wird (Lensvelt-Mulders et al. 2005: 340 f.).

---

[64] Hier wurden Kriterien wie Publikationsort, Stichprobenqualität und effizienzangepasste Größe der Treatment-Gruppe zur Messung herangezogen (vgl. Lensvelt-Mulders et al. 2005: 330 für Näheres).

2.4 Die Randomized Response-Technik (RRT)

Die Ergebnisse der Metaanalyse relativieren zu einem gewissen Teil die inkonsistenten Ergebnisse der in Tabelle 7 vorgestellten Studien. Insgesamt, so scheint es, kann die Technik sehr wohl einen überzufälligen Erfolg (validere Schätzer als bei direkter Frage) verbuchen. Ebenfalls bestätigt werden die oben geäußerten Vermutungen, dass studienspezifische Merkmale für den Erfolg oder Misserfolg der Fragetechnik wichtig, jedoch Merkmale wie das RRT-Design (RRT-Variante, Zufallsgenerator, p-Wert) hierfür *nicht* entscheidend sind.

Validierungsstudien

Auch wenn die gerade vorgestellte Metaanalyse generell zu einem positiven Ergebnis bezüglich des RRT-Effekts kommt, bleibt unklar, wie hoch der Grad der (verbleibenden) Antwortverzerrungen im Endergebnis noch ist. Weiterhin kann die explizite Trennung zwischen tatsächlichem Verhalten und Antwortverhalten mit „More Is Better"-Studien nicht gewährleistet werden, was Analysen bezüglich der Determinanten des Antwortverhaltens nur bedingt zulässt. Beiden Fragen kann (nur) mit Hilfe von Validierungsstudien nachgegangen werden, die im Folgenden diskutiert werden sollen. Tabelle 8 listet alle dem Verfasser bekannten RRT-Validierungsstudien auf. In den nachstehenden Ausführungen sollen diese eingehender diskutiert werden. Anschließend werden wiederum Ergebnisse einer Metaanalyse von Validierungsstudien präsentiert (Lensvelt-Mulders et al. 2005). Eine Präsentation von Befunden zu Determinanten des Antwortverhaltens schließt die Darstellung ab.

Es konnten insgesamt sieben Validierungsstudien gefunden werden. Von diesen validiert eine die RRT-Ergebnisse an extern gewonnenen Aggregatdaten, sechs Studien verfügen über Validierungsinformationen auf Individualebene. Zwei Arbeiten (Folsom 1974, Kulka/Weeks/Folsom 1981) wurden zwar in Reviews (Fox/Tracy 1986, Lensvelt-Mulders et al. 2005) zitiert, waren aber nirgendwo auffindbar, so dass sich die folgende Diskussion auf die verbleibenden Studien beschränken muss.[65]

---

[65] Die Studien sind Arbeitspapiere und wurden m. W. nie in Zeitschriften oder Sammelbänden publiziert. Inhaltlich wird für beide Arbeiten in den oben zitierten Reviews ein *negativer* RRT-Effekt auf die Antwortvalidität berichtet.

Tabelle 8: Direct Questioning vs. Randomized Response: Vergleichsstudien mit externer Validierung

Quelle	Stichprobe	N	Modus	RRT-Typ[a]	Abhängige Variable	Prävalenz[b] DQ	RRT
Validierung an Aggregatdaten							
Horvitz/Shah/Simmons 1967	Haushalte, in denen jüngst Geburten stattfanden, USA	148	FtF	UQT	Geburt eines unehelichen Kindes im Haushalt	*19*[c]	24
Validierung an Individualdaten							
Lamb/Stem 1978	Studenten, USA	312	FtF	RG	Anzahl nicht bestandener Lehrveranstaltungen	DQ = RRT	
Locander/Sudman/Bradburn 1976	Mehrere Quellen, Bewohner von Chicago	941	FtF	UQT	Besitz einer Bibliothekskarte Als Wähler registriert Bei Präsidentschaftswahl gewählt Privatinsolvenz, jemals Trunkenheit im Verkehr, letztes Jahr	DQ < RRT DQ > RRT DQ < RRT 68 53	100 065
Tracy/Fox 1981	Durch Philadelphia Police verhaftete Personen	530	FtF	LC	Zahl der Verhaftungen („adult arrests") durch Philadelphia Police	DQ < RRT	
van der Heijden et al. 2000	Sozialhilfebetrüger, NL	426	FtF	FRT, Kuk	Sozialhilfebetrug durch falsche Einkommensangaben	19–25	43–49
Kulka/Weeks/Folsom 1981, Studie nicht auffindbar							
Folsom 1974, Studie nicht auffindbar							

2.4 Die Randomized Response-Technik (RRT)

Erläuterungen zu Tabelle 8: [a] FRT = Forced Response-Technik, LC = Modell von Liu und Chow (Liu/Chow 1976a, 1976b), RG = zweistufiges Verfahren von Reinmuth und Geurts (1975), UQT = Unrelated Question-Technik. [b] Angaben in Prozent (gerundet). Nicht zumindest auf dem 10 %-Niveau signifikante Unterschiede sind grau dargestellt; bei den kursiv gesetzten Angaben wurden keine Standardfehler oder Signifikanztests berichtet. In einigen Fällen können aus den Studien keine genauen Prävalenzen berechnet werden, da z. B. Cheater-Detection-Modelle benutzt wurden oder ordinale/quantitative RR-Prozeduren zum Einsatz kamen. In diesen Fällen werden lediglich Richtung und Signifikanz des Fragemodus-effekts berichtet. Die wahren Werte für die erfragten Items liegen immer bei 100 %, außer [c]: In diesem Fall entspricht der Wert nicht dem DQ-Schätzer, sondern dem extern validierten wahren Wert in der Stichprobe.
Quelle: Eigene Darstellung.

Als Erstes hervorzuheben ist die geringe Anzahl veröffentlichter Validierungsstudien. Zudem datieren die Erhebungen bis auf van der Heijden et al. (2000), deren Erhebung allerdings auch schon 1995 erfolgte, bis in die 1960er und 1970er Jahre zurück. Eine Validierung der RRT im deutschsprachigen Raum steht bis heute aus. Gleiches gilt für Validierungen, die RRT-Prozeduren jenseits von Face to Face-Interviews, also z. B. in Telefon- oder Onlineerhebungen, durchführen. Alle Punkte stehen im Gegensatz zu der ausufernden methodisch-statistischen RRT-Forschung, deren Detailfragen angesichts des Mangels an Wissen darüber, ob die RRT tatsächlich zu halten vermag, was sie verspricht, etwas „am Ziel vorbeigeschossen" wirken. Zudem widerspricht die kleine Zahl der Validierungsstudien der bereits 20 Jahre alten, von Umesh und Peterson (1991) aufgrund ihrer Literatursichtung nachdrücklich formulierten Forderung nach externen Validierungen der RRT. Insgesamt unterstreicht die magere Literaturlage die Notwendigkeit von validierenden Forschungsarbeiten, was wiederum das Anliegen der vorliegenden Arbeit bekräftigt.

Natürlich wäre die Forderung nach externen Validierungen ungerechtfertigt, wenn die eigentlich interessierende inhaltliche Frage nach der Wirksamkeit der RRT durch die existierende Literatur geklärt wäre. Dies ist jedoch, wie ein Blick in Tabelle 8 zeigt, definitiv nicht der Fall. Nur eine Studie (van der Heijden et al. 2000) kann einen signifikanten RRT-Effekt in der intendierten Richtung nachweisen. Die Arbeiten von Tracy und Fox (1981) sowie Locander, Sudman und Bradburn (1976) stellen zwar höhere (bzw. je nach „Erwünschtheitsrichtung" auch niedrigere) RRT-Schätzer fest, jedoch liegen die Differenzen im Bereich von Zufallsschwankungen. Weiterhin zeigt die Synopse der Validierungsstudien, dass diese auf Stichproben mit eher niedrigen Fallzahlen aufbauen. Dies unterstreicht auch nochmals die Schwierigkeit, erstens überhaupt an Validierungsdaten heranzukommen und zweitens entsprechende Studien mit häufig „problematischen" Populationen praktisch durchzuführen.

Die erste Validierung der RRT an externen (Aggregat-)Daten ist die Arbeit von Horvitz, Shah und Simmons (1967). Hier wurden aus dem Geburtenregister 148 Haushalte gezogen, in denen jüngst eine Geburt stattgefunden hatte und bei denen bekannt war, ob die Mutter verheiratet ist oder nicht.[66] Gefragt wurde in der Erhebung, ob im jeweiligen Haushalt in einem bestimmten Zeitraum ein Baby von einer Mutter geboren wurde, die nicht verheiratet war. Dies traf laut Geburtenregister auf 19 % der Haushalte zu; die Prävalenz der RRT-Befragung lieferte einen Wert von 24 %, was die Autoren als Bestätigung für den Erfolg der Technik werten.

Eine Besonderheit der Studie von Lamb und Stem (1978) ist, dass auch negativ-validierte Fälle befragt wurden. Studenten wurden gebeten anzugeben, ob sie jemals eine Lehrveranstaltung nicht bestanden haben. War dies der Fall, wurde auch nach der Zahl aller nicht bestandenen Lehrveranstaltungen gefragt. Berichtet werden drei Schätzwerte: Der Anteil der Studenten, die jemals einen Kurs nicht bestanden haben, weicht mit 29 % respektive 36 % weder im DQ- noch im RRT-Modus signifikant vom wahren Wert (30 % bzw. 35 %) in der Stichprobe ab. Sehr wohl signifikante Abweichungen zeigen sich hingegen im direkten Modus, wenn nach der Anzahl der durchgefallenen Kurse gefragt wird (Umfragemittelwertwert 0,46 versus wahrer Wert 0,71). Gleiches gilt, wenn nur die Gruppe der Studenten, die jemals durchgefallen sind, betrachtet wird (Umfragemittel 1,6 und wahrer Wert 2,4). Diese beiden Unterschiede sind im RRT-Modus (Mittelwerte 0,56 versus 0,64 und 1,46 versus 1,97) jeweils nicht signifikant, was die Autoren als Beleg für den Erfolg der Fragetechnik werten (Lamb/Stem 1978: 621). Nicht diskutiert werden Tests auf signifikante Modusunterschiede; allerdings deuten die berichteten Konfidenzintervalle darauf hin, dass die Differenzen in den Schätzern zwischen DQ und RRT die Signifikanzschwelle nicht überschreiten.

Auch die Studie von Locander, Sudman und Bradburn (1976) stellt eine vielzitierte Individualvalidierung der RRT dar. Allerdings sind die Schätzergebnisse wegen ausgeprägter Fallzahlbeschränkungen nur von untergeordnetem Wert: Die in Tabelle 8 angegebene Gesamtfallzahl von N = 941 teilt sich nicht nur auf zwei Experimentalgruppen auf (DQ vs. RRT), sondern auf insgesamt 20 Zellen, da vier Erhebungsmodi gegeneinander getestet wurden (Face to Face, RRT, SAQ und Telefon) und zusätzlich Befragte immer nur eine der fünf Fragen gestellt bekamen. Dieses Design bringt es mit sich, dass etwa der DQ-Schätzer für Trunkenheit am Steuer auf einer Stichprobe von nur 30 Befragten beruht; der ohnehin schon ineffiziente Unrelated Question-Schätzwert bei unbekannter

---

[66] Leider finden sich im Text keine Angaben zu Nonresponse oder anderen Ausfällen, so dass unklar bleibt, ob sich die Fallzahl von N = 148 auf die Bruttostichprobe oder auf die tatsächlich befragten Personen/Haushalte bezieht.

2.4 Die Randomized Response-Technik (RRT)

Stichprobenprävalenz der Füllfrage basiert auf einem Sample von lediglich 23 Befragten. Insofern ist es auch wenig verwunderlich, dass sämtliche Modusunterschiede nicht signifikant sind. Inhaltlich zeigen sich bei den Items „Registrierung als Wähler", „Privatinsolvenz" und „Trunkenheit am Steuer" niedrigere Biases im RRT-Modus (Unterschiede nicht signifikant), bei den Items „Besitz einer Bibliothekskarte" sowie „Teilnahme an der Präsidentschaftswahl" hingegen liegt der DQ-Wert unter dem RRT-Wert (hier hätte man aufgrund der anzunehmenden Erwünschtheitsrichtung der Items umgekehrte Ergebnisse erwartet).

Tracy und Fox (1981) validieren Befragtenangaben zur Zahl der Verhaftungen an Einträgen im polizeilichen Strafregister. Da Verhaftungs- und Verurteilungspraktiken regional variieren können, beschränken die Autoren ihre Stichprobe auf den Einzugsbereich des Philadelphia Police Departments. Auch die im Interview gestellte Frage nach der Zahl der Verhaftungen bezieht sich nur auf den Zuständigkeitsbereich dieser Polizeistelle. Das RRT-Design entspricht einer für quantitative Angaben adaptierten Variante des Designs von Liu und Chow (1976b): Die Befragten mussten einen Behälter mit farbigen Kugeln schütteln und je nach gezogener Farbe entweder die wahre Zahl der Verhaftungen berichten oder aber eine auf die Kugel gedruckte Nummer nennen. Die Verteilung dieser „Dummy-Ziffern" wurde an die aus den Polizeiakten bekannte tatsächliche Verteilung der Verhaftungen angepasst. Im Ergebnis zeigt sich erstens, dass in beiden Fragemodi die wahre Zahl der Verhaftungen untertrieben wird. Zweitens finden die Autoren zwar einen niedrigeren Response Bias im RRT-Modus, jedoch liegt die Differenz zu den DQ-Angaben im Rahmen von Zufallsschwankungen. Allerdings entstanden in der Studie methodische Unsauberkeiten bei der Randomisierung zwischen Treatment- und Kontrollgruppe mit der Folge, dass DQ- und RRT-Sample hinsichtlich der Anzahl der echten Verhaftungen differieren. Dies führte tendenziell zu einer Unterschätzung des RRT-Effekts (für Näheres vgl. Tracy/Fox 1981: 194 f.). Mit entsprechenden ausgleichenden Gewichtungsmaßnahmen können die Autoren dann auch einen signifikanten Modusunterschied in gewünschter Richtung nachweisen. Allerdings hinterlassen die gewichteten Ergebnisse den Eindruck, als sei hier nach dem „Brechstangenprinzip" verfahren worden, was die Autoren selbst auch einräumen und letztlich veranlasst, ein Gewichtungsmodell mit nicht signifikantem Unterschied zu bevorzugen (vgl. weitere Kritik und Replik in der Diskussion bei Droitcour Miller 1981, Fox/Tracy 1981).

Die Arbeit von van der Heijden et al. (2000) ist m. W. die jüngste Validierungsstudie. Befragt wurden 426 Personen in den Niederlanden, von denen bekannt war, dass sie in den Jahren 1991–1994 des Sozialhilfebetrugs durch zu geringe Einkommensangaben überführt worden waren. Die Erhebung erfolgte in einem experimentellen Methodensplit mit vier Erhebungsmodi: Face to Face,

CASI (der Befragte gab die Antworten in einen Laptop ein, der anwesende Interviewer sah die Antworten nicht), Forced Response-RRT und Kuk-RRT. Die Interviewer waren allerdings autorisiert, bei Problemen den Fragemodus wechseln zu können, was bei 10 % der RRT-Befragten zu einem Wechsel in den direkten Fragemodus führte (van der Heijden et al. 2000: 520). Im Ergebnis zeigen sich zwischen den direkten und RRT-Modi signifikante Unterschiede im Antwortverhalten, innerhalb der Fragemodi waren die Unterschiede nicht signifikant: 19 % der Befragten im CASI-Modus und 25 % im Face to Face-Modus gaben den Sozialhilfebetrug zu; in der Forced Response-RRT waren es 43 % und in der Kuk-Prozedur 49 %. Obwohl also auch die RRT den Response Bias bei weitem nicht eliminieren kann, ergibt sich doch eine deutlich verbesserte Validität der erhobenen Daten. Des Weiteren zeichnet sich die Studie dadurch aus, dass die Wirkung von erklärenden Variablen auf das Antwortverhalten untersucht wird (mehr dazu unten).

Auch die Befundlage aus den Validierungsstudien lässt sich kondensieren, wenn man die Effekte in einer Metaanalyse poolt. Lensvelt-Mulders et al. (2005) haben dies in einer von der oben berichteten „More Is Better"-Analyse unabhängigen weiteren Analyse durchgeführt. In ihre Analyse gehen insgesamt sechs der in Tabelle 9 referierten Validierungsstudien ein (Horvitz/Shah/Simmons 1967, Kulka/Weeks/Folsom 1981, Lamb/Stem 1978, Locander/Sudman/Bradburn 1976, Tracy/Fox 1981, van der Heijden et al. 2000). Die abhängige Variable ist in diesem Fall die Abweichung des Umfrageschätzwertes vom extern validierten wahren Wert. In einem Dreiebenenmodell ohne erklärende Variablen („Random Intercept-Model") ergibt sich über alle Studien und Modi eine mittlere Abweichung des geschätzten vom validierten Wert von 42 Prozent. Zusätzlich zeigt sich, dass signifikante Residualvarianzen auf Modus- und Studienebene verbleiben. In einem zweiten Modell, in dem für den Erhebungsmodus kontrolliert wurde, zeigt sich, dass die Rate an falschen Antworten im RRT-Modus mit 38 % im Vergleich zu allen anderen getesteten Modi (Telefon, Face to Face, SAQ und CASI) am geringsten ist. Die mittlere Abweichung für konventionelle Modi beträgt 49 %. Das Gesamtergebnis der Validierungsstudien deutet also tatsächlich darauf hin, dass die RRT zu valideren Schätzern führt als konventionelle Erhebungsmodi. Ein nicht uninteressantes „Nebenprodukt" der Metaanalyse ist, dass die Abweichung im Face to Face-Modus mit 42 % *geringer* ist als im Telefon- (46 %), CASI- (62 %) und schriftlichen (47 %) Modus. Dies ist wiederum ein Hinweis, der gegen die klassische SD-Hypothese spricht (vgl. Unterkapitel 2.2). Weiterhin zeigt sich, dass auch nach Kontrolle weiterer unabhängiger Variablen – ähnlich wie in der Metaanalyse der „More Is Better"-Studien – eine signifikante Residualvarianz auf der Modusebene (innerhalb der Studienebene) verbleibt. Diese kann jedoch wiederum nicht durch Variablen wie die Qualität

2.4 Die Randomized Response-Technik (RRT)

der Studie oder Eigenschaften des verwendeten RRT-Designs erklärt werden. Ebenso finden die Autoren keinen signifikanten RRT-Effekt mehr, wenn für die Sensitivität der Items kontrolliert wird. Da der RRT-Effekt hier die Größe des Response Bias abbildet, bedeutet das, dass der Umfragewert im RRT-Modus nicht mehr vom validierten wahren Wert abweicht, wenn für die Sensitivität des heiklen Items kontrolliert wurde.

Zum Schluss dieses Abschnitts sollen nun noch Analysen diskutiert werden, die die Determinanten des Antwortverhaltens thematisieren. Diese Frage ist aus zwei Gründen wichtig: Erstens stellen, wie schon mehrfach erwähnt, verzerrte Prävalenzschätzer bei heiklen Fragen nur einen Teil der Heikle-Fragen- Problematik dar. Sollte der Response Bias zusätzlich und systematisch durch Befragtenmerkmale wie Geschlecht oder Alter beeinflusst werden, sind Ergebnisse von Analysen zu Determinanten heikler Verhaltensweisen nicht valide. Die Beziehungen können tatsächliche Korrelationen verdecken, zu Zusammenhängen führen, die tatsächlich nicht existieren, oder die Effekte weiterer Variablen auf die interessierende Verhaltensweise moderieren (Ganster/Hennessey/Luthans 1983). *Idealerweise* würde man von der RRT erwarten, dass etwaige Determinanten des Antwortverhaltens im direkten Fragemodus im RRT-Modus keine Rolle mehr spielen. Folgt man der Lehrmeinung (siehe Kapitel 2.2), wären die wichtigsten zu untersuchenden Variablen SD-Anreize. Der zweite Grund, weswegen die Frage nach Antwortdeterminanten gestellt werden sollte, liegt weniger auf einer methodischen, sondern eher auf einer soziologisch-theoretischen Ebene. Da wenig darüber bekannt ist, warum die RRT offenbar empirisch nicht das hält, was sie verspricht, wäre ein Blick auf Gründe von Antwortverzerrungen – im DQ- und RRT-Modus – lohnend.

Die Befundlage bezüglich der Frage nach Determinanten des Antwortverhaltens bei heiklen Fragen ist, v. a. was den RRT-Modus angeht, sehr mager. Die Studie von van der Heijden et al. (2000) ist der einzige seriöse Beitrag, der anhand von individuellen Validierungsdaten empirische Analysen zu Determinanten des *Antwort*verhaltens im RRT-Modus vorlegt.[67] Getestet wird für die Effekte soziodemographischer Variablen und themenspezifischer Merkmale wie die Dauer des Sozialhilfebezugs und Bewertungen der Servicequalität durch die Befragten. Aufgrund der geringen Fallzahlen berechnen die Autoren lediglich bivariate Analysen mit einer einzigen unabhängigen Variablen pro Modell. Im Ergebnis zeigt sich, dass die Effekte zwischen den Erhebungsmodi nicht maßgeblich variieren (eine Ausnahme ist die Herkunft der Befragten, einheimische Niederländer antworten im Face to Face-Modus ehrlicher als nicht gebürtige Niederländer, nicht aber in den anderen Modi); inhaltlich kann festgestellt wer-

---

[67] Die auf den gleichen Daten beruhende Studie von Landsheer, van der Heijden und van Gils (1999) sowie deren Ergebnisse wurden bereits oben (S. 85) präsentiert.

den, dass Frauen und ältere Befragte häufiger „lügen" als Männer und jüngere Befragte. Keinen Effekt hat die Bildung der Befragten. Ein an anderer Stelle bereits erwähnter Befund ist, dass das Verständnis der RRT-Prozedur ebenfalls die Antwortvalidität positiv beeinflusst (Landsheer/van der Heijden/van Gils 1999).

Auch in der Validierungsstudie von Tracy und Fox (1981) werden mittels multivariater Regressionen Determinanten des Antwortverhaltens im DQ- und RRT-Modus vergleichend untersucht. Allerdings dokumentieren die Autoren nicht, welches Regressionsverfahren sie für die RRT-Daten benutzt haben; die Ausführungen in der Quelle (Tracy/Fox 1981: 196) deuten darauf hin, dass – unzulässigerweise – eine konventionelle OLS-Regression zum Einsatz kam. Im Ergebnis zeigen sich einige signifikante Effekte im DQ-Modus, sämtliche Zusammenhänge im RRT-Modus sind nicht signifikant. Dies werten die Autoren als Beleg dafür, dass Artefakte durch selektives Misreporting dank der RRT kein Problem mehr seien. Allerdings steht abgesehen von dem zweifelhaften Regressionsverfahren aufgrund der geringen Fallzahl und des ineffizienten RRT-Designs die Frage nach Fehlern zweiter Art im Raum, so dass die Befunde m. E. *nicht* im Sinne der Verfasser interpretiert werden sollten.

Einige weitere RRT-Studien untersuchen die Frage nach Antwortdeterminanten ohne Validierungsdaten und gründen sich auf die „More is Better"-Argumentation. Dass diese Vorgehensweise problematisch und dementsprechend Vorsicht bei der Interpretation der Befunde geboten ist, wurde im Verlauf der Arbeit bereits öfter thematisiert: Da ohne Validierungsdaten nicht zwischen tatsächlichem Verhalten (bezüglich der heiklen Frage) und Antwortverhalten differenziert werden kann, kann auch bei eventuell festgestellten Zusammenhängen nicht identifiziert werden, ob sich diese auf ein „Editing" oder auf tatsächliches Verhalten beziehen („Editing-Hypothese" vs. „True Behaviour-Hypothese", vgl. Kapitel 2.2, S. 46 f.).

Ostapczuk, Musch und Moshagen (2009) untersuchen den Einfluss des Bildungsniveaus der Befragten auf eine xenophobische Einstellung und finden keine Unterschiede zwischen DQ- und RRT-Modus; in beiden Fragemodi zeigt sich der erwartete negative Effekt. De Jong, Pieters und Fox (2010: 21) vermuten einen positiven Interaktionseffekt zwischen RRT-Modus und Geschlecht hinsichtlich der angegebenen Häufigkeit, Angebote der Sexindustrie (pornographisches Material, Sexspielzeug usw.) konsumieren zu wollen. Frauen seien sozialisiert, ihren Geschlechtstrieb weniger zu kommunizieren als Männer. Für das Alter der Befragten wird ein umgekehrt u-förmiger RRT-Interaktionseffekt angenommen: Jüngere Befragte können demnach – so die Hypothese – ihren Geschlechtstrieb realiter befriedigen, während ältere Befragte das Interesse an diesbezüglichen Aktivitäten verlieren. Insofern sollte die RRT am ehesten in der

2.4 Die Randomized Response-Technik (RRT)

mittleren Altersgruppe, die am häufigsten Angebote der Sexindustrie in Anspruch nimmt, wirken. Im Ergebnis zeigt sich tatsächlich, dass die Geschlechterdifferenz hinsichtlich der Sexkonsumfrage im RRT-Modus signifikant abnimmt, was wiederum als Hinweis gedeutet werden kann, dass Frauen im DQ-Modus ihre Antworten editieren und die RRT mindestens einen Teil dieser Editierungen kompensieren kann (de Jong/Pieters/Fox 2010: 22). Bezüglich des Alters zeigt sich entgegen der Ausgangshypothese, dass RRT in der jungen Altersgruppe den höchsten Effekt hat und die im DQ-Modus festgestellten Differenzen zwischen Befragten mittleren und jungen Alters komplett verschwinden. Dies sehen die Autoren als Beweis, dass junge Befragte ihre Antworten im DQ-Modus massiv editieren und die RRT diesen Response Bias ausgleichen kann. Im Unterschied zu diesen Befunden finden allerdings Zdep et al. (1979) für die Frage nach Marihuanakonsum *keine* Interaktionseffekte zwischen Geschlecht, Alter und RRT.

In Tabelle 9 sind zentrale Befunde zu Determinanten des Antwortverhaltens bei heiklen Fragen nochmals zusammengefasst. Die Zusammenschau zeigt den relativ stabilen Befund, dass Frauen häufiger die Unwahrheit sagen als Männer. Ebenfalls mehrere Studien sprechen dafür, dass Alterseffekte auftreten. In der Validierungsstudie von van der Heijden et al. (2000) steigt mit zunehmendem Alter die Wahrscheinlichkeit, einen begangenen Sozialhilfebetrug zu leugnen. Keine Rolle spielt offenbar das Bildungsniveau der Befragten. Besonders interessant ist die Frage, inwieweit SD-Effekte durch die RRT eliminiert werden können. Die Standardhypothese, die auch den generellen Einsatz der RRT motiviert, ist, dass aufgrund der dank RRT anonymisierten Interviewsituation SD-Effekte keine Rolle mehr spielen.[68] Die einzige Validierungsstudie, die überhaupt einen SD-Effekt testet, ist jene von Tracy und Fox (1981). Tatsächlich zeigt sich hier auch der erwartete negative Effekt der SD-Neigung (CM-Skala) im DQ-Modus, der im RRT-Modus nicht mehr signifikant ist. Aufgrund der oben angesprochenen methodischen Schwachstellen der Studie ist der Befund m. E. allerdings nicht besonders standfest. Gleiches gilt für die Befunde von Wolter (2008), in denen aufgrund geringer Fallzahlen ebenfalls Effizienzprobleme eine Rolle spielen. Befunde, die für die Eliminierung von SD-Effekten im RRT-Modus sprechen, finden sich für zwei von vier Merkmalen. Bei einem Merkmal zeigt sich ein signifikant negativer SD-Effekt in beiden Modi; bei einem vierten Merkmal finden sich keinerlei signifikante Einflüsse.

---

[68] Vgl. die theoretische Fundierung dieser These in Kapitel 3.

Tabelle 9: Befunde zu Determinanten des Antwortverhaltens im DQ- und RRT-Modus

Quelle	Abhängige Variable	Unabhängige Variable	Effekt DQ	Effekt RRT
Studien mit Validierungsdaten				
Tracy/Fox 1981	Anzahl der Verhaftungen („adult arrests") durch Philadelphia Police	Geschlecht weiblich	−	n. s.
		Alter	n. s.	n. s.
		Bildung	n. s.	n. s.
		Einkommen	+	n. s.
		SD-Neigung (CM)	−	n. s.
van der Heijden et al. 2000	Sozialhilfebetrug durch falsche Einkommensangaben	Geschlecht weiblich	−	−
		Alter	−	−
		Bildung	n. s.	n. s.
Landsheer/van der Heijden/van Gils 1999	Sozialhilfebetrug durch falsche Einkommensangaben	Verständnis der RRT		+
		Bildung		n. s.
Studien ohne Validierungsdaten				
de Jong/Pieters/Fox 2010	Absicht, Angebote der Sexindustrie zu konsumieren, 15 Items	Geschlecht weiblich	− −	−
		Alter jung vs. mittel	−	n. s.
Wolter 2008	Unfallflucht, jemals	SD-Neigung (CM-Score)	−	n. s.
	Drogenkonsum, jemals		−	−
	Prügelei, jemals		−	n. s.
	Strafpunkte in Flensburg		n. s.	n. s.
Ostapczuk/Musch/ Moshagen 2009	Xenophobische Einstellung	Bildung	−	−
Zdep et al. 1979	Marihuanakonsum, jemals	Alter	−	−
		Geschlecht weiblich	−	−

Erläuterungen: Ein positiver Effekt (+) gibt an, dass das heikle Merkmal mit steigender unabhängiger Variable häufiger angegeben wird, ein negativer (−), dass es seltener angegeben wird.
Quelle: Eigene Darstellung.

2.4.4 Diskussion

Bevor im folgenden Unterkapitel die gesamte Forschung um heikle Fragen gewürdigt und ein Zwischenfazit der vorliegenden Arbeit gezogen wird, sei noch kurz die im aktuellen Unterkapitel vorgestellte RRT-Forschung diskutiert.

Die Ausführungen zur RRT lassen sich insgesamt wohl durch die Betrachtung zweier *Gegensätze* auf den Punkt bringen. Zum einen steht der intensiven und umfangreichen methodisch-statistischen Literatur zur RRT die geringe Zahl an substanziellen inhaltlichen Anwendungen gegenüber. Zum anderen steht die Unsicherheit bezüglich der Wirksamkeit der RRT konträr zum angehäuften methodisch-statistischen Wissen. Insofern sollte sich die RRT-Forschung in Zukunft eher der empirischen Forschung widmen. Der Grenznutzen weiterer statistischer Feinheiten erscheint weitaus geringer als jener der empirischen Klärung der Fragen, warum die Technik offensichtlich „manchmal" funktioniert, in anderen Fällen jedoch nicht. *Dass* die Technik offenbar im Mittel tatsächlich einen validitätserhöhenden Effekt hat, zeigen die Metaanalysen von Lensvelt-Mulders et al. (2005). Jedoch stehen diesem mittleren Effekt die Varianz der Ergebnisse zwischen verschiedenen heiklen Fragen und Studien gegenüber. Zudem ist die Streuung der Ergebnisse weitestgehend unsystematisch; es gibt wenig Wissen über Erfolgsfaktoren der RRT. In Verbindung damit muss ebenfalls konstatiert werden, dass die Befunde zu Determinanten des Antwortverhaltens rar sind. Dies wurde auch schon bezüglich der in Unterkapitel 2.3 vorgestellten Vorschläge zur besseren Erhebung heikler Fragen festgestellt.

All diese Punkte unterstreichen nochmals die Motivation der vorliegenden Arbeit. Sicherlich werden hier nicht alle Fragen gelöst werden können, jedoch könnte die aktuelle Validierungsstudie zur Lösung der Probleme in Zukunft beitragen. Zu betonen ist aber auch, dass die Forschung zur RRT im Vergleich zu anderen, im letzten Unterkapitel 2.3 diskutierten Techniken hinsichtlich des empirischen und methodischen Wissens besser dasteht. Obwohl ein Mangel an empirischen Studien auszumachen ist, ist der Forschungsstand doch deutlich entwickelter als bei anderen Techniken im Forschungsfeld um heikle Fragen.

2.5 Zwischenfazit

Im bisherigen Verlauf der Arbeit wurden mehrere Thesen aufgestellt, die hier nochmals in aller Kürze auf den Punkt gebracht werden sollen:

- Sogenannte heikle Fragen führen bei der Erhebung in Umfragen regelmäßig zu Misreporting. Dies resultiert in verzerrten Prävalenzschätzern und kann zu Artefakten bei Zusammenhangsanalysen führen.
- Zur Erklärung des Misreportings wird sehr häufig auf die „Social Desirability-These" zurückgegriffen. Sowohl konzeptionell als auch empirisch sind aber durchaus Zweifel am SD-Argument angebracht.
- Um heikle Fragen valider erheben zu können, gibt es eine Vielzahl an Vorschlägen bzw. Fragetechniken. Jedoch zeigt die Befundlage der Literatur ein eher inkonsistentes Bild hinsichtlich der Wirksamkeit dieser Techniken.

- Die RRT stellt in diesem Zusammenhang eine der meistbeforschten Spezialtechniken dar. Auch hier ist aber unklar, wie leistungsfähig die Technik tatsächlich ist.
- Nur mit Validierungsdaten kann eine adäquate Analyse des Befragtenverhaltens und der Performanz von Fragetechniken im Hinblick auf die Validität der erhobenen Daten erfolgen. Was die RRT betrifft, ist ein Mangel an Validierungsstudien zu konstatieren.
- Es besteht eine Theorielücke bezüglich der Frage, in welchen (Frage-)Situationen es aus welchen Gründen zu einem bestimmten Antwortverhalten kommt. Die methodische Literatur kann meist nur spekulative Ad hoc-Erklärungen vorweisen.

Das aktuelle Kapitel hatte zum Ziel nachzuweisen, dass die einleitenden Thesen ihre Berechtigung haben und auf einer empirischen Grundlage stehen. In Unterkapitel 2.1 wurden ausgehend von einem Definitionsversuch „heikler Fragen" die Probleme bei deren Erhebung aufgezeigt. Die SD-Forschung wurde in Unterkapitel 2.2 thematisiert. Besonders wichtig ist hier, die „True Behaviour-Hypothese" von der „Editing-Hypothese" zu unterscheiden. Nur mit Validierungsdaten ist es möglich, die hauptsächlich interessierende letztgenannte Hypothese zu untersuchen. Dieser Umstand schränkt die Zahl der Studien stark ein, die tatsächlich den Kern der SD-Argumentation überhaupt untersuchen können. Was die empirischen Befunde betrifft, ergab sich ein inkonsistentes Bild. Eine wichtige Feststellung von Stocké (2004) ist, dass die Komponenten SD-Neigung und SD-Belief oft nur getrennt betrachtet werden. Zu vermuten sei aber, dass ein Interaktionseffekt vorliegt, wonach SD-Anreize nur dann wirken, wenn beide Komponenten positiv ausgeprägt sind. In der Studie von Stocké findet die Interaktionshypothese empirische Unterstützung.

Die Literaturzusammenschau über erhebungstechnische Vorschläge zur validen Erhebung heikler Fragen in Unterkapitel 2.3 lieferte ebenfalls keine eindeutigen Hinweise für die uneingeschränkte Gültigkeit der SD-Hypothese. Die auch hier vorgefundene oft inkonsistente Befundlage lässt sich – so die Vermutung – auch dadurch erklären, dass in empirischen Studien in der Regel nur ein experimenteller Stimulus kontrolliert werden kann. Das Antwortverhalten hängt jedoch von einer Vielzahl interagierender Faktoren wie Erhebungsmodus, Frage- und Befragtenmerkmale und Interviewsituation ab. Diese Faktoren entscheiden letztendlich auch über Erfolg und Misserfolg der RRT, der sich Unterkapitel 2.4 gewidmet hat.

3 Handlungstheoretische Erklärungen des Befragtenverhaltens

Bereits in Kapitel 1 wurde auf ein Theoriedefizit hinsichtlich der Randomized Response-Technik (RRT) verwiesen. Das folgende Kapitel unternimmt den Versuch, die Theorielücke etwas zu verkleinern und Befragtenverhalten allgemein und speziell im RRT-Modus theoretisch zu erklären und dadurch zu empirisch testbaren Hypothesen zu gelangen. Hierzu werden in Unterkapitel 3.1 zunächst die theoretischen Fragen konkretisiert, der größere Theorierahmen abgesteckt, einschlägige erklärende Ansätze identifiziert, sowie die Auswahl der behandelten Ansätze begründet. Der Präsentation der ausgewählten Ansätze sind die darauffolgenden Unterkapitel gewidmet. In Unterkapitel 3.2 wird – nach einer kurzen Diskussion des generellen Rational Choice (RC)-Ansatzes – auf das RC-Modell des Befragtenverhaltens, das auf Esser (1986, 1991) zurückgeht, eingegangen. Dessen Modell, in dem ausschließlich Social Desirability (SD)-motivierte Antworteditierungen thematisiert werden, wird anschließend erweitert und auf die RRT bezogen. Eine hier noch offen bleibende Frage nach weiteren Gründen für Antwortverzerrungen wird im Rahmen der neueren Frame-Selektionstheorie (FS-Theorie) behandelt. Deren Vorstellung erfolgt in Unterkapitel 3.3. Hier wird zunächst ausführlicher auf die generelle Konzeption des Ansatzes eingegangen, bevor der Bezug zur Erklärung des Befragtenverhaltens hergestellt wird. Dies geschieht deshalb, weil sich die Framing-Theorie als übergreifende Handlungstheorie versteht, welche Schwachstellen des relativ etablierten RC-Ansatzes überwinden soll. Um zu einem Urteil über deren Leistungsfähigkeit zu gelangen, macht es daher Sinn, sich zunächst allgemein mit der Theorie auseinanderzusetzen. In einem abschließenden Unterkapitel 3.4 werden die verschiedenen Erklärungsangebote schließlich gegenübergestellt, synthetisiert und diskutiert.

3.1 Überblick

Mehrere neuere Artikel in deutschsprachigen Soziologiezeitschriften (Braun 2008, 2009, Opp 2009, Schmid 2009) eröffnen (wieder einmal) eine Grundsatzdebatte über die Rolle von Theorien und Theoriebildung in der Soziologie sowie die generelle methodologische und theoretische Ausrichtung der Disziplin. Gefordert und vertreten wird u. a. ein analytisch-empirisches Wissenschaftsverständnis bei der Theoriebildung, in der „eine erfahrungswissenschaftliche Theorie stets aus deduktiv verknüpften Aussagen mit Erklärungsanspruch bestehen sollte, die zumindest teilweise mit empirischen Daten konfrontiert und daher prinzipiell widerlegt werden können" (Braun 2009: 223).

Die vorliegende Arbeit versteht sich im Einklang mit dieser Forderung und ordnet sich in dieses Wissenschaftsverständnis ein. Ziel einer Theorie des Befragtenhandelns ist somit v. a. eine adäquate *Erklärung* desselben. Eine solche setzt u. a. voraus, dass sie eine „Warum?"-Frage beantwortet und dies mittels eines nomologischen Kerns tut, also Gesetzesaussagen heranzieht, die sich einer empirischen Überprüfung nicht entziehen und empirisch bestätigt sein sollten. Damit fällt ein Großteil an sozialwissenschaftlichen Theorien aus einem sinnvollen Erklärungsangebot von Anfang an heraus. In der analytisch-empirisch orientierten Soziologie besteht außerdem weitestgehend ein Konsens, der – bisher – den RC-Ansatz als einzige den Kriterien von Logik und Konsistenz genügende Theorie ansieht (Mayerl 2009: 155). Zu diesem Schluss kommt auch Boudon in einer seiner jüngeren Arbeiten: „Die Theorie rationalen Handelns scheint in der Tat der in den letzten Jahren einzige seriöse Versuch zu sein, einen allgemeinen theoretischen Rahmen für die Sozialwissenschaften zu bieten" (Boudon 2007: 40; eigene Übers., F. W.). Daher wird in der vorliegenden Arbeit hauptsächlich auf diesen Ansatz zurückgegriffen. Neben diesem grundsätzlichen Argument spricht ebenfalls für die Heranziehung des RC-Ansatzes, dass bereits eine Ausarbeitung der Theorie für die Erklärung des Befragtenverhaltens vorliegt (Esser 1986, 1991), auf die hier aufgebaut werden kann.

Die herkömmliche RC-Theorie wird um den neueren Ansatz der Frame-Selektionstheorie ergänzt. Obwohl diese – teils durchaus zu Recht – oft kritisiert wurde (z. B. Opp 2004, 2010), sprechen mindestens zwei Gründe dafür, sie dennoch in dieser Arbeit für eine Erklärung des Befragtenverhaltens heranzuziehen. Erstens existiert in der Literatur ein Framing-Modell des Befragtenhandelns, welches zwar aufbauend auf, aber dennoch explizit als konkurrierende Theorie zu der RC-Befragtentheorie formuliert und getestet wurde (Stocké 2004). Diese neuere Theorieentwicklung verdient es, auch in der vorliegenden Arbeit Berücksichtigung zu finden. Zweitens erhebt die FS-Theorie den Anspruch, *gerade* automatisch-spontanes und/oder routinehaftes Handeln zu erklären – ein Bereich, mit dem sich die konventionelle, „harte" RC-Theorie eher schwertut, der aber bezüglich des Befragtenverhaltens bedeutsam ist (Esser 1990).

Eine dritte Theorie, die allerdings nicht als eigenständiger Ansatz präsentiert, sondern in die RC- und FS-Theorie integriert wird, ist die Theorie kognitiver Dissonanz (Festinger 1957). Die Motivation, diesen Ansatz heranzuziehen, liegt in einer m. E. grundsätzlichen Blindstelle der theoretischen Forschung zu Antwortverzerrungen bei Umfragen: Diese betont in der Regel *extern* motivierte Verzerrungs- oder Antworteditierungsgründe, d. h. Gründe, die sich auf die Einbettung des Befragten in seine soziale Umwelt beziehen, mit allen damit verbundenen möglichen Sanktionen. Jedoch zeigt beispielsweise die kriminologische Forschung, dass Akteure abgesehen davon auch in hohem Maße *innerlich* mit ihrem devianten Verhalten beschäftigt sind (Eliason/Dodder 2000, Lüdemann/ Ohlemacher 2002, Sykes/Matza 1957). Die Idee ist folglich, dass Antworteditierungen auch deshalb vorgenommen werden, um innere, auf der psychischen Ebene angesiedelte Ziele zu verfolgen. Jeder Raucher, der selbst schon einmal den „Fagerströmtest"[69] online, alleine vor dem PC ausgefüllt hat,[70] kennt den Anreiz, die Antworten in eine „positive" Richtung zu schönen, obwohl niemand das Ergebnis je erfahren wird und das Ergebnis des Tests auch keine Auswirkungen auf den Akteur hat, die über eine psychische Ebene hinausgehen. Diese generelle Vermutung erhält auch durch die im voranstehenden Kapitel präsentierten Forschungsergebnisse Unterstützung: Die einschlägige Forschung liefert beispielsweise keine konsistenten SD-Effekte und Antwortverzerrungen auch in selbstadministrierten Erhebungsmodi. Dies widerspricht der Hypothese, Response Biases träten nur wegen externer Effekte auf.

Was aber gilt es nun theoretisch zu erklären? Die entscheidenden Fragen wurden bereits in der Einleitung (Kapitel 1) formuliert. Die Grundfrage der gesamten Arbeit ist, wie sich handlungstheoretisch erklären lässt, dass Befragte gerade bei heiklen Fragen oft nicht wahrheitsgemäß antworten. Bezüglich der RRT schließt sich dann die Frage an, warum durch den Einsatz der anonymisierenden Technik eine Erhöhung des Anteils der wahren Antworten zu erwarten ist. Da die empirischen Befunde (vgl. Kapitel 2) darauf hindeuten, dass die RRT und auch andere spezielle Erhebungstechniken bei weitem nicht im erhofften Ausmaß zu funktionieren scheinen, gilt es auch, nach alternativen Erklärungen zu suchen: Lassen sich theoretische Gründe identifizieren, die angeben, warum *keine* validitätser-höhenden Effekte zu erwarten sind? Wann funktionieren die Techniken, wann nicht, und warum? Die bisherige Forschung zu speziellen Fragetechniken hat sich fast ausschließlich damit beschäftigt, Gründe für eine Verbesserung der Datenvalidität dank dieser Techniken herauszuarbeiten. Warum die Techniken offenbar „manchmal" nicht funktionieren, ist jedoch – v. a. theoretisch – weitestgehend offen. Das Anliegen der theoretischen Ausführungen ist

---

[69] Der Fagerströmtest ist ein verbreiteter Test zur Erhebung von Nikotinabhängigkeit. Für die Originalquelle vgl. Fagerström (1978).
[70] Dies kann man beispielsweise unter http://www.stop-simply.de/fagerstrom-test.htm tun (letzter Aufruf am 26.01.2012).

es, der Beantwortung dieser Fragen auch durch eine Gegenüberstellung verschiedener Erklärungsangebote näherzukommen.

Diesbezüglich ist zu bemerken, dass die theoretische Forschung zum Befragtenverhalten, die erklärenden Anspruch besitzt, gewissermaßen noch „in den Kinderschuhen steckt". Ein etablierter Theorieapparat existiert de facto nicht. Die theoretischen Ausführungen haben also insofern einen gewissen „Vorschlagscharakter", als sie keinesfalls als endgültige Theorie des Befragtenverhaltens gedacht sind. Vielmehr ist es das Ziel, theoretisch angeleitete „kühne" Hypothesen im Popperschen Sinne zu formulieren, die über das hinausgehen, was bisher in der handlungstheoretischen Artefaktforschung diskutiert wurde.

3.2 Die Rational Choice-Theorie des Befragtenverhaltens

Im RC-Modell des Befragtenverhaltens erfolgt die Anwendung der allgemeinen RC-Theorie auf das Befragtenverhalten in einer Erhebungssituation. Das Explanandum ist zunächst das *generelle* Befragtenverhalten, wobei letzteres in verschiedene Unterpunkte oder Explananda differenziert werden kann. Die wichtigsten sind Nonresponse und Antwortverzerrungen.

Ein Großteil der aktuellen Literatur (z. B. Esser 1986, 1991, Stocké 2004) konzentriert sich darauf, *Antwortverzerrungen* theoretisch zu modellieren, also Abweichungen der Antworten eines Befragten vom wahren Wert. Was aber ist der wahre Wert, und welche Besonderheiten ergeben sich, wenn im Forced Response-Design der RRT (vgl. Kapitel 2.4.1) Antworten vorgegeben werden? Tabelle 10 enthält diesbezüglich einige konzeptionelle Klärungen.

Die Tabelle bezieht sich auf die in dieser Arbeit behandelten Fragen nach kriminellen Delikten, die annahmegemäß unerwünscht sind oder bei denen aus anderen Gründen das Gros der Befragten eine verneinende Antwort für gewinnbringender hält als eine bejahende. Unwahre Antworten sind im direkten Fragemodus nun einerseits solche, bei denen Befragte, die die heikle Eigenschaft tatsächlich *nicht* aufweisen, diese trotzdem und fälschlicherweise bejahen. Diese Option (das Feld linke Spalte unten im oberen Teil von Tabelle 10) soll hier annahmegemäß aus Gründen der Vereinfachung ausgeschlossen werden. Auch die empirische Befundlage, nach der Underreporting negativ konnotierter Merkmale das zentrale Problem darstellt (vgl. Kapitel 2) spricht dafür, dass diese Annahme gerechtfertigt ist. Andererseits aber sind ebenfalls unwahre Antworten jene, die den klassischen Fall des Response Bias darstellen (Feld rechts oben), in welchem Befragte, die tatsächlich kriminelle Delikte begangen haben, dies im Interview verneinen. Im Forced Response-Design der RRT gibt es drei mögliche Ergebnisse des Zufallsmechanismus, wahrheitsgemäße Beantwortung der eigent-

3.2 Die Rational Choice-Theorie des Befragtenverhaltens

lich interessierenden Frage sowie ein erzwungenes „Ja" oder ein erzwungenes „Nein" (vgl. Abschnitt 2.4.1). Auf Befragte, die der „Wahrheitskategorie" zugewiesen werden, trifft der obere Teil von Tabelle 10 analog zum direkten Fragemodus zu. Bei den *erzwungenen* Antwortvorgaben soll hier nun die Annahme getroffen werden, dass diese unabhängig von der „tatsächlichen Wahrheit" den „neuen wahren Wert" darstellen (unterer Teil von Tabelle 10). Entsprechend wäre auch hier der hauptsächlich relevante Verzerrungseffekt das Antworten mit „nein" auf die Vorgabe (den nun wahren Wert) „ja!". Das Fazit an dieser Stelle soll lauten, dass das hauptsächlich interessierende Explanandum im direkten Fragemodus und bei der Forced Response-RRT die Frage ist, warum Befragte in der rechten Spalte vom unteren Feld „valide" auf das obere Feld springen.

Tabelle 10: Zum Konzept des wahren Wertes und der Bedeutung der Forced Response-RRT bei Fragen nach (präsumtiv) unerwünschten heiklen Verhaltensweisen

Direkter Fragemodus oder „Wahrheitsinstruktion" bei Forced Response-RRT:

		Wahrer Wert	
		nein	*ja*
Antwort	*„nein"*	valide	SD- oder anderer Response Bias
	„ja"	annahmegemäß irrelevant	valide

Instruktion erzwungenes „Nein" und erzwungenes „Ja" bei Forced Response-RRT:

		Forced Response-Instruktion	
		„nein!"	*„ja!"*
Antwort	*„nein"*	valide	SD- oder anderer Response Bias
	„ja"	annahmegemäß irrelevant bzw. nur virulent bei Verständnisproblemen	valide

Quelle: Eigene Darstellung.

Ebenfalls unter den Bereich Antwortverzerrungen können auch – v. a. bei Einstellungsfragen – Tendenzen subsumiert werden, eine neutrale Mittelkategorie zu wählen oder immer zustimmend („Ja-Sager") zu antworten (Esser 1990). Eine andere zu erklärende Ausprägung des Befragtenverhaltens wäre Item-Nonresponse, also die Handlungsalternative, sich einer Antwort zu enthalten. Unit-Nonresponse stellt einen weiteren Gegenstand dar, der allerdings über die konkrete *Frage*situation hinausgeht. Anwendungen der RC-Theorie auf Nonresponse finden sich beispielsweise bei Becker (2006) und Schnell (1997). Aus Umfangs- und Relevanzgründen konzentrieren sich die folgenden Ausführungen ausschließlich auf den erstgenannten Aspekt, also Antwortverzerrungen, die nicht zur Kategorie „Ja-Sager" oder Wahl von Mittelantworten gehören. „Ja-Sager"- oder Zustimmungstendenzen sind v. a. bei Einstellungs- oder Meinungsfragen von Bedeutung (vgl. für eine beispielhafte Studie Javeline 1999). Da es in dieser Arbeit jedoch um (dichotome) Fragen nach Verhaltensweisen geht, spielen derartige Mechanismen für die Fragestellung eine allenfalls untergeordnete Rolle. Auf eine Erklärung von Nonresponse kann auch deshalb verzichtet werden, weil sich, wie in Kapitel 2.1 erwähnt, gezeigt hat, dass dieses Problem – kontraintuitiverweise – *kein* genuines Problem heikler Fragen, sondern ein Problem der Surveyforschung allgemein ist (Tourangeau/Yan 2007: 862). Zudem stellt Nonresponse als Handlungswahl oft keine gute Option für den Befragten dar, da eine Antwortverweigerung als Zeichen gewertet werden könnte, der Befragte habe etwas zu verbergen (Krumpal 2009: 28).

Im Folgenden wird in vier Schritten vorgegangen. Zunächst wird in knapper Form die allgemeine RC-Theorie erläutert (Abschnitt 3.2.1). Sodann wird das RC-Modell des Befragtenverhaltens präsentiert. Dieses liegt in der zurzeit aktuellsten und am besten ausgearbeiteten Version von Esser (1986, 1990, 1991) vor (erster Teil von Abschnitt 3.2.2). Dessen Modell wird in einem dritten Schritt u. a. bezüglich der bereits angedeuteten Schwachstellen diskutiert und erweitert, so dass es gerade für die Erklärung bei heiklen Fragen besser geeignet ist. Außerdem erfolgt die theoretische Integration der Effekte der RRT (zweiter Teil von Abschnitt 3.2.2). Eine Herleitung von Hypothesen im vierten Schritt schließt das Unterkapitel ab (Abschnitt 3.2.3).

3.2.1 Allgemeine Rational Choice-Theorie

Ziel und der Anspruch des RC-Paradigmas ist es, aus den Einzelhandlungen individueller Akteure aggregierte kollektive Explananda, die wiederum in Form kollektiver Tatbestände den Ausgangspunkt der Akteurshandlungen (im weitesten Sinne) bilden, zu erklären. In diesem, als „Badewanne" bekannten Analyse- und Erklärungsschema (Coleman 1990, Esser 1996b, McClelland 1961) erfolgt die soziologische Analyse damit erstens über die Logik der Situation (welche soziale Situation liegt vor?), zweitens über die Logik der Selektion (welches Handeln wird ausgeführt?) und drittens über die Logik der Aggregation (was ist das aggregierte Endresultat der oft interdependenten Akteurshandlungen?) (Esser 1996b). Somit kann der RC-Ansatz zum einen als methodologisches Programm

3.2 Die Rational Choice-Theorie des Befragtenverhaltens

gesehen werden, da er das genannte Analysevorgehen unter Einbezug der drei zu berücksichtigenden Komponenten verlangt oder zumindest empfiehlt. Zum anderen liefert die Theorie konkrete Gesetze bzw. konkrete Angaben darüber, unter welchen Bedingungen ein bestimmtes individuelles Handeln zu erwarten ist. Die letztgenannte Komponente macht den Kern der RC-Theorie aus und verortet sich in der Logik der Selektion. Dieser Kern lässt sich in drei grundlegenden Postulaten zusammenfassen, welche relativ unstrittig sind und somit als Basis für die folgenden Ausführungen dienen (Diekmann/Voss 2004: 15): Erstens bilden Akteure den Ausgangspunkt der theoretischen Analyse; diese verfügen zweitens über Ressourcen (oder haben Restriktionen) und Präferenzen und sind somit in der Lage, zwischen mindestens zwei Alternativen wählen zu können; drittens enthält die Theorie eine Entscheidungsregel, die angibt, welche Handlungsalternative von einem Akteur ausgeführt wird.

Die Annahme nach dem Vorhandensein von Präferenzen ist gleichbedeutend mit der Aussage, dass die Akteure Ziele verfolgen, denen bestimmte Nutzenwerte zugeschrieben werden. Die mit Nutzen (oder Kosten, also negativem Nutzen) bewerteten Ziele können zudem verglichen und in eine Reihenfolge gebracht werden (z. B. Braun 1999: 33, Diekmann/Voss 2004: 15 f.). Eine Präferenzordnung ist die Reihenfolge der mit Nutzenwerten versehenen Ziele. Im RC-Modell des Befragtenverhaltens wird es darum gehen, zu analysieren, welche allgemeinen und speziellen Präferenzen Akteure in einer Befragungssituation – und in einer Situation, in der es um heikle Fragen geht – haben. Die Präferenzordnung muss den Eigenschaften der Konnektivität, Transitivität und Kontinuität genügen. Auch dies ist im Rahmen der RC-Theorie unstrittig (Green/Shapiro 1999: 25 f.). Mit Konnektivität oder Vollständigkeit wird angenommen, dass die Akteure in der Lage sind, ihre Präferenzen in eine Reihenfolge bringen zu können. Präferenzen werden entweder als gleichwertig oder nicht gleichwertig eingeschätzt. Transitivität bezieht sich auf die Konsistenz der Rangfolge von Präferenzen. Wenn ein Akteur ein Objekt einem weiteren vorzieht, dieses weitere wiederum aber einem dritten, dann muss er auch das erste Objekt dem dritten vorziehen (Green/Shapiro 1999: 25 f.). Kontinuität wiederum nimmt an, dass ein Akteur seine Präferenzen nicht ändert, wenn eine neue Alternative eingeführt wird, die den vorhandenen Präferenzen in den entscheidenden Punkten entspricht (Braun 1999: 34).

Die Ressourcen bzw. Restriktionen definieren die Handlungsmöglichkeiten oder Handlungsbedingungen, die ein Akteur in einer bestimmten Situation hat. Zeit und Geld können beispielsweise sowohl Ressourcen, als auch Restriktionen darstellen. Eine wichtige Grundannahme diesbezüglich ist, dass Ressourcen zumindest für menschliche Akteure *immer* knapp sind, da das menschliche Dasein zumindest durch die Knappheit der verfügbaren Lebenszeit gekennzeichnet ist (vgl. Esser 1999: 106 f.). Daraus folgt, dass ein Akteur sich immer für eine Handlungsalternative entscheiden muss bzw. niemals alle nutzensteigernden Handlungen durchführen kann. Die Wahl einer Handlung ist also mit dem Verzicht auf eine andere Handlung und somit auch mit dem Verzicht auf den Nutzen der nächstbesten Alternative verbunden (Opportunitätskosten oder „Knappheitsparadigma der Wahl", vgl. Lindenberg 1990: 256). Dies führt bereits hier zu der wichtigen Erkenntnis, dass auch in einer Interviewsituation die Entscheidung für eine bestimmte Antwort auf eine Frage *zwangsweise* mit dem Verlust des (eventuellen) Nutzens einer alternativen Antwort einhergeht. So ist etwa der Nutzen aus der Antwortalternative „wahrheitsgemäß antworten" und damit beispielsweise seine stark rechtsgerichtete politische Meinung kund zu tun mit dem Verzicht auf den Nutzen der alternativen Antwort – z. B. „sozial erwünscht" zu antworten und dadurch Anerkennung beim Interviewer zu erlangen – verbunden.

Der dritte Baustein von RC-Theorien ist die Angabe einer Entscheidungsregel. Hier wird im einfachsten Modell Nutzenmaximierung angenommen: Der Akteur wählt aus mehreren Handlungsalternativen jene aus, die der Erreichung der Ziele am besten dient (Green/Shapiro 1999: 24 f.). Je nach zugrunde gelegter Annahme über die Informiertheit des Akteurs kann es sich hierbei um Entscheidungen unter Sicherheit, Risiko, „Ambiguität" und Unsicherheit handeln (z. B. Stocké 2002: 16 f.). Liegt vollständige Information bzw. eine Entscheidung unter Sicherheit vor, kennt der Akteur die Konsequenzen einer Handlung und wählt die Handlungsalternative mit dem größten Nutzen. Liegt keine perfekte Informiertheit vor, erfolgt die Modellierung bei Entscheidungen unter Risiko über die „Wert-Erwartungstheorie" oder „Expected Utility-Theorie" (EU-Theorie; von Neumann/Morgenstern 1974 [1944]), bei Entscheidungen unter „Ambiguität" und Unsicherheit über die „Subjektive Wert-Erwartungstheorie" bzw. „Subjectively Expected Utility-Theorie" (SEU-Theorie; Savage 1954). Entscheidungen unter Risiko sind solche, bei denen Handlungsfolgen nicht sicher, aber mit einer bekannten Eintrittswahrscheinlichkeit eintreten (z. B. Lottospielen, wenn man davon absieht, dass die Gewinnauszahlung auch von der Zahl der Mitgewinner abhängt). Bei Unsicherheit ist nichts über die Eintrittswahrscheinlichkeit der Handlungsfolgen bekannt. „Ambiguität" schließlich bezeichnet ein Setting zwischen den Polen Risiko und vollständiger Unsicherheit (Esser 1999: 291 f.). Jedoch ist Nutzenmaximierung nicht die einzige mögliche Entscheidungsregel der RC-Theorie; immer wieder hat sich gezeigt, dass Akteure die Handlungsalternativen mitunter nach anderen Kriterien auswählen und *nicht* nutzenmaximierend agieren (vgl. z. B. Mayerl 2009: 157). Alternative Entscheidungsregeln sind z. B. die Maximierung des minimalen Gewinns, die Minimierung des größten anzunehmenden Schadens oder „Satisficing" (Diekmann 2009b, Diekmann/Voss 2004: 16). Bezogen auf die Fragestellung der vorliegen-

3.2 Die Rational Choice-Theorie des Befragtenverhaltens

den Arbeit gälte es zu evaluieren, ob die in den bisherigen RC-Theorien des Befragtenverhaltens zugrunde gelegte Maximierungsregel (so auch im Modell von Esser 1991: 65) adäquat ist, oder ob es sich lohnt – gerade bei heiklen Fragen – alternative Entscheidungsregeln zu betrachten. Eine Arbeitshypothese wäre beispielsweise, dass Entscheidungsregeln danach variieren, ob es sich um Niedrig- oder Hochkostensituationen handelt (vgl. Quandt/Ohr 2004).[71] Diese Frage wird im Zuge der Darstellung der Frame-Selektionstheorie in Unterkapitel 3.3 wieder aufgegriffen. Aus Umfangs- und Stringenzgründen muss darüber hinaus eine Behandlung der Thematik bezogen auf die konventionelle RC-Theorie jedoch zukünftigen Arbeiten vorbehalten bleiben.

Die drei genannten Grundannahmen stellen quasi die Minimalversion oder den kleinsten gemeinsamen Nenner aller Varianten der RC-Theorie dar. Sie können durch Zusatzannahmen erweitert werden, wobei die Art der Zusatzannahmen verschiedene Varianten der RC-Theorie abgrenzt, die – in Anlehnung an Opp (1999) – als „harte" und „weiche" RC-Theorien bezeichnet werden können (vgl. auch die leicht abweichende Abgrenzung bei Mayerl 2009: 156 ff.). Drei bekannte Zusatzannahmen sind etwa jene der vollständigen Information, des Egoismus (Akteure verfolgen ausschließlich egoistische Ziele) und Materialismus (Akteure richten sich ausschließlich nach materiellen Anreizen). Die Verbindung der Grund- mit diesen drei Zusatzannahmen entspräche dem Idealtyp des Homo Oeconomicus.

Ein möglicher Einwand gegen eine Erklärung des Befragtenverhaltens mittels der RC-Theorie sei bereits jetzt entkräftet. Argumentiert werden könnte, dass es sich bei Befragungssituationen um extreme Niedrigkostensituationen handle, in denen es völlig übertrieben und unangemessen sei, Kosten/Nutzen-Erwägungen heranzuziehen. Die Situation entspräche jener eines ÖPNV-Nutzers, der vor die Wahl gestellt wird, entweder in einen roten oder einen (ansonsten vollkommen gleichwertigen) blauen Bus einzusteigen und diese Entscheidung anhand von Kosten und Nutzen modellieren zu wollen. Nun ist jedoch die Prognose des Ausgangs oder des Aggregateffektes – der ja letztlich erklärt werden soll – einer solchen „Entscheidung" einfach und klar: Durchschnittlich würde die Hälfte der Fahrgäste c. p. den roten Bus wählen, die andere Hälfte den blauen. Dies wäre eine empirisch überprüfbare Aussage. Wenn also argumentiert wird, die Wahl zwischen zwei Antworten sei in gleichem Maße „irrelevant" wie die erwähnte Bus-Frage, würde die Theorie prognostizieren, dass sich im Durchschnitt 50 % der Befragten für die eine und 50 % für die andere Antwort entscheiden.

---

[71] Dementsprechend könnte beispielsweise ein Befragter, bei dem bei einer Frage viel „auf dem Spiel steht", mit einer anderen Entscheidungsregel selegieren als ein Befragter, bei dem nichts „auf dem Spiel steht".

3.2.2 Die Rational Choice-Erklärung des Befragtenverhaltens

Wie sieht die Anwendung der Rational Choice-Theorie auf das Befragtenverhalten in Interviewsituationen aus? Ein entsprechendes Modell hat Esser (1986, 1990, 1991) entwickelt, auf dessen Ausführungen sich die folgende Darstellung bezieht.[72] Ausgangspunkt von Essers Argumentation ist ein zentrales, auf Phillips (1971, 1973) zurückgehendes Axiom. Demnach sei der Kern zur Erklärung des Befragtenverhaltens „das Eigeninteresse jedes Akteurs, seinen persönlichen Nutzen zu mehren und dabei vor allem nach sozialer Anerkennung zu streben" (Esser 1986: 319). Der Akteur wählt in einer bestimmten Befragungssituation (Getzels 1954) immer diejenige Handlungsalternative, die seinen persönlichen Nutzen in Form sozialer Anerkennung maximiert. Das Akteurshandeln wird mit der bereits oben erwähnten SEU-Theorie (vgl. z. B. Esser 1999, zuerst: Savage 1954) modelliert. Die Akteure haben in einer bestimmten Interviewsituation Ziele, die sie mit unterschiedlichen Nutzen $U_1, U_2, ..., U_j, ..., U_n$ bewerten. Des Weiteren gibt es mehrere Handlungsalternativen $A_1, A_2, ..., A_i, ..., A_m$. Die Handlungsalternativen sind mit den Zielen über subjektive Wahrscheinlichkeiten $p_{11}, ..., p_{ij}, ..., p_{mn}$ verbunden. Die Wahrscheinlichkeiten entsprechen den Erwartungen der Akteure, dass eine gewählte Handlungsalternative A_i tatsächlich zur Realisierung des Nutzens U_j führt, wobei p_{ij} Werte zwischen null und eins annehmen kann. Im Modell wird davon ausgegangen, dass ein Akteur für jede Handlungsalternative die Gewichtung der jeweiligen Nutzenkomponente mit der zugehörigen Wahrscheinlichkeit vornimmt; er bildet also das Produkt aus Wahrscheinlichkeiten p_{ij} und Nutzen U_j für jede Handlungsmöglichkeit. Formal:

$$SEU(i) = \sum_{j=1}^{n} p_{ij} \cdot U_j \qquad (14)$$

Wie bereits erwähnt, wählt der Akteur gemäß der in diesem Modell zugrunde gelegten Entscheidungsregel stets diejenige Handlungsalternative, welche den subjektiv erwarteten Nutzen maximiert, also die in der Summe höchsten SEU-Produkte aufweist (Esser 1986: 321 f., 1991: 64 f.).

Wie kann nun erklärt werden, wann es zu unwahren und wann zu wahren Antworten kommt? Hierfür sind einerseits die Ausprägung der Nutzenwerte und andererseits die (subjektiven) Wahrscheinlichkeiten, mit denen diese Nutzenwerte realisiert werden können, entscheidend. Esser demonstriert die Erklärung

---

[72] Erstaunlicherweise wurde, wie Hartmann (1991: 126) – wenn auch vor etwa 20 Jahren – feststellt, die Essersche Befragtentheorie im englischsprachigen Raum weder rezipiert noch durch alternative RC-Ansätze des Befragtenverhaltens ergänzt.

3.2 Die Rational Choice-Theorie des Befragtenverhaltens

anhand eines konstruierten Beispiels, das im Folgenden dargestellt und dann auf die „heikle Fragesituation", die in der vorliegenden Validierungsstudie interessiert („strafrechtlich verurteilt?"), angewandt und erweitert wird. Ein Akteur habe zwei Antwortalternativen (A_{wahr} = wahrer Wert, A_{falsch} = falscher Wert) und zwei Ziele, die mit U_t = Kundtun der eigenen Meinung und einen Beitrag zur Wissenschaft leisten[73] sowie U_s = Nutzen aus sozialer Anerkennung bewertet werden. Je nach Handlungswahl wird der Nutzen U_t mit der Wahrscheinlichkeit p_{1t} bei wahrer Antwort und mit p_{2t} bei falscher Antwort realisiert. Genauso wird der Nutzen U_s mit der Wahrscheinlichkeit p_{1s} bei wahrer Antwort und mit p_{2s} bei falscher Antwort erzielt. Diese Wahrscheinlichkeiten hängen von der „Transparenz und Stereotypisierung" der Situation ab (Esser 1991: 69 f.), d. h. davon, inwieweit die Situation klar definiert ist (z. B. ob die Frage verständlich oder die Situation anonym ist, z. B. durch die Verwendung einer Technik wie RRT), und wie sicher beispielsweise Erwünschtheitsrichtungen eingeschätzt werden können. Somit sieht das Entscheidungsmodell wie folgt aus (Esser 1991: 70):

$$\begin{aligned} SEU(wahr) &= p_{1t} \cdot U_t + p_{1s} \cdot U_s \\ SEU(falsch) &= p_{2t} \cdot U_t + p_{2s} \cdot U_s \end{aligned} \quad (15)$$

Anders dargestellt kommt es genau dann zu unwahrem Antwortverhalten, wenn die Bedingung

$$\begin{aligned} & SEU(falsch) > SEU(wahr) \\ \Leftrightarrow\ & p_{2t} \cdot U_t + p_{2s} \cdot U_s > p_{1t} \cdot U_t + p_{1s} \cdot U_s \\ \Leftrightarrow\ & p_{2t} \cdot U_t + p_{2s} \cdot U_s - p_{1t} \cdot U_t - p_{1s} \cdot U_s > 0 \end{aligned} \quad (16)$$

erfüllt ist. Eine unwahre Antwort erfolgt also nur dann, wenn der Akteur einen Nutzen daraus zieht *und* dieser Nutzen größer ist als jener aus einer wahren Antwort. Sollten beide Handlungsalternativen zum gleichen SEU-Nutzen führen, wäre der Akteur indifferent.

Esser unterscheidet nun vier idealtypische Konstellationen, die sich je nach Ausprägung der Nutzenwerte und Wahrscheinlichkeiten ergeben. Diese sind in Tabelle 11 dargestellt. Die Konstellationen entsprechen stilisierten und vereinfachenden Annahmen, und sollten nicht zu hart an der Realität gemessen werden.

---

[73] Da es im Esser-Modell v. a. um Einstellungsfragen geht, macht hier eine Nutzenkomponente wie „Kundtun der eigenen Meinung" Sinn. Vgl. die Ausführungen weiter unten für Anpassungen bei Ja/Nein-Fragen nach Verhaltensweisen.

Tabelle 11: Antwortverhalten im RC-Modell des Befragtenhandelns nach Esser (Esser 1986, 1991)

Bezeichnung	Gesamtbedingung Bedingung Wahrheitskomponente	und	Bedingung Erwünschtheitskomponente	Gleichung für wahre Antwort		Gleichung für unwahre Antwort	Resultat[a]
Indifferenz	$U_t = 0$ $\vee p_{1t} = p_{2t} = 0{,}5$	$<$	$U_s = 0$ $\vee p_{1s} = p_{2s} = 0{,}5$	$SEU = 0 + 0$ $SEU = 0{,}5U_t + 0{,}5U_s$	$=$	$SEU = 0 + 0$ $SEU = 0{,}5U_t + 0{,}5U_s$	50 %
Validität	$U_t > 0 \wedge p_{1t} > p_{2t}$	$<$	$U_s = 0$ $\vee p_{1s} = p_{2s} = 0{,}5$	$SEU = p_{1t}U_t$ $SEU = p_{1t}U_t + 0{,}5U_s$	$>$	$SEU = p_{2t}U_t$ $SEU = p_{2t}U_t + 0{,}5U_s$	100 %
Verzerrung	$U_t = 0$ $\vee p_{1t} = p_{2t} = 0{,}5$	$<$	$U_s > 0 \wedge p_{2s} > p_{1s}$	$SEU = p_{1s}U_s$ $SEU = 0{,}5U_t + p_{1s}U_s$	$<$	$SEU = p_{2s}U_s$ $SEU = 0{,}5U_t + p_{2s}U_s$	0 %
Inkonsistenz	$U_t > 0 \wedge p_{1t} > p_{2t}$	$<$	$U_s > 0 \wedge p_{2s} > p_{1s}$ $\wedge U_s = U_t \wedge p_{1t} = p_{2s}$	$SEU = p_{1t}U_t + p_{1s}U_s$	$=$	$SEU = p_{2t}U_t + p_{2s}U_s$	50 %

Erläuterungen: [a] Die Werte beziehen sich auf den erwarteten Anteil an wahren Antworten in der Stichprobe der vorliegenden Arbeit, bei der sämtliche Befragte die heikle Eigenschaft aufweisen bzw. keine „wahr-negativen" Werte vorkommen. Die Formeln beziehen sich auf Gleichung (15), S. 129.
Quelle: Eigene Darstellung in Anlehnung an Esser (Esser 1986, 1991).

Tabelle 12: Erweitertes RC-Modell des Befragtenhandelns bei Ja/Nein-Fragen nach heiklen Verhaltensweisen und RRT-Einsatz (RRT-Standardhypothese)

Bezeichnung	Gesamtbedingung			Gleichung für wahre Antwort		Gleichung für unwahre Antwort	RRT-Effekt	neues Resultat[a]
	Bedingung Wahrheitskomponente	*und*	Bedingung Erwünschtheitskomponente					
Indifferenz	$U_l = 0$	<	$U_s = 0$	$SEU = 0 + 0$	=	$SEU = 0 + 0$	keiner	50 %
Validität	$U_l > 0 \wedge p_{lt} = 1$	<	$U_s = 0$	$SEU = p_{lt}U_l$	>	$SEU = 0$	keiner	100 %
Verzerrung	$U_l = 0$	<	$U_s > 0 \wedge p_{2s} = 1$	$SEU = 0$	<	$SEU = p_{2s}U_s$	$p_{2s}(DQ) > p_{2s}(RRT)$[b]	50 %
Inkonsistenz	$U_l > 0 \wedge p_{lt} = 1$	<	$U_s > 0 \wedge p_{2s} = 1$ $\wedge U_s = U_l$	$SEU = p_{lt}U_l$	=	$SEU = p_{2s}U_s$	$p_{2s}(DQ) > p_{2s}(RRT)$[b]	100 %

Erläuterungen: [a] Die Werte beziehen sich auf den erwarteten Anteil an wahren Antworten in der Stichprobe, bei der sämtliche Befragte die heikle Eigenschaft aufweisen bzw. keine „wahr-negativen" Werte vorkommen. Der Vereinfachung halber wird angenommen, dass die Erwünschtheitsrichtung klar ist ($p_{1s} = 1$, $p_{2s} = 0$). [b] Da $p_{2s} = p_{1s} = 0$: Der SD-Nutzen kann dank der Nicht-Wahrnehmbarkeit der Antworten nicht realisiert werden (vgl. aber Fußnote 81). Vgl. für die Herleitung der weiteren Annahmen den Text. Die Formeln beziehen sich auf Gleichung (15), S. 129.

Quelle: Eigene Darstellung in Anlehnung an Esser (Esser 1986, 1991).

Tabelle 13: Erweitertes RC-Modell des Befragtenhandelns bei Ja/Nein-Fragen nach heiklen Verhaltensweisen, RRT-Einsatz und zusätzlicher Kostenkomponente (modifizierte RRT-Hypothese)

	Gesamtbedingung						
Bezeichnung	Bedingung Wahrheitskomponente		Bedingung Erwünschtheitskomponente	Gleichung für wahre Antwort		Gleichung für unwahre Antwort	RRT-Effekt
Indifferenz	$U_t = 0$	$<$	$U_s = 0 \wedge C_L = 0$	$SEU = 0 + 0$	$=$	$SEU = 0 + 0$	keiner
Validität	$U_t > 0 \wedge p_{1t} = 1$	$<$	$U_s = 0 \wedge C_L = 0$	$SEU = p_{1t}U_t$	$>$	$SEU = 0$	keiner
Verzerrung	$U_t = 0$	$<$	$U_s > 0 \wedge C_L > 0$ $\wedge p_{2s} = 1 \wedge p_{1a} = 0 \wedge p_{2a} > 0$	$SEU = 0$	$<$	$SEU = p_{2s}U_s - p_{2a}C_L$	$p_{2s}(DQ) > p_{2s}(RRT)^a$ $p_{2a}(DQ) > p_{2a}(RRT)^b$
Inkonsistenz	$U_t > 0 \wedge p_{1t} = 1$	$<$	$U_s > 0 \wedge C_L > 0$ $\wedge p_{2s} = 1 \wedge p_{1a} = 0 \wedge p_{2a} > 0$ $\wedge U_s = U_t - C_L$	$SEU = p_{1t}U_t$	$=$	$SEU = p_{2s}U_s - p_{2a}C_L$	$p_{2s}(DQ) > p_{2s}(RRT)^a$ $p_{2a}(DQ) > p_{2a}(RRT)^b$

Erläuterungen: Der Vereinfachung halber wird angenommen, dass die Erwünschtheitsrichtung klar ist ($p_{1s} = 1$ $p_{2s} = 0$). [a] Hier gilt jedoch, dass $p_{1s} = 0$ und $p_{2s} > p_{1s}$; Eine „Ja"-Antwort realisiert den SD-Nutzen mit Sicherheit nicht (vgl. auch Fußnote 81). [b] Da $p_{2a}(RRT) = 0$: Die Wahl der SD-Antwort ist nun absolut sicher, da eine „unwahre" Antwort nicht mehr aufgedeckt werden kann. Für die Herleitung der weiteren Annahmen vgl. den Text. Die Formeln beziehen sich auf Gleichung (17), S. 136.
Quelle: Eigene Darstellung in Anlehnung an Esser (Esser 1986, 1991).

3.2 Die Rational Choice-Theorie des Befragtenverhaltens

Im ersten, mit „Indifferenz" bezeichneten Fall sind entweder *beide* U-Werte null[74] oder die Situation ist unklar, d. h. der Akteur kann nicht einschätzen, mit welcher Antwort der Nutzen realisiert werden kann ($p_{1t} = p_{2t} = 0{,}5$ oder $p_{2s} = p_{1s} = 0{,}5$; natürlich kann auch beides zutreffen). In diesem Fall ist das Nutzendifferential der Antwortalternativen eins bzw. die Nutzendifferenz null, da sich die Terme in der dritten Zeile von Gleichung (16) aufheben. Im Ergebnis ist davon auszugehen, dass die Akteure nach dem Zufallsprinzip eine Antwort auswählen, was in der Aggregation zu einem Anteil von je 50 % an wahren und falschen Antworten führen würde (vgl. die Bemerkung auf S. 127). Im zweiten Fall („Validität") gibt es einen Nutzen für das Nennen des wahren Wertes und die Wahrscheinlichkeit p_{1t}, dass dieser Nutzen mit der Angabe der wahren Antwort realisiert werden kann, ist größer als p_{2t}. Dies entspräche dem Standardfall eines kooperativen Befragten, der auf eine unzweideutige Frage antwortet. Ist in diesem Fall zusätzlich kein SD-Nutzen vorhanden oder ist beispielsweise die Erwünschtheitsrichtung der Antworten unklar ($p_{1s} = p_{2s} = 0{,}5$), kommt es zur Angabe des wahren Wertes. Genau umgekehrt verhält es sich im dritten Fall „Verzerrung" („Situationseffekte" bei Esser 1991: 72). Hier gibt es einen Nutzen aus sozialer Anerkennung U_s, und die Antwort, mit der dieser Nutzen erreicht wird, ist klar ($p_{2s} > p_{1s}$). Besteht dann wiederum zusätzlich kein Nutzen aus dem Bekenntnis zur eigenen Meinung (U_t), oder ist unklar, welche Antwort diesen Nutzen ermöglicht ($p_{1t} = p_{2t} = 0{,}5$), richtet sich das Antwortverhalten nach der SD-Nutzenkomponente; es kommt zur Angabe des unwahren Wertes (SEU(falsch) > SEU(wahr)). Die vierte Konstellation schließlich – „Inkonsistenz" – liegt vor, wenn sowohl eindeutige ($p_{1t} > p_{2t}$ und $p_{2s} > p_{1s}$) Nutzenanreize für die wahre Antwort, als auch für die abweichende „Erwünschtheitsantwort" vorliegen. Diese Konstellation entspricht dem in Unterkapitel 2.1 angesprochenen Dilemma, bei dem der Befragte mit seiner Antwort nur eine Nutzenkomponente realisieren kann und damit automatisch auf den Nutzen aus der anderen Komponente verzichten muss. In dem Fall, wo tatsächlich SEU(falsch) genau gleich SEU(wahr) ist, würde man wiederum eine 1 : 1-Chance für eine wahre Antwort prognostizieren, d. h. in der Aggregation würde die Hälfte der Befragten die Wahrheit sagen, die andere Hälfte nicht. Allerdings ist diese Konstellation im Unterschied zum Fall der „Indifferenz" – durch Abwesenheit von positiv/negativ ausgeprägten Nutzenwerten – äußerst instabil, da eine nur marginale Veränderung der p- oder U-Werte der SEU-Gleichung (16) eine eindeutige Richtung geben würde (Esser 1991: 72 f.).

---

[74] Das wäre beispielsweise ein Befragter, dem es völlig gleichgültig ist, was in einem Interview passiert, z. B. durch eine erzwungene Teilnahme an einer Erhebung. Ein Beispiel ist der Mikrozensus, bei der Auskunftspflicht besteht.

Verzerrte Antworten entstehen gemäß der Esser-Erklärung also sicher bzw. systematisch dann, wenn kein Nutzen aus einer wahren Antwort gezogen werden kann, aber sehr sicher der soziale Erwünschtheitsnutzen mit einer unwahren Antwort erzielt wird (die im vorliegenden Fall die heikle Eigenschaft verneint, vgl. Tabelle 10 S. 123). Dies schließt neben einem Vorhandensein von SD-Anreizen (SD-Neigung) die Voraussetzung mit ein, dass erstens eine klare Erwünschtheitsdifferenz zwischen den Antworten besteht, die über die trait desirability gemessen werden muss. Zweitens muss die Situation genügend transparent sein, sprich, die Wahrscheinlichkeit, mit der der SD-Nutzen bei einer unwahren Antwort realisiert wird, muss größer sein als bei einer wahren Antwort. Dies wiederum ist gleichbedeutend mit dem Grad der Privatheit der Interviewsituation. Diese Hypothese ist das Argument von Stocké (2004), nach dem es nur dann zu unwahren Antworten (durch Effekte sozialer Erwünschtheit) kommt, wenn diese drei Bedingungen gegeben sind (Dreifachinteraktion, vgl. Unterkapitel 2.2). Auch Esser (1991: 76) äußert sich ähnlich. Eine weniger restriktive Hypothese wäre, davon auszugehen, dass SD-Neigung und trait desirability unabhängig voneinander wirkende Nutzenkomponenten darstellen und additiv wirken. Daneben kommt es aber auch in Fall 1 und in Fall 4 zu unwahren Antworten. In Fall 1 kann der Akteur keinerlei Nutzen aus beiden Antwortalternativen ziehen (dies entspräche der auf S. 127 angesprochenen Situation, zwischen einem roten und blauen Bus wählen zu müssen), mit dem Ergebnis, dass sich im Mittel wahre und unwahre Antworten die Waage halten müssten. Gleiches gilt, wenn wie in Fall 4 der Nutzen aus beiden Alternativen gleich groß (und ungleich Null) ist. Diese letztgenannte Konstellation hat Esser an anderer Stelle (Esser 1999: 277 f.) als Appetenz-Appetenz-Konflikt bezeichnet (oder, je nach Kodierung des Nutzens, als Aversions-Aversions-Konflikt): Sie entspricht der Situation des Esels, der auf halber Strecke zwischen zwei gleich großen Heuhaufen steht und sich nicht entscheiden kann, ob der den linken frisst (damit wäre der rechte verloren) oder den rechten (womit der linke verloren wäre).[75]

Wie lässt sich das Erklärungsmodell bezüglich unserer Problematik, der Beantwortung heikler und dichotomer (Ja/Nein-) Fragen nach tatsächlichem Verhalten bewerten? Vier Dinge sind wichtig.

---

[75] Bei Esser bzw. in der Fabel des „Esels von Buridan" verhungert der Esel schließlich. Angewandt auf das Befragtenverhalten könnte die Folgerung lauten, dass ein Befragter nun die Exit-Option wählt, weil er genau wie der Esel nicht in der Lage ist, sich zu entscheiden. Dies wäre eine gute Erklärung für Nonresponse. Gleichzeitig stellt das Bild jedoch gerade die Erklärung dar, *warum* es eben auch bei heiklen Fragen offenbar nur höchst selten zu Antwortverweigerungen kommt (vgl. Unterkapitel 2.1): Letztere zu wählen ist nämlich sicher gleichbedeutend mit einem kompletten Verlust beider Nutzenkomponenten. Und dies ist – wie auch für den nun toten Esel – mit Sicherheit die schlechteste Wahl.

3.2 Die Rational Choice-Theorie des Befragtenverhaltens

(1) Erstens bezieht sich – wenn auch nur implizit – das Esser-Modell auf die Erhebung von Einstellungen oder Meinungen. Somit besteht die eine Nutzenkomponente U_t v. a. darin, mit einer bestimmten Antwort seine eigene Meinung kund zu tun (vgl. Esser 1991: 65). Die Wahrscheinlichkeit, mit der diese Meinung bei einer bestimmten Antwort ausgedrückt wird, kann im Esser-Modell explizit variieren, was sich in den variablen p_{it}-Werten ausdrückt.[76] Bei Fragen nach nicht-trivialen Handlungen wie eine Straftat begangen zu haben und verurteilt worden zu sein, ist die Situation etwas anders. Hier ist nicht davon auszugehen, dass es irgendwelche Zweifel gibt, mit welcher Antwort der Nutzen einer wahren Antwort realisiert wird. Dies *vereinfacht* die Modellierung, da nun p_{t1} immer eins und p_{t2} immer null ist. Somit fällt auch der in der Konstellation „Indifferenz" mögliche Fall weg, dass die Antwortalternativen indifferent sind, weil die Wahrscheinlichkeiten $p_{1t} = p_{2t} = 0{,}5$ sind. Ebenfalls soll hier angenommen werden, dass auch die Wahrscheinlichkeit für die sozial erwünschte Antwort dem Akteur klar ist. Mit anderen Worten wird $p_{2s} = 1$ und $p_{1s} = 0$ gesetzt.[77]

(2) Zweitens erscheint die bereits oben angesprochene These, dass es sich beim Problem heikler oder bedrohlicher Fragen lediglich um einen Spezialfall der sozialen Erwünschtheit handle (DeMaio 1984, Esser 1986: 318) und dass es somit v. a. deshalb zu systematischen Fehlern komme, weil der wahre Wert vom sozial erwünschten Wert abweicht, fragwürdig. Dies ist insofern in Frage zu stellen, da bei heiklen Fragen abgesehen von sozial unerwünschten Antworten noch weitere Kosten oder Bedrohungen für den Befragten existieren können, wie sie z. B. bei Lee (1993: 3 ff.) diskutiert werden. Zudem dürften dann, wenn *keine Anreize* zu sozialer Erwünschtheit vorliegen bzw. diese kontrolliert werden, nur noch marginalste Abweichungen der wahren von der geschätzten Prävalenz in einer Stichprobe auftreten (Fall „Indifferenz" bei Esser).[78] Dies ist ebenso

---

[76] Dies erscheint zwar auf den ersten Blick eine unnötige Verkomplizierung der Modellierung, macht aber inhaltlich durchaus Sinn: Angenommen, ein politisch links eingestellter Befragter möchte tatsächlich diese Einstellung mit seiner Antwort dokumentieren, die Frage ist aber derart unverständlich, dass er nicht weiß, welche nun die „richtige", „linke" Antwort ist (vgl. Fußnote 22). Ein anderes Beispiel ist die CM-Skala: Der ehrlichste Befragte wird auf Anhieb nicht wissen und länger nachdenken, ob auf ihn die Aussage „Ich habe schon einmal jemanden ausgenutzt" zutrifft.

[77] Dies stellt eine in künftigen Arbeiten diskutierenswerte Vereinfachung dar. Betroffen sind auch nicht nur die Wahrscheinlichkeiten, sondern auch die Richtung der Erwünschtheitswahrnehmungen. Für Menschen, die sich beispielsweise als „Märtyrer" fühlen oder darstellen wollen, kann durchaus die wahre Antwort, also die Bejahung einer strafrechtlichen Verurteilung, die sozial erwünschte Antwort sein. Auch bei Einstellungsfragen ist häufig die Erwünschtheitsrichtung nicht unmittelbar klar. Da dieses Problem jedoch hier nicht in extenso behandelt werden kann, wird diesbezüglich auf weiteren Forschungsbedarf verwiesen. Zudem erfolgt in den empirischen Analysen eine explizite Messung der Erwünschtheitswahrnehmungen.

[78] Der Anteil unwahrer Antworten wäre dann der Anteil der Befragten in der Stichprobe, die keine SD-Anreize haben und keinerlei Nutzen aus einer wahren Antwort ziehen, geteilt durch zwei.

gleichbedeutend mit der Hypothese, andere Variablen hätten nur noch geringe Effekte, wenn für SD-Effekte kontrolliert wird. Dies ist jedoch, wie die einschlägige Literatur zeigt, offenbar nicht der Fall (für viele: Johnson/Fendrich 2002). Diese Hypothese gilt es in den empirischen Analysen dieser Untersuchung zu überprüfen. Plausibler scheint es insgesamt eher zu sein, dass weitere Nutzenkomponenten eine Rolle spielen und diese in die Modellierung mit einzubeziehen sind. Der Frage, welche dies sein könnten, wird unten nachgegangen.

(3) Der (damit nicht unverbundene) dritte Punkt wurde bereits im Kapitel zur SD-Forschung (Unterkapitel 2.2) angesprochen: Das Esser-Modell geht davon aus, dass Akteure, die nach sozialer Anerkennung streben, diesen Nutzen bei einigermaßen klar definierter Situation (die Antwort ist wahrnehmbar und die Erwünschtheitsrichtung ist klar) *sicher realisieren* bzw. die Probleme einer wahren Antwort mit *Sicherheit* vermeiden, wenn sie die SD-Antwort wählen. Nun gilt genau für diese Akteure in dieser Situation aber, dass diese Antwortwahl selber wiederum und wahrscheinlich *in hohem Maße* unerwünscht ist! Sollte der (zunächst unwahrscheinlich anmutende) Fall eintreten, dass der Befragte seines Lügens „überführt" wird, entstehen ihm nicht nur Kosten des entgangenen SD-Nutzens (der wahre Wert liegt nun genauso offen, wie es nach einer wahren Antwort der Fall gewesen wäre), sondern er hat nun zusätzlich die präsumtiv negativ bewertete Handlung des Lügens auf eine Frage begangen. Aus diesem Grunde muss für die sozial erwünschte Antwortalternative eine weitere Kostenkomponente C_L eingeführt werden, die diesen möglichen *zusätzlichen Erwünschtheitsverlust* abbildet. Die Kosten C_L wiederum sind mit einer „Wahrscheinlichkeit des Aufdeckens" p_a zu gewichten, die modelliert, wie wahrscheinlich der Akteur die Entstehung der Zusatzkosten einschätzt.[79] Ein um diesen Aspekt erweitertes Entscheidungsmodell könnte also folgendermaßen aussehen:

$$SEU(wahr) = p_{1t} \cdot U_t + p_{1s} \cdot U_s$$
$$SEU(falsch) = p_{2t} \cdot U_t + p_{2s} \cdot U_s - p_a \cdot C_L \qquad (17)$$

Entscheidend ist hier die Feststellung, dass, selbst wenn kein Nutzen U_t ausgeprägt ist, auch die reine „Erwünschtheitsantwort" eine *Abwägung* darstellt. Ein ausgeprägtes Bedürfnis nach sozialer Anerkennung führt eben nicht immer und

---

[79] Ein prominentes und illustratives Beispiel ist die „Kokain-Affäre" um den im Jahr 2000 designierten DFB-Nationaltrainer Christoph Daum. Nachdem ihm vorgeworfen wurde, Kokain zu konsumieren, beteuerte er mehrfach öffentlich seine Unschuld. Zuletzt erklärte er sich auf einer Pressekonferenz zu einem Haartest bereit und begründete dies mit den Worten „Ich tue dies, weil ich ein absolut reines Gewissen habe". Mehrere Tage später lag das Ergebnis des Haartests vor, das Daum des Kokainkonsums überführte. Wie mag Daum wohl den Erwünschtheitsnutzen, die Aufdeckwahrscheinlichkeit und die Kosten des Lügens bewertet haben?

3.2 Die Rational Choice-Theorie des Befragtenverhaltens 137

automatisch zu verzerrten Antworten. Vielmehr hängt dies v. a. von der Höhe der Wahrscheinlichkeit p_a ab.

Diese Argumentation erfährt Unterstützung durch einen Detailbefund, der in Unterkapitel 2.3 im Zuge der Diskussion um Moduseffekte bei der Erhebung heikler Themen genannt wurde: Festgestellt wurde hier, dass in Telefonerhebungen zumindest tendenziell ein stärkerer Response Bias auftritt als in Face to Face-Interviews, was eigentlich gegen das klassische SD-Argument spricht. Jedoch wird dieser Befund mit dem oben genannten Argument erklärbar, wenn davon ausgegangen wird, dass Befragte, die einen SD-Nutzen realisieren wollen, dies im Telefonmodus „gefahrloser" tun können als wenn ihnen ein Interviewer persönlich gegenüber sitzt, da die Aufdeckwahrscheinlichkeit p_a aufgrund der schlechteren Wahrnehmbarkeit beispielsweise von Mimik und Gestik des Befragten im Telefonmodus geringer ist als im Face to Face-Modus.

(4) Viertens und letztens stellt sich die Frage, was das Modell über die Wirkung der RRT aussagt bzw. wie diese in das Erklärungsmodell integriert werden kann. Zunächst folgt aus dem Modell, dass eine Integration der RRT nur über Veränderungen der Wahrscheinlichkeiten oder p-Werte im Modell erfolgen kann: Eine fundamentale Annahme des RC-Ansatzes generell und damit auch des Esserschen Befragtenmodells ist, dass sich die Präferenzen oder Nutzenbewertungen der Akteure nicht ändern, wenn neue Handlungsalternativen eingeführt werden oder sich die Situation ändert (Annahme der Kontinuität von Präferenzen, vgl. Abschnitt 3.2.1), bzw. dass grundsätzlich eine Verhaltensänderung nicht über die Veränderung von Präferenzen erklärt werden sollte, da dies tautologischen Argumentationen Vorschub leistet (Diekmann/Voss 2004).

In Tabelle 12 (S. 131) ist ein erweitertes RC-Modell des Befragtenverhaltens dargestellt, welches zunächst nur die Punkte 1 und 4 aufgreift. Aus der Tabelle geht hervor, wie die Wirkung der RRT im „klassischen" Esser-Modell, angewandt auf heikle Fragen nach Verhaltensweisen, zu vermuten wäre.[80] Wie sich zunächst zeigt, hat die Technik in den ersten beiden Fällen („Indifferenz" und „Validität"), sofern keinerlei Anreize durch soziale Erwünschtheit vorliegen, auch keinerlei Effekt auf das Antwortverhalten. Auch dieses Ergebnis der theoretischen Analyse ist wichtig, da es besagt, dass die Technik schon einmal nicht die „indifferenten" Befragten zu einer ehrlicheren Antwort animieren kann. Für den Fall „Verzerrung" kann Folgendes angenommen werden: Die Wahrscheinlichkeiten p_{1t} und p_{2t} verändern sich gegenüber dem direkten Befragungsmodus nicht, da nach wie vor eine unwahre Antwort (sei es, die RRT-Instruktionen nicht zu befolgen oder inhaltlich falsch auf die Frage zu antworten) *nie* den Nutzen U_t realisieren kann. Dies gilt umso mehr, als es sich annahmegemäß bei U_t

---

[80] Abstrahiert wird an dieser Stelle von etwaigen Verständnisschwierigkeiten bezüglich der RRT. Die Ergebnisse der empirischen Analysen in Kapitel 5 werden dafür sprechen, dass dies gerechtfertigt ist.

auch um einen rein intrinsischen Nutzen handeln kann. Anders verhält es sich jedoch bezüglich der Wahrscheinlichkeit p_{2s}. Hier kann zunächst im einfachsten Fall angenommen werden, dass die gegebene Antwort nun nicht mehr (durch den Interviewer) wahrnehmbar ist, und somit auch der SD-Nutzen U_s nicht mehr sicher erzielt werden kann: Eine „Nein"-Antwort realisiert den SD-Nutzen nun nicht mehr sicher. Im Extremfall wäre also $p_{2s} = p_{1s} = 0$. Dies führt zu einem rein arbiträren Antwortverhalten, da die beiden SEU-Gleichungen keinerlei Nutzen mehr bringen. Aggregiert würde man somit eine Prävalenz von 50 % wahren Antworten erwarten. Die RRT hätte in diesem Fall den Response-Bias reduziert, aber nicht gänzlich beseitigt. Im letzten (und sicherlich realistischsten) Fall, in der im direkten Modus beide Nutzenkomponenten positiv ausgeprägt sind („Inkonsistenz"), gilt ebenfalls, dass $p_{2s}(DQ) > p_{2s}(RRT)$. Somit würde es bei diesen Befragten nun, da der SD-Nutzen mit keiner Antwort mehr erzielt werden kann und der U_t-Nutzen somit überwiegt, immer zu ehrlichen Antworten kommen. Die theoretisch vermutete aggregierte Prävalenz in der Stichprobe betrüge bei jenen Befragten nun 100 %.[81]

Zusammengefasst prognostiziert diese „*SD-Standardhypothese RRT*" also einen positiven Effekt der RRT (im Vergleich zur direkten Frage) auf die Validität der Antworten. Dies ist inhaltlich an sich nicht neu, jedoch wurde hier die Wirkung der RRT in ein formales RC-Modell des Befragtenverhaltens integriert, welches sich zusätzlich explizit auf heikle, dichotom zu beantwortende Fragen nach Verhaltensweisen bezieht. Ein Novum ist hierbei die zusätzliche Feststellung, nach der es laut diesem Modell aber *nicht* zu erwarten ist, dass bei Einsatz der Spezialtechnik *alle* Befragten wahrheitsgemäß antworten. Auch im RRT-Modus ist mit einem gewissen Anteil an verzerrten Antworten zu rechnen.

Nun zum nächsten Schritt, der den oben erwähnten Punkt (3) zusätzlicher Kosten bei Aufdeckung des „Lügens" aufgreift. Eine entsprechende Modellierung ist in Tabelle 13 (S. 132) dargestellt. Die Frage nach weiteren Nutzenkom-

---

[81] Eine Alternative zu dem oben Gesagten wäre eine etwas komplexere Modellierung. Anstatt anzunehmen, dass der Erwünschtheitsnutzen bei Einsatz der RRT überhaupt nicht mehr realisiert werden kann, könnte man Folgendes überlegen: Die Wahrscheinlichkeit p_{1s} ist auch im RRT-Modus – nach wie vor – null, da eine „Ja"-Antwort mit Sicherheit verhindern würde, dass der SD-Nutzen erzielt wird. Hingegen ist die Wahrscheinlichkeit, durch eine die heikle Verhaltensweise verneinende Antwort den SD-Nutzen zu realisieren, nicht null, sondern hängt vom Design der RRT ab. Im Forced-Response-Design würde eine gegebene Nein-Antwort mit einer Wahrscheinlichkeit von

$$p_{2s} = \frac{p(forced\ "no")}{1 - p(forced\ "yes")}$$

zu einer Realisierung des SD-Nutzens führen. Dies deshalb, weil die Wahrscheinlichkeit mit einkalkuliert werden muss, dass die Nein-Antwort gar nicht stimmt, sondern eine „erzwungene" Nein-Antwort ist. Auch hier gilt jedoch, dass $p_{2s}(DQ)$ nach wie vor größer ist als $p_{2s}(RRT)$, so dass auch hier der Anteil wahrer Antworten im RRT-Modus jenen im direkten Fragemodus übertreffen würde.

3.2 Die Rational Choice-Theorie des Befragtenverhaltens 139

ponenten über den SD-Nutzen hinaus, soll weiterhin zurückgestellt werden. Neu ist nun die oben erwähnte Nutzen- bzw. Kostenkomponente C_L, gewichtet mit der Wahrscheinlichkeit p_a (Formel (17)). Annahmegemäß spielt dieser Term nur bei der Wahl der SD-Antwort (hier also „Unwahrheit sagen") eine Rolle. Außerdem kann plausiblerweise angenommen werden, dass die Kosten C_L im Falle des Auftretens größer sind als U_s. Umgekehrt jedoch wird p_{2a} in der Regel, d. h. in einer „normalen" Befragungssituation, deutlich kleiner sein als p_{2s}. Dies ist gleichbedeutend mit der Annahme, dass „Lügen" meist eine recht sichere Angelegenheit ist und nicht zu erwarten ist, dass die zusätzlichen Kosten tatsächlich entstehen. *Im Regelfall*, so die hier getroffene Annahme, ergibt sich durch die Einführung der zusätzlichen Kostenkomponente *im DQ-Modus* somit keine Veränderung der erwarteten SD-Effekte im Vergleich zum vorherigen Modell. Eine alternative Argumentation kommt jedoch zu anderen Schlussfolgerungen (s. u.).

Bezüglich der Wirkung der RRT soll nun im Gegensatz zur „SD-Standardhypothese RRT" angenommen werden, dass die Technik die Wahrscheinlichkeiten p_{1s} und p_{2s} nicht beide auf null setzt (s. o., vollständige Indifferenz der Antworten). Vielmehr erscheint es plausibler anzunehmen, dass die Wahrscheinlichkeit, mit einer „Ja"-Antwort den SD-Nutzen zu realisieren, immer null beträgt und dies dem Befragten auch im RRT-Modus klar ist. Entsprechend den Ausführungen in Fußnote 81 hängt die Wahrscheinlichkeit p_{2s}, mit einer „Nein"-Antwort den SD-Nutzen zu realisieren, vom RRT-Design ab. Ohne hier auf Details eingehen zu müssen, gilt folglich nach wie vor, dass $p_{2s}(DQ) > p_{2s}(RRT)$, der SD-Nutzen lässt sich im direkten Fragemodus also „sicherer" erreichen. Der entscheidende Unterschied ist jedoch, *dass die Aufdeckwahrscheinlichkeit p_{2a} im RRT-Modus nunmehr null beträgt*. Die Technik anonymisiert die Interviewsituation, so dass (im Forced Response-Design) niemals bekannt wird, ob eine „Nein"-Antwort eine „Lüge" oder ein erzwungenes „Nein" war. Somit entfällt die Kostenkomponente C_L im Gegensatz zum direkten Modus. Die unwahre Erwünschtheitsantwort zu geben, ist im RRT-Modus *sicherer*, da die Technik jene Befragten *schützt*, die einen SD-Nutzen realisieren wollen. Anders und vereinfacht ausgedrückt: Viele Befragte wollen sozial erwünscht antworten, aber auch nicht lügen, da Letzteres wiederum in hohem Maße unerwünscht ist. Dieses Dilemma wird durch die RRT zumindest teilweise entschärft, da das sozial unerwünschte Lügen nun nicht mehr offengelegt werden kann.

Diese „modifizierte SD-Hypothese RRT" könnte auch erklären, warum die Befundlage der empirischen RRT-Forschung uneinheitlich und eher ernüchternd ist (vgl. Abschnitt 2.4.3). Da die Technik nicht nur Befragte, die die „Wahrheit sagen wollen", schützt, sondern eben auch jene, die „lügen wollen", ergibt sich aus der theoretischen Analyse eine unsystematische Prognose, die die uneinheitliche Befundlage erklären könnte. Da die Technik einerseits die Möglichkeit, einen SD-Nutzen U_s zu realisieren, verringert, andererseits gleichzeitig aber auch die Kosten des „Lügens" verringert, könnten sich diese entgegengesetzten Effekte – zumindest bei einigen Befragten – kompensieren bzw. gegenseitig aufheben. Führt man zur Modellierung von SD-Effekten die zusätzlichen potenziellen Kosten der „Aufdeckung" unwahrer Antworten ein, ergeben sich aber auch aufschlussreiche Folgerungen für die SD-Forschung generell. Zur Erinnerung (vgl. Unterkapitel 2.2): Trotz jahrzehntelanger, ausufernder Forschung zu SD-Effekten besteht kein Konsens in zentralen Fragen. Die Befundlage ist inkonsistent, in einigen Studien zeigen sich SD-Effekte, in anderen nicht.

Eine zentrale Aussage des oben vorgeschlagenen erweiterten RC-Modells ist, dass die Realisierung des SD-Nutzens nicht risikolos ist. Vielmehr hängt die Entscheidung für eine (wahrheitsabweichende) SD-Antwort auch davon ab, mit welcher Wahrscheinlichkeit erwartet wird, dass der Befragte seiner unwahren Antwort „überführt" wird. Dieser Umstand relativiert die SD-Standardhypothese „je höher die SD-Anreize, desto eher eine verzerrte Antwort". Zunächst ist klar, dass mit steigendem SD-Nutzen auch die potenziellen Kosten C_L ansteigen (je höher der SD-Nutzen, desto höher der mögliche Verlust im Fall einer „Überführung"). Zusätzlich ist annahmegemäß $|C_L|$ größer als $|U_s|$, da zum Verzicht auf U_s auch noch der zusätzliche Erwünschtheitsverlust durch das Lügen dazukäme. Ob nun die „Angst" vor diesen Zusatzkosten den möglichen SD-Nutzen U_s überwiegt, kann von marginalen Veränderungen der Wahrscheinlichkeit p_a abhängen.

Dies führt zu zwei Folgerungen, die für die Uneinheitlichkeit der Befunde aus der SD-Forschung verantwortlich sein könnten: Erstens kann sich ein Großteil der Befragten in einem „Mittelbereich" bewegen, in welchem sich Kosten und Nutzen aufheben ($p_{2s}U_s = p_{2a}C_L$). Dadurch ergibt sich kein konsistentes Antwortmuster bzw. kein konsistenter Zusammenhang zwischen Höhe des SD-Nutzens und Antwortverhalten. Zweitens ist es wahrscheinlich, dass die Wahrscheinlichkeit p_a nach Erhebungsmodus, der Befragungssituation mit all ihren möglichen Variationen wie Interviewermerkmalen usw. variiert. Auch marginale Veränderungen der p_a-Werte von Erhebung zu Erhebung können dafür verantwortlich sein, dass SD-Effekte nicht oder nur sehr schlecht replizierbar sind. Diese Überlegungen stellen ein wichtiges Desiderat der SD-Forschung dar, das in künftigen Arbeiten untersucht werden sollte. Bestätigen sich die Vermutungen, würde dies die Bedeutung von SD-Effekten generell relativieren.

3.2.3 Hypothesen aus der Rational Choice-Theorie

Fassen wir nun zusammen und klären die Hypothesen, die sich aus den dargestellten RC-Modellen des Befragtenverhaltens ergeben. Aus Gründen der Ver-

3.2 Die Rational Choice-Theorie des Befragtenverhaltens 141

einfachung wird die Komponente U_t – Nutzen aus einer wahren Antwort – hier außen vor gelassen. Diesbezüglich soll die – zugegebenermaßen etwas harte – Annahme getroffen werden, dass sich dieser Nutzenparameter zwischen den Befragten nicht maßgeblich unterscheidet und grundsätzlich eine positive Ausprägung hat. Entscheidend für das Antwortverhalten sind SD-Anreize, die hier primär fokussiert werden. Betont sei nochmals, dass es hier um Befragte geht, deren wahre Werte bei heiklen Fragen zu kriminellen Delikten positiv ausgeprägt sind. Zunächst ergibt sich aus dem Esser-Modell die herkömmliche „RRT-Standardypothese" ($H_{RC}1$), wonach der Anteil valider Antworten im RRT-Modus höher sein müsste als im DQ-Modus. Für den direkten Fragemodus folgt aus dem Esser-Modell die Hypothese, dass insgesamt c. p. mit steigendem SD-Nutzen die Wahrscheinlichkeit abnimmt, eine wahre Antwort zu geben (Hypothese $H_{RC}2a$ bzw. „SD-Standardhypothese"). Im RRT-Modus lautet die aus dem Esser-Modell deduzierte „SD-Standardhypothese RRT", dass die Spezialtechnik die Wahrscheinlichkeit p_{2s} bzw. die Wahrnehmbarkeit der Antwort senkt und somit im RRT-Modus geringere SD-Effekte als im DQ-Modus zu erwarten sind (Hypothese $H_{RC}3a$). In der radikaleren Version in Anlehnung an Stocké (2004; vgl. Unterkapitel 2.2) wird angenommen, dass die Wahrscheinlichkeit p_{2s} auf null sinkt und somit im RRT-Modus keinerlei Erwünschtheitseffekte mehr auftreten dürften (Hypothese $H_{RC}3b$). Dies lässt sich auch leicht anhand von Tabelle 12 (S. 131) nachvollziehen, in der aus der Annahme $p_{1s}(RRT) = p_{2s}(RRT) = 0$ folgt, dass es völlig egal ist, wie hoch der Nutzen U_s eines Befragten ist. Weiterhin ergibt sich aus dem Modell, dass bei gleichem U_t neben den SD-Anreizen keine weiteren Variablen eine Rolle für das Antwortverhalten spielen dürfen (Hypothese $H_{RC}4a$ oder „Exklusivitätshypothese"). Dies folgt aus der von Esser übernommenen Annahme von deMaio (1984). Aus dem gleichen Argument ergibt sich dann, dass, sofern kein Erwünschtheitsnutzen vorliegt (SD-Neigung = SD-Belief = 0), die RRT keinerlei Effekt zeigen dürfte (Hypothese $H_{RC}4b$). Eine wichtige Erkenntnis ist hier, dass RRT nicht in der Lage ist, Befragte, die der Konstellation „Indifferenz" entsprechen, zu wahren Antworten zu bewegen.

Aus dem modifizierten RC-Modell, in welchem zusätzlich berücksichtigt wird, dass abweichende Antworten ebenfalls unerwünscht sind (Term p_aC_L), lassen sich drei weitere, teils zu obigen Prognosen konträre Hypothesen ableiten. Nimmt man erstens an, dass die Wahrscheinlichkeit p_a sehr gering ist und daher die Kostenkomponente C_L gegenüber U_s nicht ins Gewicht fällt, müsste sich im direkten Fragemodus ebenfalls ein negativer Zusammenhang zwischen Höhe des SD-Nutzens und wahren Antworten ergeben (Hypothese $H_{RC}2a$). Plausibel ist jedoch auch die oben erläuterte Hypothese, dass SD-Effekte überhaupt nicht mehr konsistent auftreten, da sich Nutzen und Kosten von SD-Antworten aufheben (Hypothese $H_{RC}2b$ oder „modifizierte SD-Hypothese"). Klarer ist die dritte

Hypothese, die dem Standard-RC-Modell fundamental entgegengesetzt ist. Hiernach würde die RRT genau entgegengesetzt ihrer Intention wirken, da Befragte den SD-Nutzen durch eine unwahre Antwort nun „risikofreier" realisieren können. Entsprechend müsste sich im RRT-Modus ein stärkerer SD-Effekt als im DQ-Modus zeigen (Hypothese $H_{RC}3c$ bzw. „modifizierte SD-Hypothese RRT"). In Tabelle 14 sind die Hypothesen nochmals überblicksartig zusammengefasst.

Tabelle 14: Hypothesen aus der RC-Theorie

Bezeichnung	Kürzel	Unabhängige Variable	Wirkung
1. Esser-Modell			
RRT-Standardhypothese	$H_{RC}1$	RRT	+
SD-Standardhypothese	$H_{RC}2a$	SD-Anreiz × DQ	–
SD-Standardhypothese RRT	$H_{RC}3a$	SD-Anreiz × RRT	Effekt < DQ
	$H_{RC}3b$	SD-Anreiz × RRT	0
Exklusivitätshypothese	$H_{RC}4a$	Kontrollvariablen	0, wenn SD kontrolliert
	$H_{RC}4b$	RRT	0, wenn SD = 0
2. Modifiziertes Modell			
SD-Standardhypothese	$H_{RC}2a$	SD-Anreiz × DQ	–
modifizierte SD-Hypothese	$H_{RC}2b$	SD-Anreiz × DQ	0
modifizierte SD-Hypothese RRT	$H_{RC}3c$	SD-Anreiz × RRT	– bzw. Effekt > DQ
3. Messhypothesen bzw. Hypothesen zur Wirkung von SD-Anreizen			
undifferenzierte SD-Hypothese	$H_{SD}1a$	SD-Neigung SD-Belief/trait desirability	– –
SD-Interaktionshypothese (Stocké 2004)	$H_{SD}1b$	SD-Neigung SD-Belief/trait desirability SD-Neigung × SD-Belief × DQ SD-Neigung × SD-Belief × RRT	0 0 – 0

Erläuterungen: Die Hypothesen beziehen sich auf die abhängige Variable „wahrheitsgemäß antworten" (= 1; „lügen" = 0). Die Effekte sind c. p. zu verstehen, also v. a. unter Kontrolle der Nutzenkomponente U_t. – = negativer Effekt; 0 = kein Effekt.
Quelle: Eigene Darstellung.

Ergänzt wurde die in Unterkapitel 2.2 diskutierte Hypothese zur Wirkung bzw. Messung von SD-Anreizen (siehe Punkt 3 in Tabelle 14). Hier besagt die „undifferenzierte SD-Hypothese", dass beide Komponenten, also SD-Neigung und SD-Belief unabhängige Effekte auf das Antwortverhalten haben. Die „SD-

Interaktionshypothese" hingegen behauptet, dass ein Effekt auf das Antwortverhalten nur dann auftritt, wenn beide Komponenten gleichzeitig vorliegen und die Erhebungssituation nicht anonym ist (vgl. auch Esser 1991: 76).

Insgesamt – und hier zeigt sich wieder einmal eine der wichtigsten Stärken von RC-Erklärungen – lässt sich also aus relativ sparsamen Annahmen eine ganze Reihe an fruchtbaren Hypothesen gewinnen. Diese gehen außerdem über das hinaus, was die bisherige Artefakt-, SD- und RRT-Forschung präsentiert hat. Allerdings muss sich in den Analysen in Kapitel 5 noch zeigen, ob sich die Hypothesen auch empirisch bestätigen. Sicherlich ist ebenso in künftigen Arbeiten das theoretische Erklärungsmodell noch ausbaufähig.

Eine wichtige Frage ist allerdings weiterhin offen: Nicht geklärt wurde, welche weiteren Nutzen- oder Kostenkomponenten *jenseits* von SD-Erwägungen eine Rolle spielen könnten. Bereits in Kapitel 1 wurde darauf verwiesen, dass dies ein großes Problem in der Artefaktforschung darstellt. Im weiteren Verlauf der Arbeit wird der Versuch unternommen, sich einer Lösung dieser Frage mittels zweier Konzepte zu nähern. Hierzu wird zum einen das Konzept sozialer Produktionsfunktionen und zum anderen (damit verbunden) die Theorie kognitiver Dissonanz, die entgegen der SD-Argumentation explizit innerliche Nutzenkomponenten einbezieht, vorgeschlagen. Eingeführt werden die Konzepte im Rahmen der FS-Theorie, die Gegenstand des folgenden Unterkapitels ist. Bereits hier sei jedoch ausdrücklich betont, dass dieser Vorschlag *kein* Spezifikum der FS-Theorie darstellt und eine Einführung im Rahmen der RC-Theorie ebensogut denkbar und möglich wäre (vgl. die Ausführungen in Unterkapitel 3.4).

3.3 Frame-Selektionstheorie und Befragtenverhalten

Die neoklassisch-ökonomische oder „enge" RC-Theorie geht von vollständig informierten und reflexiv-kalkulierenden Akteuren aus. Hierbei ist es zunächst unerheblich, ob ein realistisches oder instrumentelles Akteurs- bzw. Wissenschaftsverständnis zu Grunde gelegt wird (vgl. Arzheimer/Schmitt 2005). Es lassen sich nun drei Hauptkritikpunkte an der RC-Theorie identifizieren, welche zur Entwicklung der Framing-Theorie geführt haben und die aktuelle Theoriediskussion im deutschsprachigen Raum bestimmen (Mayerl 2009). Erstens wird in der Literatur zu sog. *Anomalien* von RC argumentiert, dass Kernannahmen der Theorie wie Transitivität und Kontinuität von Präferenzen empirisch nicht erfüllt seien und daher der ganze Ansatz hinfällig werde (Green/Shapiro 1999, Thaler 1992, Tversky/Kahneman 1981). Zweitens wird angeführt, die RC-Theorie berücksichtige nicht oder nur unzureichend die subjektive *Definition der (sozialen) Situation*, die ein Akteur stets vor einer Handlung vornimmt und die diese entscheidend beeinflusst (vgl. Kroneberg 2005: 344 f.). Drittens wird kritisiert, dass Akteure keinesfalls immer und in jeder Situation alle Handlungsalternativen gemäß des Erwartungsnutzens evaluieren und stets reflexiv-kalkulierend jene Wahl treffen, welche ihren Nutzen maximiert (z. B. Mayerl 2009: 154). Vielmehr unterliege menschliches Handeln einer *variablen Rationalität* (Kroneberg 2005: 344) und sei häufig – wie auch die Definition der Situation – durch kulturell bedingte Einflüsse bestimmt, durch welche „rationales" und/oder strategisches Denken und Handeln deaktiviert werden kann (Esser 2004: 263).[82] Auch die Diskussion um Niedrig- und Hochkostensituationen (vgl. z. B. Diekmann/ Preisendörfer 1998, Quandt/Ohr 2004) fällt unter die beiden letztgenannten Kritikpunkte. Eine diesbezügliche klassische Hypothese ist, dass der Grad oder die Art der „Rationalität" davon abhängt, wie viel in einer (subjektiv definierten) Situation „auf dem Spiel steht" (stake effect).

Der Anspruch der FS-Theorie ist es, diese (vermeintlichen) Schwachstellen der RC-Theorie zu überwinden und eine „general theory of action" (Esser 2001: 329 f., Kroneberg 2005: 345), also eine integrative Handlungstheorie zu formulieren. Diese würde vormals gegensätzliche Handlungskonzepte wie einstelungsorientiertes, norm- oder wertorientiertes Handeln, Ansätze des symbolischen Interaktionismus sowie die RC-Perspektive in einer übergreifenden Handlungstheorie vereinen (Esser 2003: 359, 2004: 263). Somit – so die Ambition – lassen sich auch automatisch-spontane Handlungen von Akteuren formalisieren, und es kann unter Angabe von Selektions*gesetzen* erklärt bzw. begründet werden, unter welchen Bedingungen die Rationalität der Akteure in welcher Form variiert.

Bezogen auf die Erklärung des Befragtenverhaltens ergibt sich die Bedeutung der Frame-Selektionstheorie hauptsächlich aus zwei Gründen. Zum einen handelt es sich bei einer Befragungssituation (in einer gewöhnlichen Bevölkerungsumfrage) in der Regel um eine Niedrigkostensituation. Somit kann argumentiert werden, dass es unangemessen sei, eine Modellierung des Befragtenverhaltens über Kosten und Nutzen evaluierende Kalkulationen vorzunehmen. Vielmehr müssten *gerade* im Falle des Befragtenverhaltens die angesprochenen spontanen und kulturell-sozialisatorisch gesteuerten Aspekte des Agierens handlungsentscheidend sein. Dass automatisch-spontane Handlungen bei Befragungen eine plausible Annahme sind, ergibt sich außerdem auch aus der Zeitrestriktion gerade bei standardisierten Umfragen: Da mögliche Reflexionskosten z. B. bei komplizierteren, aber auch bei heiklen Fragen durchaus bedeutsam sein können, fehlt den Befragten die Zeit, um eine Evaluation von Handlungsmöglichkeiten durchzuführen. Zum anderen sind ein weiterer Punkt, der die FS-Theorie zur

---

[82] Dieser Gedanke einer variablen Rationalität findet sich ebenfalls in den jüngeren Arbeiten von Boudon (2003, 2007, 2009), jedoch ohne Bezug zum Framing-Konzept, welches Boudon vehement ablehnt.

3.3 Frame-Selektionstheorie und Befragtenverhalten

Erklärung von Befragtenhandeln nahelegt, die jüngeren empirischen Ergebnisse von Stocké (2004). Dessen aus der FS-Theorie hergeleitete Hypothesen und Befunde deuten darauf hin, dass ein durch die FS-Theorie erklärbares *einstellungsbasiertes Handeln* beim Antwortverhalten eine Rolle spielt.

Analog zur RC-Theorie gilt auch für die FS-Theorie, dass es nicht *die* FS-Theorie gibt, sondern mehrere Varianten existieren. Zudem ist der Ansatz noch recht jung und befindet sich in einem Entwicklungsstadium. Aktuell scheint sich die Diskussion um den Ansatz in zwei hauptsächlichen Entwicklungsstufen bzw. Varianten zu vollziehen: Die erste ausführliche Ausarbeitung und Formalisierung wurde – nach einigen Vorarbeiten (z. B. Esser 1990, Esser 1996a, 2000) – von Esser (2001) vorgelegt. Eine zweite Version von Kroneberg (2005) arbeitet zentrale Kritikpunkte am ursprünglichen Modell auf und beseitigt wichtige Schwachstellen. Gleichzeitig stellt der Beitrag von Kroneberg aber auch den Ausgangspunkt einer kontroversen Theoriediskussion dar (Etzrodt 2007, 2008, Kroneberg 2008, Opp 2010). Die folgenden Ausführungen beschränken sich auf die Darstellung der Kernelemente der FS-Theorie. Im nachstehenden Abschnitt 3.3.1 werden zunächst die Modelle von Esser und Kroneberg präsentiert. Im Anschluss wird auf die Anwendung der Theorie auf das Befragtenverhalten eingegangen, die bisher in einer eher rudimentären Ausarbeitung von Stocké (2004) vorliegt. Diese stützt sich auf die FS-Theorie-Version von Esser, greift allerdings auch nur Teilmodule der Theorie auf. Dies gibt Gelegenheit für den Versuch, die Anwendung der FS-Theorie auf das Befragtenverhalten ein Stück weit voranzubringen. Die entsprechenden Ausführungen stehen in Abschnitt 3.3.2. Abschnitt 3.3.3 fasst die Ausführungen zusammen und resümiert die sich ergebenden Hypothesen für die empirischen Analysen.

3.3.1 Das allgemeine Modell der Frame-Selektion

Das auf Esser (2001: Kapitel 7) zurückgehende Modell der Frame-Selektionstheorie besteht im Kern aus den drei Komponenten *Frames*, *Skripte* und *Modi der Informationsverarbeitung* sowie einer grundlegenden Ausgangsprämisse. Diese besteht in der Annahme, dass *jegliches* Handeln immer einer *subjektiven* Definition der sozialen Situation folgt und Letztere das Erstere immer bestimmt (Esser 2001: 259).[83] Diese subjektive Definition der Situation ist

---

[83] Diese Fundamentalannahme entspricht dem sog. „Thomas-Theorem" (vgl. Esser 1999: 59ff.): „If men define situations as real, they are real in their consequences." [„Wenn die Menschen Situationen als real definieren, so sind auch ihre Folgen real"] (Esser 1999: 63, die deutsche Übersetzung wurde zitiert nach Thomas 1965: 114). Das Theorem zielt somit auf die *subjektive* Definition der Situation,

die Selektion eines bestimmten Frames sowie Skriptes. Sie entspricht dem Prozess des Framings und stellt die unabhängige Variable des Handelns und die abhängige oder zu erklärende Variable in der Frame-Selektionstheorie dar. In Kurzform postuliert die Theorie, dass Akteure zunächst eine „objektive" Situation mit ihren „objektiven" Situationsmerkmalen beobachten bzw. zur Kenntnis nehmen, und dann ein mentales Modell oder einen Bezugsrahmen aktivieren (*Frame*), der zur Situation passt, diese einordnet und deren „Oberziel" definiert („Was ist hier los?", „Worum geht es?"). In einem zweiten Schritt – aber nicht unabhängig vom ersten – aktivieren Akteure dann bestimmte Handlungsmöglichkeiten oder -sequenzen (*Skripte*), die – genau wie die Bezugsrahmen oder Frames – ebenfalls im Reaktionsrepertoire des Akteurs gespeichert vorliegen. Diese Programme des Handelns geben an, welche Handlungen in der soeben definierten Situation zur Verfügung stehen bzw. möglich und opportun sind. Die Wahl eines Bezugsrahmens und eines Handlungsskriptes – und dies ist die dritte Kernkomponente der FS-Theorie – geschieht entweder *automatisch-spontan* (as) oder aber *reflexiv-kalkulierend* (rc) (*Modus der Informationsverarbeitung*).[84] Im ersten Fall „denkt" der Akteur nicht über Frame und Skript „nach", er wählt den Bezugsrahmen, der für ihn auf der Hand liegt, aktiviert das zugehörige Skript und führt die dementsprechende Handlung aus.[85] Im zweiten Fall hingegen sucht der Akteur unter Berücksichtigung sämtlicher zur Verfügung stehender Informationen und möglicher Konsequenzen, sowie unter einem gewissen Einsatz an Ressourcen (z. B. Zeit oder kognitiver Aufwand) nach dem „richtigen" Bezugsrahmen und dem „richtigen" Handlungsskript. Je nach Ergebnis dieses Framing-Prozesses bildet der Akteur eine bestimmte Einstellung zur Situation und führt die entsprechende Handlung aus. Wie bereits erwähnt sind die Handlungen der Akteure – das eigentlich interessierende Explanandum – somit nur noch eine unmittelbare, „mechanische" Folge des Framings.[86] Die Erklärung des Framing-Prozesses – der „*Selektion* eines kulturellen Bezugsrahmens" (Esser 2001: 259; Herv. so nicht im Orig., F. W.) – kann als das eigentliche Ziel der Theorie ange-

---

die jedoch *real* wird für die ebenso *realen Folgen* in Form der nachfolgenden und durch die Situationsdefinition beeinflussten Handlung.

[84] Die Unterscheidung von nur zwei Modi der Informationsverarbeitung geschieht der Einfachheit halber (Esser 2001: 266). Die beiden Ausprägungen *as* und *rc* können als idealtypische Endpole eines Kontinuums des Elaborationsgrades einer Reflexion angesehen werden.

[85] Eine wichtige Grundannahme, die meist nur am Rande diskutiert wird, ist, dass Akteure überhaupt danach streben, den „richtigen" oder „besten" Frame zu finden. Hier wird – beispielsweise von Kroneberg (2005: 346) – darauf rekurriert, dass eine geteilte Übereinstimmung von Situationsdefinitionen in sozialen Situationen (mit mehreren beteiligten Akteuren) eine zentrale Grundvoraussetzung des Zusammenlebens sei, die Akteure dies wissen (oder zumindest glauben) und daher die Suche nach angemessenen Frames und Skripten letztlich der Befriedigung ureigenster Interessen diene.

[86] Dies wird allerdings in der erweiterten Version von Kroneberg (2005) genauer spezifiziert.

3.3 Frame-Selektionstheorie und Befragtenverhalten 147

sehen werden.[87] Im Folgenden gehe ich erst auf Definitionen der Kernkomponenten der Theorie ein; anschließend wird erläutert, wie laut der Theorie Akteure bestimmte Frames und Skripte sowie Modi der Informationsverarbeitung selegieren. Die nachstehenden Ausführungen beziehen sich, sofern nicht anders angegeben, auf Kapitel 7 bei Esser (2001).

Der *Frame* einer Situation ist ein mentales Modell oder eine mentale Repräsentation der beobachteten Situation, die ein Akteur – weil er sie z. B. in Sozialisationsprozessen erworben hat – gespeichert hat und auf die vorliegende Situation bezieht. Mit der Wahl eines bestimmten Frames stellt der Akteur fest, um welches Oberziel es in einer bestimmten Situation geht (Esser 2001: 261, Kroneberg 2005: 346). Hierdurch manifestieren sich auch Bewertungen möglicher Handlungsergebnisse und somit die Präferenzordnung des Akteurs. Somit spricht Esser von Framing auch als „Selektion einer auf die spezielle Situation bezogenen Präferenz" (Esser 2001: 263). Wichtig ist zu beachten, dass nicht ausschließlich die („objektive") Situation darüber entscheidet, welcher Frame definiert wird. Vielmehr stellt der Frame ein kulturelles System dar, in den die Lern- und Sozialisationsgeschichte des Akteurs und seiner Umwelt einfließen. Der sog. Code eines Frames und damit die Präferenzordnung wird unter Rückgriff auf das Konzept sozialer Produktionsfunktionen (Lindenberg 1985, 1992, Lindenberg/Frey 1993) über die in einer bestimmten Gruppierung geltenden *primären Zwischengüter* festgelegt.[88] Dadurch können in ein und derselben „objektiven" Situation auch unterschiedliche Frames definiert werden. Ein Beispiel wäre die Anwendung der RRT: Gelingt die Präsentation der Fragetechnik, kann die Situation wie intendiert als vollständig anonymisierte Fragesituation gerahmt werden. Gelingt die Präsentation nicht wie gewünscht, könnte die Situation aber auch als „Trick" der Forscher oder des Interviewers definiert werden.

Die zweite Komponente des Kernmodells, *Skripte*, sind „Programme des Handelns", inhaltliche Handlungsanweisungen bzw. -möglichkeiten für den vorliegenden Frame, die der Akteur ebenfalls im Reaktionsrepertoire gespeichert hat (Esser 2001: 261). Hier fragt sich der Akteur, welche Handlungsmöglichkeiten sich in der vorliegenden Situation bieten. Angewandt auf das Befragtenver-

---

[87] Gerade dieser Umstand macht m. E. eine empirische Überprüfung und damit eine Falsifizierung der Theorie schwierig: Für eine empirische Testung der Theorie müssen zwei Punkte bzw. Gesetzesaussagen überprüft werden, die beide unabhängig voneinander falsch sein können. Das erste Gesetz gibt an, welchen Frame (oder Skript) ein Akteur selegiert. Für eine Falsifizierung müssten die unabhängigen Variablen dieses Prozesses *und* – v. a. – der Inhalt des Frames (Skriptes) gemessen werden, die hier die abhängige Variable oder das Explanandum darstellen. Die zweite Aussage schließlich beinhaltet wiederum den Inhalt des Frames (Skriptes), hier als Randbedingung, die auch gemessen werden müsste. Die Theorie wäre an dieser Stelle falsifiziert, wenn bei bekanntem Frame (Skript) keine entsprechende Handlung zu beobachten wäre.
[88] Vgl. ausführlicher Abschnitt 3.3.2.

halten könnten hier bei einem Akteur beispielsweise die Skripte „sozial erwünscht antworten" oder „die Wahrheit sagen" vorliegen. Ein anderer Akteur hingegen mag beispielsweise aufgrund seiner Erfahrung in zahlreichen Umfragen die Option, „keine Angabe" zu sagen, als Handlungsskript verfügbar haben. Auch die Skripte sind kulturell beeinflusst und durch Sozialisation sowie Erfahrung in der Identität des Akteurs verankert. Esser greift hier nochmals auf das Konzept sozialer Produktionsfunktionen zurück; demnach sind es die *indirekten Zwischengüter*, welche in einem bestimmten Kollektiv opportune Programme des Handelns festlegen.

Das Ziel der FS-Theorie besteht darin, nicht lediglich deskriptiv festzustellen oder anzunehmen, welche Frames und Skripte in einer Situation zum Tragen kommen, sondern formalisiert zu *erklären, warum* die Akteure bestimmte Frames und Skripte selegieren und *welche* Frames und Skripte in einer Situation von bestimmten Akteuren gewählt werden. Dies geschieht mit Hilfe der dritten Komponente des Modells, den *Modi der Informationsverarbeitung*. Demnach erfolgt die Selektion der Frames und Skripte entweder automatisch-spontan, d. h. unreflektiert „auf der Basis der unmittelbaren Situationswahrnehmung und mentaler Modelle" (Kroneberg 2005: 347), oder reflexiv-kalkulierend, also systematisch, alle Informationen der vorliegenden Situation evaluierend. Der reflexiv-kalkulierende Modus entspricht dann dem Handeln in der SEU-Theorie und stellt somit nunmehr einen Spezialfall des Agierens dar. Um das Handeln eines Akteurs vollständig zu erklären, müssen Gesetze vorliegen, die angeben, wann und warum ein Akteur einen bestimmten Frame in einem bestimmten Modus definiert (Frame-Modell und Frame-Modus), sowie welches Skript er in welchem Modus aktiviert (Skript-Modell und Skript-Modus) (Esser 2001: 267 f.).

Zunächst sollten jedoch zwei Dinge vergegenwärtigt werden. Erstens ist es für die Wahl einer Handlung entscheidend, inwieweit Frames und Skripte „sicher" sind bzw. unmissverständlich vorliegen. Sowohl Frames als auch Skripte können einerseits in einer bestimmten Situation unmissverständlich und ohne größere Mühe erkennbar sein; dem Akteur ist also klar, in welcher Situation er sich befindet und welche Programme des Handelns möglich oder angebracht sind. Andererseits können Situationen auftreten, in denen der Frame und/oder das Skript unklar sind. Ein Beispiel für eine Situation mit fraglichem Frame aber sicherem Skript wäre ein verunsicherter, aber durchaus „erfahrener" Befragter, der sich beispielsweise bei der in dieser Arbeit durchgeführten Umfrage bei der durchführenden Universität rückversichert, ob es sich tatsächlich um eine vollkommen anonyme, rein wissenschaftliche Umfrage handelt oder doch „ein Haken" an der Sache ist. In beiden Fällen allerdings wüsste er, was zu tun wäre – an der Erhebung teilnehmen oder die Teilnahme verweigern.

3.3 Frame-Selektionstheorie und Befragtenverhalten

Um zu berücksichtigen, dass sowohl Frames als auch Skripte mehr oder weniger „sicher" vorliegen oder definiert werden können, führt Esser den Match eines Frames (Skriptes) ein. Der Match bezeichnet den Grad der Passung der in der Situation beobachteten Objekte mit dem im Erfahrungsrepertoire vorhandenen Modell. Er ist eine entscheidende unabhängige Variable. Der Match wird definiert als Interaktionseffekt dreier Komponenten a, e und u; erstens der Zugänglichkeit des Frame-Abbilds oder -Modells in der Identität des Akteurs (a), zweitens der Existenz der zum gespeicherten Frame passenden Merkmale in der beobachteten Situation (e), drittens der Abwesenheit von Störungen bei der Beobachtung der Situationsmerkmale (u) (Esser 2001: 270). Der Match eines Frames bewegt sich in einem Intervall von null (keinerlei Match) bis eins (perfekter Match). Die Modellierung als Interaktionseffekt bringt es mit sich, dass der Match eines Frames den Wert null annimmt, sobald eine der drei Komponenten null ist.

Zweitens geht Esser von *binär* strukturierten möglichen Frames und Skripten aus. Obwohl die Zahl der möglichen Frames und Skripte unendlich ist, stellt sich für einen Akteur immer nur die Frage, ob ein bestimmter Frame (oder ein bestimmtes Skript) zutrifft oder ob der *nächstbeste* Frame (oder das nächstbeste Skript) der Situation am besten entspricht (Esser 2001: 264 f.). Der Akteur wählt also nicht aus einer unendlichen Menge an Möglichkeiten, sondern beurteilt die Differenz des zunächst am plausibelsten erscheinenden Modells mit der nächstbesten Alternative. Diese ist im einfachsten Fall die Negation des zuerst gewählten Modells (bzw. Frames oder Skripts). Die FS-Theorie modelliert dann, wann es zu einer *Umorientierung* des ursprünglichen Frames bzw. Skripts kommt.

Wie erfolgt nun die Modell-Selektion (Frame, Skript) und die Modus-Selektion? Die Entscheidung wird mit Hilfe der Algorithmen der SEU-Theorie konzipiert. Für einen Akteur gilt entweder ein Modell i oder das Alternativmodell j (binäre Entscheidungsstruktur), wobei sich die Alternativen gegenseitig ausschließen. In der Logik der SEU-Theorie sind zwei Variablen determinierend, zum einen Bewertungen, zum anderen Erwartungen. Die Erwartung über die Geltung von Frame i entspricht dem Match m der „objektiven" Situation mit den gespeicherten, dem Akteur verfügbaren Ideen oder Repräsentationen an Situationsdefinitionen/Frames. Der alternative Frame j gilt wiederum – aufgrund der angenommenen dichotomen Entscheidungsstruktur – mit der Gegenwahrscheinlichkeit 1−m. Den Modellen i und j werden Bewertungen U_i und U_j zugeschrieben, die aus einer Orientierung am jeweiligen Modell resultieren. Es wird dann jener Frame aktiviert, dessen SEU-Gewicht aus Match („Modell-Geltung") und Bewertung („Modell-Nutzen") höher ist. Entsprechend kommt es genau dann zu einem „Reframing", also zu einem Wechsel des Bezugsrahmens, wenn gilt:

$$SEU(j) > SEU(i)$$
$$\Leftrightarrow (1-m) \cdot U_j > m \cdot U_i$$
$$\Leftrightarrow \frac{U_j}{U_i} > \frac{m}{1-m} \tag{18}$$

Die linke Seite der Formel bezeichnet Esser als „Reframing-Motiv", die rechte Seite als „Reframing-Schwelle". Wie leicht erkennbar ist, sinkt Letztere mit sinkendem Match m. Dies führt zunächst zu der trivial anmutenden Feststellung, dass mit sinkender Passung zwischen mental gespeicherter Situationsdefinition und beobachteten Situationsmerkmalen die Wahrscheinlichkeit steigt, einen alternativen Frame (oder ein alternatives Skript) heranzuziehen. Im Umkehrschluss bedeutet dies aber auch, dass es bei einem perfekten Match (m = 1) *nie* zu einem Reframing kommen wird, da die Reframing-Schwelle in diesem Fall gegen unendlich geht. Sofern eine Situation also klar definiert ist und sehr gut zu mental verfügbaren Schemata passt, wird der Akteur nicht nach einer alternativen Situationsdefinition suchen.[89]

Auch die Entscheidung, ob die Frame-Selektion im automatisch-spontanen oder im reflexiv-kalkulierenden Modus erfolgt, wird mit der SEU-Theorie modelliert. Da der Akteur im automatisch-spontanen Modus die erste Alternative wählt, die ihm in den Sinn kommt (also den Frame bzw. das Skript i) und über Alternativen (j) nicht nachdenkt, ist der Modellnutzen des as-Modus U_i, gewichtet – falls das Modell nicht perfekt zutrifft – mit dem Match m. Zu erklären ist also, warum und wann der Akteur in den rc-Modus wechselt. Zunächst gilt gemäß Gleichung (18) für den alternativen Frame die mit (1−m) gewichtete Auszahlung U_j. Der Akteur sieht, dass das Ausgangsmodell U_i offenbar nicht zur Situation passt, und zwar mit dem Grad des Matches m. Allerdings muss der alternative Frame j nicht nur mit dem Faktor (1−m) diskontiert werden, sondern auch mit der Wahrscheinlichkeit p, dass die Suche nach dem „richtigen" Frame auch tatsächlich zum Erfolg führt (Esser 2001: 272 f.). Somit kann der Erwartungsnutzen einer Reflexion im rc-Modus über die Geltung von j zunächst als $p(1-m)U_j$ ausgedrückt werden. Was passiert allerdings, wenn die Suche nach dem Alternativframe j nicht zum Ziel führt? In diesem Fall bleibt dem Akteur nach wie vor der Erwartungsnutzen des Ausgangsframes i, gewichtet mit dessen Match m sowie der Gegenwahrscheinlichkeit von (1−p). Zusätzlich müssen noch die Kosten der Reflexion C berücksichtigt werden. Somit erfolgt eine Reflexion (rc-Modus), wenn gilt:

---

[89] Die Modellierung der Skript-Selektion erfolgt analog zur Frame-Selektion und muss nicht gesondert dargestellt werden (vgl. Esser 2001: 269).

3.3 Frame-Selektionstheorie und Befragtenverhalten

$$SEU(rc) > SEU(as)$$
$$\Leftrightarrow p \cdot (1-m) \cdot U_j + (1-p) \cdot m \cdot U_i - C > m \cdot U_i \quad (19)$$
$$\Leftrightarrow (1-m) \cdot U_j - m \cdot U_i > \frac{C}{p}$$

Analog zum Reframing kann auch hier wieder der linke Teil der Gleichung als Reflexions-Motiv, der rechte Teil als Reflexion-Schwelle gesehen werden. Wieder spielt der Parameter m eine entscheidende Rolle: Bei einem perfekten Match (m = 1) kann es nicht zu einer reflexiv-kalkulierenden Frame- oder Skript-Selektion kommen, da in diesem Fall der linke Teil der Gleichung negativ wird und immer kleiner ist als die Reflexions-Schwelle: „Das wohl wichtigste Ergebnis dieser Modellierung der Selektion eines Bezugsrahmens ist, daß bei einem perfekten Match von Umgebungsobjekten und gedanklichen Rahmen die Situation in der Tat fest „definiert" ist und *nur* unter diesem Gesichtspunkt gesehen wird, und daß andere Dinge – Anreize, Alternativen, Möglichkeiten – *keine* Rolle spielen" (Esser 2001: 278; Herv. im Orig., F. W.). Daraus folgt außerdem, dass „eine elaborierte Informationsverarbeitung [...] *immer* von einem Mismatch eingeleitet wird" (Esser 2001: 276; Herv. im Orig., F. W.).

Die letzten Absätze haben die FS-Theorie in der Ursprungsversion von Esser präsentiert. Im Folgenden wird auf einige zentrale Modifikationen eingegangen, die v. a. von Kroneberg (2005) vorgebracht wurden und mittlerweile als von Esser akzeptiert gelten können (Esser 2010, Mayerl 2009: 181).

Ein erster Kritikpunkt des Esser-Modells bezieht sich auf die unzureichende Erklärung des Übergangs von der Frame-Selektion zum tatsächlichen Handeln. Damit verbunden ist der berechtigte Vorwurf, die Skript- und Handlungsselektion seien in der Version von Esser ungenügend berücksichtigt und modelliert (Kroneberg 2005: 349 f.). Zum zweiten wird der Vorwurf erhoben, die Modi der Informationsverarbeitung seien ebenfalls unzureichend expliziert; die Theorie von Esser entspräche damit nur einer Anwendung der RC-Theorie auf „innerliches Tun" (Kroneberg 2005: 349), da auch der as-Modus letztlich einer SEU-Logik folgt. Es gelte aber auch Handlungen zu erklären, in denen Nutzen *kein* Kriterium darstellt.[90] Entsprechend dieser Hauptkritikpunkte sind die zentralen Modifikationen in der Version von Kroneberg die Formulierung jeweils unterschiedlicher Entscheidungsregeln im as- und rc-Modus (die sich nicht mehr ausschließlich auf eine SEU-Logik stützen) (1), die explizite Modellierung der Skript- und Handlungsselektion als von der Frame-Selektion separate Prozesse

---

[90] Vgl. für eine detailliertere Darstellung dieser und zusätzlicher Kritikpunkte, die hier aus Platzgründen nicht ausführlicher diskutiert werden können, die Ausführungen bei Kroneberg (2005).

(2), sowie die Umformulierung der Modus-Selektion (3). Abbildung 4 soll die grundlegenden Zusammenhänge verdeutlichen.

Abbildung 4: Das erweiterte Modell der Frame-Selektionstheorie

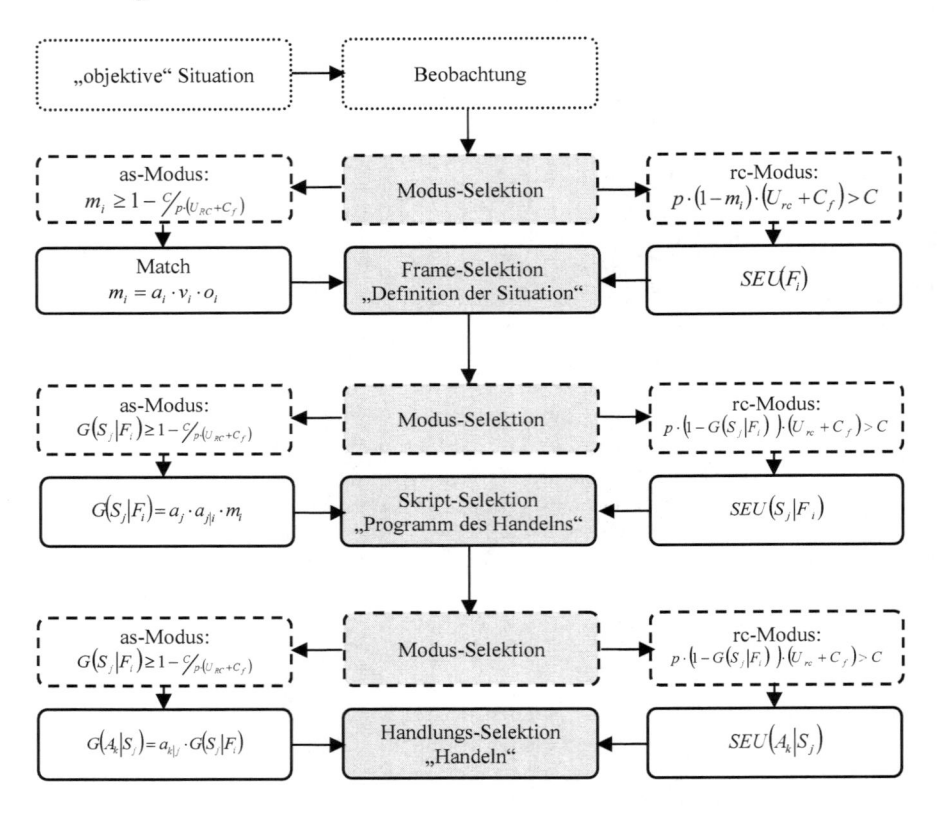

```
┌─────────────────────┐      ┌─────────────────────┐
│ "objektive" Situation│ ───▶ │    Beobachtung      │
└─────────────────────┘      └─────────────────────┘
                                       │
           ┌───────────────────────────┼───────────────────────────┐
           ▼                           ▼                           ▼
    ┌──────────────┐          ┌─────────────────┐        ┌──────────────────────────────┐
    │  as-Modus:   │ ◀─────── │ Modus-Selektion │ ──────▶│  rc-Modus:                   │
    │ m_i ≥ 1 - C/(p·(U_RC+C_f))│        └─────────────────┘        │ p·(1−m_i)·(U_rc+C_f) > C     │
    └──────────────┘                                      └──────────────────────────────┘
           │                                                           │
           ▼                                                           ▼
    ┌──────────────┐          ┌───────────────────────┐    ┌──────────────┐
    │    Match     │ ───────▶ │   Frame-Selektion     │ ◀──│   SEU(F_i)   │
    │ m_i = a_i·v_i·o_i │      │ "Definition der Situation" │  └──────────────┘
    └──────────────┘          └───────────────────────┘
                                       │
           ┌───────────────────────────┼───────────────────────────┐
           ▼                           ▼                           ▼
    ┌──────────────────┐      ┌─────────────────┐        ┌────────────────────────────────┐
    │   as-Modus:      │ ◀─── │ Modus-Selektion │ ──────▶│  rc-Modus:                     │
    │ G(S_j|F_i) ≥ 1 − C/(p·(U_RC+C_f))│  └─────────────────┘        │ p·(1−G(S_j|F_i))·(U_rc+C_f)>C  │
    └──────────────────┘                                  └────────────────────────────────┘
           │                                                           │
           ▼                                                           ▼
    ┌──────────────────────┐  ┌─────────────────────┐    ┌──────────────────┐
    │ G(S_j|F_i)=a_j·a_{j|i}·m_i │ ▶│  Skript-Selektion   │ ◀│ SEU(S_j|F_i)     │
    └──────────────────────┘  │ "Programm des Handelns"│  └──────────────────┘
                               └─────────────────────┘
                                       │
           ┌───────────────────────────┼───────────────────────────┐
           ▼                           ▼                           ▼
    ┌──────────────────┐      ┌─────────────────┐        ┌────────────────────────────────┐
    │   as-Modus:      │ ◀─── │ Modus-Selektion │ ──────▶│  rc-Modus:                     │
    │ G(S_j|F_i) ≥ 1 − C/(p·(U_RC+C_f))│  └─────────────────┘        │ p·(1−G(S_j|F_i))·(U_rc+C_f)>C  │
    └──────────────────┘                                  └────────────────────────────────┘
           │                                                           │
           ▼                                                           ▼
    ┌──────────────────────┐  ┌─────────────────────┐    ┌──────────────────┐
    │ G(A_k|S_j)=a_{k|j}·G(S_j|F_i) │▶│ Handlungs-Selektion │ ◀│ SEU(A_k|S_j)     │
    └──────────────────────┘  │      "Handeln"      │    └──────────────────┘
                               └─────────────────────┘
```

Erläuterungen: Der Match m_i entspricht der Passung eines gespeicherten mentalen Modells (Frames) zur Situation. $m_i = a_i \cdot v_i \cdot o_i$ mit a_i = Grad der mentalen Verankerung des Frames, v_i = Stärke der mentalen Verknüpfung zwischen den Situationsobjekten und dem Frame, o_i = Grad des Vorhandenseins der framerelevanten Objekte in der beobachteten Situation. C = Reflexionskosten, z. B. kognitiver Aufwand, Zeit. p = subjektive Reflexionsopportunitäten. U_{rc} = durch die Wahl des Alternativframes realisierter Nutzen. C_f = Kosten einer „falschen" Situationsdefinition. F, S, A = Zur Disposition stehende(r/s) Frame, Skript und Handlung. a_j = Grad der mentalen Verankerung des Skriptes. $a_{j|i}$ = Grad der mentalen Verbundenheit des Skriptes j mit dem Frame i. $a_{k|j}$ = Grad der Regelung einer Handlungswahl durch das Skript j.
Quelle: Eigene Darstellung in Anlehnung an Esser (2001: 268) und Kroneberg (2005: 348).

3.3 Frame-Selektionstheorie und Befragtenverhalten

Generell und Modifikation (2) betreffend werden nunmehr die Frame-, Skript- und Handlungsselektion als drei separate und zeitlich aufeinander folgende Prozesse modelliert. Klarer wird nun, dass beispielsweise auf eine Frame-Selektion im as-Modus auch eine Skriptselektion im rc-Modus folgen kann und umgekehrt. Bezüglich Modifikation (1) erfolgt die Frame-, Skript- und Handlungsselektion im rc-Modus wie in der herkömmlichen RC-Theorie nach den Regeln der SEU-Theorie (vgl. oben). Grundlegend überarbeitet wurde die Selektion im as-Modus. Selegiert wird nicht mehr mit Hilfe einer SEU-Heuristik, sondern nur noch mit Hilfe des Matches. Gewählt wird zunächst der Frame mit der höchsten Passung, dem Match m_i. Letzterer besteht wie bei Esser aus einer multiplikativen Verknüpfung dreier – leicht veränderter – Komponenten (vgl. Abbildung 4). Für die Skriptselektion muss zusätzlich zum Match noch das Skript im Gehirn verankert sein (a_j) und jenes Skript mit dem gewählten Frame mental verbunden sein ($a_{j|i}$). Für die Handlungsselektion muss darüber hinaus noch ein positiv ausgeprägter Grad der Regelung einer Handlungswahl durch das Skript j vorliegen ($a_{k|j}$). Jeder dieser drei Selektionen ist wiederum die Wahl eines bestimmten Modus der Informationsverarbeitung vorgelagert. Diese erfolgt nunmehr (Modifikation (3)) nach leicht veränderten Regeln. Die Reflexionsbedingung, also die Wahl des rc-Modus, erfolgt, „wenn der Nutzen dieser Aktivität die Reflexionskosten C übersteigt" (Kroneberg 2005: 355). Hierbei bildet der Parameter p die wahrgenommenen Reflexionsopportunitäten ab. Dieser wird gewichtet mit der Gegenwahrscheinlichkeit $1-m_i$, dass ein alternativer Frame gilt, sowie den Nutzenkomponenten U_{RC} (Nutzen der Wahl des Alternativframes) und C_f (Kosten einer „falschen" Situationsdefinition). Für die Wahl des as-Modus gilt jeweils für die Frame-, Skript- und Handlungsselektion, dass unterschiedliche Arten des Matches größer oder gleich eins minus der Reflexionskosten geteilt durch den mit den Reflexionsopportunitäten gewichteten Nutzen des rc-Modus sein müssen (Kroneberg 2005: 354 f.):

$$m_i \geq 1 - \frac{C}{p \cdot (U_{RC} + C_f)}$$
$$G(S_j|F_i) = a_j \cdot a_{j|i} \cdot m_i \geq 1 - \frac{C}{p \cdot (U_{RC} + C_f)} \quad (20)$$
$$G(A_k|S_j) = a_{k|j} \cdot a_j \cdot a_{j|i} \cdot m_i \geq 1 - \frac{C}{p \cdot (U_{RC} + C_f)}$$

Erläuterungen: Vgl. für die Erklärung der Parameter die Erläuterungen zu Abbildung 4.

Kroneberg betont drei Dinge zu den oben stehenden Gleichungen. Erstens zeigt sich, dass die Anforderungen, im automatisch-spontanen Modus zu verbleiben, von der Frame- bis zur Handlungsselektion zunehmen, da der linke Teil der Gleichung immer voraussetzungsreicher wird (und der rechte Teil gleich bleibt). Die letzte Gleichung (Handlungsselektion) läuft auf eine Sechsfach-Interaktion hinaus. Zweitens jedoch kann nun gerade das wichtige Ziel der FS-Theorie, die Erklärung von automatisch-spontanen Handlungen ohne Berücksichtigung alternativer Handlungsmöglichkeiten, eingelöst werden: Wenn nämlich die Parameter der Sechsfachinteraktion tatsächlich alle vorhanden sind, also die „Akteure ein Skript stark verankert haben, bestimmt dieses ihr Handeln und sie sind daher kurzfristig „immun" gegenüber anderen Alternativen und Anreizen. [...] Spezifischer lässt sich folgern, dass Akteure umso eher automatisch-spontan nach einem bestimmten Skript S_j handeln, je eindeutiger die Situation definiert worden ist (m_i), je eindeutiger der Akteur mit einer derartigen Situation ein bestimmtes Programm des Handelns verbindet ($a_{j|i}$), je stärker er dieses Skript mental verankert hat (a_j) und je stärker es das fragliche Handeln regelt ($a_{k|j}$)" (Kroneberg 2005: 358). Drittens ergibt sich für eine empirische Überprüfung die Forderung, v. a. die Verankerung von Frames und Skripten valide zu messen. Kroneberg betont diesbezüglich auch, dass der rechte Teil aus obigen Gleichungen wohl nur schwer messbar ist, aber die Annahme vertreten werden kann, dass dieser für alle Individuen „nahezu konstant" (Kroneberg 2005: 358) ist. Dennoch ergeben sich einige plausible Brückenhypothesen bezüglich der RRT. Diese und weitere Hypothesen bezüglich der Anwendung der FS-Theorie auf das Befragtenhandeln sind Gegenstand des nun folgenden Abschnitts.

3.3.2 Befragtenverhalten nach der Frame-Selektionstheorie

Wie bereits erwähnt, liefert Stocké (2004) eine erste Ausarbeitung bzw. Anwendung der FS-Theorie auf das Befragtenverhalten. Der Autor verwendet allerdings nur einen Teil der Theorie, konzentriert sich auf die Selektion alternativer Frames oder Situationsdefinitionen und klammert die Modusselektion aus. Inhaltlicher Aufhänger sind hier – wie bereits in Unterkapitel 2.2 dargestellt – Antworteditierungen durch Anreize sozialer Erwünschtheit bei Einstellungsfragen zu Ausländern. Argumentiert wird, dass durch bestimmte Situationsdefinitionen (Framing) die Anreize sozialer Erwünschtheit ausgeschaltet werden. Demnach liegen für Befragte zwei alternative Situationsdefinitionen vor. Zum einen steht eine „konformistische", an der „sozialen Realität im Interview orientierte Befragtenrolle" (Stocké 2004: 306) zur Disposition. Hier orientiert sich die Interviewsituation am Oberziel der Erlangung sozialer Anerkennung. Zum anderen

3.3 Frame-Selektionstheorie und Befragtenverhalten

kann der Befragte die Situation aber auch unter dem Oberziel der Kooperation rahmen, in der es v. a. um die Unterstützung der Umfrage durch korrekte Antworten geht. Als Determinanten der Frame-Selektion werden positive Umfrageeinstellungen, die kognitiv stark verankert sein müssen, herangezogen. Die beiden Bedingungsfaktoren sind somit multiplikativ miteinander verknüpft.[91] Wenn die entsprechenden Einstellungen vorliegen *und* kognitiv stark verankert sind, so die Hypothese, wird der kooperative Frame aktiviert und etwaige Anreize durch soziale Erwünschtheit werden ausgeschaltet. Umgekehrt gilt: Je eher die Situation unter einem konformistischen Oberziel definiert wird, umso stärker wirken sich Anreize durch soziale Erwünschtheit aus.

Die FS-Theorie entspricht somit einer Erweiterung des RC-Modells des Befragtenverhaltens. Die Dreifachinteraktion zwischen SD-Neigung, SD-Belief und Wahrnehmbarkeit der Antworten gilt dann nur, wenn ein konformistischer Befragungsframe vorliegt. Dies ist der Fall, wenn einer der Parameter m_{KOOP} oder m_{VANK} den Wert null annimmt, also nicht vorhanden ist. In der Notation von Stocké (2004: 307) wäre somit die „Gesamtdominanz $D(M_{KONF})$ einer konformistischen Situationsorientierung":

$$D(M_{KONF}) = (1-m) \cdot SEU(SD)$$
$$mit \ m = m_{KOOP} \cdot m_{VANK} \quad (21)$$

Operationalisiert werden die beiden Variablen wie folgt: Die positiven Umfrageeinstellungen werden mittels einer Itembatterie zu Umfrageeinstellungen erhoben (survey attitude scale, mehr dazu in Abschnitt 4.1.2 und 5.1.1). Die Itembatterie enthält Fragen zu Nutzen, Verlässlichkeit und Belastungen durch Umfragen. Die Verankerung dieser Einstellungen wird durch zwei alternative Instrumente gemessen. Zum einen wird die Umfrageerfahrung der Befragten (Zahl der bisher absolvierten Interviews) herangezogen, zum anderen die Antwortlatenz bei der Beantwortung der Fragen zu Umfrageeinstellungen (für Details Stocké 2004: 310 f.). In den Ergebnissen der Studie zeigt sich, dass der erstgenannte Indikator das bessere Messinstrument darstellt.

Die empirischen Befunde Stockés unterstützen dessen Framing-These. Auch die Messung der Verankerung von Frames (und Skripten) durch die Umfrageerfahrung stellt einen wichtigen Fortschritt dar. Dennoch muss, wie auch

---

[91] Die beiden Variablen werden zudem auf einen Wertebereich von null bis eins festgelegt. Somit gilt für die kooperative Orientierung m eines Befragten, dass m = m_{KOOP} · m_{VANK}. Hierbei ist m_{KOOP} der Grad der positiven Umfrageeinstellungen eines Befragten; m_{VANK} der Grad, wie diese Umfrageeinstellungen in der Identität des Akteurs verankert sind. Die als Gegenwahrscheinlichkeit interpretierbare konformistische Orientierung wäre somit als (1 − m) zu definieren (vgl. Stocké 2004: 306f.).

durch andere Autoren schon geschehen (z. B. Kroneberg 2005: 345), kritisiert werden, dass nur eine stark eingeschränkte Version der FS-Theorie angewandt wird, in der die Modusselektion außen vor bleibt. Eine diesbezügliche Frage ist, ob Befragtenverhalten neben variierender Situationsdefinitionen auch davon abhängt, ob automatisch-spontan oder reflexiv-kalkulierend agiert wird. Auch die Rolle der RRT muss spezifiziert werden. Zu diesen Punkten sollen im Folgenden einige grundlegende Annahmen entwickelt werden.

Eine erste Orientierungshypothese lautet, dass der Match m_i zwischen „objektiver" Interviewsituation und gespeicherten mentalen Modellen variieren kann. „Eingefahrene" Befragte mit ausgeprägter Umfrageerfahrung werden z. B. eher eine Passung zwischen Interviewsituation und mentalem Modell erreichen als „Umfrageneulinge". Variiert nun der Match, betrifft dies zwei Faktoren. Zum einen variiert die Wahrscheinlichkeit eines „Reframing" (vgl. Gleichung (18)) nach dem Match m_i. Beispielsweise werden erfahrene Befragte bei Standardfragen seltener nach einer (alternativen) Situationsdefinition suchen als Befragte ohne Umfrageerfahrung. Dies kann sich sowohl auf den Frame, als auch auf das Handlungsskript beziehen. Zum anderen beeinflusst der Match auch die Wahrscheinlichkeit, ob ein Befragter das Framing und sein Antwortverhalten automatisch-spontan oder aber reflexiv-kalkulierend vornimmt. Wird die Antwort also automatisch gegeben oder über die „beste" Antwort nachgedacht? Diese Annahme lässt sich nicht zuletzt aus der Diskussion um „Habits" oder „Response Sets" begründen, die auch theoretisch als für Befragtenverhalten bedeutend erachtet werden (Esser 1990, 1993).

Weitere Annahmen betreffen speziell den Effekt der RRT. Erstens ist es sehr plausibel anzunehmen, dass nahezu immer $m_i(RRT) < m_i(DQ)$ gilt: Der Match einer Befragungssituation im RRT-Modus ist c. p. in den meisten Fällen geringer als jener im direkten Modus, da kaum ein Befragter die Spezialtechnik kennt und somit auch kein mentales Abbild der Interviewsituation existiert. Daraus folgt wiederum, dass Befragte im RRT-Modus eher nach alternativen Situationsdefinitionen suchen werden als im direkten Fragemodus (Reframing) und dies eher im rc-Modus geschieht als im as-Modus (Moduswechsel). *Gleichzeitig* jedoch sind die Reflexionskosten im RRT-Modus höher als im direkten Modus. Und auch die antizipierte Wahrscheinlichkeit, durch Reflexion zu einem „besseren" Alternativframe zu kommen, dürfte niedriger sein (vgl. die Formeln rechts im Kroneberg-Modell, Abbildung 4). Diese Annahmen können damit begründet werden, dass Befragte, die die Technik nicht kennen, diese erst verstanden und „durchdrungen" haben müssen, um zu einem treffenden Urteil zu gelangen. Ebenso weist die Fragetechnik einen gewissen Grad an Komplexität auf, der erfordert, dass Befragte kognitive Leistungen aufbringen müssen, um die Technik nachzuvollziehen. Einfacher ausgedrückt bedeutet dies alles: Die RRT stellt

3.3 Frame-Selektionstheorie und Befragtenverhalten 157

Befragte zunächst zumindest tendenziell vor eine undefinierte, unklare Situation mit niedrigem Match. Normalerweise könnte dieses Problem durch Reflexion gelöst werden, was jedoch durch die zumindest dem ersten subjektiven Eindruck nach hohen Reflexionskosten und einer unklaren Erfolgswahrscheinlichkeit konterkariert wird. Die Hypothese lautet also erstens, dass Befragte, bei denen dies zutrifft, nunmehr dennoch im as-Modus nach alternativen Definitionen suchen und sozusagen den nächstbesten Frame definieren, der im as-Modus verfügbar ist. Wichtig ist, dass dieser „notgedrungen" im as-Modus definierte Frame bzw. Skript etwas anderes ist, als eine im direkten Fragemodus as-definierte Situation: Während hier die Befragten automatisch handeln, *weil* die Situation bekannt ist, erfolgt ein Agieren im as-Modus bei der RRT, *obwohl* die Situation unbekannt ist, da eine Reflexion sich zumindest subjektiv nicht „lohnt". Zweitens ist zu vermuten, dass dieser Zusammenhang nicht für alle Befragten gleichermaßen gilt. Vielmehr ist im RRT-Modus anzunehmen, dass der antizipierte Reflexionsaufwand und die Erfolgswahrscheinlichkeit nach den Ressourcen eines Befragten, die für eine Reflexion zur Verfügung stehen, variieren. Befragte, die „neue" Situationen schnell durchdringen und eine hohe Auffassungsgabe haben, werden weniger „abgeschreckt" als solche mit geringer Auffassungsgabe oder kognitiver Kapazität. Eine naheliegende Operationalisierung hierfür wäre der *Bildungsstand* eines Befragten. Somit ergäbe sich die Hypothese, dass ein positiver Zusammenhang besteht zwischen Bildung und der Wahrscheinlichkeit, die RRT-Prozedur im rc-Modus zu verarbeiten. Was dies inhaltlich bedeutet, wird weiter unten erörtert.

Auch in der FS-Theorie geht es letztendlich darum, zu erklären und zu prognostizieren, warum bzw. wann Befragte wahrheitsgemäß antworten und wann nicht. Konkret soll in dieser Arbeit theoretisch erklärt werden, warum Befragte, die eine Straftat begangen haben, auf die entsprechende Interviewfrage korrekt oder leugnend antworten. Somit stellen sich zwei Fragen: Erstens gilt es zu klären, welcher Reflexionsmodus eher wahre Antworten begünstigt: Führt eher automatisch-spontanes oder eher reflexiv-kalkulierendes Agieren zu verzerrten Antworten? Oder umgekehrt: Heißt beispielsweise, spontan zu antworten, automatisch die Wahrheit zu sagen oder automatisch eine SD-Antwort zu geben? Zweitens, ist ein Reframing eher mit einer abweichenden Antwort gleichzusetzen (also mit einer neuen Situationsdefinition, die nun die abweichende Antwort nahelegt) oder setzt eine wahre Antwort gar ein Reframing voraus? Anders ausgedrückt stellt sich die Frage nach dem *Inhalt* der zur Disposition stehenden Frames. Wie oben dargestellt, schlägt Stocké (2004) diesbezüglich die Alternativen „konformistischer" versus „kooperativer" Frame vor. Dies ist insofern kritisierbar, als erstens diese Annahme nirgendwo hergeleitet wird und insofern dem Vorwurf der Beliebigkeit Vorschub leistet sowie zweitens letztlich wieder auf den Reduktionismus der sozialen Erwünschtheit als einzigem Grund für Antwortverzerrungen bei heiklen Fragen hinausläuft.

Zu Frage 1: Die Bedeutung des Modus der Informationsverarbeitung

Zunächst zur ersten Frage, die sich glücklicherweise relativ einfach beantworten lässt. Hier liegen den *direkten Fragemodus betreffend* Befunde vor, die belegen, dass es sich bei „Erwünschtheitsantworten" nicht um automatisch-spontane Antworten handelt, sondern Befragte die wahre Antwort bewusst editieren: Holtgraves (2004) berichtet Experimente, in denen systematisch der Grad von Anreizen sozialer Erwünschtheit variiert und die Antwortlatenz der Befragten gemessen wurde. Letztere war in den Experimentalkonstellationen mit den höchsten Erwünschtheitsanreizen am höchsten. Die Ergebnisse deutet Holtgraves als Beleg, dass verzerrte (Erwünschtheits-) Antworten ein absichtlicher Vorgang sind (längeres Nachdenken), der die wahre Antwort evaluiert und mit einer potenziell abweichenden erwünschten Antwort vergleicht sowie anschließend editiert (Holtgraves 2004: 169). Der Hintergrund dieser Deutung ist ein kognitives Ablaufmodell der Beantwortung einer Frage, welches in der psychologischen Befragtenforschung relativ unumstritten ist (Sudman/Bradburn/Schwarz 1996: 56). Demnach umfasst die Beantwortung einer Frage fünf Schritte (vgl. Groves et al. 2004 für ein ähnliches vierstufiges Modell): Im ersten Schritt muss ein Befragter die Frage verstehen und interpretieren (1) und danach in einem zweiten Schritt die betreffenden Informationen aus dem Gedächtnis abrufen (2). Im dritten Schritt erfolgt beispielsweise bei Einstellungsfragen die Meinungsbildung, bei Verhaltensfragen der Abgleich des Verhaltens mit der Frage (3).[92] Schließlich muss die Antwort noch formatiert werden (beispielsweise auf eine Antwortskala eingeordnet werden) (4). Im letzten Schritt erfolgt dann eine mögliche Antworteditierung (5). Die Holtgraves-Befunde belegen nun, dass es sich bei „Erwünschtheitsantworten" tatsächlich um diesen Editierungprozess handelt und Befragte *nicht*, nachdem sie die Frage gehört haben, sofort die „Erwünschtheitsantwort" suchen und automatisch, ohne Evaluation der eigenen „richtigen" Antwort, die Frage beantworten.

Insgesamt können diese Ergebnisse als Indiz gewertet werden, dass im direkten Fragemodus eine verzerrte Antwort mehr Reflexion voraussetzt als eine wahre Antwort, weil der wahre Wert bewusst editiert wird. Aus welchen konkreten Gründen eine Antwort verändert wird, erscheint daher auch irrelevant, auch wenn sich Holtgraves (2004) nur auf SD-motivierte Editierungen bezieht. Ent-

---

[92] Sudman, Bradburn und Schwarz (1996: 57) verweisen z. B. darauf, dass in diesem Schritt bei zeitraumbezogenen Fragen überprüft werden muss, ob das eigene Verhalten tatsächlich in den erfragten Zeitraum fällt.

sprechend kann angenommen werden, dass eine Informationsverarbeitung im as-Modus eher zu wahren Antworten führt als eine im rc-Modus. Sicherlich muss der rc-Modus keinesfalls immer zu Misreporting führen und ebenso kann in bestimmten Fragekonstellation ein Befragter auch im as-Modus eine „Erwünschtheitsantwort" geben. Zudem ist die Unterscheidung der zwei Modi ohnehin eine vereinfachende idealtypisierende Lösung, die in der Realität eher in Form eines Kontinuums des Elaborationsgrades vorliegen dürfte. Hierauf wurde bereits oben (Fußnote 84) hingewiesen. Vielmehr soll argumentiert werden, dass sich aus der FS-Theorie die Hypothese ergibt, dass *tendenziell* das Geben einer wahren Antwort automatischer geschieht als das Geben einer verzerrten Antwort.

Welche Hypothesen können aus dem Gesagten hergeleitet werden? Zunächst ergibt sich als Messhypothese, dass eine Informationsverarbeitung im rc-Modus mehr Zeit in Anspruch nimmt als eine im as-Modus. Daher soll im Folgenden der Modus der Informationsverarbeitung durch die Antwortlatenz operationalisiert werden. Als empirisch testbare Hypothese ergibt sich dann, dass im DQ-Modus ein negativer Zusammenhang zwischen der Antwortdauer und der Wahrscheinlichkeit, wahrheitsgemäß zu antworten, nachweisbar sein müsste.

Bereits oben wurde darauf hingewiesen, dass dem Modus der Informationsverarbeitung bei Einsatz der RRT eine andere Bedeutung zukommt als bei direkter Abfrage: Grundsätzlich begünstigt die RRT wegen eines annahmegemäß geringen Matches m_i ein reflexiv-kalkulierendes Agieren, setzt jedoch hierfür höhere Hürden als der direkte Fragemodus. Gleichzeitig jedoch kann argumentiert werden, dass für ein wahrheitsgemäßes Antworten die Fragetechnik durchdrungen und verstanden sein muss, zumindest in einem gewissen Maße. Somit setzt ein Erfolg der Technik ein Agieren im rc-Modus voraus. Bezieht man dies auf die Antwortlatenz, ergibt sich folglich die dem direkten Fragemodus entgegengesetzte Hypothese, dass eine längere Antwortdauer eher eine Informationsverarbeitung im rc-Modus bedeutet und somit ein positiver Zusammenhang zwischen Antwortlatenz und wahren Antworten beobachtbar sein müsste. Warum aber ist entgegen dem direkten Modus zu erwarten, dass bei der RRT eine Aktivierung des as-Modus eher zu verzerrten Antworten führt? Die Argumentation ist wie folgt: Eine Situationsdefinition im as-Modus *muss* sich, da kein Match vorhanden ist, auf einen anderen, alternativen oder dritten Frame (oder ein entsprechendes Skript) beziehen, der in diesem Fall meist ein konformistischer oder SD-Frame im Stockéschen Sinne sein wird. Ein „as-Wahrheitsframe" (ebenfalls im Stockéschen Sinne) steht bei der RRT nicht zur Verfügung. Anders ausgedrückt werden jene Befragte, die eine reflexiv-kalkulierende Durchdringung der RRT nicht vornehmen, eher ermuntert, spontan die „Erwünschtheitsantwort" zu geben. Zusammengefasst ergibt sich also, dass der Modus der Informationsverarbeitung und somit auch die Antwortlatenz im RRT-Modus genau *umgekehrt* wirken müsste als im DQ-Modus.

Tabelle 15 fasst die zentralen Hypothesen zusammen. Obwohl hier ausschließlich auf Misreporting durch Anreize sozialer Ewünschtheit rekurriert wird, ließe sich die Argumentation grundsätzlich auch auf andere „Misreporting-Motive" (wie z. B. Angst vor materiellen Sanktionen) anwenden.

Tabelle 15: Die Bedeutung des Modus der Informationsverarbeitung im direkten und RRT-Modus

	Modus der Informationsverarbeitung	
	automatisch-spontan (as)	*reflexiv-kalkulierend (rc)*
Direkter Fragemodus	Aktivierung des „Wahrheitsframes", da Antworteditierungen Reflexion voraussetzen (Holtgraves-Befunde).	Mehr Antworteditierungen als im as-Modus
RRT-Modus	SD-Antwort, da kein Match vorhanden ist und die RRT für eine „wahre" Antwort Reflexion voraussetzt. Daher wird bei Nicht-Reflexion ein alternativer Frame definiert.	Verständnis der Technik und wahrheitsgemäßes Antworten. *Oder:* Verständnis der Technik und SD-motivierte „sichere" „Erwünschtheitsantwort"

Quelle: Eigene Darstellung.

Dem aufmerksamen Leser wird aufgefallen sein, dass ein Aspekt aus Tabelle 15 bisher nicht erörtert wurde. So ergeben sich für den rc-Modus bei Einsatz der RRT nach dem, was in Abschnitt 3.2.2 behandelt wurde, zwei konkurrierende Hypothesen in Verbindung mit SD-Anreizen. Sofern davon ausgegangen wird, dass die Aufdeckwahrscheinlichkeit p_a und die damit verbundenen Kosten C_L bei Befragten mit hohen SD-Anreizen eine Rolle spielen, kann argumentiert werden, dass ein Verständnis der RRT zur Einsicht führt, dass man nun vor Aufdeckung geschützt sei. Insofern können diese Befragten, nachdem sie die Technik im rc-Modus definiert und durchschaut haben, ihre SD-Antwort mit großer Sicherheit geben. Somit ergibt sich aus der FS-Theorie ein weiterer Hinweis, welcher das generell eher schlechte Abschneiden der RRT erklären könnte: Ein „Gelingen" der Technik setzt voraus, dass der Akteur reflexiv-kalkulierend agiert (was im DQ-Modus nicht der Fall ist). Aber selbst wenn dies der Fall ist, kann die Wirkung der Fragetechnik genau entgegengesetzt zur intendierten Wirkrichtung sein, wenn das Argument aus der RC-Theorie zutrifft. Daher lässt sich auch aus der FS-Theorie herleiten, dass mögliche verzerrende Effekte aus SD-Anreizen im RRT-Modus *stärker* wirken als im direkten Fragemodus.

3.3 Frame-Selektionstheorie und Befragtenverhalten

Bisher wurde ein weiterer Punkt außen vor gelassen. Implizit wurde bis auf den Fragemodus (DQ vs. RRT) nicht auf „äußere" Situationsmerkmale eingegangen, die den Prozess des Framings ja ebenfalls entscheidend beeinflussen. Als wichtige Determinante erscheint hier – wie bereits oben erwähnt – der Interviewer mit seinen Charakteristika und seinem Verhalten. In der oben angewandten Logik, nach der das Befragtenverhalten v. a. durch die *Inhalte der Frames und Skripte* sowie durch den *Reflexionsmodus* determiniert wird, müsste also nach der Rolle des Interviewers für die zwei genannten Verhaltensdeterminanten gefragt werden. Ebenso ist natürlich auch der Interviewer ein Akteur, dessen Verhalten einer FS-Theorie-Erklärung zuführbar sein müsste. Ich werde mich hier aus Stringenz- und Platzgründen nur auf einen ausgewählten Aspekt, der unmittelbar die RRT betrifft, beschränken. Eine ausführlichere Ausarbeitung weiterer Punkte stellt ein Desiderat für künftige Arbeiten dar.

Ausgangspunkt der folgenden Argumentation ist die Annahme, dass nicht nur die Erfahrung des Befragten (sei es durch einen höheren Match oder die Umfrageerfahrung im Sinne der Stocké-Argumentation), sondern auch jene des Interviewers eine Rolle spielen. Konkret geht es um die naheliegende Vermutung, dass die *Lerngeschichte* des Interviewers, also dessen Erfahrung in der aktuellen Umfrage, positiv mit einer Reflexion im as-Modus korreliert: Je mehr Interviews ein Interviewer durchgeführt hat, desto eher kann er Befragungssituationen einordnen, desto höher ist der Match und desto eher wird er automatisch-spontan handeln. Dieser Zusammenhang dürfte gerade im RRT-Modus besonders ausgeprägt sein, da hier genauso wie bei den Befragten davon ausgegangen werden kann, dass er die Technik vorher nicht kannte und dementsprechend keinerlei Match vorhanden sein kann. Umgekehrt heißt dies natürlich, dass bei den ersten Interviews die Situation vom Interviewer eher im rc-Modus abgehandelt wird. Wird nun davon ausgegangen, dass die Situationsdefinition zumindest teilweise wechselseitig zwischen Interviewer und Befragtem „geregelt" oder „ausgehandelt" wird,[93] ergibt sich die Folgerung, dass die Situationsdefinition des Interviewers und konkreter dessen Modus der Informationsverarbeitung dem Befragten Anhaltspunkte gibt, wie die Situation zu definieren ist. Anders ausgedrückt lässt sich die Hypothese aufstellen, dass ein as-Agieren des Interviewers dem Befragten ebenfalls ein as-Agieren nahelegt oder – schwächer formuliert – die Wahrscheinlichkeit erhöht, dass der Befragte die Situation ebenfalls im as-Modus definiert. Gleiches gilt umgekehrt dann auch für den rc-Modus. Sollte somit der Informationsverarbeitungsmodus des Interviewers zumindest partiell jenen des Befragten determinieren, kann theoretisch für die Validität der Ant-

---

[93] Hinweise darauf liefert beispielsweise das Konzept der „doppelten Kontingenz", welches hier allerdings nicht vertieft werden soll.

worten (im Zusammenhang mit dem im aktuellen Abschnitt Gesagten) Folgendes erwartet werden:

Tabelle 16: Auswirkungen des Informationsverarbeitungsmodus des Interviewers auf die Wahrscheinlichkeit valider Antworten

	Modus der Informationsverarbeitung des Interviewers	
	automatisch-spontan (as)	*reflexiv-kalkulierend (rc)*
Direkter Fragemodus	positiv	negativ
RRT-Modus	negativ	positiv

Quelle: Eigene Darstellung.

Im direkten Fragemodus wirkt sich gemäß den oben entwickelten Hypothesen ein automatisch-spontanes Agieren positiv auf die Validität der Antworten aus, wohingegen im RRT-Modus das Gegenteil gilt. Dies ist noch keine große Neuerkenntnis, jedoch kann so eine zunächst kontraintuitive Hypothese deduziert werden, wenn ein positiver Zusammenhang zwischen Interviewererfahrung (Lerngeschichte) und as-Informationsverarbeitung angenommen wird. Dann nämlich folgt für den RRT-Modus, dass mit steigender Erfahrung die Validität der Antworten *abnehmen* wird. Anders ausgedrückt würden unerfahrene „Interviewerneulinge" *gerade* bei Einsatz der RRT die „besseren" Interviewer darstellen als geübte, erfahrene Interviewer. Weiterhin vermuten lässt sich, dass für den direkten Modus entweder ein umgekehrter Effekt gilt (je mehr Erfahrung, desto eher as-Modus beim Interviewer und in der Situationsdefintion des Befragten, was sich positiv auf die Validität auswirkt), oder aber sich kein Einfluss nachweisen lässt. Die letzte Vermutung ergibt sich daraus, dass die Erfahrung in der konkreten Erhebung bei der RRT präsumtiv eine größere Rolle spielt (am Anfang ist kein Match vorhanden) als im direkten Fragemodus. Die empirisch zu testende Hypothese lautet, auf den Punkt gebracht, dass im RRT-Modus ein negativer Zusammenhang zwischen Lerngeschichte des Interviewers und validen Antworten nachweisbar sein müsste. Im DQ-Modus müsste sich entweder kein oder ein positiver Effekt nachweisen lassen.

Zu Frage 2: Die Bedeutung der „Inhalte" von Frames und Skripten

Die zweite zentrale Frage war jene nach den Inhalten von Frames (und Skripten). Welche Frames stehen zur Disposition bzw. können „definiert" werden? Und: Macht es überhaupt Sinn, nach (ideal)typischen Frames (und Skripten) zu suchen oder ist deren Zahl angesichts der mannigfaltigen Unterschiede zwischen Befragten, deren Sozialisation und Lerngeschichten überkomplex und daher nicht typisierbar? Dieses Problem entspricht im Grunde genommen der Frage nach Nutzenkomponenten und Zielen in der RC-Theorie, die oben (Abschnitt 3.2.2 und 3.2.3) offengelassen wurde mit dem Versprechen, sie im Rahmen der FS-Theorie zu „lösen". Dieser Kreis schließt sich nun. Das Problem ist – nebenbei bemerkt – ein generelles Problem erklärender Handlungstheorien und besteht in der Frage, woher Präferenzen kommen bzw. wie diese entstehen. Anders formuliert: (Wie) Lassen sich unabhängige Variablen der Handlungstheorien „erklären" (Opp 2009)?

Es bestehen (mindestens) drei Wege, diesem Problem nachzugehen. Der erste und naheliegendste Weg wäre, die Inhalte von Frames und Skripten direkt bei den Befragten zu messen und so – im Idealfall – zu einer Typologie zu gelangen. Dies ist generell (wenn überhaupt) nur sehr schwer, und im Rahmen dieser Arbeit überhaupt nicht möglich. Wie bereits erwähnt (Fußnote 87), stellt dieses Manko m. E. auch einen der Hauptschwachpunkte der gesamten FS-Theorie dar. Der zweite und einfachste Weg ist, die Frage durch (Brücken-) Annahmen zu lösen. Dies tut beispielsweise Stocké mit seiner dichotomisierenden Unterscheidung von konformistischen und kooperativen Situationsdefinitionen. Allerdings haben diese Annahmen, so wie sie bei Stocké eingeführt werden, allenfalls eine alltagstheoretische und keine soziologische Fundierung. Der dritte Weg, der hier beschritten werden soll, ist, auf eine übergreifende Theorie zurückzugreifen, aus der sich plausible Annahmen herleiten lassen. Herangezogen wird das Konzept sozialer Produktionsfunktionen. Dieses steht ohnehin nicht unverbunden mit der gesamten FS-Theorie und wurde bereits oben erwähnt.

Die Theorie sozialer Produktionsfunktionen geht auf Lindenberg (1985, 1990, 1992, Lindenberg/Frey 1993) zurück. Die Grundidee ist zu klären, *warum* Menschen nach bestimmten Zielen streben und sich diese Ziele systematisch nach Untergruppierungen in der Gesellschaft unterscheiden. Die Hauptthese hierbei ist, dass alle Menschen grundsätzlich die gleichen Ziele verfolgen (Stigler/Becker 1977) und sich nur nach den Mitteln unterscheiden, wie sie diese generellen Ziele zu erreichen versuchen (Lindenberg 1992: 10, Lindenberg/Frey 1993: 195). Die Hauptziele werden als Universalziele („universal goals"), die Mittel zur Erreichung dieser Universalziele als instrumentelle Ziele („instrumental goals") bezeichnet. Die Theorie geht von zwei Universalzielen aus, dem Streben nach physischem Wohlergehen und sozialer Anerkennung.[94] Während sich physisches Wohlergehen auf die körperliche Unversehrtheit (z. B. keinen Hunger

---

[94] Vgl. für eine Begründung dieser Universalziele Esser (1999: 92ff.).

und Durst leiden, gesund sein) bezieht, geht es bei dem Ziel der sozialen Anerkennung um die Generierung von Handlungssicherheit, das Ansehen in den Augen anderer und die Erhaltung eines positiven Selbstbildes (Esser 1999: 94 f.). Genau wie physisches Wohlergehen (z. B. regelmäßige Nahrungsaufnahme) ist auch soziale Anerkennung nie „gesättigt", sondern muss stetig neu generiert werden.

Für die Befriedigung der Universalziele müssen Unterziele erfüllt werden. Beispielsweise stellt der Konsum von Brot ein Mittel oder Unterziel dar, um das Universalziel des physischen Wohlergehens zu befriedigen. Genauso stellt für manche Menschen das Zurschaustellen eigener Partyfotos im Internet ein Mittel oder Unterziel dar, welches soziale Anerkennung generieren soll. Diese Unterziele oder Mittel zur Generierung von Universalzielen werden *primäre Zwischengüter* genannt (Esser 1999: 97 ff.). Sie stellen *Produktionsfunktionen* für die Bedürfnisbefriedigung dar. Entscheidend ist nun, dass diese Produktionsfunktionen zu weiten Teilen sozial konstruiert oder festgelegt werden: Während z. B. eine junge Studentin soziale Anerkennung in ihrem Freundes- und Kommilitonenkreis durch die erwähnten Bilder im Internet produzieren kann, stellt dies für einen Hochschullehrer kein adäquates Mittel dar. Vielmehr stellt jener z. B. seine Publikationsliste ins Internet, da in seiner Bezugsgruppe die Zahl und Qualität seiner Schriften soziale Anerkennung generiert. Mit anderen Worten gelten also nicht für alle Menschen die gleichen Produktionsfunktionen, vielmehr variieren diese *systematisch*. Somit bietet der Ansatz auch einen Weg zu erklären, wie Präferenzen entstehen und wie Präferenzen sozial determiniert sind (vgl. Lindenberg 1992: 9). An dieser Stelle befindet sich auch die Verbindung zur FS-Theorie, da in der Situationsdefinition (Framing) festgelegt wird, um was es in der aktuellen Situation geht und was die „Codes", also die primären Zwischengüter, der Situation sind.

Die dritte Komponente im Produktionsfunktionenansatz sind *indirekte Zwischengüter*. Diese sind wiederum die Mittel, welche die primären Zwischengüter erzeugen. Im obigen Beispiel wäre der Akt des Party-Fotografierens das indirekte Zwischengut, welches das primäre (im Internet Zurschaustellen) bedient. Brotbacken wäre das indirekte Zwischengut für den Brotkonsum.

Wie könnte nun eine Erklärung des Befragtenverhaltens mit Hilfe des Konzepts sozialer Produktionsfunktionen aussehen? Gefragt werden muss, inwiefern und aus welchen Gründen die zu erklärende Handlung des „Lügens" oder korrekt Antwortens (= indirekte Zwischengüter) primäre Zwischengüter generiert, die wiederum eines der Universalziele bedienen: „The heuristics for identifying goals is thus driven by a guided search for systematic production possibilities for social approval (in its three forms) and physical well-being (in its two forms)"

3.3 Frame-Selektionstheorie und Befragtenverhalten

(Lindenberg/Frey 1993: 196).[95] Naheliegend und einfach ist es beispielsweise, hier mit dem Konzept sozialer Erwünschtheit zu argumentieren: Eine Antwort in sozial erwünschter Richtung erweckt einen positiven Eindruck beim Interviewer und erhöht das Ansehen des Befragten (oder beschädigt es nicht), wodurch das Universalziel der sozialen Anerkennung aufgewertet wird. Allerdings ist diese Produktionsfunktion nicht für alle Menschen gleich, sondern variiert beispielsweise nach den geltenden Erwünschtheitsbewertungen: Die Produktionsfunktion für soziale Anerkennung durch Interviewantworten z. B. auf Fragen zu Antisemitismus war im dritten Reich höchstwahrscheinlich eine andere als heutzutage.

Was lässt sich in Zusammenhang mit der FS-Theorie und dem Problem der Frame-Inhalte (und Skript-Inhalte) für das Befragtenverhalten folgern? Zunächst besagt der Produktionsfunktionsansatz, dass die Universalziele auch für Befragte gelten, d. h. *jeder* Befragte strebt nach physischem Wohlbefinden und sozialer Anerkennung. Plausibel erscheint jetzt auch der Stocké-Vorschlag, wonach entweder ein konformistischer oder ein kooperativer Frame zur Disposition stehe: Beide lassen sich unter das Universalziel der sozialen Anerkennung subsumieren, wobei in einem Fall die Produktionsfunktion „soziale Anerkennung beim Interviewer" lautet, im anderen Fall beispielsweise soziale Anerkennung durch Unterstützung eines Kollektivgutes („richtige" Umfragen). Entsprechend bestimmt hier dann auch die Frame-Selektion, also die Selektion des Oberziels der Situation oder der primären Zwischengüter, das adäquate Handlungsskript bzw. die sekundären Zwischengüter („Erwünschtheits"- vs. wahre Antwort).

Jedoch wäre es – wie schon wiederholt in dieser Arbeit angeklungen – auch hier reduktionistisch, nur Produktionsfunktionsfunktionen für das Universalziel „soziale Anerkennung" zu fokussieren. Ebenso plausibel ist es, weitere mögliche Situationsdefinitionen, die sich auf das Universalziel des physischen Wohlergehens beziehen, anzunehmen. Hier erscheinen in „heiklen Fragesituationen" zwei Produktionsfunktionen bedeutsam, nämlich einerseits das Vermeiden von materiellen Sanktionen durch Dritte und andererseits die innere, psychische Ausgeglichenheit eines Befragten (vgl. Lensvelt-Mulders 2008: 462). Sofern also in einer Interviewsituation eines dieser zwei primären Zwischengüter „auf dem Spiel" steht, kann die Situation dementsprechend definiert und entsprechende Handlungsskripte aktiviert werden.

Der erstgenannte Fall, materielle Sanktionen, die das Universalziel des physischen Wohlbefindens negativ beeinflussen, kann z. B. durch anwesende Drittpersonen (Ehefrau usw.) virulent werden. Entsprechend würde die Hypothese lauten, dass durch die Anwesenheit von Dritten während des Interviews die

---

[95] Lindenberg und Frey unterscheiden zwei Unterpunkte des Universalziels „physisches Wohlbefinden", nämlich „comfort" und „stimulation", sowie drei Unterpunkte des Universalziels „soziale Anerkennung": „status", „behavioral confirmation" und „affect" (Lindenberg/Frey 1993: 196).

Wahrscheinlichkeit steigt, einen „Sanktionsvermeidungsframe" mit dem entsprechenden Skript zu aktivieren und auf Fragen nach (validierten) begangenen Straftaten nicht wahrheitsgemäß zu antworten. Jedoch haben sowohl die konzeptionellen Ausführungen in Anlehnung an Aquilino (1993, 1997, Aquilino/ Wright/Supple 2000), als auch die in Abschnitt 2.3.2 vorgestellten empirischen Befunde gezeigt, dass eine „globale Bystanderhypothese" nicht zu erwarten und nachweisbar ist. Vielmehr hängt es davon ab, in welcher Beziehung die Drittperson zum Befragten steht, welche Frage gestellt wird und ob die Drittperson die wahre Antwort kennt. Nichtsdestotrotz wird die Bystanderhypothese hier in die Reihe der aus der FS-Theorie hergeleiteten Hypothesen mit aufgenommen, da sie mit den genannten Einschränkungen nach wie vor bedeutsam sein kann.

Interessanter ist jedoch der zweitgenannte Fall, die innere Ausgeglichenheit, da er in der theoretischen und empirischen Umfrageforschung – wie schon öfter erwähnt – bisher nur wenig beachtet worden ist. Grundsätzlich ist es nicht unplausibel anzunehmen, dass eben jene innere Ausgeglichenheit eine Produktionsfunktion für physisches Wohlbefinden darstellt. Ebenso plausibel ist die Annahme, dass bestimmte heikle Fragen nach devianten Verhaltensweisen durchaus in der Lage sind, die innere Ausgeglichenheit von Befragten zu bedrohen. Der alltagstheoretische Begriff wären „Gewissensbisse" z. B. nach einem begangenen Diebstahl (vgl. zu dieser Hypothese noch die Ausführungen weiter unten).[96] Ein etabliertes Konzept, welches hier herangezogen werden kann, ist die auf Festinger (1957) zurückgehende Theorie der kognitiven Dissonanz.

Ausgangspunkt der Theorie kognitiver Dissonanz sind die Einstellungen und Verhaltensweisen eines Menschen und die Verhältnisse der diesbezüglichen Kognitionen zueinander. Hierbei kann es sich um die Beziehungen zwischen mehreren Einstellungen oder zwischen Einstellungen und Verhaltensweisen handeln. Die Beziehung kann entweder als passend, harmonisch und konsistent empfunden werden oder aber als unpassend, entgegengesetzt und dissonant (Werth/Mayer 2008: 225 f.). Ein Beispiel für ein dissonantes Verhältnis zwischen Einstellung und Verhalten wäre eine Person mit einem hohen Umweltbewusstsein, die mehrmals pro Jahr klimaschädigende Langstreckenflüge in den Urlaub unternimmt. Nicht zueinander passende Kognitionen erzeugen ein unangenehmes Gefühl oder einen Zustand, den Menschen als belastend empfinden. Kognitive Dissonanz kann definiert werden als aversiver motivationaler Zustand,

---

[96] In der Literatur finden sich allerdings auch Sichtweisen, die die Erhaltung eines positiven Selbstbildes nicht als Produktionsfunktion für physisches Wohlbefinden, sondern als Unterpunkt von sozialer Anerkennung (Anerkennung gegenüber sich selbst) behandeln (vgl. z. B. Lindenberg/Frey 1993: 196). Welche Zuordnung nun sinnvoller ist, soll hier nicht ausdiskutiert werden und interessiert an dieser Stelle auch nicht, da die Frage keine Konsequenzen für das inhaltliche Argument hat.

3.3 Frame-Selektionstheorie und Befragtenverhalten

der entsteht, wenn kognitive Elemente inkonsistent sind (Taylor/Peplau/Sears 2000: 138).[97]

Die Inkonsistenz verursacht innere Konflikte und/oder unangenehme Gefühle, so dass Menschen danach streben, derartige Dissonanzen zu vermeiden bzw. abzuschwächen. Diese Prämisse stellt die Kernannahme der Dissonanztheorie dar und postuliert, dass *alle* Menschen bei auftretenden Dissonanzen Dissonanzreduktion betreiben (Festinger 1978 [1957]: 16). Allerdings deuten neuere Arbeiten (Cialdini/Trost/Newsom 1995, Nail et al. 2001) darauf hin, dass die Neigung zu Dissonanzreduktion (unabhängig vom Inhalt der dissonanzerzeugenden Kognitionen) *variiert* und dadurch bestimmt wird, in welchem Ausmaß Menschen nach kognitiver Konsonanz streben. Dieses Streben nach kognitiver Konsonanz kann als Persönlichkeitsmerkmal gesehen werden, für das mittlerweile auch Messinstrumente existieren. Bezogen auf die Logik sozialer Produktionsfunktionen ist Dissonanzreduktion also nicht für alle Menschen gleichermaßen ein primäres Zwischengut, welches physisches Wohlbefinden generiert. Dieser wichtige Punkt wird unten wieder aufgegriffen.

In der Literatur werden im Wesentlichen drei Möglichkeiten der Dissonanzreduktion aufgeführt (vgl. Taylor/Peplau/Sears 2000: 138 ff., Werth/ Mayer 2008: 228). Erstens kann die Dissonanz durch eine Verhaltensänderung aufgelöst werden, indem die dissonanzauslösende Handlung aufgegeben oder verändert wird. Im obigen Beispiel würde der umweltbewusste Akteur also auf Langstreckenflüge verzichten. Diese Strategie ist natürlich nicht möglich, wenn die Handlung in der Vergangenheit liegt und nicht mehr rückgängig gemacht werden kann. Genau dies trifft auf die hier interessierenden kriminellen Delikte zu, die dissonanzauslösend sind (mehr zu dieser Annahme unten), aber nicht mehr geändert werden können. Zweitens können die Einstellungen geändert werden, so dass sie konform zur Verhaltensweise sind. Hier würde der Langstreckenflieger also sein hohes Umweltbewusstsein aufgeben. Strafrechtlich belangte Personen könnten beispielsweise eine positive Einstellung gegenüber kleineren kriminellen Vergehen entwickeln bzw. negative Bewertungen von Delinquenz aufgeben. Drittens können Akteure eine Trivialisierung des „Problems" zur Dissonanzreduktion einsetzen. Straftäter würden beispielsweise von „Kavaliersdelikten" sprechen; der Langstreckenflieger würde sich die infinitesimal kleine Bedeutung eigener Flüge für das Klima vor Augen halten.

Die Vorhersagen der Theorie kognitiver Dissonanz haben sich in zahlreichen, teils klassischen Studien (z. B. Aronson/Mills 1959, Brehm 1956,

---

[97] Eine weitere Definition kognitiver Dissonanz wäre „[…] when an individual holds two or more elements of knowledge that are relevant to each other but inconsistent with one another, a state of discomfort is created. He [Leon Festinger, F. W.] called this unpleasant state „dissonance" (Harmon-Jones/Harmon-Jones 2007: 7).

Cooper/Worchel 1970, Festinger/Carlsmith 1959, Festinger/Riecken/Schachter 1956) relativ gut bestätigt.[98] Beispielsweise zeigten Aronson und Mills (1959), dass die Bewertungen von Testpersonen über langweilige und nichtssagende Diskussionen einer Gruppe umso besser waren, je unangenehmer das (simulierte) Aufnahmeverfahren in die Gruppe war. Die Experimentalgruppe mit dem härtesten Aufnahmeverfahren musste obszöne, in „Fäkalsprache" gehaltene Wörter und Buchpassagen öffentlich vorlesen. Hier waren anschließend, verglichen mit Kontrollgruppen weniger unangenehmer Aufnahmeverfahren, die Bewertungen der auf Tonband vorgespielten eintönig-langweiligen Gruppendiskussion am höchsten. Ein zweites, für diese Arbeit besonders interessantes Beispiel ist die klassische Studie von Festinger und Carlsmith (1959). Hier geht es darum, wie Bezahlungen die Entstehung von Dissonanz beeinflussen. In dem durchgeführten Experiment wurden Versuchspersonen gebeten, eine Stunde lang extrem monotone Tätigkeiten auszuführen. Anschließend wurde den Versuchspersonen suggeriert, in einem Nebenzimmer warte die nächste Person für die monotone Tätigkeit. Die Versuchspersonen sollten diese instruieren und davon überzeugen, dass es sich um eine interessante, abwechslungsreiche Aufgabe handle. Für diese gegen die Tatsachen und eigene Meinung gerichtete Überzeugungsarbeit erhielten sie entweder einen Dollar oder 20 Dollar Belohnung. Am Ende mussten die Versuchspersonen angeben, wie interessant und angenehm die Tätigkeit für sie tatsächlich gewesen sei. Im Ergebnis zeigen sich deutlich schlechtere Bewertungen in der Gruppe mit der hohen Bezahlung (Festinger/Carlsmith 1959: 207). Dies wird dahingehend gedeutet, dass in dieser Gruppe eine ausreichende Rechtfertigung für die „Lüge" bestand und weniger Dissonanz entstand als in der Gruppe mit praktisch keiner Bezahlung. Bei dieser entstand eine hohe kognitive Dissonanz, da die Leute gezwungen wurden, eine gegen ihre Überzeugung gerichtete Aussage zu treffen. Die Dissonanz wurde durch eine Einstellungsänderung – die monotone Tätigkeit wird nun als weniger monoton gewertet – reduziert. Weiter unten werden diese Befunde aufgegriffen und auf die Bedeutung von Teilnahmeincentives für Befragtenverhalten übertragen.

Auch wenn immer wieder Kritik geäußert wurde, kommen Harmon-Jones und Harmon-Jones (2007) in ihrer Zusammenschau über 50 Jahre Dissonanztheorieforschung zu dem Schluss, dass nach wie vor die ursprüngliche Version der Theorie von Festinger (1957) den „State of the Art" darstellt und kritisierende, abweichende Ansätze entweder nur bedingt empirisch bestätigt und/oder unter der Ursprungstheorie subsumierbar sind. Entsprechend kann die Theorie als weitgehend akzeptierter Standard angesehen werden, der auch empi-

---

[98] Thibodeau und Aronson (1992: 591) sprechen von über 1000 Experimenten, die allein bis zu den frühen 1970er Jahren durchgeführt wurden.

3.3 Frame-Selektionstheorie und Befragtenverhalten

risch gut bestätigt ist. Eine wichtige Einschränkung bzw. Erweiterung ist jedoch die Folgende.

Bereits oben wurde darauf hingewiesen, dass offenbar die Disposition, Dissonanzreduktion zu betreiben, nicht bei allen Menschen in gleichem Maße vorliegt.[99] Zu diesem Schluss kommen Cialdini, Trost und Newsom (1995: 318 f.), nachdem sie zunächst eine gewisse Divergenz der Befunde der Dissonanzforschung konstatieren. Die Autoren entwickeln daher ein Instrument – die „preference for consistency-scale" (PFC) – zur Messung der persönlichen Neigung, nach Konsistenz (oder Dissonanzreduktion) zu streben. Verfolgt wird die Hypothese, dass Effekte der Dissonanzreduktion, wie sie oben skizziert wurden, nur bei Personen auftreten, die hohe Werte auf der PFC-Skala haben. Für die Skala wurden aus 72 Items 18 ausgewählt, die drei theoretisch vermutete Dimensionen des Konsistenzstrebens abbilden sollten: „private Konsistenz" (internal consistency), „öffentliche Konsistenz" (public consistency) sowie „Konsistenz von Anderen" (others' consistency). Eine Kurzform der Skala mit neun Items existiert ebenfalls (für die Formulierung der Items der Skalen vgl. Cialdini/Trost/Newsom 1995: 328). Empirisch zeigt sich im Ergebnis eine dreifaktorielle Lösung, die die genannten drei Dimensionen abbildet. Allerdings korrelieren die Subskalen untereinander sehr hoch ($r > 0{,}7$). Die Autoren folgern daher: „the same individuals who prefer to keep consistent within themselves also prefer to be seen as consistent by others and to observe consistency in others" (Cialdini/Trost/Newsom 1995: 319). Daher unterscheiden die Verfasser nicht zwischen den Subdimensionen und behandeln die Skala als eindimensional. In einem Experiment zur Validierung der Skala können die Autoren zudem nachweisen, dass Vorhersagen der Dissonanztheorie tatsächlich nur bei Personen mit hohen Werten auf der PFC-Skala auftreten. Auch an anderer Stelle finden sich Ergebnisse, die für die Validität der Skala sprechen (Nail et al. 2001). In den empirischen Analysen der vorliegenden Arbeit wird ebenfalls auf die PFC-Skala zurückgegriffen.

Wie sieht nun – im Rahmen der Fragestellung dieser Arbeit, unwahre Antworten zu erklären – der Bezug der Dissonanztheorie zur Framinghypothese und zum Konzept sozialer Produktionsfunktionen aus? Kurz gefasst soll folgendermaßen argumentiert werden: Kriminelle Vergehen erzeugen Dissonanz und für Befragte mit hoher Neigung nach Konsistenz stellt Dissonanzvermeidung eine Produktionsfunktion für physisches Wohlbefinden dar. Daher kann die Interviewsituation unter einem „Dissonanzvermeidungsframe" definiert werden, sowie das Verneinen einer tatsächlich begangenen Straftat für jene Befragten im

---

[99] Dies bezieht sich auf die grundsätzliche Disposition. Natürlich variiert die Neigung zu Dissonanzreduktion auch nach dem Inhalt und der Salienz der Kognitionen.

Sinne einer „Neutralisierung" (oder Ignorierung des tatsächlichen Verhaltens) einen Weg darstellen, die kognitive Dissonanz zu reduzieren.

Diese Argumentation beruht zunächst auf der auch hier vertretenen Annahme, deviantes Verhalten in Form begangener Straftaten erzeuge zumindest bei einem nicht unbeträchtlichen Teil der Befragten kognitive Dissonanz mit dem entsprechenden Bestreben, diese Dissonanz zu reduzieren. Auch wenn an dieser Stelle keine ausführliche Diskussion erfolgen kann, finden sich in der Literatur an vielen Orten Hinweise, die diese Prämisse plausibel erscheinen lassen. Davon zeugt nicht zuletzt die Diskussion um „Neutralisierung" in der kriminologischen Forschung (vgl. Eliason/Dodder 2000, Lüdemann/Ohlemacher 2002: 63 f., Rauhut/Krumpal/Beuer 2009, Sykes/Matza 1957). Gemäß der oben dargestellten Dissonanztheorie kann eine Dissonanzreduktion v. a. durch Einstellungsänderung oder Verhaltensänderung erfolgen. Die Einstellungsänderung würde bedeuten, dass die betreffenden Personen *nach* der gerichtlichen Verurteilung ihre Einstellungen gegenüber Kriminalität oder anderen delinquenzrelevanten Aspekten in eine verhaltenskonforme Richtung ändern. Eine tatsächliche Verhaltensänderung ist in diesem Falle nicht möglich, da die Straftat nicht rückgängig gemacht werden kann. Jedoch – und dies ist die zentrale These – kann das *Leugnen* der begangenen Handlung im Interview als eine Strategie der Dissonanzreduktion (Neutralisierung) gesehen werden, mit Hilfe derer sich der Befragte „einreden kann", er hätte keine dissonanzerzeugende Tat begangen.

Aus dem zuletzt Gesagten ergibt sich die Hypothese, dass Befragte mit steigender Neigung zu Dissonanzvermeidung – operationalisiert durch die PFC-Skala – mit zunehmender Wahrscheinlichkeit eine begangene Straftat leugnen. In der vorliegenden Studie müsste also die Rate wahrer Antworten mit höherem Konsonanzstreben abnehmen. Dies setzt allerdings voraus, dass die Dissonanzreduktion auch über diesen Mechanismus erfolgt und nicht hauptsächlich über eine Einstellungsänderung. Träfe Letzteres zu, läge keine Dissonanz mehr vor und eine Dissonanzreduktion durch Leugnen wäre nunmehr unnötig. Diese Bedingung kann und wird in den empirischen Analysen auf zwei Weisen überprüft werden. Erhoben werden die Bewertungen der Befragten zu verschiedenen Aspekten von Kriminalität, die positive oder negative Einstellungen gegenüber delinquentem Verhalten wiedergeben und hier als „Kriminalitätsnorm" (Einstellungen gegenüber delinquentem Verhalten) bezeichnet werden sollen (vgl. Kapitel 4). Personen mit einer hohen negativen Kriminalitätsnorm gelten somit bei hohem Konsonanzstreben als dissonanzanfälliger als solche mit keiner oder einer niedrigen Kriminalitätsnorm. Dies spricht außerdem für eine Modellierung als Interaktionseffekt. Bei einer Dissonanzreduktion über Einstellungsänderung müsste folglich eine Änderung dieser Einstellungen erfolgen. Wenn die „Neutralisierungsthese" gälte, müsste erstens der Dissonanzeffekt auch bestehen bleiben,

3.3 Frame-Selektionstheorie und Befragtenverhalten

wenn für diese Kriminalitätsnorm kontrolliert wird. Zweitens dürfte sich in den Analysen kein negativer Effekt zwischen Konsonanzstreben und Kriminalitätsnorm zeigen, da dies zumindest tendenziell darauf hindeuten würde, dass die Dissonanzreduktion hauptsächlich über eine Einstellungsänderung erfolgt. Insgesamt ergeben sich also aus den theoretischen Ausführungen recht komplexe Vermutungen über empirische Zusammenhänge. In den empirischen Analysen sollte und wird dementsprechend behutsam vorgegangen werden.

Abgesehen von dieser generellen Dissonanzhypothese ergibt sich eine weitere bezüglich der Wirkung von Befragtenincentives. Die oben referierten Befunde von Festinger und Carlsmith (1959) deuten darauf hin, dass eine Dissonanzentstehung vermieden werden kann, wenn alternative Rechtfertigungen für eine dissonanzerzeugende Tätigkeit angeboten werden. Diese Rechtfertigungen können in Form von materiellen Belohnungen bestehen. Entsprechend wäre zu folgern, dass Befragte, die eine Belohnung dafür erhalten, eine dissonanzerzeugende begangene Straftat zuzugeben, weniger Dissonanzreduktion betreiben als Befragte, die keine Belohnung erhalten. So ergibt sich zunächst als Orientierungshypothese, dass der Anteil wahrer Antworten in der vorliegenden Studie bei den Befragten, die für die Teilnahme am Interview (mit 20 €) entschädigt wurden, höher ist als in der Gruppe ohne Befragtenincentive. Konkret dürfte sich dieser Effekt allerdings nur bei jenen Befragten zeigen, die hohe Werte auf der PFC-Skala aufweisen. Demtentsprechend wäre ein positiver Interaktionseffekt zwischen Konsonanzstreben und Incentive auf die Wahrscheinlichkeit, eine wahre Antwort zu geben, zu erwarten.

Ein letzter Punkt betrifft die Wirkung der RRT, deren Einsatz ja hauptsächlich dadurch motiviert ist, durch eine Anonymisierung der Interviewsituation validere Antworten anzunehmen. Wenn aber nun die oben entwickelten Hypothesen der Dissonanztheorie tatsächlich zuträfen und somit nachweisbar wäre, dass Antwortverzerrungen (auch) durch dissonanzreduzierende Motivationen entstehen, würde sich für die RRT eine eher pessimistische Prognose ergeben: Da die Technik diese „inneren", psychologischen Anreize nicht ausschalten kann bzw. die Technik immer die Außenwirkung oder externen Effekte einer Antwort auf eine heikle Frage fokussiert, dürfte sich kein positiver Effekt auf das Antwortverhalten zeigen. Die Dissonanz entsteht auch, wenn der Befragte im RRT-Modus „für sich" die dissonanzerzeugende Tat zugibt, unabhängig davon, ob ein Interviewer diese wahre Antwort mitbekommt oder nicht. Auf den Punkt gebracht können somit aus der Dissonanztheorie Gründe hergeleitet werden, die (neben den bereits oben entwickelten) das insgesamt eher schlechte Auftreten der RRT erklären könnten. Diese bestehen darin, dass die RRT Anreize für Antwortverzerrungen, die „innerhalb", auf einer psychischen Ebene der Befragten liegen, nicht eliminieren kann.

Die Ausgangsfrage der voranstehenden Ausführungen war, welche Situationsdefinitionen oder Frames in einer Befragungssituation, bei der es um heikle Fragen nach kriminellem Verhalten geht, zur Disposition stehen und aktiviert werden. Dass diese Frage wahrscheinlich nur sehr schwer zu beantworten sein wird, da sie sich einer direkten empirischen Erhebung weitestgehend entzieht, wurde bereits erwähnt. Demzufolge steht die hier angebotene Lösung sicherlich auch auf etwas tönernen Füßen. Dieser Umstand macht es umso wichtiger, die Diskussion in künftigen Arbeiten weiterzuführen.

3.3.3 Hypothesen aus der Frame-Selektionstheorie

In diesem Abschnitt werden die aus der FS-Theorie entwickelten Hypothesen nochmals resümiert. Tabelle 17 bietet einen Überblick.

Die „Reflexionsmodushypothese" folgt unmittelbar aus der FS-Theorie. Sie besagt, dass im direkten Fragemodus die Antwort eher editiert wird, wenn ein Befragter reflexiv-kalkulierend agiert (Hypothese $H_{FST}1a$). Dies ergibt sich aus der empirischen und konzeptionellen Erkenntnis, dass Antwort-editierungen nicht automatisch-spontan erfolgen, sondern eher kalkulierend-abwägend ablaufen (Holtgraves 2004). Im RRT-Modus setzt eine wahre Antwort hingegen ein Reflektieren voraus, da der modusdeterminierende Match m_i in einer RRT-Situation annahmegemäß gering ist. Dies führt im RRT-Modus zu zwei konkurrierenden Hypothesen; entweder nimmt mit zunehmendem Reflexionsgrad der Anteil an wahren Antworten zu (Hypothese $H_{FST}1b$) oder aber, wenn die Argumentation aus der RC-Theorie übernommen wird (vgl. Tabelle 14, S. 142), werden SD-Antworten nun wiederum häufiger gegeben als im DQ-Modus, da „Lügen" dank RRT „sicherer" geworden ist (Hypothese $H_{FST}1c$). Operationalisiert wird der Reflexionsmodus durch die Antwortlatenz. Hierfür konnte in der vorliegenden Studie allerdings nur ein grober Indikator herangezogen werden (mehr dazu in Kapitel 4).

Die „Interviewererfahrungshypothese" ergibt sich aus der Vermutung, dass die Lerngeschichte eines Interviewers in der aktuellen Befragung einen Effekt auf das Befragtenverhalten haben kann. Dies gilt gerade für die recht komplexe RRT-Prozedur und deren Präsentation im Interview. FS-theoretisch lässt sich, wenn angenommen wird, dass das Agieren eines Interviewers auch den Framingprozess des Befragten beeinflusst, argumentieren, dass eine zunehmende Erfahrung eines Interviewers den Match (welcher wiederum den Reflexionsmodus entscheidend beeinflusst) zwischen „objektiver" Situation und mentalem Abbild in eine as-Richtung beeinflusst. Dies führt dazu, dass mit zunehmender Interviewererfahrung im RRT-Modus die Wahrscheinlichkeit, verzerrend zu

3.3 Frame-Selektionstheorie und Befragtenverhalten

antworten, zunimmt (Hypothese $H_{FST}2c$). Für den direkten Fragemodus lässt sich hingegen ein positiver Effekt der Interviewererfahrung auf die Antwortvalidität erwarten, da ein as-Agieren hier tendenziell Antworteditierungen vermeidet (Hypothese $H_{FST}2b$). Allerdings kann dieser Effekt schwach oder ganz irrelevant werden, da der erwähnte Match bei „Standard-Befragungssituationen" größer als im RRT-Modus ist und weniger variieren dürfte (Hypothese $H_{FST}2a$).

Tabelle 17: Hypothesen aus der Frame-Selektionstheorie

Bezeichnung	Kürzel	Unabhängige Variable	Wirkung
Reflexionsmodushypothese	$H_{FST}1a$	Reflexionsmodus rc × DQ	− (bei DQ)
	$H_{FST}1b$	Reflexionsmodus rc × RRT	+
	$H_{FST}1c$	Reflexionsmodus rc × RRT × SD	− bzw. Effekt > DQ
Interviewererfahrungshypothese	$H_{FST}2a$	laufende Nummer des Interviews × DQ	0
	$H_{FST}2b$	laufende Nummer des Interviews × DQ	+
	$H_{FST}2c$	laufende Nummer des Interviews × RRT	−
Framing-Stocké-Hypothese	$H_{FST}3$	positive Umfrageeinstellugen × Verankerung (Umfrageerfahrung)	+
Bildungshypothese	$H_{FST}4$	Bildung × RRT	+
Bystanderhypothese	$H_{BYS}1$	Drittperson anwesend	0
Dissonanzhypothese	$H_{DISS}1a$	PFC-Score (c. p.)	−
	$H_{DISS}1b$	PFC-Score × Kriminalitätsnorm	−
Incentive-Hypothese	$H_{DISS}2a$	Befragtenincentive 20 €	+
	$H_{DISS}2b$	Befragtenincentive 20 € × PFC-Score	+

Erläuterungen: Die Hypothesen beziehen sich auf die abhängige Variable „wahrheitsgemäß antworten" (= 1; „lügen" = 0). Die genuin aus der FS-Theorie hergeleiteten Hypothesen erhalten das Kürzel „H_{FST}", wohingegen Hypothesen, die sich aus den anderen herangezogenen theoretischen Ansätzen ergeben, mit anderen Kürzeln („H_{DISS}" für die Theorie kognitiver Dissonanz und „H_{BYS}" für Bystandereffekte, die sich eigentlich aus dem Konzept sozialer Produktionsfunktionen ergibt) versehen werden, da diese nicht zwangsweise im Rahmen der FS-Theorie behandelt werden müssen und auch in die herkömmliche RC-Theorie integrierbar sind. PFC-Score bezieht sich auf das durch die PFC-Skala gemessene Konsistenzstreben.
Quelle: Eigene Darstellung.

Die Framing-Hypothese von Stocké (2004) wird hier v. a. rezipiert (allerdings leicht abgeändert), um sie in den empirischen Analysen einer Replikation zu unterziehen. Inhaltlich besagt die Hypothese, dass mit steigenden positiven Umfrageeinstellungen, die zusätzlich durch eine hohe Umfrageerfahrung kognitiv gut verankert sein müssen, die Wahrscheinlichkeit, wahre Antworten zu geben, zunimmt (Hypothese $H_{FST}3$). Allerdings entspricht diese Sichtweise nicht ganz der Stocké-Version; in der Originalfassung postuliert der Autor, dass bei positiv ausgeprägtem Kooperations-Frame SD-Anreize ausgeschaltet werden (siehe S.154). Der Kooperationsframe wirkt also nicht direkt, sondern nur via eines Interaktionseffekts über eine Ausschaltung von SD-motivierten Antworteditierungen. Das hier formulierte Stocké-Argument ist also eine etwas globalere Hypothese als im Original.

Die „Bildungshypothese" postuliert, dass mit steigender Bildung der Effekt der RRT auf die Wahrscheinlichkeit, wahre Antworten zu geben, zunimmt (Hypothese $H_{FST}4$). Dies ergibt sich daraus, dass aufgrund des niedrigen Matches die RRT ein Reflektieren voraussetzt und gleichzeitig kognitive Hürden an den Befragten heranträgt. Die Hypothese nimmt an, dass diese kognitiven Hürden von Befragten mit hoher Bildung leichter „überwunden" werden als von Befragten mit niedriger Bildung.

Für die „Bystanderhypothese" kann aufgrund der herausgearbeiteten Einschränkungen (vgl. Abschnitt 2.3.2) keine eindeutige Richtung angenommen werden. Effekte durch anwesende Drittpersonen können sowohl positiv, gar nicht, als auch negativ wirken, je nach Ausprägung der oben diskutierten Merkmale der Drittperson und je nach Interviewsituation. Interessant ist jedoch, wenn nach möglichen Interaktionen mit dem Befragungsmodus, hier also der RRT, gefragt wird. Zu erwarten ist hier, dass Bystandereffekte, sofern sie in einer bestimmten Konstellation auftreten, durch die RRT *nicht* moderiert werden, da die Drittperson in den meisten Fällen nicht über die Technik ins Bild gesetzt wurde. Somit ist dem Bystander sowohl die Funktionsweise der Fragetechnik, als auch der Ausgang des Zufallsmechanismus nicht bekannt; er hört nur die vom Befragten geäußerten mündlichen Antworten. Anders ausgedrückt ist die Anonymisierung der Befragtenantworten wirkungslos, da anwesende Drittpersonen nicht darüber informiert sind, dass bzw. wie die Situation anonymisiert ist. Die RRT kann – so die These – also eine *eventuell* auftretende Ursache für Antworteditierungen, nämlich Bystander-effekte, nicht eliminieren; dies stellt einen weiteren Punkt dar, der das empirisch schlechte Abschneiden der Fragetechnik erklären könnte.

Die „Dissonanz-" und „Incentivehypothese" ergeben sich durch den Einbezug der Theorie kognitiver Dissonanz in die theoretische Argumentation. Für die Effekte gilt, dass keine RRT-Interaktionen zu erwarten sind, alle Effekte also im DQ- und RRT-Modus gleich wirken. Dies ergibt sich aus der generellen Ausrichtung der RRT, die *externe* Effekte von „heiklen Antworten" fokussiert. Grundsätzlich lässt sich dann vermuten, dass mit steigendem Streben nach Dissonanzreduktion die Wahrscheinlichkeit, wahre Antworten zu geben, abnimmt. Ob dies ein genereller Effekt (HDiss1a) unter Kontrolle der Einstellungen zu kriminellen Verhaltensweisen (Kriminalitätsnorm) ist oder ein Interaktionseffekt, der nur bei ausgeprägten Einstellungen gegen kriminelles Verhaltens wirkt (HDiss1b), kann an dieser Stelle nicht definitiv entschieden werden. Für das Befragtenincentive (in Höhe von 20 €) ergibt sich aus der Dissonanzforschung, dass die Belohnung grundsätzlich ($H_{DISS}2a$) oder bei Befragten mit hohem Konsonanzstreben ($H_{DISS}2b$) dissonanzreduzierend wirkt und somit ein höherer Anteil an wahren Antworten in der Incentivegruppe zu erwarten ist. Auch hier wäre dann wiederum der Effekt der Kriminalitätsnorm zu kontrollieren und zu testen, ob Interaktionen vorliegen. Aus Gründen der Übersichtlichkeit ist dies in Tabelle 17 nicht dargestellt.

3.4 Diskussion und Synthese

Ausgangspunkt der theoretischen Ausführungen in diesem Kapitel waren mehrere Fragen. Zu klären war generell, warum Befragte bei sog. heiklen Fragen oft nicht wahrheitsgemäß antworten bzw. welche Mechanismen und Determinanten aus welchen Gründen die Antwortvalidität beeinflussen. Neu war das Ziel, eine theoretisch fundierte Erklärung der zu erwartenden RRT-Effekte zu entwickeln. Diesbezüglich ließ sich die bisherige Theoriearbeit auf den Reduktionismus „mehr Anonymität, mehr ehrliche Antworten" reduzieren, der handlungstheoretisch nicht zufriedenstellend ausgearbeitet war. Eine damit verbundene weitere Frage galt der Identifizierung von Gründen bzw. Erklärungen, warum die RRT (empirisch) offenbar häufig *nicht* hält, was sie verspricht. Zwei neue Thesen zu dieser Frage, die in dieser Arbeit verfolgt werden, sind, dass erstens SD-motivierte Antworten oft nicht „sicher" gegeben werden können, sondern mit einem „Aufdeckrisiko" verbunden sind und Befragte dank der RRT „gefahrloser lügen" können, sowie zweitens, dass „innerliche Kosten", die sich aus der Theorie der kognitiven Dissonanz herleiten lassen, durch die auf externe Effekte abzielende RRT nicht eliminiert werden können.

Zur Beantwortung der Fragen wurden die RC- und die FS-Theorie herangezogen. Beide Theorierichtungen erheben den Anspruch, jegliches menschliches Verhalten zu erklären, so dass auch das Agieren von Befragten in Interviewsituationen unter ihren Anwendungsbereich fällt. Im Rahmen der RC-Theorie (Unterkapitel 3.2) wurde das RC-Modell des Befragtenverhaltens nach Esser aufgegriffen und erweitert. Die wichtigsten Erweiterungen bezogen sich auf die Modellierung negativer SD-Nutzen bei Aufdecken der Antworteditierung sowie die Integration der RRT in das Modell. Inhaltlich haben sich die Ausführungen auf

Erwünschtheitseffekte beschränkt. Eine Hauptaussage ist, dass die RRT bei Befragten mit hohen SD-Anreizen kontraintendiert wirken kann, also zu geringerer Antwortvalidität führt als der direkte Fragemodus. Im Kapitel zur FS-Theorie (Unterkapitel 3.3) wurde eine von Stocké (2004) vorgeschlagene Framing-Erklärung des Befragtenverhaltens aufgegriffen. Da diese jedoch nur auf einen Teil der Theorie aufbaute, wurde die gesamte FS-Theorie vorgestellt und zusätzliche bzw. zur RC-Theorie alternative Erklärungsangebote des Befragtenverhaltens hergeleitet.

Sowohl in der RC-, als auch der FS-Theorie blieben zunächst zwei elementare Kernfragen offen. In der RC-Argumentation war zu klären, nach welchen Zielen die Akteure in einer Befragungssituation streben bzw. welche Nutzen- und Kostenkomponenten eine Rolle spielen (Diekmann 2008: 445). Behandelt wurden hier lediglich SD-Anreize sowie das eigentlich nur bei Einstellungsfragen plausible Kundtun der eigenen Meinung. Hierbei blieb der zweitgenannte Faktor auch weitestgehend außen vor. In der FS-Theorie blieben die Inhalte oder Ergebnisse des Framingprozesses unklar: Welche Situationsdefinition resultiert aus welchen Gründen aus dem Framingprozess?

Als Weg zur Lösung dieser Fragen wurde zunächst vorgeschlagen, das Konzept sozialer Produktionsfunktionen (Lindenberg 1985, 1990, 1992, Lindenberg/Frey 1993) als Metatheorie heranzuziehen. Hieraus ergab sich, dass neben der SD-Argumentation, die auf Präferenzen hinsichtlich der Befriedigung des Universalziels „soziale Anerkennung" verweist, auch danach gesucht werden könnte, welche Produktionsfunktionen für die Bedienung des Universalziels „physisches Wohlbefinden" bedeutsam sein könnten. Ein auch dank der Neutralitätsforschung in der Kriminologie naheliegender Vorschlag ist, dass Befragte ggf. unter kognitiven Dissonanzen leiden und daher das Antwortverhalten von Möglichkeiten gesteuert wird, diese Dissonanzen zu reduzieren. Entsprechend wurde die Theorie der kognitiven Dissonanz herangezogen und in die FS-Theorie integriert. Bereits oben wurde hierzu betont, dass dies ausdrücklich *kein* Spezifikum der FS-Theorie darstellt und eine Integration auch in die RC-Theorie hätte erfolgen können.

Dies führt unmittelbar zur Frage nach einer Theoriesynthese, also nach Möglichkeiten, die oben getrennt diskutierten Erklärungsangebote zusammenzuführen. Damit verbunden steht die Frage nach Stärken und Schwächen der Modelle, sowie Perspektiven für die künftige Forschung bzw. Theoriearbeit.

Für die RC-Theorie spricht neben dem in Unterkapitel 3.1 Gesagten die große Zahl an empirisch testbaren Hypothesen, die aus einer geringen Zahl an Annahmen deduzierbar sind. Anders ausgedrückt ist die Theorie sparsam, aber dennoch erklärungskräftig. Als ein Argument sei hier lediglich genannt, dass praktisch „nebenbei" mit der Erklärung von Antworteditierungen auch gleich

3.4 Diskussion und Synthese

miterklärt werden konnte, warum Item-Nonresponse bei heiklen Fragen kein Problem darstellt (siehe Fußnote 75). Zudem ist der RC-Ansatz eine sehr gut ausgearbeitete und etablierte Theorie.

Betrachtet man die FS-Theorie, sollte zuerst darauf hingewiesen werden, dass sie keine unabhängige, vollkommen neue Theoriealternative ist, die „ohne RC auskommt". Die FS-Theorie lässt nicht nur ein idealtypisches RC-Agieren als einen möglichen Ausgang des Framingprozesses zu, sondern zieht zur Modellierung des Letztgenannten auch SEU-Heuristiken heran. Insofern ist RC nach wie vor ein fester Bestandteil der FS-Theorie. Allerdings fügt die Theorie etwas zur herkömmlichen RC-Argumentation hinzu. Zu diskutieren ist nun, ob diese neuen Argumentationsteile sozialwissenschaftliche Handlungserklärungen substanziell verbessern oder ob eine Modellierung mittels der klassischen RC-Theorie auch möglich wäre. Um es vorwegzunehmen: Diese Frage kann im Rahmen dieser Arbeit nicht ausführlich behandelt werden, jedoch deuten einige Kritikpunkte darauf hin, dass die FS-Theorie in ihrer aktuellen Version doch einige Schwachstellen aufweist und Probleme mit sich bringt.

Ein zentrales Problem der FS-Theorie sind Messprobleme in der Form, dass Kernvariablen der Theorie, nämlich Inhalte von Frames und Skripten sowie der Reflexionsgrad, nur schwer messbar sind. Ohne eine reliable und valide Messung von Frame-Inhalten aber können die *zwei* Kausalaussagen, die die Theorie postuliert, nicht voneinander getrennt überprüft werden. Die zwei Kausalaussagen sind erstens, dass bestimmte „objektive" Situationen bei bestimmten Akteuren zu einem bestimmten, vorhersagbaren Framing führen, sowie zweitens, dass das Resultat dieses Framings zu einem bestimmten, vorhersagbaren Handeln führt. Ähnlich äußert sich auch Boudon, der die Idee von Frames zu den Konzepten zählt, die „dazu geweiht sind, sich definitiv einer empirischen Überprüfung zu entziehen" (Boudon 2007: 47; eigene Übersetzung, F. W.). Gerade diese zwei Kausalaussagen erhöhen zudem die Komplexität der Erklärung immens, da der „Wenn"-Teil der Gesetzesaussage aufgebläht wird. Grundsätzlich hat die FS-Theorie also genau das gleiche Problem wie die RC-Theorie auch, nämlich dass die Beantwortung der Frage nach der Herkunft und Entstehung von Präferenzen offen bleibt und letztere nur schwer direkt messbar sind. Der Unterschied aber ist, dass die RC-Theorie nur eine Brücke schlägt und z. B. vorgeschlagen hat, aus dem Handeln der Akteure via „revealed preferences" auf die Präferenzen zu schließen. Dies stellt eine relativ einfache Heuristik dar. Die gleiche Logik auf die FS-Theorie angewandt würde bedeuten, aufgrund des Handelns auf die Präferenzen zu schließen, die sich aus dem Framing ergeben, gleichzeitig aber das nicht messbare Framing wiederum per „revealed framing" geklärt werden müsste. Kurz: Ein zugegebenermaßen nicht unbedeutendes Problem der RC-Theorie wird durch die FS-Theorie letztlich auch nicht gelöst, sondern nur verlagert und sogar verkompliziert.

Mit dem zuletzt genannten Punkt ist auch verbunden, dass die FS-Theorie in viel höherem Maße als die RC-Theorie *Annahmen* benötigt, um die Theorie mit Leben zu füllen und Akteurshandeln erklärbar zu machen. Da Inhalte von Frames nur bedingt messbar sind, muss man sich hier mit Annahmen behelfen und auch verschieden ausgeprägte Reflexionsmodi müssen in der Regel durch Annahmen festgelegt werden. Hinzu kommt, dass auch Skript-Inhalte gemessen werden müssten, was ebenfalls nur über Annahmen zu lösen ist.

Ein weiterer Kritikpunkt knüpft an die sog. Anomaliediskussion bezüglich der RC-Theorie an. Hier wird die Gültigkeit der Theorie grundsätzlich in Frage gestellt, da wichtige Kernannahmen wie Transitivität und Kontinuität von Präferenzen durch empirische Befunde widerlegt scheinen. Wenn aber die SEU-Theorie widerlegt wäre, dann wäre somit auch der Teil der FS-Theorie, der SEU-Heuristiken im Rahmen der Frame-Selektion benutzt, hinfällig. Insofern also wird das Anomalieproblem von RC letztlich auch durch die Framingtheorie nicht zufriedenstellend gelöst.

Ein letzter Punkt schließlich ist, dass die FS-Theorie streng genommen *kausal* auf Konzepte wie Identität, Lerngeschichte oder Sozialisation als *Ursache* des Framings verweist: *Weil* ein Akteur eine bestimmte Sozialisation erfahren hat, läuft das Framing in einer bestimmten Art und Weise ab und deshalb handelt er in einer bestimmten Art und Weise. Nun ist diese Kausalaussage jedoch keineswegs neu, sondern entspricht im Grunde genommen der Argumentation des Parsons-Dahrendorfschen SRSM-Akteursbild („socialized, role-playing, sanction-orientated man"), in welchem letztlich ein „Sozialisationsreduktionismus" erfolgt. Die damit verbundenen Probleme sind hinlänglich bekannt (siehe z. B. Mayerl 2009, Opp 2009) und müssen hier nicht wiederholt werden. Zwar verfolgt die FS-Theorie im Gegensatz zum SRSM-Paradigma den Anspruch, die „Black Box" zwischen Situation, deren Definition und Handeln durch Selektions*gesetze* zu füllen. Gleichzeitig aber – und dies gibt Kroneberg (2005: 361) auch zu – ist die FS-Theorie eben nicht in der Lage, die Beziehung zwischen Sozialisation und Frame-Inhalten zu erklären.

Nun mag Kritik an der FS-Theorie zwar berechtigt sein, jedoch spräche nach wie vor Einiges für die Theorie, wenn in Ermangelung von Alternativen eine bessere Erklärung des Befragtenverhaltens nicht möglich wäre. Eine naheliegende Alternative ist allerdings die RC-Theorie. Wenn also eine RC-Erklärung des Befragtenverhaltens einer FS-Erklärung vorzuziehen wäre (dies wäre an anderer Stelle ausführlicher zu diskutieren, als es hier geleistet werden kann), stellt sich die Frage, ob und wenn ja, wie sich die genuin aus der Framingtheorie gewonnen Hypothesen per RC erklären ließen. Dies betrifft die

3.4 Diskussion und Synthese 179

in den vorigen Abschnitten aus der FS-Theorie gewonnene Reflexionsmodushypothese, die Framing-Stocké-Hypothese, die Interviewererfahrungshypothese sowie die Bildungshypothese.

Eine detaillierte Ausarbeitung kann in dieser Arbeit nicht erfolgen und stellt ein Desiderat nicht nur der Forschung zum Befragtenverhalten, sondern der handlungstheoretischen Forschung generell dar. V. a. zwei Dinge müssten mit der RC-Theorie erklärt werden, nämlich erstens, warum und wann Menschen in verschiedenem Ausmaß kalkulieren, und zweitens, wie und warum Präferenzen sowie speziell situations- und akteursspezifische Präferenzen entstehen. Opp (2009) deutet in einem neueren Beitrag Lösungswege für dieses Problem an. Bezüglich des ersten Punktes verweist er darauf, dass „Kalkulieren" ein Handeln wie jedes anderen Handeln ist und dementsprechend prinzipiell mit der RC-Theorie erklärbar sei – z. B. unter Einbezug der Idee von Hoch- und Niedrigkostensituationen (Opp 2009: 36). Die RC-Theorie beinhaltet außerdem ein klares Gesetz für dieses Kalkulationsverhalten. Demnach würden Akteure nach dem Grenznutzenprinzip den Reflexionsgrad so lange steigern, bis der zusätzliche Nutzen der Reflexion gleich den dadurch entstehenden Kosten ist. Bezüglich des zweiten Punktes wurde in den voranstehenden Ausführungen das Konzept sozialer Produktionsfunktionen sowie speziell die Theorie kognitiver Dissonanz herangezogen. Letzteres ist ein Vorschlag, der ebenfalls von Opp angeregt wird, um die Entstehung von Präferenzen zu erklären.

RC-Erklärungen für die Reflexionsmodushypothese sowie die Interviewererfahrungshypothese würden danach fragen, inwieweit für einen Befragten und Interviewer Nutzen und Kosten durch eine Erhöhung des Reflexionsgrades – im DQ- und RRT-Modus – entstehen und welche Auswirkungen dies für das Befragtenverhalten hätte. Damit – so die Vermutung – könnten auch die Reflexionsmodus- und Interviewererfahrungshypothese einer RC-Erklärung zugeführt werden.

Wie bereits eingangs im Überblick zum Theoriekapitel gesagt, bilden die theoretischen Ausführungen dieses Kapitels natürlich keine erschöpfende Erklärung des Befragtenverhaltens. Insofern sei abschließend noch auf einige weitere offene Fragen, die allesamt weiteren Forschungsbedarf darstellen, hingewiesen. Zunächst bedarf die Frage nach Nutzenkomponenten in der RC-Theorie und nach Frame-Inhalten in der FS-Theorie weiterer Klärungen; insbesondere die Rolle des Parameters U_t in der RC-Theorie konnte – allerdings schon in der Ursprungsversion der Theorie von Esser (1986, 1991) – nicht geklärt oder „mit Leben gefüllt" werden. Außerdem wurde bezüglich der RRT im RC-Ansatz außer Acht gelassen, welche Rolle ein mangelndes Verständnis der Technik durch die Befragten und Bedenken hinsichtlich der Anonymität spielen.[100] Ein drittes Problem der theoretischen Ausführungen stellt schließlich die Operationalisierung der theoretischen Variablen dar. Hier ergeben sich – wie sich in Kapitel 4 zeigen wird – einige Schwierigkeiten.

Nichtsdestotrotz konnten handlungstheoretisch fundierte Hypothesen für drei Fragen entwickelt werden, die methodisch-empirisch zwar seit langem bekannt sind, aber bisher nicht theoretisch erklärt werden konnten. Dies betrifft erstens die im Rahmen der RC-Theorie entwickelten Argumente, die erklären könnten, warum (im DQ-Modus) SD-Effekte nicht stabil auftreten. Und gerade dies belegt ja auch die in Unterkapitel 2.2 diskutierte empirische SD-Forschung. Zweitens wurden gleich mehrere Argumente entwickelt, die das schlechte Abschneiden der RRT (siehe auch hier die Befundlage in Abschnitt 2.4.3) erklären könnten. Eine Hauptthese ist, dass Befragte dank der RRT „sicherer lügen" können als im DQ-Modus. Drittens schließlich wurden theoretisch über das SD-Argument hinausgehende Kosten- bzw. Nutzendimensionen identifiziert (kognitive Dissonanz).

---

[100] In den empirischen Analysen (Kapitel 5) werden diese Faktoren jedoch kontrolliert mit dem Ergebnis, dass sie vernachlässigbar sind.

4 Design der Validierungsstudie, Datenbasis und Analysemethoden

Der vielversprechendste Weg, Befragtenverhalten empirisch zu analysieren, ist, dieses vom erfragten Verhalten isoliert zu erheben. Dies ist bei Validierungsdaten der Fall. Deren Kernmerkmal besteht darin, dass Befragte nach Handlungen gefragt werden, bei denen der wahre Wert der Handlung extern erhoben wurde und somit bekannt ist. Die empirische Analyse solcher Daten stellt ein Hauptanliegen der vorliegenden Arbeit dar. Konkret wurden Personen befragt, die wegen kleinerer krimineller Delikte strafrechtlich verurteilt wurden. Die Zusammensetzung der Stichprobe war hierbei weder den Befragten, noch den Interviewern bekannt (somit handelt es sich um ein Doppelblinddesign). Die „heikle Frage" und zentrale abhängige Variable der Analysen ist die Antwort der Befragten auf die Frage, ob sie jemals strafrechtlich verurteilt wurden. Die Erhebung der Daten erfolgte durch Face to Face-Interviews (I-PAPI). Ein weiteres Kernmerkmal der Erhebung ist der experimentelle Methodensplit mit Randomisierung; 40 % der Befragten wurde im DQ-Modus befragt, 60 % im RRT-Modus.

Im folgenden Unterkapitel 4.1 wird zunächst das allgemeine Design der Validierungserhebung detaillierter vorgestellt, gefolgt von der Präsentation des Fragebogens, des RRT-Designs und weiterer Erhebungsinstrumente. Anschließend wird in Unterkapitel 4.2 auf den Ablauf der Feldphase, Rücklaufquoten, Datenbereinigung und die Aufbereitung der Stichprobe für die empirischen Analysen eingegangen. Im letzten Unterkapitel 4.3 wird schließlich das methodische Vorgehen bei den empirischen Analysen erläutert.

4.1 Konzeption und Vorbereitung der Validierungsstudie

Die Vorbereitung der Validierungserhebung verlief hauptsächlich entlang zweier Achsen. Zum einen wurde das Stichproben- und Erhebungsdesign entwickelt sowie die Kontaktdaten aufbereitet. Zum anderen wurde an inhaltlichen Aspekten der Studie gearbeitet. Inhaltlich galt es, theoriegeleitet die nötigen Variablen festzulegen, diese zu operationalisieren und anschließend im Fragebogen zu implementieren. Besondere Aufmerksamkeit wurde auf die Entwicklung des

RRT-Designs gelegt. Der erstgenannte Punkt wird im nun folgenden Abschnitt 4.1.1 erläutert; die Präsentation des Fragebogens, des RRT-Designs und weiterer Erhebungsinstrumente ist Gegenstand von Abschnitt 4.1.2.

4.1.1 Stichproben- und Erhebungsdesign

Die Validierungserhebung wurde in einer westdeutschen Ballungsregion und deren teils ländlich geprägter Peripherie durchgeführt. Hierbei waren eine ganze Reihe an Bedingungen oder Zielen zu erfüllen. Durchgeführt werden sollte eine Face to Face-Erhebung unter Personen, von denen bekannt war, dass sie strafrechtlich bereits in Erscheinung getreten waren (1). Eine unumgängliche Anforderung hierbei war, dass auch tatsächlich genau jene Personen zu befragen waren und die Übereinstimmung der Identität von Validierungskontakt und befragtem Kontakt überprüfbar sichergestellt sein musste. Diese Anforderung und überhaupt das gesamte Design der Studie erforderten somit einen *Match* der Validierungs- mit den erhobenen Fragebogendaten (2). Dieser Umstand und die generelle Anlage der Studie führen unmittelbar zu forschungsethischen und Datenschutzfragen. Erstens war grundsätzlich klarzustellen, ob eine derartige Erhebung im Rahmen der gültigen Gesetze möglich und ethisch vertretbar sei. Zweitens galt es, Verfahren zu entwickeln und datenschutzrechtlich abzuklären, die die Personen in höherem als sonst üblichem Maße schützen würden (3). Eine weitere zentrale Anforderung war, dass weder die Befragten selbst, noch die Interviewer über die Zusammensetzung der Stichprobe und das „wahre" Ziel der Erhebung informiert sein durften. Die Umfrage musste daher ein Design wie eine gewöhnliche Meinungsumfrage und ein unverfängliches „Label" bekommen. Auch was die konkreten Fragen betrifft, sollten diese auf ein anderes Thema als das eigentlich interessierende verweisen. Die tatsächlich in Bezug auf das Befragtenverhalten relevanten Fragen/Variablen (v. a. die abhängige Variable der Frage nach strafrechtlicher Verurteilung, aber auch mehrere unabhängige Variablen) mussten gewissermaßen zwischen „Füllfragen versteckt werden" (4). Eine weitere Bedingung war das experimentelle Design mit Randomisierung zwischen Treatment- (RRT) und Kontrollgruppe (DQ). Hier war wichtig, dass die Befragten nichts vom Methodenvergleich erfahren durften, um Effekte auf das Antwortverhalten zu vermeiden (5). Ein weiteres Anliegen der Erhebung war die Gewinnung von Interviewerdaten für spezielle Analysen zu Interviewereffekten. Hierfür ist die Bedingung zentral, eine Konfundierung von Interviewer- und anderen (v. a. Regional-) Effekten zu vermeiden. Erforderlich ist daher eine randomisierte Zuweisung von Befragungspersonen zu den Interviewern (Dijkstra 1983, Groves/Fultz 1985, Schnell/Kreuter 2005; vgl. auch Abschnitt 2.3.2). Dies

4.1 Konzeption und Vorbereitung der Validierungsstudie

wiederum ist aber bei Face to Face-Umfragen, in denen die Interviewer die Befragungsperson (meist) zu Hause aufsuchen müssen, nur in eng abgegrenzten geographischen Gebieten möglich. Hier galt es, einen Kompromiss zu finden (6). Eine letzte Frage schließlich war, ob ein kommerzielles Befragungsinstitut mit der Datenerhebung beauftragt werden sollte, oder ob eine Durchführung der Studie in Eigenregie mit selbst rekrutierten Interviewern zu präferieren war (7).

Zu (1) Zunächst mussten die Validierungskontakte gewonnen und für die Befragung aufbereitet werden. Die Kontaktdaten enthielten Personen, die alle für eine begangene Straftat verurteilt worden waren.[101] So kann davon ausgegangen werden, dass erstens die Straftat nahezu zweifelsfrei nachgewiesen sein dürfte und zweitens den Befragten diese Tat und somit der wahre Wert hinsichtlich ihrer Verhaltensweise bekannt ist. Die Validierungsdaten konnten dank vertrauensvoller Zusammenarbeit mit Justizbehörden gewonnen werden.[102] Zur Verfügung gestellt wurde eine Stichprobe an Personenkontakten, die in den Jahren 2005 bis 2008 wegen kleinerer strafrechtlicher Vergehen verurteilt worden waren. Bei den Personen waren Name und Anschrift zum Zeitpunkt ihrer Verurteilung, Geburtsdatum- und -ort, sowie die Art des Vergehens und das Strafmaß bekannt. Neben der generellen Tatsache, dass eine Person strafrechtlich verurteilt wurde, ist somit auch das konkrete Vergehen bekannt. Zusätzlich gingen in vielen Fällen aus den Tatbeschreibungen (Strafbefehl) bzw. Urteilsbegründungen weitere Delikte hervor. Beispielsweise konnte sich so herausstellen, dass eine wegen Alkohol am Steuer verurteilte Person auch noch Drogen im Blut hatte. In diesem Fall konnte im Validierungsdatensatz neben dem Trunkenheitsdelikt auch Drogenkonsum kodiert werden.

Die Informationen wurden in Form von PDF-Scans der schriftlichen Urteile bzw. Strafbefehle zur Verfügung gestellt. Somit musste in einem ersten Arbeitsschritt für jede einzelne Kontaktperson die Informationen aus der PDF-Datei per Hand in einen Datensatz eingegeben werden. Dieser Bruttokontaktdatensatz wurden anschließend jeweils weiter bearbeitet. Zum einen wurden Dubletten entfernt. Auch bei Fällen, bei denen beispielsweise Ehepartner in der Datenbank enthalten waren, wurde (zufällig) einer der beiden Eheleute gelöscht. Ebenfalls entfernt wurden Personen, bei denen schwerere Straftaten (z. B. Sexualdelikte) vorlagen oder aus anderen Gründen (z. B. stark drogenabhängige oder schwer psychisch erkrankte Personen[103]) von einem Sicherheitsrisiko auszugehen war.

---

[101] Die Personen wurden entweder via Gerichtsverhandlung oder per Strafbefehl belangt. Bei Letzterem entscheidet der Richter aufgrund der Aktenlage; der Strafbefehl führt somit ohne mündliche Gerichtsverhandlung zu einer rechtskräftigen Verurteilung.
[102] An dieser Stelle sei den zuständigen Stellen nochmals für ihre Kooperation und die produktive Zusammenarbeit gedankt.
[103] Diese Informationen gingen – sofern vorhanden – aus den Urteilen hervor, die meist eine detailliertere Beschreibung zurückliegender Straftaten oder anderer Besonderheiten der Person enthielten.

Auch Personen in Justizvollzugsanstalten oder anderen Gemeinschaftsunterkünften und Adressen mit einem c/o-Vermerk wurden entfernt. Zum anderen wurden die teilweise drei Jahre alten Kontaktdaten auf Gültigkeit überprüft und wenn möglich aktualisiert. In einem ersten Schritt wurde jede Person im Telefonbuch gesucht und ggf. als bestätigt kodiert. In einem zweiten Schritt wurden die verbleibenden unbestätigten Kontakte mit Hilfe der zuständigen Einwohnermeldeämter überprüft. Dies konnte beim überwiegenden Teil der Ämter kostenlos im Rahmen der „Amtshilfe" geschehen. Bei verzogenen Personen war in diesen Fällen auch die Umzugsadresse, also jene nach dem Umzug, bekannt. Anschließend war es nochmals nötig, Personen, die nicht im Befragungsgebiet oder in Gemeinschaftsunterkünften wohnten, auszuschließen. Auch auf Dubletten bzw. übereinstimmende Adressen wurde nochmals überprüft. Als kontaktierbare Stichprobe resultierten insgesamt 4786 Kontaktfälle.

Zu (2) Für eine saubere Validierung musste sichergestellt werden, dass in der Erhebung exakt die Personen befragt werden, für die die Validierungsinformation vorhanden waren. Ein hilfreiches Überprüfungskriterium war hierbei das Geburtsdatum der Personen, welches sowohl im Validierungsfile enthalten war, als auch im Fragebogen abgefragt wurde (erhoben wurden Geburtsmonat und -jahr). Weder die Interviewer noch die Befragten waren natürlich über diesen Umstand informiert. So konnte ein einfacher Datenabgleich Auskunft darüber geben, ob eine andere Person befragt oder das Interview gefälscht wurde. In die Validierungsanalysen gehen nur jene Fälle ein, bei denen die Angaben zum Geburts*jahr* übereinstimmen.

Zu (3) Im Vorfeld der Erhebung waren forschungsethische und datenschutzrechtliche Fragen zu klären. Zu diesem Zweck wurde der zuständige Landesdatenschutzbeauftragte von Anfang an in die Projektplanung eingebunden. Die Verhandlungen führten letztendlich zu einem Konsens, der die Durchführung der Studie hinsichtlich ethischer und datenschutzrechtlicher Fragen erlaubte. Konkret forschungsethisch ist die Studie auch insofern abgesichert, als diese im Rahmen eines von der Deutschen Forschungsgemeinschaft (DFG) geförderten Projektes durchgeführt wurde. Das Projekt hat somit den Begutachtungs- und Genehmigungsprozess innerhalb der DFG durchlaufen und genügt deren Standards und Richtlinien. Hinsichtlich datenschutzrechtlicher Aspekte wurden mit der Landesdatenschutzbehörde die Zurverfügungstellung der Validierungsdaten, das Design der Erhebung, Inhalte des Fragebogens und Anschreibens, sowie weitere Aspekte abgesprochen und hinsichtlich datenschutzrechtlicher Bedenken überprüft. Neben Details, die hier nicht berichtet werden sollen (z. B. die genaue Formulierung der Zusicherung von Anonymität und Freiwilligkeit im Anschreiben), führten die Verhandlungen zu zwei zentralen Besonderheiten: Erstens wurden unter die Validierungskontaktdaten auch zusätzliche, „gewöhnliche" Adres-

4.1 Konzeption und Vorbereitung der Validierungsstudie

sen gemischt. Selbst wenn ein Interviewer über das grundsätzliche Design der Studie informiert gewesen wäre, ist so sichergestellt, dass er bei der Befragung einer bestimmten Person keine vollständige Sicherheit gehabt hätte, tatsächlich eine strafrechtlich belangte Person zu befragen. Auf diese Weise ist es im Feld ohne die entsprechende Informationsdatei *niemandem* möglich festzustellen, ob die gerade befragte Person die heikle Eigenschaft tatsächlich aufweist oder nicht. Die „Zusatzadressen" stammten ebenfalls aus Datenbeständen der Justiz, jedoch handelte es sich hier um Personen, die nur wegen Ordnungswidrigkeiten wie Falschparken belangt wurden. Zweitens wurde ein spezielles Anonymisierungsverfahren vereinbart, durch das sichergestellt ist, dass die Forschergruppe die Antworten eines Befragten (den im Feld erhobenen Fragebogen) der Identität der befragten Person nicht zuordnen konnte. Der Analysefile wurde durch eine nicht am Projekt beteiligte Drittperson erstellt. Somit sind weder die Forschungsgruppe, noch die Drittperson gleichzeitig im Besitz der erhobenen Angaben und der zugehörigen Namen und Adressen. Aus dem Kontaktfile mit u. a. einer Identifikationsvariablen ID (laufende Nummer) und der Angabe, ob die betreffende Person die heikle Eigenschaft aufweist oder nicht (wahrer Wert der heiklen Frage) wurden Namen und Adressen der Befragungspersonen gelöscht und der Drittperson übergeben (Transportfile). In der Feldphase entstehen dann zwei Datensätze: Erstens ein Kontaktprotokollfile, welcher die Verbindung der ID aus dem Ausgangsdatensatz mit der auf dem Fragebogen vermerkten Fragebogen-ID (FID) enthält.[104] Zweitens entstand der Fragebogenfile, welcher die Fragebogen-ID und die *erhobene* Antwort auf die heikle Frage enthält. Die Verwaltung des Kontaktprotokollfiles geschah ausschließlich durch die Drittperson. Diese fügte den Transportfile, den um die Original-ID gekürzten Kontaktprotokollfile sowie den Fragebogenfile zum analysierbaren Enddatensatz zusammen.

Zu (4) Für die Realisierung der Erhebung musste ein „unverfänglicher" Titel für die Umfrage vergeben werden. Auch die konkreten Fragen im Fragebogen mussten ein anderes als das eigentlich interessierende Ziel der Erhebung suggerieren. Als Titel der Erhebung wurde das Thema „Lebensqualität" gewählt (der genaue Titel wird aus Datenschutzgründen hier nicht genannt). Die konkreten Fragen bezogen sich z. B. auf die wirtschaftliche Lage, die Arbeitsmarktsituation und die Verkehrsanbindung. Auch die Interviewer wurden in diesem Sinne über das Thema der Umfrage informiert. Die interessierenden heiklen Fragen wurden zum einen unter der Rubrik „Fragen zur Kriminalität" (hier gab es einen Teil zu Opfer von Kriminalität und einen Teil zu selbst begangenen Delikten) und im Modul „Fragen zur Verkehrssituation" gestellt (mehr dazu unten).

---

[104] Die Original-ID war unauffällig auf dem Kontaktprotokoll aufgedruckt. Den Interviewern war der wahre Zweck dieser Nummer nicht bekannt. Die Fragebogen-ID wurde von den Interviewern sowohl auf dem Fragebogen, als auch auf dem Kontaktprotokoll vermerkt.

Zu (5) Im Gegensatz zu den Befragten war den Interviewern allerdings der Methodensplit (DQ- vs. RRT/ICT-Modus) mit zufälliger Aufteilung in Treatment- und Kontrollgruppe bekannt. Ohnehin erhielt jeder Interviewer sowohl direkt, als auch indirekt zu befragende Kontakte zugeteilt. Allerdings waren sie strikt angehalten, den Befragten nicht davon zu berichten, dass es zwei Fragebogenversionen gab. 40 % der Befragten wurden zufällig dem direkten Befragungsmodus und 60 % dem indirekten Modus zugewiesen.[105] Die indirekte Version enthielt neben dem RRT-Modul auch ein Item Count-Technik-Modul (ICT). Insgesamt wurden sieben heikle Fragen nach kriminellen Vergehen gestellt, im indirekten Modus vier davon per RRT und drei via ICT (mehr dazu unten). Für alle sieben Items liegen Validierungsinformationen vor, wobei aber nur die Frage nach strafrechtlicher Verurteilung auf alle Befragten im Analysesample zutrifft. Validierungsanalysen für einzelne Delikte werden in der vorliegenden Arbeit jedoch nicht durchgeführt: Wegen sehr geringer Fallzahlen für die Einzeldelikte sind nur rudimentäre Analysen möglich, die anderen Publikationen vorbehalten bleiben. Neben den Validierungsanalysen erlaubt das Studiendesign grundsätzlich jedoch auch „More Is Better"-Analysen für die restlichen erfragten delinquenten Verhaltensweisen. Aus Platz- und Stringenzgründen wird hierauf allerdings nur kurz im Rahmen eines Exkurses (Unterkapitel 5.3) eingegangen. Für die Interviewer ging der anzuwendende Befragungsmodus aus dem Kontaktprotokoll, welches auch die Kontaktangaben enthielt, hervor. Den Interviewern war es untersagt, von diesem zugewiesenen Modus abzuweichen. Auch dies konnte per einfachem Datenabgleich im Nachhinein überprüft werden.

Zu (6) Die Erhebung wählte außerdem ein Design, in welchem Interviewerdaten zur Analyse von Interviewereffekten gewonnen wurden. Nach Abschluss der Interviews wurde jeder Interviewer gebeten, einen Interviewerfragebogen schriftlich auszufüllen. Die so gewonnenen Interviewerdaten wurden dann dem Analysefile zugespielt. So entsteht eine hierarchische Datenstruktur, in der die Interviewer die obere Ebene und die Befragten die nach Interviewern geclusterte untere Ebene darstellen. Derartige Datenstrukturen erlauben – wie im Laufe der Arbeit schon erwähnt – die Analyse von Kontexteffekten mit den Verfahren der Mehrebenenanalyse (Ditton 1998, Hox 2002, Snijders/Bosker 1999). Bereits oben wurde auf das Problem hingewiesen, dass für derartige Analysen eine randomisierte Zuteilung der Befragungspersonen zu den Interviewern nötig ist, um eine Konfundierung von Interviewer- mit anderen Effekten zu vermeiden. Dies kollidiert jedoch mit dem anzuwendenden Befragungsmodus der Face to Face-

---

[105] Die 40 zu 60-Aufteilung wurde als Kompromiss gewählt, um einerseits eine ausreichende Fallzahl an RRT-Interviews aufgrund der geringeren Effizienz der RRT-Daten zu erreichen. Andererseits sollte aber ebenso sichergestellt sein, dass genügend direkte Fälle zur Verfügung standen, um auch diese separat analysieren zu können.

4.1 Konzeption und Vorbereitung der Validierungsstudie 187

Erhebung, bei der die Interviewer die Befragten in der Regel zu Hause kontaktieren und dementsprechend nicht zumutbare Anfahrtswege in Kauf hätten nehmen müssen. Das Problem wurde durch ein spezielles Design gelöst, in welchem fünf Befragungsgebiete geographisch abgegrenzt wurden und *innerhalb* dieser Gebiete randomisiert wurde. In multivariaten Modellen kann dann für Gebietseffekte kontrolliert werden. Ein analoges Design bei einer Telefonerhebung findet sich bei de Leeuw et al. (1998). Entsprechend wurden die fertigen Kontaktdaten anhand der Wohnorte der Befragungspersonen in fünf räumliche Befragungsgebiete aufgeteilt. Jeder Interviewer wurde nur in einem Befragungsgebiet seiner Wahl eingesetzt. Innerhalb dieser Gebiete wurde die Reihenfolge der Adressen im Kontaktdatensatz randomisiert, so dass keinerlei Systematik hinsichtlich des Wohnorts, der Straße oder anderer Merkmale vorhanden war.

Zu (7) Die letzte oben angesprochene Frage war, ob für die Umfrage ein kommerzielles Erhebungsinstitut beauftragt werden sollte. Im Vorfeld des Projekts wurde ein Kostenvoranschlag eingeholt, der die Kosten für die Erhebung von 500 Fällen auf 30 000 Euro taxierte. Aus drei Gründen wurde jedoch entschieden, die Erhebung in Eigenregie durchzuführen. Erstens erschienen die Kosten von 60 Euro pro Interview (zunächst) relativ hoch. Die Beschäftigung von Studenten als Interviewer war günstiger. Zweitens ist es für den Erfolg einer derartigen Validierungserhebung unverzichtbar, die Feldphase und die Arbeit der Interviewer unter strikter Kontrolle zu haben: Die Interviewer müssen gerade für die RRT- und ICT-Prozeduren ausführlich geschult werden und eine Kontrolle, ob tatsächlich der Validierungskontakt befragt wurde, musste möglich sein. Drittens war von Vornherein mit Schwierigkeiten während der Feldphase zu rechnen, da es sich bei der befragten Population um eine sehr spezielle Auswahl handelte. Durch die eigenständige Durchführung der Erhebung konnte so jederzeit interveniert werden, um die Erhebungsprozedur, wenn nötig, anzupassen. Wie sich während der Feldphase gezeigt hat, zahlte sich diese Entscheidung gegen ein kommerzielles Erhebungsinstitut maßgeblich aus, so dass auch für zukünftige ähnliche Studien empfohlen werden kann, diesen Weg einzuschlagen.

Nach den beschriebenen Anforderungen, Designentscheidungen und Vorarbeiten stand ein für die Feldphase fertiger Kontaktdatensatz bereit. Der Ablauf der Feldphase wird weiter unten erläutert. Bevor im nachfolgenden Abschnitt auf Erhebungsinstrumente und die Fragebogengestaltung eingegangen wird, ist jedoch noch ein wichtiger Punkt zu erwähnen.

Dieser betrifft eine Anmerkung zu Grundgesamtheiten und Signifikanztests, die hier zwei Populationen betreffen, nämlich erstens die Befragten und zweitens die Interviewer. Zuerst zu den Befragten: Eine klar definierte Grundgesamtheit wie in herkömmlichen Erhebungen liegt in der vorliegenden Studie nicht vor. Diese könnte bestenfalls in einem Abgrenzungsversuch definiert werden als „alle

Personen, die in jüngerer Zeit in einem justiziell abgrenzbaren Gebiet strafrechtlich verurteilt wurden und noch im geographisch definierten Befragungsgebiet leben". Klar ist auch, dass die befragte Gruppe hochgradig selektiv ist und keinesfalls Schlüsse auf die Gesamtbevölkerung zulässt. Alles in allem gilt für die in Kapitel 5 berichteten Signifikanztests, dass sich diese streng genommen auf Schlüsse der Befragtenstichprobe auf eine recht schwammig abgegrenzte Grundgesamtheit beziehen. Das entscheidende Kernmerkmal der Erhebung ist jedoch das Experimentaldesign mit Randomisierung zwischen Treatment- und Kontrollgruppe. Insofern interessieren also weniger punktgenaue Schätzwerte von Merkmalsverteilungen in einer Grundgesamtheit, sondern die Zusammenhänge zwischen Befragungsmodus und Antwortverhalten.

Auch bezüglich der Interviewer stellt sich die Frage, auf welche Grundgesamtheit mit Signifikanztests geschlossen werden soll. Dieses Problem stellt sich in fast allen Studien zu Interviewereffekten (vgl. Unterkapitel 2.3). Ohne hier viele Worte zu verlieren, sei das Problem in Anlehnung an Groves/Fultz (1985: 35) pragmatisch per Annahme gelöst: „The inferential model used [...] assumes that the group of interviewers used in the 24 months of data collection was selected from a large population of potential interviewers available to SRC [Survey Research Center, F. W.]." Wenn also Signifikanztests für Interviewereffekte berichtet werden, beziehen sich diese auf die Inferenz von der eingesetzten Interviewerstichprobe auf eine hypothetische Grundgesamtheit an Interviewern, die für die Erhebung potenziell zur Verfügung standen.

4.1.2 Fragebogen, RRT-Design und weitere Erhebungsinstrumente

Die inhaltliche Vorbereitung der Haupterhebung stützte sich maßgeblich auf zwei Pilotstudien, die im Rahmen von Lehrprojekten durchgeführt wurden (Preisendörfer 2008a, 2008b, 2010, Wolter 2008). Kernanliegen der Studien war, verschiedene RRT-Designs für Face to Face-Umfragen zu evaluieren.

Die Erhebung basiert auf zwei Kernfragebögen mit je einer Version für den direkten und indirekten (RRT, ICT) Fragemodus. Der direkte und indirekte Fragebogen sind bis auf die heiklen Fragen und einige weitere Fragen, die sich auf die RRT und ICT beziehen, identisch. Dies betrifft auch die Reihenfolge der Fragen vor dem entscheidenden Methodenvergleich (heikle Frage direkt versus indirekt). Hierdurch wird vermieden, dass Halo-Effekte oder andere Fragebogeneffekte auftreten, die mit den Effekten des Methodenvergleichs konfundiert werden könnten.[106] Die Fragebögen wurden durch Antwortlisten ergänzt, um die

---

[106] Dies gilt allerdings nur für das hier interessierende RRT-Modul. Für das ICT-Modul ergeben sich geringfügige Abweichungen in den Fragen bzw. der Reihenfolge der Fragen.

4.1 Konzeption und Vorbereitung der Validierungsstudie

Erhebung einiger Fragen zu erleichtern. Auch die Administration der RRT- und ICT-Prozedur geschah mit Hilfe von Antwortlisten. Des Weiteren wurde ein Interviewerfragebogen eingesetzt, den die Interviewer nach Beendigung der Erhebung schriftlich ausfüllten. Gegenstand des Interviewerfragebogens waren soziodemographische Fragen sowie Fragen, die auch im Feldfragebogen gestellt wurden. So wurden auch für die Interviewer z. B. SD-Neigung und SD-Belief, Kriminalitätsnorm, Umfrageerfahrung und kognitive Dissonanz erhoben.

Die Fragebögen umfassten mehrere Module, wobei die interessierende Validierungsfrage nach strafrechtlicher Verurteilung wie beschrieben unter unverfänglichen „Füllfragen" „versteckt" wurde. Die Module sowie die für die vorliegende Untersuchung relevanten Fragen sind in Tabelle 18 dargestellt.

Tabelle 18: Fragebogenmodule und inhaltlich relevante Fragen

Modul	Verwendete Fragen/Variablen
Stadt-Land-Aspekte, Wohnort, Lebensqualität	---
Arbeit und Wirtschaft	---
Persönlichkeitsmerkmale	PFC-Skala (kognitive Dissonanz), CM-Skala (SD-Neigung)
Kriminalität - Opferaspekte	Kriminalitätsnorm
- Täteraspekte	Diebstahl, Drogenkonsum, Unfallflucht, strafrechtliche Verurteilung
Verkehr - Verkehrsmittel	---
- Verkehrsverstöße	Schwarzfahren, Alkohol am Steuer, Fahren o. Fahrerlaubnis
Umfragen: - Allgemeines	Umfrageeinstellung („survey attitude scale") Umfrageerfahrung
- Spezielles (*diese* Umfrage)	Kriminalitäts-/Verkehrsfragen: unangenehm? Erwünschtheitswahrnehmungen (SD-Beliefs) Vertrauen in Anonymität
Soziodemographie	Alter, Bildung, Migrationshintergrund
Interviewerteil: Angaben zum Interview	Geschlecht Drittperson anwesend Antwortbereitschaft und -zuverlässigkeit Verständnis: RRT, ICT Kriminalitäts-/Verkehrsfragen: unangenehm zu stellen? Start- und Endzeit des Interviews

Quelle: Eigene Darstellung.

Die Reihenfolge der Module und Fragen entspricht weitgehend jener im Fragebogen. Die entscheidenden heiklen Fragen wurden in den Modulen „Kriminalität" und „Verkehr" gestellt. Im direkten Fragebogen wurden die Fragen ohne größere Einleitung direkt und mündlich vorgelesen. Im indirekten Modus kam bei den Kriminalitätsfragen die RRT zum Einsatz, bei den Fragen zu Verkehrsverstößen die ICT. Zusätzlich enthielt der direkte Fragebogen die „short lists" des ICT-Moduls (vgl. zusammenfassend Tabelle 19). Insgesamt umfasste der direkte Fragebogen 52 vom Befragten zu beantwortende Fragen plus 13 Fragen, die vor und nach dem Interview vom Interviewer auszufüllen waren (inklusive aller Filterfragen). Die RRT-Version enthielt 49 Fragen (die drei direkt erfragten ICT-Fragen sind hier nicht enthalten) plus 15 Interviewerfragen. Das Wording der vier in dieser Arbeit analysierten Fragen zu kriminellen Vergehen geht aus Tabelle 20 hervor.

Tabelle 19: Fragebogendesign der heiklen Fragen in der Validierungserhebung

	Fragebogenversion	
	direkt	*indirekt*
Kriminalität	DQ	RRT
Verkehrsverstöße	DQ	ICT (long list)
	+ ICT (short list)	

Quelle: Eigene Darstellung.

Tabelle 20: Formulierung der heiklen Fragen in der Validierungserhebung

Item	Formulierung (DQ & RRT)
Diebstahl, jemals	„Haben Sie in ihrem Leben schon einmal einen Diebstahl begangen: ja oder nein?"
Drogenkonsum, jemals	„Haben Sie schon einmal sogenannte illegale Drogen genommen – egal, ob eher weiche wie z. B. Marihuana oder härtere wie z. B. Kokain: ja oder nein?"
Unfallflucht, jemals	„Haben Sie jemals mit dem Auto, mit dem Fahrrad oder mit einem anderen Verkehrsmittel einen „Unfall gebaut" und haben den Unfallort trotz eines angerichteten Schadens unerlaubt verlassen (Unfallflucht): ja oder nein?"
Strafrechtliche Verurteilung, jemals	„Wurden Sie – per Strafbefehl oder Gerichtsverhandlung – jemals wegen eines kleineren oder auch größeren Delikts strafrechtlich verurteilt? Strafrechtlich bedeutet, dass die Sache über den Staatsanwalt gelaufen ist: ja oder nein?"

Quelle: Eigene Darstellung.

4.1 Konzeption und Vorbereitung der Validierungsstudie

Zu beachten ist, dass die Befragten im DQ-Modus die Fragen mündlich zu hören bekamen, während im RRT-Modus die Frage nicht vorgelesen wurde, sondern auf der Antwortliste vermerkt war. Im direkten Fragemodus wurden die vier Kriminalitätsfragen vom Interviewer mit dem Satz *„Man wird nicht nur Opfer krimineller Handlungen, sondern verstößt manchmal auch selbst gegen Gesetze"* eingeleitet. Zusätzlich war auf dem Fragebogen ein Hinweis für die Interviewer *„INT.: Gegebenenfalls Hinweis auf Anonymität"* vermerkt. Im Anschluss wurden die vier Fragen ohne weitere Kommentare der Reihe nach vorgelesen und nach jeder Frage die Antwort des Befragten auf dem Fragebogen notiert.

Als RRT-Design wurde die Forced Response-Variante (Boruch 1971) gewählt (vgl. Abschnitt 2.4.1). Dies geschah hauptsächlich aus zwei Gründen. Erstens sprechen die hohe Effizienz und andere positive Eigenschaften der Forced Response-Methode für diese Variante (vgl. Abschnitt 2.4.2) und zweitens hat sich das gewählte Design in zwei Pilotstudien (Preisendörfer 2008a, Wolter 2008) als anderen Varianten überlegen erwiesen. Das RRT-Modul wurde den Befragten wie folgt präsentiert:

INT.: „Man wird nicht nur Opfer krimineller Handlungen, sondern verstößt manchmal auch selbst gegen Gesetze. Um Ihnen bei den folgenden Fragen vollständige Anonymität – auch mir als Interviewer gegenüber – zu garantieren, verwenden wir eine *spezielle Technik*.
Bei dieser Technik entscheidet der *Zufall*, ob Sie die Frage beantworten oder eine vorgegebene Antwort geben. Niemand außer Ihnen – auch ich als Interviewer – weiß, wie der Zufallsmechanismus ausgegangen ist und ob Sie tatsächlich die Frage beantwortet haben. Für das Zufallsverfahren haben wir *16 Karten* vorbereitet, die Sie jetzt erstmal *anschauen sollten*."
(INT.: Den Stapel mit den 16 Karten übergeben und mit der Erläuterung beginnen.)
INT.:„Zehn Karten sind schwarz, drei Karten rot, und drei Karten blau. Die Fragen, um die es geht, stehen auf unterschiedlichen Listen. Wir beginnen mit *Liste 5*, bei der es sich um einen Test handelt, ob die Sache funktioniert."
(INT.: Liste 5 vorlegen.)
INT.:„Also:
- Bitte lesen Sie zuerst Liste 5 durch.
- Mischen Sie dann den Kartenstapel, solange Sie möchten, und ziehen Sie eine Karte, die Sie *verdeckt* anschauen, ohne mir die Farbe zu zeigen!
- Je nach gezogener Karte antworten Sie bitte nur mit „ja" oder „nein".
- *Natürlich kann es sein, dass die vorgegebene Antwort, die Sie geben müssen, in Wirklichkeit gar nicht auf Sie zutrifft! Bitte antworten Sie trotzdem strikt gemäß der Anweisungen!*"
INT.:„Alles klar? Wie also ist für *Liste 5* Ihre Antwort: ja oder nein?"
(INT.: notiert Antwort des Befragten auf dem Fragebogen.)

INT.:„Nach diesem Test kommen wir nun zu *Liste 6*. Also: Zuerst *Liste 6* durchlesen. Dann die Karten *neu mischen* und eine Karte ziehen, *ohne* mir die Farbe zu sagen. Am Ende nur „ja" oder „nein" antworten."
(INT.: notiert Antwort des Befragten auf dem Fragebogen.)
INT.:„*Liste 7* durchlesen, Karten *neu mischen*, eine Karte ziehen und nur mit „ja" oder „nein" antworten."
(INT.: notiert Antwort des Befragten auf dem Fragebogen.)
INT.:„*Liste 8* durchlesen, Karten *neu mischen*, eine Karte ziehen und nur mit „ja" oder „nein" antworten."
(INT.: notiert Antwort des Befragten auf dem Fragebogen.)
INT.:„*Liste 9* durchlesen, Karten *neu mischen*, eine Karte ziehen und nur mit „ja" oder „nein" antworten."
(INT.: notiert Antwort des Befragten auf dem Fragebogen.)

Die auf Liste 6 bis 9 enthaltenen Fragen gehen aus Tabelle 20 hervor. Die Form der Antwortlisten zeigt Abbildung 5 (im Original mit farbigen Punkten).

Abbildung 5: Antwortliste der RRT-Prozedur

Quelle: Eigene Darstellung.

4.1 Konzeption und Vorbereitung der Validierungsstudie

Liste 5 zu Beginn des RRT-Moduls enthielt eine Testfrage, anhand derer die Interviewer die Technik erläutern sollten, falls Verständnisprobleme auftraten. Die Testfrage war zudem eine Kalibrierungsfrage mit bekannter Stichprobenprävalenz, und lautete *„Hat Ihre Mutter in den Monaten Januar, Februar oder März Geburtstag?"*. Die anzunehmende Prävalenz der „Ja"-Antworten auf diese Frage beträgt somit ca. 25 %.

Die wichtigsten Designaspekte der RRT-Prozedur gehen bereits aus dem oben zitierten Wortlaut der Fragen hervor. Als Zufallsgenerator wurde ein Kartenspiel benutzt, das insgesamt 16 Karten enthielt. Zehn Karten waren auf der einen Seite mit einem großen schwarzen Punkt bedruckt, drei Karten mit einem roten und drei weitere mit einem blauen Punkt. Die schwarzen Karten verwiesen bei allen Fragen mit $p_{Frage} = 0{,}625$ auf die inhaltlich zu beantwortende heikle Frage. Die roten und blauen Karten beorderten den Befragten mit Wahrscheinlichkeiten von $p_{ja} = p_{nein} = 0{,}1875$, mit einem erzwungenen „Nein" bzw. „Ja" zu antworten. Hierbei wechselte die Zuordnung der Farbe zur „Ja"- oder „Nein"-Antwort von Frage zu Frage. Die Wahrscheinlichkeit des hier verwendeten RRT-Designs, mit der auf die heikle Frage verwiesen wird, liegt leicht unter dem von Lensvelt-Mulders et al. (2005: 335) berichteten Mittelwert von $p = 0{,}67$, der in ihrer Metaanalyse über alle analysierten RRT-Studien gefunden wurde. Somit kann das hier verwendete Design im Vergleich zum Mittel anderer RRT-Studien als eher anonymitätserhöhend und effizienzreduzierend charakterisiert werden.

Zwei Probleme beim Einsatz der RRT und speziell der Forced Response-Variante wurden in Abschnitt 2.4.2 erwähnt. Dies betraf erstens das grundsätzliche Verständnis der Technik seitens der Befragten sowie das Problem, dass Befragte durch die erzwungenen Antwortvorgaben u. U. gezwungen werden, Antworten zu nennen, die nicht zutreffend sind. Bezüglich des ersten Punktes ist schon die oben zitierte Präsentation des RRT-Moduls während des Interviews das Ergebnis ausführlicher Pilotstudien und Pretests und wurde dementsprechend mit Sorgfalt entwickelt. Zusätzlich waren die Interviewer angehalten, bei dieser Frage bei Verständnisproblemen einzuhaken und wenn nötig die Prozedur – auch anhand der erwähnten Beispielfrage – ausführlich und mit eigenen Worten zu erklären. Hier sollte ggf. auch auf den zweiten Punkt – erzwungene unwahre Antworten – eingegangen werden. Diesbezüglich war außerdem der Satz *„Natürlich kann es sein, dass die vorgegebene Antwort, die Sie geben müssen, in Wirklichkeit gar nicht auf Sie zutrifft! Bitte antworten Sie trotzdem strikt gemäß den Anweisungen"* fett, unterstrichen und rot auf dem Fragebogen abgedruckt und laut vorzulesen.

Ein weiteres Merkmal des RRT-Designs war die Entscheidung, einen Wechsel des Fragemodus hin zu einer direkten Frage *nicht* zuzulassen. In einigen Studien (z. B. Krumpal 2009) hat sich gezeigt, dass viele Befragte angeben, ohnehin die Wahrheit zu sagen und daher eine Spezialtechnik nicht benötigen; die RRT wird abgelehnt. Dies führt zum Problem, dass neben den zwei Experimentalgruppen eine dritte Gruppe von „Modus-Wechslern" entsteht, die sich häufig in ihrem Antwortverhalten von den Experimentalgruppen unterscheiden (vgl. nochmals Unterkapitel 2.4). Letztlich bleibt aber unklar, ob und inwieweit das Antwortverhalten durch den RRT-Modus beeinflusst wurde. Zudem wird argumentiert, der Vergleich zwischen DQ- und RRT-Befragten sei nun verzerrt, da aus der DQ-Gruppe keine vergleichbare und mutmaßlich selektive Befragtengruppe herausfällt und nicht mehr in die Prävalenzschätzungen eingeht. In der vorliegenden Erhebung wurde im Rahmen der Interviewerschulung eindringlich darauf hingewiesen, dass ein Moduswechsel oder eine Ablehnung der RRT nicht akzeptiert werden sollte. Hier sei vorweggenommen, dass dieses Vorgehen tatsächlich funktionierte und umgesetzt werden konnte, Moduswechsel fanden de facto nicht statt. Welches Verfahren aber letztlich das bessere für eine valide Erhebung heikler Fragen ist, kann hier nicht endgültig geklärt werden und stellt ein Desiderat für weitere Forschung dar.

Die vorangegangenen Ausführungen haben die heikle(n) Frage(n) sowie das Experimentaldesign mit Aufteilung in direkten und RRT-Fragemodus erläutert. Hiermit sind die zentrale abhängige Variable und die wichtigste unabhängige Variable der empirischen Analysen gekennzeichnet. Die abhängige Variable soll im Folgenden als „wahrheitsgemäße Antwort" mit den Ausprägungen 1 = wahre Antwort und 0 = unwahre Antwort bezeichnet werden. Die übrigen Variablen können folgendermaßen eingeteilt werden: Ein Block „Variablen zur RC- und FS-Theorie" subsumiert die sich direkt aus den beiden Theorien (Unterkapitel 3.2 und 3.3) ergebenden Einflussfaktoren des Antwortverhaltens. Der Block „Indikatoren zu Aspekten der aktuellen Umfrage" umfasst Variablen wie das Verständnis der RRT, Perzeption von Anonymität und Aversionen bezüglich der heiklen Fragen. Diese werden unter dem Label „weiche Indikatoren der Umfragequalität" gefasst. Ein dritter Block an Variablen enthält Angaben zur Soziodemographie sowie einen Indikator für die Deliktschwere, der eine wichtige Kontrollvariable darstellt. Alle Variablen nehmen in den Analysen zur Validierung des Befragtenverhaltens die Rolle unabhängiger Variablen ein (Determinanten des Antwortverhaltens). Die Variablen des zweiten Blocks (weiche Indikatoren der Umfragequalität) werden aber in zusätzlichen Analysen selbst auf Einflussfaktoren hin untersucht und fungieren dort somit auch als abhängige Variablen. Beispielsweise wird analysiert, von welchen Faktoren es abhängt, ob Befragte die RRT verstehen. Eine weitere Frage ist, ob Vertrauen in die Anonymität durch die RRT höher liegt als im DQ-Modus. Tabelle 21 gibt einen Überblick über die in den empirischen Analysen verwendeten Variablen und deren Kodierung.

4.1 Konzeption und Vorbereitung der Validierungsstudie

Tabelle 21: Übersicht der verwendeten Erhebungsinstrumente/Variablen

Variable	Bemerkungen
Abhängige Variable	
Wahrheitsgemäße Antwort	1 = wahre Antwort, 0 = unwahre Antwort
Experimentaldesign	
RRT-Modus	1 = RRT, 0 = DQ
Variablen zur RC- und FS-Theorie	
SD-Neigung	CM-Skala, 7 Items, vgl. Unterkapitel 5.1.1
SD-Belief	0 = nicht unerwünscht bis 6 = unerwünscht
Konsistenzstreben	PFC-Skala, 7 Items, vgl. Unterkapitel 5.1.1
Kriminalitätsnorm	7 Items, vgl. Unterkapitel 5.1.1
Incentive 20 €	1 = ja, 0 = nein
Umfrageeinstellung	Survey Attitude Scale, 9 Items, vgl. Unterkapitel 5.1.1
Umfrageerfahrung I	1 = ja, 0 = nein, keine Umfrageerfahrung
Umfrageerfahrung II	Zahl der absolvierten Befragungen
Drittperson anwesend (I)	1 = ja, 0 = nein
Interviewererfahrung	laufende Nummer des Interviews eines Interviewers
Dauer des Interviews (I)	in Minuten
Indikatoren zu Aspekten der aktuellen Umfrage bzw. „weiche" Indikatoren der Umfragequalität	
Heikle Frage unangenehm	1 = etwas/sehr, 0 = überhaupt nicht unangenehm
Vertrauen in Anonymität	0 = niedrig bis 4 = hoch
Antwortbereitschaft (I)	1 = mittelmäßig/schlecht, 0 = gut
Antwortzuverlässigkeit (I)	0 = überhaupt nicht zuverlässig bis 4 = sehr zuverlässig
RRT-Verständnis (I)	0 = sehr schlecht bis 4 = sehr gut
Heikle Frage: Stellen unangenehm (I)	1 = etwas/sehr, 0 = überhaupt nicht unangenehm
Soziodemographie und Deliktschwere	
Alter	in Dekaden zum Zeitpunkt der Befragung
Höchster Bildungsabschluss ≥ Abitur	1 = ja, 0 = nein
Geschlecht	1 = weiblich, 0 = männlich
Nationalität	1 = deutsch, 0 = andere (auch doppelte Staatsbürgerschaft)
Deliktschwere (Gesamtskala)	Skala von 1 (harmlosestes Delikt) bis 9 (schwerstes Delikt)

(Fortsetzung nächste Seite)

Variable	Bemerkungen
Deliktschwere (Dummy)	1 = hoch, 0 = niedrig
Weitere Variablen	
RRT-Testfrage (Geb.-Monat Mutter)	1 = ja, 0 = nein
Unfallflucht, jemals	1 = ja, 0 = nein
Diebstahl, jemals	1 = ja, 0 = nein
Drogenkonsum, jemals	1 = ja, 0 = nein
Befragungsgebiet	Vier Dummyvariablen, Referenzkategorie = Gebiet 1
Interviewergeschlecht (I)	1 = weiblich, 0 = männlich
Intervieweralter	in Dekaden

Erläuterungen: Die mit (I) markierten Items wurden vom Interviewer nach dem Interview auf dem Fragebogen eingetragen. Einige Variablen wurden für die Analysen rekodiert; die Ausprägungen gehen aus der Tabelle hervor, die im Fragebogen erhobenen ursprünglichen Kategorien aus den untenstehenden Erläuterungen bzw. aus den im Anhang abgedruckten Fragebögen. Wording der Variablen: SD-Belief: *"Bezogen auf die heiklen Fragen: Was meinen Sie: Wie verwerflich oder wie ungern gesehen sind diese Verhaltensweisen in unserer Gesellschaft? Bitte benutzen Sie zur Beantwortung die Skala auf Liste 15. Also, wie verwerflich ist es [...] generell: strafrechtlich verurteilt zu sein?"*; siebenstufige Antwortskala von 1 („gar nicht verwerflich") bis 7 („sehr verwerflich"). Umfrageerfahrung 1: *"Sind Sie - abgesehen von der heutigen Befragung – schon irgendwann einmal befragt worden bzw. haben Sie einen Fragebogen ausgefüllt?"* Antwortmöglichkeiten „ja" oder „nein". Umfrageerfahrung II: *"Abgesehen von der heutigen Befragung, an wie vielen Umfragen haben Sie bisher teilgenommen? Falls Sie es nicht genau wissen, genügt eine ungefähre Schätzung".* Drittperson anwesend: *"Wurde das Interview mit der befragten Person allein durchgeführt, oder waren während des Interviews dritte Personen anwesend?".* Heikle Frage unangenehm: *"Nun noch zwei Fragen zu unserer Umfrage, in der es teilweise auch um etwas heikle Themen ging, vor allem im Bereich „kleinere kriminelle Delikte" und im Bereich „Verkehr". Zuerst zum Bereich „kleinere kriminelle Delikte": Wie unangenehm haben Sie es empfunden, auf die heiklen Fragen im Bereich Kleinkriminalität (z. B. Diebstahl, Drogen) zu antworten?";* dreistufige Antwortskala von 1 („sehr unangenehm") bis 3 („überhaupt nicht unangenehm"). Vertrauen in Anonymität: *"Und noch mal bitte ganz ehrlich: Inwieweit vertrauen Sie unseren Maßnahmen zur Anonymität und zum Datenschutz?";* fünfstufige Antwortskala von 1 („sehr stark") bis 5 („überhaupt nicht"). Antwortbereitschaft: *"Wie war insgesamt die Bereitschaft der befragten Person, die Fragen zu beantworten?";* dreistufige Antwortskala von 1 („gut") bis 3 („schlecht"). Antwortzuverlässigkeit: *"Wie zuverlässig sind Ihrer Einschätzung nach die Angaben der befragten Person?";* fünfstufige Antwortskala von 1 („sehr zuverlässig") bis 5 („überhaupt nicht zuverlässig"). RRT-Verständnis: *"Was meinen Sie: Wie gut hat die/der Befragte die Randomized Response Technique (Frage F23, Kartenspiel) verstanden?";* fünfstufige Antwortskala von 1 („sehr gut") bis 5 („sehr schlecht"). Heikle Frage unangenehm zu stellen: *"In der Befragung wurde auch nach heiklen Dingen gefragt, vor allem im Bereich „Verkehr" und im Bereich „kleinere kriminelle Delikte". Zuerst zum Bereich „kleinere kriminelle Delikte": Wie unangenehm war es Ihnen als Interviewer, der in diesem Interview befragten Person die heiklen Fragen im Bereich „Kleinkriminalität" (z. B. Diebstahl, Drogen) zu stellen?";* dreistufige Antwortskala von 1 („sehr unangenehm") bis 3 („überhaupt nicht unangenehm"). Vgl. für die Fragen der Rubrik „Weitere Variablen" die Erläuterungen im Text.
Quelle: Eigene Darstellung.

4.1 Konzeption und Vorbereitung der Validierungsstudie

Die abhängige Variable sowie die Experimentalvariable (DQ vs. RRT) wurden bereits oben erläutert. Eine zentrale Variable der RC-Theorie sind Indikatoren zu Anreizen durch soziale Erwünschtheit. Oben in der Arbeit (Unterkapitel 2.2) wurden zwei Dimensionen von Erwünschtheitsanreizen identifiziert, zum einen das Bedürfnis nach sozialer Anerkennung (SD-Neigung) und zum anderen die trait desirability. Letztere wurde nochmals differenziert nach den Ewünschtheitswahrnehmungen oder SD-Beliefs, die auf die Einschätzung über Bewertungen externer Gruppen abzielen, sowie die Kriminalitätsnorm, die die Bewertungen der Befragten selbst erfasst. Die Operationalisierung des SD-Beliefs geht aus Tabelle 22 hervor. Zur Messung der SD-Neigung wurde die „Crowne-Marlowe social desirability scale" (CM-Skala, Crowne/Marlowe 1960; vgl. auch Abschnitt 2.2.1) verwendet, wobei auf die deutschsprachige Kurzversion der Skala zurückgegriffen wurde (Stocké 2007b). Die Auswahl der Items, die Ergebnisse einer Faktorenanalyse sowie die Generierung der Indizes werden, da es sich um Ergebnisse empirischer Analysen handelt, in Abschnitt 5.1.1 berichtet und erläutert. Gleiches gilt für die Kriminalitätsnorm.

Ebenfalls in Abschnitt 5.1.1 werden dimensionale Analysen und die Erstellung der Indikatoren zu den Variablen PFC-Skala („preference for consistency") sowie Umfrageeinstellungen berichtet. Die PFC-Skala soll das Streben nach kognitiver Konsonanz bzw. den Grad des Leidens unter kognitiven Dissonanzen messen (Cialdini/Trost/Newsom 1995, von Collani/Blank 2009). Die Einstellungen zu Umfragen (survey attitude scale) wurden von Stocké (2004) in dessen Framing-Modell des Befragtenverhaltens vorgeschlagen. Die Skala stellt im Grunde genommen eine Operationalisierung zur Messung von Frame-Inhalten dar (siehe Unterkapitel 3.3).

Weitere Variablen aus dem Bereich RC-/FS-Theorie sind die Umfrageerfahrung, anwesende Drittpersonen sowie die Dauer des Interviews. Die Operationalisierung und Messung der ersten drei geht aus Tabelle 22 hervor. Die Dauer des Interviews wurde aus den Angaben zur Uhrzeit des Interview-Beginns und Ende des Interviews generiert. Dieser Indikator stellt eine „Notlösung" zur Messung des Modus der Informationsverarbeitung (as- vs. rc-Modus) im Rahmen der FS-Theorie dar. Normalerweise ist es üblich, diesen bezogen auf konkrete Fragen als Abweichung der Antwortgeschwindigkeit der jeweiligen Frage von der mittleren Geschwindigkeit eines Befragten zu messen (Mayerl 2009, Mayerl/Urban 2008, Stocké 2004). Dies war allerdings im Rahmen der durchgeführten Face to Face-Interviews ohne Computerunterstützung nicht möglich.

Die „Indikatoren zu Aspekten der aktuellen Umfrage" sind mit den Erläuterungen in Tabelle 22 selbsterklärend. Die Variablen wurden aus zwei Gründen erhoben. Erstens stellen sie „weiche" Indikatoren für die Qualität von Umfragen dar (wenn man Reliabilität und Validität als „harte" Indikatoren sieht). Neben dem Hauptaspekt der Validität von Umfragedaten und speziell heikler Fragen sind auch Kriterien wie unangenehme Gefühle oder das Vertrauen in die Anonymität Gütemaße für Erhebungsinstrumente. Wie bereits im Verlauf der Arbeit erwähnt, kann u. a. danach gefragt werden, ob die RRT auch bezüglich solcher Aspekte – neben einer Erhöhung der Validität – zu einer Verbesserung beitragen kann. Dies geschieht in entsprechenden Analysen in Unterkapitel 5.2. Zweitens ergibt sich die Motivation, diese Variablen einzubeziehen, aus der Studie von Landsheer, van der Heijden und van Gils (1999; vgl. die diesbezüglichen Ausführungen in Abschnitt 2.4.2). Die Befunde dieser Studie können so – mit einigen noch zu erwähnenden Abstrichen – einer Replikation unterzogen werden.

Die Erhebung der soziodemographischen Variablen ist weitestgehend selbsterklärend und folgt bis auf kleine Abweichungen den demographischen Standards (Statistisches Bundesamt 2004). In die auf Dekaden skalierte Altersvariable gehen die Angaben zu Geburtsjahr und -monat sowie Interviewjahr und -monat ein. Somit enthält die Variable das monatsgenaue Alter in Dekaden zum Zeitpunkt der Befragung. Als Indikator für die Bildung wurde lediglich eine einfache Dummyvariable (Abitur oder höher vs. niedrigerer Abschluss) gebildet.

Einer etwas ausführlicheren Erläuterung bedarf der Deliktschwere-Indikator. Grundgedanke des Indikators ist die Vermutung, dass sich die Schwere des Delikts, für den ein Befragter verurteilt wurde, auf das Antwortverhalten auswirken. Plausibel wäre beispielsweise die Hypothese, dass Verurteilungen aufgrund von „Kavaliersdelikten" wie Schwarzfahren eher angegeben werden als solche wegen schwererer Vergehen wie etwa Körperverletzung. Wichtig ist der Indikator auch als Kontrollvariable, gerade wenn es um Effekte soziodemographischer Merkmale geht: Antworten z. B. hochqualifizierte Befragte in einer bestimmten Art und Weise, weil sie hochqualifiziert sind, oder weil Hochqualifizeirte andere Delikte begehen als gering Qualifizierte? Da die einzelnen Straftaten, die von den Personen im Validierungssample begangen wurden, zu zahlreich waren, um sie einzeln auf ihren Effekt hin zu untersuchen, wurden erst ähnliche Delikte zusammengefasst, so dass zehn Kategorien entstanden: Diebstahl (jeglicher Art), Schwarzfahren (Leistungserschleichung), Alkohol oder Drogen im Straßenverkehr, Unfallflucht, Drogenvergehen (Besitz, Erwerb von, Handel mit Betäubungsmitteln), Körperverletzung (jeglicher Art), Beleidigung/Bedrohung/Nötigung/Erpressung, Betrug (jeglicher Art), Fahren ohne Fahrerlaubnis sowie sonstige Delikte. Im Kontaktdatensatz wurde jeweils kodiert, welche dieser Straftaten begangen wurde, wobei natürlich auch mehrere zutreffen können. In vielen Fällen war es so, dass Personen wegen mehrerer Taten auf einmal verurteilt wurden, wie etwa Trunkenheit im Verkehr und Unfallflucht. Nicht bekannt bei Mehrfachtätern sind natürlich Verurteilungen *vor* der aktuellen, die dazu geführt hat, dass die Person Bestandteil des Kontaktda-

4.1 Konzeption und Vorbereitung der Validierungsstudie

tensatzes ist. Um einen Indikator für die Deliktschwere zu erhalten, wurde die Liste der neun Straftaten (ohne die Kategorie „Sonstiges") einem externen Rating unterzogen. Hierzu wurden 13 willkürlich ausgewählte Personen gebeten, die neun Vergehen nach der Schwere des Delikts zu ordnen, in dem Nummern von eins (schwerstes Delikt) bis neun (harmlosestes Delikt) zu vergeben waren. Das Ergebnis dieses Kleingruppenratings kann Tabelle 22 entnommen werden.

Tabelle 22: Deliktschwere von neun strafrechtlichen Vergehen: Ergebnisse eines Expertenratings

	Mittelwert	Stand.-abw.	Minimum	Maximum
Diebstahl	4,85	1,52	2	8
Schwarzfahren	8,62	0,51	8	9
Alkohol/Drogen im Straßenverkehr	4,62	1,76	2	7
Unfallflucht	2,62	0,87	1	4
Drogenkonsum	7,62	1,33	5	9
Körperverletzung	1,08	0,28	1	2
Beleidigung/Bedrohung	5,54	2,03	2	9
Betrug	3,85	1,14	2	6
Fahren ohne Fahrerlaubnis	6,23	1,83	2	9

Erläuterungen: N = 13. Fragetext: „Unten stehen neun Straftaten. Wie würden Sie persönlich die Delikte nach der Schwere des Delikts ordnen? Vergeben Sie hierzu einfach Ziffern von 1 (schwerstes Delikt) bis 9 (harmlosestes Delikt)."
Quelle: Eigene Auswertungen.

Wie ersichtlich wird, sind sich die Rater über die Endpunkte der Skala weitgehend einig: Schwarzfahren entspricht dem harmlosesten Delikt (Mittelwert = 8,62), Körperverletzung dem schwersten (Mittelwert = 1,08). Die Streuung dieser beiden Items ist außerdem die geringste aller Items. Weniger schlimm wird außerdem tendenziell Drogenkonsum gesehen, schwerer wiegt Unfallflucht. Die restlichen Items rangieren im Mittelfeld der Skala, hier besteht auch weniger Einigkeit über die Reihenfolge der Vergehen nach Deliktschwere (erkennbar an den höheren Standardabweichungen). Für jede Kontaktperson wurde dann aufgrund der begangenen Straftat der jeweilige Mittelwert aus dem Kleingruppenrating als Indikator für die Deliktschwere zugewiesen. Bei mehreren Vergehen wurde das schwerer bewertete Delikt zugrundegelegt. Für Fälle der Kategorie „Sonstiges" wurde der mittlere Skalenwert fünf kodiert. Anschließend wurde die Skala umgepolt, so dass der (theoretische) Wert eins für das harmloseste Delikt steht, der Wert neun für das schwerste. Empirisch reichen die Werte der umgepolten Skala von 1,38 bis 8,92. Schließlich wurde, weil sich in einigen Analysen eine höhere Trennschärfe zeigte, aus der Skala eine Dummyvariable gebildet, die den Wert eins für schwere Delikte annimmt (Skalenwert > 7).

4.2 Ablauf der Erhebung, Rücklaufquoten und Datenstruktur

Nachdem im letzten Unterkapitel Anlage und Inhalt der Validierungsstudie erläutert wurden, widmen sich die folgenden Ausführungen dem Ablauf der Erhebung und der Aufbereitung der Daten. Der eigentlichen Erhebung ging ein Pretest voraus, im Zuge dessen 13 Interviews realisiert wurden. Ziel des Pretests war, sowohl die Gangbarkeit der Erhebungsprozedur, als auch der Fragen im Feld zu testen. Zu überprüfen galt es u. a., ob die erhobenen Variablen genügend Varianz zeigten und ob Änderungen an der RRT-Prozedur nötig waren. Das wichtigste Ergebnis des Pretests war, dass die Feldprozedur und der Fragebogen insgesamt wie intendiert funktionierten und auch trotz der geringen Fallzahl die Variablen genug streuten. Zwei Änderungen betrafen die Formulierung der Einleitung der RRT-Prozedur, die gekürzt wurde, sowie eine Variable, die keine Varianz aufwies und daher umformuliert wurde. Da nach dem Pretest keine maßgeblichen Änderungen am Fragebogen vorgenommen wurden, gehen die Pretest-Fälle auch in die Hauptanalysen ein.

Feldphase und Rücklauf

Nun zum konkreten Ablauf der Feldphase. Die Prozedur im Feld sah vor, die Befragten zunächst seitens der Forschergruppe/Universität auf dem herkömmlichen Postweg anzuschreiben. Hierauf sollten die Interviewer den Kontakt mit den Befragten herstellen und das Interview sofort durchführen oder einen Termin vereinbaren. Die Interviewer bekamen Kontaktprotokolle, auf denen Name und Adresse der Kontaktpersonen sowie, falls im Telefonbuch auffindbar, die Telefonnummer vermerkt waren. Konnte kein Kontakt mit dem Befragten hergestellt werden, waren die Interviewer angehalten, die Adresse mindestens dreimal anzulaufen (bzw. anzurufen), bevor der Kontakt als „nicht angetroffen" zu den Akten gelegt wurde. Die Interviewer wurden zusätzlich mit Ersatzanschreiben versehen (je ein weiteres Exemplar des Originalanschreibens), das bei einem Kontakt an der Haustür eingesetzt werden konnte, falls eine Kontaktperson z. B. angab, kein Anschreiben erhalten zu haben. Einige Interviewer arbeiteten zusätzlich mit selbstverfassten Notizen, die sie den Kontaktpersonen bei einem erfolglosen

4.2 Ablauf der Erhebung, Rücklaufquoten und Datenstruktur

Kontaktversuch in den Briefkasten steckten. Derartige Maßnahmen waren den Interviewern freigestellt und wurden nicht standardisiert eingesetzt.

Als Interviewer wurden Studenten aus den Befragungsgebieten rekrutiert. Insgesamt waren 76 Interviewer im Einsatz. Die große Zahl erlaubte es nicht, längere Einstellungsgespräche zu führen. Dies wirkte sich teils negativ aus, da sich einige Interviewer als unzuverlässig und/oder ungeeignet für die Tätigkeit erwiesen. Eine Folge hiervon war, dass die Leistung der Interviewer deutlich differierte. Im Durchschnitt führte jeder Interviewer 7,6 Interviews (inklusive Pretest). Acht Interviewer brachten es auf kein einziges Interview, der erfolgreichste Interviewer führte allein 71 Interviews durch.[107]

Alle Interviewer durchliefen eine halbtägige Schulung. Hier wurde das Prozedere der Erhebung erklärt und ausführlich Idee und Vorgehensweise der RRT und ICT erläutert. Die Interviewer wurden auch grundsätzlich für die Problematik heikler Fragen sensibilisiert. Auch das Prinzip von standardisierten Befragungen und entsprechende Verhaltensanforderungen während des Interviews sowie Probeinterviews waren Bestandteil der Schulung. Jeder Interviewer erhielt außerdem neben dem Befragungsmaterial (Fragebögen, Listen, Kartenspiele für die RRT, Kontaktprotokolle usw.) eine vierseitige Zusammenfassung, in der alle während der Feldphase zu beachtenden Punkte schriftlich festgehalten wurden. Ebenfalls hingewiesen wurde darauf, dass die Feldarbeit jedes Interviewers überprüft werde und daher Interviewfälschungen sicher aufgedeckt würden. Die Interviewer wurden allerdings nicht darüber informiert, *wie* ihre Arbeit überprüft wurde. Dies geschah mit dem bereits erläuterten Verfahren, das erhobene Geburtsjahr mit dem validierten zu vergleichen.

Die Feldphase der Haupterhebung erstreckte sich von Februar 2009 bis Oktober 2010, was im Vergleich zu anderen Erhebungen ein langer Zeitraum ist. Die Problematik, Spezialpopulationen wie jene in der durchgeführten Studie zu befragen, hat sich auch in anderen Validierungsstudien immer wieder gezeigt: Befragungspersonen können oft nicht lokalisiert werden und die Antwortbereitschaft ist gering, woraus niedrige Rücklaufquoten resultieren (Locander/Sudman/Bradburn 1976, van der Heijden et al. 2000). Ein Beispiel der Kategorie „Negativrekord" ist die Studie von Eliason und Dodder (2000), in der schriftlich eine Population von Hirschwilderern („deer poaching") befragt wurde und eine Rücklaufquote von lediglich 4,8 % resultierte, obwohl die Autoren sich nach den Empfehlungen von Dillman (1978; „total design method") richteten. Auch die vorliegende Studie hatte von Anfang an mit geringen Rücklaufquoten zu kämpfen. Nach der ersten Befragungswelle mit sehr geringem Rücklauf wurde daher entschieden, zu einem Befragtenincentive in Höhe von 20 Euro überzugehen. Es

---

[107] Die Angaben beziehen potenzielle Fälschungen (mehr dazu unten) mit ein. Rechnet man diese heraus, ergibt sich eine durchschnittliche Zahl von 7,3 Interviews pro Interviewer.

ist mittlerweile belegt, dass Incentives bzw. monetäre Belohnungen den Rücklauf bei Befragungen erhöhen können (z. B. Diekmann/Jann 2001, Stadtmüller 2009). Den Betrag erhielten die Befragten direkt nach dem Interview bar vom Interviewer ausbezahlt. Hieraus ergibt sich eine wichtige unabhängige Variable, da 39 % (N = 1377 von 2246 Fällen) der *kontaktierten* Personen (Netto-Stichprobe) ohne Incentive angegangen wurde, der andere Teil (61 %) jedoch mit. Im Brutto-Validierungsdatensatz wurden 27 % (N = 151 von insgesamt 552 Fällen) der Interviews ohne Incentive durchgeführt, 73 % (N = 401) mit.

Die Rücklaufquoten sind in Tabelle 23 dargestellt. Um den Schutz der Befragten zu erhöhen, werden die im vorigen Abschnitt erwähnten „sauberen" Fälle, die der Kontaktdatenbank zugespielt wurden, von vornherein ausgeschlossen und gehen nicht in die Berechnungen ein, so dass deren Anteil unbekannt bleibt. Somit beziehen sich alle Aussagen nur auf validierte Kontaktfälle.

Tabelle 23: Rücklaufquoten der Validierungserhebung

	N	% Gesamt	% Kontaktierte	% Interviews	% Validierungsdaten
Angeschriebene Stichprobe	3372	100,0			
Adresse falsch (z. B. verzogen)	647	19,1			
Nicht kontaktiert	479	14,2			
Netto-Stichprobe	*2246*	*66,6*	*100,0*		
Im Haushalt nie jemand angetroffen	500	14,8	22,3		
Zielperson nie angetroffen	359	10,7	16,0		
Zielperson aus Zeitgründen nicht bereit	178	5,3	7,9		
Zielperson wg. sonst. Gründe nicht bereit	404	12,0	18,0		
Kein Interview wg. Sprachschwierigkeit	42	1,3	1,9		
Sonstiger Ausfallgrund/keine Angabe	183	5,4	8,2		
Geführte Interviews	*580*	*17,2*	*25,8*	*100,0*	
Interview abgebrochen	1	0,0	0,1	0,2	
Potenzielle Fälschungen	27	0,8	1,2	4,7	
Brutto-Validierungsdatensatz	*552*	*16,4*	*24,6*	*95,2*	*100,0*
davon DQ-Interviews	219				39,7
davon RRT-Interviews	333				60,3

Quelle: Eigene Auswertungen.

4.2 Ablauf der Erhebung, Rücklaufquoten und Datenstruktur

Insgesamt wurden 3372 Kontakte angeschrieben. Von diesen wurden 479 „nicht kontaktiert". Hierbei handelt es sich um Fälle, in denen Interviewer *nach* Eintritt in die Feldphase ihren Dienst quittierten oder um Fälle, bei denen aus anderen Gründen kein Kontaktprotokoll vorliegt.[108] Zählt man hierzu die 647 falschen Adressen (verzogen, verstorben etc.) hinzu, resultiert eine kontaktierte Stichprobe von 2246 Fällen. Dies entspricht zwei Dritteln der Ausgangsstichprobe. Von den kontaktierten Fällen fällt wiederum ein großer Teil aus den in Tabelle 24 aufgeführten üblichen Ausfallgründen wie Verweigerungen oder nicht angetroffener Zielpersonen heraus, so dass letztlich 580 geführte Interviews resultieren. Dies entspricht einer Rücklaufquote von 25,8 %, wenn man aufgrund der kontaktierten Fälle prozentuiert (17,2 %, wenn von allen Fällen prozentuiert wird).

Von den 580 Interviews ist (nur) ein Fall ein Interviewabbruch, 27 Fälle wurden für die Analysen wegen *potenzieller* Fälschungen ausgeschlossen.[109] Nach den in der Fußnote beschriebenen eher konservativen Kriterien sind also knapp 5 % der geführten Interviews potenzielle Fälschungen. Dies dürfte eher eine Überschätzung der tatsächlichen vorsätzlichen Fälschungen sein.

Somit resultiert der 552 Fälle umfassende Brutto-Validierungsdatensatz. Die Rücklaufquote unter Herausrechnen der Fälschungen und des einen Interviewabbruchs entspricht somit 24,6 % (bzw. 16,4 %, wenn aufgrund aller Kontaktfälle prozentuiert wird). Der Brutto-Validierungsdatensatz teilt sich in 219 DQ-Interviews und 333 RRT-Interviews auf. Dies entspricht mit 39,7 % vs. 60,3 % nahezu perfekt der ursprünglich angestrebten und zugewiesenen Zufallsaufteilung (40 % zu 60 %). Es ist daher nicht von modusspezifischen Ausfällen auszugehen.[110]

---

[108] Letzteres war v. a. zu Beginn der Feldphase auf die schlampige und unzuverlässige Arbeitsweise einiger Interviewer zurückzuführen.

[109] Um potenzielle Fälschungen zu identifizieren bzw. sicherzustellen, dass im Feld tatsächlich der Validierungskontakt befragt wurde, wurden das erhobene Geburtsjahr und der Geburtsmonat mit den Angaben aus der Kontaktdatenbank verglichen. Wohlgemerkt gibt es hier zwei potenzielle Fehlerquellen, nämlich einerseits ein Fehlverhalten des Interviewers, andererseits aber auch Fehler in den ursprünglichen Justizakten (z. B. Tippfehler oder falsche Angaben). Ausgeschlossen wurden zunächst alle 27 Fälle, bei denen das Geburtsjahr nicht übereinstimmte (auch einige wenige Fälle, bei denen entweder der validierte oder erhobene Wert des Geburtsjahres nicht vorlag, wurden entfernt). Zwei Fälle, bei denen die Angaben lediglich um ein Jahr abwichen, wurden allerdings beibehalten, da hier zumindest der Geburtsmonat übereinstimmte. Von allen verbliebenen Fällen (Geburtsjahr übereinstimmend) wich der Geburtsmonat bei sechs weiteren Fällen um mehr als einen Monat ab. Hier wurde allerdings die Entscheidung getroffen, diese nicht auszuschließen, da mit großer Wahrscheinlichkeit davon ausgegangen werden kann, dass es sich um Fehler in den Ausgangsdaten handelt. Sollte es sich hier tatsächlich um Fälschungen handeln, hätte der fälschende Interviewer zufällig das richtige Geburtsjahr treffen müssen.

[110] In vier Fällen wurde der vorgegebene Befragungsmodus nicht eingehalten. Ein Befragter wurde statt, wie vorgegeben im DQ-Modus, per RRT befragt, drei Fälle per DQ statt RRT. Aufgrund der geringen Fallzahl können Auswirkungen auf die Ergebnisse jedoch vernachlässigt werden.

Der Effekt der Teilnahmeincentives auf die Rücklaufquote ist in Tabelle 24 nicht dargestellt. Prozentuiert man nach den kontaktierten Befragten und rechnet die Fälschungen zu den ungültigen Interviews, ergibt sich für die Gruppe ohne Incentives eine Rücklaufquote von 17,5 %, in der Incentive-Gruppe hingegen 29,1 %. Das Ergebnis zeigt also einen deutlichen Effekt des Incentives, so dass für künftige Erhebungen in ähnlichen Populationen deren Einsatz empfohlen werden kann.

Abgesehen von den Feldproblemen hinsichtlich unzuverlässiger Interviewer und geringem Rücklauf traten keine weiteren größeren Schwierigkeiten auf. Zweifel am Inhalt bzw. Ziel der Studie kam weder bei Befragten, noch bei Interviewern auf. Nur in einem Fall wurden Probleme mit der RRT bzw. der heiklen Frage geäußert. Der betreffende Befragte brach das Interview bei der Präsentation der RRT durch den Interviewer ab, nahm den Fragebogen an sich und zerriss ihn.[111] Insgesamt hat sich somit auch das verwendete RRT-Design bewährt und kann als weitestgehend unproblematisch funktionierende Grundlage für zukünftige RRT-Erhebungen genutzt werden.

Datenstruktur und fehlende Werte

Nach der Erstellung des endgültigen Datenfiles mit Hilfe einer nicht am Projekt beteiligten Drittperson wurden die Daten wie üblich bereinigt. Der volle für Analysen zur Verfügung stehende Datensatz setzt sich aus vier Teildatensätzen zusammen: dem Validierungsteil, in dem die ursprünglichen Validierungsinformationen kodiert sind, den Kontaktprotokolldaten, den Interviewerdaten sowie den im Feld erhobenen Fragebogendaten.

Von allen per Anschreiben kontaktierten Fällen (N = 3372) wurden, wie oben dargestellt, einige wegen unzuverlässiger Interviewer niemals kontaktiert. Für diese Fälle liegen somit auch keine Kontaktprotokollinformationen vor; diese Fälle sind nicht Bestandteil des Datensatzes. Es ist davon auszugehen, dass diese Ausfälle weitestgehend stichprobenneutral sind. Für jede Kontaktprotokollzeile liegt allerdings die Information vor, welcher Interviewer für den Kontakt zuständig war. Somit sind allein mit dieser Information schon einfache Mehrebenenanalysen (Random Intercept-Modelle) möglich, die beispielsweise den Erklärungsanteil der Interviewerebene an der Wahrscheinlichkeit, ein Interview durchzuführen im Vergleich zur Befragtenebene angeben. Aus Platz- und Stringenzgründen werden diese Analysen allerdings an anderer Stelle publiziert. Für alle Interviewer ist außerdem deren Geschlecht und Alter bekannt. Nur 60

---

[111] Dieser Fall ist in Tabelle 24 nicht unter „Interview abgebrochen" berücksichtigt, da kein auswertbarer Fragebogen mehr vorlag. Zählt man den Fall hinzu, ergeben sich somit zwei Fälle abgebrochener Interviews insgesamt.

4.2 Ablauf der Erhebung, Rücklaufquoten und Datenstruktur

von 76 Interviewern füllten allerdings den Interviewerfragebogen aus, so dass sich hier einige Ausfälle ergeben. Von allen kontaktierten Fällen liegen dann wiederum nur für jene Fragebogeninformationen vor, bei denen ein Interview zustande gekommen ist.

Die empirischen Analysen werden mit den Fällen durchgeführt, bei denen Fragebogenvariablen vorliegen. Hierzu wurden alle restlichen Zeilen aus dem Gesamtdatensatz gelöscht. Auch die Interviewerebene wird zuweilen einbezogen, allerdings nur die für alle Interviewer bekannten Variablen Geschlecht und Alter. Verzichtet wird darauf, die Variablen aus den Interviewerfragebögen in mit einzubeziehen: Da nicht für alle Interviewer Interviewerfragebögen vorliegen, wäre dies mit einem deutlichen Verlust an Fallzahlen verbunden gewesen. Zudem hätte die Stringenz der Arbeit gelitten. Auch diese Analysen bleiben anderen Publikationen vorbehalten. Tabelle 24 bietet einen Überblick über die Fallzahlen des in dieser Arbeit verwendeten Analysedatensatzes.

Tabelle 24: Fallzahlen der Analysedatensätze

	Fallzahlen Validierungsdatensatz
Bruttodatensatz (siehe Tabelle 24)	580
Potenzielle Fälschungen	27
Ausgeschlossen wegen Interviewabbruch	1
Ausgeschlossen wegen fehlender Werte	35
Analysedatensatz	517

Quelle: Validierungsdatensatz, eigene Auswertungen.

Der Brutto-Validierungsdatensatz enthält 552 Fälle (vgl. Tabelle 23 weiter oben). Bei einigen Variablen treten fehlende Werte bzw. Item Nonresponse auf. Insgesamt ist deren Muster jedoch sporadisch-unsystematisch; einzig bei der Einkommensangabe verweigerten 11 % der Befragten die Auskunft (deshalb geht diese Variable auch nicht in die Analysen dieser Arbeit ein). Ein Überblick über die Zahl der Missings für alle Analysevariablen ist aus Tabelle A1 in Anhang II ersichtlich. Für den Umgang mit fehlenden Werten existieren grundsätzlich eine ganze Reihe an Verfahren (für Überblicke vgl. Allison 2002, Göthlich 2009, Spieß 2010 und die dort zitierte Literatur). Die einfachste Lösung ist die „complete case analysis", bei der nur Fälle in die Analyse eingehen, die bei allen verwendeten Variablen gültige Werte aufweisen. Das derzeit elaborierteste Verfahren ist die multiple Imputation. In der vorliegenden Arbeit wird aus zwei Gründen der Weg der „complete case analysis" beschritten. Zum einen liegen

m. W. noch keine in gängige Software implementierte Verfahren für multipel imputierte RRT-Daten vor. Standardverfahren konnten jedoch wegen der Besonderheit der RRT-Daten nicht benutzt werden. Zum anderen rechtfertigt das unsystematische Auftreten der fehlenden Werte (vgl. nochmals Tabelle A1 im Anhang) die Annahme, dass diese zufällig auftreten („missing completely at random") und somit ein listenweises Löschen der betroffenen Fälle opportun ist. Hierdurch leidet aufgrund der leicht reduzierten Fallzahl lediglich die Effizienz der Schätzer und führt tendenziell zu konservativeren Signifikanztests als unter Einbezug aller Fälle mit imputierten Daten. Die beschriebene Vorgehensweise führt dazu, dass im Hauptanalysedatensatz 35 Fälle ausgeschlossen wurden und somit der endgültige Analysedatensatz 517 Fälle umfasst. Hiervon entfallen 208 Fälle (40,2 %) auf den DQ-Modus und 309 Fälle (59,8 %) auf den RRT-Modus.

4.3 Statistische Analyseverfahren

Ein Hauptanliegen der empirischen Analysen in Kapitel 5 ist die Auswertung der RRT-Daten. Diese verlangen aufgrund des künstlich hinzugefügten „Zufallsrauschens" bei der abhängigen Variable besondere Analyseverfahren. Im ersten Teil des folgenden Unterkapitels werden diese erläutert. Eingegangen wird hier auch auf die Implementation in Statistik-Software. Im zweiten Teil des Unterkapitels werden kurz die generelle Analysestrategie sowie weitere Auswertungsverfahren behandelt.

4.3.1 Zur Analyse von RRT-Daten

Die Analyse der RRT-Daten wird von drei Kernfragen geleitet. Erstens geht es darum, die Schätzwerte bezüglich der Validierungsfrage zwischen DQ- und RRT-Modus zu vergleichen und auf signifikante Unterschiede zu testen. Zweitens gilt es, die Signifikanz der Abweichung des Umfragewerts vom wahren, validierten Wert zu bestimmen, der im Analysesample 100 % beträgt. Drittens schließlich sollen in multiplen binär-logistischen Regressionen Determinanten des Antwortverhaltens untersucht werden.

Die Formeln für die Berechnung der Prävalenz des erfragten heiklen Items sowie des Standardfehlers für Forced-Response-RRT-Daten ist aus den Gleichungen (8) und (9) ersichtlich (siehe Abschnitt 2.4.1, S. 76). Somit können,

4.3 Statistische Analyseverfahren

wenn für den DQ-Schätzer die herkömmliche Formel[112] zur Berechnung des Standardfehlers herangezogen wird, die Konfidenzintervalle der DQ- und RRT-Schätzer berechnet werden. Ein Hinweise auf signifikante Unterschiede ist dann die (Nicht-)Überlappung der Vertrauensbereiche. Alternativ kann auch ein einseitiger oder zweiseitiger z-Test durchgeführt werden.[113] Der z-Wert errechnet sich laut Formel (22), die verwendeten Symbole sind ebenfalls in Abschnitt 2.4.1 (Tabelle 5, S. 85) erläutert.

$$z = \frac{\hat{\pi}_{RRT} - \hat{\pi}_{DQ}}{\sqrt{\frac{\hat{\lambda}(1-\hat{\lambda})}{n_{RRT} \cdot p_{Frage}^2} + \frac{\hat{\pi}_{DQ}(1-\hat{\pi}_{DQ})}{n_{DQ}}}} \qquad (22)$$

Liegt der empirische z-Wert über dem für ein bestimmtes Signifikanzniveau festgelegten theoretischen Wert, ist der Unterschied signifikant.

Für die oben erstgenannte Frage nach dem DQ-RRT-Vergleich werden zweiseitige z-Tests zugrunde gelegt, da a priori keine Richtung des RRT-Effekts angegeben werden kann. Hingegen wird ein einseitiger z-Test durchgeführt, wenn es darum geht, die Abweichung der beobachteten Schätzer (DQ und RRT) vom bekannten wahren Wert in der Stichprobe, der bekanntlich 100 % beträgt, auf Signifikanz zu testen.[114]

Für die Berechnung von Regressionsanalysen mit RRT-Daten ist ein spezielles Verfahren der logistischen Regression nötig, welches bei Maddala (1983: 54–56), Scheers und Mitchell Dayton (1988) und van der Heijden/van Gils (1996) beschrieben ist. Die Regressionskoeffizienten dieses adaptierten logistischen Modells können wie jene einer herkömmlichen logistischen Regression interpretiert werden.

Das Schätzverfahren für RRT-Daten wurde in der Routine „rrlogit" für die Statistiksoftware Stata implementiert (Jann 2005). Diese wird auch für die empirischen Analysen in Kapitel 5 verwendet. Das Programm berechnet logistische

---

[112] $SE = \sqrt{\frac{p(1-p)}{N}}$

[113] In der Literatur finden sich bei Modusvergleichen sowohl ein- als auch zweiseitige Tests (z. B. van der Heijden et al. 2000, die einseitige Tests durchführen). Zu bevorzugen sind allerdings zweiseitige Tests, da streng genommen von vornherein keine Richtung des Moduseffekts vermutet werden kann. Insofern wirken dann dennoch durchgeführte einseitige Tests in manchen Fällen als „Trick", bei dem durch voraussetzungsärmere Signifikanzkriterien signifikante Effekte berichtet werden können.

[114] Formel (22) reduziert sich in diesem Fall darauf, die Differenz zwischen Umfrageschätzer und wahrem Wert durch den Standardfehler des Schätzers zu teilen.

Regressionen für abhängige RRT-Variablen, die mit der Forced Response- oder Unrelated Question-Technik (mit bekannter Prävalenz der Füllfrage) erhoben wurden. Hierzu müssen der Software die Wahrscheinlichkeiten p_{ja} und p_{nein} angegeben werden, mit der auf die erzwungenen Antworten verwiesen wird. Im Fall der vorliegenden Arbeit sind dies $p_{ja} = p_{nein} = 0{,}1875$. Wenn die Wahrscheinlichkeiten null betragen, entspricht das Verfahren einer herkömmlichen binärlogistischen Regression für gewöhnliche Daten. Dieser Umstand erlaubt es, die DQ- und RRT-Daten der vorliegenden Erhebung *simultan* zu analysieren. Hierzu wird eine Variable generiert, die für alle RRT-Fälle den Wert 0,1875 der Wahrscheinlichkeit $p_{ja} = p_{nein}$ enthält, für alle DQ-Fälle hingegen den Wert 0. Im rrlogit-Befehl wird dann statt der Werte für die Wahrscheinlichkeiten auf die generierte Variable verwiesen. Somit kann auch in Interaktionsmodellen auf Unterschiede von Effekten auf das Antwortverhalten zwischen DQ- und RRT-Modus getestet werden. Hierzu werden einfache Interaktionsvariablen zwischen Modus (1 = RRT) und unabhängiger Variable gebildet. Der Haupteffekt gibt dann den Effekt des Prädiktors im DQ-Modus an. Der Interaktionseffekt gibt den Unterschied des Effektes im RRT-Modus verglichen mit dem DQ-Modus an. Die Summe aus Haupt- und Interaktionseffekt schließlich entspricht dem Effekt der unabhängigen Variablen im RRT-Modus.

Bei der Berechnung und Interpretation von Interaktionseffekten im logistischen Modell stellt sich ein weiteres, grundsätzliches Problem, das erst in letzter Zeit ins Bewusstsein der Forschung gerückt ist: Die Richtung der modellierten Interaktionseffekte (Vorzeichen) und deren Signifikanztests beziehen sich lediglich auf die logarithmierten Odds und nicht auf die Wahrscheinlichkeiten, über die aber eigentlich Aussagen getroffen werden sollen. Die Veränderungen der Wahrscheinlichkeiten hängen aber wegen der Nicht-Linearität und Nicht-Additivität von den Merkmalskonstellationen der übrigen unabhängigen Variablen ab. Somit bedeutet ein mit Standardverfahren berechneter (signifikanter) Interaktionseffekt nicht zwangsläufig, dass dieser für alle Merkmale der Stichprobe gilt und auch nicht, dass er für alle Merkmale signifikant ist (Ai/Norton 2003, Best/Wolf 2010). Sogar das Vorzeichen kann variieren. Die Bedeutung dieses Problems wird in der Literatur unterschiedlich gesehen. Ai, Norton und Wang (Ai/Norton 2003, Norton/Wang/Ai 2004) lehnen die Standardverfahren ab und schlagen ein Spezialverfahren zur korrekten Berechnung der Interaktionseffekte und Standardfehler vor. Best und Wolf regen zwar auch an, „die Einwände ernst zu nehmen" (Best/Wolf 2010: 841), sehen das Problem aber weniger dramatisch. Plädiert wird hier für herkömmliche Likelihood Ratio-Tests und Conditional Effects-Plots zur genaueren Überprüfung der Interaktionseffekte. Dieser Weg wird auch in der vorliegenden Arbeit eingeschlagen. Zudem wurden

4.3 Statistische Analyseverfahren

die entscheidenden Interaktionseffekte auch mit einem linearen Wahrscheinlichkeitsmodell geprüft (Jann 2008) und erwiesen sich als stabil.

4.3.2 Weitere Analyseverfahren

Die logistischen Regressionen mit Hilfe von „rrlogit" stellen die zentralen empirischen Analysen der Arbeit dar. Abgesehen davon kommen weitere Verfahren der multivariaten Datenanalyse wie OLS-Regressionen und Faktorenanalysen zum Einsatz. Da diese zum Standardinstrumentarium der empirischen Sozialforschung gehören, werden sie hier nicht gesondert erläutert. Eine vielleicht weniger konventionelle Herangehensweise ist das Verfahren der Mehrebenenanalyse (Hox 2002, Snijders/Bosker 1999), die in einigen Analysen benutzt wird, um für Interviewereffekte zu testen. Die erhobenen Individualdaten mit den Befragten (oder Kontaktpersonen) auf der untersten Ebene sind nach Interviewern gruppiert. Die Interviewerebene stellt die höhere Ebene dar. Somit ergibt sich eine Zweiebenenstruk-tur. Leider sind aber Mehrebenenverfahren für RRT-Daten (noch) nicht verfügbar, so dass entsprechende Analysen mit RRT-Variablen als abhängiger Variable *nicht* durchgeführt werden können. Dies stellt ein wichtiges Desiderat für die künftige Forschung dar. Mehrebenenmodelle kommen in der vorliegenden Arbeit zum Einsatz, um für die oben als „weiche" Indikatoren der Umfragequalität bezeichneten Variablen den Einfluss von Interviewermerkmalen zu untersuchen.

Für die meisten Regressionsmodelle werden robuste Standardfehler berechnet.[115] Diese „Huber/White-Sandwich-Schätzer" (Huber 1967, White 1980) führen auch dann zu gültigen Signifikanztests, wenn der Fehlerterm des Regressionsmodells keine Gleichverteilung aufweist (also z. B. Heteroskedastizität vorliegt). Da die Signifikanztests insgesamt eher konservativ oder streng sind, werden in den Analysen auch 10 %-Signifikanzniveaus berichtet und berücksichtigt.

---

[115] Verzichtet wird darauf, wenn mittels Likelihood Ratio-Tests über die Signifikanz von Modellerweiterungen entschieden werden soll. Dies ist mit robusten Standardfehlern nicht möglich. In den jeweiligen Analysen wird gekennzeichnet, welche Standardfehler berechnet wurden.

5 Empirische Analysen der Validierungsstudie

Das folgende Kapitel berichtet empirische Analysen der Validierungsstudie. Vor den Kernanalysen zum Vergleich der Antwortvalidität im DQ- und RRT-Modus in Unterkapitel 5.3 und den Determinanten des Befragtenverhaltens in Unterkapitel 5.4 stehen einige vorgelagerte Analysen. Zunächst werden in Unterkapitel 5.1 die untersuchten Variablen und deren Verteilungen im Untersuchungssample vorgestellt. Es schließen sich in Unterkapitel 5.2 Analysen zu „weichen" Faktoren der Umfragequalität im Modusvergleich an, wie z. B. Anonymitätsbedenken oder Unwohlsein der Befragten beim Beantworten der heiklen Fragen. Nach den Kernanalysen in den Unterkapiteln 5.3 und 5.4 werden in Unterkapitel 5.5 die Ergebnisse der Analysen nochmals resümiert und auf den Punkt gebracht.

5.1 Variablen der empirischen Analysen

Die Analysen in diesem Unterkapitel präsentieren die verwendeten Variablen. In Abschnitt 5.1.1 werden aufgrund dimensionaler Analysen aus Itembatterien Indizes gebildet; Abschnitt 5.1.2 enthält deskriptive Auswertungen zu den Verteilungen der Variablen im Untersuchungssample.

5.1.1 Dimensionale Analysen und Generierung von Indikatoren

Die nachstehenden Ausführungen widmen sich der Erläuterung von Operationalisierung, Messung und Kodierung jener Variablen, die aus mehreren Items bzw. Itembatterien generiert wurden. Dies sind die oben bei der Darstellung der Messinstrumente (vgl. Tabelle 21) noch offen gebliebenen Konstrukte des sozialen Anerkennungsbedürfnisses (SD-Neigung), der kognitiven Dissonanz bzw. des Konsistenzstrebens, der Umfrageeinstellungen (survey attitude scale) und der Kriminalitätsnorm. Bevor aus den Einzelvariablen Skalen bzw. Indizes erstellt wurden, wurde jeweils eine dimensionale und Reliabilitätsanalyse durchgeführt.

Soziale Erwünschtheit

Als zentrale Variablen zur sozialen Erwünschtheit wurden in Unterkapitel 2.2 zwei Komponenten identifiziert; zum einen die SD-Neigung bzw. das Bedürfnis nach sozialer Anerkennung und zum anderen die SD-Beliefs, Erwünschtheitswahrnehmungen oder trait desirability. Für die Letztgenannten kann wiederum einerseits auf Fremdwahrnehmungen rekurriert werden, also Erwünschtheitsbewertungen, die Befragte externen Gruppen zuschreiben (SD-Belief). Andererseits können auch die Erwünschtheitsbewertungen der Befragten selbst fokussiert werden. Ein einfaches Messinstrument für die Fremdzuschreibungen wurde bereits oben in Abschnitt 4.1.2 vorgestellt; die Erwünschtheitsbewertungen der Befragten selbst werden weiter unten unter dem Konzept „Kriminalitätsnorm" vorgestellt (das jedoch auch in Verbindung mit kognitiver Dissonanz gebracht werden kann). Zunächst jedoch zur SD-Neigung, die mit Hilfe der bereits ausführlich diskutierten Crowne-Marlowe-Skala (CM-Skala) gemessen wurde.

Von der aus zehn Items bestehenden deutschsprachigen Kurzversion der CM-Skala zur Messung des Bedürfnisses nach sozialer Anerkennung (Stocké 2007b) wurden sieben Items für die vorliegende Erhebung ausgewählt. Die nicht übernommenen Items wiesen in den Analysen von Stocké (2007b) geringe Faktorladungen auf. Tabelle 25 listet die Items, deren Polung sowie die Anteile der eine SD-Neigung anzeigenden Antworten im Untersuchungssample auf.

Wie sich zeigt, geben bei sechs der sieben Items mehr als die Hälfte der Befragten die mit allerhöchster Wahrscheinlichkeit in Wirklichkeit nicht zutreffende „Erwünschtheitsantwort". Jedoch ergeben sich durchaus Unterschiede hinsichtlich der Schwierigkeit der Items.

Um zu testen, ob die Skala eindimensional ist, wurde eine Faktorenanalyse durchgeführt. In Anlehnung an Arminger (1979) wurde eine konventionelle Faktorenanalyse, die eigentlich für zumindest intervallskalierte Variablen gedacht ist, gerechnet. Die Ergebnisse sind in Tabelle 26 dargestellt. Die Ergebnisse zeigen, dass sich die Varianz der Items allerdings nicht – wie theoretisch vermutet – durch einen Faktor abbilden lässt, vielmehr legen die Ergebnisse eine zweidimensionale Lösung nahe.[116]

---

[116] Für alle in diesem Abschnitt präsentierten Faktorenanalysen gilt, dass immer geprüft wurde, ob eine Hauptkomponenten- und Hauptachsenanalyse, sowie jeweils eine orthogonale und schiefwinklige Rotation zu den gleichen Ergebnissen führten. In allen Fällen führte jeweils die Hauptachsenanalyse zu keinen brauchbaren Ergebnissen (zu viele extrahierte Faktoren, keine Faktorladungen über 0,4), so dass dieses Extraktionsverfahren verworfen wurde. Ebenfalls bei allen Analysen führte eine orthogonale und schiefwinklige Rotation bis auf minimale Abweichungen zu den gleichen Ergebnissen. Berichtet werden hier immer Ergebnisse der schiefwinkligen Rotation, da bei allen Variablen bzw. Konstrukten eine Unabhängigkeit (Orthogonalität) eventueller Subdimensionen nicht anzunehmen ist.

5.1 Variablen der empirischen Analysen

Tabelle 25: Verwendete CM-Skala zur Messung der SD-Neigung

Item	Polung	% SD-Antwort
„Manchmal bin ich beleidigt, wenn es nicht nach meinem Willen geht."	„nein"	36,2
„Ich bin stets ein guter Zuhörer, gleichgültig, wer mein Gesprächspartner ist."	„ja"	78,7
„Bei Gelegenheit habe ich schon einmal jemanden ausgenutzt."	„nein"	57,3
„Wenn ich einen Fehler gemacht habe, bin ich stets bereit, das zuzugeben."	„ja"	80,1
„Ich halte mich immer selber an Grundsätze, deren Befolgung ich von anderen erwarte."	„ja"	71,4
„Ich bin stets höflich, selbst zu Leuten, die ich abstoßend finde."	„ja"	65,6
„Manchmal bin ich ärgerlich auf Leute, die mich um einen Gefallen bitten."	„nein"	67,3

Erläuterungen: N = 517. Die Frage wurde im Fragebogen durch die von Stocké (2007b) übernommene Formulierung *„Nun werde ich Ihnen noch ein paar Aussagen vorlesen, die persönliche Einstellungen und Verhaltensweisen beschreiben. Ich möchte Sie bitten, mir zu sagen, ob die jeweilige Aussage auf Sie ganz persönlich zutrifft oder nicht zutrifft. Sagen Sie bitte einfach „richtig", wenn die Aussage auf Sie zutrifft, und „falsch", wenn sie nicht zutrifft"* eingeleitet. Die Spalte „Polung" gibt an, welche Antwort die sozial erwünschte Antwort darstellt.
Quelle: Validierungsdatensatz, eigene Auswertungen.

Dies steht den Befunden von Stocké (2007b) entgegen, der eine eindimensionale Struktur der Skala berichtet. Sieht man von dem Item „Gebe stets Fehler zu" ab, laden die Variablen deutlich auf jeweils eine der beiden Dimensionen. Weiterhin zeigt sich, dass die beiden Faktoren zusammen nur 40 % der Gesamtvarianz erklären. Inhaltlich machen die beiden Komponenten aber durchaus Sinn. Der erste Faktor bildet Variablen ab, die negativ konnotierte Attribute enthalten („beleidigt", „ausgenutzt", „ärgerlich"), der zweite Faktor fasst positiv konnotierte Items („guter Zuhörer", „stets höflich" usw.) zusammen. Dies entspricht auch der Polung der Items. Somit scheint es sinnvoll zu sein, das Zuschreiben positiver Attribute vom Verleugnen negativer Attribute inhaltlich zu trennen.[117] Dieser Vorschlag bzw. Einwand gegen das eindimensionale Konzept wurde bereits oben in Unterkapitel 2.2 erwähnt. Für die Verwendung der Skala als unabhängige Variable in den empirischen Analysen stellt sich nun die Frage, wie mit diesem Ergebnis umzugehen ist. Gewählt wird hier ein „empirischer Weg", d. h. es werden zunächst drei alternative Indizes zur Messung der SD-Neigung gebildet, einmal ein alle sieben Items umfassender Summenindex und je zwei Summenindizes aus den Items der auf die zwei Subdimensionen ladenden Items. In den

---

[117] Die rotierten Faktoren korrelieren mit einem Koeffizienten von r = 0,13; die beiden aus den einzelnen Items via Summenindex gebildeten Subindizes korrelieren mit r = 0,21 (p < 0,001).

empirischen Analysen wird dann geprüft, welcher Lösung der Vorzug zu geben ist. Bereits vorweggenommen sei, dass sich lediglich mit dem Summenindex der zweiten Teildimension (Zuschreibung positiver Attribute) stabile Effekte der SD-Neigung nachweisen lassen.

Tabelle 26: Faktorenanalyse der SD-Neigung (rotierte Factor-Pattern-Matrix)

	Faktor 1	Faktor 2
Manchmal beleidigt	0,697	
Stets guter Zuhörer		0,584
Bei Gelegenheit jemanden ausgenutzt	0,633	
Gebe stets Fehler zu		0,422
Halte mich an Grundsätze		0,565
Stets höflich		0,677
Manchmal ärgerlich bei Bitte	0,580	
Eigenwert (unrotierte Lösung)	1,695	1,100
Erklärte Varianz (kumuliert, unrotierte Lösung)	24 %	40 %

Erläuterungen: N = 517. Hauptkomponentenanalyse, schiefwinklige Rotation. Dargestellt sind Faktorladungen > 0,4. KMO-Maß der Stichprobeneignung = 0,63. Bartlett-Test auf Sphärizität: $\chi^2 = 146{,}07$ (21), $p < 0{,}001$. Cronbachs α der Gesamtskala (sieben Items) beträgt 0,46. Die α-Werte für die aus drei bzw. vier Items gebildeten Subskalen betragen 0,38 bzw. 0,36.
Quelle: Validierungsdatensatz, eigene Auswertungen.

Zu erwähnen sind noch die geringen Werte von Cronbachs α (siehe Fußnote von Tabelle 26). Während die geringen Werte bei den Subskalen aufgrund der geringen Itemanzahl weniger verwunderlich sind, zeigt der geringe Wert von α = 0,46 der Gesamtskala, dass die Reliabilität der Gesamtskala zu wünschen übrig lässt. Ob dies an der im Vergleich zur ursprünglichen Skala (33 Items) geringen Zahl der Items, oder am nicht-metrischen Messniveau liegt, muss hier dahingestellt bleiben. Zu erwähnen ist jedoch auch, dass geringe α-Koeffizienten nicht immer ein Beweis für eine schlechte Skala sein müssen (Schmitt 1996: 351 f.).

Kognitive Dissonanz

Im Theorieteil wurde die These aufgestellt, dass die Verneinung negativ konnotierter Attribute bzw. ein Misreporting der Reduktion kognitiver Dissonanz dienen kann. Wie bereits erwähnt, kann die Neigung, unter kognitiven Dissonanzen zu leiden, durch die Preference for Consistency-Scale (PFC-Skala) gemessen

5.1 Variablen der empirischen Analysen

werden (Cialdini/Trost/Newsom 1995). Eine ins Deutsche übertragene Version existiert ebenfalls (von Collani/Blank 2009) und wurde für die Validierungserhebung leicht überarbeitet, da einige Items im Original doppelte Negierungen enthielten oder anderweitig kompliziert formuliert waren (z. B. „Es macht mir nichts aus, wenn meine Handlungen miteinander unvereinbar sind"). Ein Item aus der deutschen Kurzskala wurde gestrichen und durch die eigene Übersetzung eines Items aus der englischen Originalskala ersetzt. Tabelle 27 dokumentiert die Items der in der vorliegenden Studie erhobenen PFC-Skala. Zu beachten ist, dass die Einleitung der Frage (siehe Fußnote zu Tabelle 27) keinen Hinweis enthielt, dass es hier um das Thema kognitive Dissonanz ging. Wie sich zeigt, streuen fast alle Items mit zwei oder mehr Skalenpunkten. Bei zwei Items liegt der Mittelwert unter dem mittleren Skalenwert von 4, bei allen anderen Items darüber.

Tabelle 27: Verwendete PFC-Skala zur Messung des Konsistenzstrebens

Item	Polung	Mittelwert	St.-Abw.
Private (internale) Konsistenz			
„Es ist mir wichtig, dass meine Handlungen im Einklang mit meinen Überzeugungen stehen."	+	5,7	1,6
„Ich fühle mich unwohl, wenn ich zwei Überzeugungen besitze, die nicht zusammenpassen."	+	4,3	2,2
Öffentliche Konsistenz			
„Ich finde es wichtig, dass Leute, die mich kennen, mein Verhalten vorhersagen können."	+	3,6	2,0
„Es ist mir egal, wenn ich auf andere widersprüchlich wirke."	−	4,3	2,3
„Es ist mir wichtig, dass andere mich als eine beständige, widerspruchsfreie Person ansehen."	+	4,8	2,0
Konsistenz von Anderen			
„Ich lege Wert darauf, dass meine engen Freunde berechenbar sind."	+	4,6	2,2
„Ich mag keine Menschen, die dauernd ihre Meinung ändern."	+	5,7	1,9

Erläuterungen: N = 517. Einleitung im Fragebogen: *„Kommen wir nun zum nächsten Thema. Viele Leute meinen, auch die Mentalität, also die Denkweise der Menschen unterscheidet sich zwischen Stadt und Land. In Liste C haben wir Aussagen, die bestimmte persönliche Überzeugungen beschreiben. Bitte sagen Sie mir jeweils, inwieweit Sie der jeweiligen Aussage zustimmen. Denken Sie dabei immer an die allgemeine Tendenz, die Ihrer Persönlichkeit entsprechen würde, nicht an Ausnahmesituationen. Versuchen Sie, spontan zu antworten und nicht zu lange nachzugrübeln".* Siebenstufige Antwortskala von 1 („stimme überhaupt nicht zu") bis 7 („stimme voll und ganz zu").
Quelle: Validierungsdatensatz, eigene Auswertungen.

Zwecks dimensionaler Analyse wurde erneut eine Faktorenanalyse durchgeführt (Tabelle 28). Die entgegengesetzt gepolte Variable wurde vorher umgepolt. In Anlehnung an das Originalkonstrukt wäre eine dreidimensionale Struktur mit den Faktoren „persönliche Konsistenz", „öffentliche Konsistenz" und „Konsistenz von Anderen" zu erwarten gewesen (Cialdini/Trost/Newsom 1995).

Tabelle 28: Faktorenanalyse des Konsistenzstrebens (rotierte Factor-Pattern-Matrix)

	Ursprüngliche Lösung		Endgültige Lösung
	Faktor 1	*Faktor 2*	*Faktor 1*
Wichtig: Handlungen im Einklang mit Überzeugungen		0,688	/
Unwohl: nicht zusammenpassende Überzeugungen	0,414		0,453
Wichtig: Verhalten vorhersagen	0,573		0,533
Egal: widersprüchlich wirken (umgepolt)		−0,715	/
Wichtig: angesehen als beständig, widerspruchsfrei	0,681		0,673
Kein Wert auf: Freunde berechenbar	0,697		0,706
Mag keine Menschen, die Meinung ändern	0,505		0,570
Eigenwert (unrotierte Lösung)	1,831	1,219	1,765
Erklärte Varianz (kumuliert, unrotierte Lösung)	26 %	44 %	35 %

Erläuterungen: N = 517. Hauptkomponentenanalyse, schiefwinklige Rotation. Dargestellt sind Faktorladungen > 0,4. KMO-Maß der Stichprobeneignung = 0,64 (ursprünglich) bzw. 0,65 (endgültig). Bartlett-Test auf Sphärizität: χ^2 = 227,123 (21), p < 0,001 (ursprünglich) bzw. χ^2 = 176,744 (10), p < 0,001 (endgültig). Cronbachs α = 0,47 (alle Items) bzw. α = 0,53 (endgültige Skala).
Quelle: Validierungsdatensatz, eigene Auswertungen.

Diese Struktur ließ sich allerdings mit den vorliegenden Daten nicht reproduzieren.[118] Die ursprüngliche, alle sieben Items umfassende Analyse zeigt eine zweidimensionale Lösung, wobei nur zwei Variablen auf den zweiten Faktor laden und eine davon – obwohl die Polung gleichgerichtet wurde – stark negativ lädt. Aus diesem Grund und einer Reliabilitätsanalyse, die aufgrund Cronbachs α eine Löschung dieser zwei Items nahelegt, wurde in einer zweiten Faktorenanalyse auf die zwei Items verzichtet. Wie aus Tabelle 28 ersichtlich, zeigt sich nun eine eindimensionale Lösung, die allerdings nur 35 % der Gesamtvarianz erklärt. Aus

---

[118] Es wurden mehrere Analysen gerechnet, bei denen einzelne Items weggelassen wurden und auch eine dreifaktorielle Lösung erzwungen. Bei keiner Variante zeigt sich die theoretisch angenommene Zuordnung der einzelnen Items zu den drei Subdimensionen.

5.1 Variablen der empirischen Analysen

den fünf Items dieser zweiten Lösung wurde wiederum ein Summenindex gebildet und auf den Wertebereich von 0 bis 6 skaliert. Zusätzlich wurde eine Dummyvariable erstellt, die für Skalenwerte größer 4,5 den Wert eins annimmt und eine hohe Dissonanzneigung anzeigt. Die Befunde weisen insgesamt darauf hin, dass in künftigen Forschungsarbeiten sicherlich noch viel Raum für eine Verbesserung des Messinstrumentes bleibt.

Einstellungen zu Umfragen

Die Umfrageeinstellungen sind Bestandteil des Framing-Konzeptes von Stocké (2004; vgl. Unterkapitel 3.3). Deren Messung erfolgt mittels der „survey attitude scale". In der vorliegenden Erhebung wurde eine Auswahl an neun Items herangezogen, die sich in der einschlägigen Literatur bewährt hat (vgl. Porst 1998, Stocké 2004, Stocké/Langfeldt 2004). Ursprünglich umfasst die Skala 16 Items. Theoretisch angenommen wird eine dreidimensionale Struktur der Umfrageeinstellungen (de Leeuw/Hox/Vis 2009). Die Dimension „Umfragelast" (survey burden) erfasst Kosten oder Nachteile durch Umfragen (Aufwand, Verletzung der Privatsphäre), die Dimension „persönlicher Umfragenutzen" (survey enjoyment) bezieht sich auf persönlichen Nutzen oder Freude bei der Teilnahme an Umfragen, und die Dimension „genereller Umfragenutzen" (survey value) erfasst allgemeine Vorteile oder Nutzen durch Umfragen. Allerdings – etwa bei Stocké (2004) – wird die Skala in empirischen Analysen meist als eindimensionaler Summenindex behandelt; hierzu werden die Items der Dimension Umfragelast vorher umgepolt. Der Index bildet dann die aggregierte Umfrageeinstellung von negativ bis positiv ab.

In der Validierungserhebung wurde die Skala auf neun Items gekürzt, wobei jede (angenommene) Dimension durch drei Items gemessen wurde (Tabelle 29). Die Mittelwerte und Standardabweichungen zeigen tendenziell eher positive Umfrageeinstellungen bei vergleichbarer Streuung der Items, wobei letztere etwas über eineinhalb Skalenpunkten liegt.

Zur Überprüfung der Dimensionalität wurde wiederum eine Faktorenanalyse durchgeführt. Die drei entgegengesetzt gepolten Items zur „Umfragelast" wurden vorher umgepolt. Im Ergebnis (Tabelle 30) zeigt sich, dass die angenommene dreidimensionale Struktur mit den vorliegenden Daten weitestgehend replizierbar ist. Nur ein Item lädt – aber nicht sehr stark – auf einer nicht angenommenen Dimension. Da jedoch ein Ausschluss dieses Items keine Verbesserung der Ergebnisse einbrachte und auch eine Reliabilitätsanalyse keinen Ausschluss des Items nahelegte, wurde es für die Indexbildung beibehalten.

Tabelle 29: Items zur Erhebung der Umfrageeinstellung

Item	Mittelwert	St.-Abw.
Genereller Umfragenutzen		
„Umfragen sind sehr wichtig für Wissenschaft, Politik und Wirtschaft."	5,8	1,4
„Umfragen können helfen, Probleme zu lösen."	5,5	1,7
„Die Ergebnisse von Umfragen sind in den meisten Fällen richtig."	4,8	1,5
Persönlicher Umfragenutzen		
„Umfragen bringen Abwechslung und sind interessant."	5,1	1,6
„Es macht mir Spaß, Fragebögen zu beantworten oder mündlich interviewt zu werden."	4,8	1,7
„Ich mag es, in Befragungen meine Meinung sagen zu können."	5,6	1,6
Umfragelast		
„Umfragen sind eine Verletzung der Privatsphäre."	2,3	1,6
„Durch Umfragen wird man nur von wichtigeren Dingen abgehalten."	2,5	1,7
„Es ist anstrengend, in Umfragen so viele Fragen zu beantworten."	2,5	1,8

Erläuterungen: N = 517. Einleitung im Fragebogen: *„Als letztes Thema interessiert uns noch Ihre Meinung zu Umfragen im Allgemeinen. Ich lese Ihnen auf der Grundlage von Liste K einige Meinungen zu Umfragen vor. Bitte sagen Sie mir mit den Zahlenwerten von 1 bis 7, in welchem Ausmaß Sie ganz persönlich den folgenden Aussagen zustimmen".* Siebenstufige Antwortskala von 1 („stimme überhaupt nicht zu") bis 7 („stimme voll und ganz zu").
Quelle: Validierungsdatensatz, eigene Auswertungen.

Aus den Originalvariablen wurde ein Summenindex gebildet, der somit die generalisierte Umfrageeinstellung von negativ bis positiv abbildet. Auch hier wurde der Wertebereich auf 0 bis 6 skaliert.

5.1 Variablen der empirischen Analysen

Tabelle 30: Faktorenanalyse der Umfrageeinstellung (rotierte Factor-Pattern-Matrix)

	Faktor 1	Faktor 2	Faktor 3
Umfragen: Abwechslung, interessant	0,586		
Spaß: Fragebögen, interviewt werden	0,803		
Mag es, Meinung zu sagen	0,775		
Umfragen wichtig für Wissenschaft etc.		0,621	
Umfragen: Probleme lösen		0,793	
Umfragen: Ergebnisse meist richtig	0,484		
Umfragen: Verletzung der Privatsphäre (−)			0,649
Umfragen: halten von wichtigen Dingen ab (−)			0,540
Umfragen: anstrengend (−)			0,812
Eigenwert (unrotierte Lösung)	2,780	1,244	1,003
Erklärte Varianz (kumuliert, unrotierte Lösung)	31 %	45 %	56 %

Erläuterungen: N = 517. Hauptkomponentenanalyse, schiefwinklige Rotation. Dargestellt sind Faktorladungen > 0,4. KMO-Maß der Stichprobeneignung = 0,72. Bartlett-Test auf Sphärizität: $\chi^2 = 744,072$ (36), p < 0,001. Cronbachs α = 0,70.
Quelle: Validierungsdatensatz, eigene Auswertungen.

Kriminalitätsnorm und -einstellungen

Eine letzte dimensionale Analyse betrifft Variablen zur Messung der Kriminalitätsnorm bzw. -einstellungen. Deren Integration ergibt sich aus zwei theoretischen Anknüpfungspunkten. Das Konstrukt kann einerseits als Maß der trait desirability gesehen werden (vgl. Unterkapitel 2.2 und Abschnitt 4.1.2). Hier bezieht sich die Erwünschtheit bestimmter Eigenschaften nicht auf die von den Befragten zugeschriebene Erwünschtheitswahrnehmung *Anderer*, sondern auf *persönliche* Bewertungen. Andererseits können eigene, internalisierte Normen zu Kriminalität oder illegalem Verhalten kognitive Dissonanzen erzeugen, wenn gegen diese Normen verstoßen wird.

Die in Tabelle 31 dargestellten Items wurden für die vorliegende Erhebung neu verfasst und gründen sich nicht wie die anderen Skalen auf existierende Literatur. Items, die in eine Kriminalität problematisierende Richtung formuliert sind, sind in der Spalte „Polung" mit einem „+" gekennzeichnet; Items, die in eine liberale, nicht problematisierende oder Delinquenz befürwortende Richtung formuliert sind, sind mit „–" markiert. Die Mittelwerte zeigen einige Unterschiede zwischen den Items bei einer Standardabweichung von ca. 2 Skalenpunkten.

Tabelle 31: Items zur Erhebung der Kriminalitätsnorm

Item	Polung	Mittelwert	St.-Abw.
„Kriminalität wird von der Presse aufgebauscht."	–	4,7	1,9
„Die Polizei sieht man hier an meinem Wohnort viel zu selten."	+	3,3	2,1
„Im Vergleich zu früher gibt es immer mehr Kriminalität."	+	5,0	2,0
„In den heutigen schwierigen Zeiten kann man auch mal gegen Gesetze verstoßen, wenn es nicht anders geht."	–	3,7	2,1
„Polizei und Richter machen ohnehin das, was sie wollen."	–	3,4	2,1
„Kleinere Delikte sind nicht so schlimm; jeder schlägt mal über die Stränge."	–	3,9	2,1
„Kriminalität ist eine Sünde."	+	4,5	2,3
„Kriminelle sollten sich schämen."	+	4,9	2,0
„Meine Freunde und Bekannten finden oder fänden es schlimm, wenn ich selbst kriminell würde."	+	5,6	1,9
„Gesetz und Ordnung müssen in jedem Fall respektiert werden."	+	5,9	1,5

Erläuterungen: N = 517. Einleitung im Fragebogen: *„Manche Menschen beklagen, dass es immer mehr Kriminalität gibt, andere Menschen sehen das nicht so. Da sich die Bewertung von Kriminalität unterscheidet, haben wir auf Liste D einige Aussagen zusammengestellt. Bitte sagen Sie mir jeweils mit den Zahlenwerten von 1 bis 7, inwieweit Sie zustimmen oder ablehnen. Mit der Skala können Sie Ihre Meinung abstufen".* Siebenstufige Antwortskala von 1 („stimme überhaupt nicht zu") bis 7 („stimme voll und ganz zu").
Quelle: Validierungsdatensatz, eigene Auswertungen.

Für die nachstehende Faktorenanalyse wurden die Items in Richtung einer Kriminalität ablehnenden bzw. problematisierenden Richtung gleichgerichtet. Die Ergebnisse zweier Analysen sind in Tabelle 32 dargestellt. Die ursprüngliche Lösung legt eine dreidimensionale Struktur nahe. Die erste Dimension kann als „Kriminalitätsablehnung" interpretiert werden. Hier laden sämtliche Items positiv, die eine Kriminalität ablehnende, problematisierende Aussage enthalten. Der zweite Faktor enthält Items, die Gesetzesverstöße/Kriminalität entdramatisieren oder rechtfertigende Aspekte beinhalten. Interessant ist, dass diese Variablen als eigenständiger Faktor extrahiert wurden und nicht negativ mit der ersten Dimension korrelieren. Inhaltlich bedeutet dies, dass eine Ablehnung von Kriminalität nicht auf der gleichen Dimension zu sehen ist wie eine Befürwortung oder

5.1 Variablen der empirischen Analysen

Rechtfertigung derselben.[119] Der dritte Faktor ist weniger klar, hier laden sowohl negativ, als auch positiv gepolte Items positiv auf die Dimension. Eine inhaltliche Interpretation fällt daher schwer. Da auch eine Reliabilitätsanalyse (Cronbachs α) einen Ausschluss dieser drei Items nahelegte, wurde eine zweite Faktorenanalyse ohne diese durchgeführt. Deren Ergebnisse sind rechts in Tabelle 32 dargestellt. Wie zu erwarten, ergibt sich eine zweidimensionale Struktur mit einem akzeptablen Anteil erklärter Varianz von 55 %.

Tabelle 32: Faktorenanalyse der Kriminalitätsnorm (rotierte Factor-Pattern-Matrix)

	Ursprüngliche Lösung			Endgültige Lösung	
	Faktor 1	*Faktor 2*	*Faktor 3*	*Faktor 1*	*Faktor 2*
Kriminalität von Presse aufgebauscht (−)			0,427	/	/
Polizei sieht man viel zu selten			0,737	/	/
Im Vergleich zu früher mehr Kriminalität			0,621	/	/
Man kann mal gegen Gesetze verstoßen (−)		0,740			0,769
Polizei/Richter machen, was sie wollen (−)		0,651			0,708
Kleinere Delikte nicht so schlimm (−)		0,708			0,718
Kriminalität ist Sünde	0,783			0,775	
Kriminelle sollten sich schämen	0,785			0,810	
Freunde fänden schlimm, wenn kriminell	0,588			0,578	
Gesetz/Ordnung auf jeden Fall respektieren	0,584			0,600	
Eigenwert (unrotierte Lösung)	2,534	1,445	1,195	2,490	1,332
Erklärte Varianz (kumuliert, unrot. Lösung)	25 %	40 %	52 %	36 %	55 %

Erläuterungen: N = 517. Hauptkomponentenanalyse, schiefwinklige Rotation. Dargestellt sind Faktorladungen > 0,4. KMO-Maß der Stichprobeneignung = 0,70 (ursprünglich) bzw. 0,73 (endgültig). Bartlett-Test auf Sphärizität: χ^2 = 683,074 (45), p < 0,001 (ursprünglich) bzw. χ^2 = 594,769 (21), p < 0,001 (endgültig). Cronbachs α = 0,61 (alle Items) bzw. α = 0,68 (endgültige Skala).
Quelle: Validierungsdatensatz, eigene Auswertungen.

Für die empirischen Analysen wurden, da sich in (nicht dokumentierten, bi- und multivariaten) Analysen zur Auswirkung der verschiedenen Subdimensionen der Kriminalitätsnorm auf das Antwortverhalten keine maßgeblich unterschiedlichen Effekte der Subdimensionen zeigten, ein Gesamtindex aus allen sieben Items der

---

[119] Die zwei schiefwinklig rotierten Faktoren korrelieren allerdings mit r = 0,22.

endgültigen Lösung gebildet. Die Items wurden so gepolt, dass steigende Indexwerte eine zunehmend kritische Sicht von Kriminalität bedeuten.

Die vier in diesem Abschnitt präsentierten dimensionalen Analysen und die Generierung von Indikatoren bzw. Indizes vervollständigen die im vorigen Kapitel (Abschnitt 4.1.2) präsentierte Variablenliste. Der folgende Abschnitt dient dazu, auf die Verteilung der Variablen im Untersuchungssample einzugehen.

5.1.2 Verteilungen der Variablen im Untersuchungssample

Deskriptive Statistiken zu den in den Validierungsanalysen verwendeten unabhängigen Variablen sind in Tabelle 33 dargestellt. Für Dummy-Variablen sind Prozente angegeben, für metrische Variablen arithmetische Mittel und Standardabweichungen. Neben den Zahlen für das gesamte Analysesample sind ebenfalls die Verteilungen nach Fragemodus (DQ vs. RRT) sowie die Signifikanz etwaiger Modusunterschiede aufgeführt. Für die Signifikanztests wurden bei nominal skalierten Variablen χ^2-Tests durchgeführt. Metrische Merkmale wurden zuerst mit robusten Tests auf Varianzgleichheit (Levene-Statistik) und anschließend via zweiseitiger T-Tests auf Mittelwertunterschiede geprüft. Auch einige streng genommen ordinale Merkmale – z. B. das Anonymitätsvertrauen – werden hier als metrisch behandelt. Für nähere Informationen zur Erhebung der Variablen vgl. nochmals Tabelle 21, S. 195.

Zunächst zur Verteilung der Variablen im Gesamtsample. Die soziodemographischen Variablen zeigen, dass die Befragten im Durchschnitt 40 Jahre alt sind bei einer Streuung von 16 Jahren. Der jüngste Befragte ist 16 Jahre alt, der älteste 90 Jahre. Knapp 21 % der Befragten besitzen die allgemeine Hochschulreife. Dieser Wert zeigt, dass es sich bei den Befragten entgegen dem, was aufgrund der Zusammensetzung der Population stereotypischerweise hätte vermutet werden können, keineswegs um extrem niedriggebildete Personen handelt (mehr dazu noch weiter unten). Deutlich ist allerdings die Selektivität der Stichprobe nach Geschlecht; nur knapp ein Viertel der Befragten sind weiblich. Dieser Wert ist allerdings nicht einem geschlechtsspezifischen Rücklauf geschuldet, sondern spiegelt die einfache Tatsache wieder, dass Männer deutlich häufiger als Frauen Straftaten begehen. Ein Blick in die polizeiliche Kriminalstatistik zeigt, dass der Anteil der Frauen an allen Straftatverdächtigen 2009 24,6 % betrug (Bundeskriminalamt 2009: 72), ein Wert, der dem Frauenanteil im Untersuchungssample fast perfekt entspricht. Die geschlechtsspezifische Verteilung der Befragten ist außerdem vergleichbar mit der Validierungsstudie von Tracy und Fox (1981: 193), die ebenfalls selbstberichtete Delinquenz untersuchen und einen Frauenanteil von 20 % berichten.

5.1 Variablen der empirischen Analysen

Tabelle 33: Deskriptive Statistiken der unabhängigen Variablen im Validierungsdatensatz

	Gesamt		DQ		RRT		Diff.
	%/MW	(STD)	%/MW	(STD)	%/MW	(STD)	
Experimentaldesign							
RRT-Modus (1 = ja)	59,8		/		/		/
Soziodemographie und Deliktschwere							
Alter, Dekaden [1,6…9,0]	4,0	(1,6)	3,9	(1,6)	4,0	(1,6)	
Höchster Bildungsabschluss ≥ Abitur (1 = ja)	20,7		21,2		20,4		
Geschlecht (1 = weiblich)	24,8		25,5		24,3		
Nationalität (1 = ja)	13,2		15,9		11,3		
Deliktschwere (Gesamtindex)	5,5	(1,9)	5,6	(2,0)	5,4	(1,8)	
Deliktschwere (1 = hoch)	20,9		22,6		19,7		
Variablen zur RC- und FS-Theorie							
SD-Neigung: Gesamtindex [0…7]	4,6	(1,6)	4,7	(1,5)	4,5	(1,6)	+
SD-Neigung: Subindex 1 [0…3]	1,6	(1,0)	1,6	(1,0)	1,6	(1,0)	
SD-Neigung: Subindex 2 [0…4]	3,0	(1,0)	3,1	(1,0)	2,9	(1,0)	*
SD-Belief [0…6]	3,9	(1,7)	3,9	(1,7)	3,8	(1,7)	
Konsistenzstreben [0…6]	3,6	(1,2)	3,6	(1,2)	3,6	(1,2)	
Konsistenzstreben (1 = hoch)	24,4		24,5		24,3		
Kriminalitätsnorm: Gesamtindex [0…6]	3,9	(1,2)	4,0	(1,2)	3,8	(1,2)	
Incentive 20 € (1 = ja)	72,7		74,5		71,5		
Umfrageeinstellung [0…6]	4,4	(0,9)	4,5	(0,9)	4,3	(0,9)	+
Umfrageerfahrung I (1 = ja)	66,3		67,3		65,7		
Umfrageerfahrung II [0…150]	5,7	(13,0)	5,9	(11,6)	5,5	(13,8)	
Drittperson anwesend (I) (1 = ja)	27,7		26,0		28,8		
Interviewererfahrung [0…78]	13,0	(16,3)	12,4	(14,7)	13,3	(17,3)	+[a]
Interviewererfahrung, logarithmiert [0…4,4]	2,0	(1,2)	2,0	(1,1)	2,0	(1,2)	+[a]
Dauer des Interviews [15…150]	32,9	(12,2)	30,7	(11,7)	34,5	(12,2)	***

(Fortsetzung nächste Seite)

	Gesamt		DQ		RRT		Diff.
	%/MW	(STD)	%/MW	(STD)	%/MW	(STD)	
Dauer des Interviews, logarithmiert [2,7…5]	3,5	0,3	3,4	(0,3)	3,5	0,3	***
„Weiche" Indikatoren der Umfragequalität							
Heikle Frage unangenehm (1 = ja)	26,7		28,4		25,6		
Vertrauen in Anonymität [0…4]	2,9	(1,0)	3,0	(1,0)	2,8	(1,0)	
Antwortbereitschaft (I) (1 = mittel/schlecht)	7,9		5,8		9,4		
Antwortzuverlässigkeit (I) [0…4]	3,3	(0,8)	3,3	(0,8)	3,2	(0,8)	
RRT-Verständnis (I) [0…4]					3,1	(0,9)	/
Heikle Frage: Stellen unangenehm (I) (1 = ja)	21,9		35,1		12,9		***
Weitere Variablen							
Befragungsgebiet 1 (1 = ja)	46,2		44,2		47,6		
Befragungsgebiet 2 (1 = ja)	18,4		18,8		18,1		
Befragungsgebiet 3 (1 = ja)	21,5		23,1		20,4		
Befragungsgebiet 4 (1 = ja)	2,9		2,9		2,9		
Befragungsgebiet 5 (1 = ja)	11,0		11,1		11,0		
Interviewergeschlecht (I) (1 = weiblich)	43,9		42,8		44,7		
Intervieweralter, Dekaden (I) [1,9…3,1]	2,4	(0,3)	2,4	(0,3)	2,4	(0,3)	
Fallzahl	517		208		309		

Erläuterungen: Für metrische Variablen sind Mittelwerte und Standardabweichungen angegeben, für dichotome Variablen der Prozentanteil der positiven Ausprägung. Die Spalte „Diff." gibt an, ob die Verteilungen der Merkmale in der RRT-Gruppe signifikant von den DQ-Verteilungen abweichen. Hierfür wurden T-Tests bei intervallskalierten Variablen und χ^2-Tests bei nominalen Variablen, sowie robuste F-Tests (Levene-Test) auf Varianzgleichheit durchgeführt. Für keine Variable mit der Ausnahme [a] war der Unterschied der Varianzen signifikant unterschiedlich, die angegebenen Signifikanzniveaus außer [a] beziehen sich also hier ausschließlich auf die Mittelwertunterschiede. Signifikanzniveaus: +: $p < 0{,}1$; *: $p < 0{,}05$; **: $p < 0{,}01$; ***: $p < 0{,}001$.
Quelle: Validierungsdatensatz, eigene Auswertungen.

Gut 13 % der Befragten haben nicht die deutsche Staatsangehörigkeit. Der Mittelwert der Deliktschwere von 5,5 Skalenpunkten liegt in der oberen Hälfte des (theoretischen) Wertebereichs von eins bis neun. Die Standardabweichung von fast zwei Skalenpunkten ist deutlich ausgeprägt; die Befragten unterscheiden

5.1 Variablen der empirischen Analysen

sich also in den begangenen Delikten, für die sie verurteilt wurden. Der aus der Gesamtskala gebildete Dummy für eine hohe Deliktschwere (Skalenwert > 7) zeigt, dass gut 20 % der Befragten ein im Rating als „schwer" eingeordneten Delikt begangen haben.

Nun zur Rubrik „Variablen zur RC- und FS-Theorie". Die SD-Maße betreffend zeigt sich, dass die Befragten im Mittel relativ deutlich zu einem sozialen Anerkennungsbedürfnis neigen (SD-Neigung-Gesamtindex: Mittel 4,6 auf einer Skala von 0 bis 6) und eine strafrechtliche Verurteilung als in der Gesellschaft unerwünscht oder verwerflich ansehen (SD-Belief: Mittelwert 3,9 auf einer Skala von 0 bis 6). Die Streuungsmaße zeigen jedoch, dass sich die Befragten in den Variablen durchaus unterscheiden bzw. genügend Varianz für Zusammenhangsanalysen vorhanden ist. Für das Konsistenzstreben liegt das arithmetische Mittel mit 3,6 Punkten leicht über dem Mittelpunkt der Skala (= 3 Punkte). Hier wurde zusätzlich eine Dummyvariable gebildet, die ein hohes Konsistenzstreben (Skalenwert > 4,5) abbildet, da sich in den Analysen ein deutlicherer Effekt mit der dichotomen Unterscheidung zeigte. Etwa ein Viertel der Befragten kann als Person mit hohem Konsonanzstreben charakterisiert werden. Der Index zur Messung der Kriminalitätsnorm zeigt, dass im Mittel eher negative Einstellungen bezüglich delinquenten Verhaltens vorliegen. Die Befragten neigen also tendenziell dazu, Kriminalität abzulehnen. Aber auch hier streuen die Werte mit mehr als einem Skalenpunkt relativ deutlich. Bereits oben in Kapitel 4 wurde erwähnt, dass 73 % der Interviews mit einem Teilnahmeincentive von 20 € geführt wurden, der Rest ohne. Die Befragten haben mit einem Mittelwert von 4,4 (Skala von 0 bis 6) insgesamt positive Einstellungen gegenüber Umfragen; mit knapp zwei Dritteln haben außerdem viele Befragten Erfahrungen mit Umfragen; im Durchschnitt hat jeder Befragte schon an knapp sechs Umfragen teilgenommen, allerdings mit einer hohen Standardabweichung von 13. Der Anteil von ca. 28 % an Interviews, bei denen Drittpersonen anwesend waren, liegt im Bereich dessen, was aus anderen Umfragen bekannt ist (vgl. die ALLBUS-Werte auf S. 62). Das Maß für die Interviewererfahrung in Form der laufenden Nummer des geführten Interviews in der aktuellen Befragung zeigt einen Mittelwert von 13, was 14 Interviews entspricht (Zählung beginnt bei 0). Die sehr hohe Standardabweichung von 16,3 Interviews verweist auf die stark schwankende „Interviewerleistung", die sich auch im Wertebereich der Variablen [0...78] zeigt. Um der schiefen Verteilung zu begegnen, wurde die Variable für die empirischen Analysen logarithmiert (vorher wurde eins addiert, um keinen Logarithmus von null zu erhalten). Der Mittelwert der Interviewdauer zeigt, dass ein Interview im Durchschnitt knapp 33 Minuten dauerte. Auch hier wurde eine logarithmierte Variable gebildet.

Die Variablen der Rubrik „Indikatoren zu Aspekten der aktuellen Umfrage" werden noch ausführlich in Unterkapitel 5.2 besprochen. Hier soll die Bemerkung genügen, dass sich aufgrund der in Tabelle 33 berichteten Mittelwerte insgesamt ein inhaltlich positives Bild ergibt. Nur rund ein Viertel der Befragten und Interviewer empfinden die heiklen Fragen als unangenehm, die Antwortbereitschaft und -zuverlässigkeit sowie das RRT-Verständnis werden tendenziell als positiv bewertet.

Der Vergleich der Variablen zwischen den Fragemodi DQ und RRT weist für fast alle Merkmale auf keine signifikanten Unterschiede hin. Für die metrischen Variablen zeigt sich außerdem bis auf die Variable Interviewererfahrung, dass Varianzgleichheit angenommen werden kann; demnach beziehen sich die oben in Tabelle 33 berichteten Signifikanzniveaus mit Ausnahme der erwähnten Variablen auf Mittelwertunterschiede. Kein signifikanter Unterschied ergibt sich in den Verteilungen der soziodemographischen Variablen. Signifikante Unterschiede in den Mittelwerten zeigen sich nur für die SD-Neigung, die Umfrageeinstellungen, den Grad unangenehmer Empfindungen des Interviewers beim Stellen der heiklen Frage (wird in Unterkapitel 5.2 diskutiert) sowie für die Dauer des Interviews. Der letztgenannte Unterschied war wegen der im Interview ausführlich zu erläuternden RRT-Prozedur zu erwarten. Im Mittel dauerten die RRT-Interviews knapp vier Minuten länger als die DQ-Interviews. Dieser Unterschied kann als eher gering bewertet werden, die RRT-Prozedur kostete nicht unverhältnismäßig viel Interviewzeit. Die Werte der SD-Neigung sind im RRT-Modus leicht niedriger als im DQ-Modus (4,5 vs. 4,7 Skalenpunkte für den Gesamtindex und 2,9 vs. 3,1 Skalenpunkte für Subindex 2). Dies ist verwunderlich, da die SD-Skala im ersten Teil des Fragebogens erfragt wurde, bei der die Fragebogenversionen exakt übereinstimmten. Insofern und auch aufgrund des geringen Ausmaßes der Unterschiede sollte diese Modusdifferenz nicht überbewertet werden. Auch der auf 10 %-Niveau signifikante, leicht positivere Wert der Umfrageeinstellungen im RRT-Modus ist letztlich marginal und sollte nicht als maßgeblicher inhaltlicher RRT-Effekt (diese Frage wurde nach den heiklen Fragen im Fragebogen erfragt und könnte daher prinzipiell durch den Fragemodus beeinflusst werden) gesehen werden.

Insgesamt ergibt sich aufgrund der deskriptiven Auswertungen ein positives Bild für die weiteren Analysen. Die Variablen sind nicht extrem schief verteilt und weisen eine ausreichende Streuung auf. Substanzielle Unterschiede zwischen den Fragemodi bestehen nicht. Die Randomisierung zwischen Experimental- und Kontrollgruppe hat somit wie intendiert funktioniert; Unterschiede in der interessierenden abhängigen Variablen zwischen den Fragemodi können somit auch kausal auf den Fragemodus zurückgeführt werden.

Eine Besonderheit des Validierungssamples ist die Zusammensetzung der Stichprobe, welche aus Personen besteht, die in jüngerer Zeit strafrechtlich verurteilt wurden. Zudem ist die Stichprobe regional begrenzt. Daher stellt sich die Frage nach der Vergleichbarkeit dieser sicherlich stark selektiven Stichprobe mit anderen Referenzpopulationen. Um zumindest Anhaltspunkte zu liefern, wurden Daten des Mikrozensus 2006 (scientific use file, SUF) ausgewertet. In Tabelle 34 ist ein Vergleich der soziodemographischen Zusammensetzung der Validierungsstichprobe mit jener West- und Gesamtdeutschlands dargestellt.[120] Um die Stichproben hinsichtlich des Alters vergleichbar zu machen, wurden für die Mikrozensusanalysen alle Personen unter 16 Jahren ausgeschlossen.

Die Übersicht zeigt, dass die Untersuchungsstichprobe im Vergleich zur Bevölkerung in (West-)Deutschland jünger ist, etwas mehr Ausländer und deutlich mehr ledige Personen enthält, sowie tendenziell *höher* gebildet ist.[121] Zudem ist der Frauenanteil weniger als halb so groß. Die Altersverteilungen weisen darauf hin, dass das Untersuchungssample mehr jüngere und weniger ältere Personen enthält als es ihrem Anteil in der Gesamtbevölkerung entspricht; in den mittleren Altersgruppen gibt es keine Unterschiede. Insofern verwundern auch die Differenzen für die Variable Familienstand nicht. Vielleicht etwas unerwartet ist die höhere Bildung im Validierungssample. Ob dies an bildungsspezifischen Ausfallquoten liegt und/oder die Bildungsverteilung die jüngere Alterszusammensetzung widerspiegelt, kann hier nicht entschieden werden. Für die empirischen Analysen sollte jedoch im Hinterkopf behalten werden, dass es sich bei den befragten strafrechtlich verurteilten Personen nicht um eine Gruppe von Niedrigqualifizierten handelt.

Grosso modo ist also die Validierungsstichprobe hinsichtlich ihrer soziodemographischen Zusammensetzung laut den Vergleichsanalysen *kein* extrem selektives Sample. Eine Ausnahme bildet die ausgeprägte Überrepräsentation von Männern, die aber nach allem, was man aus der Kriminalitätsstatistik weiß, zu erwarten war.

---

[120] Um im Sinne des Datenschutzes die Erhebungsregion nicht lokalisierbar zu machen, wurde auf eine kleinräumigere Auswertung z. B. auf Bundesland- oder Kommunalebene verzichtet.
[121] Die Diskrepanzen bzgl. der oben vorgestellten, in die Analysen eingehenden Variablen „Abitur" kommen daher, dass dort nur Personen mit der allgemeinen Hochschulreife gezählt wurden, also ein Fachabitur nicht dazugehört.

Tabelle 34: Soziodemographische Zusammensetzung der Stichprobe im Vergleich mit dem Mikrozensus

	Validierungssample	Mikrozensus 2006 (SUF)	
		BRD West	BRD gesamt
Geschlecht			
Männlich	75,2	47,8	47,9
Weiblich	24,8	52,2	52,1
Alter			
16–25	27,9	13,4	13,6
26–35	20,1	13,5	13,3
36–45	18,0	19,4	19,0
46–55	17,4	16,7	16,9
56–65	8,7	14,3	14,3
66 und älter	7,9	22,7	22,8
Staatsangehörigkeit			
Deutsch	86,9	92,3	93,5
Ausländer	13,1	7,7	6,5
Familienstand			
Ledig	56,9	27,7	28,2
Verheiratet	29,0	56,4	55,6
Verwitwet	2,7	9,0	9,1
Geschieden	11,4	6,8	7,1
Bildung			
Ohne Abschluss	5,2	6,7	6,3
Hauptschule/Volksschule	38,3	45,4	42,5
Mittlere Reife/POS	26,9	23,6	27,6
Abitur/Fachabitur	29,6	24,4	23,4
Fallzahl	517	344 542	423 754

Erläuterungen: Angaben in Prozent. Bei den Mikrozensus-Auswertungen wurden alle Personen unter 16 Jahren ausgeschlossen. Staatsangehörigkeit: Unter „Deutsch" wurden hier auch Personen mit doppelter Staatsbürgerschaft (deutsch und eine andere) gezählt. Bei den Mikrozensusauswertungen zum Familienstand wurde die Kategorie „eingetragene Lebenspartnerschaft" ausgeklammert (Anteil < 0,05 %).
Quelle: Validierungsdatensatz und Mikrozensus 2006 (SUF), eigene Auswertungen.

5.2 „Weiche" Indikatoren der Umfragequalität im Modusvergleich

Kommen wir nun zum Kernthema der Arbeit, dem Vergleich zwischen den Modi direkte Frage und RRT. Gegenstand der Ausführungen in diesem Unterkapitel sind zunächst „weiche" Kriterien der Umfragequalität. Neben der Validität der erhobenen Daten stellen diese bei der Erhebung heikler Fragen weitere „Qualitätsmerkmale" dar, die durch Techniken wie die RRT in positiver Weise beeinflusst werden können. Konkret geht es darum, inwieweit sich die Befragten beim Beantworten der heiklen Fragen unwohl fühlen, wie hoch das Vertrauen in die Anonymität ist, wie die Antwortbereitschaft der Befragten und die Zuverlässigkeit der gegebenen Antworten durch die Interviewer eingeschätzt wurde, sowie, inwieweit das Stellen der heiklen Frage für die Interviewer selbst unangenehm ist. Ein weiteres Merkmal, das nur den RRT-Modus betrifft, ist das vom Interviewer eingeschätzte Verständnis der RRT durch den Befragten. Wenn man von der ursprünglichen Idee der RRT als Schutzmechanismus für Befragte ausgeht und die Technik wie intendiert funktioniert, würde man erwarten, dass Befragte im RRT-Modus das Beantworten der heiklen Frage als weniger unangenehm empfinden, mehr Vertrauen in die Anonymität haben, die Antwortbereitschaft und -zuverlässigkeit besser ist und auch für die Interviewer das Stellen der Frage weniger unangenehm ist als im DQ-Modus. Neben dem Modusvergleich soll auch die Frage nach der Bedeutung der Interviewer gestellt und mittels Mehrebenenregressionen untersucht werden. Hängt es beispielsweise vom Interviewer und dessen Verhalten ab, wie gut Befragte die RRT verstehen?

In Tabelle 35 sind Auszählungen der interessierenden Variablen nach Fragemodus dargestellt. Die mit „Int." gekennzeichneten Merkmale wurden, wie bereits erwähnt, durch die Interviewer nach Beendigung des Interviews auf dem Fragebogen eingetragen. Wie anhand der χ^2-Werte ersichtlich ist, ergibt sich lediglich für das die Interviewer betreffende Item „Heikle Frage: Stellen unangenehm" ein signifikanter Modusunterschied. Für alle anderen Items sind die Unterschiede nicht signifikant. Betrachtet man trotz fehlender Signifikanz die Richtung der Effekte, ist das Vertrauen in die Anonymität sowie die Antwortbereitschaft und -zuverlässigkeit im RRT-Modus sogar (leicht) *schlechter* als im DQ-Modus. Nur für die „unangenehmen Gefühle" bei Befragten (nicht signifikant) und Interviewern (signifikant) geht der Effekt in die vermutete Richtung.

Die Ergebnisse deuten folglich darauf hin, dass die RRT v. a. den Interviewern helfen kann, sich beim Stellen der sensiblen Fragen weniger unangenehm zu fühlen. Bei mehr als ein Drittel der Fälle im DQ-Modus gaben die Interviewer an, dass ihnen die heikle Frage etwas oder sehr unangenehm war; dieser Anteil reduziert sich um fast zwei Drittel im RRT-Modus auf etwa 13 %. Zu bedenken ist aber auch, dass im RRT-Modul die heikle Frage nicht laut vorgelesen werden musste. Insofern liegt der günstigere Wert u. U. nicht genuin an der RRT, sondern hätte auch mit anspruchsloseren Techniken wie der SET erreicht werden können. Eine Erklärung für die *tendenziell* kontraintendierten Effekte bezüglich Vertrauen, Antwortbereitschaft und -zuverlässigkeit könnte sein, dass durch die Präsentation und Komplexität der RRT, sowie durch den ausdrücklichen Hinweis auf die Sensibilität der heiklen Fragen Zweifel geweckt werden, die Antwortbereitschaft reduziert wird und auch die Zuverlässigkeit der Antworten durch inkorrekte Umsetzungen der RRT-Prozedur leidet.

Tabelle 35: Bivariate Analysen: „Weiche" Indikatoren der Umfragequalität im Modusvergleich

	DQ	RRT	Gesamt	χ^2	
	Prozent	*Prozent*	*Prozent*		
Heikle Frage unangenehm					
1 = ja	28,4	25,6	26,7	0,50	
Vertrauen in Anonymität					
überhaupt nicht	2,9	3,2	3,1		
wenig	2,9	3,9	3,5		
mittel	20,7	24,9	23,2		
stark	42,3	41,8	42,0		
sehr stark	31,3	26,2	28,4	2,50	
Antwortbereitschaft (Int.)					
1 = mittel/schlecht	5,8	9,4	7,9	2,23	
Antwortzuverlässigkeit (Int.)					
überhaupt nicht zuverlässig	0	0	0		
weniger zuverlässig	1,9	1,3	1,6		
teils/teils	13,5	16,8	15,5		
zuverlässig	36,5	38,8	37,9		
sehr zuverlässig	48,1	43,0	45,1	2,10	
Heikle Frage: Stellen unangenehm (Int.)					
1 = ja	35,1	12,9	21,9	35,72	***
RRT-Verständnis (Int.)					
sehr schlecht		0,7			
schlecht		4,5			
teils/teils		20,4			
gut		33,7			
sehr gut		40,8			
Fallzahl	208	309	517		

Erläuterungen: Signifikanzniveaus: +: p < 0,1; *: p < 0,05; **: p < 0,01; ***: p < 0,001.
Quelle: Validierungsdatensatz, eigene Auswertungen.

5.2 „Weiche" Indikatoren der Umfragequalität im Modusvergleich 231

Sollte also die RRT tatsächlich wie intendiert die Validität der Befragtenantworten erhöhen, dann offenbar *nicht*, weil die Befragten nun ein größeres Vertrauen in die Anonymität haben und die heikle Frage als weniger unangenehm empfinden. Dies werden wir in Abschnitt 5.4.4 im Zuge der Analyse der Determinanten des Antwortverhaltens, bei denen die gerade präsentierten Merkmale als unabhängige Variablen in die Analysen eingehen, noch näher beleuchten.

Ein wichtiger Anknüpfungspunkt aus der Literatur ist in dem hier diskutierten Zusammenhang die in Abschnitt 2.4.2 diskutierte Studie von Landsheer, van der Heijden und van Gils (1999). Hier wurden, allerdings ohne Vergleich zwischen DQ- und RRT-Modus, Determinanten des Vertrauens in die RRT und des Verständnisses der RRT untersucht. Beide Variablen wurden mit ausführlicheren Skalen als in der vorliegenden Studie und direkt bei den Befragten erhoben (also nicht durch Interviewereinschätzungen). Hierbei hatte die Bildung der Befragten nur teilweise einen Effekt auf Vertrauen in die RRT und keinen Effekt auf das Verständnis der Technik. Sehr wohl negative Effekte hatte ein Migrationshintergrund. Die durch die Interviewerebene erklärte Varianz (Mehrebenenmodelle) war bei beiden Variablen mit 24 % (Vertrauen) respektive 36 % (Verständnis) deutlich ausgeprägt.

Um die Analysen zumindest ansatzweise zu replizieren, sind in Tabelle 36 und 37 die Ergebnisse mehrerer Mehrebenenregressionen dargestellt. Als abhängige Variablen fungieren die sechs oben präsentierten Items. Die erste Tabelle zeigt die Ergebnisse binär-logistischer Mehrebenenregressionen, die zweite Tabelle lineare Modelle. Berechnet wurde jeweils ein „Random Intercept Only-Modell", welches lediglich die Regressionskonstante und einen zusätzlichen Schätzer für die durch die Interviewer verursachte Fehlervarianz enthält.[122] Ein weiteres Modell integriert individuelle Variablen, die zwei Interviewermerkmale Intervieweralter und -geschlecht, sowie Dummies für das Erhebungsgebiet als feste Effekte. Die „Gebietsdummies" wurden wegen des speziellen Erhebungsdesigns mit randomisierter Zuweisung von Befragten zu Interviewern einbezogen (vgl. Abschnitt 4.1.1). Wo es sinnvoll war, wurde außerdem für variierende Effekte des RRT-Modus auf Interviewerebene getestet (random slopes), hier zeigt sich jedoch bei keinem Modell eine Verbesserung.[123] Inhaltlich bedeutet dies, dass die RRT über die verschiedenen Interviewer *keinen* signifikant unterschiedlichen Effekt auf die betrachteten Indikatoren ausübt.

---

[122] Die Vorgehensweise orientiert sich an der von Hox (2002: 51ff.) vorgeschlagenen Vorgehensweise bei Mehrebenenanalysen.
[123] Hierfür wurden Likelihood-Ratio-Tests durchgeführt.

Tabelle 36: Determinanten „weicher" Indikatoren der Umfragequalität I (binärlogistische Mehrebenenregressionen)

	Heikle Frage unangenehm		Antwortbereitschaft (Int.)		Heikle Frage: Stellen unangenehm (Int.)	
	Modell 1	Modell 2	Modell 1	Modell 2	Modell 1	Modell 2
Befragungsmodus (1 = RRT)		−0,133 (0,203)		0,553 (0,373)		−2,271*** (0,338)
Alter (Dekaden, zentriert)		−0,035 (0,064)		0,080 (0,110)		0,064 (0,090)
Geschlecht (1 = weiblich)		0,108 (0,232)		−0,003 (0,420)		−0,536 (0,342)
Abitur (1 = ja)		−0,199 (0,260)		−1,424* (0,637)		−0,201 (0,379)
Zuwanderung (1 = ja)		0,247 (0,291)		0,597 (0,493)		−0,014 (0,432)
Incentive (1 = ja)		0,215 (0,240)		−0,470 (0,426)		0,036 (0,388)
Gebiet 2[a]		0,066 (0,283)		0,341 (0,694)		−1,610 (0,983)
Gebiet 3		−0,187 (0,281)		1,129+ (0,617)		−1,420 (0,969)
Gebiet 4		0,016 (0,620)		0,149 (1,224)		0,546 (1,249)
Gebiet 5		−0,052 (0,342)		−0,281 (0,772)		−0,693 (0,898)
Intervieweralter (Dekaden, zentriert)		0,296 (0,389)		0,193 (0,942)		1,942 (1,218)
Interviewergeschl. (1 = weiblich)		0,057 (0,234)		0,432 (0,527)		0,669 (0,656)
Konstante	−1,010*** (0,099)	−1,107*** (0,309)	−2,998*** (0,341)	−3,251*** (0,627)	−1,464*** (0,271)	−0,078 (0,642)
σ^2_u	0,000	0,000	0,794 (0,517)	0,477 (0,533)	2,342 (0,914)	3,188 (1,299)
χ^2 (Zufallseffekte)	0,00	0,00	11,25***	1,11	59,95***	62,35***
χ^2 (Modell)		4,54		13,14		49,71***
LL	−300,0	−297,7	−137,6	−130,1	−241,5	−206,6

Erläuterungen: Dargestellt sind nichtstandardisierte Regressionskoeffizienten und deren Standardfehler (in Klammern). Referenzkategorie für [a]Gebiet = Gebiet 1. Signifikanzniveaus: +: $p < 0,1$; *: $p < 0,05$; **: $p < 0,01$; ***: $p < 0,001$. N(Ebene 1) = 517, N(Ebene 2) = 65.
Quelle: Validierungsdatensatz, eigene Auswertungen.

5.2 „Weiche" Indikatoren der Umfragequalität im Modusvergleich

Tabelle 37: Determinanten „weicher" Indikatoren der Umfragequalität II (lineare Mehrebenenregressionen)

	Vertrauen in Anonymität		Antwortzuverlässigkeit (Int.)		RRT-Verständnis (Int.)	
	Modell 1	*Modell 2*	*Modell 1*	*Modell 2*	*Modell 1*	*Modell 2*
Befragungsmodus (1 = RRT)		−0,126 (0,085)		−0,085 (0,064)		
Alter (Dekaden, zentriert)		−0,044+ (0,026)		−0,042* (0,020)		−0,108*** (0,031)
Geschlecht (1 = weiblich)		0,058 (0,097)		−0,031 (0,074)		−0,074 (0,112)
Abitur (1 = ja)		0,093 (0,104)		0,437*** (0,080)		0,452*** (0,122)
Zuwanderung (1 = ja)		−0,161 (0,126)		−0,379*** (0,097)		−0,194 (0,156)
Incentive (1 = ja)		0,009 (0,098)		0,117 (0,080)		0,186 (0,121)
Gebiet 2[a]		0,094 (0,119)		−0,080 (0,122)		0,122 (0,196)
Gebiet 3		−0,166 (0,115)		−0,238+ (0,125)		−0,251 (0,211)
Gebiet 4		−0,030 (0,258)		0,080 (0,217)		−0,197 (0,337)
Gebiet 5		−0,019 (0,142)		−0,188 (0,133)		0,149 (0,206)
Intervieweralter (Dekaden, zentriert)		−0,197 (0,165)		0,359* (0,166)		0,312 (0,272)
Interviewergeschl. (1 = weiblich)		−0,179 (0,097)		−0,002 (0,093)		−0,036 (0,149)
Konstante	2,899 (0,053)	3,057*** (0,127)	3,272*** (0,047)	3,300*** (0,110)	3,080*** (0,077)	2,938*** (0,159)
σ^2_u	0,033 (0,022)	0,000 (0,000)	0,038 (0,018)	0,024 (0,016)	0,137 (0,060)	0,074 (0,047)
σ^2_e	0,884 (0,057)	0,888 (0,055)	0,550 (0,035)	0,502 (0,033)	0,694 (0,061)	0,655 (0,058)
χ^2 (Zufallseffekte)	6,02**	0,00	19,18***	4,49*	25,87***	6,77**
χ^2 (Modell)		18,75+		56,33***		37,72***
LL	−709,0	−702,8	−590,7	−564,2	−399,0	−384,6

Erläuterungen: siehe Tabelle 36. *Quelle: Validierungsdatensatz, eigene Auswertungen.*

Die Fehlervarianz auf Individualebene (σ^2_e) ist in binär-logistischen Modellen wegen der zugrunde gelegten Binomialverteilung eine Funktion des Mittelwertes und auf den Wert von $\pi^2/3 = 3{,}29$ fixiert (Hox 2002: 105). Die Intraklassenkorrelation ρ kann im logistischen und linearen Modell gemäß Formel (23) berechnet werden (Snijders/Bosker 1999: 224) und gibt hier den prozentualen Anteil der auf die Interviewerebene zurückgehenden nicht erklärten Varianz in der abhängigen Variablen an der gesamten nicht erklärten Abweichung an.

$$\rho = \frac{\sigma^2_u}{\sigma^2_u + \sigma^2_e} \quad (23)$$

Die ersten Modelle (jeweils Modell 1) zeigen bei fünf der sechs Indikatoren eine signifikante Streuung auf Interviewerebene. Die Intraklassenkorrelationen sind in Tabelle 38 zusammengefasst.

Tabelle 38: Intraklassenkorrelationen: Bedeutung der Interviewer für „weiche" Kriterien der Umfragequalität

	Intraklassenkorrelation
Heikle Frage unangenehm	0,000
Antwortbereitschaft (Int.)	0,194***
Heikle Frage: Stellen unangenehm (Int.)	0,416***
Vertrauen in Anonymität	0,036**
Antwortzuverlässigkeit (Int.)	0,065***
RRT-Verständnis (Int.)	0,165***

Erläuterungen: Berechnungen beruhen auf den Modellen in Tabelle 36 und 37. Signifikanzniveaus: +: $p < 0{,}1$; *: $p < 0{,}05$; **: $p < 0{,}01$; ***: $p < 0{,}001$.
Quelle: Validierungsdatensatz, eigene Auswertungen.

Für das erste Item beträgt die Intraklassenkorrelation null, da keine signifikante Varianz auf Interviewerebene festgestellt wurde. Wenig verwunderlich ist, dass das Item „Heikle Frage: Stellen unangenehm" mit ca. 42 % den höchsten Wert an Interviewervarianz aufweist: Hier dürften wohl am ehesten persönliche Eigenschaften der Interviewer inklusive interviewerspezifischer Kodierungsneigungen eine Rolle spielen. Mit eher geringen Werten von knapp 4 % bzw. 7 % hängt das Vertrauen in die Anonymität und die Antwortzuverlässigkeit eher wenig vom Interviewer ab. Die restlichen Werte für die Antwortbereitschaft und das RRT-Verständnis liegen mit 15–20 % im Mittelfeld. Zu beachten ist bei der

Interpretation, dass vier der sechs Items ohnehin durch den Interviewer vorgenommen wurden und daher von vornherein mit einer höheren Bedeutung interviewerspezifischer Eigenschaften/Kodierneigungen zu rechnen ist als bei den Items, die durch Befragtenangaben erhoben wurden.

Vergleicht man nun die Werte für Anonymitätsvertrauen und RRT-Verständnis mit den Befunden aus der Studie von Landsheer, van der Heijden und van Gils (1999), zeigt sich, dass diese in der aktuellen Studie mit knapp 4 % (vs. 24 %) bzw. 17 % (vs. 36 %) darunter liegen. Jedoch sollte dieser Unterschied angesichts unterschiedlicher Erhebungsdesigns (Erhebungsmodus, verwendete Messinstrumente usw.) nicht überinterpretiert werden. Wichtiger erscheint der Befund, der hier repliziert werden konnte, *dass* das Anonymitätsvertrauen sowie das RRT-Verständnis durch Charakteristika der eingesetzten Interviewer beeinflusst werden. Welche Charakteristika dies sind und welche Mechanismen hier zum Tragen kommen, kann allerdings wiederum nicht durch die Interviewermerkmale Geschlecht und Alter erklärt werden und stellt so eine offene Frage für künftige Untersuchungen dar.

Kommen wir noch kurz zu den weiteren Ergebnissen der Modelle. Die wichtigsten Befunde sind zunächst, dass drei der sechs vollständigen Modelle laut χ^2-Test gar nicht signifikant sind. Die unabhängigen Variablen sind also keine Determinanten dafür, inwieweit Befragte eine heikle Frage als unangenehm empfinden, Vertrauen in die Anonymität haben und wie deren Antwortbereitschaft durch die Interviewer eingeschätzt wird. Interessant ist jedoch, dass sowohl die Antwortzuverlässigkeit, als auch das RRT-Verständnis negativ mit dem Alter der Befragten und positiv mit deren Bildung zusammenhängen. Dies könnte ein Hinweis darauf sein, dass die RRT bei höher gebildeten Befragten besser funktioniert als bei niedrig gebildeten. Was die anderen Effekte der erwähnten holländischen Studie (Landsheer/van der Heijden/van Gils 1999) betrifft, zeigt sich, dass diese bezüglich des Migrationshintergrundes nicht (hier zeigt sich kein Effekt) und bezüglich der Bildung teilweise (positiver Effekt auf RRT-Verständnis) replizierbar sind. Hingewiesen sei abschließend darauf, dass auch unter Kontrolle unabhängiger Variablen nur bei einer Variablen ein RRT-Effekt auftritt. Eine Änderung zu den bivariaten Ergebnissen wäre hier allerdings auch nicht zu erwarten gewesen, da es sich um ein Experimentaldesign mit Randomisierung handelt.

5.3 Antwortvalidität im Modusvergleich

Die folgenden Analysen widmen sich den Hauptfragestellungen der vorliegenden Arbeit: Wie sieht die Validität der Befragtenantworten auf die (heikle) Frage nach strafrechtlicher Verurteilung aus? Wie groß ist der Response Bias? Kommt die RRT zu signifikant höheren Schätzwerten als der direkte Fragemodus? Und kann sie gar den zu erwartenden Bias im DQ-Modus gänzlich beseitigen?

Die generelle theoretische Hypothese zum RRT-Effekt ergibt sich aus der in Kapitel 3 dargelegten RC-Theorie. Aufgrund der klassischen, auf Esser (1986, 1991) aufbauenden Variante würde man erwarten, dass die RRT die Anreize für ein Misreporting senkt (siehe Tabelle 12, S. 131) und die Antworten daher valider sein müssten. Allerdings prognostiziert dieses Modell auch, dass keine hundertprozentig validen Antworten im RRT-Modus auftreten. Von Esser als „indifferent" bezeichnete Befragte haben auch im RRT-Modus keinen Anreiz für eine wahrheitsgemäße Antwort. Die in dieser Arbeit neu vorgestellte modifizierte RRT-Hypothese (Tabelle 13, S. 132) relativiert den Effekt der Fragetechnik noch mehr. Hier ergibt sich eine unsystematische Prognose, da die RRT sowohl Befragte schützt, die die Wahrheit sagen wollen, als auch solche, die „lügen wollen". In Tabelle 39 sind die Auswertungen der Validierungsfrage nach Fragemodus dargestellt.

Tabelle 39: Geschätzte Prävalenzen der Validierungsfrage nach Fragemodus

	DQ	**RRT**
	Prozent (SE)	*Prozent (SE)*
Wahrer Wert	100	100
Strafrechtlich verurteilt: „ja"	58,2 (3,4)	59,6 (4,5)
90 %-Konfidenzintervall	52,6…63,8	52,2…67,0
95 %-Konfidenzintervall	51,5…64,9	50,7…68,4
Differenz DQ-RRT	1,4	
z (zweiseitiger Test)	0,25	
Abweichung vom wahren Wert 100 %	41,8	40,4
z (einseitiger Test)	−12,29***	−8,98***
Fallzahl	208	309

Erläuterungen: Für die Berechnung der z-Werte vgl. die Formeln in Abschnitt 4.3.1. Signifikanzniveaus: +: $p < 0,1$; *: $p < 0,05$; **: $p < 0,01$; ***: $p < 0,001$.
Quelle: Validierungsdatensatz, eigene Auswertungen.

Die Ergebnisse zeigen einen deutlichen Response Bias sowohl im DQ- als auch im RRT-Modus. Direkt befragt geben etwa 58 % der Befragten zu, jemals straf-

5.3 Antwortvalidität im Modusvergleich

rechtlich verurteilt worden zu sein.[124] Der wahre Wert im Analysesample beträgt jedoch 100 %, so dass sich eine signifikante Abweichung des Schätzwertes von diesem wahren Wert von ca. 42 Prozentpunkten ergibt (einseitiger z-Test). Der Schätzer der via RRT befragten Personen liegt mit knapp 60 % marginal höher. Auch hier ist die Abweichung vom wahren Wert höchst signifikant. In Tabelle 40 sind auch die 90 %- und 95 %-Konfidenzintervalle der Schätzer dargestellt. Die Intervalle des RRT-Modus sind größer als jene des DQ-Modus, da der Standardfehler aufgrund des künstlich hinzugefügten Zufallsrauschens bei der RRT trotz höherer Fallzahl höher ist als jener des DQ-Schätzers ($SE_{RRT} = 4,5$ vs. $SE_{DQ} = 3,4$). Beide Konfidenzintervalle des DQ-Schätzers überlappen deutlich jene des RRT-Schätzers. Der marginal bessere bzw. validere RRT-Schätzwert ist also weit davon entfernt, signifikant unterschiedlich zum DQ-Schätzwert zu sein. Dies zeigt sich auch am sehr geringen und nicht signifikanten z-Wert (hier zweiseitiger Test).

Zur Einordnung der Ergebnisse seien die Befunde mit jenen der bereits erwähnten niederländischen Validierungsstudie (van der Heijden et al. 2000) verglichen. Dort lagen die Angaben der Befragten, einen Sozialhilfebetrug begangen zu haben, bei 19–25 % im DQ-Modus und bei 43–49 % im RRT-Modus. Auch hier lag der wahre Wert bei 100 %. Die Werte der hier vorgelegten Erhebung liegen deutlich darüber. Dies ist u. U. ein Hinweis darauf, dass die aktuelle Erhebung hinsichtlich der Validität recht gut abschneidet und Schätzwerte um 60 % bei einer heiklen Validierungsfrage schon als Erfolg zu werten sind. Worauf dieses positive Bild zurückzuführen ist, kann allerdings nicht entschieden werden. Der Erhebungsmodus Face to Face dürfte nicht verantwortlich sein, da auch die holländische Validierungsstudie via Face to Face und CASI durchgeführt wurde. Vielleicht hatte die eigenständige Durchführung der Erhebung ohne Beauftragung eines kommerziellen Erhebungsinstituts positive Auswirkungen auf die Datenqualität. Schließlich hängt es natürlich auch von der gestellten heiklen Frage ab. Eine Frage nach Sozialhilfebetrug wie im holländischen Fall könnte mehr Ängste vor Sanktionen dritter Personen in Form von z. B. Strafzahlungen o. Ä. schüren als die Frage nach strafrechtlicher Verurteilung.

Bezogen auf die eingangs nochmals erwähnten, aus der RC-Theorie hergeleiteten Hypothesen, ist aufgrund der Ergebnisse wohl eher die modifizierte RRT-Hypothese zu favorisieren. Da sich praktisch kein Unterschied zwischen

---

[124] Es sei nochmals darauf hingewiesen, dass Erinnerungsfehler seitens der Befragten wahrscheinlich nur eine untergeordnete Rolle spielen, da die strafrechtliche Verurteilung allerhöchstens vier Jahre vor der Erhebung stattgefunden hatte und die Zeitspanne zwischen Verurteilung und Befragung in den meisten Fällen darunter lag. Diese Vermutung wird auch durch den empirischen Befund gestützt, wonach sich in Zusammenhangsanalysen zwischen dieser Zeitspanne und dem Antwortverhalten weder bi- noch multivariat ein Effekt zeigte.

DQ- und RRT-Modus ergibt, wie ihn das Esser-Modell prognostiziert hätte, ist dieses Modell zumindest fraglich. Allerdings sei auch hier noch einmal darauf hingewiesen, dass auch das Esser-Modell keine 100 %ig validen Daten dank der RRT prognostiziert hätte (vgl. ausführlich Abschnitt 3.2.2). Ob diese erste Schlussfolgerung weiteren Rückhalt erfährt, wird sich in den detaillierteren Analysen im nächsten Unterkapitel klären, wenn SD-Effekte auf das Antwortverhalten beleuchtet werden.

Die Ergebnisse bestätigen somit das in der Literatur vielfach festgestellte Misreporting bei heiklen Fragen in Survey-Interviews (vgl. Unterkapitel 2.1). Hingegen kann der oben diskutierte Befund der jüngeren Metaanalyse von RRT-Validierungsstudien (Lensvelt-Mulders et al. 2005) – hier wurde ein signifikant positiver RRT-Effekt auf die Validität festgestellt – nicht bestätigt werden. Angesichts der geringen Zahl der in die Metaanalyse eingegangenen Studien (sechs Stück) und der diskutierten Befunde anderer Validierungsstudien drängt sich somit die Vermutung auf, dass eine erneute Metaanalyse unter Einbezug der hier neu vorgelegten Befunde nicht mehr zu einem signifikanten RRT-Effekt kommen würde.

Dieser letztgenannte Umstand angesichts der hier berichteten Befunde der RRT-Validierung mit (erneut) negativem Ergebnis könnte also die Bedeutung der RRT insgesamt – und wahrscheinlich zu Recht – relativieren: Es ist mehr als fraglich, ob sich mit dieser Fragetechnik validere Daten bei der Erhebung heikler Fragen gewinnen lassen. Insofern sollte sich die Surveymethodologie auch die generelle Frage gefallen lassen, ob es angesichts der insgesamt ernüchternden Befundlage nicht an der Zeit ist, in Zukunft auf diese Fragetechnik zu verzichten und sich alternativen Wegen der validen Erhebung heikler Fragen zuzuwenden.

Jedoch – und dies auch ausdrücklich zu betonen – schneidet die RRT in der aktuellen Erhebung auch *nicht schlechter* ab als der direkte Fragemodus. Die geschätzten Prävalenzen liegen nicht unter den Ergebnissen des DQ-Modus. Dies zeigt sich auch bei den unten kurz diskutierten weiteren heiklen Fragen, bei denen keine vollständige externe Validierung erfolgte. Wenn man von den etwas höheren Standardfehlern absieht, gibt es daher auch keinen Grund, die RRT nicht zu verwenden. Auch die Implementation in gängige Surveys bzw. die Entwicklung gangbarer RRT-Formate ist ein geringeres Problem als vielfach dargestellt. Die vorliegende Studie liefert einen Vorschlag für ein einfach handhabbares RRT-Design, das im Feldeinsatz völlig unproblematisch war. Auch das vielfach vorgebrachte Kostenargument, wonach die aufwendige Präsentation der RRT-Prozedur wertvolle Interviewzeit verschwendet, relativiert sich: Die RRT-Interviews dauerten letztlich nur knapp vier Minuten länger als die DQ-Interviews.

Generell also ergeben sich keine Unterschiede in den Prävalenzschätzern zwischen DQ- und RRT-Modus. Im folgenden Unterkapitel 5.4 wird der Frage

5.3 Antwortvalidität im Modusvergleich

nachgegangen, ob dies auch für Determinanten des Antwortverhaltens gilt. Hier stellt sich die Frage, welche Faktoren dafür verantwortlich sind, dass es zu Misreporting im DQ-Modus kommt und inwieweit die RRT die Wirkung dieser Faktoren abschwächen kann. Ein gängiges Argument hierbei ist, dass die RRT die Befragten überfordere und mangelndes Verständnis und Motivation zu einer nicht korrekten Befolgung der Prozedur führen. Ein erster Hinweis zu diesem letztgenannten Punkt ergibt sich u. U. aus der Auswertung der im RRT-Modus verwendeten Test- bzw. Übungsfrage zum Geburtstag der Mutter (vgl. Abschnitt 4.1.2 für eine ausführliche Erläuterung). Hier wurde im Rahmen der Präsentation der RRT während des Interviews die via RRT zu beantwortende Frage gestellt, ob die Mutter des Befragten in den Monaten Januar bis März geboren sei. Zu erwarten ist folglich, dass diese Frage etwa 25 % der Befragten bejahen. Auswertungen zu dieser Frage sind aus Tabelle 40 ersichtlich.

Tabelle 40: Geschätzte Prävalenzen der RRT-Testfrage

	Geschätzte Prävalenz
	Prozent (SE)
Erwarteter Wert	25,0
Mutter in Monat Januar bis März geboren: „ja"	47,7 (4,6)
90 %-Konfidenzintervall	40,2…55,2
95 %-Konfidenzintervall	38,8…56,6

Erläuterungen: N = 309. Für die Berechnung der z-Werte vgl. die Formeln in Abschnitt 4.3.1. Für weitere Erläuterungen zur RRT-Testfrage vgl. die Erläuterungen in Abschnitt 4.1.2.
Quelle: Validierungsdatensatz, eigene Auswertungen.

Wie sich zeigt, weicht der Umfrageschätzwert mit knapp 48 % deutlich vom zu erwartenden Wert ab. Weder das 90 %-, noch das 95 %-Konfidenzintervall überlappt die 25 %-Marke. Auch dieses Ergebnis ist eher ernüchternd für die RRT, zeigt sich doch, dass offenbar viele Befragte die Prozedur nicht korrekt bedient haben. Allerdings handelte es sich ausdrücklich um eine Beispielfrage, anhand derer der Interviewer die RRT-Prozedur erläutern sollte. Bis zur Validierungsfrage folgten nach der Testfrage noch drei weitere RRT-Fragen, so dass gemutmaßt werden kann, dass die Befragten bis zur entscheidenden Frage die RRT-Prozedur besser kennengelernt, verstanden und korrekter bedient haben.

Im nächsten Unterkapitel wird auf die Frage nach Determinanten des Antwortverhaltens in den zwei Fragemodi eingegangen. Vorher jedoch sind im nachstehenden Exkurs Befunde zu den weiteren im Fragebogen gestellten heiklen Fragen im Modusvergleich dargestellt. Diese stehen jedoch nicht im Mittelpunkt der vorliegenden Arbeit und können auch übersprungen werden.

Exkurs: Angaben zu nicht validierten Items im Modusvergleich

In der Validierungserhebung wurden neben der hauptsächlich interessierenden Validierungsfrage drei weitere heikle Fragen zu strafrechtlichen Vergehen gestellt. Für diese Items ist keine externe Validierung möglich. Jedoch ist aufgrund der Zusammensetzung der Stichprobe von einer erhöhten Prävalenz der Verhaltensweisen als in Erhebungen mit anderen Stichproben auszugehen. In Tabelle 41 sind die geschätzten Prävalenzen dieser zusätzlichen Items dargestellt.

Tabelle 41: Geschätzte Prävalenzen nicht validierter heikler Fragen

	DQ		**RRT**		**Differenz DQ-RRT**
	Prozent (SE)	*90 %-KI 95 %-KI*	*Prozent (SE)*	*90 %-KI 95 %-KI*	*Prozentpunkte (z-Wert)*
Diebstahl, jemals	51,9 (3,5)	46,2…57,6 45,1…58,7	59,1 (4,5)	51,6…66,5 50,2…67,9	7,2 (1,26)
Drogenkonsum, jemals	46,6 (3,5)	41,0…52,3 39,9…53,4	48,7 (4,6)	41,2…56,2 39,8…57,6	2,1 (0,36)
Unfallflucht, jemals	13,9 (2,4)	10,0…17,9 9,2…18,7	34,2 (4,5)	26,9…41,6 25,5…43,0	20,3 (3,97)***
Fallzahl	208		309		

Erläuterungen: Für die Berechnung der z-Werte vgl. die Formeln in Abschnitt 4.3.1. Signifikanzniveaus: +: $p < 0{,}1$; *: $p < 0{,}05$; **: $p < 0{,}01$; ***: $p < 0{,}001$ (zweiseitige Tests).
Quelle: Validierungsdatensatz, eigene Auswertungen.

Wie sich zeigt, liegen die RRT-Schätzer für die Fragen nach Diebstahl und Drogenkonsum leicht höher als die DQ-Schätzer. Jedoch spielen sich die Unterschiede, wie schon oben bei der Validierungsfrage, im Bereich von Zufallsschwankungen ab (siehe die Konfidenzintervalle und z-Werte). Der Blick auf die Schätzer für das Item „Unfallflucht" hingegen zeigt einen deutlichen und höchst signifikanten Modusunterschied. Direkt befragt geben etwa 14 % der Befragten an, schon einmal einen Unfall verursacht und sich danach unerlaubt vom Unfallort entfernt zu haben; im RRT-Modus liegt der Wert bei über 34 %. Bei dieser Frage scheint die RRT also wie intendiert zu funktionieren, das Misreporting im DQ-Modus ist offenbar gravierend.

Über die Gründe, warum bei genau dieser Frage der deutliche Unterschied auftritt, kann nur spekuliert werden. Eine naheliegende Vermutung wäre, dass Unfallflucht mehr als die anderen „heiklen Verhaltensweisen" als unerwünscht empfunden wird und daher der Sensitivitätsgrad der Frage höher liegt als bei den anderen Items. Unterstützt wird diese Vermutung auch durch die in Abschnitt 4.1.2 vorgestellten Ergebnisse des Kleingruppenratings bezüglich der Deliktschwere: Hier rangierte Unfallflucht nach Körperverletzung auf Platz zwei des Deliktschwere-Rankings. Ein Grund für die höhere Sensitivität könnte sein, dass direkter als bei den anderen Items dritte Personen unmittelbar geschädigt wurden, was eine höhere „Schuld" darstellen könnte, als Drogen zu konsumieren oder einen kleinen (meist Laden-)Diebstahl begangen zu haben. Wiederum zeigen die Ergebnisse auch, dass der RRT-Modus hinsichtlich der mutmaßlich immer unterschätzten heiklen Verhaltensweisen erneut nicht schlechter abschneidet als der DQ-Modus. Sieht man von den höheren Standardfehlern ab, ist die RRT also eine gleichberechtigte Alternative zur konventionellen direkten Frage.

5.4 Determinanten des Antwortverhaltens

Die Validierungsanalysen des letzten Unterkapitels haben gezeigt, dass sowohl im DQ-, als auch im RRT-Modus ein erhebliches Maß an Misreporting auftritt. Befragte, die via RRT befragt wurden, geben hierbei nicht signifikant häufiger als im DQ-Modus zu, strafrechtlich verurteilt zu sein. Bei der Schätzung der Prävalenzen „heikler Charakteristika" mit Umfragedaten sind die Ergebnisse somit nach dem Grad des Response Bias verzerrt. Ebenso verzerrt können jedoch auch Zusammenhangsanalysen zwischen Determinanten der heiklen Eigenschaften oder Verhaltensweisen sein, wenn das Misreporting systematisch nach den in den jeweiligen Analysen untersuchten Variablen auftritt (Bernstein/Chadha/ Montjoy 2001, Ganster/Hennessey/Luthans 1983).

Dies ist der eine Grund, weshalb sich die nachstehenden Ausführungen Gründen bzw. Determinanten für das Misreporting im jeweiligen Fragemodus widmen. Ein Teilerfolg für die RRT wäre es – wenn schon keine valideren Prävalenzschätzer erzielt werden –, wenn die Technik zumindest dazu führen würde, dass Misreporting unsystematischer auftritt als im DQ-Modus. Die andere Motivation der Analysen ist, die in Kapitel 3 formulierten theoriegeleiteten Hypothesen zu testen, um so – idealerweise – zu einer Erklärung der Gründe für Misreporting zu gelangen. Entsprechend wird bei den Analysen weitgehend entlang der Hypothesen vorgegangen.

Die nachstehenden Abschnitte präsentieren Ergebnisse empirischer Analysen zu den Determinanten des Antwortverhaltens. Die Analysen gliedern sich in fünf Blöcke. Zunächst wird in Abschnitt 5.4.1 die Bedeutung soziodemographischer Merkmale für Response Editing untersucht. Anschließend folgt in den Abschnitten 5.4.2 und 5.4.3 je ein Analyseblock, in welchem die Hypothesen aus der RC-Theorie (Unterkapitel 3.2) – hier geht es v. a. um Anreize durch soziale Erwünschtheit – sowie der FS-Theorie (Unterkapitel 3.3) abgehandelt werden. Daraufhin wird in Abschnitt 5.4.4 die Bedeutung der bereits oben untersuchten „weichen" Indikatoren wie Verständnis der RRT und Vertrauen in Anonymität für das Antwortverhalten fokussiert. Im letzten Analyseblock in Abschnitt 5.4.5 werden die Erklärungsfaktoren zusammengeführt, gegenübergestellt und versucht, zu einem aussagekräftigen „Gesamtmodell" zu kommen. Der eilige, nur an den endgültigen Ergebnissen der Analysen interessierte Leser kann auch sofort zu Abschnitt 5.4.5 springen, ein vollständiges Modell der Determinanten des Antwortverhaltens findet sich hier in den Tabellen 59 und 60.

Ziel der Analysen ist die Schätzung multipler Regressionsmodelle zur Vorhersage des Antwortverhaltens. Den RRT-Modus betreffend existieren bisher m. W. keine derartigen Modelle mit Validierungsdaten (siehe ausführlich Abschnitt 2.4.3). Mit den vorliegenden Daten ergibt sich das Problem, dass mit gut 500 Fällen keine übermäßig große Stichprobe vorliegt. Zudem werden die zentralen Analysen getrennt nach Fragemodus durchgeführt, so dass hier noch weniger Fälle zur Verfügung stehen. Weiterhin leidet die statistische Power der RRT-Analysen unter dem „Zufallsrauschen" in den Daten; die Schätzer sind entsprechend ineffizienter als vergleichbare Schätzer mit herkömmlichen Daten. Diese drei Punkte legen nahe, bei den Analysen behutsamer vorzugehen als es vielleicht bei anderen empirischen Untersuchungen üblich ist. Daher wird folgende Vorgehensweise gewählt: Die einzelnen Hypothesen werden in einem ersten Analyseschritt bivariat geprüft, danach werden die Effekte wiederum einzeln in einfachen multiplen Modellen unter Kontrolle soziodemographischer Merkmale untersucht. Gegen Ende der Ausführungen wird in Abschnitt 5.4.5 schließlich ein ausführliches Modell der Determinanten des Antwortverhaltens präsentiert.

5.4.1 Soziodemographische Determinanten des Antwortverhaltens

Der erste Analyseblock diskutiert soziodemographische Determinanten des Antwortverhaltens. Deren Bedeutung ergibt sich aus zwei Dingen. Zum einen gehen die Variablen in den theoriegeleiteten Analysen als Kontrollvariablen ein. Daher macht es Sinn, vorher deren Effekte zu untersuchen. Zum anderen stellen soziodemographische Faktoren in vielen Analysen zu Bedingungsfaktoren „heikler Verhaltensweisen" oder „heikler Einstellungen" die wichtigsten und ersten Variablen dar, die als Prädiktoren untersucht werden. Wenn sich nun bei den Analy-

5.4 Determinanten des Antwortverhaltens

sen unten zeigen würde, dass bereits diese Standardvariablen das Misreporting entscheidend beeinflussen, sind Zweifel am Gehalt solcher inhaltlichen Analysen angebracht: Die Befunde bilden dann nicht die Zusammenhänge zwischen soziodemographischen Merkmalen und den interessierenden (heiklen) Verhaltensweisen und Einstellungen ab, sondern die Zusammenhänge zwischen den Prädiktoren und dem Ausmaß des Misreportings.

Zu Beginn werden die Effekte des Geschlechts, des Alters, der Bildung (Abitur vorhanden oder nicht) sowie der Nationalität (Ausländer vs. Deutsche) in bivariaten Regressionen untersucht. Die Ergebnisse sind in Tabelle 42 dargestellt. Ausgewiesen sind jeweils die Logit-Koeffizienten sowie die durchschnittlichen marginalen Effekte (AME) mit ihren jeweiligen Standardfehlern. In der linken Spalte werden Regressionsmodelle mit allen Fällen berichtet, in denen der Fragemodus mit einem Dummy (1 = RRT) kontrolliert wird. Die zweite und dritte Spalte enthalten nach Fragemodus getrennte Regressionsmodelle. In der Spalte „Diff." werden etwaige Unterschiede in den Effekten zwischen DQ- und RRT-Modus mit Signifikanzsternchen markiert. Hierzu wurden Interaktionsmodelle mit Interaktionseffekt zwischen unabhängiger Variable und RRT-Modus gerechnet und dieser Interaktionseffekt auf Signifikanz überprüft. Die Interaktionsmodelle sind im Anhang in Tabelle A2 abgedruckt.

Zunächst zeigt sich in den Modellen für alle Befragten (linke Spalte), dass die marginalen, leicht positiven RRT-Effekte nie signifikant von null verschieden sind und sich, wie auch angesichts der Randomisierung zwischen den Experimentalgruppen zu erwarten war, nicht von dem bereits im vorigen Unterkapitel festgestellten bivariaten RRT-Effekt unterscheiden. Die Effekte der unabhängigen Variablen in den Gesamtmodellen sind letztendlich die gewichtete Summe der in den für DQ- und RRT-Modus getrennt berechneten Modellen. Daher wird im Folgenden das Hauptaugenmerk auf die getrennten Modelle gerichtet.

Im obersten Modell zeigt sich ein ausgeprägt negativer Effekt des Geschlechts im DQ-Modus: Weibliche Befragte leugnen ihre Verurteilung deutlich häufiger als männliche Befragte, der Anteil an wahren Antworten von Frauen liegt fast 25 Prozentpunkte unter jenem der Männer (AME). Dieser Befund bestätigt die bereits oben in Abschnitt 2.4.3 berichteten Befunde aus der Literatur. Im RRT-Modus ist der Geschlechtseffekt nicht mehr signifikant von null verschieden; auch das Gesamtmodell ist laut χ^2-Test dementsprechend nicht mehr signifikant. Ein Interaktionseffekt zwischen Modus und Geschlecht war jedoch ebensowenig signifikant, so dass sich letztlich der auch im RRT-Modus negative Effekt nicht vom negativen Effekt des DQ-Modus unterscheidet. So zeigt sich auch im Modell für alle Befragten ein höchst signifikant negativer Geschlechtseffekt.

Tabelle 42: Soziodemographische Determinanten des Antwortverhaltens: Bivariate Regressionen

	Alle		DQ		RRT		Diff.
	b (SE)	AME (SE)	b (SE)	AME (SE)	b (SE)	AME (SE)	
Befragungsmodus (1 = RRT)	0,054 (0,243)	0,013 (0,057)					
Geschlecht (1 = weiblich)	−0,776** (0,260)	−0,190 (0,064)	−1,019** (0,328)	−0,249 (0,079)	−0,345 (0,431)	−0,084 (0,107)	
Konstante	0,534** (0,156)		0,598*** (0,168)		0,474* (0,219)		
χ^2	8,955*		9,654**		0,642		
McFadden-R^2	0,013		0,035		0,002		
Befragungsmodus (1 = RRT)	0,076 (0,241)	0,018 (0,056)					
Alter (Dekaden, zentriert)	−0,197** (0,073)	−0,046 (0,016)	−0,244** (0,090)	−0,057 (0,020)	−0,111 (0,121)	−0,027 (0,028)	
Konstante	0,331* (0,142)		0,332* (0,144)		0,394* (0,190)		
χ^2	7,391*		7,370**		0,853		
McFadden-R^2	0,011		0,027		0,002		
Befragungsmodus (1 = RRT)	0,058 (0,237)	0,014 (0,057)					
Abitur (1 = ja)	−0,387 (0,273)	−0,095 (0,068)	−0,654+ (0,344)	−0,161 (0,085)	0,097 (0,471)	0,023 (0,112)	
Konstante	0,413** (0,152)		0,472** (0,161)		0,368+ (0,210)		
χ^2	2,059		3,628+		0,042		
McFadden-R^2	0,003		0,013		0,000		
Befragungsmodus (1 = RRT)	0,069 (0,233)	0,017 (0,056)					
Nationalität (1 = Ausländer)	0,384 (0,326)	0,090 (0,073)	−0,029 (0,385)	−0,007 (0,094)	1,842 (1,212)	0,330 (0,105)	
Konstante	0,271+ (0,148)		0,335* (0,154)		0,235 (0,196)		
χ^2	1,490		0,006		2,310		
McFadden-R^2	0,002		0,000		0,013		
Fallzahl	517		208		309		

Erläuterungen: Dargestellt sind nichtstandardisierte Regressionskoeffizienten und robuste Standardfehler (Huber/White-Sandwich-Estimator). Die Spalte „Diff." gibt an, ob sich der jeweilige Effekt signifikant zwischen DQ- und RRT-Modus unterscheidet (vgl. das Interaktionsmodell in Tabelle A2). Signifikanzniveaus: +: $p < 0{,}1$; *: $p < 0{,}05$; **: $p < 0{,}01$; ***: $p < 0{,}001$.
Quelle: Validierungsdatensatz, eigene Auswertungen.

5.4 Determinanten des Antwortverhaltens

Über die Gründe dieses geschlechtseffekts zu spekulieren, fällt schwer. Eventuell werden Frauen mehr als Männer für begangene Straftaten stigmatisiert, so dass die SD-Beliefs bezüglich der „Unerwünschtheit" von begangenen Straftaten bei Frauen stärker ausgeprägt sind. Unten wird zu untersuchen sein, inwieweit der Geschlechtseffekt verschwindet, wenn für Kriminalitätsnormen und Erwünschtheitswahrnehmungen kontrolliert wird. Eine wichtige Relativierung des Geschlechtseffekts wird sich allerdings schon gleich in den sich anschließenden multiplen Regressionsmodellen zu soziodemographischen Effekten zeigen

Das Alter der Befragten wirkt, wie sich im zweiten Modell in Tabelle 42 zeigt, ebenfalls negativ auf wahrheitsgemäße Antworten (Modell für alle Befragten und DQ-Modus). Pro Altersdekade reduziert sich der Anteil korrekter Befragtenantworten um knapp sechs Prozentpunkte (DQ). Auch dieser Effekt ist wiederum im RRT-Modus nicht mehr signifikant und wird mit einem AME von etwa drei Prozentpunkten nur halb so hoch geschätzt. Ein Interaktionsmodell ergibt jedoch auch hier, dass der Unterschied zwischen den Effekten nach Fragemodus nicht signifikant ist. Eine Erklärung des Alterseffekts könnte ähnlich lauten wie beim Geschlechtseffekt. Demnach würde es bei älteren Menschen deutlich negativer gesehen, wenn Straftaten begangen werden.

Die Bildung der Befragten ist ebenfalls dafür verantwortlich, wie ehrlich geantwortet wird. Befragte mit Abitur antworten unehrlicher, wenn sie direkt befragt werden, wobei der Effekt nur auf dem 10 %-Niveau signifikant ist. Der Anteil wahrer Antworten von Befragten mit Abitur liegt etwa 16 Prozentpunkte unter jenem von Befragten ohne Abitur. Beim Bildungseffekt zeigt sich ein deutlicherer Unterschied zwischen den zwei Fragemodi (marginal positiver Koeffizient im RRT-Modus), wobei der Interaktionseffekt allerdings auch hier noch im Bereich von Zufallsschwankungen liegt. Jedoch ist der Bildungseffekt im Gesamtmodell nicht wie bei Geschlecht und Alter signifikant von Null verschieden.

Ein Migrationshintergrund, der hier über die Staatsangehörigkeit erhoben wurde, hat weder im DQ-, noch im RRT-Modus, noch im Modell für alle Befragten einen signifikanten Effekt. Sämtliche Modelle sind dementsprechend laut χ^2-Test auch nicht signifikant.

Sieht man von der Staatsangehörigkeit ab, ergibt sich für alle Variablen ein ähnliches Bild: Die Wahrscheinlichkeit, unwahre Antworten zu geben, wird im direkten Fragemodus deutlich durch soziodemographische Faktoren beeinflusst. Sämtliche Effekte sind im RRT-Modus nicht mehr signifikant. Dies könnte tendenziell als Pluspunkt für die RRT verbucht werden: Dank der Technik könnten Artefakte bei Zusammenhangsanalysen abgemildert werden. Jedoch ist diese Interpretation aus zwei Gründen mit Unsicherheit behaftet. Zum einen liegen sämtliche Unterschiede in den Effekten zwischen den Fragemodi – wie die im Anhang dokumentierten Interaktionseffekte zeigen – im Bereich von Zufallsschwankungen. Zum anderen leiden wie bereits gesagt die RRT-Modelle wegen der geringen Fallzahl und dem Zufallsrauschen in den RRT-Daten unter einer geringen Effizienz. Somit besteht immer die Möglichkeit, Fehler zweiter Art zu begehen und die Nullhypothese fälschlicherweise nicht abzulehnen. Dennoch bleibt, wenn man nach inhaltlicher und nicht statistischer Signifikanz geht, das Ergebnis stehen: Effekte soziodemographischer Variablen auf Misreporting sind im RRT-Modus geringer.

Tabelle 43 präsentiert bivariate Effekte der Deliktschwere. Die Hypothese lautet hier, dass die Schwere des begangenen Delikts eine Auswirkung darauf hat, inwieweit die strafrechtliche Verurteilung im Interview angegeben wird. Die Deliktschwere wurde mit dem in Abschnitt 4.1.2 erläuterten Indikator gemessen.

Tabelle 43: Effekt der Deliktschwere auf das Antwortverhalten: Bivariate Regressionen

	Alle	DQ		RRT		Diff.
	b (SE)	AME (SE)	b (SE)	AME (SE)	b (SE)	AME (SE)
Befragungsmodus (1 = RRT)	−0,018 (0,240)	−0,004 (0,056)				
Deliktschwere (Gesamtskala)	−0,212** (0,064)	−0,049 (0,014)	−0,176* (0,076)	−0,042 (0,017)	−0,296* (0,133)	−0,067 (0,027)
Konstante	1,533*** (0,396)		1,328** (0,458)		1,970** (0,716)	
χ^2	11,064**		5,336*		4,938*	
McFadden-R^2	0,017		0,020		0,017	
Fallzahl	517		208		309	

Erläuterungen: Dargestellt sind nichtstandardisierte Regressionskoeffizienten und robuste Standardfehler (Huber/White-Sandwich-Estimator). Die Spalte „Diff." gibt an, ob sich der Effekt der jeweiligen Variablen im RRT-Modus signifikant von jenem im DQ-Modus unterscheidet (vgl. das Interaktionsmodell in Tabelle A3). Signifikanzniveaus: +: p < 0,1; *: p < 0,05; **: p < 0,01; ***: p < 0,001.
Quelle: Validierungsdatensatz, eigene Auswertungen.

In allen drei Modellen hat die Deliktschwere einen signifikant negativen Effekt auf die Wahrscheinlichkeit, wahrheitsgemäß auf die Validierungsfrage zu antworten. Wie die durchschnittlichen marginalen Effekte zeigen, sinkt mit jedem Punkt auf der Skala von eins bis neun die geschätzte Wahrscheinlichkeit einer wahren Antwort im DQ-Modus um gut vier und im RRT-Modus um knapp sieben Prozentpunkte. Berechnet man aufgrund der Modelle die geschätzten Wahr-

5.4 Determinanten des Antwortverhaltens

scheinlichkeiten für eine wahre Antwort, liegt der Anteil wahrer Antworten bei Befragten, die eher „Kavaliersdelikte" wie Schwarzfahren begangen haben, in beiden Fragemodi bei ca. 80 %. Befragte, die wegen schwererer Straftaten wie Körperverletzung oder Unfallflucht verurteilt wurden, antworten jedoch nur zu ca. 40 % wahrheitsgemäß. Maßgebliche Unterschiede zwischen DQ- und RRT-Modus existieren nicht. Ob dieser doch deutliche Effekt allerdings *kausal* interpretiert werden kann, ist unklar: Da sich Menschen, die schwere Straftaten begehen, mit allergrößter Wahrscheinlichkeit von solchen unterscheiden, die nur „Kavaliersdelikte" verüben, ist von einem Selektionseffekt auszugehen. Somit besteht der Verdacht, dass Befragte, die hier wegen einer vergleichsweise schweren Straftat verurteilt wurden, auch „gelogen" hätten, wenn sie nur eine „harmlosere" Tat begangen hätten. Anders ausgedrückt kann nicht entschieden werden, ob tatsächlich das *Delikt* ausschlaggebend ist, oder Merkmale der Person, die das Delikt begangen hat.

Multiple Regressionsmodelle, die in Tabelle 44 dargestellt sind, führen zu etwas mehr Klarheit, auch hinsichtlich der soziodemographischen Effekte. Hier gehen alle soziodemographischen Variablen und die Deliktschwere auf einmal ein. Hinzugefügt wurde außerdem noch ein Interaktionseffekt zwischen Abitur und Geschlecht. Dieser zeigt erstens wichtige inhaltliche Erkenntnisse hinsichtlich des Geschlechtseffekts. Zweitens legte auch ein LR-Test auf Signifikanz der Modellerweiterung die Integration des Interaktionsterms nahe (nicht dokumentiert, χ^2-Wert des LR-Tests signifikant auf dem 5 %-Niveau[125]).

Wie sich zunächst in Tabelle 44 zeigt, bleibt die Grundstruktur der bivariaten Effekte bestehen: Deutliche Einflüsse der soziodemographischen Faktoren auf die Validität der Antworten im DQ-Modus, keinerlei Effekte mehr im RRT-Modus. Auch die Richtung der Effekte ist stabil. Neu ist jedoch, dass sich nun die Effekte für Geschlecht und Bildung zumindest auf dem 10 %-Niveau zwischen den Modi unterscheiden. Diese Schwelle verfehlt der Interaktionseffekt zwischen Bildung und Geschlecht ($p < 0{,}136$) knapp. Nach wie vor keine Auswirkungen auf das Antwortverhalten hat die Nationalität der Befragten. Ebenfalls vorhanden ist der negative Effekt der Deliktschwere (der hier in Dummyform in das Modell eingeht). Zwar überschreitet deren Effekt im DQ-Modus nicht die üblichen Signifikanzkriterien, jedoch deuten der vorhandene Effekt im Modell für alle Befragten sowie der nicht signifikante Unterschied zwischen DQ- und RRT-Effekt darauf hin, dass es sich hier eher um einen Fehler zweiter Art handelt und die Deliktschwere im DQ-Modell zwar keine statistische, aber durchaus inhaltliche Signifikanz besitzt.

---

[125] Die Modelle für den LR-Test mussten ohne robuste Standardfehler berechnet werden, da der Test mit Huber/White-Sandwich-Schätzern verzerrt ist.

Tabelle 44: Soziodemographische Determinanten des Antwortverhaltens: Multiple Regressionen

	Alle	DQ	RRT	Diff.
Befragungsmodus (1 = RRT)	0,093 (0,254)			
Geschlecht (1 = weiblich)	−0,970** (0,296)	−1,417*** (0,391)	−0,293 (0,502)	+
Alter (Dekaden, zentriert)	−0,138+ (0,077)	−0,178+ (0,100)	−0,044 (0,124)	
Abitur (1 = ja)	−0,520 (0,341)	−1,016* (0,452)	0,298 (0,565)	+
Nationalität (1 = Ausländer)	0,248 (0,358)	−0,238 (0,456)	1,706 (1,075)	+
Abitur × weiblich	1,162+ (0,661)	2,020* (0,836)	−0,153 (1,175)	
Deliktschwere (1 = hoch)	−0,694* (0,276)	−0,470 (0,378)	−0,973+ (0,497)	
Konstante	0,603*** (0,177)	0,923*** (0,210)	0,459 (0,288)	
χ^2	24,260**	24,662***	8,366	
McFadden-R^2	0,037	0,091	0,025	
Fallzahl	517	208	309	

Erläuterungen: Dargestellt sind nichtstandardisierte Regressionskoeffizienten und robuste Standardfehler in Klammern (Huber/White-Sandwich-Estimator). Die Spalte „Diff." gibt an, ob sich der Effekt der jeweiligen Variablen im RRT-Modus signifikant von jenem im DQ-Modus unterscheidet (vgl. das Interaktionsmodell in Tabelle A4). Signifikanzniveaus: +: $p < 0,1$; *: $p < 0,05$; **: $p < 0,01$; ***: $p < 0,001$.
Quelle: Validierungsdatensatz, eigene Auswertungen.

Betrachtet man die R^2-Werte der Modelle, erreichen die wenigen soziodemographischen Variablen im DQ-Modell einen Wert von über 0,09. Die gleichen Prädiktoren führen im RRT-Modus lediglich zu einem nicht signifikanten (χ^2-Wert für das Gesamtmodell) Wert von 0,025. Dies ist wiederum als positive Nachricht für die RRT zu werten: Deutlich systematisch nach soziodemographischen Merkmalen auftretendes Misreporting im DQ-Modus relativiert sich im RRT-Modus. Dies gilt jedoch nicht für die Deliktschwere, deren Effekt im RRT-Modus tendenziell ausgeprägter ist.

5.4 Determinanten des Antwortverhaltens

Zur besseren Interpretation der interagierenden Bildungs- und Geschlechtseffekte sind die vorhergesagten Wahrscheinlichkeiten nach diesen Variablen und nach Fragemodus in Abbildung 6 in einem Conditional Effects-Plot (CEP) dargestellt (basierend auf dem Interaktionsmodell in Tabelle A4). Die hellen Linien beschreiben die signifikanten Geschlechtsunterschiede im direkten Fragemodus. Die helle gestrichelte Linie für Befragte ohne Abitur zeigt den bereits bivariat festgestellten Befund, dass Männer deutlich häufiger als Frauen zugeben, verurteilt worden zu sein. Etwa 70 % der Männer ohne Abitur geben ehrliche Antworten, wohingegen dies nur auf unter 40 % der Frauen zutrifft. Jedoch zeigt die durchgezogene helle Linie, dass bei Personen mit Abitur genau das Gegenteil gilt: Nur knapp 50 % der hochgebildeten Männer antworten wahrheitsgemäß, während über 60 % der Frauen nun valide antworten. Betrachtet man die schwarzen Linien der Effekte im RRT-Modus, ist weder der Geschlechts-, noch der Bildungseffekt vorhanden. Die RRT-Schätzer liegen vom Niveau her im gleichen Bereich wie die DQ-Schätzer (der Haupteffekt des RRT-Modus hat keinen Effekt). Auch hier zeichnet sich wieder der bereits oben herausgestellte Befund ab: Die RRT führt zwar insgesamt nicht zu valideren Daten, kann jedoch das ausgeprägt systematische Auftreten des Misreportings nach einfachen soziodemographischen Merkmalen abschwächen.

Die Frage nach den Gründen für das hier vorgefundene Antwortschema kann, gerade was den Interaktionseffekt zwischen Geschlecht und Bildung betrifft, wieder nur mit Vermutungen beantwortet werden. Denkbar wäre, dass die Art der begangenen Straftat zwischen den Gruppen variiert und dementsprechend unterschiedliche Antwortmuster resultieren. Wenn z. B. hochgebildete Frauen eher „Kavaliersdelikte" wie Schwarzfahren begehen, Männer hingegen schwerere Straftaten wie Körperverletzung und gleichzeitig „Kavaliersdelikte" geringere Anreize für Misreporting darstellen, könnte dies eine Erklärung für unterschiedliche Antwortverhalten sein. Jedoch wurde mit dem – allerdings recht groben – Indikator der Deliktschwere zumindest teilweise für diesen Umstand kontrolliert. Die Tatsache, dass die Deliktschwere auch unter Kontrolle der soziodemographischen Merkmale eine Auswirkung auf das Antwortverhalten hat, relativiert auch den oben angeführten Einwand hinsichtlich der Kausalität des Effekts. Offenbar steckt hinter dem Effekt tatsächlich die Auswirkung des begangenen Delikts und nicht (soziodemographische) Merkmale der Personen, die bestimmte Delikte begehen und auch unabhängig davon mehr oder weniger ehrlich antworten.

Abbildung 6: CEP: Geschlechts- und Bildungseffekt auf das Antwortverhalten nach Fragemodus

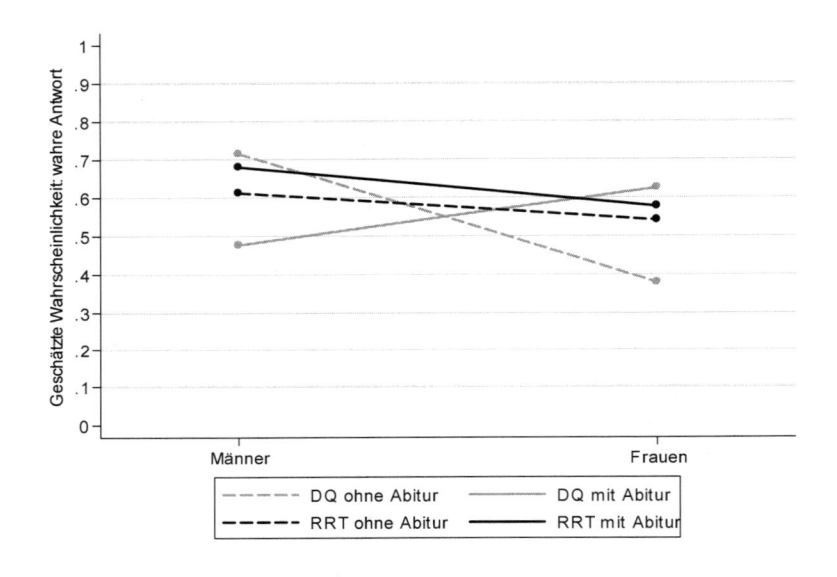

Erläuterungen: N = 517. Die Schätzwerte basieren auf dem Interaktionsmodell in Tabelle A4. Schätzung für deutsche Befragte mit Durchschnittsalter und gering-mittlerer Deliktschwere.
Quelle: Validierungsdatensatz, eigene Auswertungen.

An dieser Stelle stehen jedoch stichhaltige und theoretisch fundierte Erklärungen nicht im Vordergrund. Entscheidend ist und herausgestellt werden soll vielmehr, *dass* das Antwortverhalten nach einfachen soziodemographischen Variablen in nicht unerheblichem Ausmaß variiert. Somit kann aufgrund dieser Befunde der eingangs geäußerten Vermutung Nachdruck verliehen werden: Bei Zusammenhangsanalysen zwischen soziodemographischen Variablen und als „heikel" etikettierbarer Variablen in inhaltlichen Analysen ist mit deutlichen Verzerrungen in den Effekten zu rechnen. Analoge Befunde, die hier somit bestätigt werden konnten, wurden auch schon in den oben (Unterkapitel 2.1, S. 34) erwähnten Analysen zu Misreporting bezüglich der Wahlteilnahme („voting studies") festgestellt. Ein zweites Zwischenfazit lautet, dass es ebenfalls sinnvoll ist, die soziodemographischen Faktoren in multiplen Regressionsmodellen als Kontrollvariablen zu integrieren.

5.4 Determinanten des Antwortverhaltens

5.4.2 Analysen zur Rational Choice-Theorie: Die Bedeutung von „Social Desirability"-Effekten

Die Analysen in diesem Abschnitt widmen sich dem Komplex der sozialen Erwünschtheit als Ursache für Misreporting (vgl. Unterkapitel 2.2 und 3.2). In diesem Zusammenhang sind eine ganze Reihe an Fragen zu klären und Hypothesen zu untersuchen. Die globale Frage, um die es geht, ist natürlich, inwieweit SD-Anreize Misreporting verursachen. Die entsprechende Grundhypothese lautet, dass SD-Anreize der Hauptgrund für unwahre Antworten im DQ-Modus sind und dank der Anonymisierung der Interviewsituation im RRT-Modus keine Rolle mehr spielen sollten. Dies ist die oben entwickelte „SD-Standardhypothese" bzw. „SD-Standardhypothese RRT" (Abschnitt 3.2.3; vgl. insbes. Tabelle 12, S. 131). Jedoch wurde im Theoriekapitel ein alternativer oder erweiterter Ansatz entwickelt, nach dem von inkonsistenten oder nicht vorhandenen SD-Effekten im DQ-Modus auszugehen ist und die RRT sogar dazu führen könnte, dass Befragte mit stark ausgeprägten SD-Anreizen dank der RRT nun „sicherer lügen" können als im DQ-Modus. Entsprechend würde man keine oder schwache SD-Effekte im DQ-Modus und stärker ausgeprägte Effekte im RRT-Modus erwarten („modifizierte SD-Hypothese (RRT)").

Zusätzlich zu diesen inhaltlichen Hypothesen sind außerdem einige weitere Fragen zu klären. Erstens wurden oben mehrere SD-Maße bzw. Indizes vorgestellt, die sich teilweise aus den in Abschnitt 5.1.1 durchgeführten Faktorenanalysen ergaben. Hier gilt es somit, eine Auswahl zu treffen und verschiedene SD-Maße hinsichtlich ihrer Effekte auf das Antwortverhalten vergleichend gegenüberzustellen. Zweitens gilt es, die von Stocké (2004) formulierte „SD-Interaktionshypothese" zu überprüfen, wonach es nur dann zu Misreporting kommt, wenn sowohl eine SD-Neigung, als auch ein SD-Belief, als auch eine nicht-anonyme Interviewsituation vorliegen. Die hierzu konkurrierende Hypothese wurde oben im Theoriekapitel als „undifferenzierte SD-Hypothese" bezeichnet. Sie geht davon aus, dass die SD-Anreize additiv, also (auch) unabhängig voneinander einen Effekt auf das Antwortverhalten ausüben. Auch für diese These liegen empirische Befunde aus der Literatur vor (Phillips/Clancy 1972, vgl. Unterkapitel 2.2).

In Tabelle 45 sind zunächst die bivariaten Effekte der SD-Indikatoren auf wahrheitsgemäßes Antworten auf die Validierungsfrage dargestellt. Wiederum wurde für jede Variable je ein Modell mit allen Fällen und einem Dummy für den Fragemodus, sowie getrennte Modelle für DQ- und RRT-Modus gerechnet.

Tabelle 45: Effekte von SD-Variablen auf das Antwortverhalten: Bivariate Regressionen

	Alle	DQ		RRT		Diff.
	b (SE)	AME (SE)	b (SE)	AME (SE)	b (SE)	AME (SE)
Befragungsmodus (1 = RRT)	0,026 (0,236)	0,006 (0,056)				
SD-Neigung: Gesamtindex [0...7]	−0,139 + (0,077)	−0,033 (0,018)	−0,120 (0,097)	−0,029 (0,023)	−0,174 (0,129)	−0,041 (0,030)
Konstante	0,986 * (0,395)		0,895 + (0,482)		1,174 + (0,631)	
χ^2	3,311	1,535		1,810		
McFadden-R^2	0,005	0,006		0,005		
Befragungsmodus (1 = RRT)	0,063 (0,238)	0,015 (0,057)				
SD-Neigung: Subindex 1 [0...3]	−0,162 (0,120)	−0,039 (0,028)	−0,291 + (0,149)	−0,069 (0,034)	0,079 (0,203)	0,019 (0,049)
Konstante	0,593 * (0,239)		0,805 ** (0,286)		0,262 (0,370)	
χ^2	1,865	3,800 +		0,153		
McFadden-R^2	0,003	0,014		0,000		
Befragungsmodus (1 = RRT)	0,014 (0,236)	0,003 (0,057)				
SD-Neigung: Subindex 2 [0...4]	−0,172 (0,115)	−0,041 (0,027)	−0,001 (0,145)	−0,000 (0,035)	−0,481 * (0,220)	−0,109 + (0,044)
Konstante	0,863 * (0,390)		0,333 (0,470)		1,802 * (0,716)	
χ^2	2,320	0,000		4,801 *		
McFadden-R^2	0,003	0,000		0,014		
Befragungsmodus (1 = RRT)	0,049 (0,239)	0,011 (0,055)				
SD-Belief [0...6]	−0,253 ** (0,073)	−0,058 (0,015)	−0,219 * (0,088)	−0,051 (0,019)	−0,326 * (0,140)	−0,073 (0,027)
Konstante	1,330 *** (0,330)		1,194 ** (0,381)		1,682 ** (0,629)	
χ^2	12,061 **	6,245 *		5,447 *		
McFadden-R^2	0,020	0,024		0,018		

(Fortsetzung nächste Seite)

5.4 Determinanten des Antwortverhaltens

	Alle	DQ		RRT		Diff.
	b (SE)	AME (SE)	b (SE)	AME (SE)	b (SE)	AME (SE)
Befragungsmodus (1 = RRT)	−0,015 (0,245)	−0,003 (0,055)				
Kriminalitätsnorm: Gesamtindex [0...6]	−0,507 *** (0,105)	−0,114 (0,020)	−0,462 ** (0,135)	−0,106 (0,027)	−0,585 ** (0,168)	−0,128 (0,030)
Konstante	2,376 *** (0,450)		2,191 *** (0,564)		2,676 ** (0,720)	
χ^2	23,561 ***		11,800 ***		12,093 ***	
McFadden-R^2	0,036		0,046		0,030	
Fallzahl	517		208		309	

Erläuterungen: Dargestellt sind nichtstandardisierte Regressionskoeffizienten und robuste Standardfehler (Huber/White-Sandwich-Estimator). Die Spalte „Diff." gibt an, ob sich der Effekt der jeweiligen Variablen im RRT-Modus signifikant von jenem im DQ-Modus unterscheidet (vgl. das Interaktionsmodell in Tabelle A5). Signifikanzniveaus: +: p < 0,1; *: p < 0,05; **: p < 0,01; ***: p < 0,001.
Quelle: Validierungsdatensatz, eigene Auswertungen.

Die ersten drei Modellreihen enthalten die Effekte für die drei alternativen Indizes zur Messung der SD-Neigung, die sich oben in Abschnitt 5.1.1 aus den dimensionalen Analysen ergeben haben (CM-Subskalen). Die Effekte für den alle sieben Items umfassenden Gesamtindex sind zwar wie erwartet in allen Modellen negativ, jedoch nur für das Modell aller Fälle auf dem 10 %-Niveau signifikant. Subindex 1 (zweite Modellreihe in Tabelle 45), der mit drei Items die Dimension „negative Attribute ablehnen" abbildet, wirkt im DQ-Modus signifikant negativ (p < 0,1) und hat im RRT-Modus keinen signifikanten Effekt (hier ist das Vorzeichen außerdem positiv). Jedoch ist der Modusunterschied nicht signifikant (Interaktionsmodell, siehe ausführlich im Anhang in Tabelle A5) und auch das Modell für alle Fälle zeigt keinen stabilen Effekt der Subskala. Letzteres gilt auch für Subindex 2 (Zuschreibung positiver Attribute), jedoch erscheinen hier die Ergebnisse etwas stabiler: Der nicht signifikante Effekt des Hauptmodells entsteht durch einen Nulleffekt im DQ-Modus und einen signifikant negativen Effekt im RRT-Modus (p < 0,05), der sich zudem zumindest auf dem 10 %-Niveau vom DQ-Effekt unterscheidet. Subindex 1 und Subindex 2 wirken also offenbar entgegengesetzt, was auch erklärt, dass der Gesamtindex, der beide konträren Effekte vereinigt, keine bzw. nur schwache Effekte ausübt.

Diese Ergebnisse sind zunächst einmal eine eher schlechte Nachricht für Anhänger der CM-Skala: Zumindest die hier verwendete deutsche Kurzversion (Stocké 2007b) ist weder eindimensional vgl. Abschnitt 5.1.1), noch zeigt die Gesamtskala den erwarteten Effekt auf das Antwortverhalten. Was dies für die aus der RC-Theorie deduzierten SD-Hypothesen bedeutet, wird weiter unten geklärt. An dieser Stelle stellt sich jedoch die Frage, welcher Indikator für die weiterführenden Analysen herangezogen wird. Aus zwei Gründen wird der zweite Subindex beibehalten und im Folgenden als Maß der SD-Neigung verwendet: Erstens verschwindet der im DQ-Modus signifikante Effekt von Subindex 1, wenn für einfache soziodemographische Variablen kontrolliert wird. Der Effekt von Subindex 2 hingegen bleibt stabil (nicht dokumentiert). Dies spricht für die *Trennschärfe* von Subindex 2. Zweitens erscheint die Gesamtskala als Kombination zweier offenbar entgegengesetzt wirkender Komponenten ebenfalls ungeeignet, als trennscharfes Maß der SD-Neigung zu fungieren. Es ist allerdings zu betonen, dass die Entscheidung, lediglich Subindex 2 zu betrachten, auch pragmatischer Natur ist. Die Analysen können aber auch so gesehen werden, dass sie einen *Ausschnitt* der mit den Items der CM-Skala gemessenen SD-Effekte widergeben.

Inhaltlich bleibt dann noch zu bemerken, dass die Wirkung der SD-Neigung (Subindex 2) genau entgegen der SD-Standardhypothese verläuft: Im DQ-Modus ergeben sich keinerlei Auswirkungen auf das Misreporting, wohingegen mit jedem Skalenpunkt im RRT-Modus die Wahrscheinlichkeit, eine wahre Antwort auf die Validierungsfrage zu geben, um mehr als zehn Prozentpunkte abnimmt (AME). Personen mit keinerlei Anerkennungsbedürfnis (Skalenwert 0) antworten via RRT mit einer geschätzten Wahrscheinlichkeit von 86 % wahrheitsgemäß, Befragte mit einem mittleren Anerkennungsbedürfnis (Skalenwert 2) zu ca. 70 %, und Befragte mit einer maximalen SD-Neigung (Skalenwert 4) nur zu 47 %. Im Vergleich dazu liegt der DQ-Schätzer für alle SD-Werte bei ca. 58 %.

Kommen wir zum Effekt des SD-Beliefs (vierte Modellreihe in Tabelle 45). Die Erwünschtheitswahrnehmung hat über beide Fragemodi einen stabilen negativen Effekt jenseits der Signifikanzschwelle. Je eher Befragte also die Tatsache strafrechtlich verurteilt zu sein als in der Gesellschaft unerwünscht ansehen, desto eher verleugnen sie ihre Verurteilung. Hierbei besteht kein signifikanter Modusunterschied. Sieht man davon ab, ist auch hier der SD-Effekt im RRT-Modus marginal stärker als im DQ-Modus. Dies zeigen die AME; pro zunehmender Skaleneinheit des SD-Belief sinkt die Wahrscheinlichkeit einer wahren Antwort im DQ-Modus um etwa fünf Prozentpunkte, im RRT-Modus um etwa sieben Punkte.

Die Kriminalitätsnorm stellt ein zweites mögliches Maß für die trait desirability dar. Hier werden nicht die Einschätzungen der Befragten über Bewertungen externer Gruppen, sondern die Normen oder Einstellungen der Befragten selbst fokussiert. Die letzte Modellreihe in Tabelle 46 zeigt den bivariaten Effekt des Gesamtindex auf das Antwortverhalten. Je höher eine negative Kriminalitätsnorm ausgeprägt ist, desto eher wird unehrlich auf die Validierungsfrage

5.4 Determinanten des Antwortverhaltens

geantwortet. Wie die AME zeigen, ist auch hier der Effekt der Variablen auf das Antwortverhalten beachtlich. Mit jedem Punkt auf der Skala von null bis sechs sinkt die Wahrscheinlichkeit, ehrlich zu antworten, in allen Modellen um mehr als zehn Prozentpunkte. Wichtig ist jedoch darauf hinzuweisen – und das gilt auch für das alternative SD-Belief-Maß – dass es sich bei den festgestellten Zusammenhängen zumindest teilweise um Artefakte handeln könnte: Da die Merkmale nicht unabhängig von der abhängigen Variable erhoben wurden, kann es sich auch um Halo-Effekte bzw. um Effekte des Bemühens um konsistentes Antwortverhalten handeln. Insofern sollten die allzu deutlichen Effekte gerade der Kriminalitätsnorm nicht überbewertet werden.

Ein zweiter Schritt der SD-Analysen widmet sich nun der zentralen Hypothese von Stocké (2004; für Näheres vgl. Unterkapitel 2.2 und 3.2). Demnach träten SD-Effekte nur bei einer positiven Ausprägung von SD-Neigung *und* SD-Belief *und* nur im DQ-Modus auf (Dreifachinteraktion). Entsprechende Modelle können Tabelle 46 entnommen werden. Die Variablen wurden hier zwecks Vermeidung von Multikollinearität zentriert. Die Haupteffekte der Variablen geben somit an, wie die Variable bei einem durchschnittlichen Wert der anderen Interaktionsvariable wirkt. Gemäß der Stocké-Hypothese muss allerdings geprüft werden, ob die Haupteffekte nicht vorhanden sind, wenn die zweite Interaktionsvariable einen Skalenwert von null annimmt (z. B. kein SD-Belief-Effekt, wenn keine SD-Neigung vorliegt). Daher wird weiter unten bei der Interpretation auf Conditional Effects-Plots zurückgegriffen.

Berechnet wurden jeweils zwei Modelle. Modell 1 enthält die Effekte von SD-Neigung und SD-Belief, Modell 2 zusätzlich den Interaktionsterm zwischen den beiden Variablen. So kann festgestellt werden, ob sich an den Haupteffekten etwas Maßgebliches ändert, wenn der Interaktionseffekt hinzugefügt wird. Die Ergebnisse in Tabelle 46 zeigen, dass dem nicht so ist. Die folgenden Interpretationen beziehen sich auf die Interaktionsmodelle.[126] Zunächst kann den Ergebnissen entnommen werden, dass die Haupteffekte verglichen mit den oben bivariat festgestellten Befunden stabil bleiben. Die Maße der trait desirability (externer SD-Belief und Kriminalitätsnorm) wirken in beiden Fragemodi negativ auf die Validität der Antworten; die SD-Neigung hat jeweils nur im RRT-Modus einen (negativen) Effekt. Dies spricht dafür, dass SD-Neigung und SD-Belief tatsächlich als unabhängige Faktoren von SD-Anreizen zu sehen sind.

---

[126] Hier nicht dokumentierte Modelle ohne robuste Standardfehler, die LR-Tests auf Signifikanz der Modellerweiterungen untersuchten, kamen allerdings zu folgendem Ergebnis: Außer für das „Alle"- und DQ-Modell der Kriminalitätsnorm war die Modellerweiterung durch den Interaktionseffekt *nicht* signifikant. Daher wäre es eher angebracht, die Interaktionsmodelle von vornherein zu verwerfen. Jedoch soll in dieser Arbeit eine explizite Überprüfung der Stocké-Hypothesen erfolgen, weshalb hier auch die Interaktionsmodelle untersucht werden.

Tabelle 46: Effekte von SD-Variablen und ihrer Interaktionen auf das Antwortverhalten (Stocké-Hypothese): Trivariate Regressionen

	Alle		DQ		RRT		Diff
	Modell 1	*Modell 2*	*Modell 1*	*Modell 2*	*Modell 1*	*Modell 2*	*1/2*
Befragungsmodus (1 = RRT)	0,026 (0,240)	0,026 (0,239)					
SD-Neigung (zentriert)	−0,105 (0,118)	−0,105 (0,118)	0,066 (0,147)	0,072 (0,148)	−0,436+ (0,243)	−0,430+ (0,233)	+/+
SD-Belief (zentriert)	−0,242** (0,074)	−0,241** (0,074)	−0,226* (0,089)	−0,244** (0,094)	−0,299* (0,146)	−0,298* (0,140)	
SD-Neigung × SD-Belief (zentriert)		−0,015 (0,073)		0,080 (0,104)		−0,184+ (0,112)	/+
Konstante	0,369* (0,147)	0,372* (0,148)	0,341* (0,145)	0,319* (0,146)	0,437+ (0,228)	0,470* (0,222)	
χ^2	12,719**	12,997*	6,458*	6,829+	6,718*	11,329*	
McFadden-R^2	0,021	0,021	0,025	0,028	0,028	0,033	
Befragungsmodus (1 = RRT)	−0,028 (0,247)	−0,018 (0,249)					
SD-Neigung (zentriert)	−0,063 (0,123)	−0,074+ (0,119)	0,109 (0,156)	0,105 (0,150)	−0,383+ (0,226)	−0,385+ (0,219)	+/+
Kriminalitätsnorm (zentriert)	−0,496*** (0,105)	−0,505*** (0,107)	−0,482*** (0,137)	−0,476** (0,138)	−0,544** (0,177)	−0,544** (0,176)	
SD-Neigung × Knorm (zentriert)		−0,212* (0,101)		−0,284* (0,136)		−0,172 (0,142)	
Konstante	0,411** (0,151)	0,462** (0,152)	0,382* (0,149)	0,457** (0,154)	0,408+ (0,220)	0,426+ (0,218)	
χ^2	23,521***	27,283***	12,441**	15,165**	11,787**	14,683**	
McFadden-R^2	0,037	0,043	0,048	0,063	0,038	0,040	
Fallzahl	517		208		309		

Erläuterungen: Dargestellt sind nichtstandardisierte Regressionskoeffizienten und robuste Standardfehler in Klammern (Huber/White-Sandwich-Estimator). Die Spalte „Diff." gibt an, ob sich der Effekt der jeweiligen Variablen im RRT-Modus signifikant von jenem im DQ-Modus unterscheidet (vgl. das Interaktionsmodell in Tabelle A6). Signifikanzniveaus: +: p < 0,1; *: p < 0,05; **: p < 0,01; ***: p < 0,001.
Quelle: Validierungsdatensatz, eigene Auswertungen.

5.4 Determinanten des Antwortverhaltens

Streng genommen ist die Stocké-Hypothese bereits widerlegt, da auch im RRT-Modus SD-Effekte auftreten und diese tendenziell sogar stärker sind als im DQ-Modus. Zu erwarten wäre hier gewesen, dass die Effekte in der anonymeren RRT-Situation zumindest schwächer sind als im DQ-Modus. Was die Interaktionseffekte betrifft, ergibt sich ein ambivalentes Bild. Gemäß der Hypothese wären hier signifikant negative Effekte zu erwarten gewesen, die wiederum im DQ-Modus deutlicher sein müssten als im RRT-Modus. Die Befunde zeigen, dass für die SD-Belief-Modelle genau das Gegenteil gilt (auf dem 10 %-Niveau signifikant negativer Interaktionseffekt im RRT-Modus, kein Effekt im DQ-Modus), in den Modellen für die Kriminalitätsnorm hingegen die Hypothese zumindest tendenziell bestätigt werden kann (signifikant negativer Interaktionseffekt bei DQ, keine Signifikanz bei RRT). Eine Einschränkung ist allerdings, dass der Modusunterschied für Letztgenanntes nicht signifikant ist. Wichtig ist noch zu bedenken, dass signifikante Haupteffekte in obiger Tabelle noch keine Widerlegung des Stocké-Arguments darstellen, da diese aufgrund der Zentrierung der Variablen die Effekte beim Mittelwert der anderen Variablen abbilden. Die in Abbildung 7 und 8 dargestellten geschätzten Wahrscheinlichkeiten nach SD-Neigung und SD-Belief/Kriminalitätsnorm vereinfachen die inhaltliche Interpretation.

Zunächst zu den schwarzen Linien (RRT-Modus) in Abbildung 7. Wenn nur eine niedrige SD-Neigung vorliegt, hat der SD-Belief keinen Effekt; hingegen zeigt sich ein deutlich negativer Effekt bei hoher SD-Neigung. Umgekehrt besteht keine Differenz zwischen Befragten mit niedrigem und hohem Anerkennungsbedürfnis, wenn der SD-Belief nur schwach ausgeprägt ist, sehr wohl aber bei hohen SD-Belief-Werten. Ein derartiges Muster wäre im DQ-Modus zumindest eine tendenzielle Bestätigung der Stocké-Hypothese gewesen. Das Muster im RRT-Modus wie es hier auftritt, spricht es jedoch eher gegen die Hypothese. Auch die hellen Linien für den DQ-Modus deuten nicht auf die empirische Haltbarkeit des Stocké-Arguments hin. Hier zeigt sich weder ein Interaktionseffekt (dessen hier geschätztes Vorzeichen ist sogar positiv), noch ein ausgeprägter Unterschied zwischen niedrigem und hohem Anerkennungsbedürfnis.

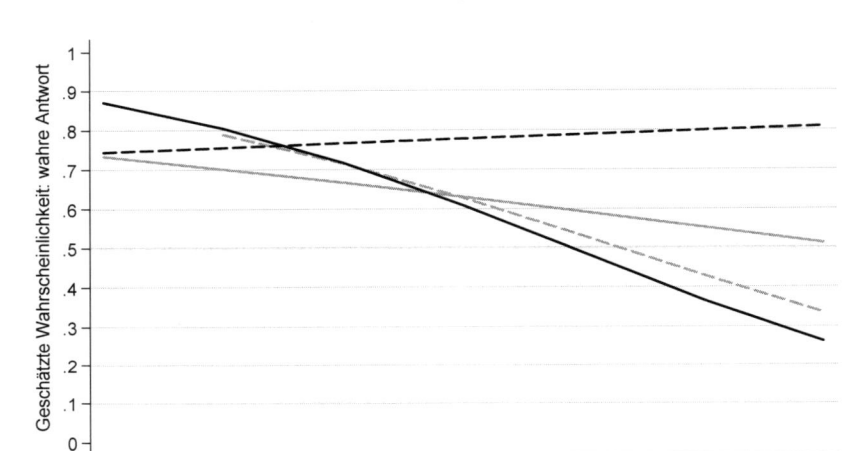

Abbildung 7: CEP: Effekt von SD-Neigung und -Belief auf das Antwortverhalten nach Fragemodus

Erläuterungen: N = 517. Die Schätzwerte basieren auf dem Interaktionsmodell in Tabelle A6.
Quelle: Validierungsdatensatz, eigene Auswertungen.

Die Punktschätzer des Interaktionsmodells für die Kriminalitätsnorm sind in Abbildung 8 dargestellt.[127] Auch hier ist das Bild eher diffus: Tendenziell sind sowohl im DQ-, als auch im RRT-Modus Interaktionseffekte vorhanden (allerdings nicht signifikant im RRT-Modus). Die hellen Linien für die direkt Befragten zeigen zwar, dass der Effekt der Kriminalitätsnorm nur vorhanden ist, wenn eine hohe SD-Neigung vorliegt, allerdings liegen die Schätzer bei niedrigen bis mittelhohen Werten der Kriminalitätsnorm und niedrigem Anerkennungsbedürfnis (gestrichelte Linie) deutlich unter jenen mit hohem Anerkennungsbedürfnis. Auch dies widerspricht der Stocké-Argumentation; zu erwarten gewesen wäre ein Bild wie bei den schwarzen RRT-Linien.

---

[127] Die Punktschätzer wurden aus den Daten heraus berechnet, weshalb für Extremwerte auf den beiden Variablen teilweise nicht genügend Fälle vorhanden sind.

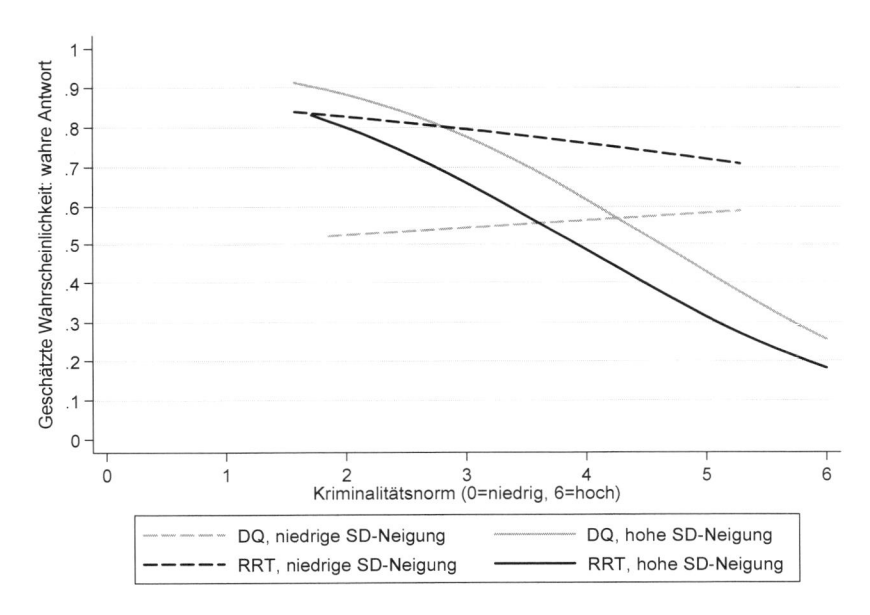

5.4 Determinanten des Antwortverhaltens

Abbildung 8: CEP: Effekt von SD-Neigung und Kriminalitätsnorm auf das Antwortverhalten nach Fragemodus

Erläuterungen: N = 517. Die Schätzwerte basieren auf dem Interaktionsmodell in Tabelle A6.
Quelle: Validierungsdatensatz, eigene Auswertungen.

Als vorübergehendes Fazit ergibt sich bezüglich der Stocké-Hypothese also ein inkonsistentes Bild. Streng genommen ist die Hypothese hier widerlegt, da SD-Effekte auch im RRT-Modus auftreten (und teilweise sogar stärker sind) und nicht immer ein Interaktionseffekt vorliegt. Jedoch zeigt sich teilweise durchaus, dass die SD-Variablen multiplikativ wirken und die Argumentation ihre Berechtigung nicht ganz verliert. Wiederum gegen diese Interpretation sprechen allerdings die nicht überall signifikanten LR-Tests (vgl. Fußnote 126). Letztlich sind die uneinheitlichen Befunde jedoch sicherlich auch den geringen Fallzahlen und dem hohen Anteil an Zufallsrauschen in den RRT-Daten geschuldet. Auch auf das Artefaktproblem durch mögliche Halo-Effekte bei gleichzeitiger Erhebung von trait desirability und abhängiger Variable wurde bereits hingewiesen.

Nochmals weiterführende Analysen sollen nun untersuchen, inwieweit die SD-Effekte Bestand haben, wenn für soziodemographische Merkmale und die Deliktschwere kontrolliert wird. In Tabelle 47 sind entsprechende Regressionsmodelle dargestellt. Im oberen Teil sind Modelle mit der externen Erwünschtheitswahrnehmung (SD-Belief) als unabhängiger Variable dargestellt, im unteren Teil Modelle mit der Kriminalitätsnorm. Modell 1 enthält hierbei jeweils die Effekte ohne Interaktionsterm zwischen SD-Neigung und trait desirability, in Modell 2 wurden diese hinzugefügt. Das Merkmal Staatsangehörigkeit wurde hier nicht ins Modell aufgenommen, da sich Probleme mit der Modellschätzung ergaben.[128]

Tabelle 47: Effekte von SD-Variablen auf das Antwortverhalten: Multiple Regressionen

	Alle		DQ		RRT		Diff
	Modell 1	*Modell 2*	*Modell 1*	*Modell 2*	*Modell 1*	*Modell 2*	
Befragungsmodus (1 = RRT)	0,077 (0,264)	0,076 (0,264)					
Geschlecht (1 = weiblich)	−0,935** (0,304)	−0,935** (0,304)	−1,425** (0,411)	−1,421** (0,411)	−0,098 (0,485)	−0,110 (0,485)	*/*
Alter (Dekaden, zentriert)	−0,144+ (0,077)	−0,143+ (0,077)	−0,179+ (0,099)	−0,177+ (0,100)	−0,120 (0,131)	−0,101 (0,135)	
Abitur (1 = ja)	−0,568 (0,369)	−0,564 (0,369)	−1,040* (0,468)	−1,066* (0,469)	0,391 (0,728)	0,422 (0,747)	+/+
Abitur × weiblich	1,164+ (0,690)	1,159+ (0,690)	2,048* (0,866)	2,044* (0,884)	−0,457 (1,354)	−0,488 (1,445)	
Deliktschwere (1 = hoch)	−0,651* (0,280)	−0,654* (0,280)	−0,427 (0,372)	−0,404 (0,373)	−0,949+ (0,525)	−0,924 (0,526)	+
SD-Neigung (zentriert)	−0,102 (0,126)	−0,103 (0,126)	0,094 (0,161)	0,097 (0,159)	−0,444+ (0,246)	−0,425 (0,224)	++/+
SD-Belief (zentriert)	−0,234** (0,077)	−0,232** (0,079)	−0,236** (0,089)	−0,251** (0,096)	−0,299+ (0,169)	−0,290 (0,153)	+
SD-Neigung × SD-Belief (zentriert)		−0,016 (0,077)		0,073 (0,103)		−0,164 (0,109)	
Konstante	0,801*** (0,185)	0,805*** (0,187)	0,890*** (0,205)	0,870*** (0,205)	0,644+ (0,337)	0,654 (0,321)	*
χ^2	31,331***	32,111***	28,274***	27,938***	7,616	12,736	
McFadden-R^2	0,053	0,053	0,114	0,115	0,039	0,043	

(Fortsetzung nächste Seite)

---

[128] Vermutungen, wonach Interaktionseffekte zwischen der SD-Neigung und der Deliktschwere auftreten könnten, haben sich in separaten Analysen nicht bestätigt und werden daher auch nicht dokumentiert.

5.4 Determinanten des Antwortverhaltens

	Alle		DQ		RRT		Diff
	Modell 1	Modell 2	Modell 1	Modell 2	Modell 1	Modell 2	
Befragungsmodus (1 = RRT)	0,012 (0,261)	0,007 (0,264)					
Geschlecht (1 = weiblich)	−0,772* (0,304)	−0,786** (0,303)	−1,245** (0,412)	−1,272** (0,409)	0,005 (0,471)	0,012 (0,479)	*/*
Alter (Dekaden, zentriert)	−0,081 (0,078)	−0,073 (0,078)	−0,118 (0,101)	−0,113 (0,100)	−0,059 (0,138)	−0,053 (0,139)	
Abitur (1 = ja)	−0,464 (0,374)	−0,470 (0,379)	−0,911* (0,458)	−0,857+ (0,466)	0,433 (0,776)	0,353 (0,802)	
Abitur × weiblich	1,051 (0,719)	1,137 (0,715)	1,866* (0,850)	1,986* (0,834)	−0,347 (1,608)	−0,287 (1,670)	
Deliktschwere (1 = hoch)	−0,733* (0,293)	−0,711* (0,297)	−0,533 (0,376)	−0,485 (0,381)	−0,990+ (0,600)	−0,979 (605)	
SD-Neigung (zentriert)	−0,076 (0,127)	−0,087 (0,127)	0,101 (0,166)	0,107 (0,166)	−0,406+ (0,230)	−0,402 (0,218)	++/+
Kriminalitätsnorm (zentriert)	−0,424*** (0,112)	−0,433*** (0,114)	−0,362* (0,146)	−0,361* (0,150)	−0,546** (0,192)	−0,537 (0,188)	**
SD-Neigung × Knorm (zentriert)		−0,198* (0,096)		−0,268* (0,136)		−0,147 (0,153)	
Konstante	0,798*** (0,190)	0,844*** (0,196)	0,880*** (0,210)	0,928*** (0,216)	0,551+ (0,328)	0,568 (0,326)	+
χ^2	36,059***	38,976***	27,395***	30,097***	11,767	14,598	+
McFadden-R^2	0,059	0,064	0,112	0,124	0,047	0,049	
Fallzahl	517	517	208	208	309	309	

Erläuterungen: Nichtstandardisierte Regressionskoeffizienten und robuste Standardfehler in Klammern (Huber/White-Sandwich-Estimator). Die Spalte „Diff." gibt an, ob sich der Effekt der jeweiligen Variablen im RRT-Modus signifikant von jenem im DQ-Modus unterscheidet (vgl. das Interaktionsmodell in Tabelle A7). Signifikanzniveaus: +: p < 0,1; *: p < 0,05; **: p < 0,01; ***: p < 0,001.
Quelle: Validierungsdatensatz, eigene Auswertungen.

Die Modelle in Tabelle 47 zeigen im Großen und Ganzen zu den bivariaten Analysen vergleichbare SD-Effekte auch unter Kontrolle der Soziodemographie und der Deliktschwere, sowie vergleichbare Effekte der Soziodemographie und der Deliktschwere unter Kontrolle der SD-Variablen. Die bivariaten Effekte werden somit bis auf kleinere Abweichungen bestätigt. Ein Unterschied ist, dass im Gesamtmodell für die Kriminalitätsnorm die Effekte der Soziodemographie im Vergleich zu den bivariaten Analysen nicht so deutlich ausgeprägt sind. Auch der χ^2-Wert für das SD-Belief-Modell im RRT-Modus ist nicht mehr signifikant, genauso wie der Interaktionseffekt der SD-Variablen.

Was die SD-Effekte betrifft, zeigt sich weiterhin ein unsystematisches Muster. Die Effekte der SD-Neigung sind nur im RRT-Modus vorhanden. Die Interaktionseffekte der Stocké-Hypothese sind nur bei der Kriminalitätsnorm im Modell für alle Befragten und im DQ-Modus wie erwartet. Weitere, nicht dokumentierte Ergebnisse sind wiederum LR-Tests auf Signifikanz der Modellerweiterungen durch die SD-Interaktionen. Analog zu oben sind wiederum die Modellunterschiede nicht signifikant bis auf die Modelle der Kriminalitätsnorm für alle Befragten und den DQ-Modus. Alles in allem sprechen die Ergebnisse eher dafür, die Interaktionseffekte zu verwerfen, da sich keine stabilen Effekte zeigen und die Modelle bei den geringen Fallzahlen wohl an Overfitting leiden.

Halten wir die bisherigen Ergebnisse zu den Hypothesen der RC-Theorie fest. Bezüglich der Stocké-Argumentation (undifferenzierte SD-Hypothese versus Interaktionshypothese) lautet der Befund, dass zwar keine gänzlich zweifelsfreie Entscheidung getroffen werden kann, die Ergebnisse aber tendenziell eher als Nicht-Bestätigung der Stocké-Hypothesen zu werten sind. Eindeutig gegen die These spricht etwa, dass die Zweifachinteraktion zwischen SD-Neigung und SD-Belief im RRT-Modus deutlicher auftritt als im DQ-Modus. Die geringen Fallzahlen und instabilen Effekte sprechen auch dafür, in weiteren Analysen dieser Arbeit auf die Integration der Interaktionseffekte zu verzichten. Relativ eindeutig ist der Befund, dass die beiden Dimensionen SD-Neigung und trait desirability unabhängige SD-Anreize darstellen und Effekte ausüben, was für die undifferenzierte SD-Hypothese spricht. Dies war schon ein Hauptergebnis der oben vorgestellten Analysen von Phillips und Clancy (1972). Zudem wirken die Variablen je nach Fragemodus unterschiedlich, was zu wichtigen Schlussfolgerungen hinsichtlich der weiteren RC-Hypothesen führt. Den DQ-Modus betreffend gilt die „SD-Standardhypothese" nur für den SD-Belief und die Kriminalitätsnorm. Keinerlei Effekt findet sich im DQ-Modus hingegen für die SD-Neigung. Die SD-Neigung hat einen ausgeprägteren Effekt im RRT-Modus, was gegen die SD-Standardhypothese spricht. Ebenfalls widerlegt werden kann wohl die „Exklusivitätshypothese": Auch unter Kontrolle der SD-Variablen zeigen sich zumindest in den DQ-Modellen ausgeprägte Effekte der soziodemographischen Variablen. Nicht alle Bedingungsfaktoren von Misreporting lassen sich auf Effekte der SD-Maße zurückführen.

Aus den theoretischen Ausarbeitungen in Kapitel 3 ergab sich die modifizierte SD- bzw. RRT-Hypothese. Die Kernaussage war, dass „Lügen" in einer Face to Face-Interviewsituation selbst hochgradig unerwünscht ist und daher von instabilen oder nicht vorhandenen Effekten im DQ-Modus auszugehen ist. Die RRT hingegen könnte dazu führen, dass Befragte mit hohen SD-Anreizen „sicherer lügen" können. Die Ergebnisse der Analysen sind zwar keine uneingeschränkte Bestätigung dieser These, deuten jedoch in diese Richtung: Zusammengenommen sind SD-Effekte im RRT-Modus deutlicher ausgeprägt als im DQ-Modus. Auch umgekehrt interpretiert sprechen die Befunde (vgl. nochmals

5.4 Determinanten des Antwortverhaltens

Abbildung 7 und 8) teilweise für die These: Die RRT-Effekte bei *hohen* SD-Anreizen (SD-Neigung und trait desirability hoch) haben eine stärkere *negative* Wirkung als bei niedrigen SD-Anreizen.

Alles im allem sollte vor dem Hintergrund der vielen Detailbefunde allerdings nicht der Hauptbefund vernachlässigt werden: Die Auswertungen der Validierungsdaten bestätigen zunächst einmal die Kernaussage der RC-Theorie: SD-Anreize üben nachweisbar und auch unter Kontrolle soziodemographischer Variablen einen Effekt auf die Wahrscheinlichkeit des Misreportings bei der Validierungsfrage aus. Bestätigt durch die Analyseergebnisse wird somit auch die in Unterkapitel 2.2 diskutierte „Editing-Hypothese". Demnach haben die verschiedenen SD-Maße durchaus einen Effekt auf das *Antwort*verhalten. Die konkurrierende „True Behavior-Hypothese" hatte postuliert, dass in den zahlreichen SD-Studien ohne Validierungsdaten die Korrelationen zwischen SD-Maßen und heiklen Verhaltensweisen *tatsächliches* Verhalten widergeben und nicht variierendes *Antwort*verhalten.

Fragen wir nun noch danach, wie insgesamt die Performanz der RRT im Vergleich zum direkten Fragemodus zu bewerten ist. Eine Möglichkeit bieten die bisher nicht kommentierten Pseudo-R^2-Werte der Modelle in Tabelle 48. Die insgesamt wenigen Variablen führen im DQ-Modell zu R^2-Werten von immerhin über 0,1, was nochmals unterstreicht, wie systematisch das Misreporting auftritt.[129] Die Werte für die RRT-Modelle sind mit R^2 = 0,03 bis 0,04 geringer, hier sind die unabhängigen Variablen also weitaus weniger für die Ausprägung der abhängigen Variable verantwortlich. Dies kann unter dem Gesichtspunkt, die erwähnten Artefakte bei Zusammenhangsanalysen zu vermeiden, durchaus als Erfolg der Fragetechnik gesehen werden. Eher gegen die RRT spricht der nur in diesem Modus ausgeprägte Effekt der SD-Neigung, der ja zumindest in der Lehrmeinung den Hauptgrund für Misreporting darstellt. Auch der Effekt der Deliktschwere tritt tendenziell im RRT-Modus deutlicher auf als im DQ-Modus.

Wir werden in Abschnitt 5.4.5 nochmals zu den SD-Effekten zurückkehren, wenn es um ein alle Einflussfaktoren integrierendes Modell zu den Determinanten des Befragtenverhaltens geht. Vorher sind jedoch die Hypothesen aus der FS-Theorie Gegenstand der Analysen im nachstehenden Abschnitt.

5.4.3 Analysen zur Frame-Selektionstheorie

Im Rahmen der FS-Theorie wurden in Kapitel 3 eine ganze Reihe an Hypothesen herausgearbeitet. Ein Teil der Hypothesen bezieht sich in ihrer Argumentation

---

[129] Im logistischen Modell liegt die Schwelle für akzeptable R^2-Werte deutlich unter jener im OLS-Modell (Urban 1993: 62), weshalb Werte über 0,1 schon auf ein aussagekräftiges Modell hinweisen.

genuin auf die FS-Theorie, ein weiterer Teil wurde in dieser Arbeit unter die Framingtheorie gefasst, hätte aber auch in ein weites RC-Modell integriert werden können (vgl. die Diskussion in Unterkapitel 3.4). Bezüglich des erstgenannten Teils an Hypothesen wurde bereits von Stocké (2004) eine Framing-Hypothese aufgestellt, wonach kooperative Umfrageeinstellungen, die in der Identität des Akteurs stark verankert sind, eine positive Auswirkung auf die Antwortvalidität haben. Weitere in dieser Arbeit neu formulierte Hypothesen waren die „Reflexionsmodus-", „Interviewererfahrungs-, und Bildungshypothese". Unter den zweiten Teil an Hypothesen wurden Bystandereffekte („Bystanderhypothese") sowie die Theorie kognitiver Dissonanz gefasst. Die zentrale These lautet hier, dass mit steigendem Streben, kognitive Dissonanzen zu vermeiden, die Wahrscheinlichkeit eines Misreportings zunimmt („Dissonanzhypothese"). Ebenfalls aus der Dissonanztheorie und empirischen Untersuchungen zur Theorie ergab sich die Vermutung, dass eine Belohnung – im Fall der Validierungsstudie der Einsatz von Teilnahmeincentives in Höhe von 20 € – Dissonanzen reduzieren und so zu einer Verbesserung der Antwortvalidität beitragen kann („Incentive-Hypothese").

Im Folgenden werden die Hypothesen wieder erst bivariat und dann unter Kontrolle soziodemographischer Merkmale überprüft. Zunächst zur Reflexionsmodus- und Interviewererfahrungshypothese; entsprechende Auswertungen sind in Tabelle 48 dargestellt.

Die Reflexionsmodushypothese lautete, dass beim Beantworten einer Interviewfrage ein Framingprozess im as-Modus bei direkter Frage zunächst tendenziell den wahren Wert liefert. Eine Editierung dieses Wertes erfolgt eher nach einer rc-Reflexion. Hierfür wurden in Abschnitt 3.3.2 auch empirische Befunde aufgeführt (Holtgraves 2004), die diese These stützen. Im RRT-Modus hingegen ist der Match m_i, eine wichtige Variable der FS-Theorie, mutmaßlich sehr gering, da kaum ein Befragter die Spezialtechnik kennt und die Situation sofort definieren kann. Eine adäquate Situationsdefinition und -bewältigung *erfordert* daher eine Reflexion im rc-Modus. Ein schnelles as-Agieren im RRT-Modus würde sich, so die Hypothese, somit negativ auf die Antwortvalidität auswirken. Der Reflexionsmodus konnte in der vorliegenden Erhebung nur sehr grob durch die Gesamtdauer des jeweiligen Interviews operationalisiert werden. Kurze Interviews werden als Indikator für tendenzielles as-Agieren gewertet, lange als rc-Agieren.

5.4 Determinanten des Antwortverhaltens

Tabelle 48: Reflexionsmodus- und Interviewererfahrungshypothese: Bivariate Regressionen

	Alle		DQ		RRT		Diff.
	b (SE)	AME (SE)	b (SE)	AME (SE)	b (SE)	AME (SE)	
Befragungsmodus (1 = RRT)	0,081 (0,243)	0,020 (0,058)					
Dauer des Interviews (logarithmiert, zentriert)	−0,181 (0,408)	−0,044 (0,098)	−0,884+ (0,531)	−0,212 (0,124)	0,970 (0,641)	0,232 (0,150)	*
Konstante	0,317* (0,144)		0,271+ (0,145)		0,349+ (0,191)		
χ^2	0,251		2,765+		2,286		
McFadden-R^2	0,000		0,010		0,005		
Befragungsmodus (1 = RRT)	0,062 (0,236)	0,015 (0,057)					
Interviewererfahrung (logarithmiert, zentriert)	0,031 (0,097)	0,007 (0,023)	0,266* (0,129)	0,063 (0,030)	−0,301+ (0,155)	−0,071 (0,034)	**
Konstante	0,329* (0,141)		0,329* (0,142)		0,391* (0,193)		
χ^2	0,151		4,254*		3,773+		
McFadden-R^2	0,000		0,015		0,009		
Fallzahl	517		208		309		

Erläuterungen: Dargestellt sind nichtstandardisierte Regressionskoeffizienten und robuste Standardfehler (Huber/White-Sandwich-Estimator). Die Spalte „Diff." gibt an, ob sich der Effekt der jeweiligen Variablen im RRT-Modus signifikant von jenem im DQ-Modus unterscheidet (vgl. das Interaktionsmodell in Tabelle A8). Signifikanzniveaus: +: $p < 0{,}1$; *: $p < 0{,}05$; **: $p < 0{,}01$; ***: $p < 0{,}001$.
Quelle: Validierungsdatensatz, eigene Auswertungen.

Bei allen Einschränkungen hinsichtlich der Operationalisierung zeigen die Ergebnisse in Tabelle 48, dass sich die Hypothese zumindest bivariat empirisch bestätigt. Im direkten Fragemodus sinkt mit zunehmender Interviewdauer die Wahrscheinlichkeit, ehrlich zu antworten, im RRT-Modus steigt sie. Der Dauereffekt im RRT-Modus ist zwar nicht signifikant, jedoch zeigt das Interaktionsmodell (Anhang, Tabelle A8), dass sich der Effekt auf dem 5 %-Niveau vom DQ-Effekt unterscheidet. Berechnet man aufgrund des Interaktionsmodells die geschätzten Wahrscheinlichkeiten (und entlogarithmiert man die Interviewdauer), ergibt sich im DQ-Modus für ein Interview, das zehn Minuten kürzer ist als der DQ-Durchschnitt, eine geschätzte Rate von 66 % wahrer Antworten. Ein zehn Minuten über dem Durchschnitt liegendes Interview liegt nur bei 52 %. Die RRT-Werte sind fast genau umgekehrt, ein schnelles Interview (10 Minuten kürzer als der RRT-Schnitt) führt zu 53 % wahren Antworten, ein längeres (10 Minuten länger als das RRT-Mittel) zu 67 %.

Die Interviewererfahrungshypothese argumentiert ähnlich. Hier wurde davon ausgegangen, dass sich das Verhalten der Interviewer im Verlauf der Erhebung in Richtung eines as-Agierens entwickelt: Je mehr Interviews ein Interviewer geführt hat, desto automatischer werden die Interviews „abgehandelt". Dies hat – so die Hypothese – analoge Auswirkungen auf das Antwortverhalten wie der Effekt der Interviewdauer. Auch hier zeigen die bivariaten Auswertungen (unterer Teil von Tabelle 48) deutlich und signifikant unterschiedliche Effekte der Interviewererfahrung nach Fragemodus in erwarteter Richtung. Mit steigender Erfahrung verbessert sich die Antwortqualität im DQ-Modus signifikant, im RRT-Modus sinkt sie.[130] Dieser Befund bedeutet für die RRT, dass nicht *erfahrene* Interviewer gute Ergebnisse erzielen, sondern *unerfahrene*. Die Punktschätzer sind in Abbildung 9 dargestellt.

Der Verlauf der Kurven zeigt den ausgeprägt nicht-linearen Effekt der Interviewererfahrung. Schon während der ersten geführten Interviews steigt (DQ) bzw. sinkt (RRT) der Anteil wahrer Antworten deutlich, beispielsweise im RRT-Modus von 73 % wahrer Antworten im ersten Interview (als null kodiert) auf 62 % im fünften Interview. Überprüft wurde auch ein alternativer Indikator, der für jeden Modus nur die Interviews zählte, die ein Interviewer mit der jeweiligen Fragebogenversion führte (also z. B. das fünfte RRT-Interview). Dies führte zu den gleichen Ergebnissen.[131]

Eine weiterführende Interpretation wäre, aufgrund der Ergebnisse hinsichtlich der Interviewererfahrung auf die Sensibilität der RRT für eine mangelnde, unpräzise Erläuterung während des Interviews zu verweisen. Die Effekte deuten darauf hin, dass der Erfolg der Technik maßgeblich vom Interviewerverhalten abhängt und dieses im Feld Veränderungen unterliegt. In künftigen RRT-Erhebungen sollte daher gegengesteuert werden und darauf geachtet werden, den sonst in quantitativ-standardisierten Erhebungen geforderten Automatismus der Interviewer zu vermeiden. Diese Forderung ist hinsichtlich der (Lehrbuch-)Emp-

---

[130] Ein Interviewer führte allein über 70 Interviews durch, so dass der Erfahrungseffekt auch ein Spezifikum dieses Interviewers sein könnte. Jedoch bleibt der Effekt bei leichten Einbußen der Signifikanz auch erhalten, wenn der betreffende Interviewer entfernt wird.
[131] Dennoch verbleibt möglicherweise ein Selektionseffekt, da einige Interviewer, wie in Kapitel 4 erläutert, unzuverlässig waren und nur sehr wenige Interviews führten. Somit unterscheidet sich die Gruppe der Interviewer mit wenigen und vielen Interviews, was den Effekt der Interviewererfahrung zumindest teilweise erklären könnte. Jedoch ist auch zu betonen, dass dieser Selektionseffekt wiederum auf beide Modi – DQ und RRT – zutrifft.

5.4 Determinanten des Antwortverhaltens

fehlungen für RRT-Prozeduren nicht neu (vgl. Abschnitt 2.4.2), jedoch konnte ein derartiger Effekt hier erstmals mit Validierungsdaten nachgewiesen werden.

Abbildung 9: CEP: Effekt der Interviewererfahrung auf das Antwortverhalten nach Fragemodus

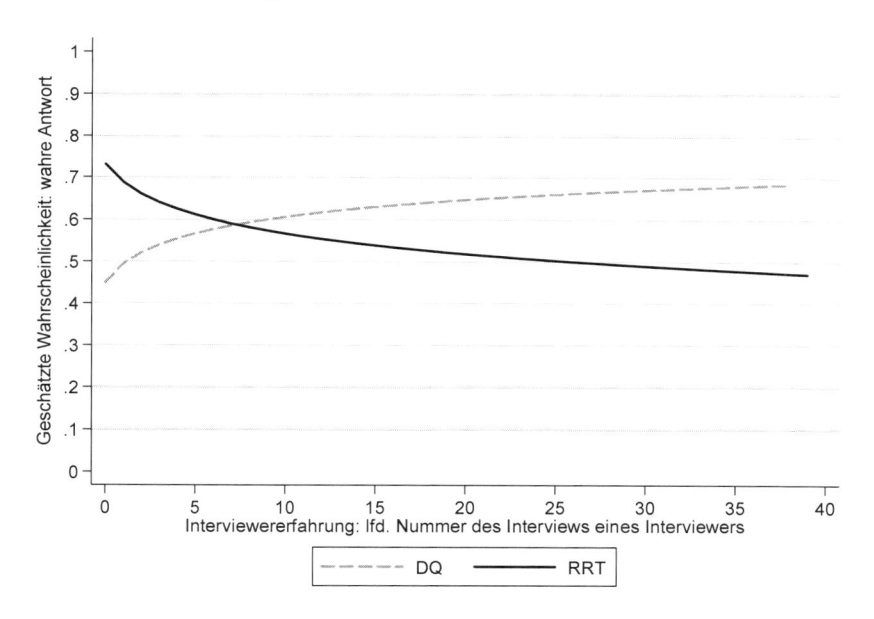

Erläuterungen: N = 517. Die Schätzwerte basieren auf dem Interaktionsmodell in Tabelle A8.
Quelle: Validierungsdatensatz, eigene Auswertungen.

Argumentiert werden könnte nun, dass sich Interviewdauer und Interviewererfahrung wahrscheinlich beeinflussen (je höher die Interviewererfahrung, desto kürzer die Interviewdauer) und die zwei gerade berichteten Effekte letztlich den gleichen Effekt abbilden. Tatsächlich korrelieren die zwei Variablen mit $r = -0{,}11$ ($p < 0{,}05$). In Tabelle 49 sind ausführlichere Regressionsmodelle dargestellt, die die Effekte der beiden Variablen unter Kontrolle soziodemographischer Merkmale und der Deliktschwere berichten. Berechnet wurden für alle Befragten, DQ- und RRT-Befragte jeweils drei Modelle. Modell 1 enthält den partiellen Effekt der Interviewdauer, Modell 2 jenen der Interviewererfahrung und Modell 3 die partiellen Effekte unter Kontrolle des jeweils anderen Prädiktors.

Tabelle 49: Reflexionsmodus- und Interviewererfahrungshypothese: Multiple Regressionen

	Alle			DQ			RRT			Diff.
	Modell 1	Modell 2	Modell 3	Modell 1	Modell 2	Modell 3	Modell 1	Modell 2	Modell 3	M1/2/3
Befragungsmodus (1 = RRT)	0,058 (0,262)	0,097 (0,260)	0,065 (0,266)							
Geschlecht (1 = weiblich)	−0,998** (0,297)	−0,986** (0,296)	−0,999** (0,297)	−1,384*** (0,391)	−1,440*** (0,402)	−1,434*** (0,404)	−0,395 (0,476)	−0,369 (0,511)	−0,439 (0,527)	
Alter (Dekaden, zentriert)	−0,157* (0,079)	−0,145+ (0,078)	−0,157* (0,080)	−0,158 (0,103)	−0,164 (0,102)	−0,152 (0,106)	−0,152 (0,124)	−0,116 (0,115)	−0,157 (0,118)	
Abitur (1 = ja)	−0,533 (0,343)	−0,533 (0,347)	−0,537 (0,346)	−1,011* (0,446)	−1,076* (0,460)	−1,078* (0,459)	0,188 (0,564)	0,173 (0,557)	0,155 (0,544)	+/+/+
Abitur × weiblich	1,204+ (0,662)	1,209+ (0,665)	1,215+ (0,661)	1,983* (0,821)	2,018* (0,806)	2,032* (0,809)	−0,066 (1,134)	−0,333 (1,117)	−0,116 (1,137)	/+/
Deliktschwere (1 = hoch)	−0,694* (0,276)	−0,695* (0,279)	−0,704* (0,277)	−0,458 (0,371)	−0,556 (0,376)	−0,538 (0,376)	−0,935+ (0,479)	−0,941+ (0,498)	−0,955+ (0,514)	
Dauer des Interviews (log., zentr.)	0,288 (0,500)		0,302 (0,499)	−0,360 (0,615)		−0,289 (0,600)	1,234 (0,757)		1,092 (0,693)	/x/
Interviewererfahrung (log., zentriert)		0,040 (0,104)	0,044 (0,104)		0,314* (0,140)	0,311* (0,140)		−0,318* (0,161)	−0,296+ (0,162)	x/**/**
Konstante	0,800*** (0,191)	0,774*** (0,182)	0,802*** (0,190)	0,850*** (0,209)	0,916*** (0,209)	0,890*** (0,211)	0,609* (0,296)	0,660* (0,285)	0,634* (0,293)	
χ^2	24,723***	24,304**	24,946**	23,838***	26,939***	26,498***	6,998	8,691	8,872	
McFadden-R^2	0,037	0,036	0,037	0,092	0,108	0,109	0,020	0,023	0,028	
Fallzahl	517	517	517	208	208	208	309	309	309	

5.4 Determinanten des Antwortverhaltens

Erläuterungen zu Tabelle 49: Dargestellt sind nichtstandardisierte Regressionskoeffizienten und robuste Standardfehler in Klammern (Huber/White-Sandwich-Estimator). Die Spalte „Diff." gibt an, ob sich der Effekt der jeweiligen Variablen im RRT-Modus signifikant von jenem im DQ-Modus unterscheidet (vgl. das Interaktionsmodell in Tabelle A9). Signifikanzniveaus: +: $p < 0{,}1$; *: $p < 0{,}05$; **: $p < 0{,}01$; ***: $p < 0{,}001$.
Quelle: Validierungsdatensatz, eigene Auswertungen.

Die Ergebnisse der Regressionen in Tabelle 49 zeigen zunächst wieder einmal, dass sich die Effekte der soziodemographischen Merkmale nicht zu den in Abschnitt 5.4.1 berichteten Befunden ändern: Es bleiben deutliche Effekte im DQ-Modus und keine stabilen Effekte im RRT-Modus, auch wenn Interviewdauer und Interviewererfahrung als Prädiktoren eingeführt werden. Die nicht vorhandenen Effekte im RRT-Modus führen wahrscheinlich auch dazu, dass die RRT-Modelle laut χ^2-Test alle nicht signifikant sind. Die Effekte der Deliktschwere verlaufen ebenfalls analog zu den oben berichteten Befunden.

Betrachtet man nun die Effekte von Interviewdauer und Interviewererfahrung, zeigen sich in den Modellen für alle Befragten keine Wirkungen der Variablen. Dies war auch zu erwarten, da sich die nach Fragemodus entgegengesetzt wirkenden Effekte aufheben. Die Einzeleffekte (Modell 1 und 2) in den separaten DQ-/RRT-Modellen bleiben unter Kontrolle der Soziodemographie nur für die Interviewererfahrung erhalten. Die Effekte der Interviewdauer sind nicht mehr signifikant, obgleich die Vorzeichen nach wie vor in die angenommene Richtung weisen. Die partiellen Effekte der Framingvariablen (Modell 3) bestätigen die „Interviewererfahrungshypothese" und die bivariaten Befunde. Zudem ist der Unterschied des Effekts zwischen DQ- und RRT-Modus hochsignifikant. Nicht mehr vorhanden in beiden Modi ist auch hier der Effekt der Interviewdauer (obwohl die Richtung der Effekte nach wie vor wie erwartet verläuft). Die „Reflexionsmodushypothese" bestätigt sich somit nur bivariat.

Halten wir also fest: Die beiden auf den Reflexionsmodus rekurrierenden FST-Hypothesen bestätigen sich bivariat. Deutlich und stabil ist der Effekt der Interviewererfahrung, der auch unter Kontrolle soziodemographischer Variablen erhalten bleibt. Dies gilt nicht für die Dauer des Interviews. Allerdings muss nochmals betont werden, dass es sich hier um einen sehr groben Indikator handelt, der das Geschehen während der heiklen Fragen und insbesondere der RRT-Prozedur nur sehr ungenau und wahrscheinlich unzureichend widergibt. In künftigen Studien wäre die „Reflexionsmodushypothese" daher noch genauer zu untersuchen. Hierzu wäre es optimal, die Antwortreaktionszeit bei der heiklen Frage zu erheben und in Relation zur „Basisgeschwindigkeit" des Befragten während der anderen Fragen im Interview zu setzen (Mayerl/Urban 2008).

Nun zur ebenfalls aus der FS-Theorie hergeleiteten „Bildungshypothese", die ebenfalls anhand von Tabelle 49 erörtert werden soll. Laut der theoretischen

Vermutung müsste im RRT-Modus die Wahrscheinlichkeit, eine ehrliche Antwort auf die Validierungsfrage zu geben, mit steigender Bildung zunehmen. Bereits die Analysen zu soziodemographischen Antwortdeterminanten haben hierzu erste Ergebnisse geliefert (vgl. Abschnitt 5.4.1), die allerdings noch nicht auf die konkrete Hypothese bezogen wurden. Dort wurden Interaktionseffekte zwischen Fragemodus, Bildung und Geschlecht festgestellt (Abbildung 6, S. 250). Diese Befunde bestätigen die „Bildungshypothese", die sich genuin auf den RRT-Modus bezieht, nicht. Hier werden nur marginal verbesserte Schätzwerte bei Befragten mit Abitur im Vergleich zu solchen ohne vorgefunden. Jedoch zeigte sich für Männer, dass der stark negative Bildungseffekt im DQ-Modus durch die RRT kompensiert werden kann und im RRT-Modus nicht mehr auftritt. Dies spricht zumindest eingeschränkt für die Plausibilität der Ursprungshypothese. Für Frauen gilt dies jedoch wegen des oben erläuterten Interaktionseffekts nicht. Die multivariaten Ergebnisse in Tabelle 49 bestätigen dieses Muster. Männliche Befragte antworten im DQ-Modus signifikant häufiger nicht wahrheitsgemäß, wenn sie höher qualifiziert sind. Dieser Bildungseffekt tritt im RRT-Modus nicht mehr auf. Für Frauen wird bereits im DQ-Modus der negative Bildungseffekt durch den positiv wirkenden Interaktionsterm egalisiert. Im RRT-Modus treten weder Bildungs- noch Interaktionseffekt signifikant auf.

Nun zur Framing-Hypothese von Stocké (2004). In der Originalversion postuliert die Hypothese, dass stark verankerte positive Umfrageeinstellungen zu einer Ausschaltung der – im Stocké-Modell als Dreifachinteraktion formulierten – SD-Anreize führen. Somit entspricht die Framing-Hypothese einer Interaktion von fünf Variablen, SD-Neigung und -Belief, Anonymität der Interviewsituation, sowie Verankerung und Ausprägung der Umfrageeinstellungen. Entsprechende Modelle mit Fünffachinteraktionen wurden mit den vorliegenden Daten zwar getestet, führten jedoch zu einer derartigen Überfrachtung der Modelle, dass keinerlei stabile Ergebnisse erzielt werden konnten und die Modelle daher nicht berichtet werden. Stattdessen wird eine globalere Hypothese überprüft, wie sie auch in Unterkapitel 3.3 formuliert wurde: Demnach müsste sich zumindest tendenziell nachweisen lassen, dass positive Umfrageeinstellungen, die stark verankert sind, eher zu wahren Antworten führen als nicht verankerte und/oder negative Umfrageeinstellungen.

Entsprechende Modelle sind in Tabelle 50 aufgeführt. Berechnet wurden die Effekte der Umfrageeinstellungen (survey attitude scale als Maß des Frame-Inhalts) und der Umfrageerfahrung (Verankerung des Frames) auf die Wahrscheinlichkeit, wahrheitsgemäß zu antworten. Wohlgemerkt handelt es sich diesmal – bis auf marginale Abweichungen – um exakt die gleichen Messinstrumente, wie sie auch bei Stocké (2004) verwendet wurden.

5.4 Determinanten des Antwortverhaltens

Tabelle 50: Die Framing-Hypothese von Stocké: Trivariate Regressionen

	Alle		**DQ**		**RRT**		**Diff.**
	Modell 1	*Modell 2*	*Modell 1*	*Modell 2*	*Modell 1*	*Modell 2*	*M1/2*
Befragungsmodus (1 = RRT)	0,045 (0,236)	0,045 (0,236)					
Umfrageerfahrung (1 = ja)	0,268 (0,239)	0,268 (0,239)	0,077 (0,302)	0,079 (0,303)	0,602 (0,395)	0,608 (0,397)	
Umfrageeinstellung	−0,102 (0,126)	−0,089 (0,199)	−0,159 (0,168)	−0,139 (0,272)	−0,011 (0,200)	−0,047 (0,307)	
Umfrageerfahrung × Umfrageeinstellung		−0,021 (0,257)		−0,034 (0,345)		0,065 (0,403)	
Konstante	0,161 (0,211)	0,162 (0,212)	0,294 (0,247)	0,294 (0,246)	−0,001 (0,313)	−0,006 (0,315)	
χ^2	1,836	1,842	0,936	0,949	2,325	2,343	
McFadden-R^2	0,003	0,003	0,003	0,003	0,006	0,006	
Fallzahl		517		208		309	

Erläuterungen: Dargestellt sind nichtstandardisierte Regressionskoeffizienten und robuste Standardfehler in Klammern (Huber/White-Sandwich-Estimator). Die Spalte „Diff." gibt an, ob sich der Effekt der jeweiligen Variablen im RRT-Modus signifikant von jenem im DQ-Modus unterscheidet (vgl. das Interaktionsmodell in Tabelle A10). Signifikanzniveaus: +: $p < 0{,}1$; *: $p < 0{,}05$; **: $p < 0{,}01$; ***: $p < 0{,}001$.
Quelle: Validierungsdatensatz, eigene Auswertungen.

Die Ergebnisse zur Stocké-Hypothese sind schnell abgehandelt: Es zeigt sich keinerlei Effekt der Variablen, weder in den additiven, noch in den Interaktionsmodellen. Für kein Modell kann aufgrund des χ^2-Werts für das Gesamtmodell die Nullhypothese verworfen werden. Auch die bivariaten Einzeleffekte der Variablen üben keinen Effekt aus, weshalb sie auch nicht extra dokumentiert sind. *Tendenziell* ist am ehesten der Effekt einer Erfahrung mit Umfragen im RRT-Modus ausgeprägt: Befragte, die schon an Umfragen teilgenommen haben, antworten hier tendenziell ehrlicher. Allerdings ist der Effekt nicht signifikant. Somit erfährt die Stocké-Hypothese also bi- bzw. trivariat keine Bestätigung.

Mit einer kleinen Ausnahme gilt der gleiche Befund, wenn für soziodemographische Merkmale und die Deliktschwere kontrolliert wird (Tabelle 51). Auch hier zeigen sich bis auf die Umfrageerfahrung in Modell 1 für alle Befragten, die hier einen zumindest auf dem 10 %-Niveau signifikanten positiven Effekt auf wahre Antworten ausübt, keine Effekte der Umfrageerfahrung, der Umfrageeinstellung und der Interaktion zwischen den Variablen. Aufgrund der Befunde der hier vorgelegten Validierungsstudie kann die Framing-Hypothese von Stocké folglich nicht repliziert werden. Dies gilt – wie schon erwähnt – auch, wenn die ursprünglich von Stocké postulierte Fünffachinteraktion zwischen SD-Maßen und Framingvariablen getestet wird (nicht dokumentiert).

Tabelle 51: Die Framing-Hypothese von Stocké: Multiple Regressionen

	Alle		DQ		RRT		Diff.
	Modell 1	*Modell 2*	*Modell 1*	*Modell 2*	*Modell 1*	*Modell 2*	M1/2
Befragungsmodus (1 = RRT)	0,088 (0,261)	0,087 (0,262)					
Geschlecht (1 = weiblich)	−0,979 ** (0,294)	−0,982 ** (0,295)	−1,377 ** (0,392)	−1,385 *** (0,393)	−0,350 *** (0,447)	−0,349 (0,448)	+/+
Alter (Dekaden, zentriert)	−0,153 (0,078)	−0,152 * (0,078)	−0,181 + (0,099)	−0,181 + (0,098)	−0,103 + (0,133)	−0,104 (0,135)	
Abitur (1 = ja)	−0,642 (0,363)	−0,647 + (0,364)	−1,096 + (0,463)	−1,112 * (0,463)	0,123 * (0,633)	0,123 (0,633)	
Abitur × weiblich	1,194 (0,656)	1,198 + (0,654)	1,960 + (0,821)	1,977 * (0,819)	−0,093 * (1,087)	−0,092 (1,089)	
Deliktschwere (1 = hoch)	−0,736 (0,283)	−0,735 ** (0,283)	−0,532 ** (0,371)	−0,530 (0,370)	−0,932 (0,495)	−0,930 + (0,496)	+
Umfrageerfahrung (1 = ja)	0,449 (0,267)	0,701 + (1,307)	0,351 (0,350)	1,015 (1,754)	0,552 (0,421)	0,453 (2,164)	
Umfrageeinstellung	−0,146 (0,144)	−0,114 (0,216)	−0,187 (0,190)	−0,100 (0,299)	−0,084 (0,245)	−0,097 (0,392)	
Umfrageerfahrung × Umfrageeinstellung		−0,057 (0,288)		−0,149 (0,387)		0,023 (0,482)	
Konstante	1,166 (0,672)	1,027 + (0,956)	1,519 (0,871)	1,138 + (1,293)	0,667 (1,152)	0,724 (1,759)	
χ^2	26,294	26,227 **	25,491 **	25,371 ***	6,458 **	6,507	
McFadden-R^2	0,041	0,041	0,097	0,098	0,018	0,018	
Fallzahl	517	517	208	208	309	309	

Erläuterungen: Dargestellt sind nichtstandardisierte Regressionskoeffizienten und robuste Standardfehler in Klammern (Huber/White-Sandwich-Estimator). Die Spalte „Diff." gibt an, ob sich der Effekt der jeweiligen Variablen im RRT-Modus signifikant von jenem im DQ-Modus unterscheidet (vgl. das Interaktionsmodell in Tabelle A11). Signifikanzniveaus: +: $p < 0,1$; *: $p < 0,05$; **: $p < 0,01$; ***: $p < 0,001$.
Quelle: Validierungsdatensatz, eigene Auswertungen.

5.4 Determinanten des Antwortverhaltens

Eine weitere in der Literatur häufig thematisierte Determinante des Antwortverhaltens ist die Anwesenheit von dritten Personen während des Interviews. Aufgrund der in Unterkapitel 2.3 behandelten konzeptionellen Hypothesen und empirischen Befunde ist jedoch *kein* genereller Bystandereffekt zu vermuten: Eine wahrheitserhöhende Wirkung, wenn beispielsweise der den wahren Wert der heiklen Frage kennende Ehepartner anwesend ist, dürfte sich mit konträren Effekten, wenn der Bystander nicht über den wahren Wert der heiklen Frage informiert ist und so die Anreize für ein Misreporting steigen, ausgleichen. Wie bereits oben in der Arbeit dargestellt, ist mit der vorliegenden Studie keine Überprüfung der detaillierten Bystanderhypothesen möglich. Getestet werden kann lediglich, inwieweit die Anwesenheit von Drittpersonen per se einen Effekt auf das Antwortverhalten ausübt. Hier wurde vermutet, dass im RRT-Modus Bystandereffekte deutlicher auftreten müssten als im DQ-Modus, da die dritte Person das RRT-Verfahren nicht kennt und die Anonymisierung der Interviewsituation dadurch zumindest teilweise hinfällig wird. Tabelle 52 enthält bivariate Analysen zu Bystandereffekten.

Tabelle 52: Bystanderhypothese: Bivariate Regressionen

	Alle		DQ		RRT		Diff.
	b (SE)	AME (SE)	b (SE)	AME (SE)	b (SE)	AME (SE)	
Befragungsmodus (1 = RRT)	0,072 (0,235)	0,017 (0,055)					
Drittperson anwesend (1 = ja)	−0,600* (0,252)	−0,147 (0,063)	−0,348 (0,319)	−0,085 (0,080)	−1,022* (0,421)	−0,248 (0,102)	
Konstante	0,490** (0,159)		0,422* (0,165)		0,696** (0,238)		
χ^2	5,723+		1,187		5,902*		
McFadden-R^2	0,008		0,004		0,015		
Fallzahl	517		208		309		

Erläuterungen: Dargestellt sind nichtstandardisierte Regressionskoeffizienten und robuste Standardfehler (Huber/White-Sandwich-Estimator). Die Spalte „Diff." gibt an, ob sich der Effekt der jeweiligen Variablen im RRT-Modus signifikant von jenem im DQ-Modus unterscheidet (vgl. das Interaktionsmodell in Tabelle A12). Signifikanzniveaus: +: p < 0,1; *: p < 0,05; **: p < 0,01; ***: p < 0,001.
Quelle: Validierungsdatensatz, eigene Auswertungen.

Wie erkennbar ist, gibt es für alle Befragten einen negativen Bystandereffekt: Ist eine dritte Person anwesend, sinkt der Anteil wahrer Antworten um 15 Prozentpunkte (AME). Die getrennten Modelle für DQ- und RRT-Modus zeigen, dass dieser Effekt im RRT-Modus stärker ist als im DQ-Modus und auch nur im RRT-Modus die Signifikanzschwelle überschreitet. Hinsichtlich des Ausmaßes ist der bivariate Effekt im RRT-Modus beachtlich; bei Anwesenheit Dritter während des Interviews liegt die Wahrscheinlichkeit, ehrlich zu antworten, 25 % unter jener ohne Anwesenheit Dritter. Ein vorläufiges Fazit lautet also, dass die RRT das Bystanderproblem also nicht löst, sondern eher noch verstärkt.

Analog zu oben wurden auch hier Modelle berechnet, die den Bystandereffekt unter Kontrolle soziodemographischer Merkmale und der Deliktschwere enthalten. Die Ergebnisse sind in Tabelle 53 dargestellt. Wie sich zeigt, ändern sich die bivariaten Befunde nicht, wenn soziodemographische Merkmale kontrolliert werden. Nach wie vor besteht im Modell für alle Befragten ein signifikant negativer Effekt anwesender Drittpersonen auf die Wahrscheinlichkeit, ehrlich zu antworten. Der negative Effekt ist im RRT-Modus ausgeprägter und auch nur hier signifikant von null verschieden. Ein signifikanter Modusunterschied hinsichtlich der Wirkung eines Bystanders besteht nicht.

Ein wichtiges Anliegen der vorliegenden Arbeit ist der Frage nachzugehen, inwieweit Effekte durch kognitive Dissonanz verantwortlich für ein Misreporting bei heiklen Fragen sind. Hierbei wurde vermutet, dass Menschen unterschiedlich stark unter kognitiven Dissonanzen leiden und das Konsistenzstreben als Tendenz, Dissonanzen zu vermeiden, gemessen werden kann. Dies geschah in der vorliegenden Arbeit mit Hilfe der PFC-Skala (vgl. Abschnitt 4.1.2 und 5.1.1). Eine These lautete, dass Spezialtechniken wie die RRT Effekte kognitiver Dissonanz auf das Antwortverhalten *nicht* beheben können, da sie immer auf *externe* Effekte des Befragtenhandelns abzielen und kognitive Dissonanzen, die sich sozusagen im Innerlichen von Befragten abspielen, nicht reduzieren können.

Im Rahmen des Dissonanzarguments wurden im Theoriekapitel mehrere Hypothesen entwickelt (Tabelle 17, Abschnitt 3.3.3). Die globale „Dissonanzhypothese" für das Validierungssample lautet, dass mit steigendem Konsistenzstreben bzw. Streben nach Dissonanzvermeidung und -reduktion die Wahrscheinlichkeit abnimmt, die Frage nach strafrechtlicher Verurteilung wahrheitsgemäß zu beantworten. Dies gilt, so die Hypothese, für DQ- und RRT-Modus gleichermaßen. Das Leugnen der eigenen Straftat ist ein Mittel, um vorhandene Dissonanzen zu reduzieren. Eher aus der experimentell-empirischen Dissonanzliteratur deduziert wurde die These, dass *Belohnungen* ebenfalls dissonanzreduzierend wirken können. Wenn Probanden eine Belohnung für eine dissonanzerzeugende Handlung erhalten, können die Dissonanzen dadurch gesenkt werden (vgl. nochmals die in Abschnitt 3.3.2 referierte Literatur). Für die Validierungsstudie lautet somit die Hypothese, dass Befragte, die einen Betrag von 20 € für die Teilnahme an der Erhebung erhielten, ehrlicher Antworten müssten als solche ohne Teilnahmeincentive („Incentive-Hypothese").

5.4 Determinanten des Antwortverhaltens

Tabelle 53: Bystandereffekte: Multiple Regressionen

	Alle	DQ	RRT	Diff.
Befragungsmodus (1 = RRT)	0,109 (0,258)			
Geschlecht (1 = weiblich)	−0,999** (0,298)	−1,399*** (0,396)	−0,397 (0,451)	+
Alter (Dekaden, zentriert)	−0,138+ (0,078)	−0,172+ (0,099)	−0,105 (0,133)	
Abitur (1 = ja)	−0,648+ (0,353)	−1,101* (0,450)	0,138 (0,633)	+
Abitur × weiblich	1,369* (0,694)	2,108* (0,818)	−0,227 (1,526)	
Deliktschwere (1 = hoch)	−0,679* (0,285)	−0,466 (0,378)	−0,995* (0,491)	
Drittperson anwesend (1 = ja)	−0,659* (0,273)	−0,437 (0,352)	−1,093* (0,472)	
Konstante	0,964*** (0,201)	1,008*** (0,228)	1,014** (0,363)	
χ^2	28,897***	24,929***	9,422	
McFadden-R^2	0,044	0,096	0,028	
Fallzahl	517	208	309	

Erläuterungen: Dargestellt sind nichtstandardisierte Regressionskoeffizienten und robuste Standardfehler in Klammern (Huber/White-Sandwich-Estimator). Die Spalte „Diff." gibt an, ob sich der Effekt der jeweiligen Variablen im RRT-Modus signifikant von jenem im DQ-Modus unterscheidet (vgl. das Interaktionsmodell in Tabelle A13). Signifikanzniveaus: +: $p < 0{,}1$; *: $p < 0{,}05$; **: $p < 0{,}01$; ***: $p < 0{,}001$.
Quelle: Validierungsdatensatz, eigene Auswertungen.

Diese zwei Globalhypothesen wurden im Theoriekapitel noch erweitert. Zum einen wurde darauf hingewiesen, dass die *Inhalte* der Kognitionen für die Entstehung von Dissonanzen entscheidend sind; Befragte, die zwar ein hohes Konsistenzstreben haben, ihre eigene Delinquenz aber nicht für „schlimm" halten, hätten dann keinen Anreiz, zwecks Dissonanzreduktion ihre eigene Straftat zu leugnen. Zur Messung der Kognitionen kann wiederum die schon oben ausführlich analysierte Kriminalitätsnorm herangezogen werden. Entsprechend ergibt sich die Hypothese, dass Antworteditierungen aus Dissonanzgründen nur dann auftreten, wenn ein hohes Konsistenzstreben *und* stark ausgeprägte negative Kriminalitätsnormen vorliegen. Ähnliches wurde für die Wirkung des 20 €-

Incentives vermutet, der demnach auch nur einen Effekt haben dürfte, wenn gleichzeitig ein hohes Konsistenzstreben vorliegt.[132] Tabelle 54 enthält zunächst bivariate Effekte des Konsistenzstrebens und des Befragtenincentives.

Tabelle 54: Dissonanzhypothesen: Bivariate Regressionen

	Alle		DQ		RRT		Diff.
	b (SE)	AME (SE)	b (SE)	AME (SE)	b (SE)	AME (SE)	
Befragungsmodus (1 = RRT)	0,062 (0,241)	0,015 (0,057)					
Konsistenzstreben (1 = hoch)	−0,625* (0,260)	−0,153 (0,065)	−0,919** (0,330)	−0,225 (0,080)	−0,115 (0,435)	−0,028 (0,106)	
Konstante	0,487** (0,156)		0,562** (0,166)		0,416+ (0,217)		
χ^2	5,819+		7,743**		0,070		
McFadden-R^2	0,008		0,028		0,000		
Befragungsmodus (1 = RRT)	0,068 (0,237)	0,016 (0,057)					
Incentive 20 € (1 = ja)	0,242 (0,253)	0,059 (0,060)	0,497 (0,321)	0,122 (0,076)	−0,184 (0,423)	−0,044 (0,103)	
Konstante	0,150 (0,235)		−0,038 (0,275)		0,521 (0,361)		
χ^2	0,967		2,396		0,190		
McFadden-R^2	0,001		0,009		0,001		
Fallzahl	517		208		309		

Erläuterungen: Dargestellt sind nichtstandardisierte Regressionskoeffizienten und robuste Standardfehler (Huber/White-Sandwich-Estimator). Die Spalte „Diff." gibt an, ob sich der Effekt der jeweiligen Variablen im RRT-Modus signifikant von jenem im DQ-Modus unterscheidet (vgl. das Interaktionsmodell in Tabelle A14). Signifikanzniveaus: +: p < 0,1; *: p < 0,05; **: p < 0,01; ***: p < 0,001.
Quelle: Validierungsdatensatz, eigene Auswertungen.

Für das Konsistenzstreben wurde – wie bereits oben in Abschnitt 4.1.2 berichtet – eine Dummyvariable gebildet, die ein hohes Konsistenzstreben anzeigt. Dies geschah deshalb, weil sich durchgehend stabilere Effekte mit der Dummylösung zeigten. Die Befunde zum Konsistenzstreben bestätigen im Modell für alle Be-

---

[132] Und natürlich müsste auch hier eine ausgeprägte Kriminalitätsnorm vorliegen, was auf eine Dreifachinteraktion (PFC-Score × Incentive × Kriminalitätsnorm) hinauslaufen würde. Derartige Modelle wurden auch getestet, jedoch ergaben sich – mutmaßlich aufgrund der begrenzten statistischen Power der geringen Fallzahlen und des Overfittings – Probleme mit der Modellschätzung, so dass diese Spezialhypothese in dieser Arbeit nicht weiterverfolgt wird.

5.4 Determinanten des Antwortverhaltens

fragten die Dissonanzhypothese: Befragte mit hohen Werten auf der PFC-Skala geben signifikant seltener die begangene Straftat zu; der Anteil wahrer Antworten sinkt um etwa 15 Prozentpunkte (AME). Der Effekt ist auch im DQ-Modus vorhanden, hier liegt der AME in der Stichprobe sogar bei über 22 Prozentpunkten. Deutlich schwächer und nicht mehr signifikant hingegen ist der Koeffizient im RRT-Modus. Hier scheint kognitive Dissonanz keine Rolle mehr zu spielen, was der Vermutung der Dissonanzhypothese widerspricht. Allerdings ist der Modusunterschied des Dissonanzeffekts nicht signifikant.

Das Teilnahmeincentive hat, wie der untere Teil von Tabelle 54 zeigt, keinen Effekt; die Effekte liegen alle im Bereich von Zufallsschwankungen. Dies ist zwar – zumindest bivariat – keine Bestätigung der theoriegeleiteten Hypothese, aber für die Surveymethodik eine eher gute Nachricht: Da das Antwortverhalten *nicht* von Teilnahmeincentives abhängt, erkauft man sich durch deren Einsatz auch keine zusätzliche Verzerrung der Daten. Anders ausgedrückt geht der mutmaßliche Selektionseffekt, dass durch Incentives Befragte rekrutiert werden, die sonst nicht an der Erhebung teilgenommen hätten, nicht mit einer Verschlechterung der Daten einher (es verbessert allerdings auch nicht die Antwortvalidität).

Analysen zu den Interaktionshypothesen sind in Tabelle 55 dargestellt. Modell 1 enthält jeweils nur die Haupteffekte der Prädiktoren, Modell 2 zusätzlich den Interaktionseffekt. Die Befunde im oberen Teil der Tabelle bestätigen im jeweiligen Modell 1 die Effekte eines hohen Konsonanzstrebens sowie der im vorigen Abschnitt diskutierten Kriminalitätsnorm. Kein Dissonanzeffekt tritt nach wie vor im RRT-Modus auf. Die Interaktionsmodelle weisen eindeutig darauf hin, dass keine Interaktionseffekte vorliegen. Die Wirkung des Konsistenzstrebens (DQ) hängt somit nicht davon ab, ob eine negative Kriminalitätsnorm vorliegt. Auch in den Interaktionsmodellen bleiben die Haupteffekte erhalten, Konsistenzstreben und Kriminalitätsnorm wirken also unabhängig voneinander (Konsistenzstreben nach wie vor nicht im RRT-Modus). Dies entkräftet im Übrigen auch den im Theoriekapitel (Abschnitt 3.3.3) geäußerten Einwand, Dissonanzreduktion könne auch über eine Anpassung der Einstellungen erfolgen. Demnach würden Straftäter ihre Kriminalitätseinstellungen in eine relativierende Richtung anpassen und sich kein Effekt mehr auf das Antwortverhalten zeigen. Diese Vermutung wird auch dadurch entkräftet, dass PFC-Score (hier der Gesamtindex) und Kriminalitätsnorm *positiv* mit $r = 0{,}14$ ($p < 0{,}01$) korrelieren. Straftäter mit hoher Dissonanzneigung verurteilen Kriminalität also eher als solche mit niedriger Dissonanzneigung. Dies gilt übrigens auch multivariat, wenn soziodemographische Merkmale und die Deliktschwere kontrolliert werden (nicht dokumentiert).

Tabelle 55: Dissonanzhypothesen: Trivariate Interaktionsmodelle

	Alle		DQ		RRT		Diff.
	Modell 1	*Modell 2*	*Modell 1*	*Modell 2*	*Modell 1*	*Modell 2*	*M1/2*
Befragungsmodus (1 = RRT)	−0,002 (0,251)	−0,006 (0,251)					
Konsistenzstreben (1 = hoch)	−0,544* (0,267)	−0,509+ (0,275)	−0,863* (0,338)	−0,860* (0,339)	0,028 (0,445)	0,201 (0,578)	
Kriminalitätsnorm (zentriert)	−0,496*** (0,106)	−0,449*** (0,122)	−0,446** (0,139)	−0,442** (0,157)	−0,586** (0,169)	−0,469* (0,194)	
Konsistenzstreben × Kriminalitätsnorm		−0,176 (0,246)		−0,013 (0,338)		−0,475 (0,420)	
Konstante	0,538** (0,163)	0,532** (0,162)	0,609*** (0,173)	0,609*** (0,174)	0,393 (0,244)	0,383+ (0,229)	
χ^2	25,449***	25,379***	15,909***	16,085**	12,090**	13,374**	
McFadden-R^2	0,042	0,043	0,069	0,069	0,030	0,033	
Befragungsmodus (1 = RRT)	0,074 (0,243)	0,069 (0,244)					
Konsistenzstreben (1 = hoch)	−0,626* (0,260)	−0,752 (0,504)	−0,904** (0,334)	−0,511 (0,621)	−0,100 (0,443)	−1,126 (0,887)	
Incentive 20 € (1 = ja)	0,245 (0,256)	0,201 (0,298)	0,470 (0,331)	0,613 (0,380)	−0,176 (0,424)	−0,492 (0,500)	/+
Konsistenzstreben × Incentive		0,173 (0,590)		−0,544 (0,734)		1,368 (1,025)	
Konstante	0,306 (0,245)	0,339 (0,273)	0,211 (0,297)	0,105 (0,326)	0,539 (0,364)	0,767+ (0,431)	
χ^2	6,645+	6,682	9,296**	10,215*	0,253	1,981	
McFadden-R^2	0,010	0,010	0,035	0,037	0,001	0,005	
Fallzahl	517	517	208	208	309	309	

Erläuterungen: Dargestellt sind nichtstandardisierte Regressionskoeffizienten und robuste Standardfehler in Klammern (Huber/White-Sandwich-Estimator). Die Spalte „Diff." gibt an, ob sich der Effekt der jeweiligen Variablen im RRT-Modus signifikant von jenem im DQ-Modus unterscheidet (vgl. das Interaktionsmodell in Tabelle A15). Signifikanzniveaus: +: $p < 0,1$; *: $p < 0,05$; **: $p < 0,01$; ***: $p < 0,001$.
Quelle: Validierungsdatensatz, eigene Auswertungen.

Der untere Teil von Tabelle 55 betrifft die Interaktion zwischen Teilnahmeincentive und Konsistenzstreben und ist schnell abgehandelt: Interaktionseffekte lassen sich nicht nachweisen; in Modell 1 für alle Befragten und den DQ-Modus

5.4 Determinanten des Antwortverhaltens

ist der Effekt des Konsistenzstrebens auch unter Kontrolle des Teilnahmeincentives vorhanden.

Insgesamt sprechen die Ergebnisse der Interaktionsmodelle dafür, die Interaktionshypothesen zu verwerfen und nicht weiterzuverfolgen. Wo Effekte der unabhängigen Variablen auftreten, wirken diese unabhängig von der Ausprägung anderer Variablen. Inwieweit diese Schlussfolgerung auch Bestand hat, wenn ausführlichere Modelle mit soziodemographischen Kontrollvariablen und der Deliktschwere gerechnet werden, ist Gegenstand der Auswertungen in Tabelle 56.

Tabelle 56: Dissonanzhypothesen: Multiple Regressionen

	Alle		DQ		RRT		Diff.
	Modell 1	*Modell 2*	*Modell 1*	*Modell 2*	*Modell 1*	*Modell 2*	*M1/2*
Befragungsmodus (1 = RRT)	0,019 (0,267)	0,015 (0,267)					
Geschlecht (1 = weiblich)	−0,817** (0,309)	−0,820** (0,310)	−1,291** (0,403)	−1,300** (0,407)	−0,028 (0,473)	0,008 (0,472)	*/*
Alter (Dekaden, zentriert)	−0,060 (0,079)	−0,061 (0,079)	−0,076 (0,101)	−0,077 (0,100)	−0,055 (0,135)	−0,056 (0,139)	
Abitur (1 = ja)	−0,514 (0,384)	−0,516 (0,384)	−1,121* (0,499)	−1,121* (0,500)	0,477 (0,798)	0,521 (0,842)	+/+
Abitur × weiblich	1,163 (0,717)	1,127 (0,708)	2,062* (0,879)	2,043* (0,873)	−0,252 (1,437)	−0,328 (1,369)	
Deliktschwere (1 = hoch)	−0,703* (0,294)	−0,701* (0,292)	−0,464 (0,388)	−0,464 (0,386)	−0,887 (0,570)	−0,843 (0,576)	
Konsistenzstreben (1 = hoch)	−0,524+ (0,277)	−0,487+ (0,283)	−0,894* (0,373)	−0,874* (0,367)	0,045 (0,464)	0,201 (0,586)	
Kriminalitätsnorm (zentriert)	−0,430*** (0,111)	−0,377** (0,130)	−0,332* (0,144)	−0,307+ (0,164)	−0,575** (0,177)	−0,467* (0,206)	
Konsistenzstreben × Kriminalitätsnorm		−0,193 (0,245)		−0,098 (0,337)		−0,429 (0,411)	
Konstante	0,928*** (0,202)	0,923*** (0,201)	1,144*** (0,232)	1,144*** (0,231)	0,499 (0,337)	0,467 (0,331)	
χ^2	37,661***	38,745***	30,477***	30,446***	13,905+	17,067*	
McFadden-R^2	0,064	0,065	0,133	0,133	0,039	0,041	

(Fortsetzung nächste Seite)

	Alle		DQ		RRT		Diff.
	Modell 1	Modell 2	Modell 1	Modell 2	Modell 1	Modell 2	M1/2
Befragungsmodus (1 = RRT)	0,118 (0,266)	0,118 (0,268)					
Geschlecht (1 = weiblich)	−1,023** (0,300)	−1,023** (0,300)	−1,450*** (0,397)	−1,475*** (0,395)	−0,364 (0,465)	−0,397 (0,470)	+/+
Alter (Dekaden, zentriert)	−0,117 (0,078)	−0,117 (0,079)	−0,128 (0,100)	−0,132 (0,101)	−0,106 (0,122)	−0,093 (0,126)	
Abitur (1 = ja)	−0,600+ (0,357)	−0,600+ (0,358)	−1,147* (0,473)	−1,115* (0,482)	0,227 (0,578)	0,361 (0,696)	+/+
Abitur × weiblich	1,263+ (0,675)	1,263+ (0,677)	2,151* (0,866)	2,100* (0,866)	−0,140 (1,171)	−0,197 (1,229)	/
Deliktschwere (1 = hoch)	−0,668* (0,280)	−0,668* (0,281)	−0,458 (0,382)	−0,465 (381)	−0,957* (0,477)	−0,989* (0,483)	
Konsistenzstreben (1 = hoch)	−0,579* (0,276)	−0,587 (0,534)	−0,902* (0,374)	−0,340 (0,674)	−0,090 (0,452)	−1,166 (0,810)	
Incentive 20 € (1 = ja)	0,223 (0,272)	0,221 (0,321)	0,463 (0,351)	0,666 (0,405)	−0,256 (0,452)	−0,643 (0,583)	/+
Konsistenzstreben × Incentive		0,010 (0,618)		−0,762 (0,785)		1,469 (1,012)	/+
Konstante	0,769** (0,284)	0,771* (0,311)	0,795* (0,347)	0,648+ (0,375)	0,857+ (0,493)	1,137+ (0,593)	
χ^2	28,712***	28,748***	29,887***	30,809***	5,609	7,387	
McFadden-R^2	0,043	0,043	0,120	0,123	0,014	0,019	
Fallzahl	517	517	208	208	309	309	

Erläuterungen: Dargestellt sind nichtstandardisierte Regressionskoeffizienten und robuste Standardfehler in Klammern (Huber/White-Sandwich-Estimator). Die Spalte „Diff." gibt an, ob sich der Effekt der jeweiligen Variablen im RRT-Modus signifikant von jenem im DQ-Modus unterscheidet (vgl. das Interaktionsmodell in Tabelle A16). Signifikanzniveaus: +: $p < 0{,}1$; *: $p < 0{,}05$; **: $p < 0{,}01$; ***: $p < 0{,}001$.
Quelle: Validierungsdatensatz, eigene Auswertungen.

Der obere Teil von Tabelle 56 enthält im Modell 1 jeweils die partiellen Effekte des Konsistenzstrebens und der Kriminalitätsnorm unter Kontrolle der soziodemographischen Variablen und dem Indikator für die Deliktschwere. Die Ergebnisse ändern sich nicht zu den oben berichteten Analysen, das Konsistenzstreben hat im Modell für alle Befragten und im DQ-Modus einen signifikant negativen Effekt auf die Wahrscheinlichkeit, wahrheitsgemäß auf die Validierungsfrage zu antworten. Im RRT-Modus ist kein Effekt vorhanden. Allerdings liegt der Unterschied zwischen dem Dissonanzeffekt in den beiden Fragemodi im Bereich von Zufallsschwankungen. Auch die Interaktionsmodelle (jeweils Modell 2 in Tabelle 56) bestätigen die bi- bzw. trivariaten Befunde: In keinem Fall zeigt sich ein

5.4 Determinanten des Antwortverhaltens

signifikanter Interaktionseffekt und die Haupteffekte der Variablen bleiben stabil.

Der untere Teil von Tabelle 56 bezieht sich auf die Effekte des Teilnahmeincentives. In den additiven Modellen 1 findet sich wiederum unter Kontrolle der soziodemographischen Variablen und der Deliktschwere das gleiche Bild wie in den einfachen Analysen: negativer Effekt des Konsistenzstrebens im Modell für alle Befragten und im DQ-Modus, kein Effekt des Teilnahmeincentives. In den Interaktionsmodellen (jeweils Modell 2) verliert auch der Haupteffekt des Konsistenzstrebens seine Signifikanz, was wahrscheinlich einem Overfitting der Modelle geschuldet ist.

Insgesamt lautet die Schlussfolgerung auch aufgrund der multiplen Regressionsmodelle, dass die aufgrund der Theorie vermuteten Interaktionseffekte bezüglich kognitiver Dissonanz nicht bestätigt werden und auch modelltechnisch besser verworfen werden sollten. Was die eingangs nochmals wiederholten Hypothesen zur kognitiven Dissonanz betrifft, ergeben sich Einzelbefunde: Stabil ist der signifikante Effekt im DQ-Modus, wonach Befragte mit hohen Werten auf der PFC-Skala seltener wahrheitsgemäß auf die Validierungsfrage antworten als Befragte mit hohen Werten. Dies entspricht auch der im Theorieteil formulierten Hypothese. Nicht bestätigt werden konnte allerdings die Vermutung, dass dieser Effekt gleichermaßen im RRT-Modus auftritt. Ganz im Gegenteil scheint es so, dass die RRT den Effekt eliminieren kann. Dies wäre letztlich durchaus als Erfolg der Technik zu werten, widerspricht jedoch der theoretischen Argumentation in Kapitel 3 und auch der Lehrmeinung, wonach die RRT auf externe Effekte von Befragtenantworten abzielt und nicht auf „innerliche". Nochmals hingewiesen werden sollte in diesem Zusammenhang aber auch darauf, dass die verwendete PFC-Skala zur Messung kognitiver Dissonanz kein etabliertes und ein sicherlich verbesserungsfähiges Messinstrument darstellt. Insofern ist es durchaus möglich, dass mit der Skala andere latente Eigenschaften der Befragten gemessen werden. Dass jedoch die Effekte auch unter Kontrolle von soziodemographischen Merkmalen und der Kriminalitätsnorm auftreten, spricht für das Dissonanzargument. In Abschnitt 5.4.5 wird sich bei der Präsentation ausführlicherer Modelle zeigen, inwieweit der hier vorgefundene Dissonanzeffekt Bestand hat. Die zwei weiteren Schlussfolgerungen der Analysen zur Dissonanzargumentation sind, dass das Teilnahmeincentive keinen Effekt auf das Antwortverhalten ausübt und die Interaktionshypothesen des Konsistenzstrebens mit der Kriminalitätsnorm und dem Incentive nicht bestätigt wurden.

Die Analysen der vorangegangenen zwei Abschnitte hatten die aus den Handlungstheorien entwickelten Hypothesen zum Gegenstand empirischer Analysen. Wie lautet nun ein erstes Fazit im Hinblick auf die in dieser Arbeit diesbezüglich aufgeworfenen Fragen?

Die Analysen haben gezeigt, dass sowohl ein Großteil der RC-, als auch der FS-Argumente ihre Berechtigung haben. In beiden Fällen konnten aus den Theorien hergeleitete Effekte nachgewiesen werden, und zwar auch, wenn für soziodemographische Variablen kontrolliert wurde. Allerdings bestätigen sich nicht alle Hypothesen und gerade im Detail zeigen sich einige Abweichungen zu den vorhergesagten Effekten. Etwa erweisen sich die Variablen der „Framing-Stocké-Hypothese" durchweg als ungeeignet, das Antwortverhalten der Befragten zu erklären. Schwerer als die Nicht-Bestätigung einiger Detailhypothesen wiegt letztlich aber die Erkenntnis, *dass* viele der theoretisch hergeleiteten Variablen eine Relevanz bezüglich einer Erklärung des Befragtenverhaltens haben.

Eine weitere Erkenntnis der Analysen ist im Hinblick auf die in der Literatur sehr prominente SD-Argumentation festzuhalten. Die empirischen Analysen zeigen, dass SD-Effekte nachweisbar sind und die SD-These durchaus ihre Berechtigung hat. Schon in Kapitel 2 und 3 hat sich jedoch immer wieder ergeben, dass aufgrund der empirischen Literatur und auch der theoretischen Argumentation davon auszugehen ist, dass die SD-Argumentation zu sehr als „Globalhypothese" zur Erklärung von Misreportingproblemen behandelt wurde (und wird). Die Ergebnisse der hier berichteten Analysen sprechen für diese Kritik: Andere Erklärungsfaktoren üben auch unter Kontrolle der SD-Variablen maßgebliche Effekte auf das Antwortverhalten aus; nicht alles ist „soziale Erwünschtheit".

Ein letztes Zwischenfazit betrifft die RRT im Vergleich zum DQ-Modus. In der Einleitung wurde auf die Logik verwiesen, dass die RRT im besten Falle alle Einflussfaktoren, die im DQ-Modus zu Misreporting führen, eliminieren müsste. Dies betrifft auch die Problematik bei heiklen Fragen, dass nicht nur Prävalenzschätzer, sondern bei systematischem Misreporting auch Zusammenhangsanalysen verzerrt sein können. Das Fazit der Analysen ist hier zweigeteilt: Positiv für die RRT ist, dass die R^2-Werte in nahezu allen RRT-Modellen niedriger sind als in den DQ-Modellen, was darauf hindeutet, dass die unabhängigen Variablen dank der RRT tatsächlich geringere oder keine Effekte mehr haben. Das betrifft v. a. wichtige soziodemographische Merkmale. Allerdings lautet der Befund für andere Merkmale wie die SD-Neigung, die Anwesenheit von Drittpersonen oder die Interviewererfahrung genau entgegengesetzt: Hier ist der systematische Bias im RRT-Modus sogar ausgeprägter als im DQ-Modus. Vielversprechend könnte bei den zwei letztgenannten Variablen aber sein, dass diese prinzipiell in Erhebungen manipulierbar sind: Wenn man dafür sorgt, dass keine Drittpersonen anwesend sind und Interviewer sich strikt an die vorgegebenen Verhaltensweisen halten, können diese Biases vermieden werden.

Wir werden im Schlussresümee dieses Kapitels und der gesamten Arbeit nochmals zu den vorläufigen Schlussfolgerungen zurückkehren. Zunächst ist jedoch Gegenstand des folgenden Abschnittes u. a. die Untersuchung zweier

5.4 Determinanten des Antwortverhaltens

wichtiger Standardargumente gegen die RRT: Demnach funktioniere die Technik nicht, weil die Befragten sie nicht verstehen und/oder kein Vertrauen in den Anonymitätsschutz haben.

5.4.4 „Weiche" Qualitätsindikatoren und Antwortverhalten

Gegenstand der nachstehenden Analysen ist die Bedeutung der oben als „weiche Indikatoren der Umfragequalität" bezeichneten Merkmale für das Antwortverhalten. Hierunter fallen das Verständnis der RRT, Vertrauen in die Anonymität, unangenehme Gefühle beim Beantworten der heiklen Frage(n), interviewerseitige unangenehme Gefühle beim Stellen dieser Frage(n), die vom Interviewer eingeschätzte Antwortbereitschaft der Befragten sowie die Zuverlässigkeit der Antworten. In Abschnitt 5.2 wurde bereits festgestellt, dass der Fragemodus (DQ vs. RRT) diese Variablen bis auf die Ausnahme der unangenehmen Gefühle bei den Interviewern *nicht* beeinflusst. Die Motivation, diese Merkmale nun als unabhängige Variablen zur Vorhersage des Antwortverhaltens auf die Validierungsfrage zu untersuchen, beruht – mit Blick auf die RRT – auf drei Gründen.

Zum einen wird oft als Argument gegen die RRT angeführt, die Technik sei derart komplex und anspruchsvoll, dass sie viele Befragte überfordere (vgl. Abschnitt 2.4.2). Dies führt zu einem mangelnden Verständnis der RRT, was wiederum zu einer falschen Bedienung der Prozedur und/oder einem Konterkarieren der angestrebten höheren Anonymität führe. Das Verständnis der RRT wurde, wie oben erläutert, nach dem Interview vom Interviewer eingeschätzt und auf dem Fragebogen vermerkt. Als Hypothese ergibt sich, dass ein geringeres Verständnis der RRT zu unwahreren Antworten führt (bzw. vice versa). Eine Unterhypothese ergibt sich bezüglich des Vertrauens in die Anonymität, welches direkt bei den Befragten erhoben wurde: Dieses müsste sich erhöhen, je besser die Fragetechnik verstanden wurde. Schließlich folgt außerdem, dass das Anonymitätsvertrauen selbst – im DQ- und RRT-Modus – ebenfalls einen positiven Effekt auf die Wahrscheinlichkeit, wahrheitsgemäß zu antworten, haben müsste. Die Hypothesen entsprechen im Grunde genommen der generellen Idee bzw. Argumentationslogik, die den RRT-Einsatz rechtfertigen soll: Demnach sind Anonymitätsbedenken ein wichtiger Grund für Misreporting, die mit steigendem Verständnis der RRT immer besser behoben werden könnten und daher dank RRT mit valideren Antworten zu rechnen sei.

Zum anderen ergibt sich die Motivation für die Analysen aus der im Verlauf der Arbeit schon mehrfach diskutierten Studie von Landsheer, van der Heijden und van Gils (1999). Hier wurden Effekte von RRT-Verständnis und Anonymitätsvertrauen sowohl auf die Antwortverweigerungswahrscheinlichkeit, als auch auf das Ausmaß des Misreportings festgestellt (siehe ausführlicher Abschnitt 2.4.2). Obwohl in der vorliegenden Studie nicht so elaborierte Maße für RRT-Verständnis und Anonymitätsvertrauen eingesetzt werden konnten wie im holländischen Pendant, bietet es sich doch an, die Befunde der holländischen Studie einer Replikation zu unterziehen.

Die dritte Motivation, die Effekte der Variablen auf das Antwortverhalten zu analysieren, ergibt sich aus dem Theorieteil (Kapitel 3). Hier wurde – u. a. aus Vereinfachungsgründen – darauf verzichtet, das RRT-Verständnis in die theoretische Modellierung einzubeziehen. Wenn sich empirisch nun kein Effekt dieser Variablen nachweisen lässt, wäre dies eine Rechtfertigung für dieses Vorgehen.

Die zwei Kernvariablen der nachstehenden Analysen sind also RRT-Verständnis und Anonymitätsvertrauen. Die vier anderen eingangs genannten „weichen" Indikatoren sind insofern etwas problematisch, als entweder die Kausalrichtung des (mutmaßlichen) Wirkungsmechanismus unklar ist oder abhängige und unabhängige Variable zumindest tendenziell tautologisch sind. Ersteres betrifft die unangenehmen Gefühle bei Befragten und Interviewern. Hier kann einerseits argumentiert werden, der Grad der „Unangenehmheit" provoziere ein Misreporting, genauso gut könnte jedoch ein bestimmtes Antwortverhalten erst zu unangenehmen Gefühlen führen. Das tendenzielle Tautologieproblem ergibt sich dadurch, dass mit der Antwortvalidität letztlich auch die Zuverlässigkeit der Antworten und die Antwortbereitschaft gemessen wird. Vor diesem Hintergrund und im Sinne der Stringenz der Arbeit wird für die nachstehenden Analysen folgendes Vorgehen gewählt: Berichtet werden neben den primär interessierenden Effekten des RRT-Verständnisses und des Anonymitätsvertrauens nur Effekte für unangenehme Gefühle der Befragten beim Beantworten der heiklen Frage(n) sowie für die Antwortbereitschaft. Hier zeigen sich einige interessante Zusammenhänge, die nicht vorenthalten werden sollen. Keinerlei Effekt übten in nicht dokumentierten Analysen – sowohl bivariat, als auch unter Kontrolle der Soziodemographie und sowohl im DQ-, als auch im RRT-Modus – der Grad der „Unangenehmheit" beim Interviewer sowie die Antwortzuverlässigkeit aus. Deshalb werden hierfür auch keine Analysen berichtet. Erwähnenswert ist in diesem Zusammenhang dennoch, dass der oben in Abschnitt 5.2 vorgefundene Zusammenhang zwischen unangenehmen Gefühlen beim Stellen der heiklen Frage(n) (Interviewer) und RRT-Modus (die „Unangenehmheit" war im RRT-Modus deutlich geringer) *nicht* dazu führt, dass sich die Antwortvalidität im RRT-Modus verbessert. In Tabelle 57 sind die bivariaten Effekte der betreffenden vier Indikatoren dargestellt.

5.4 Determinanten des Antwortverhaltens

Tabelle 57: Die Bedeutung „weicher" Qualitätsindikatoren: Bivariate Regressionen

	Alle		DQ		RRT		Diff.
	b (SE)	AME (SE)	b (SE)	AME (SE)	b (SE)	AME (SE)	
RRT-Verständnis					0,169 (0,201)	0,040 (0,028)	
Konstante					−0,134 (0,647)		
χ^2					0,706		
McFadden-R^2					0,002		
Befragungsmodus (1 = RRT)	0,067 (0,235)	0,016 (0,057)					
Vertrauen in Anonymität	0,074 (0,117)	0,018 (0,028)	0,037 (0,146)	0,009 (0,036)	0,137 (0,197)	0,033 (0,046)	
Konstante	0,112 (0,372)		0,222 (0,454)		0,001 (0,586)		
χ^2	0,461		0,063		0,484		
McFadden-R^2	0,000		0,000		0,001		
Befragungsmodus (1 = RRT)	0,060 (0,233)	0,014 (0,056)					
Heikle Frage unangenehm (1 = ja)	0,230 (0,252)	0,055 (0,059)	−0,224 (0,311)	−0,055 (0,077)	1,236 (0,554) *	0,266 (0,087)	*
Konstante	0,266 (0,156) +		0,394 (0,167) *		0,111 (0,212)		
χ^2	0,923		0,521		4,972 *		
McFadden-R^2	0,001		0,002		0,016		
Befragungsmodus (1 = RRT)	0,035 (0,238)	0,008 (0,057)					
Antwortbereitschaft (1 = mittel/schlecht)	0,931 (0,558) +	0,199 (0,096)	1,343 (0,790) +	0,267 (0,109)	0,468 (0,707)	0,107 (0,150)	
Konstante	0,283 (0,144)		0,267 (0,144) +		0,346 (0,196) +		
χ^2	2,795		2,890 +		0,439		
McFadden-R^2	0,005		0,013		0,001		
Fallzahl	517		208		309		

Erläuterungen: Dargestellt sind nichtstandardisierte Regressionskoeffizienten und robuste Standardfehler (Huber/White-Sandwich-Estimator). Die Spalte „Diff." gibt an, ob sich der Effekt der jeweiligen Variablen im RRT-Modus signifikant von jenem im DQ-Modus unterscheidet (vgl. das Interaktionsmodell in Tabelle A17). Signifikanzniveaus: +: p < 0,1; *: p < 0,05; **: p < 0,01; ***: p < 0,001.
Quelle: Validierungsdatensatz, eigene Auswertungen.

Die ersten beiden Modellreihen weisen darauf hin, dass weder mit zunehmendem Verständnis der RRT der Anteil valider Antworten zunimmt, noch ein zunehmendes Vertrauen in die Anonymität einen positiven Effekt auf die Antwortvalidität ausübt. Letzteres gilt außerdem modusübergreifend. Dies widerspricht zwei zentralen Wirkungshypothesen der RRT- und Artefaktforschung. Offenbar ist mangelndes Verständnis der RRT kein Grund für das oft festgestellte eher schlechte Abschneiden der Fragetechnik. Und auch der Grund, weswegen die RRT eigentlich antritt, nämlich um Anonymitätsbedenken zu reduzieren, entpuppt sich in den hier festgestellten Befunden als nicht aussagekräftig für die Antwortvalidität. Auch die Befunde der niederländischen Studie (Landsheer/van der Heijden/van Gils 1999) können somit hier nicht repliziert werden. Zu bemerken ist allerdings, dass zumindest das verwendete Maß für das RRT-Verständnis doch recht rudimentär ist. Es handelt sich um eine subjektiv getroffene Einschätzung des Interviewers, die sicherlich vom „tatsächlichen Verständnis" des Befragten abweichen dürfte.

Eine oben geäußerte Subhypothese war, dass das Vertrauen in die Anonymität zumindest davon abhängen müsste, inwieweit die Befragten das RRT-Prinzip verstanden haben. Tatsächlich ergibt eine einfache, hier nicht gesondert dokumentierte bivariate Regression, dass das Anonymitätsvertrauen um rund 0,15 Skalenpunkte zunimmt (Skala von null bis vier), wenn das RRT-Verständnis um eine Einheit steigt (ebenfalls Skala von null bis vier; $p < 0{,}05$). Der Zusammenhang bleibt in Ausmaß und Signifikanz erhalten, wenn für soziodemographische Variablen kontrolliert wird. Die Subhypothese der RRT-Wirkung auf das Anonymitätsvertrauen kann also vorläufig bestätigt werden. Allerdings haben beide Variablen keinen Effekt auf das Antwortverhalten.

Die bivariaten Effekte der zwei weiteren hier berichteten Indikatoren finden sich im unteren Teil von Tabelle 57. Wenn Befragte das Antworten auf die heikle(n) Frage(n) als unangenehm empfinden, *steigt* der Anteil wahrer Antworten im RRT-Modus signifikant um fast 27 Prozentpunkte (AME). Kein Effekt besteht hingegen im DQ-Modus; hier wird tendenziell ein negatives Vorzeichen geschätzt. Der Modusunterschied des Effekts ist auf dem 5 %-Niveau signifikant. Der positive RRT-Effekt könnte darauf hindeuten, dass die Kausalrichtung dahingehend verläuft, dass ehrliches Antworten auf die Validierungsfrage, also das Zugeben der eigenen Straftat, die unangenehmen Gefühle verursacht und nicht *wegen* unangenehmer Gefühle unwahr geantwortet wird (dann hätte der Effekt negativ verlaufen müssen). Warum allerdings der Effekt nur im RRT-Modus auftritt, bleibt unklar. Eine mögliche Erklärung könnte sein, dass die ausführliche Erläuterung der RRT-Prozedur und der Hinweis auf die Sensibilität der Frage die eigentlich durch die Technik zu eliminierenden Bedenken erst weckt und ins Bewusstsein ruft. Es erfolgt somit ein Framing unter dem Ge-

5.4 Determinanten des Antwortverhaltens

sichtspunkt der Sensibilität der Frage. Der Effekt kann dann auch so interpretiert werden, dass „Lügen" nicht unangenehm ist – was der Argumentation des erweiterten RC-Modells in Kapitel 3 widersprechen würde. Eine Bestätigung wäre diese Interpretation allerdings für die in Unterkapitel 2.1 im Zuge der Suche nach einer Definition „heikler Fragen" ausgearbeitete Argumentation: Nicht eine *Frage* per se ist heikel, unangenehm oder verursacht unangenehme Gefühle, sondern das *Antwort*verhalten in einer bestimmten Frage*situation*.

Der letzte Effekt eines „weichen" Qualitätsindikators betrifft die vom Interviewer eingeschätzte Antwortbereitschaft. Auch hier verläuft der im DQ-Modus zumindest auf dem 10 %-Niveau signifikante Effekt tendenziell kontraintuitiv: Bei eher schlechter Antwortbereitschaft steigt der Anteil wahrer Antworten um fast 27 Prozentpunkte. „Gute" Befragte – laut der Interviewereinschätzung – antworten also also deutlich unehrlicher als „schlechte" Befragte. Der Effekt ist im RRT-Modus nicht signifikant; allerdings ist auch hier das Vorzeichen positiv (der Modusunterschied ist ebenfalls nicht signifikant). Eine Erklärung des Effekts fällt erneut schwer. Jedoch scheint es zumindest nicht so zu sein (wie oben vermutet), dass mit der Antwortbereitschaft und der Antwortvalidität das Gleiche gemessen wird, in diesem Fall hätte der Effekt negativ verlaufen müssen.

Gerade bezüglich des zuletzt behandelten Indikators kann sich die Vermutung aufdrängen, dass hinter dem Effekt z. B. ein Bildungseffekt steckt (niedrig gebildete Befragte antworten eher ungern, aber ehrlicher als hoch gebildete Befragte). Daher seien die Effekte wiederum unter Kontrolle der mittlerweile hinlänglich bekannten soziodemographischen Variablen untersucht. Die entsprechenden Auswertungen finden sich in Tabelle 58.

Trotz der umfangreichen Ergebnistabelle sind die Befunde schnell abgehandelt. Erstens zeichnet sich (wie schon in den Analysen der vorigen Abschnitte) die Stabilität der soziodemographischen Effekte und der Deliktschwere auf das Antwortverhalten ab. Selbige bleiben auch weitestgehend stabil, wenn die „weichen" Indikatoren der Umfragequalität als Prädiktoren hinzugefügt werden. Zweitens gilt auch unter Kontrolle der Soziodemographie, dass weder RRT-Verständnis, noch Vertrauen in die Anonymität in beiden Fragemodi einen Effekt auf das Antwortverhalten ausüben. Drittens wird ebenso der bivariate Effekt unangenehmer Gefühle beim Beantworten der heiklen Frage bestätigt: Signifikant ehrlichere Antworten, wenn die Frage als unangenehm empfunden wird im RRT-Modus, kein Effekt im DQ-Modus. Viertens schließlich verschwindet der oben festgestellte Effekt einer als eher schlecht eingeschätzten Antwortbereitschaft.

Tabelle 58: Die Bedeutung „weicher" Qualitätsindikatoren: Multiple Regressionen

	Alle			DQ			RRT			Diff.
Befragungsmodus (1 = RRT)	0,100 (0,258)	0,091 (0,254)	0,074 (0,260)							
Geschlecht (1 = weiblich)	-0,989** (0,295)	-0,987** (0,294)	-0,985** (0,302)	-1,397*** (0,391)	-1,390*** (0,393)	-1,413*** (0,395)	-0,319 (0,458)	-0,383 (0,463)	-0,388 (0,478)	-0,306 (0,473) +ns+
Alter (Dekaden, zentriert)	-0,142+ (0,078)	-0,138+ (0,077)	-0,162* (0,078)	-0,177+ (0,100)	-0,187+ (0,102)	-0,188+ (0,097)	-0,091 (0,124)	-0,103 (0,123)	-0,112 (0,123)	-0,113 (0,123)
Abitur (1 = ja)	-0,537 (0,346)	-0,517 (0,343)	-0,475 (0,346)	-1,007* (0,443)	-1,014* (0,446)	-0,950* (0,447)	0,205 (0,594)	0,194 (0,577)	0,356 (0,571)	0,297 (0,578) +++
Abitur × weiblich	1,204+ (0,664)	1,191+ (0,668)	1,110+ (0,657)	1,971* (0,816)	1,972* (0,821)	1,806* (0,811)	-0,173 (1,139)	-0,064 (1,091)	-0,142 (1,227)	-0,163 (1,144)
Deliktschwere (1 = hoch)	-0,685* (0,278)	-0,710* (0,281)	-0,659* (0,280)	-0,481 (0,369)	-0,440 (0,366)	-0,421 (0,371)	-0,943* (0,476)	-0,933* (0,468)	-1,022+ (0,546)	-0,939* (0,468)
RRT-Verständnis							0,140 (0,219)			
Vertrauen in Anonymität	0,058 (0,119)			-0,047 (0,153)				0,154 (0,201)		
Heikle Frage unangenehm (1 = ja)		0,252 (0,272)			-0,283 (0,343)				1,294* (0,533)	*
Antwortbereitschaft (1 = mittel/schlecht)			1,011 (0,663)			1,407 (0,859)			0,598 (0,906)	
Konstante	0,603 (0,393)	0,707** (0,194)	0,714*** (0,187)	1,023* (0,507)	0,955*** (0,227)	0,812*** (0,210)	0,208 (0,727)	0,219 (0,602)	0,335 (0,306)	0,572* (0,291)
χ^2	24,459***	25,644***	25,415***	24,267***	23,736***	26,508***	5,859	6,571	10,185	6,211
McFadden-R^2	0,036	0,037	0,041	0,091	0,093	0,102	0,015	0,015	0,030	0,015
Fallzahl	517	517	517	208	208	208	309	309	309	309

5.4 Determinanten des Antwortverhaltens

Erläuterungen zu Tabelle 58: Dargestellt sind nichtstandardisierte Logitkoeffizienten und robuste Standardfehler (Huber/White-Sandwich-Estimator). Die Spalte „Diff." gibt an, ob sich der Effekt der jeweiligen Variablen signifikant zwischen DQ- und RRT-Modus unterscheidet (vgl. das Interaktionsmodell in Tabelle A18). Signifikanzniveaus: +: $p < 0,1$; *: $p < 0,05$; **: $p < 0,01$; ***: $p < 0,001$.
Quelle: Validierungsdatensatz, eigene Auswertungen.

Alles in allem sprechen die insgesamt (fast) nicht vorhandenen Auswirkungen der „weichen" Qualitätsindikatoren dafür, dass diese allenfalls eine marginale Bedeutung für das Antwortverhalten haben. „Härtere" Einflussfaktoren wie die soziodemographischen Merkmale oder die auch im obigen Modell nach wie vor vorhandene Auswirkung der Deliktschwere sind entscheidender für das Befragtenverhalten.

Die Befunde der multiplen Regressionsmodelle bestätigen somit das bereits zu den bivariaten Effekten Gesagte, weshalb auf eine ausführliche erneute Interpretation verzichtet werden kann. Als Zwischenfazit bleibt festzuhalten, dass das hier primär interessierende RRT-Verständnis und Anonymitätsvertrauen nicht die prognostizierten Effekte auf das Antwortverhalten ausüben. Dies kann einerseits als gute Nachricht für die RRT gesehen werden: Der Vorwurf, die Technik sei zu komplex und mangelndes Verständnis führe zum Scheitern der RRT, erfährt keinen Rückhalt in den empirischen Analysen. Andererseits können die Befunde aber auch als Argument gegen die standardmäßige RRT-Legitimation gewertet werden: Anonymitätsbedenken, gegen die die Fragetechnik ja antritt, haben ebenfalls keinen Effekt auf die Validität der gegebenen Antworten. Und oben in Unterkapitel 5.2 wurde ja bereits festgestellt, dass die Anonymitätsbedenken selbst durch die RRT auch nicht abgemildert werden.

5.4.5 Ein Gesamtmodell zur Erklärung des Befragtenverhaltens

Die empirischen Analysen in den vorangegangenen Abschnitten haben etliche Einzelbefunde zu den im Theorieteil entwickelten Hypothesen geliefert. Aus mehreren Gründen (vgl. S. 242) wurde bei den Berechnungen behutsamer vorgegangen, als es vielleicht bei konventionellen Analysen und mit größeren Fallzahlen üblich ist. Entsprechend waren die diskutierten Regressionsmodelle sparsam gehalten, getestet wurden die Hypothesen jeweils bivariat und unter Kontrolle weniger soziodemographischer Kontrollvariablen. Als inhaltliche Hauptergebnisse sind zu nennen, dass einerseits einige Variablen bedeutsame Effekte auf das Befragtenverhalten ausüben und andererseits diese Effekte teilweise deutlich nach dem Fragemodus (DQ vs. RRT) variieren. Eine weitere Erkenntnis war, dass die vielen Interaktionshypothesen – etwa jene von Stocké (2004) – fast nirgends nachgewiesen werden konnten.

Vor diesem Hintergrund hat der nun folgende letzte Analyseabschnitt das Ziel, die verschiedenen Einzeleffekte in übergreifenden Modellen zusammenzuführen, um so zu einem „Gesamtbild" hinsichtlich der Determinanten des Antwortverhaltens zu gelangen. Hierbei geht es zum einen um die Frage nach der Stabilität der oben festgestellten Effekte, wenn sie alle gleichzeitig in ein Regressionsmodell aufgenommen werden. Dies ist auch deshalb angesichts möglicher Vermutungen bedeutsam, dass einige Konstrukte respektive ihre Messinstrumente ähnliche latente Eigenschaften messen könnten, wie etwa das Bedürfnis nach sozialer Anerkennung (SD-Neigung) und das Konsistenzstreben. Auch bezüglich des Indikators der Deliktschwere wurde oben vermutet, dass sich hinter diesem Maß auch unbeobachtete Eigenschaften der Befragungspersonen verbergen könnten. Zum anderen und damit verbunden gilt es, zu einer abschließenden Aussage bezüglich der theoriegeleiteten Hypothesen zu gelangen. Welche Hypothesen sind letztendlich abzulehnen, welche bestätigen sich? Eine weitere Frage, der ebenfalls abschließend nachgegangen werden soll, wurde bisher weitestgehend außen vor gelassen. In den obigen Analysen wurde immer fokussiert und herausgestellt, wie bestimmte Determinanten des Antwortverhaltens im Modusvergleich – unterschiedlich – wirken. Die letztlich hierzu analysierten Interaktionen zwischen Modus und Prädiktor können jedoch auch andersherum interpretiert werden, so dass nach unterschiedlicher Ausprägung der Determinanten variierende Moduseffekte betrachtet werden. Anders ausgedrückt geht es um die Frage, ob die RRT bei bestimmten Ausprägungen der unabhängigen Variablen anders wirkt als bei anderen Ausprägungen. Trägt die RRT, wenn schon nicht insgesamt, dann wenigstens bei bestimmten Befragten in bestimmten Interviewsituationen zu einer Verbesserung des Antwortverhaltens bei?

Im Folgenden werden „Gesamtmodelle" zur Vorhersage des Antwortverhaltens auf die Validierungsfrage präsentiert. Berechnet werden zwei Modellblöcke mit jeweils zwei Unterschritten. Das ausführlichste erste Modell des ersten Blocks enthält neben Soziodemographie und Deliktschwere alle theoretisch interessierenden Effekte mit Ausnahme der bereits eingangs erwähnten Interaktionseffekte. Letztere waren weder in den Analysen der vorangegangenen Abschnitte, noch in nicht dokumentierten probehalber berechneten Modellen nachweisbar und führen zu einem Overfitting der Modelle und zur Verschleierung maßgeblicher Haupteffekte bei keinem oder marginalem inhaltlichen Erkenntnisgewinn. Ebenfalls nicht integriert wurde die Variable „RRT-Verständnis": Da sich weder in den vorangegangenen Analysen, noch in nicht dokumentierten ausführlichen Modellen ein Effekt gezeigt hat, wurde der Indikator aus Gründen der Übersichtlichkeit außer Betracht gelassen. Das zweite Modell wird dann um einige Prädiktoren gekürzt, so dass ein reduziertes Modell entsteht, das ebenfalls getrennt nach Modus berichtet wird. Der sich anschließende zweite Modellblock präsen-

5.4 Determinanten des Antwortverhaltens

tiert – aufbauend auf den Ergebnissen der zwei ersten Modellreihen – zwei Interaktionsmodelle. Die Motivation, gewissermaßen als „Endergebnis" der empirischen Analysen ein solches zu präsentieren, ergibt sich aus dem Befund der vorangegangenen Analysen, dass die separaten RRT-Modelle oft viele nicht signifikante Effekte enthielten und dadurch auch die Gesamtmodelle laut χ^2-Test für Signifikanz des Gesamtmodells nicht signifikant waren. Daher wird gegen Ende der Analysen ein Modell mit Interaktionseffekten präsentiert, in dem nur dann Interaktionseffekte zwischen unabhängigen Variablen und dem RRT-Modus enthalten sind, wo es Sinn macht. Auf diese Weise relativieren sich die Probleme der geringen Fallzahlen auch etwas, da alle Fälle gleichzeitig in die Analyse eingehen.

Zunächst aber zu den ersten, ausführlicheren Modellen. Die Ergebnisse der Regressionen können Tabelle 59 entnommen werden.

Tabelle 59: Determinanten des Antwortverhaltens: Gesamtmodell I

	Alle		DQ		RRT		Diff.
	Modell 1	*Modell 2*	*Modell 1*	*Modell 2*	*Modell 1*	*Modell 2*	
Befragungsmodus (1 = RRT)	0,005 (0,290)	0,100 (0,274)					
Geschlecht (1 = weiblich)	−0,867** (0,314)	−0,978** (0,303)	−1,376** (0,436)	−1,528*** (0,428)	−0,051 (0,605)	−0,203 (0,508)	+/*
Alter (Dekaden, zentriert)	−0,091 (0,085)	−0,117 (0,080)	−0,087 (0,109)	−0,132 (0,102)	−0,108 (0,152)	−0,103 (0,129)	
Abitur (1 = ja)	−0,714+ (0,406)	−0,727+ (0,388)	−1,250* (0,544)	−1,320* (0,517)	0,147 (0,884)	0,121 (0,766)	
Abitur × weiblich	1,305+ (0,733)	1,390+ (0,727)	2,286* (0,916)	2,437** (0,906)	−0,542 (1,723)	−0,733 (1,598)	/+
Deliktschwere	−0,722* (0,302)	−0,647* (0,288)	−0,560 (0,406)	−0,459 (0,395)	−1,020 (0,763)	−0,963+ (0,529)	
SD-Neigung (zentriert)	−0,017 (0,133)	−0,087 (0,127)	0,229 (0,175)	0,162 (0,169)	−0,336 (0,290)	−0,371+ (0,209)	+/*
SD-Belief (zentriert)	−0,164* (0,081)	−0,218** (0,079)	−0,151 (0,094)	−0,219* (0,092)	−0,195 (0,214)	−0,241 (0,155)	
Kriminalitätsnorm (zentriert)	−0,350** (0,115)		−0,287+ (0,160)		−0,556* (0,264)		
Dauer des Interviews (log., zentr.)	0,703 (0,573)		0,039 (0,683)		1,569 (1,036)		
Interviewererfahrung (log., zentriert)	0,029 (0,119)	0,046 (0,103)	0,310* (0,146)	0,328* (0,139)	−0,441+ (0,251)	−0,299+ (0,180)	*/**

(Fortsetzung nächste Seite)

	Alle		DQ		RRT		Diff.
	Modell 1	Modell 2	Modell 1	Modell 2	Modell 1	Modell 2	
Umfrageerfahrung (1 = ja)	0,231 (0,283)		0,196 (0,370)		0,034 (0,731)		
Umfrageeinstellung	−0,067 (0,145)		−0,128 (0,207)		−0,121 (0,357)		
Drittperson anwesend (1 = ja)	−0,607* (0,301)	−0,639* (0,281)	−0,225 (0,390)	−0,331 (0,361)	−1,190+ (0,680)	−1,112+ (0,598)	
Konsistenzstreben (1 = hoch)	−0,411 (0,293)	−0,393 (0,285)	−0,828* (0,397)	−0,793* (0,391)	0,304 (0,630)	0,114 (0,512)	
Incentive 20 € (1 = ja)	0,246 (0,309)		0,211 (0,386)		0,404 (0,793)		
Vertrauen in Anonymität	0,174 (0,137)		0,078 (0,167)		0,097 (0,419)		
Konstante	0,610 (0,774)	1,092*** (0,217)	1,267 (1,089)	1,225*** (0,248)	0,762 (1,736)	0,940* (0,385)	
χ^2	44,567***	39,611***	33,408**	35,087***	15,502	18,983*	
McFadden-R^2	0,082	0,064	0,169	0,154	0,082	0,057	
Fallzahl	517	517	208	208	309	309	

Erläuterungen: Dargestellt sind nichtstandardisierte Regressionskoeffizienten und robuste Standardfehler in Klammern (Huber/White-Sandwich-Estimator). Die Spalte „Diff." gibt an, ob sich der Effekt der jeweiligen Variablen im RRT-Modus signifikant von jenem im DQ-Modus unterscheidet (vgl. das Interaktionsmodell in Tabelle A19). Signifikanzniveaus: +: $p < 0{,}1$; *: $p < 0{,}05$; **: $p < 0{,}01$; ***: $p < 0{,}001$.
Quelle: Validierungsdatensatz, eigene Auswertungen.

Zunächst zu Modell 1 für den DQ-Modus. Die Ergebnisse zeigen, dass Signifikanz und Richtung der Effekte ganz überwiegend vergleichbar mit den oben festgestellten Befunden sind. Weibliche Befragte ohne Abitur leugnen ihre Verurteilung häufiger als männliche ohne Abitur; der Interaktionseffekt zwischen geschlecht und Bildung ist nach wie vor vorhanden. Ebenfalls gilt weiterhin, dass mit steigender (negativer) Kriminalitätsnorm die Wahrscheinlichkeit eines Misreportings zunimmt. Eine zunehmende Interviewererfahrung hingegen geht mit einer Erhöhung der Antwortvalidität einher. Ebenso nach wie vor signifikant ist der negative Effekt eines hohen Konsistenzstrebens. Keinen signifikanten Einfluss üben die restlichen Merkmale aus. Auch die Effekte im RRT-Modell sind weitestgehend vergleichbar mit den oben schon vorgefundenen Befunden. Im Modell 1 für alle Befragten zeigt sich wiederum, dass tendenziell in gleicher Richtung wirkende Effekte nach Fragemodus sich hier ergänzen und aufgrund höherer Fallzahlen auch eher signifikant werden. Dies betrifft beispielsweise die Deliktschwere, eine anwesende Drittperson oder den SD-Belief. Entgegengesetzt

5.4 Determinanten des Antwortverhaltens

wirkende Variablen wie die Interviewererfahrung oder das Konsistenzstreben heben sich hingegen auf und überschreiten nicht mehr konventionelle Signifikanzkriterien.

Um zu einem sparsameren und aussagekräftigeren Modell zu gelangen, wurden im jeweiligen Modell 2 in Tabelle 59 nun einige unabhängige Variablen entfernt. Zum einen betrifft dies offensichtlich nicht signifikante Effekte. Hierunter fallen die Dauer des Interviews, die Umfrageerfahrung und -einstellung, sowie das Teilnahmeincentive und Anonymitätsvertrauen. Weder hier im ausführlichen Modell, noch in den Analysen der vorangegangenen Abschnitte haben sich hier stabile Effekte gezeigt. Zum anderen wurde die Kriminalitätsnorm entfernt. Diese hat zwar übergreifend einen ausgeprägten Effekt auf das Antwortverhalten. Jedoch besteht – gerade auch aus diesem Grund – die starke Vermutung, dass es sich um ein Artefakt durch die Bemühung der Befragten, konsistent zu antworten, handeln könnte. Also wurde hier eine „konservative" Entscheidung getroffen und der Prädiktor entfernt.

Das Entfernen dieser Prädiktoren führt dazu, dass die Modelle bzw. die Effekte nun etwas stabiler sind. Der SD-Belief im DQ-Modell, die Deliktschwere und SD-Neigung im RRT-Modell überschreiten nun die Signifikanzschwelle. Auch der χ^2-Test für das RRT-Gesamtmodell ist nun signifikant. Dieser letzte Umstand weist darauf hin, dass letztlich auch die Effekte im RRT-Modell außerhalb des Bereichs von Zufallsschwankungen liegen und die vielen oben vorgefundenen nicht signifikanten RRT-Modelle durch die geringe Effizienz der Daten und tendenzielles Overfitting verursacht wurden. Anders ausgedrückt: Obwohl in den vorigen Abschnitten viele RRT-Modelle laut χ^2-Test für das Gesamtmodell nicht signifikant waren, sind die signifikanten Einzeleffekte durchaus als substanziell anzusehen.

Inhaltlich gilt auch für die reduzierten Modelle das oben Gesagte. Die Ergebnisse der Einzelanalysen in den vorigen Abschnitten werden bestätigt. Eine ausführlichere inhaltliche Interpretation der Effekte folgt unten, wenn es um das Interaktionsmodell geht. Eine letzte Bemerkung betrifft die in Tabelle 59 angegebenen Pseudo-R^2-Werte. Im DQ-Modus führen die unabhängigen Variablen immerhin zu einem Wert von $R^2 = 0{,}15$. Betont sei hier nochmals, dass für die Umfrageforschung ein sehr geringer R^2-Wert als Erfolg gelten würde, denn dann wäre dies ein Indikator dafür, dass Misreporting in standardisierten Umfragen *nicht* systematisch auftritt. Im RRT-Modus führen die selben Variablen nur zu einer Statistik von $R^2 = 0{,}06$. Wie oben schon erwähnt, kann diese reduzierte „Varianzaufklärung" durchaus als Teilerfolg für die RRT gewertet werden. Das Misreporting tritt hier – zumindest nach den hier untersuchten Variablen – unsystematischer auf.

Tabelle 60 berichtet nun abschließend zwei Interaktionsmodelle. Modell 1 ist inhaltlich redundant mit den DQ- und RRT-Modellen der vorigen Tabelle 59 und wird hier nur der Vollständigkeit halber nochmals berichtet.

Tabelle 60: Determinanten des Antwortverhaltens: Gesamtmodell II

	Modell 1		Modell 2	
	b	SE	b	SE
Befragungsmodus (1 = RRT)	−0,285	(0,458)	−0,624+	(0,379)
Geschlecht (1 = weiblich)	−1,528***	(0,428)	−1,547***	(0,435)
RRT × Geschlecht weiblich	1,325*	(0,664)	1,381*	(0,657)
Alter (Dekaden, zentriert)	−0,132	(0,102)	−0,117	(0,079)
RRT × Alter	0,029	(0,164)		
Abitur (1 = ja)	−1,320*	(0,516)	−1,379**	(0,524)
RRT × Abitur	1,441	(0,923)	1,547+	(0,832)
Abitur × Geschlecht weiblich	2,437**	(0,905)	2,598**	(0,928)
RRT × Abitur × Geschlecht weiblich	−3,170+	(1,836)	−3,156+	(1,632)
Deliktschwere (1 = hoch)	−0,459	(0,394)	−0,645*	(0,311)
RRT × Deliktschwere	−0,504	(0,660)		
SD-Neigung (zentriert)	0,162	(0,169)	0,156	(0,172)
RRT × SD-Neigung	−0,534*	(0,268)	−0,525*	(0,263)
SD-Belief (zentriert)	−0,219*	(0,092)	−0,229**	(0,079)
RRT × SD-Belief	−0,022	(0,180)		
Interviewererfahrung (log., zentriert)	0,328*	(0,139)	0,330*	(0,141)
RRT × Interviewererfahrung	−0,628**	(0,227)	−0,614**	(0,217)
Drittperson anwesend (1 = ja)	−0,331	(0,361)	−0,603*	(0,302)
RRT × Drittperson anwesend	−0,781	(0,700)		
Konsistenzstreben (1 = hoch)	−0,793*	(0,391)	−0,772*	(0,392)
RRT × Konsistenzstreben	0,907	(0,644)	0,850	(0,596)
Konstante	1,225***	(0,248)	1,341***	(0,249)
χ^2	54,234***		53,795***	
McFadden-R^2	0,096		0,093	
Fallzahl	517		517	

Erläuterungen: Dargestellt sind nichtstandardisierte Regressionskoeffizienten und robuste Standardfehler (Huber/White-Sandwich-Estimator). Signifikanzniveaus: +: $p < 0{,}1$; *: $p < 0{,}05$; **: $p < 0{,}01$; ***: $p < 0{,}001$.
Quelle: Validierungsdatensatz, eigene Auswertungen.

5.4 Determinanten des Antwortverhaltens

Deutlicher wird nun, dass offensichtlich einige Variablen bis auf kleine Unterschiede in den beiden Fragemodi die gleiche Wirkung haben. In diesen Fällen macht es Sinn, auf einen Interaktionseffekt zwischen unabhängiger Variable und Modus zu verzichten. Dies betrifft den Effekt des Alters, der Deliktschwere, des SD-Beliefs und anwesender Drittpersonen. Das entsprechende gekürzte Interaktionsmodell findet sich unter Modell 2 in Tabelle 60. Die nachstehenden Ausführungen beziehen sich auf dieses Modell.

Bei der Interpretation des Interaktionsmodells zeigt sich zunächst ein negativer Haupteffekt des RRT-Modus, der zumindest auf dem 10 %-Niveau signifikant ist. So sinkt also die Wahrscheinlichkeit einer ehrlichen Antwort auf die Validierungsfrage, wenn die Interaktionseffekte im Modell den Wert Null annehmen. Inhaltlich bedeutet das, dass männliche Befragte ohne Abitur mit einer durchschnittlichen SD-Neigung, bei durchschnittlicher Interviewererfahrung (die Variablen sind zentriert) und ohne ein stark ausgeprägtes Konsistenzstreben im DQ-Modus *ehrlicher* anworten als via RRT. Berechnet man die vorhergesagten Wahrscheinlichkeiten für diese Merkmalskonstellation, würden entsprechende Männer im DQ-Modus zu 79 % und im RRT-Modus zu 67 % wahrheitsgemäß antworten.

Die weiteren Effekte im Modell bestätigen wiederum weitestgehend die Befunde der vorangegangenen Analysen. Das Interaktionsmodell erlaubt aber etwas besser als die nach Modus getrennten Modelle, zu beurteilen, wo Determinanten des Antwortverhaltens nach Modus (signifikant) unterschiedlich wirken. Beispielsweise zeigt sich im Endmodell, dass weibliche Befragte ohne Abitur im DQ-Modus höchst signifikant häufiger unwahr antworten als ihre männlichen Pendants. Dieser Effekt wird durch die RRT nahezu vollständig eliminiert, wie der ebenfalls signifikante Interaktionseffekt gleicher Größenordnung zeigt. Ein derartiges Bild ist als positiv für die RRT zu verbuchen. Es entspricht der in Kapitel 1 formulierten Idealvorstellung bezüglich der Wirkung der RRT, nach der ein Effekt, der im DQ-Modus einen deutlichen Bias verursacht, im RRT-Modus nicht mehr auftritt. Eine analoge Schlussfolgerung kann hinsichtlich des Bildungseffekts getroffen werden. Männer mit Abitur antworten unehrlicher als Männer ohne Abitur, wenn man sie direkt fragt. Im RRT-Modus wird dieser Effekt, wie der signifikante Interaktionseffekt zeigt, kompensiert. Nach wie vor vorhanden ist der Interaktionseffekt zwischen Geschlecht und Bildung: Weibliche Befragte leugnen ihre Verurteilung nur dann häufiger als Männer, wenn sie kein Abitur haben; Befragte mit Abitur tun dies nur häufiger als solche ohne Abitur, wenn sie männlich sind. Die Dreifachinteraktion zwischen RRT-Modus, Geschlecht und Bildung führt insgesamt zu einer Nivellierung dieser Zusammenhänge.

Die Deliktschwere zieht nach wie vor einen signifikant negativen Effekt nach sich. Das heißt, Befragte, die ein eher als schwer zu bezeichnendes Delikt begangen hatten, antworten ceteris paribus unehrlicher als Befragte mit leichten oder mittel bewerteten Delikten. Hierbei zeigt sich kein Modusunterschied.

Was die Wirkung der SD-Anreize betrifft, bestätigen die Befunde die bereits in den Analysen der vorigen Abschnitte gewonnen Einsichten. Das Streben nach sozialer Anerkennung hat (nach wie vor) nur im RRT-Modus einen signifikanten Effekt und wirkt hier negativ. Dieser Effekt entspricht folglich genau dem Gegenteil der intendierten Auswirkung der RRT und ist somit als „Minuspunkt" für die Fragetechnik zu verbuchen. Gerade die Bedeutung des populären „Erwünschtheitsarguments" scheint im RRT-Modus höher zu sein als im DQ-Modus. Als mögliche Erklärung wurde im Theorieteil die These aufgebracht, dass „Lügen" in einer Face to Face-Interviewsituation unter „Erwünschtheitserwägungen" eine riskante Angelegenheit sein kann und die anonymisierende RRT möglicherweise Befragte, die „lügen wollen", schützt. Der SD-Belief wirkt in beiden Fragemodi vergleichbar negativ, je eher also eine strafrechtliche Verurteilung als in der Gesellschaft unerwünscht empfunden wird, desto eher antworten die Befragten nicht wahrheitsgemäß.

Weiterhin stabil und inhaltlich sicher einer der interessantesten Effekte ist die nach Fragemodus unterschiedlich wirkende Erfahrung der Interviewer. Im DQ-Modus steigt mit zunehmender Interviewererfahrung c. p. die Wahrscheinlichkeit, wahre Antworten zu erhalten. Im RRT-Modus gilt genau das Gegenteil. Obgleich der letztgenannte Effekt kontraintuitiv ist – je unerfahrener ein Interviewer, desto besser funktioniert die komplexe RRT –, lässt sich der Befund mit Argumenten aus der FS-Theorie (Unterkapitel 3.3) plausibel erklären.

Ebenfalls nach wie vor signifikant negativ wirkt sich die Anwesenheit von Drittpersonen während des Interviews aus. Da die Interaktion mit dem Fragemodus nicht signifikant war, wurde der Interaktionsterm entfernt.

Der letzte Effekt in Tabelle 60 schließlich betrifft die Wirkung des Konsistenzstrebens. Befragte, die stark unter kognitiven Dissonanzen leiden, antworten im DQ-Modus signifikant unehrlicher als solche mit geringerem Konsistenzstreben. Diesen Effekt kann die RRT tendenziell kompensieren, allerdings liegt hier der Interaktionseffekt im Bereich von Zufallsschwankungen.

Eine abschließende Diskussion über die empirische Bestätigung der theoretischen Hypothesen soll dem nächsten Unterkapitel vorbehalten bleiben. Hier werden alle Ergebnisse nochmals vor dem Hintergrund der theoretischen Prognosen resümiert. Bevor dies geschieht, sei noch die eingangs erwähnte Frage diskutiert, wie die Wirksamkeit der RRT nach variierenden Befragtenmerkmalen zu beurteilen ist. Es geht also darum, die Interaktionseffekte in Tabelle 60 „umgekehrt" zu interpretieren, also nach dem Effekt der RRT nach unterschiedlichen

5.4 Determinanten des Antwortverhaltens

Ausprägungen der unabhängigen Variablen zu fragen und nicht wie bisher nach dem Effekt der Prädiktoren nach variierendem Fragemodus. Die Grundergebnisse ergeben sich bereits aus den Interaktionseffekten in Tabelle 60 (Modell 2). Etwa kann der Interaktionseffekt zwischen Geschlecht und RRT auch dahingehend interpretiert werden, dass die Spezialtechnik bei Frauen (ohne Abitur) positiv wirkt, bei Männern hingegen negativ (siehe den Haupteffekt der RRT). Ebenso scheint die RRT v. a. bei geringer Interviewererfahrung zu valideren Daten zu führen als die direkte Frage (vgl. Abbildung 9, S. 267). Um zu etwas anschaulicheren Aussagen zu gelangen, sind in Abbildung 10 die vorhergesagten Wahrscheinlichkeiten wahrer Antworten nach verschiedenen stilisierten Konstellationen der unabhängigen Variablen im Modusvergleich dargestellt.

Abbildung 10: Wahrscheinlichkeit wahrer Antworten für ausgewählte Merkmalskonstellationen

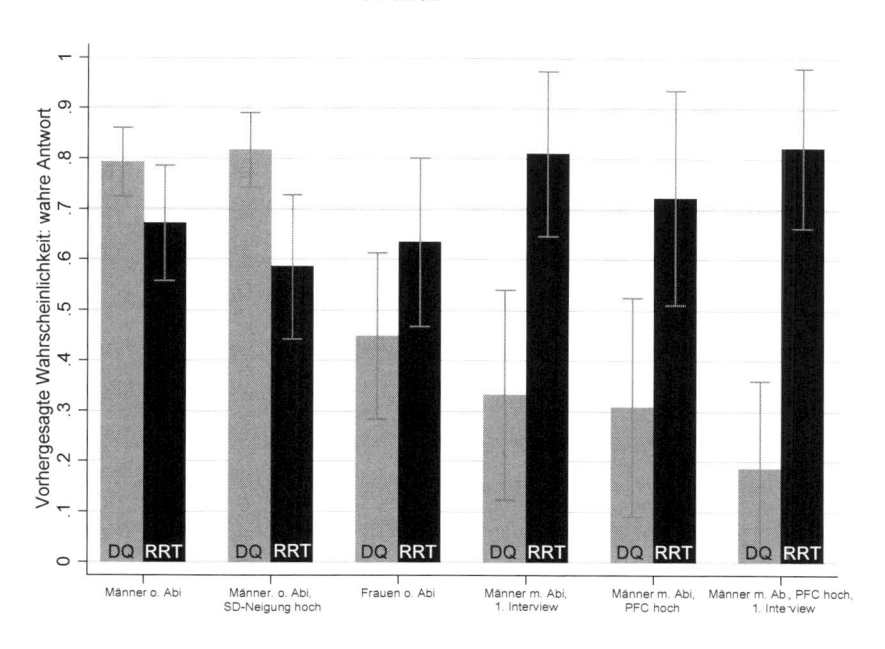

Erläuterungen: N = 517. Die Schätzwerte basieren auf Modell 2, Tabelle 60. Dargestellt sind 90 %-Konfidenzintervalle. Sofern keine Merkmalsausprägungen angegeben sind, handelt es sich um die geschätzten Wahrscheinlichkeiten am Mittelwert der übrigen metrischen Variablen sowie nicht positiv ausgeprägter Dummyvariablen.
Quelle: Validierungsdatensatz, eigene Auswertungen.

Die ersten beiden Balken zeigen den sich ergebenden Punktschätzer und die 90 %-Konfidenzintervalle für männliche Befragte ohne Abitur am Mittelwert der übrigen metrischen Variablen bei geringer Deliktschwere, keiner anwesenden Drittperson und nicht stark ausgeprägtem Konsistenzstreben. Die RRT wirkt in dieser speziellen Konstellation negativ, der Anteil wahrer Antworten liegt bei 67 %, während er im DQ-Modus nahezu 80 % beträgt. Jedoch überlappen sich die Konfidenzintervalle, so dass der Modusunterschied in dieser Konstellation nicht signifikant ist. Sehr wohl signifikant schlechter als DQ entpuppt sich die RRT allerdings, wenn für gering gebildete männliche Befragte auch noch eine hohe SD-Neigung vorliegt (zweites Balkenpaar in Abbildung 10). Direkt befragt antwortet diese Befragtengruppe zu über 80 % wahrheitsgemäß, via RRT nur zu 59 %. Hier wird noch einmal das Argument deutlich, wonach die RRT entgegen ihrer Intention wirkt, weil dank der Technik Befragte „sicherer" lügen können. *Gerade* bei hohen SD-Anreizen, die laut der Standardargumentation der Hauptgrund für Misreporting sind (vgl. Unterkapitel 2.2 und 3.2), funktioniert die RRT deutlich schlechter als eine direkte Frage.

Die weiteren vier Balkenpaare zeigen, dass der RRT-Effekt jedoch auch in eine positive Richtung gehen kann. Wenn nicht Männer, sondern Frauen ohne Abitur betrachtet werden, schneidet die RRT besser ab als eine direkte Frage (drittes Balkenpaar). Jedoch überlappen sich auch hier die Konfidenzintervalle. Eine Konstellation, in denen die RRT zu weitaus valideren Antworten führt, sind die ersten Interviews eines Interviewers mit männlichen Befragte *mit* Abitur (viertes Balkenpaar). Im DQ-Modus wird hier nur zu gut 30 % wahrheitsgemäß geantwortet, via RRT zu über 80 %. Noch besser funktioniert die RRT, wenn zusätzlich die Befragten dazu tendieren, unter kognitiven Dissonanzen zu leiden (sechstes Balkenpaar). Hier ergeben sich im DQ-Modus unter 20 % valide Antworten, im RRT-Modus wiederum über 80 %.

Aufgrund dieser Ergebnisse kann die oben getroffene Schlussfolgerung nochmals bestätigt werden: Je nach Konstellation der Merkmale einer Interviewsituation – seien es Befragtenmerkmale oder Situationsmerkmale – wirkt sich die RRT ganz unterschiedlich auf das Antwortverhalten aus. Es ergeben sich also keine „einfachen Wahrheiten" hinsichtlich der Auswirkungen der RRT. Hier nun Empfehlungen auszusprechen, dass die Spezialtechnik bei Erhebungen in bestimmten Bevölkerungsgruppen ganz besonders zu bevorzugen sei und in anderen nicht, würde allerdings zu weit greifen. Deutlich wird jedoch, dass die Fragetechnik erhebliche Auswirkungen auf die gewonnenen Daten hat. Dies ist zwar eine schlechte Nachricht für die standardisierte Umfrageforschung: Es sollte eigentlich durch die Art und Weise, wie im Interview Fragen gestellt werden, *nicht* bestimmt werden, welche Befragten in irgendeiner Weise auf diese Fragen antworten. Dieses ist jedoch ein Problem der Umfrageforschung generell und nicht der RRT. Was soziodemographische Ursachen des Misreportings betrifft, die im DQ-Modus ganz erhebliche Auswirkungen haben, schneidet die RRT nachweislich besser ab als die direkte Frage. Hier kann bei Zusammenhangsanalysen die Gefahr, Artefakte zu produzieren, reduziert werden.

Ein letzter Punkt betrifft die oben mehrfach herausgestellte inkonsistente Befundlage der methodischen Literatur (Kapitel 2; vgl. nochmals das Zitat von Summers und Hammonds auf S. 55). Die hier vorgelegten Ergebnisse zu den Determinanten des Antwortverhaltens im Modusvergleich können Hinweise liefern, warum die Befundlage so inkonsistent ist, und zu einer für die heikle Fragen-Forschung wichtigen Schlussfolgerung führen. Es ließen sich zahlreiche Einflussfaktoren des Misreportings – gerade soziodemographischer Art – nachweisen, die im RRT-Modus häufig anders wirken als im DQ-Modus. Das bedeutet: Veränderungen in der Zusammensetzung von Untersuchungspopulationen, die Studien zur Wirksamkeit von Erhebungstechniken bei heikler Fragen zugrunde liegen, könnten dann auch zu unterschiedlichen Wirkungen der untersuchten Fragetechnik führen. Wenn z. B. eine Population untersucht wird, in der hochqualifizierte Männer stark repräsentiert sind, kann (nach den obigen Ergebnissen) von größeren Effekten einer Spezialtechnik ausgegangen werden als wenn hochqualifizierte Frauen ein großes Gewicht in der Population haben. Diese Zusammenhänge könnten zumindest teilweise für die große Varianz der Forschungsergebnisse zur Erhebung heikler Fragen verantwortlich sein.

5.5 Zusammenfassung der empirischen Ergebnisse

Zum Ende des Analysekapitels sollen die zahlreichen empirischen Befunde nochmals auf den Punkt gebracht werden. Die zwei Kernfragen der empirischen Analysen waren erstens, wie groß nach den vorliegenden Validierungsdaten das Ausmaß des Misreportings bei der heiklen Frage nach strafrechtlicher Verurteilung ausfällt und ob die RRT zu valideren Antworten führt als der direkte Fragemodus. Zweitens ging es darum zu untersuchen, wie systematisch das Misreporting nach Merkmalen der Befragten und der Interviewsituation auftritt bzw. welche Determinanten – in einer modusvergleichenden Perspektive – dafür verantwortlich sind, dass Befragte nicht wahrheitsgemäß antworten.

In den einleitenden Analysen in Unterkapitel 5.1 wurden zum einen in Abschnitt 5.1.1 aus Itembatterien mittels dimensionaler Analysen Indikatoren zur Messung der theoretischen Konstrukte gebildet. Hier hat sich in einigen Fällen wie der SD-Neigung (CM-Skala) und dem Konsistenzstreben gezeigt, dass die verwendeten Messinstrumente sicherlich verbesserungsfähig sind und die Ergebnisse der Faktorenanalysen nicht mit den konzeptionell-theoretischen Vorgaben bzw. der entsprechenden Literatur übereinstimmten. In Zukunft wird das Problem der Messung von SD-Anreizen und der Dissonanzneigung sicherlich noch ausführlicher thematisiert werden müssen. Dass dies bezüglich der SD-Anreize schon seit über fünf Jahrzehnten – nur mit mittelmäßigem Erfolg – geschieht (vgl. z. B. Boe/Kogan 1964, Hartmann 1991, Paulhus 2002, Stocké/Hunkler 2004 und die in Unterkapitel 2.2 zitierte Literatur), spricht nicht gerade für den Erfolg des Konstrukts. Zum anderen wurden in Abschnitt 5.1.2 deskriptive Auswertungen der Analysevariablen präsentiert. Ein wichtiges Ergebnis war hier, dass das verwendete Validierungssample hinsichtlich soziodemographischer Merkmale nicht einer übermäßig selektiven Population entspricht (mit Ausnahme der Überrepräsentierung von Männern).

Unterkapitel 5.2 widmete sich dem Modusvergleich „weicher" Indikatoren der Umfragequalität. Abgesehen von der Validität der Daten, die primär im Fokus der vorliegenden Arbeit steht, kann die Qualität von Bevölkerungsumfragen auch anhand von Merkmalen wie dem Vertrauen in die Anonymität, unangenehmen Gefühlen bei Befragten und Interviewern beim Beantworten bzw. Stellen der heiklen Fragen oder der Bereitschaft, die heiklen Fragen überhaupt zu beantworten, beurteilt werden. Die zugrundeliegende Hypothese war hier, dass die RRT zu einer Verbesserung auch dieser „weichen" Qualitätsindikatoren beitragen könnte. Im Ergebnis zeigte sich jedoch für vier von fünf untersuchten Indikatoren, dass kein signifikanter Unterschied nach Fragemodus vorliegt. Einzig unangenehme Gefühle des Interviewers beim Stellen der heiklen Fragen wurden im RRT-Modus deutlich weniger berichtet als im DQ-Modus. Auch die Anonymitätsbedenken bzw. das Vertrauen in die Anonymität der Befragten verbessert sich nicht durch die RRT.

Die zentralen Ergebnisse zum Ausmaß des Misreportings bei der Validierungsfrage war Gegenstand von Unterkapitel 5.3. Etwa 58 % der Befragten geben im direkten Fragemodus an, schon einmal strafrechtlich verurteilt worden zu sein, obwohl dies tatsächlich auf alle Befragten im Untersuchungssample zutrifft. Der Anteil wahrer Antworten liegt mit knapp 60 % im RRT-Modus nur marginal höher, der Unterschied ist nicht signifikant. Somit führt die RRT insgesamt nicht zu einer Erhöhung des Anteils wahrer Antworten. Das Ergebnis der Metaanalyse von Lensvelt-Mulders et al. (2005) – hier wurde über sechs Validierungsstudien insgesamt ein signifikant positiver RRT-Effekt berichtet – kann also mit der vorliegenden ersten RRT-Validierungsstudie im deutschsprachigen Raum nicht repliziert werden.

An dieses erste Hauptergebnis der vorliegenden Studie schlossen sich in Unterkapitel 5.4 Analysen zu Determinanten des Antwortverhaltens an: Welche Befragten antworten häufiger als andere nicht der Wahrheit entsprechend und aus welchen Gründen? Die *methodische* Motivation der Analysen war die Ein-

5.5 Zusammenfassung der empirischen Ergebnisse

sicht, dass Zusammenhangsanalysen zwischen heiklen Verhaltensweisen und deren Prädiktoren verzerrt sind und zu falschen Schlussfolgerungen führen, wenn das Misreporting mit den untersuchten unabhängigen Variablen korreliert. Der *theoretische* Hintergrund waren die in Kapitel 3 herausgearbeiteten Hypothesen mit dem Ziel, einer Erklärung des Befragtenverhaltens näherzukommen. Die Ergebnisse dieser Analysen werden anhand von Tabelle 61 rekapituliert und erörtert. Die Zusammenschau bezieht sich nur auf multivariate Befunde, so wie sie in den Gesamtmodellen des vorangegangenen Abschnitts vorgefunden wurden.[133] Sind keine getrennten Effekte für DQ und RRT ausgewiesen (wie z. B. bei der Deliktschwere und Drittperson), bedeutet das, dass der Effekt in beiden Fragemodi gleich auftritt und im letzten Gesamtmodell in Tabelle 60 auf einen Interaktionseffekt verzichtet wurde.

Hinsichtlich der soziodemographischen Merkmale ist als erstes Hauptergebnis der Interaktionseffekt zwischen Geschlecht und Bildung zu nennen. Ein Abitur wirkt bei männlichen Befragten im DQ-Modus negativ auf die Wahrscheinlichkeit, ehrlich auf die Validierungsfrage zu antworten. Für Frauen gilt das Gegenteil. Niedrig gebildete Frauen „lügen" außerdem signifikant häufiger als männliche Befragte ohne Abitur. Im RRT-Modus werden die Effekte weitestgehend nivelliert. Dies wurde oben, gerade weil es sich um wichtige und einfache soziodemographische Variablen handelt, als Erfolg für die RRT gewertet: Würden in einer inhaltlichen Studie Zusammenhangsanalysen zwischen diesen Variablen und strafrechtlicher Verurteilung interessieren, wären die Ergebnisse in einer DQ-Befragung mutmaßlich hochgradig verzerrt. Die RRT schwächt dieses Problem ab. Hinsichtlich des Alters zeigte sich multivariat kein Effekt auf das Antwortverhalten. Die Deliktschwere hingegen wirkt in beiden Fragemodi negativ: Befragte, die wegen eines schweren Delikts verurteilt wurden, antworten unehrlicher. Es wurde allerdings darauf hingewiesen, dass wahrscheinlich ein Selektionseffekt besteht. So ist unklar, ob tatsächlich das begangene *Delikt* für das Antwortverhalten verantwortlich ist, oder unbeobachtete Merkmale, die dazu führen, dass bestimmte Personen bestimmte Delikte begehen und ein bestimmtes Antwortverhalten an den Tag legen; sprich: diese Personen auch bei einem leichteren Delikt ihre Verurteilung fälschlicherweise verleugnet hätten.

---

[133] Ausnahmen sind die Interaktionshypothesen sowie der Effekt des RRT-Verständnisses, die nicht mehr Bestandteil der Gesamtmodelle waren, aber in den vorigen Abschnitten untersucht wurden.

Tabelle 61: Zentrale Befunde zu Determinanten wahren Antwortverhaltens

Bezeichnung	Einflussfaktor	Vermutete Wirkung		Befund (multiv.)		Hypothese bestätigt?
		DQ	RRT	DQ	RRT	
1. Soziodemographie und Deliktschwere						
	Geschlecht weiblich	/	/	–	0	
	Bildung: mindestens Abitur	/	+	–	0	teilweise
	Weiblich × Abitur	/	/	+	0	
	Alter	/	/	0	0	
	Deliktschwere	/	/	–		
2. RC-Theorie						
RRT-Standardhypothese	RRT		+		0	nein
SD-Standardhypothese	SD-Neigung	–	0	0	–	nein
	SD-Belief	–	0	–		teilweise
	Kriminalitätsnorm	–	0	–		teilweise
SD-Exklusivitätshypothese	Kovariaten, wenn SD kontrolliert	0	0	–+	–+	nein
Modifizierte SD-Hypothese	SD-Neigung	0	–	0	–	ja
	SD-Belief	0	–	–	–	teilweise
	Kriminalitätsnorm	0	–	–	–	teilweise
SD-Interaktionshypothesen	SD-Neigung	0	0	0	–	nein
(Stocké 2004)	SD-Belief	0	0	–	–	
	SD-Neigung × SD-Belief	–	0	0	0	
	SD-Neigung	0	0	0	–	nein
	Kriminalitätsnorm	0	0	–	0	
	SD-Neigung × Krimi-Norm	–	0	–	0	
3. FS-Theorie und kognitive Dissonanz						
Reflexionsmodushypothese	Interviewdauer: rc-Modus	–	+	0	0	teilweise
Interviewererfahrungshyp.	Interviewererfahrung	0/+	–	+	–	ja
Bildungshypothese	siehe oben					
Framing-Stocké-Hypothese	Umfrageerfahrung	0	0	0	0	nein[1]
	Umfrageeinstellung	0	0	0	0	
	U.-einstellung × U.erfahrunng	+	0	0	0	
Bystanderhypothese	Drittperson anwesend	–[2]	–[2]	–		teilweise
Dissonanzhypothese	Konsistenzstreben	–	–	–	0	teilweise
	Konsistenzstreben × Krimi-Norm	–	–	0	0	nein
Incentive-Hypothese	Befragtenincentive 20 €	+	+	0	0	nein
	Befragteninc. × Konsistenzstr.	+	+	0	0	nein
4. „Weiche" Indikatoren der Umfragequalität						
	Vertrauen in Anonymität	+	+	0	0	nein
	RRT-Verständnis	/	+	/	0	nein

Erläuterungen: „0" bedeutet einen nicht signifikanten Effekt, „–" steht für einen negativen, „+" für einen positiven signifikanten Effekt auf die Wahrscheinlichkeit wahrer Antworten. [1] Weder die Interaktionshypothese, noch die Effekte der einzelnen Variablen ohne Interaktion konnten nachgewiesen werden. [2] Vgl. jedoch die alternativen Hypothesen in Abschnitt 2.3.2.
Quelle: Eigene Darstellung.

5.5 Zusammenfassung der empirischen Ergebnisse

Die Hypothesen zur RC-Theorie standen v. a. in Zusammenhang mit der Social Desirability-Forschung, die in Unterkapitel 2.2 diskutiert wurde. Drei Hauptergebnisse der Validierungsanalysen können angeführt werden. Erstens konnte nachgewiesen werden, *dass* Anreize zu sozialer Erwünschtheit tatsächlich maßgeblich für das Antwortverhalten sind. Dies gilt auch unter Kontrolle anderer Determinanten des Antwortverhaltens und bestätigt die Grundargumentation der RC-Theorie. Zweitens zeigt sich für die SD-Neigung (CM-Skala), dass deren Effekt *nur* im RRT-Modus auftritt. Dies widerspricht nicht nur der SD-Standardhypothese, sondern auch der gängigen Lehrmeinung bezüglich heikler Fragen, Spezialtechniken und SD-Effekten. Jedoch konnte im Theorieteil hierfür eine plausible Erklärung entwickelt werden („modifizierte SD-Hypothese"). Zu fordern wäre allerdings, die Analysen in weiteren Validierungsstudien zu replizieren. Zudem trifft das Argument nicht auf die zwei Maße der trait desirability, SD-Belief und Kriminalitätsnorm, zu. Diesbezüglich ist allerdings nochmal zu betonen, dass die Effekte dieser zwei Indikatoren tendenziell unter einem „Artefakt- oder Tautologieverdacht" stehen: Da Erwünschtheitseinschätzungen nicht unabhängig vom Antwortverhalten erhoben wurden (und auch generell nur schwer unabhängig voneinander erhebbar sind), können die hohen Korrelationen auch das Streben der Befragten nach konsistentem Antwortverhalten widergeben. Ein weiteres Hauptergebnis ist drittens, dass die Interaktionshypothesen von Stocké (2004) nicht bestätigt werden konnten. Die SD-Variablen wirken unabhängig voneinander; einzig in einem Modell mit der Kriminalitätsnorm zeigt sich, dass deren Effekt von der Stärke der SD-Neigung abhängt.

Die FS- verbunden mit der Theorie kognitiver Dissonanz von Festinger (1957) führte zu weiteren Hypothesen, die wiederum teils bestätigt wurden, sich teils aber auch nicht als empirisch haltbar erwiesen. Die „Reflexionsmodushypothese" konnte multivariat nicht bestätigt werden; jedoch stand in Form der Gesamtdauer des jeweiligen Interviews nur ein sehr grober Indikator für die Antwortgeschwindigkeit zur Verfügung. Hingegen konnte die „Interviewererfahrungshypothese" empirisch nachgewiesen werden. Im DQ-Modus führt eine zunehmende Erfahrung des Interviewers in der aktuellen Erhebung zu valideren Antworten; im RRT-Modus verläuft der Effekt genau umgekehrt. Dieses Ergebnis ist nicht nur im Rahmen der theoretischen Erklärung des Befragtenverhaltens von Bedeutung, sondern hat auch methodische Implikationen. In künftigen RRT-Anwendungen sollte sichergestellt werden, dass die Interviewer ihr Verhalten zu Anfang ihres Feldeinsatzes, direkt nach der Interviewerschulung, konstant beibehalten. In diesem Zusammenhang ist auf einen interessanten Befund von Fowler und Mangione (1984) zu verweisen, die die Entwicklung von Interviewerqualifikationen im Verlauf einer Erhebung empirisch untersuchten. Hier finden die Autoren einen *abnehmenden* Effekt; das Interviewerverhalten war direkt nach der Schulung am optimalsten und verschlechterte sich im Laufe der Erhebung: „[...] the level of skill interviewers had when they completed training was close to the highest level of skill they would ever have as interviewers. [...] Rather than improving skills, experience is likely to erode them". Träfe dies auch auf die Validierungsstudie zu, würde sich die Interpretation der „Interviewererfahrungshypothese" umkehren: Dann wäre das gute Abschneiden der RRT zu Anfang des Feldeinsatzes auf die unmittelbare Wirkung der Interviewerschulung und das optimale Interviewerverhalten zurückzuführen. Warum dann aber im DQ-Modus eine Verschlechterung des Interviewerverhaltens zu einer Verbesserung der Antwortvalidität führt, bleibt unklar. Alles in allem jedoch unterstreichen die hier vorgelegten Befunde die Wichtigkeit, in quantitativ-standardisierten Erhebungen auf korrektes Interviewerverhalten zu achten.

Die ebenso aus der FS-Theorie hergeleitete „Bildungshypothese" bestätigte sich empirisch nur tendenziell. Der vermutete positive Bildungseffekt im RRT-Modus war nicht nachweisbar; sehr wohl aber kann die Fragetechnik den bildungsspezifischen Bias im DQ-Modus – für männliche Befragte – abschwächen.

Eine weitere Hypothese stammte wiederum von Stocké (2004; „Framing-Stocké-Hypothese") und betonte Interaktionseffekte zwischen Umfrageeinstellungen und Umfrageerfahrung. Genau wie die Interaktionshypothesen zu SD-Effekten konnte auch diese Framing-Hypothese empirisch nicht bestätigt werden. Auch die Einzeleffekte der Variablen übten keinerlei Effekt auf das Antwortverhalten aus. Gar nicht erst dokumentiert wurden Analysen zur „engen" Framing-These von Stocké, die eine Fünffachinteraktion zwischen drei Variablen zu SD-Anreizen und den zwei Framingvariablen postulierte. Auch hier zeigten sich keinerlei stabile Effekte.

Bezüglich der „Bystanderhypothese" war die prognostizierte Wirkung einer während des Interviews anwesenden Drittperson nicht eindeutig festzulegen (vgl. Abschnitt 2.3.2). Positive Effekte auf die Antwortvalidität sind ebenso plausibel wie negative. Empirisch zeigte sich, dass sowohl im DQ-, als auch im RRT-Modus häufiger Misreporting auftritt, wenn eine Drittperson anwesend ist. Tendenziell ist der Effekt im RRT-Modus sogar größer als im DQ-Modus.

Zwei weitere Hypothesen zogen Argumente aus der Theorie kognitiver Dissonanz heran. Die Vermutung, dass Befragte mit einer hohen Neigung, unter Dissonanzen zu leiden, häufiger ihre strafrechtliche Verurteilung leugnen, bestätigte sich empirisch für den DQ-Modus. Prognostiziert wurde allerdings theoretisch auch, dass dieser Effekt im RRT-Modus gleichermaßen auftreten müsste, da die Technik solche „innerlichen" Anreize für ein Misreporting nicht beheben könne. Diese Subhypothese fand keine empirische Grundlage; im Gegenteil besteht ein signifikanter Interaktionseffekt zwischen Dissonanzneigung und RRT, die diese Ursache für Antworteditierungen erfolgreich beheben konnte.

5.5 Zusammenfassung der empirischen Ergebnisse

Keine empirische Unterstützung fanden außerdem auch die Interaktionshypothesen der Dissonanzneigung mit der Kriminalitätsnorm und dem Befragtenincentive. Letzterer hatte auch alleine keinerlei Effekt auf das Antwortverhalten. Dies ist zwar eine Widerlegung der theoretischen Vorhersage, stellt aber eine positive Nachricht für die Umfrageforschung dar: Man erkauft sich keinen zusätzlichen Bias, wenn durch die Zahlung von Teilnahmeincentives der Rücklauf einer Erhebung erhöht wird.

Ein letztes wichtiges Ergebnis der empirischen Analysen betrifft die Auswirkung von Anonymitätsbedenken und des Verständnisses der RRT seitens der Befragten. Beide Variablen übten keinerlei Effekt auf das Antwortverhalten aus, weder bivariat, noch unter Kontrolle weiterer Erklärungsfaktoren. Dieser Befund ist aus zwei Gründen wichtig. Erstens ist somit der mögliche Einwand, wonach die theoretischen Ausführungen in Kapitel 3 wegen der Nicht-Berücksichtigung dieser Erklärungsfaktoren unzureichend seien, entkräftet. Zweitens und damit verbunden bestätigen die Befunde die schon eingangs dieser Arbeit formulierte Sichtweise, wonach der implizit zugrunde gelegte Wirkmechanismus der RRT (und anderer Spezialtechniken zur Erhebung heikler Themen) die Realität zu sehr vereinfacht: Die zentrale Motivation, Spezialtechniken wie die RRT einzusetzen, ist die Annahme, dass Misreporting wegen einer unzureichenden oder unzureichend wahrgenommenen Anonymität erfolgt, Spezialtechniken die Anonymität erhöhen und so zu ehrlicheren Antworten animieren. Die Befunde der Validierungsstudie widersprechen dieser Argumentation gleich an zwei Stellen. Weder erhöht sich durch die RRT die von den Befragten wahrgenommene Anonymität ihrer Angaben, noch üben Anonymitätsbedenken einen nachweisbaren Einfluss auf das Antwortverhalten aus. Dieses m. E. wichtige Resultat der empirischen Analysen widerspricht den ausführlich referierten Befunden von Landsheer, van der Heijden und van Gils (1999) und stellt eine zentrale Frage dar, die in künftigen Studien eingehender untersucht werden sollte. Davon abgesehen könnten Anonymitätsbedenken jedoch auch überhaupt ganz anders wirken als meist stillschweigend unterstellt wird: Sofern nämlich Anonymitätsbedenken dahingehend interpretiert werden, dass ein Befragter davon ausgeht, „die Richtigkeit" seiner Angaben könne extern überprüft werden, gibt es für ihn keinen Anreiz mehr, nicht wahrheitsgemäß auf eine Frage wie jene nach strafrechtlicher Verurteilung zu antworten. In dieser Perspektive würde die wahrgenommene Anonymität also genau *umgekehrt* wirken als sonst immer angenommen; wenig anonyme Interviewsituationen führten zu valideren Antworten als anonyme, in denen bewusst und ausdrücklich ein „Schleier der Nicht-Information" zwischen Befragte und Forscher gelegt wird. Theoretisch ergibt sich diesbezüglich als Anknüpfungspunkt das in Unterkapitel 3.2 vorgebrachte RC-Argument, wonach entscheidend für das Antwortverhalten ist, „wie sicher ein Befragter lügen kann".

Methodisch ist diese Idee übrigens nicht neu: Die in Abschnitt 2.3.4 kurz erwähnte „Bogus Pipeline-Technik" (z. B. fingierte Lügendetektoren) nutzt ganz bewusst den Umstand aus, durch eine vorgegaukelte Nachprüfbarkeit der Antworten zu ehrlicheren Angaben zu animieren. Insgesamt dürften in der Praxis wohl beide Auswirkungen von Anonymitätsbedenken auftreten, also sowohl die herkömmliche, als auch die gerade vorgeschlagene alternative Sichtweise. Sollte diese Argumentation zutreffen, wäre für die methodische Umfrageforschung in Zukunft darüber nachzudenken, wie mit der Problematik umzugehen ist.

Abschließend sei nun noch auf die Frage eingegangen, wie die empirischen Ergebnisse im Hinblick auf eine Gegenüberstellung der RC- und Framing-Erklärung des Befragtenverhaltens zu beurteilen sind. Schon aus den theoretischen Ansätzen selbst ergibt sich, dass diese weniger als konkurrierende und sich ausschließende Alternativen zu sehen sind, sondern als sich ergänzende Theorien. Die empirischen Befunde sprechen dafür, künftig beide Theorieperspektiven weiterzuverfolgen, da zentrale Hypothesen der Theorien empirisch bestätigt werden konnten. Insofern ergibt sich auch, dass aufgrund der Befunde *empirisch* kein Ansatz dem anderen überlegen oder zu bevorzugen ist. Allenfalls auf theoretischer Ebene wären die oben schon vorgebrachten Zweifel an der FS-Theorie zu diskutieren – was aktuell in der deutschsprachigen Theoriedebatte ja auch erfolgt (Esser 2010, Esser/Kroneberg 2010, Etzrodt 2007, 2008, Kroneberg 2008, Opp 2010; vgl. auch Unterkapitel 3.4). Ein Ergebnis der Analysen ist aber im Hinblick auf beide Theorien, dass *Haupteffekte* der Prädiktoren durchgehend aussagekräftiger waren als die teils diffizilen Interaktionshypothesen. Dies betrifft die SD- und Framinghypothese von Stocké sowie die Dissonanztheorie. Dies spricht dafür, dass theoretische Erklärungen des Befragtenverhaltens vielleicht einfacher ausfallen können als es die elaborierten Interaktionshypothesen (teilweise Fünffachinteraktionen!) postulieren. Klar und ebenfalls zu betonen ist auch, *dass* Befragtenverhalten grundsätzlich erklärbar ist: Die vielen nachgewiesenen Effekte der Prädiktoren zeigen, dass das Antwortverhalten keinesfalls erratisch-zufällig ist, sondern systematischen Mustern folgt. Für diese wiederum muss es Gründe geben, die prinzipiell erklärbar sind: *Warum* z. B. gibt es so ausgeprägte Geschlechts- und Bildungseffekte? *Warum* wirkt die Interviewererfahrung so deutlich und unterschiedlich nach Fragemodus? All dies bekräftigt somit auch die Position Essers (1986: 315 f.), der die Kritik des interpretativen Paradigmas an der Umfrageforschung, wonach diese „wegen ihrer [...] beängstigenden Entfernung von der bunt-spontanen Alltagswirklichkeit grundsätzlich zu Irrelevanz verurteilt sei" (1986: 315), und „alle Situationen und Prozesse unvorhersagbar neuartig und daher allenfalls dem hermeneutisch-lebensweltlichen Nachvollzug zugänglich seien" (Esser 1986: 316), zurückweist und ebenso die *Systematik* von Antwortreaktivität und dadurch ihre *Erklärbarkeit* betont.

6 Resümee und Ausblick

Thema der vorliegenden Arbeit waren sog. heikle Fragen in Survey-Interviews und der Vorschlag der methodischen Umfrageforschung, dem Problem häufigen Misreportings bei solchen Fragen mit der Randomized Response-Technik (RRT) zu begegnen. Die RRT ist eine anonymisierende Fragetechnik, bei der die Befragtenangaben durch Zwischenschalten eines Zufallsmechanismus künstlich verschlüsselt werden. Außenstehende Personen – hierzu gehört auch der Interviewer – können von der gegebenen Antwort nicht mehr auf die „eigentlich richtige Antwort" des Befragten zurückschließen. Durch die so erhöhte Anonymität erhofft man sich, dass die Befragten ehrliche Antworten auf heikle Fragen geben. Zu Beginn der Ausführungen stand die Erkenntnis, dass es bezüglich der Wirksamkeit der RRT einige offene Probleme gibt, von denen das wichtigste ist, dass trotz umfangreicher Forschungsanstrengungen in den letzten Jahrzehnten bisher nur unzureichend geklärt ist, inwieweit die Fragetechnik den Response Bias bei heiklen Fragen überhaupt beseitigen kann. Zentral ist hierbei ein Mangel an Validierungsstudien, bei denen die im Survey-Interview erhobenen Befragtenantworten mit externen Informationen verglichen werden können und der wahre Wert einer Variablen somit bekannt ist.

Hauptanliegen der vorliegenden Studie war, eine solche Validierungsstudie durchzuführen und deren Ergebnisse zu analysieren. Mittels standardisierter Face to Face-Interviews wurden Personen befragt, von denen bekannt war, dass sie in jüngerer Vergangenheit wegen kleinerer krimineller Delikte strafrechtlich verurteilt worden waren. Die interessierende heikle Frage war entsprechend jene nach strafrechtlicher Verurteilung. In einem experimentellen Methodensplit wurde ein Teil der Befragten der RRT zugewiesen, ein zweiter Teil bekam die Frage in herkömmlicher Weise direkt gestellt (DQ-Modus). Neben dem Kernanliegen, die Prävalenzschätzer der Validierungsfrage im DQ-RRT-Vergleich zu untersuchen und mit dem wahren Wert in der Stichprobe (100 % strafrechtlich verurteilt) zu vergleichen, standen zwei weitere Kernpunkte im Erkenntnisinteresse der Arbeit. Zum einen wurde die Frage nach *theoretischen Erklärungen* des Befragtenverhaltens gestellt. Hier lagen im Vorfeld Vorschläge für eine Rational Choice (RC)-Theorie des Befragtenverhaltens von Esser (1986, 1991), sowie ein rudimentäres Modell der Frame-Selektions-Theorie (FST) von Stocké (2004) vor. Da für beide Ansätze einige Problempunkte identifiziert wurden, galt es, die Erklärungsmodelle aufzugreifen, auszubauen und auf den Fall heikler Fragen in der DQ-RRT-Perspektive anzuwenden. Eine besondere Rolle spielte hierbei die These, Misreporting bei heiklen Fragen entstünde v. a. – oder gar ausschließlich – aufgrund von Effekten sozialer Erwünschtheit. Zum anderen und damit verbunden, galt es, empirische Analysen zu Determinanten des Antwortverhaltens durchzuführen. Deren Bedeutung ergibt sich erstens unmittelbar aus den theoretisch hergeleiteten Hypothesen, die getestet werden sollten. Zweitens ist die Frage nach Bestimmungsfaktoren des Antwortverhaltens auch aus dem Grunde von Interesse, als auch Zusammenhangsanalysen zwischen unabhängigen Variablen und heiklen Verhaltensweisen maßgeblich verzerrt sein können, wenn das Misreporting mit den untersuchten unabhängigen Variablen korreliert.

In den nachstehenden Ausführungen werden nochmals kurz der Gang der Arbeit rekapituliert sowie die wichtigsten Ergebnisse resümiert sowie diskutiert (Unterkapitel 6.1). Anschließend wird auf Schwachpunkte der Arbeit bzw. offen gebliebene Fragen verwiesen. Schlussfolgernd werden schließlich Vorschläge und Empfehlungen für die künftige Forschung im Bereich heikle Fragen und RRT einerseits, und für die Praxis des Einsatzes der RRT in Erhebungen andererseits gemacht (Unterkapitel 6.2).

6.1 Zusammenfassung und Diskussion

Zu Beginn wurde in Kapitel 1 zunächst auf die große Bedeutung von Umfragedaten für die empirische Sozialforschung hingewiesen. Viele Umfragen enthalten sog. heikle Fragen, z. B. Fragen nach Drogenkonsum, selbstberichteter Delinquenz oder Fagen zur Gesundheit oder sexuellen Themen. Ein Hauptproblem bei solchen Fragen ist Misreporting der Befragten; „unerwünschte" oder negativ konnotierte Eigenschaften werden seltener zugegeben als sie tatsächlich auftreten (underreporting), „erwünschte" Charakteristika werden übertrieben (overreporting). Daraus resultieren verzerrte Schätzwerte, die Daten sind nicht valide.

Ein Vorschlag zur Lösung des Problems ist die RRT, die durch eine Anonymisierung der Interviewsituation zu ehrlicheren Antworten animieren soll als herkömmliche Fragetechniken. Jedoch ist bisher unklar, wie leistungsfähig die Technik tatsächlich ist – obgleich in einer jüngeren Metaanalyse (Lensvelt-Mulders et al. 2005) über mehrere RRT-Studien ein insgesamt positiver Effekt der Fragetechnik festgestellt wurde. Es ist ein Mangel an Validierungsstudien zu konstatieren. Im deutschsprachigen Raum existiert bisher keine RRT-Validierungsstudie.

Ebenfalls in der Einleitung der Arbeit wurde auf Theoriedefizite hinsichtlich einer Erklärung des Befragtenverhaltens verwiesen. Vorhandene RC-

6.1 Zusammenfassung und Diskussion

Ansätze rekurrieren meist ausschließlich auf Anreize durch soziale Erwünschtheit als Ursache für Misreporting. Zudem ist die RRT als Spezialtechnik bisher nicht – oder allenfalls rudimentär-implizit – in ein entsprechendes erklärendes Modell integriert.

Ziel der Arbeit war es, sich diesen Fragen zu nähern und mittels einer eigens durchgeführten Validierungsstudie zu einer Aussage über die Leitungsfähigkeit der RRT beizutragen. Hierbei wurden konkret vier Fragen verfolgt. Zunächst galt es mittels der externen Validierung festzustellen, wie hoch der Bias durch Misreporting im DQ-Modus ist. Unmittelbar daran schloss sich die Frage an, wie hoch der Bias im RRT-Modus ist und ob sich verglichen mit dem DQ-Modus validere Antworten gewinnen lassen. Die dritte und vierte Frage bezogen sich auf Determinanten des Antwortverhaltens im DQ- versus RRT-Modus. Welche Gründe führen dazu, dass Befragte unherlich antworten? Können diese Gründe durch die RRT kompensiert werden? Die Analysen bauten hierbei auf theoriegeleiteten Hypothesen auf, die sich aus dem Anspruch ergaben, theoretische Modelle zur Erklärung des Befragtenverhaltens aufzugreifen und weiterzuentwickeln.

In Kapitel 2 stand die Aufarbeitung der methodisch-empirischen Literatur im Fokus. Zunächst wurde nach Definitionen des Terminus „heikle Frage" gesucht und die Probleme bei deren Erhebung anhand der Literatur aufgezeigt. Hierbei wurde klar, dass Fragen niemals per se als „heikel" bezeichnet werden können, sondern vielmehr der Sensitivitätsgrad nach Befragten-, Situations- und Fragemerkmalen variiert. Unbestritten ist, dass das Problem des Misreportings empirisch zweifelsfrei nachgewiesen wurde.

Im Anschluss an diese Ausführungen wurde die „Social Desirability (SD)"-Forschung erörtert. Deren Bedeutung ergibt sich aus der oft formulierten These, dass Anreize durch soziale Erwünschtheit den Hauptgrund für die Probleme bei der Erhebung heikler Themen darstellen. Das Ergebnis der Literatursichtung offenbarte jedoch eine gewisse Diskrepanz zwischen diesem Universalgeltungsanspruch der SD-These und den empirischen Befunden. Letztere sind oft inkonsistent; zudem besteht Uneinigkeit hinsichtlich konzeptioneller Fragen und der Messinstrumente für SD-Anreize. Als weiteres Ergebnis wurde für den weiteren Verlauf der Arbeit geschlussfolgert, dass (mindestens) zwei Komponenten von SD-Anreizen betrachtet werden müssen, nämlich einerseits die allgemeine Neigung zu sozialer Anerkennung (SD-Neigung) und andererseits die trait desirability, also die wahrgenommene Erwünschtheit bestimmter Handlungen oder Eigenschaften.

Im nächsten Unterkapitel wurde ein Überblick über das Spektrum an erhebungstechnischen Bestimmungsfaktoren der validen Messung heikler Dinge gegeben. Seit den Anfängen der Umfrageforschung wird thematisiert, wie bestimmte Erhebungsmodi (z. B. Face to Face, schriftlich, CATI), Merkmale des Interviewkontextes wie anwesende Drittpersonen, Frageformulierungen oder spezielle Fragetechniken wie die Technik des vertraulichen Kuverts die Antwortvalidität beeinflussen. Auch hier ist die Befundlage insgesamt eher inkonsistent, es besteht ein Mangel an Validierungsstudien. Die Ausführungen zu Moduseffekten deuteten jedoch darauf hin, dass in Face to Face-Interviews – und damit auch in der hier vorgelegten Studie – zwar mit einem geringeren Response Bias als im Telefonmodus zu rechnen ist, aber mit einem höheren Bias als in selbstadministrierten Modi wie der schriftlichen oder Online-Befragung.

Ausführlich wurde anschließend auf den Forschungsstand bezüglich der RRT eingegangen. Unter den vielen verschiedenen Varianten der Fragetechnik kristallisierte sich die Forced Response-Technik als vorteilhaftes Design heraus. Deren statistische Eigenschaften sind positiv und die Prozedur ist für die Befragten einfach zu bedienen. Erörtert wurden außerdem bekannte Probleme mit der RRT. Während methodisch-statistische Fragen hinsichtlich der Technik gut erforscht sind und so auf der „Haben-Seite" der RRT-Forschung zu verbuchen sind, bestehen weiterhin Probleme auf der sozialpsychologisch-befragtenseitigen Ebene. Derartige Probleme kulminieren in dem Vorwurf, Befragte hätten Probleme mit dem Verständnis der Technik und dadurch (weiterhin) Anonymitätsbedenken (Landsheer/van der Heijden/van Gils 1999). Dies führe zum Scheitern der RRT. Empirisch zeigt sich in Metaanalysen der bereits oben erwähnte Befund eines insgesamt positiven RRT-Effekts auf die Validität der Daten verglichen mit herkömmlichen Fragetechniken. Dieser mittlere positive Effekt geht jedoch mit einer sehr hohen Varianz der Forschungsergebnisse hinsichtlich der Wirksamkeit der RRT einher. Viele Studien stellten keine oder gar negative Effekte fest. Nicht auszuschließen ist auch, dass ein Publication Bias vorliegt und Studien, die positive RRT-Effekte berichten, eher publiziert werden als solche, die keine Effekte nachweisen können. Der ebenfalls schon erwähnte Mangel an Validierungsstudien führt somit insgesamt zu einer unzureichenden Befundlage über die Leistungsfähigkeit der Technik. Keinerlei Befunde aus multivariaten Analysen liegen weltweit bisher hinsichtlich der Frage nach Determinanten des Antwortverhaltens im RRT-Modus vor.

Das sich anschließende Kapitel 3 stellte den Theorieteil der Arbeit dar. Ausgangspunkt der Ausführungen war hier die Frage nach handlungstheoretischen Erklärungen von Befragtenverhalten: Welche Gründe führen dazu, dass Befragte nicht wahrheitsgemäß auf (heikle) Fragen antworten? Was lässt sich konkret für die hier untersuchte Validierungsfrage nach strafrechtlicher Verurteilung prognostizieren? Welche theoretischen Erklärungen könnten angeben, warum durch Spezialtechniken wie die RRT ein Sinken des Misreportings zu erwar-

6.1 Zusammenfassung und Diskussion

ten ist? Lässt sich auch die empirische Befundlage, nach der offenbar diese Techniken oft *nicht* die gewünschte Wirkung haben, theoretisch erklären?

Zu Anfang der theoretischen Ausführungen wurde zunächst begründet, warum auf RC-Theorien zur Erklärung des Befragtenverhaltens zurückgegriffen wird: Diese stellen erstens nach der Meinung der einschlägigen Forschung die einzige verfügbare Theorie dar, die die Anforderungen an gültige soziologische Erklärungen erfüllt. Zweitens lagen bereits Anwendungen der RC-Theorie auf das Befragtenverhalten in Form entsprechender Theoriemodelle vor (Esser 1986, 1991, Stocké 2004), die aufgegriffen und erweitert werden konnten. In Unterkapitel 3.2 wurde ein RC-Modell des Befragtenverhaltens entwickelt, welches v. a. die Wirkung der RRT und jene von SD-Anreizen behandelte. Unterkapitel 3.3 zog die Frame-Selektionstheorie heran, um zu weiteren Hypothesen hinsichtlich des Antwortverhaltens zu gelangen. In diesen Rahmen wurden auch Argumente der Theorie kognitiver Dissonanz integriert. Gegen Ende des Theoriekapitels wurden die einzelnen Ansätze synthetisiert, gegenübergestellt und diskutiert.

An dieser Stelle genügt es, die zentralen Ergebnisse der theoretischen Ausführungen zusammenzufassen; der detaillierte Argumentationsgang wird aus Stringenzgründen nicht mehr wiederholt. Die RC-Theorie prognostiziert grundsätzlich, dass ein Befragter dann vom wahren Wert abweichend antwortet, wenn der subjektiv erwartete Nutzen einer unwahren Antwort größer ist als der subjektiv erwartete Nutzen einer wahren Antwort. Zentral sind hierbei Anreize durch soziale Erwünschtheit. Das klassische, auf Esser aufbauende RC-Modell wurde bezüglich der RRT-Auswirkungen erweitert. Hier wird prognostiziert, dass die RRT die Wahrnehmbarkeit der Befragtenantworten senkt und somit auch den SEU-Wert einer unwahren Antwort herabsetzt. Insgesamt müsste also der Anteil valider Antworten in der Stichprobe zunehmen. Ebenso zeigt jedoch dieses einfache Modell, dass auch mit der RRT keine 100 %ig wahren Antworten vorhergesagt werden: Von Esser als „indifferent" bezeichnete Befragte haben auch im RRT-Modus keinen Anreiz für eine wahrheitsgemäße Antwort. Befragte, die keinerlei Nutzen aus einer wahren Antwort ziehen, sondern ausschließlich aus einer unwahren, werden durch die RRT zu „indifferenten" Befragten. Für jene Befragten würde dann folgern, dass sie im RRT-Modus „irgendeine" Antwort wählen, da sie zwischen den Antwortalternativen indifferent sind. In einem erweiterten RC-Modell wurde ein zusätzliches Argument eingeführt. Kerngedanke war hier, dass eine unwahre Antwort nicht „risikolos" gegeben werden kann. Für den Fall, dass der wahre Wert im Laufe des Interviews durch weitere Fragen oder durch unbewusste Reaktionen des Befragten („rot werden") aufgedeckt wird, liegt nun nicht nur der wahre Wert offen, sondern der Befragte wurde zusätzlich des „Lügens" überführt. Entsprechend, so die neu eingeführte Argumentation, ist bei unwahren Antworten ein zusätzlicher Term in die theoretische

Modellierung einzubeziehen, der die mit der subjektiv wahrgenommenen Aufdeckwahrscheinlichkeit gewichteten Kosten einer „entdeckten unwahren Antwort" abbildet. Die zentrale Schlussfolgerung für die RRT lautete, dass die Fragetechnik nach diesem theoretischen Modell dazu führen kann, dass Befragte mit hohen Anreizen zu SD-Antworten *dank* der RRT *„sicherer lügen"* können als im DQ-Modus. Entsprechend würde die RRT genau entgegengesetzt wirken als beabsichtigt. Bezogen auf SD-Anreize ergaben sich drei hauptsächliche Hypothesen aus den Ausführungen zur RC-Theorie. Erstens prognostiziert das herkömmliche Modell ein zunehmendes Misreporting mit steigenden SD-Anreizen im DQ-Modus. Im RRT-Modus würden die SD-Effekte abgeschwächt werden. Im modifizierten Modell unter Einbezug der „Aufdeckmöglichkeit" hingegen würde zweitens folgern, dass SD-Variablen im RRT-Modus einen stärkeren Effekt haben müssten als im DQ-Modus. Drittens schließlich galt es die Interaktionshypothese von Stocké (2004) zu prüfen. Demnach träten SD-Effekte nur dann auf, wenn ein Befragter eine hohe SD-Neigung aufweist *und* die erfragte Eigenschaft für unerwünscht hält (trait desirability) *und* die Situation nicht anonym ist.

Die Anwendung der FS-Theorie auf die Fragen der vorliegenden Arbeit führte im Kern zu drei Thesen. Erstens wurde die Bedeutung des Modus der Informationsverarbeitung (automatisch-spontan (as) versus reflexiv-kalkulierend (rc)) herausgestellt. Kernidee ist hier, dass der Reflexionsgrad beim Framing-Prozess das Antwortverhalten beeinflusst. Dieser wirkt nach Fragemodus unterschiedlich, so dass im DQ-Modus ein automatisch-spontanes Antworten zu wahren Angaben führt, die komplexere RRT-Situation hingegen für wahre Antworten ein Agieren im rc-Modus erfordert. Wichtig ist in diesem Zusammenhang auch der Match zwischen Interviewsituation und mentalen Abbildern derselben im Erfahrungsrepertoire des Befragten. Dieser Match, so eine zentrale Orientierungshypothese, ist im RRT-Modus praktisch nicht vorhanden, da kaum ein Befragter Erfahrungen mit der sehr speziellen Fragetechnik hat. Konkret wurden aus diesem Argumentationsstrang Hypothesen hinsichtlich der Antwortgeschwindigkeit des Befragten, der Erfahrung der Interviewer in der aktuellen Erhebung, sowie der Bildung der Befragten hergeleitet.

Eine zweite Hypothese aus der FS-Theorie wurde bereits an anderer Stelle von Stocké (2004) vorgelegt. Hier wurde argumentiert, dass Interviewsituationen unter einem kooperativen Frame gerahmt werden können und in diesem Fall SD-Anreize ausgeschaltet werden. Diese Stocké-Hypothese gipfelte in einer Fünffachinteraktion, die jedoch in einer abgeschwächten Form übernommen wurde. Demnach müssten positive Umfrageeinstellungen bei gleichzeitig hoher Umfrageerfahrung (hierdurch wird die Stärke der Verankerung der positiven Einstellungen gemessen) positiv auf die Antwortvalidität wirken.

6.1 Zusammenfassung und Diskussion

Der dritte Hypothesenkomplex wurde aus einer Einbindung der Theorie kognitiver Dissonanz (Festinger 1957) gewonnen. Grundgedanke war hier, dass Antwortverzerrungen nicht nur wegen externer Effekte – wie z. B. Angst vor Sanktionen oder Erwünschtheitserwägungen bezüglich des Interviewers – entstehen. Vielmehr können auch Mechanismen der Reduktion kognitiver Dissonanzen wirken, wenn dissonanzverursachende Verhaltensweisen ins Bewusstsein gerufen werden und in einem Surveyinterview zugegeben werden müssen. Aus der Dissonanztheorie wurden zwei Hypothesen hinsichtlich der Wirkung der Dissonanzneigung von Befragten sowie von Teilnahmeincentives – hier in Höhe von 20 € – formuliert. Bezüglich der RRT lautet die theoretische Prognose, dass solche innerlichen Anreize für Misreporting nicht behoben werden können, da die Fragetechnik ausschließlich auf externe Effekte von Befragtenantworten abzielt.

Insgesamt konnten im Theorieteil eine ganze Reihe an empirisch testbaren Hypothesen entwickelt werden. Zu behaupten, hierdurch sei eine vollständige Theorie von Antwortverzerrungen bei heiklen Fragen vorgelegt worden, wäre jedoch zu weit gegriffen und anmaßend. Vielmehr ist ganz bewusst der Weg gewählt worden, einige theoretisch fundierte „kühne Hypothesen" im Popperschen Sinne zu formulieren. Diese stellen sicher ein wichtiges Desiderat für die künftige weitere theoretische Ausarbeitung und empirische Testung dar. Fragt man nach Erkenntnissen aus den Theorien für die methodische Umfragepraxis, lassen sich mindestens zwei Punkte anführen. Erstens sagt die RC-Theorie voraus, dass die RRT (und auch andere Spezialtechniken zur Erhebung heikler Fragen) nicht bei allen Befragten die gewünschte Wirkung erzielt und sich sogar kontraintendiert auswirken kann. Vielleicht sollten daher derartige Techniken noch viel weniger als bisher als „Allheilmittel" gesehen werden, die *immer* zu valideren Antworten führen als herkömmliche Fragemethoden. In diesem Zusammenhang wurde auch schon zu Beginn der Arbeit bei der Suche nach einer Definition des Terminus „heikle Frage" herausgestellt, dass der Sensitivitätsgrad für eine Frage nach vielen Bestimmungsfaktoren variiert und daher nicht davon auszugehen ist, dass sich eine Fragetechnik immer in gleicher Weise auswirkt. Würden sich die theoretischen Argumente auch in künftigen Studien bestätigen, wäre es allerdings möglich, die *Bedingungen*, bei denen eine positive Wirkung zu erwarten ist, genau anzugeben. Zweitens – und damit nicht unverbunden – betonte die FS-Theorie die Rolle des Reflexionsmodus von Befragtem und Interviewer beim Bewältigen der Interviewsituation. Würden sich die diesbezüglich entwickelten Thesen bestätigen, könnten in Umfragen Anpassungen des Erhebungsdesigns entwickelt werden, die validitätsverbessernde Auswirkungen bestimmter Reflexionsmodi ausnutzen könnten. Konkret könnten beispielsweise Designs entwickelt werden, in denen Befragte sehr schnell und automatisch eine ganze Reihe an Fragen beantworten müssen und so in einen as-Modus „gezwungen" werden, der wiederum zu ehrlicheren Antworten führt als ein reflektierend-abwägender Reflexionsmodus (dies gilt allerdings nicht für die RRT).

Das Theoriekapitel beschloss den ersten Teil der vorliegenden Arbeit. Gegenstand des zweiten Teils war die empirische Analyse der bereits oben skizzierten Validierungsstudie. Deren Konzeption und Ablauf, die anschließende Datenaufbereitung sowie die verwendeten Variablen der Analysen wurden in Kapitel 4 erläutert. Auch auf spezielle Analyseverfahren für RRT-Daten wurde eingegangen. Die Kerncharakteristika der Validierungsstudie sind bereits durch die einleitenden Bemerkungen zu Anfang des Kapitels gekennzeichnet und müssen nicht wiederholt werden. Als RRT-Prozedur wurde ein Forced Response-Design gewählt, welches sich im Feld als eher unproblematisch herausgestellt hat. Zudem gab es keine modusspezifischen Ausfälle; die im Experimentaldesign angestrebte 40- zu 60-Aufteilung zwischen DQ- und RRT-Interviews wurde gut realisiert.

Auch die Ergebnisse des Analysekapitels der vorliegenden Arbeit, Kapitel 5, wurden bereits oben in Unterkapitel 5.5 (vgl. insbesondere Tabelle 61, S. 302) ausführlich resümiert, so dass es hier genügt, die zentralen Befunde thesenförmig aufzuführen.

- „Weiche" Indikatoren der Umfragequalität wie das Vertrauen in die Anonymität, unangenehme Gefühle beim Beantworten der heiklen Fragen oder die Antwortbereitschaft verbessern sich durch die RRT nicht. Eine Ausnahme bilden die Interviewer, denen es im RRT-Modus leichter fällt, die heiklen Fragen zu stellen.
- Diese „weichen" Indikatoren haben keine Auswirkungen auf die Wahrscheinlichkeit, dass wahrheitsgemäß auf die Validierungsfrage geantwortet wird. Zunehmendes Verständnis der RRT durch die Befragten und zunehmendes Anonymitätsvertrauen gehen nicht mit einer Verbesserung der Antwortvalidität einher.
- Die geschätzte Prävalenz der Validierungsfrage zu strafrechtlicher Verurteilung war im RRT-Modus nur marginal und nicht signifikant höher als im DQ-Modus. Die RRT führt somit insgesamt nicht zu einer Verbesserung der Antwortvalidität. Der Anteil an Befragten, die wahrheitsgemäß auf die Validierungsfrage antworten, liegt bei knapp 60 %.
- Die Effekte der untersuchten Determinanten des Antwortverhaltens unterscheiden sich substanziell nach dem Fragemodus. Einige Ursachen für Misreporting wirken im DQ-Modus stärker als im RRT-Modus, andere umgekehrt. Einen positiven Effekt hat die RRT bezüglich soziodemographischer

Merkmale: Das systematisch auftretende Misreporting nach diesen Variablen im DQ-Modus wird durch die RRT abgemildert.
- SD-Effekte wirken im RRT-Modus tendenziell stärker als im DQ-Modus. Dies bestätigt zumindest teilweise die Argumentation des erweiterten RC-Modells, wonach Misreporting im RRT-Modus „sicherer" erfolgen kann als bei einer direkten Frage.
- Auch Effekte kognitiver Dissonanz auf Misreporting konnten nachgewiesen werden. Diese wirken allerdings nur im DQ-Modus und nicht mehr via RRT, was den theoretischen Vorhersagen widerspricht.
- Die zahlreichen Interaktionshypothesen (v. a. Stocké 2004), z. B. zwischen SD-Neigung, SD-Belief und Privatheit der Antwortsituation, fanden meist keine empirische Bestätigung.

Eine letzte Bemerkung betrifft eine kurze Einordnung der Ergebnisse hinsichtlich der Prävalenzschätzer der Validierungsfrage. *Dass* es sich bei dieser um eine heikle Frage im klassischen Sinn handelt und mit einem deutlichen Response Bias zu rechnen ist, hat sich voll und ganz bestätigt. Mit knapp 60 % an wahren Antworten stehen die geschätzten Prävalenzen der hier vorgelegten Studie allerdings im Vergleich zur Literatur recht gut dar. In der mehrfach zitierten Validierungsstudie von van der Heijden et al. (2000) lag der Anteil wahrer Antworten je nach Modus bei teilweise nur um die 20 %. Auch die Zusammenschau in Tabelle 1 zu Beginn der Arbeit zeigte teilweise deutlich mehr Misreporting bei Validierungsstudien als in der hier vorgelegten Analyse. Das tendenziell gute Abschneiden des hier verwendeten Erhebungsdesign ist auch vor dem Hintergrund zu betonen, dass Face to Face-Interviews durchgeführt wurden und intervieweradministrierte Erhebungsmodi nachgewiesenermaßen (Unterkapitel 2.3) einen höheren Response Bias mit sich bringen als selbstadministrierte Modi.

Hervorzuheben ist ebenso nochmals das in der Literatur nur zweitrangig behandelte Problem verzerrter Zusammenhangsanalysen, wenn Korrelationen zwischen unabhängigen Variablen und erfragten „heiklen Dingen" analysiert werden. Die Ergebnisse der vorliegenden Arbeit unterstreichen diese Problematik; Misreporting tritt hochsystematisch u. a. nach soziodemographischen Merkmalen auf. Dieser Problematik sollte in Zukunft mehr Beachtung geschenkt werden.

6.2 Vorschläge und Empfehlungen für die künftige Forschung

Die nachstehenden abschließenden Bemerkungen sollen die Diskussion der vorgelegten Arbeit nochmals vertiefen. Zunächst wird in Abschnitt 6.2.1 auf Begrenzungen der Arbeit und nur unzureichend oder verkürzt behandelte Aspekte eingegangen. Daraus ergeben sich Anregungen für den weitern Forschungsbedarf. Abschnitt 6.2.2 schließlich greift noch einmal methodische Aspekte zur RRT auf und gibt einen Ausblick für die Zukunft der Fragetechnik.

6.2.1 Begrenzungen der Arbeit und weiterer Forschungsbedarf

Im Verlauf des Buches wurde immer wieder auf Punkte hingewiesen, die nicht behandelt wurden oder nicht behandelt werden konnten. Alle diese Punkte sind vor dem Hintergrund der Hauptfragestellung dieser Arbeit zu sehen, wonach es zu klären galt, inwieweit die RRT dazu beitragen kann, heikle Fragen valider zu erheben als konventionelle Fragetechniken.

Der Hauptpluspunkt der hier vorgelegten Analysen, die Validierungsdaten, gingen von vornherein mit einer Einschränkung einher. Im Analysesample sind nur „positiv-validierte" Personen enthalten, also solche, bei denen eine strafrechtliche Verurteilung zweifelsfrei vorlag. Nicht vorhanden waren allerdings „negativ-validierte" Fälle, also Befragte, bei denen sicher *keine* Straftat begangen wurde. Aus diesem Grunde konnten zwei wichtige Fragen nicht untersucht werden. Zum einen wurde nicht klar, welche Auswirkung die RRT, und speziell die Forced Response-Variante, auf diese Befragten gehabt hätte: Da Personen u. U. durch die RRT-Prozedur angewiesen werden, nicht zutreffenderweise mit „ja" auf die Frage nach strafrechtlicher Verurteilung zu antworten, ist mit einer weiteren Fehlerquelle zu rechnen, die im DQ-Modus so nicht auftritt. Die Vermutung, dass die RRT bei „unschuldigen" Befragten kontraproduktiv wirkt, konnte somit nicht untersucht werden. Zum anderen konnte ebenfalls die in Unterkapitel 2.2 vorgestellte „True Behavior-Hypothese" nicht empirisch analysiert werden. Diese stand zwar nicht primär im Fokus der Arbeit, ist aber dennoch für die SD-Forschung von Bedeutung: Verbergen sich hinter in gewöhnlichen Bevölkerungsumfragen festgestellten Korrelationen zwischen SD-Skalen und erfragten heiklen Verhaltensweisen *Antwortverzerrungen* oder aber nach SD-Anreizen variierendes *tatsächliches Verhalten* (Johnson/Fendrich 2002, McCrae/Costa 1983)? Messen SD-Skalen Neigung zu Misreporting oder eine allgemeine Neigung dazu, ein positives Bild abzugeben und „unerwünschte" Handlungen nicht zu begehen? Dieser Frage konnte mit den vorliegenden Daten nicht nachgegangen werden; nachgewiesen werden konnte lediglich die „Editing-Hypothese", also der Zusammenhang zwischen SD-Maßen und *Ant*wortverhalten.

Eine weitere Begrenzung der empirischen Analysen schließt sich unmittelbar an. Die verwendeten Maße für die SD-Neigung (Crowne-Marlowe- bzw. CM-Skala) und die trait desirability (SD-Belief und Kriminalitätsnorm) sind

6.2 Vorschläge und Empfehlungen für die künftige Forschung

durchaus mit Problemen behaftet. Bezüglich der CM-Skala erwies sich nur eine der zwei in Faktorenanalysen festgestellten Subdimensionen als maßgeblich für Antwortverzerrungen. Mehrfach erwähnt wurden auch Probleme hinsichtlich der Maße für die trait desirability: Da diese nicht unabhängig von der interessierenden abhängigen Variable – dem Antwortverhalten – erhoben wurden, kann es sich bei den vorgefundenen Zusammenhängen auch um Artefakte handeln, die dadurch entstehen, dass Befragte sich um konsistentes Antwortverhalten bemühen und ihre strafrechtliche Verurteilung nur deshalb leugnen, weil sie diese weiter vorne im Interview als problematisch bezeichnet haben (oder umgekehrt). Die Probleme mit der Messung von SD-Anreizen sind jedoch nicht nur eine Schwäche der vorliegenden Arbeit. Die gesamte SD-Literatur konnte diesbezüglich noch keine zufriedenstellenden Antworten liefern. Wenn das SD-Konzept auch in Zukunft eine so wichtige Rolle im Forschungsfeld um heikle Fragen einnehmen soll, ist es unumgänglich, diese Fragen zu klären. Eine alternative Erklärung für die inkonsistente Befundlage der SD-Forschung wurde jedoch in dieser Arbeit vorgelegt: Das weiterentwickelte RC-Modell des Befragtenverhaltens argumentiert, dass „Lügen" in einer Interviewsituation selbst eine in hohem Maße „unerwünschte" Handlung darstellt. Entsprechend werden Befragte mit hohen SD-Anreizen eine solche unwahre Antwort und deren mögliche Aufdeckung im weiteren Verlauf des Interviews vermeiden wollen. Dieser Mechanismus könnte erklären, warum SD-Anreize nicht uneingeschränkt in eine Richtung wirken und schwer replizierbar sind. Die Vermutung stellt sicherlich einen der wichtigsten Punkte dar, der in künftigen Studien aufgegriffen werden sollte.

Der Theorieteil selbst stellt ebenso ein Desiderat für künftige Arbeiten dar. Die hier vorgelegten theoretischen Argumente sind eher als Ansätze für eine vollständige erklärende Theorie des Befragtenverhaltens zu sehen. Das von Diekmann (2008: 445) erwähnte Problem der Identifizierung von Nutzen- und Kostenkomponenten für Befragte in einer Interviewsituation ist hierbei zentral. Auch in der vorliegenden Arbeit konnten nur einige Einzelvorschläge und entsprechende Hypothesen herausgearbeitet werden, die sicherlich nur einen Teil der Realität widergeben. Ein Problem des RC-Modells, welches offen gelassen wurde, ist hierbei auch der theoretische Parameter U_t – der Nutzen aus einer wahren Antwort. Dieser wurde in der vorliegenden Studie gar nicht erhoben und auch theoretisch-konzeptionell nicht geklärt. Der Fokus lag ausschließlich auf SD-Anreizen, die Nutzen für *unwahre* Antworten darstellen. Jedoch sollte als Motivation, auch in Zukunft RC-Erklärungen des Befragtenverhaltens heranzuziehen, das bereits oben erwähnte Ergebnis der empirischen Analysen betont werden: Da sich herausgestellt hat, dass das Befragtenverhalten in hohem Maße systematisch nach mehreren Bestimmungsfaktoren variiert, muss diese Systematik auch erklärbar sein. Auch die hier neu eingeführte Dissonanzhypothese als Grund für Misreporting sollte in Zukunft noch eingehender untersucht werden.

Ein weiteres theoretisches Desiderat ist die Rolle des Interviewers, die nur in einigen Einzelhypothesen berücksichtigt wurde. Das Verhalten und Merkmale des Interviewers werden sowohl in der RC-, als auch in der FS-Theorie als bedeutsam für die Situationsdefinition bzw. das Framing und die Genese von Nutzen- und Kostenwerten gesehen. Wie beispielsweise beeinflusst der Interviewer die Erwünschtheitswahrnehmungen von Befragten? Inwieweit werden Frame-Inhalte und Reflexionsmodi, die in der FS-Theorie als entscheidend für das Antwortverhalten gelten, durch die Interviewer mitbestimmt?

Diese Frage betrifft auch einen weiteren Punkt, der nicht erschöpfend behandelt werden konnte und sich auf die RRT bezieht. Hier gilt es in Zukunft noch genauer – und mit Validierungsdaten – zu untersuchen, welche Mikroprozesse beim Durchführen der RRT-Prozedur stattfinden: Inwieweit verstehen die Befragten die Technik und deren Zweck? Welche Rolle spielt der Interviewer für das Funktionieren bzw. Nicht-Funktionieren der Fragetechnik? Das RRT-Verständnis der Befragten wurde in der vorgelegten Studie nur sehr grob gemessen. Hier wären ausführlichere Messinstrumente zu entwickeln und zu erheben. Ebenfalls angebracht wären Mehrebenenanalysen mit den Interviewern als höhere Ebene. Hier wäre dann zu analysieren, ob Interviewerkmale und -verhaltensweisen einen Einfluss auf das Antwortverhalten ausüben. In der vorliegenden Arbeit wurden diese Fragen nicht analysiert, weil die verfügbare Standardsoftware für RRT-Daten keine Mehrebenenverfahren erlaubte. Grundsätzlich erlaubt es das Design der erhobenen Daten jedoch, solche Analysen durchzuführen. Sich an diese Arbeit unmittelbar anschließende Analysen könnten der Frage nachgehen.

Eine weitere Einschränkung ist die regional begrenzte Stichprobe. Aufgrund der Analysen sind somit nur Schlüsse auf eine recht schwammig abgegrenzte Grundgesamtheit möglich. Auch Vorschläge, durch eine Gewichtung in künftigen Erhebungen zu delinquentem Verhalten den Response Bias auszugleichen, sollen daher nicht ausgesprochen werden. Beispielsweise wäre es aufgrund der Befunde im Prinzip möglich, den wahren Wert in einer Stichprobe abzuschätzen: Wenn in einer Bevölkerungsumfrage 6 % eine strafrechtliche Verurteilung angeben würden, könnte nach den Validierungsanalysen der wahre Wert auf etwa 10 % geschätzt werden. Auch detailliertere Schätzungen auf Individualebene wären aufgrund der multivariaten Modelle prinzipiell möglich. Für jede Merkmalskonstellation der analysierten Variablen könnte eine „Misreporting-Wahrscheinlichkeit" angegeben und für Gewichtungsmaßnahmen genutzt werden. Grundsätzlich aber stellt diese Möglichkeit eine Perspektive für die heikle Fragen-Forschung dar, die in künftigen Studien weiterverfolgt werden sollte.

6.2.2 Zur Zukunft der RRT

In der Einleitung wurde u. a. die Frage nach der Zukunft der RRT aufgeworfen, die abschließend auch noch diskutiert sei: Lohnt es sich, die RRT auch künftig als Technik zur Erhebung heikler Fragen einzusetzten oder ist die Befundlage hinsichtlich der Wirksamkeit der Technik doch in einem Maße ernüchternd, dass die RRT *ad acta* gelegt werden sollte?

Zunächst zeigen die in der vorgelegten Studie geschätzten Prävalenzen im DQ-RRT-Vergleich, dass sich keine Verbesserung der Datenvalidität mit der RRT erreichen lässt. Dies steht im Widerspruch zur bereits mehrfach zitierten Metaanalyse (Lensvelt-Mulders et al. 2005), die im Mittel über sechs Validierungsstudien einen positiven RRT-Effekt festgestellt hatte. Jedoch hat nicht zuletzt der Überblick über Details der vorliegenden RRT-Validierungsstudien in Abschnitt 2.4.3 gezeigt, dass die Befundlage, die für die RRT spricht, doch etwas dünn aussieht. Insofern wurde bereits oben die Vermutung geäußert, dass eine erneute Metaanalyse unter Einbezug der hier vorgelegten Befunde nicht mehr zu einem signifikanten RRT-Effekt käme. Die hier durchgeführte Studie würde unter den anderen RRT-Studien auch schwer wiegen, denn sie liegt fallzahlmäßig über allen bisher durchgeführten Erhebungen. All dies trägt zu einem ernüchternden Bild hinsichtlich der Leistungsfähigkeit der RRT bei. Eine radikale Forderung wäre dementsprechend, die Technik zu den Akten zu legen und als zwar innovativen, aber letztlich gescheiterten Versuch zur validen Erhebung heikler Fragen zu sehen.

Jedoch zeigen *gerade* die hier vorgelegten Befunde, dass eine solche Position doch vorschnell und zu weit gegriffen wäre. Zuerst ist anzuführen, dass es die RRT schon in Ermangelung besserer Alternativen verdient, weiter herangezogen zu werden. Die konventionelle direkte Frage stellt mit Sicherheit keine bessere Alternative dar, und die Befundlage zu anderen Spezialtechniken (siehe Unterkapitel 2.3) ist ebenso inkonsistent und ernüchternd wie jene zur RRT. Zudem zeigen die Befunde der Validierung, dass die RRT auch *nicht schlechter* abschneidet als der DQ-Modus. Auch der Vorwurf, die Technik sei zu komplex und koste zu viel wertvolle Interviewzeit, konnte entkräftet werden: Weder traten größere Probleme im Feldeinsatz auf, noch dauerten die RRT-Interviews maßgeblich länger als die DQ-Interviews. Der einzige direkte Nachteil der RRT im Vergleich zur direkten Frage sind die höheren Standardfehler, die man sich durch die künstliche Verschlüsselung der Daten erkauft.

Ein zweiter Punkt, der schon erwähnt wurde, spricht für die RRT im Vergleich zum DQ-Modus. Das systematische Auftreten des Misreportings nach Befragtenmerkmalen ist im RRT-Modus deutlich schwächer. Somit wird das Artefakt-Problem bei Zusammenhangsanalysen zwischen unabhängigen Variablen und „heiklen Verhaltensweisen" abgemildert. Dies zeigen auch nochmals die durchgängig niedrigeren R^2-Werte in den RRT- verglichen mit den DQ-Modellen zu Determinanten des Antwortverhaltens. Diese Perspektive wurde in der bisherigen RRT-Literatur vernachlässigt und sollte ebenfalls Replikationen und weiteren Analysen unterzogen werden.

Schließlich ist noch ein dritter Punkt zu erwähnen, der ebenfalls einen vielleicht bisher gar nicht beachteten Vorteil der RRT darstellt: Die RRT anonymisiert nicht nur die Interviewsituation, sondern letztlich auch die Daten. Insofern ist an die RRT auch in anderen Kontexten jenseits der Antwortvalidität zu denken, in denen eine Anonymisierung von Daten erforderlich oder gewünscht ist. Mit RRT-Daten kann für keine Person im Datensatz mit Sicherheit eine sensible Eigenschaft angegeben werden. RRT kann also auch eine anonymisierende Lösung für *sensible Daten* sein. Natürlich können Daten auch immer künstlich im Nachinein anonymisiert werden, aber vielleicht existieren Anwendungsfälle, in denen die RRT eine bessere Lösung darstellen kann.

Eine weitere Perspektive für die RRT ergibt sich nochmals aus den Befunden der vorgelegten Validierungsstudie. Gegen Ende der empirischen Analysen in Abschnitt 5.4.5 wurde herausgestellt, dass die Fragetechnik in bestimmten Konstellationen sehr wohl eine teils beachtliche Verbesserung der Antwortvalidität hervorrufen kann (vgl. nochmals Abbildung 10, S. 297). Beispielsweise lag der Anteil wahrer Antworten für männliche Befragte mit Abitur, hoher Dissonanzneigung und zu Anfang der Feldphase eines Interviewers bei über 80 %, im DQ-Modus hingegen nur bei unter 20 %. Dieser Befund spricht dafür, in Zukunft vielmehr als bisher nach speziellen, auf bestimmte Gruppierungen zugeschnittenen RRT-Designs zu suchen. Die Technik ist kein Allheilmittel für alle Fragen, Befragten und Fragesituationen. Wenn in Zukunft allerdings mehr über Konstellationen bekannt ist, in denen die RRT gut funktioniert, ergibt sich eine Perspektive für die Fragetechnik. Entsprechend wäre in Forschungsbemühungen zu investieren, die die Analysen der vorgelegten Studie replizieren und diese Frage noch weiterverfolgen.

Diese Forderung gilt im Übrigen nicht nur hinsichtlich der RRT, sondern betrifft die Ausrichtung der „Heikle Fragen-Forschung" generell. Bereits in Unterkapitel 2.3 wurde die Strategie des Forschungsfeldes als sinnvoll erachtet, durch eine kumulative Anhäufung von Wissen – in einzelnen Studien – in Zukunft zu belastbaren Aussagen über die Leistungsfähigkeit von Spezialtechniken zu gelangen. In Zusammenhang mit dem gerade Gesagten wären dann Metaanalysen durchzuführen, die weniger als bisher der Frage nachgehen sollten*, ob* eine bestimmte Technik „wirkt oder nicht wirkt", sondern vielmehr klären sollten, *unter welchen Bedingungen*, in welchen Konstellationen dies möglicherweise der Fall ist.

6.2 Vorschläge und Empfehlungen für die künftige Forschung

Denkbar wäre in diesem Zusammenhang dann, computerunterstützte Erhebungsmodi (z. B. CATI, CAPI) ganz gezielt dazu einzusetzen, *während des Interviews* eine auf den konkreten Befragten zugeschnittene Frageform für die heikle(n) Frage(n) auszuwählen. So könnten zu Beginn des Interviews Maße für die Dissonanz- und SD-Neigung sowie soziodemographische Variablen erhoben werden und aufgrund dessen vom Computer die optimale Frageform – DQ, RRT oder andere Alternativen – für die Merkmalskonstellation des konkreten Befragten berechnet werden. Auch die Interviewererfahrung könnte einbezogen werden. Hierfür wären allerdings nochmals Replikationen der vorliegenden Studie zu fordern, um zu sichereren Erkenntnissen hinsichtlich der Determinanten des Antwortverhaltens zu gelangen. Im nächsten Schritt könnten dann in modusvergleichenden Studien diese „question mode tailored to respondent"-Methode herkömmlichen Erhebungsverfahren wie DQ oder RRT für alle Befragten gegenübergestellt werden.

Das Schlussfazit der Arbeit bezüglich der RRT fällt insgesamt ambivalent aus. Die Technik ist mit Sicherheit keine endgültige und zufriedenstellend wirkende generelle Technik zur Erhebung heikler Fragen. Ein differenzierterer Blick offenbart jedoch sehr wohl Perspektiven für die RRT in der Umfrageforschung.

Anhang: Zusätzliche Tabellen und Abbildungen

Tabelle A1: Fehlende Werte in den Analysevariablen

Variable	N fehlend	Variable	N fehlend
Strafrechtlich verurteilt?	1	Umfrageeinstellung: f33d	0
RRT-Modus	0	Umfrageeinstellung: f33e	0
SD-Neigung: f15a	0	Umfrageeinstellung: f33f	1
SD-Neigung: f15b	2	Umfrageeinstellung: f33g	0
SD-Neigung: f15c	0	Umfrageeinstellung: f33h	0
SD-Neigung: f15d	1	Umfrageeinstellung: f33i	3
SD-Neigung: f15e	3	Umfrageerfahrung I	0
SD-Neigung: f15f	1	Umfrageerfahrung II	0
SD-Neigung: f15g	0	Drittperson anwesend	4
SD-Belief	1	Uhrzeit Interview-Beginn	0
PFC-Score: f14a	0	Uhrzeit Interview-Ende	5
PFC-Score: f14b	1	Heikle Frage unangenehm	1
PFC-Score: f14c	1	Vertrauen in Anonymität	0
PFC-Score: f14d	1	Antwortbereitschaft	5
PFC-Score: f14e	0	Antwortzuverlässigkeit	3
PFC-Score: f14f	0	RRT-Verständnis	1
PFC-Score: f14g	0	Heikle Frage: Stellen unangenehm	3
Kriminalitätsnorm: f20a	0	Interviewergeschlecht	0
Kriminalitätsnorm: f20b	0	Intervieweralter	0
Kriminalitätsnorm: f20c	1	Geburtsmonat	0
Kriminalitätsnorm: f20d	0	Geburtsjahr	0
Kriminalitätsnorm: f20e	0	Höchster Schulabschluss	0
Kriminalitätsnorm: f20f	1	Höchster angestrebter Schulabschluss	0
Kriminalitätsnorm: f20g	1	Deliktschwere	0
Kriminalitätsnorm: f20h	1	Geschlecht	1
Kriminalitätsnorm: f20i	0	Staatsangehörigkeit	2
Kriminalitätsnorm: f20j	0	RRT-Testfrage	1
Incentive 20 €	0	Diebstahl, jemals	0
Umfrageeinstellung: f33a	0	Drogenkonsum, jemals	0
Umfrageeinstellung: f33b	1	Unfallflucht, jemals	0
Umfrageeinstellung: f33c	0	Befragungsgebiet	0

Quelle: Validierungsstudie, eigene Auswertungen.

Tabelle A2: Soziodemographische Determinanten des Antwortverhaltens: Bivariate Interaktionsmodelle

	b	(SE)
Befragungsmodus (1 = RRT)	−0,124	(0,276)
Geschlecht (1 = weiblich)	−1,019	(0,328)**
RRT × weiblich	0,674	(0,541)
Konstante	0,598	(0,168)***
χ^2	10,378*	
McFadden-R^2	0,015	
Befragungsmodus (1 = RRT)	0,062	(0,239)
Alter (Dekaden, zentriert)	−0,244	(0,090)**
RRT × Alter	0,132	(0,150)
Konstante	0,332	(0,143)*
χ^2	8,315	*
McFadden-R^2	0,012	
Befragungsmodus (1 = RRT)	−0,104	(0,264)
Abitur (1 = ja)	−0,654	(0,343)+
RRT × Abitur	0,751	(0,583)
Konstante	0,472	(0,161)**
χ^2	3,744	
McFadden-R^2	0,005	
Befragungsmodus (1 = RRT)	−0,100	(0,249)
Zuwanderung (1 = ja)	−0,029	(0,385)
RRT × Zuwanderung	1,871	(1,871)
Konstante	0,335	(0,335)*
χ^2	2,358	
McFadden-R^2	0,008	

Erläuterungen: N = 517. Dargestellt sind nichtstandardisierte Regressionskoeffizienten und robuste Standardfehler (Huber/White-Sandwich-Estimator). Signifikanzniveaus: +: $p < 0,1$; *: $p < 0,05$; **: $p < 0,01$; ***: $p < 0,001$. *Quelle: Validierungsdatensatz, eigene Auswertungen.*

Anhang

Tabelle A3: Effekt der Deliktschwere auf das Antwortverhalten: Bivariates Interaktionsmodell

	b	(SE)
Befragungsmodus (1 = RRT)	0,642	(0,850)
Deliktschwere (Gesamtskala)	−0,176	(0,076)*
RRT × Deliktschwere	−0,120	(0,153)
Konstante	1,328	(0,457)**
χ^2	10,521*	
McFadden-R^2	0,018	

Erläuterungen: siehe Tabelle A2. *Quelle: Validierungsdatensatz, eigene Auswertungen.*

Tabelle A4: Soziodemographische Determinanten des Antwortverhaltens: Multiples Interaktionsmodell

	b	(SE)
Befragungsmodus (1 = RRT)	−0,465	(0,356)
Geschlecht (1 = weiblich)	−1,417	(0,391)***
Alter (Dekaden, zentriert)	−0,178	(0,100)+
Abitur (1 = ja)	−1,016	(0,452)*
Zuwanderung (1 = ja)	−0,238	(0,456)
Abitur × weiblich	2,020	(0,835)*
Deliktschwere (1 = hoch)	−0,470	(0,377)
RRT × weiblich	1,124	(0,636)+
RRT × Alter	0,134	(0,159)
RRT × Abitur	1,313	(0,723)+
RRT × Zuwanderung	1,945	(1,167)+
RRT × weiblich × Abitur	−2,173	(1,441)
RRT × Deliktschwere	−0,503	(0,624)
Konstante	0,923	(0,210)***
χ^2	33,138**	
McFadden-R^2	0,052	

Erläuterungen: siehe Tabelle A2. *Quelle: Validierungsdatensatz, eigene Auswertungen.*

Tabelle A5: Effekte von SD-Variablen auf das Antwortverhalten: Bivariate Interaktionsmodelle

	b	(SE)
Befragungsmodus (1 = RRT)	0,280	(0,793)
SD-Neigung: Gesamtindex [0…7]	−0,120	(0,096)
RRT × SD-Neigung Gesamtindex	−0,054	(0,161)
Konstante	0,895	(0,481)+
χ^2	3,384	
McFadden-R^2	0,005	
Befragungsmodus (1 = RRT)	−0,543	(0,467)
SD-Neigung: Subindex 1 [0…3]	−0,291	(0,149)+
RRT × SD-Neigung Subindex 1	0,370	(0,251)
Konstante	0,805	(0,286)**
χ^2	4,041	
McFadden-R^2	0,006	
Befragungsmodus (1 = RRT)	1,468	(0,856)+
SD-Neigung: Subindex 2 [0…4]	−0,001	(0,145)
RRT × SD-Neigung Subindex 2	−0,480	(0,263)+
Konstante	0,333	(0,469)
χ^2	4,832	
McFadden-R^2	0,009	
Befragungsmodus (1 = RRT)	0,489	(0,735)
SD-Belief [0…6]	−0,219	(0,088)*
RRT × SD-Belief	−0,107	(0,165)
Konstante	1,194	(0,381)**
χ^2	11,725	**
McFadden-R^2	0,020	
Befragungsmodus (1 = RRT)	0,485	(0,914)
Kriminalitätsnorm: Gesamtindex [0…6]	−0,462	(0,134)**
RRT × Krimiorm Gesamtindex	−0,123	(0,215)
Konstante	2,191	(0,563)***
χ^2	23,976***	
McFadden-R^2	0,037	

Erläuterungen: siehe Tabelle A2. *Quelle: Validierungsdatensatz, eigene Auswertungen.*

Tabelle A6: Effekte von SD-Variablen und ihrer Interaktionen auf das Antwortverhalten (Stocké-Hypothese): Trivariate Interaktionsmodelle

	Modell 1		Modell 2	
	b	(SE)	b	(SE)
Befragungsmodus (1 = RRT)	0,096	(0,270)	0,151	(0,265)
SD-Neigung (zentriert)	0,066	(0,147)	0,072	(0,148)
SD-Belief (zentriert)	−0,226	(0,089)*	−0,244	(0,094)**
SD-Neigung × SD-Belief			0,080	(0,104)
RRT × SD-Neigung	−0,502	(0,284)+	−0,501	(0,276)+
RRT × SD-Belief	−0,072	(0,171)	−0,054	(0,168)
RRT × SD-Neigung × SD-Belief			−0,264	(0,152)+
Konstante	0,341	(0,145)*	0,319	(0,145)*
χ^2	13,544*		18,261*	
McFadden-R^2	0,027		0,031	
Befragungsmodus (1 = RRT)	0,027	(0,266)	−0,031	(0,266)
SD-Neigung (zentriert)	0,109	(0,156)	0,105	(0,150)
Kriminalitätsnorm (zentriert)	−0,482	(0,136)***	−0,476	(0,138)**
SD-Neigung × Kriminalitätsnorm			−0,284	(0,136)*
RRT × SD-Neigung	−0,492	(0,275)+	−0,491	(0,266)+
RRT × Kriminalitätsnorm	−0,063	(0,224)	−0,068	(0,223)
RRT × SD-Neigung × Kriminalitätsnorm			0,112	(0,197)
Konstante	0,382	(0,149)*	0,457	(0,154)**
χ^2	24,740***		29,974***	
McFadden-R^2	0,042		0,049	

Erläuterungen: siehe Tabelle A2. *Quelle: Validierungsdatensatz, eigene Auswertungen.*

Tabelle A7: Effekte von SD-Variablen auf das Antwortverhalten: Multiple Interaktionsmodelle

	Modell 1		Modell 2	
	b	(SE)	b	(SE)
Befragungsmodus (1 = RRT)	−0,246	(0,394)	−0,216	(0,380)
Geschlecht (1 = weiblich)	−1,425	(0,411)**	−1,421	(0,410)**
Alter (Dekaden, zentriert)	−0,179	(0,099)+	−0,177	(0,100)+
Abitur (1 = ja)	−1,040	(0,468)*	−1,066	(0,468)*
Abitur × weiblich	2,048	(0,865)*	2,044	(0,882)*
Deliktschwere (1 = hoch)	−0,427	(0,372)	−0,404	(0,372)
SD-Neigung (zentriert)	0,094	(0,160)	0,097	(0,158)
SD-Belief (zentriert)	−0,236	(0,089)**	−0,251	(0,096)**
SD-Neigung × SD-Belief			0,073	(0,103)
RRT × weiblich	1,327	(0,635)*	1,312	(0,635)*
RRT × Alter	0,058	(0,165)	0,076	(0,167)
RRT × Abitur	1,431	(0,865)+	1,488	(0,881)+
RRT × weiblich × Abitur	−2,505	(1,606)	−2,531	(1,692)
RRT × Deliktschwere	−0,522	(0,643)	−0,520	(0,644)
RRT × SD-Neigung	−0,538	(0,293)+	−0,522	(0,274)+
RRT × SD-Belief	−0,063	(0,191)	−0,039	(0,181)
RRT × SD-Neigung × SD-Belief			−0,237	(0,150)
Konstante	0,890	(0,204)***	0,870	(0,205)***
χ^2	37,278**		41,619*	
McFadden-R^2	0,069		0,072	
Befragungsmodus (1 = RRT)	−0,328	(0,389)	−0,360	(0,391)
Geschlecht (1 = weiblich)	−1,245	(0,411)**	−1,272	(0,408)**
Alter (Dekaden, zentriert)	−0,118	(0,101)	−0,113	(0,100)
Abitur (1 = ja)	−0,911	(0,458)*	−0,857	(0,465)+
Abitur × weiblich	1,866	(0,849)*	1,986	(0,833)*
Deliktschwere (1 = hoch)	−0,533	(0,376)	−0,485	(0,380)
SD-Neigung (zentriert)	0,101	(0,166)	0,107	(0,165)
Kriminalitätsnorm (zentriert)	−0,362	(0,146)*	−0,361	(0,149)*
SD-Neigung × Kriminalitätsnorm			−0,268	(0,136)*
RRT × weiblich	1,249	(0,625)*	1,260	(0,629)*
RRT × Alter	0,060	(0,171)	0,061	(0,171)
RRT × Abitur	1,344	(0,901)	1,210	(0,926)
RRT × weiblich × Abitur	1,866	(1,817)	−2,273	(1,866)
RRT × Deliktschwere	−0,457	(0,708)	−0,494	(0,715)
RRT × SD-Neigung	−0,506	(0,283)+	−0,509	(0,273)+
RRT × Kriminalitätsnorm	−0,184	(0,241)	−0,176	(0,240)
RRT × SD-Neigung × Kriminorm			0,121	(0,205)
Konstante	0,880	(0,210)***	0,928	(0,216)***
χ^2	39,850***		44,833***	
McFadden-R^2	0,073		0,079	

Erläuterungen: siehe Tabelle A2. *Quelle: Validierungsdatensatz, eigene Auswertungen.*

Tabelle A8: Reflexionsmodus- und Interviewererfahrungshypothese: Bivariate Interaktionsmodelle

	b	(SE)
Befragungsmodus (1 = RRT)	0,077	(0,293)
Dauer des Interviews (log., zentriert)	−0,884	(0,531)+
RRT × Dauer des Interviews	1,853	(0,832)*
Konstante	0,271	(0,145)+
χ^2	5,109	
McFadden-R^2	0,007	
Befragungsmodus (1 = RRT)	0,062	(0,239)
Interviewererfahrung (log., zentriert)	0,266	(0,129)*
RRT × Interviewererfahrung	−0,567	(0,202)**
Konstante	0,329	(0,142)*
χ^2	8,080*	
McFadden-R^2	0,012	

Erläuterungen: siehe Tabelle A2. *Quelle: Validierungsdatensatz, eigene Auswertungen.*

Tabelle A9: Reflexionsmodus- und Interviewererfahrungshypothese: Multiple Interaktionsmodelle

	Modell 1 b (SE)	Modell 2 b (SE)	Modell 3 b (SE)
Befragungsmodus (1 = RRT)	−0,242(0,362)	−0,257(0,353)	−0,257(0,361)
Geschlecht (1 = weiblich)	−1,384(0,390)***	−1,440(0,402)***	−1,434(0,403)***
Alter (Dekaden, zentriert)	−0,158(0,103)	1,071(0,102)	−0,152(0,106)
Abitur (1 = ja)	−1,011(0,446)*	−1,076(0,459)*	−1,078(0,458)*
Abitur × weiblich	1,983(0,819)+	2,018(0,805)*	2,032(0,807)*
Deliktschwere (1 = hoch)	−0,458(0,371)	−0,556(0,375)	−0,538(0,375)
Dauer des Interviews (log., zentr.)	−0,360(0,614)		−0,289(0,599)
Interviewererfahrung (log., zentr.)		0,314(0,139)*	0,311(0,140)*
RRT × weiblich	0,989(0,615)	1,071(0,649)	0,995(0,663)
RRT × Alter	0,006(0,161)	0,048(0,153)	−0,006(0,158)
RRT × Abitur	1,199(0,718)	1,250(0,722)+	1,233(0,711)+
RRT × weiblich × Abitur	−1,917(1,399)	−2,351(1,377)+	−2,148(1,394)
RRT × Deliktschwere	−0,477(0,606)	−0,385(0,623)	−0,417(0,636)
RRT × Dauer des Interviews	1,594(0,974)		1,381(0,957)
RRT × Interviewererfahrung		−0,632(0,213)**	−0,606(0,214)**
Konstante	0,850(0,209)***	0,916(0,209)***	0,890(0,211)***
χ^2	30,924**	35,772***	35,468**
McFadden-R^2	0,049	0,057	0,060

Erläuterungen: siehe Tabelle A2. *Quelle: Validierungsdatensatz, eigene Auswertungen.*

Tabelle A10: Die Framing-Hypothese von Stocké: Trivariate Interaktionsmodelle

	Modell 1		Modell 2	
	b	(SE)	b	(SE)
Befragungsmodus (1 = RRT)	−0,296	(0,398)	−0,301	(0,399)
Umfrageerfahrung (1 = ja)	0,077	(0,301)	0,079	(0,302)
Umfrageeinstellung (1 = ja)	−0,159	(0,168)	−0,139	(0,271)
Umfrageerfahrung × Umfrageeinstellung			0,034	(0,345)
RRT × Umfrageerfahrung	0,525	(0,497)	0,528	(0,499)
RRT × Umfrageeinstellung	0,149	(0,261)	0,092	(0,410)
RRT × Umfrageerfahrung × Umfrageeinst.			0,099	(0,531)
Konstante	0,294	(0,246)	0,294	(0,246)
χ^2	3,305		3,338	
McFadden-R^2	0,005		0,005	

Erläuterungen: siehe Tabelle A2. *Quelle: Validierungsdatensatz, eigene Auswertungen.*

Tabelle A11: Die Framing-Hypothese von Stocké: Multiple Interaktionsmodelle

	Modell 1		Modell 2	
	b	(SE)	b	(SE)
Befragungsmodus (1 = RRT)	−0,852	(1,443)	−0,415	(2,181)
Geschlecht (1 = weiblich)	−1,377	(0,392)***	−1,385	(0,392)***
Alter (Dekaden, zentriert)	−0,181	(0,098)+	−0,181	(0,098)+
Abitur (1 = ja)	−1,096	(0,462)*	−1,112	(0,462)*
Abitur × weiblich	1,960	(0,820)*	1,977	(0,818)*
Deliktschwere (1 = hoch)	−0,532	(0,371)	−0,530	(0,370)
Umfrageerfahrung (1 = ja)	0,351	(0,349)	1,015	(1,751)
Umfrageeinstellung (1 = ja)	−0,187	(0,190)	−0,100	(0,298)
Umfrageerfahrung × Umfrageeinstellung			−0,149	(0,387)
RRT × weiblich	1,027	(0,594)+	1,036	(0,595)+
RRT × Alter	0,078	(0,165)	0,077	(0,167)
RRT × Abitur	1,219	(0,783)	1,235	(0,784)
RRT × weiblich × Abitur	−2,053	(1,361)	−2,069	(1,361)
RRT × Deliktschwere	−0,400	(0,618)	−0,400	(0,619)
RRT × Umfrageerfahrung	0,201	(0,547)	0,189	(0,547)
RRT × Umfrageeinstellung	0,104	(0,310)	0,003	(0,492)
RRT × Umfrageerfahrung × Umfrageeinst.			0,171	(0,618)
Konstante	1,519	(0,870)+	1,138	(1,291)
χ^2	32,030**		31,961*	
McFadden-R^2	0,050		0,050	

Erläuterungen: siehe Tabelle A2. *Quelle: Validierungsdatensatz, eigene Auswertungen.*

Tabelle A12: Bystanderhypothese: Bivariates Interaktionsmodell

	b	(SE)
Befragungsmodus (1 = RRT)	0,274	(0,289)
Drittperson anwesend (1 = ja)	−0,348	(0,319)
RRT × Drittperson anwesend	−0,674	(0,528)
Konstante	0,422	(0,165)*
χ^2	7,128+	
McFadden-R^2	0,011	

Erläuterungen: siehe Tabelle A2. *Quelle: Validierungsdatensatz, eigene Auswertungen*

Tabelle A13: Bystanderhypothese: Multiples Interaktionsmodell

	b	(SE)
Befragungsmodus (1 = RRT)	0,006	(0,428)
Geschlecht (1 = weiblich)	−1,399	(0,396)***
Alter (Dekaden, zentriert)	−0,172	(0,099)+
Abitur (1 = ja)	−1,101	(0,449)*
Abitur × weiblich	2,108	(0,817)*
Deliktschwere (1 = hoch)	−0,466	(0,377)
Drittperson anwesend (1 = ja)	−0,437	(0,351)
RRT × weiblich	1,002	(0,600)+
RRT × Alter	0,067	(0,166)
RRT × Abitur	1,239	(0,775)
RRT × weiblich × Abitur	−2,334	(1,730)
RRT × Deliktschwere	−0,529	(0,619)
RRT × Drittperson anwesend	−0,656	(0,588)
Konstante	1,008	(0,227)***
χ^2	34,442**	
McFadden-R^2	0,055	

Erläuterungen: siehe Tabelle A2. *Quelle: Validierungsdatensatz, eigene Auswertungen.*

Tabelle A14: Dissonanzhypothesen: Bivariate Interaktionsmodelle

	b	(SE)
Befragungsmodus (1 = RRT)	−0,146	(0,273)
Konsistenzstreben (1 = hoch)	−0,919	(0,330)**
RRT × Konsistenzstreben	0,804	(0,546)
Konstante	0,562	(0,166)**
χ^2	7,898*	
McFadden-R^2	0,011	
Befragungsmodus (1 = RRT)	0,558	(0,453)
Incentive 20 €	0,497	(0,321)
RRT × Incentive 20 €	−0,682	(0,531)
Konstante	−0,038	(0,275)
χ^2	2,656	
McFadden-R^2	0,004	

Erläuterungen: siehe Tabelle A2. *Quelle: Validierungsdatensatz, eigene Auswertungen.*

Tabelle A15: Dissonanzhypothesen: Trivariate Interaktionsmodelle

	Modell 1 b	(SE)	Modell 2 b	(SE)
Befragungsmodus (1 = RRT)	−0,216	(0,299)	−0,226	(0,287)
Konsistenzstreben (1 = hoch)	−0,863	(0,338)*	−0,860	(0,339)*
Kriminalitätsnorm (zentriert)	−0,446	(0,139)**	−0,442	(0,156)**
Konsistenzstreben × Kriminalitätsnorm			−0,013	(0,338)
RRT × Konsistenzstreben	0,890	(0,559)	1,061	(0,669)
RRT × Kriminalitätsnorm	−0,140	(0,219)	−0,027	(0,249)
RRT × Konsistenzstreben × Kriminorm			−0,462	(0,538)
Konstante	0,609	(0,173)***	0,609	(0,173)
χ^2	28,086***		29,593***	
McFadden-R^2	0,046		0,048	
Befragungsmodus (1 = RRT)	0,327	(0,469)	0,662	(0,539)
Konsistenzstreben (1 = hoch)	−0,904	(0,333)**	−0,511	(0,620)
Incentive 20 € (1 = ja)	0,470	(0,331)	0,613	(0,379)
Konsistenzstreben × Incentive 20 €			−0,544	(0,733)
RRT × Konsistenzstreben	0,804	(0,554)	−0,616	(1,081)
RRT × Incentive 20 €	−0,645	(0,538)	−1,105	(0,627)+
RRT × Konsistenzstreben × Incentive 20 €			1,912	(1,260)
Konstante	0,211	(0,297)	0,105	(0,325)
χ^2	9,624+		12,282+	
McFadden-R^2	0,015		0,018	

Erläuterungen: siehe Tabelle A2. *Quelle: Validierungsdatensatz, eigene Auswertungen.*

Tabelle A16: Dissonanzhypothesen: Multiple Interaktionsmodelle

	Modell 1		Modell 2	
	b	(SE)	b	(SE)
Befragungsmodus (1 = RRT)	−0,646	(0,409)	−0,677	(0,403)+
Geschlecht (1 = weiblich)	−1,291	(0,403)**	−1,300	(0,407)**
Alter (Dekaden, zentriert)	−0,076	(0,100)	−0,077	(0,100)
Abitur (1 = ja)	−1,121	(0,499)*	−1,121	(0,499)*
Abitur × weiblich	2,062	(0,877)*	2,043	(0,872)*
Deliktschwere (1 = hoch)	−0,464	(0,387)	−0,464	(0,385)
Konsistenzstreben (1 = hoch)	−0,894	(0,372)*	−0,874	(0,367)*
Kriminalitätsnorm (zentriert)	−0,332	(0,144)*	−0,307	(0,164)+
RRT × weiblich	1,263	(0,621)*	1,308	(0,622)*
RRT × Alter	0,021	(0,169)	0,021	(0,171)
RRT × Abitur	1,598	(0,940)+	1,642	(0,978)−
RRT × weiblich × Abitur	−2,314	(1,683)	−2,371	(1,622)
RRT × Deliktschwere	−0,423	(0,689)	−0,379	(0,693)
Konsistenzstreben × Kriminalitätsnorm			−0,098	(0,336)
RRT × Konsistenzstreben	0,939	(0,594)	1,075	(0,691)
RRT × Kriminalitätsnorm	−0,243	(0,228)	−0,160	(0,263)
RRT × Konsistenzstreben × Kriminorm			−0,331	(0,531)
Konstante	1,144	(0,231)***	1,144	(0,231)***
χ^2	44,584***		47,932***	
McFadden-R^2	0,077		0,078	
Befragungsmodus (1 = RRT)	0,063	(0,602)	0,490	(0,701)
Geschlecht (1 = weiblich)	−1,450	(0,396)***	−1,475	(0,395)***
Alter (Dekaden, zentriert)	−0,128	(0,100)	−0,132	(0,101)
Abitur (1 = ja)	−1,147	(0,472)*	−1,115	(0,481)*
Abitur × weiblich	2,151	(0,865)*	2,100	(0,865)*
Deliktschwere (1 = hoch)	−0,458	(0,381)	−0,465	(0,380)
Konsistenzstreben (1 = hoch)	−0,902	(0,373)*	−0,340	(0,674)
Incentive 20 € (1 = ja)	0,463	(0,350)	0,666	(0,404)
Konsistenzstreben × Incentive 20 €			−0,762	(0,783)
RRT × weiblich	1,087	(0,611)+	1,078	(0,614)+
RRT × Alter	0,023	(0,158)	0,039	(0,162)
RRT × Abitur	1,374	(0,746)+	1,475	(0,846)+
RRT × weiblich × Abitur	−2,291	(1,455)	−2,297	(1,502)
RRT × Deliktschwere	−0,499	(0,610)	−0,525	(0,614)
RRT × Konsistenzstreben	0,812	(0,586)	−0,826	(1,053)
RRT × Incentive 20 €	−0,719	(0,571)	−1,309	(0,709)+
RRT × Konsistenzstreben × Incentive 20 €			2,231	(1,279)+
Konstante	0,795	(0,346)*	0,648	(0,375)+
χ^2	35,592**		38,321**	
McFadden-R^2	0,057		0,061	

Erläuterungen: siehe Tabelle A2. *Quelle: Validierungsdatensatz, eigene Auswertungen.*

Tabelle A17: Die Bedeutung „weicher" Qualitätsindikatoren: Bivariate Interaktionsmodelle

	b	(SE)
Befragungsmodus (1 = RRT)	−0,221	(0,741)
Vertrauen in Anonymität	0,037	(0,146)
RRT × Vertrauen in Anonymität	0,100	(0,244)
Konstante	0,222	(0,454)
χ^2	0,606	
McFadden-R^2	0,001	
Befragungsmodus (1 = RRT)	−0,283	(0,270)
Heikle Frage unangenehm (1 = ja)	−0,224	(0,311)
RRT × Heikle Frage unangenehm	1,460	(0,635)+
Konstante	0,394	(0,167)+
χ^2	5,525	
McFadden-R^2	0,010	
Befragungsmodus (1 = RRT)	0,079	(0,243)
Antwortbereitschaft (1 = mittel/schlecht)	1,343	(0,789)+
RRT × Antwortbereitschaft	−0,874	(1,059)
Konstante	0,267	(0,144)+
χ^2	3,428	
McFadden-R^2	0,006	

Erläuterungen: siehe Tabelle A2. *Quelle: Validierungsdatensatz, eigene Auswertungen.*

Tabelle A18: Die Bedeutung „weicher" Qualitätsindikatoren: Multiple Interaktionsmodelle

	Modell 1 b (SE)	Modell 2 b (SE)	Modell 3 b (SE)
Befragungsmodus (1 = RRT)	−0,804(0,787)	−0,620(0,381)	−0,241(0,359)
Geschlecht (1 = weiblich)	−1,397(0,390)***	−1,390(0,392)***	−1,413(0,395)***
Alter (Dekaden, zentriert)	−0,177(0,099)+	−0,187(0,102)+	−0,188(0,097)+
Abitur (1 = ja)	−1,007(0,442)*	−1,014(0,446)*	−0,950(0,446)*
Abitur × weiblich	1,971(0,815)*	1,972(0,819)*	1,806(0,810)*
Deliktschwere (1 = hoch)	−0,481(0,368)	−0,440(0,366)	−0,421(0,371)
Vertrauen in Anonymität	−0,047(0,153)		
Heikle Frage unangenehm (1 = ja)		−0,283(0,343)	
Antwortber. (1 = mittel/schlecht)			1,407(0,853)
RRT × weiblich	1,014(0,605)+	1,001(0,618)	1,107(0,615)+
RRT × Alter	0,074(0,158)	0,075(0,159)	0,075(0,157)
RRT × Abitur	1,201(0,727)+	1,370(0,724)+	1,247(0,730)+
RRT × weiblich × Abitur	−2,035(1,361)	−2,114(1,475)	−1,969(1,401)
RRT × Deliktschwere	−0,452(0,595)	−0,582(0,657)	−0,517(0,597)
RRT × Vertrauen in Anonymität	0,201(0,253)		
RRT × Heikle Frage unangenehm		1,577(0,633)*	
RRT × Antwortbereitschaft			−0,808(1,247)
Konstante	1,023(0,507)*	0,955(0,227)***	0,812(0,210)***
χ^2	30,917**	34,003**	32,812**
McFadden-R^2	0,045	0,055	0,050

Erläuterungen: siehe Tabelle A2. *Quelle: Validierungsdatensatz, eigene Auswertungen.*

Tabelle A19: Determinanten des Antwortverhaltens: Gesamtinteraktionsmodell

	Modell 1		Modell 2
	b	(SE)	
Befragungsmodus (1 = RRT)	−0,505	(2,048)	*Anmerkung: Modell 2*
Geschlecht (1 = weiblich)	−1,376	(0,436)**	*entspricht Modell 1, Tabelle*
Alter (Dekaden, zentriert)	−0,087	(0,109)	*60, S. 294*
Abitur (1 = ja)	−1,250	(0,544)*	
Abitur × weiblich	2,286	(0,915)*	
Deliktschwere (1 = hoch)	−0,560	(0,404)	
SD-Neigung (zentriert)	0,229	(0,175)	
SD-Belief (zentriert)	−0,151	(0,094)	
Kriminalitätsnorm (zentriert)	−0,287	(0,160)+	
Dauer des Interviews (log., zentriert)	0,039	(0,682)	
Interviewererfahrung (log., zentriert)	0,310	(0,146)*	
Umfrageerfahrung (1 = ja)	0,196	(0,370)	
Umfrageeinstellung	−0,128	(0,207)	
Drittperson anwesend	−0,225	(0,389)	
Konsistenzstreben (1 = hoch)	−0,828	(0,397)*	
Incentive 20 € (1 = ja)	0,211	(0,385)	
Vertrauen in Anonymität	0,078	(0,166)	
RRT × weiblich	1,324	(0,745)+	
RRT × Alter	−0,210	(0,187)	
RRT × Abitur	1,397	(1,037)	
RRT × weiblich × Abitur	−2,828	(1,949)	
RRT × Deliktschwere	−0,460	(0,863)	
RRT × SD-Neigung	−0,565	(0,338)+	
RRT × SD-Belief	−0,043	(0,233)	
RRT × Kriminalitätsnorm	−0,268	(0,309)	
RRT × Dauer des Interviews	1,531	(1,239)	
RRT × Interviewererfahrung	−0,751	(0,290)*	
RRT × Umfrageerfahrung	−0,161	(0,819)	
RRT × Umfrageeinstellung	0,007	(0,413)	
RRT × Drittperson anwesend	−0,965	(0,783)	
RRT × Konsistenzstreben	1,131	(0,744)	
RRT × Incentive 20 €	0,193	(0,881)	
RRT × Vertrauen in Anonymität	0,018	(0,451)	
Konstante	1,267	(1,088)	
χ^2	49,289*		
McFadden-R^2	0,117		

Erläuterungen: siehe Tabelle A2. *Quelle: Validierungsdatensatz, eigene Auswertungen.*

Verzeichnis der Abbildungen und Tabellen

Abbildungen

Abbildung 1:	Versuch einer Typologie verschiedener Definitionsperspektiven zu sozialer Erwünschtheit	38
Abbildung 2:	„Editing-" und „True Behaviour"-Hypothese von Effekten sozialer Erwünschtheit	46
Abbildung 3:	Erhebungsmodi und Fragestellungen von Modusstudien	58
Abbildung 4:	Das erweiterte Modell der Frame-Selektionstheorie	152
Abbildung 5:	Antwortliste der RRT-Prozedur	192
Abbildung 6:	CEP: Geschlechts- und Bildungseffekt auf das Antwortverhalten nach Fragemodus	250
Abbildung 7:	CEP: Effekt von SD-Neigung und -Belief auf das Antwortverhalten nach Fragemodus	258
Abbildung 8:	CEP: Effekt von SD-Neigung und Kriminalitätsnorm auf das Antwortverhalten nach Fragemodus	259
Abbildung 9:	CEP: Effekt der Interviewererfahrung auf das Antwortverhalten nach Fragemodus	267
Abbildung 10:	Wahrscheinlichkeit wahrer Antworten für ausgewählte Merkmalskonstellationen	297

Tabellen

Tabelle 1:	Verzerrte Schätzwerte bei heiklen Fragen: Ergebnisse von Validierungsstudien	33
Tabelle 2:	Unwahre Angaben bei Fragen zu nichtexistenten Produkten/Medien	47
Tabelle 3:	Ausgewählte Studien der Social Desirability-Forschung	50
Tabelle 4:	ICT-Design von Holbrook und Krosnick (2010b)	77
Tabelle 5:	Bedeutung von Symbolen in RRT-Formeln	85
Tabelle 6:	Systematik empirischer RRT-Studien und Beispiele	96
Tabelle 7:	Direct Questioning vs. Randomized Response: Vergleichsstudien ohne externe Validierung	100

Tabelle 8:	Direct Questioning vs. Randomized Response: Vergleichsstudien mit externer Validierung	108
Tabelle 9:	Befunde zu Determinanten des Antwortverhaltens im DQ- und RRT-Modus	116
Tabelle 10:	Zum Konzept des wahren Wertes und der Bedeutung der Forced Response-RRT bei Fragen nach (präsumtiv) unerwünschten heiklen Verhaltensweisen	123
Tabelle 11:	Antwortverhalten im RC-Modell des Befragtenhandelns nach Esser (Esser 1986, 1991)	130
Tabelle 12:	Erweitertes RC-Modell des Befragtenhandelns bei Ja/Nein-Fragen nach heiklen Verhaltensweisen und RRT-Einsatz (RRT-Standardhypothese)	131
Tabelle 13:	Erweitertes RC-Modell des Befragtenhandelns bei Ja/Nein-Fragen nach heiklen Verhaltensweisen, RRT-Einsatz und zusätzlicher Kostenkomponente (modifizierte RRT-Hypothese)	132
Tabelle 14:	Hypothesen aus der RC-Theorie	142
Tabelle 15:	Die Bedeutung des Modus der Informationsverarbeitung im direkten und RRT-Modus	160
Tabelle 16:	Auswirkungen des Informationsverarbeitungsmodus des Interviewers auf die Wahrscheinlichkeit valider Antworten	162
Tabelle 17:	Hypothesen aus der Frame-Selektionstheorie	173
Tabelle 18:	Fragebogenmodule und inhaltlich relevante Fragen	189
Tabelle 19:	Fragebogendesign der heiklen Fragen in der Validierungserhebung	190
Tabelle 20:	Formulierung der heiklen Fragen in der Validierungserhebung	190
Tabelle 21:	Übersicht der verwendeten Erhebungsinstrumente/Variablen	195
Tabelle 22:	Deliktschwere von neun strafrechtlichen Vergehen: Ergebnisse eines Expertenratings	199
Tabelle 23:	Rücklaufquoten der Validierungserhebung	202
Tabelle 24:	Fallzahlen der Analysedatensätze	205
Tabelle 25:	Verwendete CM-Skala zur Messung der SD-Neigung	213
Tabelle 26:	Faktorenanalyse der SD-Neigung (rotierte Factor-Pattern-Matrix)	214
Tabelle 27:	Verwendete PFC-Skala zur Messung des Konsistenzstrebens	215
Tabelle 28:	Faktorenanalyse des Konsistenzstrebens (rotierte Factor-Pattern-Matrix)	216
Tabelle 29:	Items zur Erhebung der Umfrageeinstellung	218
Tabelle 30:	Faktorenanalyse der Umfrageeinstellung (rotierte Factor-Pattern-Matrix)	219
Tabelle 31:	Items zur Erhebung der Kriminalitätsnorm	220
Tabelle 32:	Faktorenanalyse der Kriminalitätsnorm (rotierte Factor-Pattern-Matrix)	221

Abbildungs- und Tabellenverzeichnis

Tabelle 33:	Deskriptive Statistiken der unabhängigen Variablen im Validierungsdatensatz	223
Tabelle 34:	Soziodemographische Zusammensetzung der Stichprobe im Vergleich mit dem Mikrozensus	228
Tabelle 35:	Bivariate Analysen: „Weiche" Indikatoren der Umfragequalität im Modusvergleich	230
Tabelle 36:	Determinanten „weicher" Indikatoren der Umfragequalität I (binärlogistische Mehrebenenregressionen)	232
Tabelle 37:	Determinanten „weicher" Indikatoren der Umfragequalität II (lineare Mehrebenenregressionen)	233
Tabelle 38:	Intraklassenkorrelationen: Bedeutung der Interviewer für „weiche" Kriterien der Umfragequalität	234
Tabelle 39:	Geschätzte Prävalenzen der Validierungsfrage nach Fragemodus	236
Tabelle 40:	Geschätzte Prävalenzen der RRT-Testfrage	239
Tabelle 41:	Geschätzte Prävalenzen nicht validierter heikler Fragen	240
Tabelle 42:	Soziodemographische Determinanten des Antwortverhaltens: Bivariate Regressionen	244
Tabelle 43:	Effekt der Deliktschwere auf das Antwortverhalten: Bivariate Regressionen	246
Tabelle 44:	Soziodemographische Determinanten des Antwortverhaltens: Multiple Regressionen	248
Tabelle 45:	Effekte von SD-Variablen auf das Antwortverhalten: Bivariate Regressionen	252
Tabelle 46:	Effekte von SD-Variablen und ihrer Interaktionen auf das Antwortverhalten (Stocké-Hypothese): Trivariate Regressionen	256
Tabelle 47:	Effekte von SD-Variablen auf das Antwortverhalten: Multiple Regressionen	260
Tabelle 48:	Reflexionsmodus- und Interviewererfahrungshypothese: Bivariate Regressionen	265
Tabelle 49:	Reflexionsmodus- und Interviewererfahrungshypothese: Multiple Regressionen	268
Tabelle 50:	Die Framing-Hypothese von Stocké: Trivariate Regressionen	271
Tabelle 51:	Die Framing-Hypothese von Stocké: Multiple Regressionen	272
Tabelle 52:	Bystanderhypothese: Bivariate Regressionen	273
Tabelle 53:	Bystandereffekte: Multiple Regressionen	275
Tabelle 54:	Dissonanzhypothesen: Bivariate Regressionen	276
Tabelle 55:	Dissonanzhypothesen: Trivariate Interaktionsmodelle	278
Tabelle 56:	Dissonanzhypothesen: Multiple Regressionen	279
Tabelle 57:	Die Bedeutung „weicher" Qualitätsindikatoren: Bivariate Regressionen	285

Tabelle 58:	Die Bedeutung „weicher" Qualitätsindikatoren: Multiple Regressionen 288
Tabelle 59:	Determinanten des Antwortverhaltens: Gesamtmodell I 291
Tabelle 60:	Determinanten des Antwortverhaltens: Gesamtmodell II 294
Tabelle 61:	Zentrale Befunde zu Determinanten wahren Antwortverhaltens 302

Anhangtabellen:

Tabelle A1:	Fehlende Werte in den Analysevariablen 323
Tabelle A2:	Soziodemographische Determinanten des Antwortverhaltens: Bivariate Interaktionsmodelle 324
Tabelle A3:	Effekt der Deliktschwere auf das Antwortverhalten: Bivariates Interaktionsmodell 325
Tabelle A4:	Soziodemographische Determinanten des Antwortverhaltens: Multiples Interaktionsmodell 325
Tabelle A5:	Effekte von SD-Variablen auf das Antwortverhalten: Bivariate Interaktionsmodelle 326
Tabelle A6:	Effekte von SD-Variablen und ihrer Interaktionen auf das Antwortverhalten (Stocké-Hypothese): Trivariate Interaktionsmodelle 327
Tabelle A7:	Effekte von SD-Variablen auf das Antwortverhalten: Multiple Interaktionsmodelle 328
Tabelle A8:	Reflexionsmodus- und Interviewererfahrungshypothese: Bivariate Interaktionsmodelle 329
Tabelle A9:	Reflexionsmodus- und Interviewererfahrungshypothese: Multiple Interaktionsmodelle 330
Tabelle A10:	Die Framing-Hypothese von Stocké: Trivariate Interaktionsmo-delle .. 331
Tabelle A11:	Die Framing-Hypothese von Stocké: Multiple Interaktionsmodelle 332
Tabelle A12:	Bystanderhypothese: Bivariates Interaktionsmodell 332
Tabelle A13:	Bystanderhypothese: Multiples Interaktionsmodell 333
Tabelle A14:	Dissonanzhypothesen: Bivariate Interaktionsmodelle 333
Tabelle A15:	Dissonanzhypothesen: Trivariate Interaktionsmodelle 334
Tabelle A16:	Dissonanzhypothesen: Multiple Interaktionsmodelle 335
Tabelle A17:	Die Bedeutung „weicher" Qualitätsindikatoren: Bivariate Interaktionsmodelle 336
Tabelle A18:	Die Bedeutung „weicher" Qualitätsindikatoren: Multiple Interaktionsmodelle 337
Tabelle A19:	Determinanten des Antwortverhaltens: Gesamtinteraktionsmodell 338

Literatur

Abernathy, James R./Greenberg, Bernard G./Horvitz, Daniel G. 1970: Estimates of Induced Abortion in Urban North Carolina, in: Demography 7 (1): S. 19–29.
Ahart, Allison M./Sackett, Paul R. 2004: A New Method of Examining Relationships Between Individual Difference Measures and Sensitive Behavior Criteria: Evaluating the Unmatched Count Technique, in: Organizational Research Methods 7 (1): S. 101–114.
Ai, Chunrong/Norton, Edward C. 2003: Interaction Terms in Logit and Probit Models, in: Economic Letters 80 (1): S. 123–129.
Allison, Paul D. 2002: Missing Data (Sage University Paper Series on Quantitative Applications in the Social Sciences 07-136), Thousand Oaks: Sage.
Anderson, Barbara A./Silver, Brian D./Abramson, Paul R. 1988: The Effects of Race of the Interviewer on Measures of Electoral Participation by Blacks in SRC National Election Studies, in: Public Opinion Quarterly 52 (1): S. 53–83.
Anderson, Drew A./Simmons, Angela M./Milnes, Suzanne M./Earleywine, Mitchell 2007: Effect of Response Format on Endorsement of Eating Disordered Attitudes and Behaviors, in: International Journal of Eating Disorders 40 (1): S. 90–93.
Aquilino, William S. 1993: Effects of Spouse Presence During the Interview on Survey Responses Concerning Marriage, in: Public Opinion Quarterly 57 (3): S. 358–376.
Aquilino, William S. 1994: Interview Mode Effects in Surveys of Drug and Alcohol Use. A Field Experiment, in: Public Opinion Quarterly 58 (2): S. 210–240.
Aquilino, William S. 1997: Privacy Effects on Self-Reported Drug Use: Interactions with Survey Mode and Respondent Characteristics, in: Harrison, Lana/Hughes, Arthur (Hrsg.): The Validity of Self-Reported Drug Use: Improving the Accuracy of Survey Estimates (NIDA Research Monograph 167), Rockville: National Institute of Drug Abuse, Division of Epidemiology and Prevention Research: S. 383–415.
Aquilino, William S. 1998: Effects of Interview Mode on Measuring Depression in Younger Adults, in: Journal of Official Statistics 14 (1): S. 15–29.
Aquilino, William S./Wright, Debra L./Supple, Andrew J. 2000: Response Effects Due to Bystander Presence in CASI and Paper-and-Pencil Surveys of Drug Use and Alcohol Use, in: Substance Use & Misuse 35 (6–8): S. 845–867.
Arminger, Gerhard 1979: Faktorenanalyse, Teubner: Stuttgart.
Aronson, Elliot/Mills, Judson 1959: The Effect of Severity of Initiation on Liking for a Group, in: Journal of Abnormal and Social Psychology 59 (2): S. 177–181.
Arzheimer, Kai/Schmitt, Annette 2005: Der ökonomische Ansatz, in: Falter, Jürgen/Schoen, Harald (Hrsg.): Handbuch Wahlforschung, Wiesbaden: VS Verlag für Sozialwissenschaften: S. 243–303.

Baier, Dirk/Pfeiffer, Christian/Simonson, Julia/Rabold, Susann 2009: Jugendliche in Deutschland als Opfer und Täter von Gewalt. Erster Forschungsbericht zum gemeinsamen Forschungsprojekt des Bundesministeriums des Innern und des KFN (Forschungsbericht Nr. 107), Hannover: Kriminologisches Forschungsinstitut Niedersachsen e.V. (KFN).

Barnett, Julie 1998: Sensitive Questions and Response Effects: An Evaluation, in: Journal of Managerial Psychology 13 (1/2): S. 63–76.

Barton, Allen H. 1958: Asking the Embarrassing Question, in: Public Opinion Quarterly 22 (1): S. 67–68.

Becker, Rolf 2006: Selective Responses to Questions on Delinquency, in: Quality & Quantity 40 (4): S. 483–498.

Becker, Rolf/Günther, Ralph 2004: Selektives Antwortverhalten bei Fragen zum delinquenten Handeln. Eine empirische Studie über die Wirksamkeit der „sealed envelope technique" bei selbst berichteter Delinquenz mit Daten des ALLBUS 2000, in: ZUMA-Nachrichten 54: S. 39–59.

Beldt, Sandra F./Daniel, Wayne W./Garcha, Bikramjit S. 1982: The Takahasi-Sakasegawa Randomized Response Technique: A Field Test, in: Sociological Methods and Research 11 (1): S. 101–111.

Belli, Robert F./Traugott, Michael W./Beckmann, Matthew N. 2001: What Leads to Voting Overreports? Contrasts of Overreporters to Validated Voters and Admitted Nonvoters in the American National Election Studies, in: Journal of Official Statistics 17 (4): S. 479–498.

Benson, Lawrence E. 1941: Studies in Secret-Ballot Technique, in: Public Opinion Quarterly 5 (1): S. 79–82.

Bernstein, Robert/Chadha, Anita/Montjoy, Robert 2001: Overreporting Voting. Why it Happens and Why it Matters, in: Public Opinion Quarterly 65 (1): S. 22–44.

Best, Henning/Wolf, Christof 2010: Logistische Regression, in: Wolf, Christof/Best, Henning (Hrsg.): Handbuch der sozialwissenschaftlichen Datenanalyse, Wiesbaden: VS Verlag für Sozialwissenschaften: S. 827–854.

Bhargava, Manoj/Singh, Ravindra 2002: On the Efficiency Comparison of Certain Randomized Response Strategies, in: Metrika 55 (3): S. 191–197.

Biemer, Paul P./Brown, Gordon 2005: Model-based Estimation of Drug Use Prevalence Using Item Count Data, in: Journal of Official Statistics 21 (2): S. 287–308.

Biemer, Paul P./Jordan, B. Kathleen/Hubbard, Michael/Wright, Douglas 2005: A Test of the Item Count Methodology for Estimating Cocaine Use Prevalence, in: Kennet, Joel/Gfroerer, Joseph (Hrsg.): Evaluating and Improving Methods Used in the National Survey on Drug Use and Health (DHHS Publication No. SMA 05-4044, Methodology Series M-5), Rockville: Substance Abuse and Mental Health Services Administration, Office of Applied Studies: S. 149–174.

Blank, Sara Grace 2008: Using the Randomized Response Technique to Investigate Illegal Fishing and Contribute to Abalone Management in Northern California (Dissertation), Wellington: Victoria University of Wellington.

Boe, Erling E./Kogan, William S. 1964: An Analysis of Various Methods for Deriving the Social Desirability Score, in: Psychological Reports 14 (1): S. 23–29.

Boruch, Robert F. 1971: Assuring Confidentiality of Responses in Social Research: A Note on Strategies, in: American Sociologist 6 (November): S. 308–311.
Boudon, Raymond 2003: Raison, bonnes raisons, Paris: Presses Universitaires de France.
Boudon, Raymond 2007: Essais sur la théorie générale de la rationalité. Action scciale et sens commun, Paris: Presses Universitaires de France.
Boudon, Raymond 2009: La Rationalité, Paris: Presses Universitaires de France.
Bradburn, Norman M./Sudman, Seymour and Associates 1979: Improving Interview Method and Questionnaire Design. Response Effects to Threatening Questions in Survey Research, San Francisco: Jossey-Bass.
Bradburn, Norman M./Sudman, Seymour/Blair, Ed/Stocking, Carol 1978: Question Threat and Response Bias, in: Public Opinion Quarterly 42 (2): S. 221–234.
Braun, Dietmar 1999: Theorien rationalen Handelns in der Politikwissenschaft. Eine kritische Einführung, Opladen: Leske + Budrich.
Braun, Norman 2008: Theorie in der Soziologie, in: Soziale Welt 59 (4): S. 373–395.
Braun, Norman 2009: Eine Antwort auf meine Kommentatoren, in: Soziale Welt 60 (2): S. 223–232.
Brehm, Jack W. 1956: Postdecision Changes in the Desirability of Alternatives, in: Journal of Abnormal and Social Psychology 52 (3): S. 384–389.
Brener, Nancy D./Eaton, Danice K./Kann, Laura/Grunbaum, Jo Annie/Gross, Lori A./Kyle, Tonja M./Ross, James G. 2006: The Association of Survey Setting and Mode with Self-Reported Health Risk Behaviors Among High School Students, in: Public Opinion Quarterly 70 (3): S. 354–374.
Brittingham, Angela/Tourangeau, Roger/Kay, Ward 1998: Reports of Smoking in a National Survey: Data from Screening and Detailed Interviews, and from Self- and Interviewer-Administered Questions, in: Annals of Epidemiology 8 (6): S. 393–401.
Buchman, Thomas A./Tracy, John A. 1982: Obtaining Responses to Sensitive Questions: Conventional Questionnaire versus Randomized Response Technique, in: Journal of Accounting Research 20 (1): S. 263–271.
Bundeskriminalamt (Hrsg.) 2009: Polizeiliche Kriminalstatistik 2009 Bundesrepublik Deutschland, Wiesbaden: Bundeskriminalamt.
Burris, Jane E./Johnson, Timothy P./O'Rourke, Diane P. 2003: Validating Self-Reports of Socially Desirable Behaviors (Working Paper): American Association for Public Opinion Research - Section on Survey Research Methods.
Cantril, Hadley 1940: Experiments in the Wording of Questions, in: Public Opinion Quarterly 4 (2): S. 330–332.
Cantril, Hadley 1944: Gauging Public Opinion, Princeton: Princeton University Press.
Cassel, Carol A. 2004: Voting Records and Validated Voting Studies, in: Public Opinion Quarterly 68 (1): S. 102–108.
Chaudhuri, Arijit/Mukerjee, Rahul 1988: Randomized Response. Theory and Techniques, New York: Dekker.
Chen, Peter Y./Dai, Tina/Spector, Paul E./Jex, Steve M. 1997: Relation Between Negative Affectivity and Positive Affectivity: Effects of Judged Desirability of Scale Items and Respondents' Social Desirability, in: Journal of Personality Assessment 69 (1): S. 183–198.

Cialdini, Robert B./Trost, Melanie R./Newsom, Jason T. 1995: Preference for Consistency: The Development of a Valid Measure and the Discovery of Surprising Behavioral Implications, in: Journal of Personality and Social Psychology 69 (2): S. 318–328.

Clark, John P./Tifft, Larry L. 1966: Polygraph and Interview Validation of Self-Reported Deviant Behavior, in: American Sociological Review 31 (4): S. 516–523.

Clark, Stephen J./Desharnais, Robert A. 1998: Honest Answers to Embarrassing Questions: Detecting Cheating in the Randomized Response Model, in: Psychological Methods 3 (2): S. 160–168.

Clausen, Aage R. 1968: Response Validity: Vote Report, in: Public Opinion Quarterly 32 (4): S. 588–606.

Coleman, James S. 1990: Foundations of Social Theory, Cambridge (Massachusetts): Harvard University Press.

Coleman, James S. 1991: Grundlagen der Sozialtheorie. Band 1: Handlungen und Handlungssysteme, München: Oldenbourg.

Colón, Héctor M./Robles, Rafaela R./Sahai, Hardeo 2001: The Validity of Drug Use Responses in a Household Survey in Puerto Rico: Comparison of Survey Responses of Cocaine and Heroin Use with Hair Tests, in: International Journal of Epidemiology 30 (5): S. 1042–1049.

Cook, Colleen/Heath, Fred/Thompson, Russel L. 2000: A Meta-Analysis of Response Rates in Web- or Internet-Based Surveys, in: Educational and Psychological Measurement 60 (6): S. 821–836.

Cooper, Joel/Worchel, Stephen 1970: Role of Undesired Consequences in Arousing Cognitive Dissonance, in: Journal of Personality and Social Psychology 16 (2): S. 199–206.

Corstange, Daniel 2009: Sensitive Questions, Truthful Answers? Modeling the List Experiment with LISTIT, in: Political Analysis 17 (1): S. 45–63.

Coutts, Elisabeth/Jann, Ben 2011: Sensitive Questions in Online Surveys: Experimental Results for the Randomized Response Technique (RRT) and the Unmatched Count Technique (UCT), in: Sociological Methods and Research 40 (1): S. 169–193.

Crowne, Douglas P./Marlowe, David 1960: A New Scale of Social Desirability Independent of Psychopathology, in: Journal of Consulting Psychology 24: S. 349–354.

Cruyff, Maarten J. L. F./van den Hout, Ardo/van der Heijden, Peter G. M./Böckenholt, Ulf 2007: Log-Linear Randomized-Response Models Taking Self-Protective Response Behavior Into Account, in: Sociological Methods and Research 36 (2): S. 266–282.

Currivan, Douglas B./Nyman, Amy L./Turner, Charles F./Biener, Lois 2004: Does Telephone Audio Computer-Assisted Self-Interviewing Improve the Accuracy of Prevalence Estimates of Youth Smoking? Evidence from the UMass Tobacco Study, in: Public Opinion Quarterly 68 (4): S. 542–564.

Dalton, Dan R./Wimbush, James C./Daily, Catherine M. 1994: Using the Unmatched Count Technique (UCT) to Estimate Base Rates for Sensitive Behavior, in: Personnel Psychology 47 (4): S. 817–828.

de Jong, Martijn G./Pieters, Rik/Fox, Jean-Paul 2010: Reducing Social Desirability Bias Through Item Randomized Response: An Application to Measure Underreported Desires, in: Journal of Marketing Research 47 (1): S. 14–27.
de Leeuw, Edith D./Hox, Joop J./Snijkers, Ger/de Heer, Wim 1998: Interviewer Opinions, Attitudes and Strategies Regarding Survey Participation and Their Effect on Response, in: Koch, Achim/Porst, Rolf (Hrsg.): Nonresponse in Survey Research. Proceedings of the Eighth International Workshop on Household Survey Nonresponse 24–26 September 1997 (ZUMA Nachrichten Spezial No. 4), Mannheim: ZUMA: S. 239–251.
de Leeuw, Edith D./Hox, Joop J./Vis, Corrie 2009: Survey Attitude as Determinant for Panel Attrition: Development of Instruments and First Results (WWW-Dokument: http://www.nonresponse.org/db/3/573/Biblliography/Survey%20Attitude%20as%20 Determinant%20for%20Panel%20Attrition:%20Development%20of%20instruments %20and%20first%20results/?&42[]=277&fromgrid=1, letzter Zugriff am 15.12.2010), Lausanne: 2009 Nonresponse Workshop Lausanne.
de Leeuw, Edith D./van der Zouwen, Johannes 1988: Data Quality in Telephone and Face to Face Surveys: A Comparative Meta-Analysis, in: Groves, Robert M. et al. (Hrsg.): Telephone Survey Methodology, New York: Wiley: S. 283–299.
Deffaa, Walter 1982: Anonymisierte Befragungen mit zufallsverschlüsselten Antworten. Die Randomized-Response-Technik (RRT): Methodische Grundlagen, Modelle und Anwendungen, Frankfurt am Main: Peter Lang.
DeMaio, Theresa J. 1984: Social Desirability and Survey Measurement: A Review, in: Turner, Charles F./Martin, Elizabeth (Hrsg.): Surveying Subjective Phenomena, Band 2, New York: Russel Sage Foundation: S. 257–282.
Des Jarlais, Don C./Paone, Denise/Milliken, Judith/Turner, Charles F./Miller, Heather/Gribble, James/Shi, Qiuhu/Hagan, Holly/Friedman, Samuel R. 1999: Audio-Computer Interviewing to Measure Risk Behaviour for HIV Among Injecting Drug Users: A Quasi-Randomised Trial, in: Lancet 353 (9165): S. 1657–1661.
Dicken, Charles 1963: Good Impression, Social Desirability, and Acquiescence as Suppressor Variables, in: Educational and Psychological Measurement 23 (4): S. 699–720.
Diekmann, Andreas 2008: Empirische Sozialforschung. Grundlagen, Methoden, Anwendungen, 19. Auflage, Reinbek bei Hamburg: Rowohlt.
Diekmann, Andreas 2009a: Making Use of „Benford's Law" for the Randomized Response Technique (Working Paper), Zürich: ETH Zürich.
Diekmann, Andreas 2009b: Spieltheorie. Einführung, Beispiele, Experimente, Reinbek bei Hamburg: Rowohlt.
Diekmann, Andreas/Jann, Ben 2001: Anreizformen und Ausschöpfungsquoten bei postalischen Befragungen. Eine Prüfung der Reziprozitätshypothese, in: ZUMA-Nachrichten 48: S. 18–27.
Diekmann, Andreas/Preisendörfer, Peter 1998: Umweltbewußtsein und Umweltverhalten in Low- und High-Cost-Situationen. Eine empirische Überprüfung der Low-Cost-Hypothese, in: Zeitschrift für Soziologie 27 (6): S. 438–453.
Diekmann, Andreas/Voss, Thomas 2004: Die Theorie rationalen Handelns. Stand und Perspektiven, in: Diekmann, Andreas/Voss, Thomas (Hrsg.): Rational-Choice-

Theorie in den Sozialwissenschaften. Anwendungen und Probleme, München: Oldenbourg: S. 13–29.

DiFranceisco, Wayne/McAuliffe, Timothy L./Sikkema, Kathleen J. 1998: Influences of Survey Instrument Format and Social Desirability on the Reliability of Self-Reported High Risk Sexual Behavior, in: AIDS and Behavior 2 (4): S. 329–337.

Dijkstra, Wil 1983: How Interviewer Variance can Bias the Results of Research on Interviewer Effects, in: Quality & Quantity 17 (3): S. 179–187.

Dillman, Don A. 1978: Mail and Telephone Surveys. The Total Design Method, New York: Wiley.

Ditton, Hartmut 1998: Mehrebenenanalyse. Grundlagen und Anwendungen des Hierarchisch Linearen Modells, München: Juventa.

Dohrenwend, Bruce P. 1966: Social Status and Psychological Disorder: An Issue of Substance and an Issue of Method, in: American Sociological Review 31 (1): S. 14–34.

Droitcour, Judith/Caspar, Rachel A./Hubbard, Michael L./Parsley, Teresa L./Visscher, Wendy/Ezzati, Trena M. 1991: The Item Count Technique as a Method of Indirect Questioning: A Review of its Development and a Case Study Application, in: Biemer, Paul P. et al. (Hrsg.): Measurement Errors in Surveys, New York: Wiley: S. 185–210.

Droitcour Miller, Judith 1981: Complexities of the Randomized Response Solution (Comment on Tracy and Fox, ASR, April 1981), in: American Sociological Review 46 (6): S. 928–930.

Durham III, Alexis M./Lichtenstein, Michael J. 1983: Response Bias in Self-Reported Surveys. Evaluating Randomized Response, in: Waldo, Gordon P. (Hrsg.): Measurement Issues in Criminal Justice, Beverly Hills: Sage: S. 37–57.

Edgell, Stephen E./Himmelfarb, Samuel/Duchan, Karen L. 1982: Validity of Forced Responses in a Randomized Response Model, in: Sociological Methods and Research 11 (1): S. 89–100.

Edwards, Allen L. 1970: The Measurement of Personality Traits by Scales and Inventories, New York u. a.: Holt, Rinehart and Winston.

Eliason, Stephen L./Dodder, Richard A. 2000: Neutralization Among Deer Poachers, in: Journal of Social Psychology 140 (4): S. 536–538.

Embree, Bryan G./Whitehead, Paul C. 1993: Validity and Reliability of Self-Reported Drinking Behavior: Dealing with the Problem of Response Bias, in: Journal of Studies on Alcohol 54 (3): S. 334–344.

Epstein, Joan Faith/Ripley Barker, Peggy/Kroutil, Larry A. 2001: Mode Effects in Self-Reported Mental Health Data, in: Public Opinion Quarterly 65 (4): S. 529–549.

Esser, Hartmut 1975: Soziale Regelmäßigkeiten des Befragtenverhaltens, Meisenheim am Glan: Anton Hain.

Esser, Hartmut 1986: Können Befragte lügen? Zum Konzept des „wahren Wertes" im Rahmen der handlungstheoretischen Erklärung von Situationseinflüssen bei der Befragung, in: Kölner Zeitschrift für Soziologie und Sozialpsychologie 38 (2): S. 314–336.

Esser, Hartmut 1990: „Habits", „Frames" und „Rational Choice". Die Reichweite von Theorien der rationalen Wahl (am Beispiel der Erklärung des Befragtenverhaltens), in: Zeitschrift für Soziologie 19 (4): S. 231–247.

Esser, Hartmut 1991: Die Erklärung systematischer Fehler in Interviews: Befragtenverhalten als „rational choice", in: Wittenberg, Reinhard (Hrsg.): Person - Situation - Institution - Kultur. Günter Büschges zum 65. Geburtstag, Berlin: Duncker & Humblot: S. 59–78.

Esser, Hartmut 1993: Response Set: Habit, Frame or Rational Choice?, in: Krebs, Dagmar/Schmidt, Peter (Hrsg.): New Directions in Attitude Measurement, Berlin: de Gruyter: S. 293–314.

Esser, Hartmut 1996a: Die Definition der Situation, in: Kölner Zeitschrift für Soziologie und Sozialpsychologie 48 (1): S. 1–34.

Esser, Hartmut 1996b: Soziologie. Allgemeine Grundlagen, 2. Auflage, Frankfurt/New York: Campus.

Esser, Hartmut 1999: Soziologie. Spezielle Grundlagen. Band 1: Situationslogik und Handeln, Frankfurt am Main: Campus.

Esser, Hartmut 2000: Und immer noch einmal: Alfred Schütz, „Die Definition der Situation" und die (angeblichen) Grenzen von Rational Choice, in: Kölner Zeitschrift für Soziologie und Sozialpsychologie 52 (4): S. 783–789.

Esser, Hartmut 2001: Soziologie. Spezielle Grundlagen. Band 6: Sinn und Kultur, Frankfurt am Main: Campus.

Esser, Hartmut 2003: Der Sinn der Modelle. Antwort auf Götz Rohwer, in Kölner Zeitschrift für Soziologie und Sozialpsychologie 55 (2): S. 359–368.

Esser, Hartmut 2004: What is New in „Soziologie"? A Rejoinder to Karl-Dieter Opp's Review, in: European Sociological Review 20 (3): S. 263–265.

Esser, Hartmut 2010: Das Modell der Frame-Selektion. Eine allgemeine Handlungstheorie für die Sozialwissenschaften?, in: Albert, Gert/Sigmund, Steffen (Hrsg.): Soziologische Theorie kontrovers (Kölner Zeitschrift für Soziologie und Sozialpsychologie, Sonderheft 50), Wiesbaden: VS Verlag für Sozialwissenschaften: S. 45–62.

Esser, Hartmut/Kroneberg, Clemens 2010: Am besten nichts Neues?, in: Albert, Gert/Sigmund, Steffen (Hrsg.): Soziologische Theorie kontrovers, Wiesbaden: VS Verlag für Sozialwissenschaften: S. 79–86.

Etzrodt, Christian 2007: Neuere Entwicklungen in der Handlungstheorie. Ein Kommentar zu den Beiträgen von Kroneberg und Kron, in: Zeitschrift für Soziologie 36 (5): S. 364–379.

Etzrodt, Christian 2008: Über die Unüberwindbarkeit festgefahrener Frames. Eine Entgegnung auf Clemens Kronebergs Erwiderung, in: Zeitschrift für Soziologie 37 (3): S. 271–275.

Fagerström, Karl-Olov 1978: Measuring Degree of Physical Dependence to Tobacco Smoking with Reference to Individualization of Treatment, in: Addictive Behaviors 3 (3-4): S. 235–241.

Farke, Walter/Graß, Hildegard/Hurrelmann, Klaus (Hrsg.) 2003: Drogen bei Kindern und Jugendlichen. Legale und illegale Substanzen in der ärztlichen Praxis, Stuttgart: Georg Thieme Verlag.

Fennema, J. S. A./van Ameijden, E. J. C./Coutinho, R. A./van den Hoek, J. A. R. 1995: Validity of Self-Reported Sexually Transmitted Diseases in a Cohort of Drug-Using Prostitutes in Amsterdam: Trends from 1986 to 1992, in: International Journal of Epidemiology 24 (5): S. 1034–1041.

Festinger, Leon 1957: A Theory of Cognitive Dissonance, Stanford: Stanford University Press.

Festinger, Leon 1978 [1957]: Theorie der kognitiven Dissonanz, Bern: Verlag Hans Huber.

Festinger, Leon/Carlsmith, James M. 1959: Cognitive Consequences of Forced Compliance, in: Journal of Abnormal and Social Psychology 58 (2): S. 203–210.

Festinger, Leon/Riecken, Henry W./Schachter, Stanley 1956: When Prophecy Fails, Minneapolis: University of Minnesota Press.

Fischer, Donald G./Fick, Carol 1993: Measuring Social Desirability: Short Forms of the Marlowe-Crowne Social Desirability Scale, in: Educational and Psychological Measurement 53 (2): S. 417–424.

Fisher, Robert J. 2000: The Future of Social-Desirability Bias Research in Marketing, in: Psychology & Marketing 17 (2): S. 73–77.

Fisher, Robert J./Katz, James E. 2000: Social-Desirability Bias and the Validity of Self-Reported Values, in: Psychology & Marketing 17 (5): S. 105–120.

Folsom, Ralph E. 1974: A Randomized Response Validation Study: Comparison of Direct and Randomized Reporting of DUI arrests (Final Report 2550-807), Chapel Hill: Research Triangle Institute.

Folsom, Ralph E./Greenberg, Bernard G./Horvitz, Daniel G./Abernathy, James R. 1973: The Two Alternate Questions Randomized Response Model for Human Surveys, in: Journal of the American Statistical Association 68 (343): S. 525–530.

Fowler, Floyd J./Mangione, Thomas W. 1984: Standardized Survey Interviewing, in: Proceedings of the American Statistical Association (Section on Survey Research Methods) 1984: S. 782–787.

Fox, James Alan/Tracy, Paul E. 1980: The Randomized Response Approach. Applicability to Criminal Justice Research and Evaluation, in: Evaluation Review 4 (5): S. 601–622.

Fox, James Alan/Tracy, Paul E. 1981: Reaffirming the Viability of the Randomized Response Approach (Reply to Miller), in: American Sociological Review 46 (6): S. 930–933.

Fox, James Alan/Tracy, Paul E. 1986: Randomized Response. A Method for Sensitive Surveys (Sage University Paper Series on Quantitative Applications in the Social Sciences 07-058), Newbury Park: Sage.

Fu, Haishan/Darroch, Jacqueline E./Henshaw, Stanley K./Kolb, Elizabeth 1998: Measuring the Extent of Abortion Underreporting in the 1995 Survey of Family Growth, in: Family Planning Perspectives 30 (3): S. 128–133 & 138.

Fuchs, Marek 2009: Gender-of-Interviewer Effects in a Video-Enhanced Web Survey. Results from a Randomized Field Experiment, in: Social Psychology 40 (1): S. 37–42.
Fullerton, Andrew S./Dixon, Jeffrey C./Borch, Casey 2007: Bringing Registration into Models of Vote Overreporting, in: Public Opinion Quarterly 71 (4): S. 649–660.
Ganster, Daniel C./Hennessey, Harry W./Luthans, Fred 1983: Social Desirability Response Effects: Three Alternative Models, in: Academy of Management Journal 26 (2): S. 321–331.
Getzels, Jacob W. 1954: The Question-Answer Process: A Conceptualization and Some Derived Hypotheses for Empirical Examination, in: Public Opinion Quarterly 18 (1): S. 80–91.
Geurts, Michael D. 1980: Using a Randomized Response Research Design to Eliminate Non-Response and Response Biases in Business Research, in: Journal of the Academy of Marketing Science 8 (2): S. 83–91.
Geurts, Michael D./Andrus, Roman R./Reinmuth, James 1975: Researching Shoplifting and Other Deviant Customer Behavior, Using the Randomized Response Research Design, in: Journal of Retailing 51 (4): S. 43–48.
Gfroerer, Joseph/Wright, Doug/Kopstein, Andrea 1997: Prevalence of Youth Substance Use: The Impact of Methodological Differences Between Two National Surveys, in: Drug and Alcohol Dependence 47 (1): S. 19–30.
Göthlich, Stephan E. 2009: Zum Umgang mit fehlenden Daten in großzahligen empirischen Erhebungen, in: Albers, Sönke et al. (Hrsg.): Methodik der empirischen Forschung, 3. Auflage, Wiesbaden: Gabler: S. 119–135.
Green, Donald P./Shapiro, Ian 1999: Rational Choice. Eine Kritik am Beispiel von Anwendungen in der Politischen Wissenschaft, München: Oldenbourg Wissenschaftsverlag.
Greenberg, Bernard G./Abul-Ela, Abdel-Latif A./Simmons, Walt R./Horvitz, Daniel G. 1969: The Unrelated Question Randomized Response Model: Theoretical Framework, in: Journal of the American Statistical Association 64 (326): S. 520–539.
Greenberg, Bernard G./Kuebler, Roy R./Abernathy, James R./Horvitz, Daniel G. 1971: Application of the Randomized Response Technique in Obtaining Quantitative Data, in: Journal of the American Statistical Association 66 (334): S. 243–250.
Groves, Robert M./Fowler, Floyd J./Couper, Mick P./Lepkowski, James M./Singer, Eleanor/Tourangeau, Roger 2004: Survey Methodology, Hoboken: Wiley.
Groves, Robert M./Fultz, Nancy H. 1985: Gender Effects Among Telephone Interviewers in a Survey of Economic Attitudes, in: Sociological Methods and Research 14 (1): S. 31–52.
Groves, Robert M./Magilavy, Lou J. 1986: Measuring and Explaining Interviewer Effects in Centralized Telephone Surveys, in: Public Opinion Quarterly 50 (2): S. 251–266.
Guerriero, Massimo/Sandri, Marco F. 2007: A Note on the Comparison of some Randomized Response Procedures, in: Journal of Statistical Planning and Inference 137 (7): S. 2184–2190.

Hadaway, C. Kirk/Marler, Penny Long/Chaves, Mark 1993: What the Polls don't Show: A Closer Look at U.S. Church Attendance, in: American Sociological Review 58 (6): S. 741–752.

Hagenaars, Jacques A./Heinen, Ton G. 1982: Effects of Role-Independent Interviewer Characteristics on Responses, in: Dijkstra, Wil/Van der Zouwen, Johannes (Hrsg.): Response Behaviour in the Survey-Interview, London: Academic Press: S. 91–130.

Harmon-Jones, Eddie/Harmon-Jones, Cindy 2007: Cognitive Dissonance Theory After 50 Years of Development, in: Zeitschrift für Sozialpsychologie 38 (1): S. 7–16.

Hartmann, Petra 1991: Wunsch und Wirklichkeit. Theorie und Empirie sozialer Erwünschtheit, Wiesbaden: Deutscher Universitäts-Verlag.

Hartmann, Petra 1995: Response Behavior in Interview Settings of Limited Privacy, in: International Journal of Public Opinion Research 7 (4): S. 383–390.

Helmes, Edward/Holden, Ronald R. 2003: The Construct of Social Desirability: One or Two Dimensions?, in: Personality and Individual Differences 34 (6): S. 1015–1023.

Hochstim, Joseph R. 1967: A Critical Comparison of Three Strategies of Collecting Data From Households, in: Journal of the American Statistical Association 62 (319): S. 976–989.

Holbrook, Allyson L./Green, Melanie C./Krosnick, Jon A. 2003: Telephone Versus Face-to-Face Interviewing of National Probability Samples with Long Questionnaires. Comparisons of Respondent Satisficing and Social Desirability Response Bias, in: Public Opinion Quarterly 67 (1): S. 79–125.

Holbrook, Allyson L./Krosnick, Jon A. 2010a: Measuring Voter Turnout by Using the Randomized Response Technique. Evidence Calling into Question the Method's Validity, in: Public Opinion Quarterly 74 (2): S. 328–343.

Holbrook, Allyson L./Krosnick, Jon A. 2010b: Social Desirability Bias in Voter Turnout Reports. Tests Using the Item Count Technique, in: Public Opinion Quarterly 74 (1): S. 37–67.

Holtgraves, Thomas 2004: Social Desirability and Self-Reports: Testing Models of Socially Desirable Responding, in: Personality and Social Psychology Bulletin 30 (2): S. 161–172.

Holtgraves, Thomas/Eck, James/Lasky, Benjamin 1997: Face Management, Question Wording, and Social Desirability, in: Journal of Applied Social Psychology 27 (18): S. 1650–1671.

Horvitz, Daniel G./Shah, B. V./Simmons, Walt R. 1967: The Unrelated Question Randomized Response Model, in: Proceedings of the American Statistical Association (Social Statistics Section): S. 65–72.

Hosseini, Jamshid C./Armacost, Robert L. 1990: Randomized Responses: A Better Way to Obtain Sensitive Information, in: Business Horizons 33 (3): S. 82–86.

Hosseini, Jamshid C./Armacost, Robert L. 1993: Gathering Sensitive Data in Organizations, in: American Behavioral Scientist 36 (4): S. 443–471.

Hox, Joop J. 2002: Multilevel Analysis. Techniques and Applications, Mahwah: Lawrence Erlbaum.

Hox, Joop J. 2008: Accommodating Measurement Errors, in: de Leeuw, Edith D./Hox, Joop J./Dillman, Don A. (Hrsg.): International Handbook of Survey Methodology, New York: Lawrence Erlbaum: S. 387–402.

Huber, Peter J. 1967: The Behavior of Maximum Likelihood Estimates under Nonstandard Conditions, in: Proceedings of the Fifth Berkeley Symposium on Mathematical Statistics and Probability (1): S. 221–233.
Huddy, Leonie/Billig, Joshua/Bracciodieta, John/Hoeffler, Lois/Moynihan, Patrick J./Pugliani, Patricia 1997: The Effect of Interviewer Gender on the Survey Response, in: Political Behavior 19 (3): S. 197–220.
Hyman, Herbert 1944: Do They Tell the Truth?, in: Public Opinion Quarterly 8 (4): S. 557–559.
Imai, Kosuke 2010: Statistical Inference for the Item Count Technique (Working Paper), Princeton: Princeton University.
Jackson Fowler, Floyd/Stringfellow, Vickie L. 2001: Learning from Experience: Estimating Teen Use of Alcohol, Cigarettes, and Marijuana from Three Survey Protocols, in: Journal of Drug Issues 31 (3): S. 643–664.
Jann, Ben 2005: RRLOGIT: Stata Module to Estimate Logistic Regression for Randomized Response Data, Boston: Boston College Department of Economics.
Jann, Ben 2008: RRREG: Stata Module to Estimate Linear Probability Model for Randomized Response Data, Boston: Boston College Department of Economics.
Jann, Ben/Jerke, Julia/Krumpal, Ivar 2011: Asking Sensitive Questions Using the Crosswise Model: An Experimental Survey Measuring Plagiarism, in: Public Opinion Quarterly (Online First).
Javeline, Debra 1999: Response Effects in Polite Cultures. A Test of Acquiescence in Kazakhstan, in: Public Opinion Quarterly 63 (1): S. 1–28.
Jo, Myung-Soo 2000: Controlling Social-Desirability Bias via Method Factors of Direct and Indirect Questioning in Structural Equation Models, in: Psychology & Marketing 17 (2): S. 137–148.
Johnson, Timothy P./Fendrich, Michael 2002: A Validation of the Crowne-Marlowe Social Desirability Scale, Chicago: University of Illinois.
Johnson, Timothy P./Hougland, James G./Clayton, Richard R. 1989: Obtaining Reports of Sensitive Behavior: A Comparison of Substance Use Reports from Telephone and Face-to-Face Interviews, in: Social Science Quarterly 70 (1): S. 174–183.
Johnson, Weldon T./Delamater, John D. 1976: Response Effects in Sex Surveys, in: Public Opinion Quarterly 40 (2): S. 165–181.
Jones, Elise F./Darroch Forrest, Jacqueline 1992: Underreporting of Abortion in Surveys of U.S. Women: 1976 to 1988, in: Demography 29 (1): S. 113–126.
Junger, Marianne 1989: Discrepancies between Police and Self-Report Data for Dutch Racial Minorities, in: British Journal of Criminology 29 (3): S. 273–284.
Kann, Laura/Brener, Nancy D./Warren, Charles W./Collins, Janet L./Giovino, Gary A. 2002: An Assessment of the Effect of Data Collection Setting on the Prevalence of Health Risk Behaviors Among Adolescents, in: Journal of Adolescent Health 31 (4): S. 327–335.
Katz, Daniel 1942: Do Interviewers Bias Poll Results?, in: Public Opinion Quarterly 6 (2): S. 248–268.
King, Maryon F./Bruner, Gordon C. 2000: Social Desirability Bias: A Neglected Aspect of Validity Testing, in: Psychology & Marketing 17 (2): S. 79–103.

Köllisch, Tilman/Oberwittler, Dietrich 2004: Wie ehrlich berichten männliche Jugendliche über ihr delinquentes Verhalten? Ergebnisse einer externen Validierung, in: Kölner Zeitschrift für Soziologie und Sozialpsychologie 56 (4): S. 708–735.

König, René (Hrsg.) 1972: Das Interview. Formen, Technik, Auswertung, 7. Auflage, Köln: Kiepenheuer & Witsch.

Kreuter, Frauke/Presser, Stanley/Tourangeau, Roger 2008: Social Desirability Bias in CATI, IVR, and Web Surveys. The Effects of Mode and Question Sensitivity, in: Public Opinion Quarterly 72 (5): S. 847–865.

Kroneberg, Clemens 2005: Die Definition der Situation und die variable Rationalität der Akteure. Ein allgemeines Modell des Handelns, in: Zeitschrift für Soziologie 34 (5): S. 344–363.

Kroneberg, Clemens 2008: Zur Interpretation und empirischen Widerlegbarkeit des Modells der Frame-Selektion. Eine Erwiderung auf Christian Etzrodt, in: Zeitschrift für Soziologie 37 (3): S. 266–270.

Krosnick, Jon A./Holbrook, Allyson L./Berendt, Matthew K./Carson, Richard T./Hanemann, W. Michael/Kopp, Raymond J./Mitchell, Robert Cameron/Presser, Stanley/Ruud, Paul A./Smith, V. Kerry/Moody, Wendy R./Green, Melanie C./Conaway, Michael 2002: The Impact of „No Opinion" Response Options on Data Quality. Non-Attitude Reduction or an Invitation to Satisfice?, in: Public Opinion Quarterly 66 (3): S. 371–403.

Krumpal, Ivar 2008: Evaluation of the Effectiveness of the Randomized Response Technique and the Item Count Method in the Telephone Survey Mode, in: Balbi, Simona et al. (Hrsg.): Proceedings of the 7th International Conference on Social Science Methodology, RC33 – Logic and Methodology in Sociology (ISA). CD-ROM, Napoli: Jovene Editore.

Krumpal, Ivar 2009: Sensitive Questions and Measurement Error: Using the Randomized Response Technique to Reduce Social Desirability Bias in CATI Surveys (Dissertation), Leipzig: Universität Leipzig.

Krumpal, Ivar 2011: Determinants of Social Desirability Bias in Sensitive Surveys: A Literature Review, in: Quality & Quantity (Online First).

Kuk, Anthony Y. C. 1990: Asking Sensitive Questions Indirectly, in: Biometrika 77 (2): S. 436–438.

Kulka, Richard A./Weeks, Michael F./Folsom, Robert E. 1981: A Comparison of the Randomized Approach and Direct Questioning Approach to Asking Sensitive Survey Questions (Working Paper): Research Triangle Institute.

LaBrie, Joseph W./Earleywine, Mitchell 2000: Sexual Risk Behaviors and Alcohol: Higher Base Rates Revealed using the Unmatched-Count Technique, in: Journal of Sex Research 37 (4): S. 321–326.

Lamb, Charles W./Stem, Donald E. 1978: An Empirical Validation of the Randomized Response Technique, in: Journal of Marketing Research 15 (4): S. 616–621.

Landsheer, Johannes A./van der Heijden, Peter/van Gils, Ger 1999: Trust and Understanding, Two Psychological Aspects of Randomized Response, in: Quality & Quantity 33 (1): S. 1–12.

Lara, Diana/García, Sandra G./Ellertson, Charlotte/Camlin, Carol/Suárez, Javier 2006: The Measure of Induced Abortion Levels in Mexico Using Random Response Technique, in: Sociological Methods and Research 35 (2): S. 279–301.
Lara, Diana/Strickler, Jennifer/Díaz Olavarrieta, Claudia/Ellertson, Charlotte 2004: Measuring Induced Abortion in Mexico. A Comparison of Four Methodologies, in: Sociological Methods and Research 32 (4): S. 529–558.
Lee, Raymond M. 1993: Doing Research on Sensitive Topics, Thousand Oaks: Sage.
Lee, Raymond M./Renzetti, Claire M. 1993: The Problems of Researching Sensitive Topics. An Overview and Introduction, in: Renzetti, Claire M./Lee, Raymond M. (Hrsg.): Researching Sensitive Topics, Newbury Park: Sage: S. 3–13.
Lensvelt-Mulders, Gerty J. L. M. 2008: Surveying Sensitive Topics, in: de Leeuw, Edith D./Hox, Joop J./Dillman, Don A. (Hrsg.): International Handbook of Survey Methodology, New York: Lawrence Erlbaum: S. 461–478.
Lensvelt-Mulders, Gerty J. L. M./Boeije, Hennie R. 2007: Evaluating Compliance with a Computer Assisted Randomized Response Technique: A Qualitative Study into the Origins of Lying and Cheating, in: Computers in Human Behavior 23 (1): S. 591–608.
Lensvelt-Mulders, Gerty J. L. M./Hox, Joop J./van der Heijden, Peter G. M. 2005: How to Improve the Efficiency of Randomised Response Designs, in: Quality & Quantity 39 (3): S. 253–265.
Lensvelt-Mulders, Gerty J. L. M./Hox, Joop J./van der Heijden, Peter G. M./Maas, Cora J. M. 2005: Meta-Analysis of Randomized Response Research. Thirty-Five Years of Validation, in: Sociological Methods and Research 33 (3): S. 319–348.
Linden, Laurie E./Weiss, David J. 1994: An Empirical Assessment of the Random Response Method of Sensitive Data Collection, in: Journal of Social Behavior and Personality 9 (4): S. 823–836.
Lindenberg, Siegwart 1985: An Assessment of the New Political Economy: Its Potential for the Social Sciences and for Sociology in Particular, in: Sociological Theory 3 (1): S. 99–114.
Lindenberg, Siegwart 1990: Rationalität und Kultur. Die verhaltenstheoretische Basis des Einflusses von Kultur auf Transaktionen, in: Haferkamp, Hans (Hrsg.): Sozialstruktur und Kultur, Frankfurt am Main: Suhrkamp: S. 249–287.
Lindenberg, Siegwart 1992: The Method of Decreasing Abstraction, in: Coleman, James S./Fararo, Thomas J. (Hrsg.): Rational Choice Theory: Advocacy and Critique, Newbury Park: Sage: S. 3–20.
Lindenberg, Siegwart/Frey, Bruno S. 1993: Alternatives, Frames, and Relative Prices: A Broader View of Rational Choice Theory, in: Acta Sociologica 36: S. 191–205.
Liu, P. T./Chow, L. P. 1976a: The Efficiency of the Multiple Trial Randomized Response Technique, in: Biometrics 32 (3): S. 607–618.
Liu, P. T./Chow, L. P. 1976b: A New Discrete Quantitative Randomized Response Model, in: Journal of the American Statistical Association 71 (353): S. 30–31.
Locander, William/Sudman, Seymour/Bradburn, Norman 1976: An Investigation of Interview Method, Threat and Response Distortion, in: Journal of the American Statistical Association 71 (354): S. 269–275.

Loosveldt, Geert 2008: Face-to-Face Interviews, in: de Leeuw, Edith D./Hox, Joop J./Dillman, Don A. (Hrsg.): International Handbook of Survey Methodology, New York: Lawrence Erlbaum: S. 201–220.

Lüdemann, Christian/Ohlemacher, Thomas 2002: Soziologie der Kriminalität. Theoretische und empirische Perspektiven, Weinheim und München: Juventa.

Lynn, Peter 2008: The Problem of Nonresponse, in: De Leeuw, Edith D./Hox, Joop J./Dillman, Don A. (Hrsg.): International Handbook of Survey Methodology, New York: Lawrence Erlbaum: S. 35–55.

Maddala, G. S. 1983: Limited-Dependent and Qualitative Variables in Econometrics, Cambridge: Cambridge University Press.

Makkai, Toni/McAllister, Ian 1992: Measuring Social Indicators in Opinion Surveys: A Method to Improve Accuracy on Sensitive Questions, in: Social Indicators Research 27 (2): S. 169–186.

Mangat, N. S. 1994: An Improved Randomized Response Strategy, in: Journal of the Royal Statistical Society (Series B) 56 (1): S. 93–95.

Mangione, Thomas W./Hingson, Ralph/Barrett, Jane 1982: Collecting Sensitive Data. A Comparison of Three Survey Strategies, in: Sociological Methods and Research 10 (3): S. 337–346.

Mayerl, Jochen 2009: Kognitive Grundlagen sozialen Verhaltens. Framing, Einstellungen und Rationalität, Wiesbaden: VS Verlag für Sozialwissenschaften.

Mayerl, Jochen/Urban, Dieter 2008: Antwortreaktionszeiten in Survey-Analysen. Messung, Auswertung und Anwendungen, Wiesbaden: VS Verlag für Sozialwissenschaften.

McClelland, David C. 1961: The Achieving Society, Princeton: Van Nostrand.

McCrae, Robert R./Costa, Paul T. 1983: Social Desirability Scales: More Substance Than Style, in: Journal of Consulting and Clinical Psychology 51 (6): S. 882–888.

Meleddu, Mauro/Guicciardi, Marco 1998: Self-Knowledge and Social Desirability of Personality Traits, in: European Journal of Personality 12 (3): S. 151–168.

Mensch, Barbara S./Kandel, Denise B. 1988: Underreporting of Substance Use in a National Longitudinal Youth Cohort. Individual and Interviewer Effects, in: Public Opinion Quarterly 52 (1): S. 100–124.

Metzger, David S./Koblin, Beryl/Turner, Charles/Navaline, Helen/Valenti, Francesca/ Holte, Sarah/Gross, Michael/Sheon, Amy/Miller, Heather/Cooley, Phillip/Seage III, George R. 2000: Randomized Controlled Trial of Audio Computer-Assisted Self-Interviewing: Utility and Acceptability in Longitudinal Studies, in: American Journal of Epidemiology 152 (2): S. 99–106.

Midanik, Lorraine 1982: The Validity of Self-Reported Alcohol Consumption and Alcohol Problems: A Literature Review, in: British Journal of Addiction 77 (4): S. 357–382.

Millham, Jim 1974: Two Components of Need for Approval Score and Their Relationship to Cheating Following Success and Failure, in: Journal of Research in Personality 8 (4): S. 378–392.

Möhring, Wiebke/Schlütz, Daniela 2003: Die Befragung in der Medien- und Kommunikationswissenschaft. Eine praxisorientierte Einführung, Wiesbaden: Westdeutscher Verlag.

Moorman, Robert H./Podsakoff, Philip M. 1992: A Meta-Analytic Review and Empirical Test of the Potential Confounding Effects of Social Desirability Response Sets in Organizational Behaviour Research, in: Journal of Occupational and Organizational Psychology 65 (2): S. 131–149.

Moors, J. J. A. 1971: Optimization of the Unrelated Question Randomized Response Model, in: Journal of the American Statistical Association 66 (335): S. 627–629.

Moshagen, Morten 2008: Multinomial Randomized Response Models (Dissertation), Düsseldorf: Universität Düsseldorf.

Moskowitz, Joel M. 2004: Assessment of Cigarette Smoking and Smoking Succeptibility Among Youth. Telephone Computer-Assisted Self-Interviews versus Computer-Assisted Telephone Interviews, in: Public Opinion Quarterly 68 (4): S. 565–587.

Näher, Anatol-Fiete/Krumpal, Ivar 2009: Entstehungsbedingungen sozial erwünschten Antwortverhaltens: Eine experimentelle Studie zum Einfluss des Wordings und des Kontexts bei unangenehmen Fragen (Working Paper), Leipzig: Universität Leipzig.

Nail, Paul R./Correll, Jayme S./Drake, Chad E./Glenn, Shyla B./Scott, Gina M./Stuckey, Careylyn 2001: A Validation Study of the Preference for Consistency Scale, in: Personality and Individual Differences 31 (7): S. 1193–1202.

Nathan, Gad 1988: A Bibliography on Randomized Response: 1965–1987, in: Survey Methodology 14 (2): S. 331–346.

Newman, Jessica Clark/Des Jarlais, Don C./Turner, Charles F./Gribble, Jay/Cooley, Phillip/Paone, Denise 2002: The Differnetial Effects of Face-to-Face and Computer Interview Modes, in: American Journal of Public Health 92 (2): S. 294–297.

Nordlund, Sturla/Holme, Ingar/Tamsfoss, Steinar 1994: Randomized Response Estimates for the Purchase of Smuggled Liquor in Norway, in: Addiction 89 (4): S. 401–405.

Norton, Edward C./Wang, Hua/Ai, Chunrong 2004: Computing Interaction Effects and Standard Errors in Logit and Probit Models, in: The Stata Journal 4 (2): S. 154–167.

Okamoto, Kazushi/Ohsuka, Keiko/Shiraishi, Tomoko/Hukazawa, Emi/Wakasugi, Satomi/Furuta, Kayoko 2002: Comparability of Epidemiological Information between Self- and Interviewer-Administered Questionnaires, in: Journal of Clinical Epidemiology 55 (5): S. 505–511.

Ong, Anthony D./Weiss, David J. 2000: The Impact of Anonymity on Responses to Sensitive Questions, in: Journal of Applied Social Psychology 30 (8): S. 1691–1708.

Opp, Karl-Dieter 1991: Das Modell rationalen Verhaltens. Seine Struktur und das Problem der „weichen" Anreize, in: Bouillon, Hardy/Andersson, Gunnar (Hrsg.): Wissenschaftstheorie und Wissenschaften. Festschrift für Gerard Radnitzky aus Anlass seines 70. Geburtstages, Berlin: Duncker & Humblot: S. 105–124.

Opp, Karl-Dieter 1999: Contending Conceptions of the Theory of Rational Action, in: Journal of Theoretical Politics 11 (2): S. 171–202.

Opp, Karl-Dieter 2004: Review Essay: Hartmut Esser: Textbook of Sociology, in: European Sociological Review 20 (3): S. 253–262.

Opp, Karl-Dieter 2009: Das individualistische Erklärungsprogramm in der Soziologie. Entwicklung, Stand und Probleme, in: Zeitschrift für Soziologie 38 (1): S. 26–47.

Opp, Karl-Dieter 2010: Frame-Selektion, Normen und Rationalität. Stärken und Schwächen des Modells der Frame-Selektion, in: Albert, Gert/Sigmund, Steffen (Hrsg.): Soziologische Theorie kontrovers (Kölner Zeitschrift für Soziologie und

Sozialpsychologie, Sonderheft 50), Wiesbaden: VS Verlag für Sozialwissenschaften: S. 63–78.
Ostapczuk, Martin/Moshagen, Morten/Zhao, Zengmei/Musch, Jochen 2009: Assessing Sensitive Attributes Using the Randomized Response Technique: Evidence for the Importance of Response Symmetry, in: Journal of Educational and Behavioral Statistics 34 (2): S. 267–287.
Ostapczuk, Martin/Musch, Jochen/Moshagen, Morten 2009: A Randomized-Response Investigation of the Education Effect in Attitudes Towards Foreigners, in: European Journal of Social Psychology 39 (6): S. 920–931.
Parry, Hugh J./Crossley, Helen M. 1950: Validity of Responses to Survey Questions, in: Public Opinion Quarterly 14 (1): S. 61–80.
Paulhus, Delroy L. 2002: Socially Desirable Responding: The Evaluation of a Construct, in: Braun, Henry I./Jackson, Douglas N./Wiley, David E. (Hrsg.): The Role of Constructs in Psychological and Educational Measurement, Mahwah: Lawrence Erlbaum: S. 49–69.
Peeters, Carel F. W. 2005: Measuring Politically Sensitive Behavior. Using Probability Theory in the Form of Randomized Response to Estimate Prevalence and Incidence of Misbehavior in the Public Sphere: A Test on Integrity Violations, Amsterdam: Universiteit Amsterdam.
Peeters, Carel F. W./Lensvelt-Mulders, Gerty J. L. M./Lasthuizen, Karin 2010: A Note on a Simple and Practical Randomized Response Framework for Eliciting Sensitive Dichotomous and Quantitative Information, in: Sociological Methods and Research 39 (2): S. 283–296.
Perry, Paul 1979: Certain Problems in Election Survey Methodology, in: Public Opinion Quarterly 43 (3): S. 312–325.
Phillips, Derek L. 1971: Knowledge from What? Theories and Methods in Social Research, Chicago: Rand McNally & Company.
Phillips, Derek L. 1973: Abandoning Method. Sociological Studies in Methodology, San Francisco: Jossey-Bass.
Phillips, Derek L./Clancy, Kevin J. 1970: Response Biases in Field Studies of Mental Illness, in: American Sociological Review 35 (3): S. 503–515.
Phillips, Derek L./Clancy, Kevin J. 1972: Some Effects of „Social Desirability" in Survey Studies, in: American Journal of Sociology 77 (5): S. 921–940.
Pitsch, Werner/Emrich, Eike/Klein, Markus 2007: Doping in Elite Sports in Germany: Results of a WWW Survey, in: European Journal for Sport and Society 4 (2): S. 89–102.
Pitsch, Werner/Maats, Peter/Emrich, Eike 2009: Zur Häufigkeit des Dopings im deutschen Spitzensport, in: magazin forschung (Forschungsmagazin der Universität des Saarlandes) 1/2009: S. 15–19.
Porst, Rolf 1998: Erfahrung mit und Bewertung von Umfragen. Was unsere Befragten über Umfragen denken (ZUMA-Arbeitsbericht 98/03), Mannheim: ZUMA.
Porst, Rolf 2008: Fragebogen. Ein Arbeitsbuch, Wiesbaden: VS Verlag für Sozialwissenschaften.

Preisendörfer, Peter 2008a: Heikle Fragen in mündlichen Interviews: Ergebnisse einer Methodenstudie im studentischen Milieu (Working Paper), Mainz: Johannes Gutenberg-Universität Mainz.

Preisendörfer, Peter 2008b: Let's Ask About Sex: Methodological Merits of the Sealed Envelope Technique in Face-to-Face Interviews (Working Paper), Mainz: Johannes Gutenberg-Universität Mainz.

Preisendörfer, Peter 2010: Präsentismus. Prävalenz und Bestimmungsfaktoren unterlassener Krankmeldungen bei der Arbeit, in: Zeitschrift für Personalforschung 24 (4): S. 401–408.

Presser, Stanley 1990: Can Changes in Context Reduce Vote Overreporting in Surveys?, in: Public Opinion Quarterly 54 (4): S. 586–593.

Presser, Stanley/Stinson, Linda 1998: Data Collection Mode and Social Desirability Bias in Self-Reported Religious Attendance, in: American Sociological Review 63 (1): S. 137–145.

Quandt, Markus/Ohr, Dieter 2004: Worum geht es, wenn es um nichts geht? Zum Stellenwert von Niedrigkostensituationen in der Rational Choice-Modellierung normkonformen Handelns, in: Kölner Zeitschrift für Soziologie und Sozialpsychologie 56 (4): S. 683–707.

Ramanaiah, Nerella V./Martin, Harry J. 1980: On the Two-Dimensional Nature of the Marlowe-Crowne Desirability Scale, in: Journal of Personality Assessment 44 (5): S. 507–514.

Ramanaiah, Nerella V./Schill, Thomas/Leung, Lock Sing 1977: A Test of the Hypothesis about the Two-Dimensional Nature of the Marlowe-Crowne Social Desirability Scale, in: Journal of Research in Personality 11 (2): S. 251–259.

Randall, Donna M./Fernandes, Maria F. 1991: The Social Desirability Response Bias in Ethics Research, in: Journal of Business Ethics 10 (11): S. 805–817.

Rasinski, Kenneth A./Willis, Gordon B./Baldwin, Allison K./Yeh, Wenchi/Lee, Lisa 1999: Methods of Data Collection, Perceptions of Risks and Losses, and Motivation to Give Truthful Answers to Sensitive Survey Questions, in: Applied Cognitive Psychology 13 (5): S. 465–484.

Rauhut, Heiko/Krumpal, Ivar/Beuer, Mandy 2009: Rechtfertigungen und Bagatelldelikte: Ein experimenteller Test, in: Kriwy, Peter/Gross, Christiane (Hrsg.): Klein aber fein! Quantitative empirische Sozialforschung mit kleinen Fallzahlen, Wiesbaden: VS Verlag für Sozialwissenschaften: S. 373–396.

Rayburn, Nadine Recker/Earleywine, Mitchell/Davison, Gerald C. 2003: Base Rates of Hate Crime Victimization Among College Students, in: Journal of Interpersonal Violence 18 (10): S. 1209–1221.

Reckers, Philip M. J./Wheeler, Stephen W./Wong-On-Wing, Bernard 1997: A Comparative Examination of Auditor Premature Sign-Offs Using the Direct and the Randomized Response Methods, in: Auditing 16 (1): S. 69–78.

Reinecke, Jost 1991: Interviewer- und Befragtenverhalten. Theoretische Ansätze und methodische Konzepte, Opladen: Westdeutscher Verlag.

Reinmuth, James E./Geurts, Michael D. 1975: The Collection of Sensitive Information Using a Two-Stage, Randomized Response Model, in: Journal of Marketing Research 12 (4): S. 402–407.

Reynolds, William M. 1982: Development of Reliable and Valid Short Forms of the Marlowe-Crowne Social Desirability Scale, in: Journal of Clinical Psychology 38 (1): S. 119–125.
Richman, Wendy L./Kiesler, Sara/Weisband, Suzanne/Drasgow, Fritz 1999: A Meta-Analytic Study of Social Desirability Distortion in Computer-Administered Questionnaires, Traditional Questionnaiers, and Interviews, in: Journal of Applied Psychology 84 (5): S. 754–775.
Robinson, Duane/Rohde, Sylvia 1946: Two Experiments with an Anti-Semitism Poll, in: Journal of Abnormal and Social Psychology 41 (2): S. 136–144.
Roper, Elmo 1940: Wording Questions for the Polls, in: Public Opinion Quarterly 4 (1): S. 129–130.
Rugg, Donald 1941: Experiments in Wording Questions: II, in: Public Opinion Quarterly 5 (1): S. 91–92.
Savage, Leonard J. 1954: The Foundations of Statistics, New York: Wiley.
Schaeffer, Nora Cate 2000: Asking Questions About Threatening Topics: A Selective Overview, in: Stone, Arthur A. et al. (Hrsg.): The Science of Self-Report: Implications for Research and Practice, Mahwah: Lawrence Erlbaum: S. 105–121.
Scheers, N. J./Mitchell Dayton, C. 1988: Covariate Randomized Response Models, in: Journal of the American Statistical Association 83 (404): S. 969–974.
Schmid, Michael 2009: Theoriebildung und Theoriepolitik in der Soziologie. Ein Kommentar zu Norman Braun: „Theorie in der Soziologie", in: Soziale Welt 60 (2): S. 199–213.
Schmitt, Neal 1996: Uses and Abuses of Coefficient Alpha, in: Psychological Assessment 8 (4): S. 350–353.
Schnell, Rainer 1997: Nonresponse in Bevölkerungsumfragen. Ausmaß, Entwicklung und Ursachen, Opladen: Leske + Budrich.
Schnell, Rainer/Kreuter, Frauke 2005: Separating Interviewer and Sampling-Point Effects, in: Journal of Official Statistics 21 (3): S. 389–410.
Schuman, Howard/Converse, Jean M. 1971: The Effects of Black and White Interviewers on Black Responses in 1968, in: Public Opinion Quarterly 35 (1): S. 44–68.
Schwarz, Norbert/Hippler, Hans-J./Deutsch, Brigitte/Strack, Fritz 1985: Response Scales: Effects of Category Range on Reported Behavior and Comparative Judgments, in: Public Opinion Quarterly 49 (3): S. 388–395.
Schwarz, Norbert/Strack, Fritz/Müller, Gesine/Chassein, Brigitte 1987: The Range of Response Alternatives May Determine the Meaning of the Question: Further Evidence on Information Functions of Response Alternatives (ZUMA-Arbeitsbericht 87/06), Mannheim: ZUMA.
Shimizu, Iris M./Bonham, Gordon Scott 1978: Randomizd Response Technique in a National Survey, in: Journal of the American Statistical Association 73 (361): S. 35–39.
Sieber, Joan E. 1993: The Ethics and Politics of Sensitive Research, in: Renzetti, Claire M./Lee, Raymond M. (Hrsg.): Researching Sensitive Topics, Newbury Park: Sage: S. 14–26.
Sieber, Joan E./Stanley, Barbara 1988: Ethical and Professional Dimensions of Socially Sensitive Research, in: American Psychologist 43 (1): S. 49–55.

Sigelman, Lee 1989: Question-Order Effects on Presidential Popularity, in: Singer, Eleanor/Presser, Stanley (Hrsg.): Survey Research Methods. A Reader, Chicago/London: University of Chicago Press: S. 142–150.
Silver, Brian D./Abramson, Paul R./Anderson, Barbara A. 1986: The Presence of Others and Overreporting of Voting in American National Elections, in: Public Opinion Quarterly 50 (2): S. 228–239.
Silver, Brian D./Anderson, Barbara A./Abramson, Paul R. 1986: Who Overreports Voting?, in: American Political Science Review 80 (2): S. 613–624.
Simon, Perikles/Striegel, Heiko/Aust, Fabian/Dietz, Klaus/Ulrich, Rolf 2006: Doping in Fitness Sports: Estimated Number of Unreported Cases and Individual Probability of Doping, in: Addiction 101 (11): S. 1640–1644.
Singer, Eleanor/von Thurn, Dawn R./Miller, Esther R. 1995: Confidentiality Assurances and Response. A Quantitative Review of the Experimental Literature, in: Public Opinion Quarterly 59 (1): S. 66–77.
Smith, Linda L./Federer, Walter T./Raghavarao, Damaraju 1974: A Comparison of Three Techniques for Eliciting Truthful Answers to Sensitive Questions, in: Proceedings of the American Statistical Association (Social Statistics Section): S. 447–452.
Smith, Tom W. 1992: Discrepancies Between Men and Women in Reporting Number of Sexual Partners: A Summary from Four Countries, in: Social Biology 39 (1–2): S. 203–211.
Smith, Tom W. 1997: The Impact of the Presence of Others on a Respondent's Answers to Questions, in: International Journal of Public Opinion Research 9 (1): S. 33–47.
Snijders, Tom A. B./Bosker, Roel J. 1999: Multilevel Analysis. An Introduction to Basic and Advanced Multilevel Modeling, London/Thousand Oaks: Sage.
Soeken, Karen L./Macready, George B. 1982: Respondents' Perceived Protection When Using Randomized Response, in: Psychological Bulletin 92 (2): S. 487–489.
Soeken, Karen L./Petchel Damrosch, Shirley 1986: Randomized Response Technique: Applications to Research on Rape, in: Psychology of Women Quarterly 10 (2): S. 119–126.
Spencer, Gary 1973: Methodological Issues in the Study of Bureaucratic Elites: A Case Study of West Point, in: Social Problems 21 (1): S. 90–103.
Spieß, Martin 2010: Der Umgang mit fehlenden Werten, in: Wolf, Christof/Best, Henning (Hrsg.): Handbuch der sozialwissenschaftlichen Datenanalyse, Wiesbaden: VS Verlag für Sozialwissenschaften: S. 117–142.
Stadtmüller, Sven 2009: Rücklauf gut, alles gut? Zu erwünschten und unerwünschten Effekten monetärer Anreize bei postalischen Befragungen, in: Methoden - Daten - Analysen 3 (2): S. 167–185.
Statistisches Bundesamt (Hrsg.) 2004: Demographische Standards. Ausgabe 2004, Wiesbaden: Statistisches Bundesamt.
Statistisches Bundesamt/GESIS-ZUMA/Wissenschaftszentrum Berlin für Sozialforschung (Hrsg.) 2008: Datenreport 2008. Ein Sozialbericht für die Bundesrepublik Deutschland, Bonn: Bundeszentrale für politische Bildung.
Steenkamp, Jan-Benedict E. M./De Jong, Martijn G./Baumgartner, Hans 2010: Socially Desirable Response Tendencies in Survey Research, in: Journal of Marketing Research 47 (2): S. 199–214.

Stigler, George J./Becker, Gary S. 1977: De Gustibus Non Est Disputandum, in: American Economic Review 67 (2): S. 76–90.
Stocké, Volker 2002: Framing und Rationalität. Die Bedeutung der Informationsdarstellung für das Entscheidungsverhalten, München: Oldenbourg.
Stocké, Volker 2004: Entstehungsbedingungen von Antwortverzerrungen durch soziale Erwünschtheit. Ein Vergleich der Rational-Choice Theorie und des Modells der Frame-Selektion, in: Zeitschrift für Soziologie 33 (4): S. 303–320.
Stocké, Volker 2007a: Determinants and Consequences of Survey Respondents' Social Desirability Beliefs about Racial Attitudes, in: Methodology 3 (3): S. 125–138.
Stocké, Volker 2007b: Deutsche Kurzskala zur Erfassung des Bedürfnisses nach sozialer Anerkennung, in: Glöckner-Rist, Angelika (Hrsg.): ZUMA-Informationssystem. Elektronisches Handbuch sozialwissenschaftlicher Erhebungsinstrumente. ZIS Version 11.00, Bonn: GESIS.
Stocké, Volker 2007c: The Interdependence of Determinants for the Strength and Direction of Social Desirability Bias in Racial Attitude Surveys, in: Journal of Official Statistics 23 (4): S. 493–514.
Stocké, Volker/Hunkler, Christian 2004: Die angemessene Erfassung der Stärke und Richtung von Anreizen durch soziale Erwünschtheit, in: ZA-Information 54: S. 53–88.
Stocké, Volker/Hunkler, Christian 2007: Measures of Desirability Beliefs and Their Validity as Indicators for Socially Desirable Responding, in: Field Methods 19 (3): S. 313–336.
Stocké, Volker/Langfeldt, Bettina 2004: Effects of Survey Experience on Respondents' Attitudes towards Surveys, in: Bulletin de Méthodologie Sociologique 81: S. 5–32.
Sudman, Seymour/Bradburn, Norman M./Schwarz, Norbert 1996: Thinking About Answers. The Application of Cognitive Processes to Survey Methodology, San Francisco: Jossey-Bass.
Summers, Gene F./Hammonds, Andre D. 1969: Toward a Paradigm for Respondent Bias in Survey Research, in: Sociological Quarterly 10 (1): S. 113–121.
Sykes, Gresham M./Matza, David 1957: Techniques of Neutralization: A Theory of Delinquency, in: American Sociological Review 22 (6): S. 664–670.
Sykes, Wendy/Collins, Martin 1988: Effects of Mode of Interview: Experiments in the UK, in: Groves, Robert M. et al. (Hrsg.): Telephone Survey Methodology, New York: Wiley: S. 301–320.
Takahasi, Koiti/Sakasegawa, Hirotaka 1977: A Randomized Response Technique Without Making Use of any Randomizing Device, in: Annals of the Institute of Statistical Mathematics 29 (1): S. 1–8.
Taylor, Shelley E./Peplau, Letitia Anne/Sears, David O. 2000: Social Psychology, 10. Auflage, Upper Saddle River: Prentice Hall.
Tezcan, Sabahat/Omran, Abdel R. 1981: Prevalence and Reporting of Induced Abortion in Turkey: Two Survey Techniques, in: Studies in Family Planning 12 (6/7): S. 262–271.
Thaler, Richard H. 1992: The Winner's Curse. Paradoxes and Anomalies of Economic Life, Princeton: Princeton University Press.

Thibodeau, Ruth/Aronson, Elliot 1992: Taking a Closer Look: Reasserting the Role of the Self-Concept in Dissonance Theory, in: Personality and Social Psychology Bulletin 18 (5): S. 591–602.
Thomas, William I. 1965: Person und Sozialverhalten (herausgegeben von Volkart, Edmund H.), Neuwied: Luchterhand.
Thornberry, Terence P./Krohn, Marvin D. 2000: The Self-Report Method for Measuring Delinquency and Crime, in: Duffee, David (Hrsg.): Measurement and Analysis of Crime and Justice. Criminal Justice 2000 Volume 4, Washington D.C.: National Institute of Justice: S. 33–83.
Tourangeau, Roger/Rasinski, Kenneth/Jobe, Jared B./Smith, Tom W./Pratt, William F. 1997: Sources of Error in a Survey on Sexual Behavior, in: Journal of Official Statistics 13 (4): S. 341–365.
Tourangeau, Roger/Smith, Tom W. 1996: Asking Sensitive Questions. The Impact of Data Collection Mode, Question Format, and Question Context, in: Public Opinion Quarterly 60 (2): S. 275–304.
Tourangeau, Roger/Yan, Ting 2007: Sensitive Questions in Surveys, in: Psychological Bulletin 133 (5): S. 859–883.
Tracy, Paul E./Fox, James Alan 1981: The Validity of Randomized Response for Sensitive Measurements, in: American Sociological Review 46 (2): S. 187–200.
Traugott, Michael W./Katosh, John P. 1979: Response Validity in Surveys of Voting Behavior, in: Public Opinion Quarterly 43 (3): S. 359–377.
Türk Smith, Seyda/Smith, Kyle D./Seymour, Kristen J. 1993: Social Desirability of Personality Items as a Predictor of Endorsement: A Cross-Cultural Analysis, in: Journal of Social Psychology 133 (1): S. 43–52.
Tversky, Amos/Kahneman, Daniel 1981: The Framing of Decisions and the Psychology of Choice, in: Science 211 (4481): S. 453–458.
Umesh, U. N./Peterson, Robert A. 1991: A Critical Evaluation of the Randomized Response Method. Applications, Validation, and Research Agenda, in: Sociological Methods and Research 20 (1): S. 104–138.
Urban, Dieter 1993: Logit-Analyse. Statistische Verfahren zur Analyse von Modellen mit qualitativen Response-Variablen, Stuttgart: Gustav Fischer Verlag.
van der Heijden, Peter G. M./van Gils, Ger 1996: Some Logistic Regression Models für Randomized Response Data, in: Forcina, Antonio et al. (Hrsg.): Statistical Modelling. Proceedings of the 11th International Workshop on Statistical Modelling, Perugia: University of Perugia: S. 341–348.
van der Heijden, Peter G. M./van Gils, Ger/Bouts, Jan/Hox, Joop J. 2000: A Comparison of Randomized Response, Computer-Assisted Self-Interview, and Face-to-Face Direct Questioning. Eliciting Sensitive Information in the Context of Welfare and Unemployment Benefit, in: Sociological Methods and Research 28 (4): S. 505–537.
van Koolwijk, Jürgen 1969: Unangenehme Fragen. Paradigma für die Reaktionen des Befragten im Interview, in: Kölner Zeitschrift für Soziologie und Sozialpsychologie 21 (4): S. 864–875.
von Collani, Gernot/Blank, Hartmut 2009: Eine Kurzskala zum Konsistenzstreben (Preference for Consistency, Cialdini et al.), in: Glöckner-Rist, Angelika (Hrsg.):

Zusammenstellung sozialwissenschaftlicher Items und Skalen. ZIS Version 13.00, Bonn: GESIS.
von Neumann, John/Morgenstern, Oskar 1974 [1944]: Theory of Games and Economic Behavior, 3. Auflage, Princeton: Princeton University Press.
Warner, Stanley L. 1965: Randomized Response: A Survey Technique for Eliminating Evasive Answer Bias, in: Journal of the American Statistical Association 60 (309): S. 63–69.
Warner, Stanley L. 1971: The Linear Randomized Response Model, in: Journal of the American Statistical Association 66 (336): S. 884–888.
Warner, Stanley L. 1986: The Omitted Digit Randomized Response Model for Telephone Applications, in: Proceedings of the Survey Research Methods Section (American Statistical Association) 1986: S. 441–443.
Wechsler, James 1940: Interviews and Interviewers, in: Public Opinion Quarterly 4 (2): S. 258–260.
Weiss, Carol H. 1968: Validity of Welfare Mothers' Interview Responses, in: Public Opinion Quarterly 32 (4): S. 622–633.
Werth, Lioba/Mayer, Jennifer 2008: Sozialpsychologie, Berlin: Springer.
White, Halbert 1980: A Heteroskedasticity-Consistent Covariance Matrix Estimator and a Direct Test for Heteroskedasticity, in: Econometrica 48 (4): S. 817–838.
Wiggins, Jerry S. 1964: Convergences Among Stylistic Response Measures from Objective Personality Tests, in: Educational and Psychological Measurement 24 (3): S. 551–562.
Williams, J. Allen 1964: Interviewer-Respondent Interaction: A Study of Bias in the Information Interview, in: Sociometry 27 (3): S. 338–352.
Wimbush, James C./Dalton, Dan R. 1997: Base Rate for Employee Theft: Convergence of Multiple Methods, in: Journal of Applied Psychology 82 (5): S. 756–763.
Wiseman, Frederick 1972: Methodological Bias in Public Opinion Surveys, in: Public Opinion Quarterly 36 (1): S. 105–108.
Wiseman, Frederick/Moriarty, Mark/Schafer, Marianne 1975: Estimating Public Opinion with the Randomized Response Model, in: Public Opinion Quarterly 39 (4): S. 507–513.
Wolter, Felix 2008: Sensitive Questions in Surveys: An Evaluation of the Randomized-Response-Technique in Face-to-Face-Interviews (Working Paper), Mainz: Johannes Gutenberg-Universität Mainz.
Wyner, Gordon A. 1980: Response Errors in Self-Reported Number of Arrests, in: Sociological Methods and Research 9 (2): S. 161–177.
Yang, Meng-Li/Yu, Ruoh-Rong 2008: The Interviewer Effects when there Is an Education Gap with the Respondent: Evidence from a Survey on Biotechnology in Taiwan, in: Social Science Research 37 (4): S. 1321–1331.
Yu, Jun-Wu/Tian, Guo-Liang/Tang, Man-Lai 2008: Two New Models for Survey Sampling with Sensitive Characteristic: Design and Analysis, in: Metrika 67 (3): S. 251–263.
Zdep, S. M./Rhodes, Isabelle N. 1976: Making the Randomized Response Technique Work, in: Public Opinion Quarterly 40 (4): S. 531–537.

Zdep, S. M./Rhodes, Isabelle N./Schwarz, R. M./Kilkenny, Mary J. 1979: The Validity of the Randomized Response Technique, in: Public Opinion Quarterly 43 (4): S. 544–549.

VS Forschung | VS Research
Neu im Programm Soziologie

Ina Findeisen
Hürdenlauf zur Exzellenz
Karrierestufen junger Wissenschaftlerinnen und Wissenschaftler
2011. 309 S. Br. EUR 39,95
ISBN 978-3-531-17919-3

David Glowsky
Globale Partnerwahl
Soziale Ungleichheit als Motor transnationaler Heiratsentscheidungen
2011. 246 S. Br. EUR 39,95
ISBN 978-3-531-17672-7

Grit Höppner
Alt und schön
Geschlecht und Körperbilder im Kontext neoliberaler Gesellschaften
2011. 130 S. Br. EUR 29,95
ISBN 978-3-531-17905-6

Andrea Lengerer
Partnerlosigkeit in Deutschland
Entwicklung und soziale Unterschiede
2011. 252 S. Br. EUR 29,95
ISBN 978-3-531-17792-2

Markus Ottersbach /
Claus-Ulrich Prölß (Hrsg.)
Flüchtlingsschutz als globale und lokale Herausforderung
2011. 195 S. (Beiträge zur Regional- und Migrationsforschung) Br. EUR 39,95
ISBN 978-3-531-17395-5

Tobias Schröder / Jana Huck / Gerhard de Haan
Transfer sozialer Innovationen
Eine zukunftsorientierte Fallstudie zur nachhaltigen Siedlungsentwicklung
2011. 199 S. Br. EUR 34,95
ISBN 978-3-531-18139-4

Anke Wahl
Die Sprache des Geldes
Finanzmarktengagement zwischen Klassenlage und Lebensstil
2011. 198 S. r. EUR 34,95
ISBN 978-3-531-18206-3

Tobias Wiß
Der Wandel der Alterssicherung in Deutschland
Die Rolle der Sozialpartner
2011. 300 S. Br. EUR 39,95
ISBN 978-3-531-18211-7

Erhältlich im Buchhandel oder beim Verlag.
Änderungen vorbehalten. Stand: Juli 2011.

Einfach bestellen:
SpringerDE-service@springer.com
tel +49(0)6221 / 3 45 – 4301
springer-vs.de

Springer VS

VS COLLEGE
REVIEWED RESEARCH: KURZ, BÜNDIG, AKTUELL

VS College richtet sich an hervorragende Nachwuchs-wissenschaftlerInnen, die außergewöhnliche Ergebnisse in Workshops oder Abschlussarbeiten erzielt haben und die ihre Resultate der Fachwelt präsentieren möchten.

Dank externer Begutachtungsverfahren fördert das Programm die Vernetzung des wissenschaftlichen Nachwuchses und sichert zugleich die Qualität.

Auf 60 - 120 Druckseiten werden aktuelle Forschungsergebnisse kurz und übersichtlich auf den Punkt gebracht und im Umfeld eines hervorragenden Lehrbuch- und Forschungsprogramms veröffentlicht.

__ Soziologie
__ Politik
__ Pädagogik
__ Medien
__ Psychologie

VS College